Kohlhammer

Arbeitsrecht

begründet von

Dr. jur. HANS BROX†
Bundesverfassungsrichter a. D.
weiland Professor der Rechte an der Universität Münster

fortgeführt von

Dr. jur. Dres. h. c. BERND RÜTHERS
em. o. Professor der Rechte an der Universität Konstanz,
vormals Richter am Oberlandesgericht

und

Dr. jur. MARTIN HENSSLER
o. Professor der Rechte an der Universität Köln

18., neu bearbeitete Auflage

Verlag W. Kohlhammer

18., neu bearbeitete Auflage 2011

Gesamtherstellung:
W. Kohlhammer Druckerei GmbH + Co.
Stuttgart
Printed in Germany
ISBN 978-3-17-021515-3

Vorwort zur 18. Auflage

Das Arbeitsrecht ist eine äußerst dynamische Materie. Die Hektik der Gesetzgebung und der richterlichen Rechtsfortbildung hat in der Zeit seit Erscheinen der Vorauflage nicht abgenommen. In kurzen Abständen regelt die Gesetzgebung mehrfach das Gegenteil der letzten „Reform", zum Teil erzwungen durch den Einfluss des Europarechts.

Die Materie ist daher, mehr noch als bisher, unübersichtlich, oft widersprüchlich und kompliziert. Die Normsetzer (Gesetzgebung, Arbeitsgerichte, Tarifparteien) finden sich in dem selbstgeschaffenen Dickicht und in den dickleibigen Kommentierungen dazu oft selbst nicht mehr zurecht. Dieses knapp gefasste Lehrbuch wendet sich an die vielen Leser, die eine kurze, klare und zuverlässige Information über die Grundzüge des deutschen Arbeitsrechts auf dem neuesten Stand wünschen. Die zahlreichen Eingriffe des nationalen und des europäischen Gesetzgebers sind eingearbeitet, ebenso die erneut vielfach geänderte und schwankende Rechtsprechung des Bundesarbeitsgerichts und die – aus deutscher Sicht oft überraschende – Rechtsprechung des Europäischen Gerichtshofs.

Arbeitsrecht ist zu einem sehr großen Teil von der Arbeitsgerichtsbarkeit geschaffenes und in besonderer Weise „politisches" Recht. Neben der schlichten Information über die geltende Rechtslage werden daher auch der rechtspolitische Hintergrund und die Folgewirkungen der arbeitsrechtlichen Normsetzungen angedeutet.

Wir haben uns die Bearbeitung in der Weise geteilt, dass wir für den Gesamttext gemeinsam die Verantwortung tragen. Für wertvolle Hilfe bei der Anfertigung und Korrektur des Manuskripts danken wir herzlich den wissenschaftlichen Mitarbeitern am Kölner Institut für Arbeits- und Wirtschaftsrecht Herrn Akademischer Rat Dr. Clemens Höpfner, Frau Julia Lampe, Herrn Thomas Seidensticker und Frau Christine Vesper, LL.M.

Die Leser und Benutzer des Werkes bitten wir wie bisher um kritische Hinweise und Anregungen.

Konstanz/Köln im Juli 2010

Bernd Rüthers Martin Henssler

E-Mail:
bernd.ruethers@uni-konstanz.de
inst-awr@uni-koeln.de

Vorwort zur ersten Auflage (1967)

Das Arbeitsrecht gewinnt in Studium und Praxis immer größere Bedeutung. Diese Entwicklung verlangt nach einer entsprechenden Ausbildung aller, die sich mit arbeitsrechtlichen Fragen zu befassen haben. Dabei werden die Bemühungen, das Arbeitsrecht kennen- und verstehen zu lernen, unerwarteten Schwierigkeiten begegnen. Das ist vor allem auf die vielfältigen Besonderheiten dieses Rechtsgebiets zurückzuführen. Hier soll dieses Heft helfen. Es ist für den Lernenden geschrieben, der sich mit den Grundbegriffen des Arbeitsrechts vertraut machen will.

Mit dieser Darstellung soll der Anfänger an Hand von praktischen Beispielen in das Arbeitsrecht eingeführt werden. Das kann nur gelingen, wenn er die angeführten Gesetzesstellen sorgfältig liest und die Fälle selbständig durchdenkt. Ohne ständige Benutzung einer Textsammlung arbeitsrechtlicher Gesetze kann das Heft daher nicht mit Gewinn durchgearbeitet werden.

Aus pädagogischen Gründen ist das Schwergewicht auf eine Darstellung des einzelnen Arbeitsverhältnisses im Gesamtzusammenhang des Arbeitsrechts gelegt worden. Dabei werden in Rechtsprechung und Schrifttum behandelte Streitfragen bewußt nicht erörtert. Denn diese Einführung hat nur das Ziel, das Verständnis des Anfängers für arbeitsrechtliche Fragen zu wecken und das dazu erforderliche Grundwissen zu vermitteln.

Inhaltsverzeichnis

Abkürzungsverzeichnis

a.A.	andere Ansicht
a.a.O.	am angegebenen Ort
abgedr.	abgedruckt
abl.	ablehnend(er)
ABl.	Amtsblatt
ABlEG	Amtsblatt der Europäischen Gemeinschaften
ABlEU	Amtsblatt der Europäischen Union
Abs.	Absatz
AcP	Archiv für die civilistische Praxis
a. E.	am Ende
AEntG	Arbeitnehmer-Entsendegesetz
a.F.	alte Fassung
AFG	Arbeitsförderungsgesetz
AG	Aktiengesellschaft/Arbeitgeber
AGB	Allgemeine Geschäftsbedingungen
AGBG	Gesetz zur Regelung des Rechts der Allgemeinen Geschäftsbedingungen
AGG	Allgemeines Gleichbehandlungsgesetz
AiB	Arbeitsrecht im Betrieb
AktG	Aktiengesetz
AltersteilzeitG	Altersteilzeitgesetz
amtl.	amtlich
AN	Arbeitnehmer
Anm.	Anmerkung
AP	Arbeitsrechtliche Praxis
APS	Ascheid/Preis/Schmidt, Kündigungsrecht, 3. Aufl., 2007
ArbG	Arbeitsgericht
ArbGG	Arbeitsgerichtsgesetz
AR-Blattei	Arbeitsrecht-Blattei
ArbRGegW	Das Arbeitsrecht der Gegenwart
ArbnErfG	Gesetz über Arbeitnehmererfindungen
ArbPlSchG	Arbeitsplatzschutzgesetz
ArbSchG	Arbeitsschutzgesetz
ArbStättV	Arbeitsstättenverordnung
ArbZG	Arbeitszeitgesetz
arg e	Argument aus
Art.	Artikel
ASiG	Gesetz über Betriebsärzte, Sicherheitsingenieure und andere Fachkräfte für Arbeitssicherheit
Aufl.	Auflage
AÜG	Gesetz zur Regelung der gewerbsmäßigen Arbeitnehmerüberlassung
AuR	Arbeit und Recht

AVG	Angestelltenversicherungsgesetz
AZO	Arbeitszeitordnung
BAG	Bundesarbeitsgericht
BAT	Bundesangestelltentarifvertrag
BB	Betriebs-Berater
BBiG	Berufsbildungsgesetz
Bd.	Band
BDA	Bundesvereinigung der Deutschen Arbeitgeberverbände
BEEG	Bundeselterngeld- und Elternzeitgesetz
Beil.	Beilage
BErzGG	Bundeserziehungsgeldgesetz
BeschFG	Beschäftigungsförderungsgesetz v. 26. 4. 1985
BetrAVG	Gesetz zur Verbesserung der betrieblichen Altersversorgung
BetrVG	Betriebsverfassungsgesetz vom 15. 1. 1972
BetrVG 1952	Betriebsverfassungsgesetz 1952
BfA	Bundesversicherungsanstalt für Angestellte
BGB	Bürgerliches Gesetzbuch
BGBl.	Bundesgesetzblatt
BGH	Bundesgerichtshof
BGHSt	Entscheidungen des Bundesgerichtshofs in Strafsachen
BGHZ	Entscheidungen des Bundesgerichtshofs in Zivilsachen
BImSchG	Bundesimmissionsschutzgesetz
BinnenschifffahrtsG	Binnenschiffahrtsgesetz
BlStSozArbR	Blätter für Steuerrecht, Sozialversicherung und Arbeitsrecht
BMAS	Bundesministerium für Arbeit und Soziales
BMWA	Bundesministerium für Wirtschaft und Arbeit
BPersVG	Bundespersonalvertretungsgesetz
BRAO	Bundesrechtsanwaltsordnung
BSchG	Beschäftigtenschutzgesetz
BSG	Bundessozialgericht
Bsp.	Beispiel
BT-Drucks.	Bundestags-Drucksache
BUrlG	Bundesurlaubsgesetz
BVerfG	Bundesverfassungsgericht
BVerfGE	Entscheidungen des Bundesverfassungsgerichts
BVerwG	Bundesverwaltungsgericht
BVerwGE	Entscheidungen des Bundesverwaltungsgerichts
BZRG	Bundeszentralregistergesetz
bzw.	beziehungsweise
DB	Der Betrieb
DDR	Deutsche Demokratische Republik
ders.	derselbe

DFB	Deutscher Fußball-Bund
DGB	Deutscher Gewerkschaftsbund
d.h.	das heißt
dies.	dieselbe(n)
DM	Deutsche Mark
DrittelbG	Drittelbeteiligungsgesetz
DRK	Deutsches Rotes Kreuz
DTV	Deutscher Taschenbuch Verlag
DVO	Durchführungsverordnung
EBR	Europäischer Betriebsrat
EBRG	Europäisches Betriebsrätegesetz
EFZG	Entgeltfortzahlungsgesetz
EG	Europäische Gemeinschaft/Vertrag zur Gründung der Europäischen Gemeinschaft
EGBGB	Einführungsgesetz zum Bürgerlichen Gesetzbuch
EGV	Vertrag zur Europäischen Gemeinschaft (in der Fassung vor dem Vertrag von Amsterdam)
EignungsübungsG	Eignungsübungsgesetz
Einl.	Einleitung
Einzelh.	Einzelheiten
EMRK	Europäische Menschenrechtskonvention
ErfK	Erfurter Kommentar
ESC	Europäische Sozialcharta
EStG	Einkommensteuergesetz
EU	Europäische Union
EuGH	Europäischer Gerichtshof
EuGVO	Verordnung (EG) Nr. 44/2001 des Rates v. 22. 12. 2000 über die gerichtliche Zuständigkeit und die Anerkennung und Vollstreckung von Entscheidungen in Zivil- und Handelssachen
EuZW	Europäische Zeitschrift für Wirtschaftsrecht
e.V.	eingetragener Verein
EWG	Europäische Wirtschaftsgemeinschaft
EWGV	EWG-Vertrag
EWR	Europäischer Wirtschaftsraum
EzA	Entscheidungssammlung zum Arbeitsrecht
EzA-SD	EzA-Schnelldienst
f.	folgende
FA	Finanzamt
ff.	fortfolgende
FS	Festschrift
GbR	Gesellschaft bürgerlichen Rechts
gem.	gemäß
GewO	Gewerbeordnung

GG	Grundgesetz
GK	Gemeinschaftskommentar
GK-BetrVG	Gemeinschaftskommentar zum Betriebsverfassungsgesetz
GK-BUrlG	Gemeinschaftskommentar zum Bundesurlaubsgesetz
GmbH	Gesellschaft mit beschränkter Haftung
GmbHR	GmbH-Rundschau
grds.	grundsätzlich
GS	Großer Senat/Gedächtnisschrift
GVG	Gerichtsverfassungsgesetz
HAG	Heimarbeitsgesetz
HandwO	Handwerksordnung
HGB	Handelsgesetzbuch
h.L.	herrschende Lehre
h.M.	herrschende Meinung
Hrsg.	Herausgeber
hrsgg.	herausgegeben
Hs.	Halbsatz
HWK	Henssler/Willemsen/Kalb, Kommentar Arbeitsrecht, 4. Aufl., 2010
IAO	Internationale Arbeitsorganisation
i.d.F.	in der Fassung
IG	Industriegewerkschaft
ILO	International Labour Organisation
InsO	Insolvenzordnung
IPRax	Praxis des Internationalen Privatrechts
i.S.	im Sinne
i.V.m.	in Verbindung mit
JA	Juristische Arbeitsblätter
JArbSchG	Jugendarbeitsschutzgesetz
Jura	Juristische Ausbildung
JuS	Juristische Schulung
JZ	Juristenzeitung
KAPOVAZ	kapazitätsorientierte variable Arbeitszeit
Kfz	Kraftfahrzeug
KG	Kommanditgesellschaft
KindArbSchV	Verordnung über den Kinderarbeitsschutz
KR	Gemeinschaftskommentar zum Kündigungsschutzgesetz, 9. Aufl., 2009
krit.	kritisch(e)(r)(n)
KSchG	Kündigungsschutzgesetz
LAG	Landesarbeitsgericht
LAGE	Entscheidungen der Landesarbeitsgerichte

LFZG	Lohnfortzahlungsgesetz
lit.	litera
LKW	Lastkraftwagen
m.	mit
m.a.W.	mit anderen Worten
MDR	Monatsschrift für deutsches Recht
MgVG	Gesetz über die Mitbestimmung der Arbeitnehmer bei einer grenzüberschreitenden Verschmelzung
Mio.	Million(en)
MitbestErgG	Gesetz zur Ergänzung des Montan-Mitbestimmungsgesetzes
MitbestG	Mitbestimmungsgesetz von 1976
m. Nachw.	mit Nachweisen
Montan-MitbestG	Montan-Mitbestimmungsgesetz
MTM	Methods Time Measurement
MünchArbR	Münchener Handbuch zum Arbeitsrecht
MünchKomm	Münchener Kommentar zum Bürgerlichen Gesetzbuch
MuSchG	Mutterschutzgesetz
m. w. Nachw.	mit weiteren Nachweisen
Nachw.	Nachweise
NachwG	Nachweisgesetz
n.F.	neue Fassung
Nipperdey	Nipperdey I Arbeitsrecht, Textsammlung
NJW	Neue Juristische Wochenschrift
Nr.	Nummer
NStZ	Neue Zeitschrift für Strafrecht
NZA	Neue Zeitschrift für Arbeits- (und Sozial)recht
NZA-RR	Neue Zeitschrift für Arbeitsrecht, Rechtsprechungsreport
NZG	Neue Zeitschrift für Gesellschaftsrecht
OHG	Offene Handelsgesellschaft
OT	ohne Tarifbindung
PersVG	Personalvertretungsgesetz
PSA	Personalserviceagentur
RdA	Recht der Arbeit
Rdnr.	Randnummer
RGBl.	Reichsgesetzblatt
RGZ	Entscheidungen des Reichsgerichts in Zivilsachen
Rspr.	Rechtsprechung
RVO	Reichsversicherungsordnung
s.	siehe
S.	Seite

SAE	Sammlung arbeitsrechtlicher Entscheidungen
SchwbG	Schwerbehindertengesetz
SE	Societas Europaea
SEBG	SE-Beteiligungsgesetz
SeemG	Seemannsgesetz
SGB	Sozialgesetzbuch
SGG	Sozialgerichtsgesetz
Slg.	Sammlung
sog.	sogenannte (n, r, s)
SprAuG	Sprecherausschußgesetz
st. Rspr.	ständige Rechtsprechung
StGB	Strafgesetzbuch
str.	streitig
StVG	Straßenverkehrsgesetz
StVollzG	Strafvollzugsgesetz
StVZO	Straßenverkehrs-Zulassungsordnung
TVG	Tarifvertragsgesetz
TzBfG	Teilzeit- und Befristungsgesetz
u.	und
u.a.	unter anderem
u. E.	unseres Erachtens
UNO	Vereinte Nationen
Urt.	Urteil
u.U.	unter Umständen
UWG	Gesetz gegen den unlauteren Wettbewerb
v.	vom, von
VersR	Versicherungsrecht
vgl.	vergleiche
VO	Verordnung
WahlO	Wahlordnung
WRV	Weimarer Verfassung des Deutschen Reichs vom 11. 8. 1919
zahlr.	zahlreich(e)(en)
z.B.	zum Beispiel
ZfA	Zeitschrift für Arbeitsrecht
ZGS	Zeitschrift für das gesamte Schuldrecht
ZIP	Zeitschrift für Wirtschaftsrecht
zit.	zitiert
ZPO	Zivilprozessordnung
z.T.	zum Teil
ZivildienstG	Zivildienstgesetz
ZZP	Zeitschrift für Zivilprozess

Schrifttum

Allgemeines Schrifttum:

Boemke: Studienbuch Arbeitsrecht, 2. Aufl., 2004
Brox/Henssler: Handelsrecht, 20. Aufl., 2009
Brox/Walker: Allgemeiner Teil des BGB, 33. Aufl., 2009
Brox/Walker: Allgemeines Schuldrecht, 34. Aufl., 2010
Brox/Walker: Besonderes Schuldrecht, 34. Aufl., 2010
Brox/Walker: Zwangsvollstreckungsrecht, 8. Aufl., 2008
Däubler: Das Arbeitsrecht, Bd. 1, 16. Aufl., 2006; Bd. 2, 12. Aufl., 2007 (geplant)
Dütz: Arbeitsrecht, 14. Aufl., 2009
Erfurter Kommentar zum Arbeitsrecht: 10. Aufl., 2010
Erman: Bürgerliches Gesetzbuch, 12. Aufl., 2008, §§ 611–630
Etzel: Arbeitsrecht, 3. Aufl., 2005
Gamillscheg: Arbeitsrecht I, Arbeitsvertrags- und Arbeitsschutzrecht, 8. Aufl., 2000
Gamillscheg: Kollektives Arbeitsrecht, Bd. I, 1997
Gotthardt: Arbeitsrecht nach der Schuldrechtsreform, 2. Aufl., 2003
Haberkorn: Arbeitsrecht, 13. Aufl., 2009
Hanau/Adomeit: Arbeitsrecht, 14. Aufl., 2007
Helml: Arbeitsrecht (Examenskurs für Rechtsreferendare), 8. Aufl., 2004
Henssler/Willemsen/Kalb: Arbeitsrecht Kommentar, 4. Aufl., 2010
Hromadka/Maschmann: Individualarbeitsrecht, 4. Aufl., 2008
Hromadka/Maschmann: Kollektivarbeitsrecht, 4. Aufl., 2007
Jauernig: Bürgerliches Gesetzbuch, 13. Aufl., 2009, §§ 611–630
Junker: Grundkurs Arbeitsrecht, 9. Aufl., 2010
Kasseler Handbuch zum Arbeitsrecht: Band 1 und 2, 2. Aufl., 2000
Krimphove: Europäisches Arbeitsrecht, 2. Aufl., 2001
Lieb/Jacobs: Arbeitsrecht, 9. Aufl., 2006
Löwisch: Arbeitsrecht, 8. Aufl., 2007
Michalski: Arbeitsrecht, 7. Aufl., 2008
B. Müller/F. Preis: Arbeitsrecht im öffentlichen Dienst, 7. Aufl., 2009
Münchener Handbuch zum Arbeitsrecht: Band 1 bis 3, 5. Aufl., 2007
Münchener Kommentar zum Bürgerliches Gesetzbuch: Band 4, 5. Aufl., 2009, §§ 611–630
Otto: Arbeitsrecht, 4. Aufl., 2008
Palandt: Bürgerliches Gesetzbuch, 69. Aufl., 2010, §§ 611–630
Preis: Der Arbeitsvertrag, Handbuch der Vertragspraxis und -gestaltung, 3. Aufl., 2008
Preis: Arbeitsrecht, Praxis-Lehrbuch zum Individualarbeitsrecht, 3. Aufl., 2009
Preis: Arbeitsrecht, Praxis-Lehrbuch zum Kollektivarbeitsrecht, 2003
Reichold: Arbeitsrecht – Lehrbuch nach Anspruchsgrundlagen, 3. Aufl., 2008
Rüthers/Stadler: Allgemeiner Teil des BGB, 16. Aufl., 2009
Rüthers: Arbeitsrecht und politisches System, 2. Aufl., 1973
Schaub: Arbeitsrechts-Handbuch, 13. Aufl., 2009

Schwab: Arbeitsrecht-Blattei – Systematische Darstellungen (Loseblattsammlung)
Söllner/Waltermann: Arbeitsrecht, 15. Aufl., 2009
Soergel: Bürgerliches Gesetzbuch, 12. Aufl., 1998, §§ 611–630
Staudinger: Kommentar zum BGB, 14. Bearb., §§ 611–615, 2009; §§ 616–630, 2002
Wörlen/Kokemoor: Arbeitsrecht, 9. Aufl., 2009
Wollenschläger: Arbeitsrecht, 3. Aufl., 2010
Zöllner/Loritz/Hergenröder: Arbeitsrecht, 6. Aufl., 2007

Zum Arbeitnehmerschutzrecht:

Ascheid/Preis/Schmidt: Kündigungsrecht, Großkommentar zum gesamten Recht der Beendigung von Arbeitsverhältnissen, 3. Aufl., 2007
Backmeister/Trittin/Mayer: Kündigungsschutzgesetz mit Nebengesetzen, 4. Aufl., 2009
Becker u.a.: Gemeinschaftskommentar zum Kündigungsschutzgesetz und zu sonstigen kündigungsschutzrechtlichen Vorschriften (KR), 9. Aufl., 2009
Birk: Gemeinschaftskommentar zum Entgeltfortzahlungsrecht, (Loseblattsammlung)
Buchner/Becker: Mutterschutzgesetz und Bundeserziehungsgeldgesetz, 8. Aufl., 2008
Cramer: Schwerbehindertengesetz, Kommentar, 6. Aufl., 2010
Dornbusch/Wolff: Kündigungsschutzgesetz – Kommentar zum Kündigungsschutzgesetz und zu den Nebengesetzen, 2. Aufl., 2008
Dorndorf/Weller/Hauck: Heidelberger Kommentar zum Kündigungsschutzgesetz, 4. Aufl., 2000
Ernst/Adlhoch/Seel, SGB IX (Loseblattsammlung)
Feldes/Kamm/Preiseler: Schwerbehindertenrecht, 10. Aufl., 2005
Gallner/Fiebig/Pfeiffer: Handkommentar Kündigungsschutzgesetz, 2. Aufl., 2004
Geyer/Knorr/Krasney: Entgeltfortzahlung – Krankengeld – Mutterschaftsgeld (Loseblattsammlung)
Großmann/Schimanski/Löschau: Gemeinschaftskommentar zum Sozialgesetzbuch – GK-SGB IX (Loseblattsammlung)
Herkert/Töltl: Berufsbildungsgesetz (Loseblattsammlung)
Hueck/v. Hoyningen-Huene/Linck: Kündigungsschutzgesetz, 14. Aufl., 2007
Kaiser: Die Entgeltfortzahlung an Feiertagen und im Krankheitsfall, 17. Aufl., 2004
Kittner/Däubler/Zwanziger: Kündigungsschutzrecht, 7. Aufl., 2008
Knopp/Kraegeloh: Berufsbildungsgesetz, 5. Aufl., 2005
Knopp/Kraegeloh: Jugendarbeitsschutzgesetz, 5. Aufl., 2005
Lakies/Wohlgemuth/Malottke: Berufsbildungsgesetz, 3. Aufl., 2006
Löwisch/Spinner: Kommentar zum Kündigungsschutzgesetz, 9. Aufl., 2004
Marienhagen/Künzl: Entgeltfortzahlungsgesetz (Loseblattsammlung)
Meisel/Sowka: Mutterschutz und Erziehungsurlaub, 5. Aufl., 1999
Müller-Wenner/Schorn: SGB IX Teil 2 – Schwerbehindertenrecht, 2003
Neumann: Urlaubsrecht, 12. Aufl., 2000
Neumann/Biebl: Arbeitszeitgesetz, 15. Aufl., 2008

Neumann/Fenski: Bundesurlaubsgesetz, 9. Aufl., 2003
Schellhöh/Weber: Berufsbildungsrecht (Loseblattsammlung)
Schmitt: Entgeltfortzahlungsgesetz, 6. Aufl., 2007
Schoden: Jugendarbeitsschutzgesetz, 6. Aufl., 2010
Sowka: Kölner Praxiskommentar zum Kündigungsschutzgesetz, 3. Aufl., 2004
Stahlhacke/Preis/Vossen: Kündigung und Kündigungsschutz im Arbeitsverhältnis, 10. Aufl., 2010
Weyand/Schubert: Das neue Schwerbehindertenrecht, 2. Aufl., 2002
Zmarzlik/Anzinger: Jugendarbeitsschutzgesetz, 5. Aufl., 1998
Zmarzlik/Zipperer/Viethen: Mutterschutzgesetz, 9. Aufl., 2005

Zum Recht der betrieblichen Altersversorgung:

Ahrend/Förster/Cisch: Betriebsrentengesetz, 11. Aufl., 2007
Berenz: Gesetzesmaterialien zum Betriebsrentengesetz, 2003
Blomeyer/Rolfs/Otto: Betriebsrentengesetz, 4. Aufl., 2006
Höfer: Gesetz zur Verbesserung der betrieblichen Altersversorgung (Loseblattsammlung)
Schoden: BetrAVG – Betriebliche Altersversorgung, 2. Aufl., 2003

Zum Betriebsverfassungs- und Personalvertretungsrecht:

Altvater u. a.: Bundespersonalvertretungsgesetz, 6. Aufl., 2008
Däubler/Kittner/Klebe: Betriebsverfassungsgesetz, 12. Aufl., 2009
Edenfeld: Recht der Arbeitnehmermitbestimmung, 2. Aufl., 2005
Etzel: Betriebsverfassungsrecht, 8. Aufl., 2002
Fitting/Engels/Schmidt/Trebinger/Linsenmaier: Betriebsverfassungsgesetz, 25. Aufl., 2010
Glaubrecht/Halberstadt/Zander: Betriebsverfassung (Loseblattsammlung)
Gnade/Kehrmann/Schneider/Klebe: Betriebsverfassungsgesetz, 10. Aufl., 2002
Grabendorff/Ilbertz/Widmaier: Bundespersonalvertretungsgesetz, 11. Aufl., 2008
Hess/Schlochauer/Glaubitz: Betriebsverfassungsgesetz, 6. Aufl., 2003
v. Hoyningen-Huene: Betriebsverfassungsrecht, 6. Aufl., 2007
Ilbertz/Widmaier: Bundespersonalvertretungsgesetz, 11. Aufl., 2008
Kraft/Wiese/Kreutz/Oetker/Raab/Weber/Franzen: Gemeinschaftskommentar zum Betriebsverfassungsgesetz, Bd. I und II, 9. Aufl., 2010
Löwisch/Kaiser: Betriebsverfassungsgesetz, 6. Aufl., 2010
Lorenzen/Etzel/Gerhold: Bundespersonalvertretungsgesetz (Loseblattsammlung)
Reich: Bundespersonalvertretungsgesetz, 2001
Richardi: Betriebsverfassungsgesetz mit Wahlordnung, 12. Aufl., 2010
Stege/Weinspach/Schiefer: Betriebsverfassungsgesetz, 9. Aufl., 2002
Wlotzke/Preis: Betriebsverfassungsgesetz, 4. Aufl., 2009

Zum Mitbestimmungsrecht:

Fitting/Wlotzke/Wißmann: Mitbestimmungsgesetz, 3. Aufl., 2008
Freis/Kleinefeld/Kleinsorge/Voigt: Drittelbeteiligungsgesetz, 2004
Kleinsorge: Neuregelungen im Mitbestimmungsgesetz mit Wahlordnungen, 2002

Nagel/Freis/Kleinsorge: Die Beteiligung der Arbeitnehmer in der Europäischen Gesellschaft – SE, 2005
Ulmer/Habersack/Henssler: Mitbestimmungsgesetz, 2. Aufl., 2006
Raiser: Mitbestimmungsgesetz, 5. Aufl., 2009

Zum Tarifvertragsrecht:

Däubler: Kommentar zum TVG, 2. Aufl., 2006
Fuchs/Reichhold: Tarifvertragsrecht, 2. Aufl., 2006
Jacobs/Krause/Oetker: Tarifvertragsrecht, 2007
Kempen/Zachert: Tarifvertragsgesetz, 4. Aufl., 2006
Löwisch/Rieble: Tarifvertragsgesetz, 2. Aufl., 2004
Stein: Tarifvertragsrecht, 1997
Wiedemann: Tarifvertragsgesetz, 7. Aufl., 2007

Zum Arbeitskampfrecht:

Brox/Rüthers: Arbeitskampfrecht, 2. Aufl., 1982
Bünger: Der verhandlungsbegleitende Warnstreik, 1996
Däubler (Hrsg.): Arbeitskampfrecht, 2. Aufl., 1987
Kissel: Arbeitskampfrecht, 2002
Kittner: Arbeitskampf – Geschichte, Recht, Gegenwart, 2005
Löwisch: Arbeitskampf- und Schlichtungsrecht, 1997
G. Müller: Arbeitskampf und Recht, 1987
Otto: Arbeitskampf- und Schlichtungsrecht, 2006

Zur Arbeitsgerichtsbarkeit:

Ascheid/Bader/Dörner: Gemeinschaftskommentar zum Arbeitsgerichtsgesetz (Loseblattsammlung)
Germelmann/Matthes/Prütting/Müller-Glöge: Arbeitsgerichtsgesetz, 7. Aufl., 2009
Grunsky: Arbeitsgerichtsgesetz, 7. Aufl., 1995
Hauck/Helml: Arbeitsgerichtsgesetz, 3. Aufl., 2006

Übungsliteratur:

Haberkorn: 600 Fragen und Antworten aus dem Arbeitsrecht, 4. Aufl., 2003
Michalski: Arbeitsrecht – 50 Fälle mit Lösungen, 6. Aufl., 2008
Oetker: 30 Klausuren aus dem Arbeitsrecht – Individualarbeitsrecht, 8. Aufl., 2009
Oetker: 30 Klausuren aus dem Arbeitsrecht – Kollektives Arbeitsrecht, 7. Aufl., 2008
Richardi/Annuß: Arbeitsrecht, Fälle und Lösungen nach höchstrichterlichen Entscheidungen, 7. Aufl., 2000
Wank: Übungen im Arbeitsrecht, 3. Aufl., 2002

Textsammlungen:

Kittner: Arbeits- und Sozialordnung, 35. Aufl., 2010
Nipperdey: Arbeitsrecht (Loseblattsammlung)
Textausgabe Arbeitsgesetze, dtv, 76. Aufl., 2010

Kapitel 1

Das Arbeitsrecht und das Arbeitsverhältnis

Fälle:

a) Der bei der Kleiderfabrik Neue-Kleidung GmbH beschäftigte Schneider S verlangt die Vergütung für den Monat Januar. Nach Feierabend hat S an drei Tagen bei der Familie A Kleidungsstücke geflickt und an anderen Tagen dem B aus einem von diesem beschafften Stoff einen Maßanzug geschneidert. Bei welchem Gericht muss S die Vergütungen einklagen? 1

b) Frau F verkauft im Gemüseladen ihres Ehemannes M und verlangt dafür Lohn. M will wissen, ob er die Geldbeträge, die er seiner Frau zahlt, als Betriebsausgaben vom Einkommen absetzen darf und ob Lohnsteuer und Sozialversicherungsbeiträge entrichtet werden müssen.

Wie ist es, wenn zwischen den Ehegatten ein Arbeitsvertrag geschlossen worden ist?

c) Die Rote-Kreuz-Schwester S, die in einem von ihrer Schwesternschaft betriebenen Krankenhaus tätig ist, kandidiert für den Betriebsrat. Der Wahlvorstand meint, die Schwester sei keine Arbeitnehmerin, sondern Vereinsmitglied des DRK.

d) Die Fernsehreporterin R wird vom Sender S als freie Mitarbeiterin beschäftigt. Als S kündigt, meint R, sie genieße Kündigungsschutz nach dem KSchG, weil sie Arbeitnehmerin sei.

I. Arbeitsrecht

Schrifttum: Däubler, Arbeitsrecht in globalisierter Wirtschaft, in: Festschrift Küttner, 2006, S. 531; Hanau, Entwicklungslinien im Arbeitsrecht, DB 1998, 68; Herrmann, Kollektivautonomie contra Privatautonomie – Arbeitsvertrag, Betriebsvereinbarung und Mitbestimmung, NZA 2000, 14; Janßen, Arbeitsmarktflexibilisierung in der Sozialen Marktwirtschaft, 2005; Loritz, Die Wiederbelebung der Privatautonomie im Arbeitsrecht, ZfA 2003, 629; Oetker, Die Ausprägung der Grundrechte des Arbeitnehmers in der Arbeitsrechtsordnung der Bundesrepublik Deutschland, RdA 2004, 8; Picker, Privatautonomie und Kollektivautonomie, in: Picker/Rüthers (Hrsg.), Recht und Freiheit, 2003, S. 25; Rüthers (Hrsg.), Der Konflikt zwischen Kollektivautonomie und Privatautonomie im Arbeitsleben, 2002; Söllner, Arbeitsrecht im Spannungsfeld zwischen Gesetzgeber und Arbeitsgerichtsbarkeit, NZA 1992, 721; Thüsing, Arbeitsrecht zwischen Markt und Arbeitnehmerschutz, NZA 2004, 2576; Wank, Arbeitnehmer und Selbständige, 1988; Zöllner, Der kritische Weg des Arbeitsrechts zwischen Privatkapitalismus und Sozialstaat, NJW 1990, 1.

1. Begriff/Entstehung/Aufgaben

a) *Begriff*

Das Arbeitsrecht ist ein Rechtsgebiet mit besonderer Faszination: Die Dynamik seiner Entwicklung, seine Praxisrelevanz, seine hohe sozialpolitische und wirtschaftliche Bedeutung heben es von vielen anderen Rechtsmaterien ab. Für den Großteil der Bevölkerung gestaltet es Existenzgrundlage und Lebensumstände, 2 für Juristen bietet es ein außerordentlich breites Betätigungsfeld: Eine eigene Gerichtsbarkeit, die Arbeitsgerichtsbarkeit, eine eigene Fachanwaltsbezeichnung „Fachanwalt für Arbeitsrecht“, Einsatzmöglichkeiten in Arbeitsverwaltungen, Gewerkschaften, Verbänden und Unternehmen – und zwar nicht nur in Rechtsabteilungen, sondern auch im Personalbereich – veranschaulichen diese Vielfalt. Für Studierende ist das Arbeitsrecht damit attraktiv nicht nur als besonders lebendiges Grundlagenfach mit hoher Examensrelevanz, in dem sich zudem viele schuldrechtliche Fragen vertiefen lassen, sondern auch als Schwerpunktfach mit der Aussicht auf überdurchschnittliche – und krisenfeste – Berufschancen. Ziel dieses Lehrbuches ist es, Lernenden und Praktikern nicht nur die Grundkenntnisse des Arbeitsrechts zu vermitteln, sondern ihnen auch den Reiz dieses spannenden Rechtsgebietes nahe zu bringen.

3 Nüchtern betrachtet lässt sich Arbeitsrecht definieren als die Summe der Rechtsnormen, die sich auf die in abhängiger, weisungsgebundener Tätigkeit geleistete Arbeit beziehen. Sie wird von unselbständigen „Arbeitnehmern“ geleistet, die ihren „Arbeitgebern“ vertraglich vereinbarte Dienste schulden. Die *Arbeitnehmer* geben also ihre Arbeit als geschuldete Leistung. Der Arbeitnehmerbegriff (Rdnr. 57ff.) ist Hauptbegriff und zugleich Anknüpfungspunkt für das gesamte Arbeitsrecht.

4 Im Arbeitsrecht geht es maßgeblich um Macht (Wer hat das Sagen im Betrieb und Unternehmen, in der „Arbeitswelt“?) und um Geld (Welche Entgelte stehen den Arbeitnehmern zu? Wer trägt die notwendigen Aufwendungen?). Um die Gestaltung des Arbeitsrechts wird daher zu allen Zeiten, heute überwiegend in einem institutionalisierten Prozess organisierter Interessen, leidenschaftlich gerungen.

b) *Arbeitsrecht und Industriegesellschaft*

5 Das gegenwärtige Arbeitsrecht als Regulierungsinstrument aller aus weisungsgebundener Tätigkeit entstehenden „Arbeitsbeziehungen“ zwischen den individuellen und den kollektiv organisierten „Arbeitsmarktparteien“ (Arbeitnehmer und Arbeitgeber sowie ihre Verbände oder Repräsentanten) geht auf die entwickelte Industriegesellschaft des 20. Jahrhunderts zurück. Zu deren industriell organisierter Massenproduktion – also auch zu den damit vorgegebenen Belastungen an Fließbändern und durch ähnliche Arbeitsbedingungen – gibt es im Interesse der Überlebensbedürfnisse der wachsenden Weltbevölkerung keine prinzipiell humanere Alternative. Eine Diskussion über Sinn und Unsinn der Industriegesellschaft erübrigt sich, da sich diese Entwicklung in einer globalisierten Welt nicht rückgängig machen lässt. Das Arbeitsrecht ist ein notwendiger Bestandteil jeder modernen Gesellschaft; das gilt unabhängig von den weltanschaulichen Vorverständnissen und systemleitenden Prinzipien der jeweiligen Verfassungsordnung.

c) *Arbeitsrecht als Reflex der Wirtschaftsformen und Staatssysteme*

6 Das staatliche Arbeitsrecht ist ursprünglich als Arbeitnehmerschutzrecht entstanden. Die Verelendung breiter Schichten im Zuge der Industrialisierung führte im 19. Jahrhundert zu legislativen Maßnahmen, weil das soziale Elend des „vierten Standes“, der Arbeiterschaft, die Interessen und die Stabilität der gesamten staatlichen Ordnung zu gefährden drohte.

Die umfangreiche Geschichte des Arbeitsrechts in Deutschland ist ein eigenständiges, ungemein fesselndes Gebiet der Rechtsgeschichte, vielleicht besser: einer „Unrechtsgeschichte“, auf das hier nur verwiesen werden kann. Zwei historische Feststellungen sind für das zutreffende Verständnis des Arbeitsrechts besonders zu beachten.

Das Arbeitsrecht ist in seiner geschichtlichen Entwicklung regelmäßig ein Eck- **7**
stein und Spiegel des jeweilig bestehenden politischen Herrschaftssystems. Es gibt kein „unpolitisches“ Arbeitsrecht. Seine Epochen werden von den jeweils etablierten Staatsformen und Herrschaftsideologien bestimmt. Nach den jeweils gültigen Verfassungsprinzipien unterscheiden wir sehr unterschiedliche Arbeitsrechtsordnungen („Arbeitsverfassungen“) im Kaiserreich, in der Weimarer Republik, im Nationalsozialismus, in der DDR und in der Bundesrepublik Deutschland. Die Staatsverfassung prägt die ihr zugehörige Arbeitsverfassung vor. Arbeitsrecht ist eine abhängige Variable des etablierten politischen Systems (Rüthers, Arbeitsrecht und politisches System, 1973). Heute wird das Arbeitsrecht zunehmend weltweit als ein Baustein und Teilsystem der sozial ausgestalteten Marktwirtschaft verstanden und fortentwickelt.

Die Abhängigkeit vom politischen System wird anschaulich am Beispiel des Betriebsverfassungsrechts: Jedem Wechsel der Staatsverfassung in Deutschland folgte bald eine neue gesetzliche Betriebsverfassung (WRV 1919: BetriebsräteG 1920; NS-Staat 1933: Gesetz zur Ordnung der nationalen Arbeit 1934; Erste Verfassung der DDR 1949: Beseitigung der freigewählten Betriebsräte durch zentral gesteuerte Betriebsgewerkschaftsorganisationen 1950; Grundgesetz 1949: Betriebsverfassungsgesetz 1952, novelliert 1972 und 2001).

d) *Der Zusammenhang von Staatsverfassung, Wirtschaftsverfassung und Arbeitsrechtsordnung*

Das Grundgesetz prägt durch zahlreiche Einzelbestimmungen, vor allem durch **8**
die Grundrechte aus den Art. 1, 2, 3, 4, 5, 9 III, 12, 14 und 15 GG in einem verfassungsrechtlichen Ordnungsrahmen die Arbeitsrechtsordnung vor. Die Verfassungsgarantien aus Art. 9 III GG wirken auf das Arbeitsrecht und die gesamte Privatrechtsordnung ein (positive und negative Koalitionsfreiheit, Daseins- und Betätigungsrecht der sozialen Koalitionen, Einrichtungsgarantien der Tarifautonomie und des Arbeitskampfes). Die übrigen genannten Grundrechte haben eine mittelbare Drittwirkung über die Generalklauseln des Zivilrechts (§§ 138, 157, 242, 826 BGB). Die Auffassung, dass die Grundrechte mit Ausnahme von Art. 9 III GG im Privatrecht nur „mittelbar“ im Sinne einer objektiven Wertordnung wirken, hat sich auch im Arbeitsrecht durchgesetzt (BAG (GS) NZA 1985, 702; 1986, 643 gegen BAG AP Nr. 2 zu § 134 BGB). Zur Bindung der arbeitsrechtlichen Normsetzer (insbesondere der Tarifparteien) an die Grundrechte vgl. Rdnr. 120, 659.

Zwischen dem Arbeitsrecht und der Wirtschaftsordnung besteht ein unlösbarer **9**
Zusammenhang (vgl. dazu Zöllner, NJW 1990, 1). Das Arbeitsrecht kann in seinen umfassenden Steuerungsaufgaben zutreffend nur als Baustein und Teilbereich

der jeweiligen „Wirtschaftsverfassung" verstanden werden. Unter Wirtschaftsverfassung ist die Summe aller Normen (nicht nur der verfassungsrechtlichen) zu verstehen, welche den Einsatz der Produktionsmittel und die Verteilung der im Wirtschaftsprozess erzeugten Güter regeln (so Zöllner/Loritz/Hergenröder, § 1 II). Der fundamentale Zusammenhang zwischen Staatsverfassung, Arbeits- und Wirtschafts-„verfassung" wird in den meisten Lehrbüchern des Arbeitsrechts nicht oder nur am Rande erwähnt. Das geht auf die Fortschreibung eines alten Missverständnisses in der Rspr. des BVerfG zurück. Das Gericht stellte in seiner Entscheidung zum Investitionshilfegesetz (BVerfGE 4, 7, 17f.) die These auf, das Grundgesetz sei „wirtschaftspolitisch neutral". Im Mitbestimmungsurteil wurde diese Aussage bekräftigt (BVerfGE 50, 290, 336f.). Der Irrtum ist offensichtlich. Das Grundgesetz garantiert nach h.L. in Art. 9 III (jedenfalls) einen Kernbereich der staatsfreien Tarifautonomie und (als Hilfsinstrument derselben) der Arbeitskampffreiheit. Staatsfreie Tarifautonomie und Arbeitskampffreiheit gibt es aber nur in marktwirtschaftlichen Ordnungen (Rüthers, Arbeitsrecht und politisches System, 1973).

10 In der Bundesrepublik ist das Arbeitsrecht ein Grundpfeiler der Wirtschaftsordnung, die als „soziale Marktwirtschaft" bezeichnet wird. Damit ist eine Ordnung gemeint, in der die Kräfte des Marktes sich nicht völlig frei und unkontrolliert entfalten können, sondern in welcher der Staat („Sozialstaat" Art. 20 I; 28 I GG) Rahmenbedingungen und Grenzen der marktwirtschaftlich zu treffenden („privaten") Entscheidungen festlegt, um so unerträgliche soziale Folgewirkungen des freien Marktes zu verhindern und zu mildern.

e) *Eigentumsverfassung und Arbeitsrecht*

11 Eine wichtige, unverzichtbare Grundlage der marktwirtschaftlichen Ordnung ist das private Eigentum an den Produktionsmitteln, wie es im Grundgesetz (Art. 14, 15) garantiert ist. Die jeweilige Eigentumsordnung hat weitreichenden Einfluss auf die Grundstruktur des Arbeitsrechts in allen seinen Teilbereichen (Arbeitsvertrag, Betriebsverfassung, Tarifautonomie und Mitbestimmung). Das private Eigentum an den Unternehmen, also an den Arbeitsstätten, bewirkt eine wirtschaftliche und rechtliche Vormachtstellung des Arbeitgebers, die durch das Arbeitnehmerschutzrecht – sei es staatlich oder durch die Tarif- oder Betriebsparteien – kompensiert wird. Andererseits ergibt sich auch aus dem Privateigentum eine ökonomische und rechtliche Schranke der arbeitsrechtlichen Schutzgesetzgebung.

12 Das GG spricht in Art. 9 III insoweit konsequent von der Wahrung und Förderung der Arbeits- und Wirtschaftsbedingungen durch die Verbände am Arbeitsmarkt. Es ist zu beachten, dass die Arbeitsbedingungen der Arbeitnehmer zugleich Wirtschaftsbedingungen der Arbeitgeber und beide ökonomisch untrennbar miteinander verknüpft sind. Hieraus ergibt sich, dass arbeitsrechtlicher Sozialschutz nur insoweit dauerhaft gewährleistet ist, als er aus der real vorhandenen Produktivität des Wirtschaftsprozesses finanziert werden kann (Rüthers, in Festschrift E. Wolf, 1985, S. 565). Die Entstehungsgeschichte des modernen Arbeitsrechts im 19. Jahrhundert, als es darum ging, die „Proletarier" vor weiterer Verelendung zu schützen, hat dazu geführt, den einzigen oder doch damals zutreffend vorrangigen

Zweck des Arbeitsrechts im Schutz der abhängigen Arbeitnehmer gegen die übermächtigen Arbeitgeber zu sehen. Diese Sicht, in Lehrbüchern bis heute vertreten, wird der Vielfalt der ordnungspolitischen Aufgaben des Arbeitsrechts nicht mehr gerecht.

Das Arbeitsrecht erfüllt in entwickelten Industriegesellschaften mehrere zentrale Aufgaben: **13**

- Es schützt die im Regelfall (jedoch nicht immer) sozial schwächeren und wirtschaftlich unterlegenen Arbeitnehmer im Sinne von Mindeststandards, vor allem in den individualrechtlichen Beziehungen des Einzelarbeitsvertrags.
- Es schafft durch die kollektivrechtlichen Institutionen der Betriebsverfassung (Betriebsautonomie), der Unternehmensmitbestimmung und der Tarifautonomie die Voraussetzungen eines fairen Ausgleichs und einer Harmonisierung der gegensätzlichen und der gemeinsamen kollektiven Interessen der Arbeitsmarktparteien.
- Es fördert eine möglichst reibungs- und konfliktarme und effektive Produktion von Waren und Dienstleistungen im Interesse der Wettbewerbsfähigkeit der nationalen Wirtschaftsstandorte und der Sicherung eines ausreichenden Wachstums als Grundlage möglichst hoher Beschäftigungsraten.
- Es sichert die Stabilität der Gesellschafts- und Staatsordnung durch die rechtliche Kanalisierung schichtspezifischer Interessengegensätze der Arbeitsmarktparteien.

Arbeitsrecht ist nach allem ein besonders „systemnahes“, politisches Recht. **14** Sein Geltungsbereich erfasst und beeinflusst einen großen und für die politische Entwicklung besonders bedeutenden Teil der Bevölkerung in den Industriegesellschaften, die – als Folge der weit fortgeschrittenen Arbeitsteilung einerseits und Unternehmenskonzentration andererseits – zu Recht als „Arbeitnehmergesellschaften“ bezeichnet werden. Das kollektive soziale und ökonomische Schicksal dieser Großgruppe der Bevölkerung in jeder Industriegesellschaft wird maßgeblich vom Arbeitsrecht beeinflusst.

f) *Arbeitsrecht und Rechtspolitik*

Aus den geschilderten Verknüpfungen des Arbeitsrechts mit der jeweiligen **15** Staats- und Wirtschaftsordnung folgt, dass es für diese Rechtsdisziplin keinen fertigen Endzustand geben kann. Es ist niemals „abgeschlossen“, sondern wird von den zuständigen Normsetzern (Gesetzgebung, Tarif- und Betriebsparteien, Arbeitsgerichtsbarkeit) fortlaufend den sich wandelnden technischen und ökonomischen Fakten sowie den wechselnden gesellschaftlichen und politischen Zielen („Sozialidealen“) angepasst.

Daraus erklärt sich, dass der permanente, nicht selten mit politischer Leidenschaft geführte „Kampf ums Recht“ (Jhering, Der Kampf um’s Recht, 20. Aufl., 1921) im Arbeitsrecht seit jeher eine besondere Aktualität hat, verursacht durch sehr unterschiedliche materielle Interessen und weltanschauliche Vorverständnisse der Arbeitsmarktparteien. Es gibt kein wertfreies oder weltanschauungsfreies Arbeitsrecht.

16 Die Besonderheit der Rechtspolitik im Arbeitsrecht besteht darin, dass sie im Vergleich zu anderen Rechtsdisziplinen in einem außergewöhnlichen Umfang von der Arbeitsgerichtsbarkeit geleistet wird. Das BAG wie auch die Landesarbeitsgerichte werden dadurch, dass wichtige Materien überhaupt nicht gesetzlich geregelt sind (Arbeitnehmerhaftung, Koalitionsrecht, Arbeitskampfrecht), dass das vorhandene Gesetzesrecht oft veraltet, widersprüchlich und von Generalklauseln durchsetzt ist, zu den „eigentlichen Herren des Arbeitsrechts" (Gamillscheg, AcP 164 (1964), 385, 388). Aus Dienern des Gesetzes sind macht- und selbstbewusste Herren der Arbeitsrechtsordnung – leider oft mit schwankenden Regelungszielen und -ergebnissen – geworden (zum Selbstverständnis des BAG als Ersatzgesetzgeber, wenn die Gesetzgebung untätig bleibt, vgl. für das Arbeitskampfrecht BAG (GS) AP Nr. 43 zu Art. 9 GG Arbeitskampf = RdA 1971, 185; BAG AP Nr. 64 zu Art. 9 GG Arbeitskampf; NZA 1984, 393; 1988, 846). Dabei scheut sich der 1. Senat des BAG nicht, seine veränderten Vorstellungen zur Rechtspolitik entgegen der Rspr. des Großen Senats unter wiederholter und mehrfach kritisierter Verletzung seiner Vorlagepflicht (§ 45 II, IV ArbGG) durchzusetzen, etwa den „ultima-ratio"-Grundsatz und die Kampfparität im Arbeitskampfrecht nahezu vollständig zu liquidieren (BAG NZA 1988, 846; BAG JZ 2010, 254 m. Anm. Rüthers/Höpfner).

17 Die von den politischen Parteien betriebene Politisierung der Arbeitsgerichtsbarkeit – nicht zuletzt bei der Besetzung wichtiger Richterstellen – wird durch die in vielen Bundesländern anzutreffende Ressortierung der Arbeitsgerichte außerhalb der Justiz- oder Rechtspflegeministerien und durch die wachsende Normsetzungsfreude der letztinstanzlichen Gerichte maßgeblich gefördert (vgl. auch Rdnr. 20 ff.).

g) *Grenzen der individuellen Vertragsfreiheit*

18 Das Arbeitsrecht ist als *Arbeitnehmerschutzrecht* entstanden; es dient auch heute vornehmlich dem Schutz des Arbeitnehmers. Für den Arbeitnehmer ist der Arbeitsvertrag (Rdnr. 50 ff.), den er mit dem Arbeitgeber (Rdnr. 63) schließt, regelmäßig ein besonders wichtiges Rechtsgeschäft: Der Arbeitnehmer stellt dem Arbeitgeber seine Arbeitskraft zur Verfügung; von dem Arbeitsentgelt hat er seinen und seiner Familie Lebensunterhalt zu bestreiten. Deshalb ist er darauf angewiesen, dass er einen entsprechenden Lohn erhält, seine Gesundheit durch die Arbeit nicht gefährdet wird und ihm sein Arbeitsplatz möglichst erhalten bleibt. Das könnte der Arbeitnehmer – theoretisch – durch entsprechende Vereinbarungen im Arbeitsvertrag mit dem Arbeitgeber erreichen. Denn es steht den Vertragsparteien frei, die Vertragsbedingungen auszuhandeln. Dabei werden die Parteien, die widerstreitende Interessen verfolgen, durch gegenseitiges Nachgeben zu einem Ausgleich gelangen, der von beiden regelmäßig als gerecht empfunden wird. Der Grundsatz der Vertragsfreiheit funktioniert aber nur dann, wenn sich ungefähr gleich starke Partner gegenüberstehen. Das ist jedoch gerade beim Arbeitsvertrag nicht der Fall, weil der Arbeitnehmer regelmäßig der schwächere Teil ist und deshalb auf den Inhalt des Vertrags nicht in gleicher Weise wie der Arbeitgeber Einfluss nehmen kann.

Die Geschichte des 19. Jahrhunderts zeigt, dass die Arbeitgeber oft die billigsten Arbeitskräfte (Kinder, Jugendliche, Frauen) einstellten, übermäßig lange Arbeitszeiten sowie Hungerlöhne vereinbarten; oftmals wurde im Arbeitsvertrag festgelegt, dass der Arbeitnehmer Waren abnehmen musste, die zu überhöhten Preisen auf den Lohn angerechnet wurden (Trucksystem). Der Arbeitnehmer war nur formell frei darin, ob er das Angebot des Arbeitgebers annahm; in der Sache blieb ihm gar nichts anderes übrig, als auf die Arbeitsbedingungen des Arbeitgebers einzugehen. Nicht zu Unrecht hat man die Vertragsfreiheit als Vogelfreiheit des Arbeitnehmers bezeichnet. Zur geschichtlichen Entwicklung des Arbeitsrechts vgl. MünchArbR/Richardi, §§ 2–5. **19**

Einen Ausgleich der potentiellen Unterlegenheit der Arbeitnehmer versucht das Arbeitsrecht auf verschiedenen Wegen zu erreichen: durch die Einschränkung der Vertragsfreiheit beim Arbeitsvertrag, die Anerkennung von Kollektivvereinbarungen sowie die Beteiligung der Arbeitnehmer an den Entscheidungsprozessen im Betrieb und im Unternehmen.

h) *Vom Rechtsstaat zum Richterstaat?*

Die Bundesrepublik Deutschland hat, trotz mehrerer vergeblicher Anläufe und **20**
einer ganzen Reihe von Entwürfen, bis heute kein Arbeitsgesetzbuch, nicht einmal ein Arbeitsvertragsgesetz (MünchArbR/Richardi, § 9 Rdnr. 25f.; vgl. aber den Diskussionsentwurf eines Arbeitsvertragsgesetzes, Henssler/Preis, NZA 2007, Beil. zu Heft 21 sowie Rdnr. 114). Die Gesetzgebung begnügt sich mit kurzatmig konzipierten, oft schludrig formulierten und kurzfristig novellierten Einzelgesetzen.

Die Scheu oder Funktionsunfähigkeit der Gesetzgebung gegenüber einer ar- **21**
beitsrechtlichen Gesamtkodifikation und die daraus sich ergebenden Lücken führten zwangsläufig (wegen des Rechtsverweigerungsverbotes) zu einem Übergang umfassender Normsetzungsaufgaben auf die Arbeitsgerichtsbarkeit. Das geltende deutsche Arbeitsrecht ist heute zum wesentlichen, ja zum überwiegenden Teil Richterrecht, wie Franz Gamillscheg es bereits in den 60er Jahren des vergangenen Jahrhunderts festgestellt hat: „Das Richterrecht ist unser Schicksal!" (AcP 164 (1964), 385ff.).

Angesichts dieser Tatsache führt die lapidare Feststellung der h.M., Richter- **22**
recht sei keine Rechtsquelle, es habe „nur faktische, keine rechtliche Bindungswirkung" (MünchArbR/Richardi, § 9 Rdnr. 43ff.; Picker, JZ 1988, 1ff., 69ff.), zu Fehlvorstellungen (näher Rüthers/Fischer, Rechtstheorie, 5. Aufl. 2010, Rdnr. 235–258). Wer das geltende deutsche Arbeitsrecht sucht, wird es überwiegend nur als Richterrecht finden. Die Bindungswirkung der Entscheidungen letzter Instanz für die Untergerichte ist prozessrechtlich im Ergebnis stärker gewährleistet als die Gesetzesbindung. Rechtsfragen, zumal solche der Normsetzungskompetenz, sind immer auch Machtfragen. Seit langem sind große Teile der arbeitsrechtlichen Normsetzung vom Parlament durch Untätigkeit an das BAG delegiert worden.

2. Einschränkung der Vertragsfreiheit durch den Staat

23 Das Arbeitsrecht hält am Grundsatz der Vertragsfreiheit fest (vgl. § 105, 1 GewO). Wegen der besonderen Schutzbedürftigkeit der Arbeitnehmer wird die Vertragsfreiheit aber vom Staat durch nicht abdingbare Gesetze eingeschränkt.

a) Vertragsfreiheit bedeutet zunächst *Abschlussfreiheit.* Danach ist jeder frei darin, ob und mit wem er einen Vertrag schließt. Das kann dazu führen, dass bestimmte Personengruppen nur schwer einen Arbeitsplatz finden. Dem wirken gesetzliche Vorschriften entgegen.

So darf der Arbeitgeber einen Bewerber bei der Begründung des Arbeitsverhältnisses z. B. nicht wegen seines Geschlechts benachteiligen (§§ 7, 1 AGG). Das SGB IX sieht vor, dass private und öffentliche Arbeitgeber (mit mindestens 20 Arbeitsplätzen) gegenüber dem Staat verpflichtet sind, auf wenigstens 5% der Arbeitsplätze Schwerbehinderte zu beschäftigen (vgl. §§ 71 ff. SGB IX).

24 b) Vertragsfreiheit bedeutet auch die *Freiheit der inhaltlichen Gestaltung* des Vertrags. Beide Parteien sind in der Lage, den Inhalt des Vertrags frei zu bestimmen. Das kann – insbesondere bei einem Überangebot von Arbeitskräften – zu Arbeitsbedingungen führen, die weder dem Entgeltschutz noch dem Gesundheitsschutz noch dem Kündigungsschutz des Arbeitnehmers Rechnung tragen. Das soll durch zwingende gesetzliche Bestimmungen verhindert werden.

25 (1) *Entgeltschutz:* Das mit Gesetz v. 22.4.2009 reaktivierte Mindestarbeitsbedingungengesetz (MiArbG) aus dem Jahr 1952 ermöglicht es, Mindestentgelte in Wirtschaftszweigen festzusetzen, in denen bundesweit die an Tarifverträge gebundenen Arbeitgeber weniger als 50% der unter den Geltungsbereich dieser Tarifverträge fallenden Arbeitnehmer beschäftigen. Über das „Ob" der staatlichen Mindestentgelte entscheidet der sog. Hauptausschuss (§§ 2, 3 MiArbG). Die konkrete Ausgestaltung (insbes. die Höhe) der branchenspezifischen Mindestentgelte obliegt den Fachausschüssen (§§ 4 – 6 MiArbG). Die Mindestentgelte nach dem MiArbG werden durch Rechtsverordnung der Bundesregierung verbindlich. Bislang ist allerdings noch keine derartige Rechtsverordnung erlassen worden (dazu Löwisch RdA 2009, 215). Bei Arbeitsausfall etwa durch Krankheit behält der Arbeitnehmer kraft zwingenden Gesetzes (vgl. EFZG; Rdnr. 368 ff.) unter bestimmten Voraussetzungen seinen Entgeltanspruch. Nach dem Bundesurlaubsgesetz hat jeder Arbeitnehmer in jedem Kalenderjahr einen Anspruch auf bezahlten Erholungsurlaub (Rdnr. 402 ff.).

26 (2) *Gesundheitsschutz:* Ihm dienen z.B. die gesetzlich festgelegte Höchstarbeitszeit (vgl. etwa § 3 ArbZG), der gesetzliche Anspruch auf Erholungsurlaub (BUrlG), die Bestimmungen zum Schutze der arbeitenden Jugend (JArbSchG), die Vorschriften zum Schutze der erwerbstätigen Mutter (MuSchG; Rdnr. 398 ff.), die Pflicht des Arbeitgebers zur Krankenfürsorge bei Aufnahme des Arbeitnehmers in die häusliche Gemeinschaft (§ 617 BGB) und zu Schutzmaßnahmen (ArbSchG, § 618 BGB, § 62 HGB) sowie zahlreiche Unfallverhütungsvorschriften.

(3) *Kündigungsschutz:* Weil der Arbeitsplatz regelmäßig die einzige Erwerbsquelle des Arbeitnehmers ist, soll er durch das Kündigungsschutzgesetz (Rdnr. 462ff.) besonders gesichert werden. Danach kann das Arbeitsverhältnis, das länger als sechs Monate bestanden hat, vom Arbeitgeber in Betrieben mit mehr als zehn Arbeitnehmern nur unter besonderen Umständen wirksam gekündigt werden (§§ 1 I, 23 I 2, 3 KSchG). **27**

c) Der arbeitsrechtliche Sozialschutz hat ökonomische Funktionsgrenzen. Die unlösbare Verknüpfung des Arbeitsrechts mit der Wirtschaftsordnung kann gegenläufige Wirkungen entfalten. Das gilt vor allem dort, wo die Vertragsfreiheit der Arbeitgeberseite unterschiedliche Gestaltungsmöglichkeiten gibt, etwa zwischen der Schaffung neuer Arbeitsplätze oder der Investition in anderen Bereichen (Automation, Auslandsproduktion, Verzicht auf erhöhten Umsatz). Schon Friedrich Engels hat darauf hingewiesen, dass die Gesetze der ökonomischen Organisation der Gesellschaft mächtiger sind als alle juristischen Gesetze (Karl Marx/Friedrich Engels, Werke, Bd. 19, 1962, S. 251). Wer das nicht beachtet, mag Wunschvorstellungen idealen Arbeitsrechtsschutzes rechtlich normieren, er bewirkt aber evtl. das Gegenteil des Gewollten, wie z.B. negative Auswirkungen auf den Arbeitsmarkt. Der Arbeitsrechtsschutz muss, wenn er wirksam werden soll, diese Doppelwirkung beachten. Normativer Sozialschutz verursacht dort, wo er von ökonomischen Gesetzmäßigkeiten durchkreuzt wird, bisweilen mehr Schaden als Nutzen (zum Bsp. Mindestlohn Henssler/Sittard, RdA 2007, 159; Löwisch RdA 2009, 215). **28**

d) Die *richterliche Inhaltskontrolle i.S. einer Billigkeitskontrolle* ist im Arbeitsrecht ein wichtiges Instrument zum Ausgleich unterschiedlicher struktureller Machtpositionen der Arbeitsvertragsparteien. Die Arbeitsgerichtsbarkeit hat im Verlauf der Entwicklung des Arbeitsrechts zunehmend für sich die Befugnis in Anspruch genommen, Einzelvertragsklauseln (vgl. z.B. ArbG Frankfurt/Main DB 1999, 2474), arbeitsvertragliche Einheitsregelungen, aber auch Betriebsvereinbarungen darauf zu überprüfen, ob ihr Inhalt in schwerwiegender Weise gegen Gerechtigkeitsgrundsätze verstößt (BAG AP Nr. 8 zu § 242 BGB Ruhegehalt – Unverfallbarkeit; NZA 1994, 937). Die Unbilligkeit muss krass und offensichtlich sein. Als Rechtsgrundlage dient u.a. § 315 BGB (zahlreiche Beispiele bei Gamillscheg, Arbeitsrecht I, S. 149ff.). Im Zuge der Schuldrechtsreform ist zum 1. 1. 2002 außerdem die früher im AGB-Recht geltende Bereichsausnahme für das Arbeitsvertragsrecht aufgehoben worden (vgl. nun § 310 IV BGB). Vorformulierte einzelvertragliche Klauseln unterliegen damit der Inhaltskontrolle nach den §§ 305ff. BGB (Rdnr. 177ff.). Arbeitsrechtliche Besonderheiten (§ 310 IV 2 BGB) sind allerdings zu berücksichtigen. **29**

3. Vertragsfreiheit und Tarifvertrag

Einseitig zum Nachteil des schwächeren Arbeitnehmers wirkende Ergebnisse werden vermieden, wenn beim Vertragsschluss auf der Arbeitnehmerseite nicht der einzelne Arbeitnehmer, sondern eine Vereinigung der Arbeitnehmer steht. Das ist beim Tarifvertrag (Rdnr. 655ff.) der Fall. Hier führt das Prinzip der Vertrags- **30** freiheit in aller Regel zu gerechten Ergebnissen, da annähernd gleich starke Parteien den Tarifvertrag schließen und diesen notfalls durch Arbeitskampf (Rdnr. 735ff.) erzwingen können.

31 Die Gewerkschaften, zu denen sich die Arbeitnehmer im Wege der Selbsthilfe zusammengeschlossen haben und die bis zur Mitte des 19. Jahrhunderts sowie zur Zeit der NS-Herrschaft verboten waren, sind heute verfassungsrechtlich geschützt. Art. 9 III GG gewährleistet den Arbeitnehmern die Freiheit, sich zu Gewerkschaften zusammenzuschließen. Die Gewerkschaften treten den Arbeitgebern und den gleichfalls durch Art. 9 III GG geschützten Arbeitgeberverbänden als ebenbürtige Partner gegenüber; sie schließen mit diesen den Tarifvertrag ab. Die Normen des Tarifvertrags wirken wie ein Gesetz unmittelbar und zwingend auf den Arbeitsvertrag ein (§§ 1, 3, 4 TVG; Einzelh.: Rdnr. 680ff.).

Beispiel: In einem Verbandstarifvertrag einigen sich der Arbeitgeberverband A und die Gewerkschaft G für eine bestimmte Arbeit auf einen Stundenlohn von 14,– €. Ein Arbeitgeber, der dem Verband A angehört, vereinbart im Arbeitsvertrag mit einem in der Gewerkschaft G organisierten Arbeitnehmer einen Stundenlohn von 12,50 €. Zwingende Wirkung des Tarifvertrags: Die Lohnvereinbarung von 12,50 € wird verdrängt. Unmittelbare Wirkung des Tarifvertrags: Der Tariflohn von 14,– € tritt an die Stelle der einzelvertraglichen Vereinbarung (§ 4 I 1 TVG; Rdnr. 681), wird aber nicht Bestandteil des Einzelarbeitsvertrags.

32 Die Vertragsfreiheit der Parteien des Arbeitsvertrags wird durch den Tarifvertrag jedoch insoweit nicht eingeschränkt, als die einzelvertragliche Abmachung für den Arbeitnehmer günstiger ist als die tarifliche Regelung (§ 4 III TVG; Günstigkeitsprinzip; Rdnr. 683ff.).

Im Beispielsfall wäre eine arbeitsvertragliche Vereinbarung von 15,– €/Stunde anzuwenden.

4. Schutz des Arbeitnehmers durch die Betriebsverfassung

33 Verträge gibt es auch auf der betrieblichen Ebene; so kann der Betriebsrat mit dem Arbeitgeber eine Betriebsvereinbarung (§ 77 BetrVG; Rdnr. 988ff.) über Arbeitsbedingungen sowie über betriebliche Fragen schließen.

Auch die Rechte des Betriebsrats dienen dem Schutz der Arbeitnehmer. Zahlreiche Maßnahmen des Arbeitgebers in sozialen, personellen und wirtschaftlichen Angelegenheiten bedürfen der Beteiligung des Betriebsrats (Rdnr. 901ff.).

So hat der Betriebsrat bei den in § 87 I BetrVG aufgeführten sozialen Angelegenheiten ein Mitbestimmungsrecht (Rdnr. 905ff.). Der Arbeitgeber kann also eine dort genannte Maßnahme (z.B. Änderung des Beginns der täglichen Arbeitszeit) nicht einseitig anordnen; sie bedarf des Einverständnisses des Betriebsrats.

5. Mitwirkung von Arbeitnehmervertretern in Gesellschaftsorganen

34 Das zum 1. 7. 2004 in Kraft getretene Drittelbeteiligungsgesetz (BGBl. 2004 I, 974) und die Mitbestimmungsgesetze sehen eine Beteiligung von Arbeitnehmervertretern in den Aufsichtsorganen von Kapitalgesellschaften vor (Rdnr. 1030ff.). Für die neuere Gesellschaftsform der Europäischen Gesellschaft (SE) sieht das

SEBG in einigen Konstellationen ebenfalls eine Mitbestimmung vor, die sowohl das Aufsichts- als auch das Verwaltungsgremium betreffen kann (Rdnr. 1044ff.). Auch das kann – allerdings nur mittelbar – dem Schutz der Arbeitnehmer dienen. Die Arbeitnehmervertreter stehen nicht – wie der Betriebsrat – dem Arbeitgeber gegenüber; sie sind Mitglieder des Kontrollorgans (bei der SE eventuell auch des Verwaltungsorgans) des Unternehmens und entscheiden auch über solche Fragen, welche Arbeitnehmerinteressen nicht berühren (vgl. den Fall Mannesmann: Abstimmung über die Abfindung des Vorstandsvorsitzenden).

6. Rechtsschutz

Rechtsschutz wird im Arbeitsrecht durch die Gerichtsbarkeit in Arbeitssachen gewährt. Einzelheiten zum arbeitsgerichtlichen Verfahren: Rdnr. 1045ff. **35**

Im **Fall a** ist der Monatslohn als Anspruch aus dem bestehenden Arbeitsverhältnis mit der GmbH beim Arbeitsgericht einzuklagen (§ 2 I Nr. 3a ArbGG).

II. Arbeitsverhältnis

Schrifttum: Franzen, Der Franchisevertrag als Arbeitsvertrag?, in: Festschrift 50 Jahre BAG, 2004, S. 31; Gerber, Die Scheinselbständigkeit im Rahmen des Einzelarbeitsvertrages, 2005; Grobys, Abgrenzung von Arbeitnehmern und Selbständigen, NJW-Spezial 2005, 81; Hromadka, Arbeitnehmer oder freier Mitarbeiter?, NJW 2003, 1847; Menken, Arbeitsrechtliche Probleme des Ehegattenverhältnisses, DB 1993, 161; Richardi, Der Begriff des leitenden Angestellten, AuR 1991, 33; ders., „Scheinselbständigkeit" und arbeitsrechtlicher Arbeitnehmerbegriff, DB 1999, 958; Schirdewahn, Die vier zentralen Begriffe des Arbeitsrechts, 2005; Schwarze, Arbeitnehmerbegriff und Vertragstheorie, ZfA 2005, 81; Wank, Arbeitnehmer und Selbständige, 1988; Zwanziger, Rechtliche Rahmenbedingungen für „Ein-Euro-Jobs", ArbuR 2005, 8.

Das Arbeitsrecht gilt für Arbeitsverhältnisse und für deren Vertragsparteien, **36** nämlich Arbeitnehmer (Rdnr. 57ff.) und Arbeitgeber (Rdnr. 63f.). Diese zentralen Begriffe, welche den Geltungsbereich des Arbeitsrechts festlegen, sind gesetzlich nicht genau definiert (vgl. etwa §§ 611ff. BGB). Gelegentlich werden Merkmale des Arbeitsverhältnisses bzw. des Arbeitnehmerbegriffs in Einzelvorschriften für deren Geltungsbereich festgelegt (§ 1 II EFZG, § 2 BUrlG, § 84 I 2 HGB, §§ 2 II, 18 ArbZG, § 5 BetrVG).

Das Arbeitsverhältnis beruht auf einem Arbeitsvertrag. Der Arbeitsvertrag ist **37** ein privatrechtliches Dauerschuldverhältnis des besonderen Schuldrechts im BGB: Der Arbeitnehmer verpflichtet sich gegenüber dem Arbeitgeber, weisungsgebunden vertraglich vereinbarte, unselbständige Dienste zu leisten. Er steht in persönlicher Abhängigkeit von den Weisungen des Arbeitgebers. Der Arbeitgeber verpflichtet sich, das vereinbarte Arbeitsentgelt zu zahlen.

Die Unbestimmtheit der Zentralbegriffe des Arbeitsrechts (Arbeitsverhältnis, **38** Arbeitnehmer, Arbeitgeber) führt oft zu Unsicherheiten und Streitigkeiten darüber, ob auf konkrete Beschäftigungsverhältnisse Arbeitsrecht (z.B. Kündigungsschutz) anwendbar ist oder nicht. Bisweilen werden Dienstleistungsverhältnisse, die der Sache nach Arbeitsverhältnisse darstellen, von den Vertragsparteien bewusst anders bezeichnet und konstruiert, um die Anwendbarkeit arbeitsrechtlicher Schutzvorschriften zu umgehen (z.B. langfristige, abhängige Beschäftigung „freier Mitarbeiter“, Franchise-Verträge, Scheinselbständigkeit). Die Rechtsnatur des Vertragsverhältnisses als Arbeitsvertrag kann auf diese Weise allerdings nicht vermieden werden. Rechtsformwahlfreiheit besteht insoweit nicht.

1. Voraussetzungen und Parteien des Arbeitsverhältnisses

a) *Voraussetzungen*

39 (1) Es muss ein *privatrechtlicher Vertrag* vorliegen. Fehlt er, scheidet ein Arbeitsverhältnis aus, selbst wenn unselbständige Dienste geleistet werden. Deshalb gehören die Rechtsverhältnisse folgender Personengruppen *nicht* zu den Arbeitsverhältnissen:

(a) *„Unfreie“* (z.B. Strafgefangene, Sicherungsverwahrte) arbeiten grundsätzlich aufgrund eines öffentlich-rechtlichen Verhältnisses (vgl. § 37 StVollzG; BAG AP Nr. 18 zu § 5 ArbGG 1953).

Das Arbeitsrecht passt für sie nicht. Sie können z.B. nicht kündigen, keinen Betriebsrat wählen. Strafgefangene sind selbst dann keine Arbeitnehmer, wenn sie während des Strafvollzugs in einem Privatbetrieb arbeiten (BAG AP Nr. 18 zu § 5 BetrVG 1972), soweit es sich nicht um ein freies Beschäftigungsverhältnis nach § 39 I 1 StVollzG handelt (LAG Baden-Württemberg NZA 1989, 886). Die osteuropäischen Zwangsarbeiter, die während der Nazi-Diktatur in Deutschland arbeiten mussten, wurden ebenfalls nicht als Arbeitnehmer behandelt, mit der Folge der Abweisung bzw. Weiterverweisung ihrer Vergütungsklagen an die ordentlichen Gerichte (BAG AP Nr. 18 zu § 5 BetrVG 1972; NZA 2000, 385).

40 (b) *Beamte, Richter, Soldaten und Zivildienstleistende* leisten zwar Arbeit im Dienste eines anderen, nicht aber aufgrund eines privatrechtlichen Vertrags, sondern aufgrund eines öffentlich-rechtlichen Dienst- und Treueverhältnisses, das durch einen Verwaltungsakt (§ 35 VwVfG) begründet wird (vgl. Art. 33 IV, 97, 12a GG). Für sie gelten die Beamten- und Richtergesetze des Bundes und der Länder bzw. das Soldaten- oder das Zivildienstgesetz. Eine Ausnahme hiervon sieht § 5 I 3, III 3 BetrVG vor, wonach Beamte, die in privatrechtlich organisierten Betrieben tätig sind (z.B. Deutsche Telekom AG, Deutsche Bahn AG) betriebsverfassungsrechtlich als Arbeitnehmer gelten. Ferner kann unter den Voraussetzungen des § 15a ZDG für Zivildienstleistende ein freies Arbeitsverhältnis bestehen.

Beispiel: Die Justizsekretärin ist Beamte, der Justizangestellte ist Arbeitnehmer.

41 (c) *Familienangehörige* des Arbeitgebers sind zum Teil kraft Gesetzes zur Arbeitsleistung verpflichtet und insoweit nicht Arbeitnehmer: Kinder (§ 1619 BGB), Ehegatte (wegen Beistandspflicht gem. § 1353 I 2 BGB). Das gilt regelmäßig auch dann, wenn nahe Angehörige mitarbeiten, die dazu gesetzlich nicht verpflichtet sind, oder wenn gesetzlich verpflichtete Angehörige über ihre gesetzliche Verpflichtung hinaus tätig sind. Jedoch kann bei Vorliegen besonderer Umstände die

Auslegung ergeben, dass ein Arbeitsvertrag gewollt ist. Dann ist der Angehörige auch Arbeitnehmer (beachte aber § 5 II Nr. 5 BetrVG; Rdnr. 851).

(d) Sog. „*Ein Euro-Jobber*", d.h. Arbeitsuchende, die im öffentlichen Interesse liegende Arbeiten verrichten und hierfür nach § 16d, 2 SGB II zusätzlich zum Arbeitslosengeld II eine Mehraufwandsentschädigung erhalten, sind keine Arbeitnehmer. Grundlage der Arbeit ist ein Verwaltungsakt, so dass kein privatrechtlicher Vertrag geschlossen wird (vgl. ausdrücklich § 16d, 2, Hs. 2 SGB II). Gemäß § 16d, 2, Hs. 3, 4 SGB II sind aber die Arbeitsschutzvorschriften, das BUrlG und die Grundsätze über die Haftungsbeschränkung im Arbeitsverhältnis entsprechend anzuwenden. **42**

Im **Fall b** handelt es sich um eine familienrechtlich begründete Mitarbeit. Dann entfallen Lohnsteuer und Sozialversicherungsbeiträge; die an F gezahlten Beträge sind keine Löhne, sondern private Entnahmen und deshalb steuerlich nicht abzugsfähig. Ist aber ein Arbeitsvertrag geschlossen, hat F als Arbeitnehmerin z.B. Anspruch auf Lohn und Urlaub. Die Löhne sind als Betriebsausgaben steuerlich abzugsfähig; Lohnsteuer und Sozialversicherungsbeiträge sind zu zahlen.

(2) Es muss sich um einen *Dienstvertrag* handeln. Dieser ist ein gegenseitiger Vertrag, in dem sich der eine Teil zur Leistung der versprochenen Dienste und der andere zur Gewährung der vereinbarten Vergütung verpflichtet (§ 611 I BGB). **43**

Von einem auf die Eingehung eines Dienst- oder Arbeitsverhältnisses gerichteten Vertrag ist im BGB nur an wenigen Stellen die Rede (§§ 113, 1822 Nr. 7 BGB). Bei den einzelnen Schuldverhältnissen (§§ 433ff. BGB) ist der Arbeitsvertrag nicht in einem der 27 Titel behandelt. Unter den Vorschriften über den Dienstvertrag finden sich aber Bestimmungen, die speziell für den Arbeitsvertrag gelten (z.B. §§ 612 III, 612a, 613a, 622 BGB). Die Vorschriften der §§ 621, 627 BGB sprechen von einem „Dienstverhältnis, das kein Arbeitsverhältnis im Sinne des § 622 ist". Das Gesetz sieht also den Arbeitsvertrag als Spezialfall des Dienstvertrags an.

Der Dienstvertrag ist *von anderen Verträgen zu unterscheiden:*

(a) Der *Auftrag* (§ 662 BGB) richtet sich auf eine *unentgeltliche* Geschäftsbesorgung, während beim Arbeitsvertrag die Arbeitsleistung gegen Entgelt erbracht wird. Werden jedoch unentgeltliche Dienste in abhängiger Stellung geleistet, können Arbeitnehmerschutzvorschriften gleichwohl entsprechend anzuwenden sein. Fehlt eine Vereinbarung über die geschuldete Vergütung, so schließt dies ebenfalls die Anwendbarkeit des Arbeitsrechts nicht zwingend aus. Vorrangig ist vielmehr zu prüfen, ob nicht gemäß § 612 I BGB eine Vergütung als stillschweigend vereinbart gilt, weil die Dienstleistung nach den Umständen nur gegen eine Vergütung zu erwarten ist. **44**

(b) Beim *Werkvertrag* (§ 631 BGB) ist der Unternehmer „zur Herstellung des versprochenen Werkes" gegen Vergütung verpflichtet; geschuldet wird ein *bestimmter Erfolg,* vgl. § 631 II BGB (Maßanzug, **Fall a**), während bei Arbeitsverträgen nur die Tätigkeit als solche geschuldet wird (BGHZ 151, 330). Steht der Leistungspflichtige allerdings in persönlicher Abhängigkeit vom Dienstberechtigten, so kann auch die Vereinbarung einer Erfolgsverantwortung des Dienstpflichti- **45** gen selbstverständlich nicht die Geltung des Arbeitsrechts verhindern. Der Vertrag ist dann ein Arbeitsvertrag (Rechtsformzwang).

46 (c) Beim *Gesellschaftsvertrag* kann ein Gesellschafter zur persönlichen Mitarbeit (z. B. ein Rechtsanwalt in einer Sozietät als Gesellschaft bürgerlichen Rechts) und damit zur Leistung von Diensten verpflichtet sein (§ 706 III BGB). Diese erbringt er aber nicht für einen anderen, sondern zur Förderung eines gemeinschaftlichen Zweckes (§ 705 BGB). Es fehlt die für den Arbeitsvertrag typische persönliche Abhängigkeit des einen Vertragspartners.

Das gilt aber nur insoweit, als der Gesellschafter in dieser Eigenschaft tätig wird. Im Einzelfall kann durchaus neben der gesellschaftsvertraglichen Bindung zusätzlich ein Arbeitsverhältnis begründet werden (BAG NZA 2004, 1116; 1993, 862).

Beispiel: Der Buchhalter einer Kommanditgesellschaft, der er als Kommanditist angehört, ist als Buchhalter Arbeitnehmer, als Kommanditist Gesellschafter. Der beherrschende Mehrheitsgesellschafter kann dagegen nicht gleichzeitig Arbeitnehmer der Gesellschaft sein.

47 (d) Schließlich müssen auch *andere Rechtsgeschäfte* (z. B. Vereinsbeitritt, Behandlungsvertrag) ausscheiden.

Beruht die Dienstleistung vorwiegend auf *Beweggründen karitativer oder religiöser Art* (z. B. bei Ordensschwestern, Diakonissen), wird sie nicht aufgrund eines Dienst- oder Arbeitsvertrags, sondern aufgrund der Mitgliedschaft in einer entsprechenden karitativen oder religiösen Vereinigung erbracht (vgl. § 5 II Nr. 3 BetrVG). Das gilt allerdings nur dann, wenn durch die Begründung vereinsrechtlicher Arbeitspflichten keine zwingenden arbeitsrechtlichen Schutzvorschriften (objektiv) umgangen werden (BAG NZA 1995, 823: Arbeitsverhältnis bejaht bei hauptamtlich tätigem außerordentlichen Mitglied von Scientology; anders aber dann NZA 2002, 1412; verneint für Rote-Kreuz-Schwester von NZA 1996, 33 ff.).

Die Rote-Kreuz-Schwester, die in einem von ihrer Schwesternschaft betriebenen Krankenhaus tätig wird (**Fall c**), ist aufgrund der Zugehörigkeit zu ihrer Schwesternschaft (also vereinsrechtlich), nicht aufgrund eines Arbeitsvertrags zur Arbeitsleistung verpflichtet (BAG NZA 1996, 33). Deshalb ist sie zum Betriebsrat nicht wählbar, wohl dagegen eine freie Krankenschwester.

48 Wird jemand vorwiegend aus *medizinischen oder erzieherischen Gründen* beschäftigt, arbeitet er nicht aufgrund eines Dienstvertrags, sondern allenfalls aufgrund eines Behandlungsvertrags, jedenfalls ohne Entlohnung (vgl. auch § 5 II Nr. 4 BetrVG).

Beispiele: Kranke in Krankenanstalten oder Entziehungsanstalten; Beschäftigung Langzeiterkrankter zur Wiedereingliederung, § 74 SGB V (dazu BAG NZA 1992, 643).

49 (3) Es muss sich um *unselbständige* Dienste handeln. Dieses für den Arbeitnehmerstatus wichtigste Merkmal unterscheidet den Arbeitsvertrag vom selbständigen Dienstvertrag. Die Besonderheit des Arbeitsvertrags liegt darin, dass sich der Arbeitnehmer zu Dienstleistungen *in persönlich abhängiger Stellung* verpflichtet. Er unterliegt in zeitlicher, örtlicher und inhaltlicher Hinsicht den Weisungen des Arbeitgebers. Der Selbständige (selbständige Gewerbetreibende und freiberuflich

Tätige) verfügt dagegen im Wesentlichen frei über seine Tätigkeit und Arbeitszeit (vgl. § 84 I 2 HGB). Die auf Dauer angelegte Tätigkeit für einen anderen nimmt dem Arbeitnehmer die Möglichkeit, frei über seine eigene Arbeitskraft anderweitig zu verfügen und so seinen Lebensunterhalt zu sichern. Daraus folgt letztlich seine besondere Schutzbedürftigkeit, was der Gesetzgeber des BGB bei der Schaffung der §§ 611 ff. nicht genügend beachtet hat. Daher hat sich als Gegenstück zum unabhängigen (selbständigen oder freien) Dienstvertrag der Arbeitsvertrag herausgebildet.

Die Unterscheidung zwischen selbständigem Dienstvertrag und Arbeitsvertrag ist in vielfacher Hinsicht bedeutsam: Nur für den Arbeitsvertrag sind z.B. Tarifrecht (vgl. aber § 12a TVG), Betriebsverfassungsrecht, Kündigungsschutzrecht, Arbeitszeitrecht von Bedeutung. Lohnsteuer- und gesetzliche Sozialversicherungspflicht kommen ebenfalls grundsätzlich nur beim Arbeitsvertrag in Betracht.

Maßgebliches Kriterium für die Unterscheidung des Arbeitsvertrags vom freien **50**
Dienstvertrag ist die Unselbständigkeit. Die höchstrichterliche Rspr. stellt für das Arbeitsverhältnis auf eine typische persönliche Abhängigkeit ab; diese ergibt sich in erster Linie aus dem Umfang der Weisungsgebundenheit (vgl. § 106 GewO). Ein weiteres wichtiges Indiz ist die Eingliederung des Beschäftigten in eine fremdbestimmte Arbeitsorganisation (BAG NZA 1992, 407; 1992, 835; 1995, 622; 2002, 963; 2007, 1072). Persönlich abhängig oder unselbständig ist, wer – im Gegensatz zum Selbständigen – nicht im Wesentlichen frei seine Tätigkeit gestalten und seine Arbeitszeit selbst bestimmen kann (vgl. § 84 I 2 HGB; BAG NZA 1996, 477). Ist der zu Dienstleistungen Verpflichtete vertraglich berechtigt, seine Leistungen durch von ihm ausgewählte Dritte erbringen zu lassen, so liegt in der Regel (vgl. aber Rdnr. 77) kein Arbeitsverhältnis vor (BAG NZA 2002, 787).

Beispiele für einen selbständigen Dienstvertrag: Vertrag zwischen Arzt und Patient über **51**
die Heilbehandlung, zwischen Rechtsanwalt und Mandant über die Führung eines Rechtsstreits, zwischen Architekt und Bauherrn über die Bauaufsicht; Handelsvertretervertrag (§ 84 I HGB, Brox/Henssler, HR Rdnr. 128 ff.).

Beispiele für einen Arbeitsvertrag: Vertrag zwischen Assistenzarzt und Krankenhaus; Vertrag zwischen Anwalt, der in der Rechtsabteilung eines Unternehmens tätig ist, und dem Unternehmer (sog. Syndikusanwalt; dazu Henssler/Prütting/Henssler, BRAO, 3. Aufl. 2010, § 46 Rdnr. 11 ff.); Vertrag zwischen Lizenzfußballspieler und dem Fußballverein (BAG NJW 1982, 788); Vertrag eines kaufmännischen Angestellten (Handlungsgehilfen, vgl. § 59 HGB, Brox/Henssler, HR Rdnr. 230, 237).

Im **Fall a** ist der Lohn für Januar (aus dem Arbeitsvertrag) beim Arbeitsgericht (§ 2 I Nr. 3 ArbGG), der Lohn für die Flickarbeit und für den Maßanzug (jeweils aus einem Werkvertrag) beim Amtsgericht einzuklagen.

Für das Vorliegen eines Arbeitsverhältnisses kommt es nicht auf eine wirtschaft- **52**
liche, sondern auf eine persönliche Abhängigkeit an (BAG AP Nr. 117 zu § 611 BGB Abhängigkeit; BGH NZA 2002, 1086).

Beispiele: Der Inhaber einer kleinen Wäscherei arbeitet seit einigen Jahren nur noch mit einem großen Hotel zusammen. Von diesem ist er zwar wirtschaftlich abhängig; für einen Arbeitsvertrag fehlt es jedoch an einer persönlichen Abhängigkeit (vgl. BAG AP Nr. 37 zu § 611 BGB Abhängigkeit bezügl. Kantinenpächter). Die wirtschaftliche Abhängigkeit kann dazu führen, dass einzelne Arbeitsgesetze anzuwenden sind (sog. arbeitnehmerähnliche Personen; vgl. Rdnr. 88). Der Chefarzt eines Krankenhauses ist hinsichtlich seiner ärztlichen Tätigkeit nicht an Weisungen (etwa des Krankenhausträgers) gebunden; er ist aber von den im Krankenhaus getroffenen organisatorischen Maßnahmen abhängig. Deshalb ist ein Arbeitsvertrag zu bejahen (BAG AP Nr. 24 zu § 611 BGB Ärzte, Gehaltsansprüche; NZA 2000, 427).

Ob die Fernsehreporterin Arbeitnehmerin oder freie Mitarbeiterin ist (**Fall d**), hängt nicht davon ab, wie die Vertragsparteien ihr Rechtsverhältnis bezeichnen; entscheidend ist der Grad der persönlichen Abhängigkeit. Erwartet der Vertragspartner eine ständige Dienstbereitschaft, verfügt er über die Arbeitszeit wie ein Arbeitgeber, ist die Mitarbeiterin in ihrer Entscheidung über die Ablehnung einzelner Aufträge nicht frei, so spricht das für einen Arbeitsvertrag (vgl. etwa BAG AP Nr. 12, 21, 26, 35 zu § 611 BGB Abhängigkeit). Allerdings haben die Gerichte bei der Entscheidung, ob ein Arbeitsvertrag mit der Rundfunkanstalt vorliegt, die Einwirkung des Grundrechts der Rundfunkfreiheit (Art. 5 I 2 GG) zu berücksichtigen; dieses erstreckt sich auf das Recht, dem Gebot der Vielfalt der zu vermittelnden Programminhalte auch bei der Auswahl, Einstellung und Beschäftigung derjenigen Rundfunkmitarbeiter Rechnung zu tragen, die bei der Gestaltung der Programme mitwirken (BVerfGE 59, 231; BAG RdA 2000, 361 mit Anm. Rüthers).

53 Mit dem durch die Indizien der Weisungsgebundenheit und der Eingliederung in den Betrieb konkretisierten Kriterium der persönlichen Abhängigkeit lassen sich viele Fälle sachgerecht zuordnen. Im Wirtschaftsleben haben sich aber vielfältige neue Betätigungsformen herausgebildet, bei denen die klassischen Abgrenzungskriterien versagen.

Beispiele: Ein Computerfachmann erstellt in Kundenbetrieben für vorhandene Computeranlagen die Programme; er nimmt die einzelnen Aufträge von seinem Auftraggeber entgegen, richtet sich aber bei deren Erledigung zeitlich nach den Wünschen der Kunden. – Ein Projektleiter soll innerhalb einer bestimmten Zeit eine zusätzliche Fertigungsstraße einrichten. Hinsichtlich der Organisation der Arbeit wird ihm freie Hand gelassen.

Hier verliert die Weisungsgebundenheit hinsichtlich Arbeitszeit und Arbeitsausführung an Bedeutung. Im Fall des Computer-Fachmanns besteht zudem nur eine lockere Bindung an den Betrieb; es fehlt die Eingliederung in eine fremdbestimmte Arbeitsorganisation; er benötigt zur Erledigung der Aufträge allein sein Fachwissen. – Andererseits unterliegen auch Selbständige Weisungen ihres Vertragspartners (z.B. der Rechtsanwalt bei der Frage, ob Berufung eingelegt werden soll, oder der Werkunternehmer hinsichtlich der Ausführung des Werkes, vgl. § 645 I 1 BGB).

54 Problematisch ist die Abgrenzung darüber hinaus in den Fällen der „neuen Selbständigkeit“ oder auch Scheinselbständigkeit. Es geht dabei um Tätigkeiten, die nur scheinbar selbständig ausgeübt werden, während es sich in Wirklichkeit um Arbeitnehmertätigkeiten handelt (dazu Wank, DB 1992, 90; Gerber, Die Scheinselbständigkeit im Rahmen des Einzelarbeitsvertrages, 2005). Einzelne Glieder der Produktionskette oder sie umlagernde Bereiche (Reinigung, Bewachung, Transport, Lagerhaltung, Auftragsbeschaffung) werden ausgegliedert und oft sogar ehemaligen Arbeitnehmern desselben Unternehmens wegen ihrer betriebsspezifischen Kenntnisse übertragen. Der Arbeitsrechtsschutz soll ausgehebelt werden.

55 Beispiele: Ein LKW-Fahrer mietet von seinem bisherigen Arbeitgeber den von ihm gefahrenen LKW und führt für diesen nun als „Selbständiger“ Frachtaufträge aus. Ein Weinhersteller verpachtet „selbständigen“ Weinhändlern fertig eingerichtete Ladenlokale; in den

Verträgen verpflichten sich die Weinhändler, Richtlinien über das Warenvertriebssystem, die Preisgestaltung, Buchführung bis hin zu bestimmten Ladenöffnungszeiten einzuhalten (vgl. BAG NZA 1991, 141).

Diese Personen sind formal als Selbständige tätig. Sie übernehmen nicht selten auch ein echtes unternehmerisches Risiko. Dem steht aber wegen der engen Vorgaben des Vertragspartners kein nennenswerter eigener Gestaltungsspielraum gegenüber, der ein Auftreten am Markt und damit eine echte Gewinnchance zuließe. Die unternehmerische Organisationsgewalt verbleibt vielmehr bei dem Vertragspartner.

Kann z.B. der Computer-Fachmann einzelne Aufträge ablehnen, spricht dies gegen eine Arbeitnehmerstellung. Ist ein Produktionsleiter zur Erledigung des Auftrags auf die Arbeitgeberorganisation (Arbeitnehmer, Arbeitsgerät) angewiesen, fehlt dagegen die einen Selbständigen kennzeichnende eigene Organisationsgewalt; er ist Arbeitnehmer. Bei dem LKW-Fahrer und den Weinhändlern ist darauf abzustellen, ob sie auch für andere Auftraggeber tätig werden, werbend am Markt auftreten, über eine eigene Organisation (sächliche, persönliche, immaterielle Betriebsmittel) verfügen und ihnen bei der Erledigung der Aufträge hinsichtlich Kalkulation und Gestaltung so viel Spielraum verbleibt, dass eine unternehmerische Gewinnchance besteht.

Ein für junge Juristen relevanter Bereich betrifft die Beschäftigung von Junganwälten als „Freie Mitarbeiter" in Anwaltskanzleien, die nicht selten zu an Ausbeutung grenzenden Bedingungen erfolgt und mit der eine weitreichende Weisungsgebundenheit des Mitarbeiters einhergeht (zu solcher „Kinderarbeit im Haifischbecken" Henssler, MDR 2002, 315).

Kein Arbeitsvertrag ist regelmäßig auch der (gesetzlich nicht geregelte) *Franchisevertrag.* **56**
Der Franchisenehmer ist zwar häufig an ein ins Einzelne gehendes Organisations- und Marketingkonzept des Franchisegebers gebunden und insoweit dessen Überwachungs- und Weisungsrecht unterworfen. Der Franchisenehmer wird aber im eigenen Namen und für eigene Rechnung tätig und ist deshalb typischerweise Selbständiger (Einzelheiten: Horn/Henssler ZIP 1998, 598). Die umfassenden Kontrollrechte des Franchisegebers können allerdings im Einzelfall eine so starke wirtschaftliche und sogar persönliche Abhängigkeit des Franchisenehmers begründen, dass dieser zumindest als arbeitnehmerähnliche Person (Rdnr. 88), wenn nicht gar als Arbeitnehmer anzusehen ist (BAG NZA 1997, 399; 1997, 1126; BGH NZA 2000, 390; BGHZ 140, 11).

b) *Parteien*

(1) *Arbeitnehmer*

Arbeitnehmer ist derjenige, der zur Arbeitsleistung aufgrund eines Arbeitsver- **57**
trags verpflichtet ist.

(a) Lange Zeit war es üblich, die Arbeitnehmer in *Angestellte* und *Arbeiter* zu unterteilen. Nach der Verkehrsanschauung besteht der Unterschied im Wesentlichen darin, dass der Angestellte *überwiegend geistige,* der Arbeiter *überwiegend körperliche* Arbeit leistet (BAG AP Nr. 65 zu §§ 22, 23 BAT). Durch das Gesetz zur Organisationsreform der gesetzlichen Rentenversicherung vom 9. 12. 2004 wurden die früher für Angestellte zuständige BfA und der Verband der Deutschen Rentenversicherungsträger als Spitzenverband der 26 früher für die Arbeiter zuständigen Landesversicherungsanstalten zu der Deutschen Rentenversicherung Bund zusammengefasst. Im Sozialversicherungsrecht ist damit die Trennung von Arbeitern und Angestellten aufgegeben (vgl. § 127 SGB VI).

58 Die *arbeitsrechtliche Bedeutung* der Unterscheidung zwischen Arbeitern und Angestellten ist im Laufe der Zeit ebenfalls immer weiter zurückgegangen. Nachdem zuvor schon die Unterschiede im Bereich der Kündigungsfristen und der Entgeltfortzahlung im Krankheitsfall beseitigt worden waren, wurde im Zuge der Reform der Betriebsverfassung 2001 die früher geltende Proporzregelung für die Vertretung im Betriebsrat aufgehoben. Bedeutung hat die Unterscheidung zwischen Arbeitern und Angestellten mittlerweile nur noch im Personalvertretungsrecht und – vereinzelt – in differenzierenden Tarifverträgen.

59 Sofern einzelne Rechtsnormen (insbesondere Tarifverträge) Arbeiter und Angestellte weiterhin ungleich behandeln, ist im Hinblick auf Art. 3 I GG zu prüfen, ob hierfür ein sachlicher Grund besteht. Als möglicher Differenzierungsgrund für kürzere Arbeiterkündigungsfristen in Tarifverträgen wird z.B. die personalwirtschaftliche Flexibilität im produktiven Bereich anerkannt (BAG NZA 1994, 221). Das BAG hat unterschiedliche tarifliche Ausschlussfristen als zulässig erachtet (BAG NZA 1998, 431). Dagegen ist im Bereich der betrieblichen Altersversorgung grundsätzlich keine Differenzierung möglich (BAG NZA 2004, 321). Allein der Status als Arbeiter oder Angestellter stellt jedenfalls keinen sachlichen Grund für eine unterschiedliche Behandlung dar (BAG NZA 2005, 1418; BVerfG NZA 1997, 1339).

60 Zu den Angestellten gehören die *leitenden Angestellten.* Sie sind Arbeitnehmer; denn sie erbringen ihre Arbeitsleistung aufgrund eines Arbeitsvertrags. Die leitenden Angestellten nehmen jedoch eine Sonderstellung ein. Sie üben in gewissem Umfang Arbeitgeberfunktionen aus (z.B. der Prokurist und der Personalchef) und werden daher insoweit anders als die übrigen Arbeitnehmer behandelt (vgl. z.B. § 5 III, IV BetrVG; das SprAuG; §§ 3 I Nr. 2, 15 II MitbestG; § 22 II Nr. 2 ArbGG; § 16 IV Nr. 4 SGG). Wegen ihrer gehobenen sozialen Stellung und ihrer besonderen Fähigkeiten sind sie nicht in gleicher Weise schutzbedürftig wie reguläre Arbeitnehmer (vgl. z.B. § 18 I Nr. 1 ArbZG); Kündigungsschutz genießen allerdings auch sie (vgl. § 14 II KSchG; Rdnr. 472). Dagegen zählen sie im DrittelbG nicht als Arbeitnehmer.

61 Die Gesetze enthalten keinen einheitlichen Begriff des leitenden Angestellten. Leitender Angestellter im Sinne des BetrVG ist nach Ansicht des BAG derjenige, der spezifisch unternehmerische (Teil-)Aufgaben von besonderer Bedeutung für den Bestand und die Entwicklung des Betriebes mit erheblichem eigenen Entscheidungsspielraum wahrnehmen kann (BAG AP Nr. 22 zu § 5 BetrVG 1972; BAG NZA 1986, 484; 1995, 1645); der Gesetzgeber hat in § 5 III und IV BetrVG versucht, den Begriff zu präzisieren (dazu Rdnr. 853). Nicht zu den leitenden Angestellten gehören etwa Vorstandsmitglieder einer Aktiengesellschaft oder Geschäftsführer einer GmbH. Diese stehen – jedenfalls in aller Regel – in keinem persönlichen Abhängigkeitsverhältnis (Rdnr. 63), sind damit überhaupt keine Arbeitnehmer.

62 (b) Die *berufliche Gliederung* der Arbeitnehmer richtet sich *nach der Art der geleisteten Arbeit.* Für die so unterschiedenen Arbeitnehmer gilt eine Reihe von Besonderheiten. Die vielfach nur historisch zu erklärenden Sonderregeln wurden in den letzten Jahren zunehmend aufgehoben, so etwa die Sonderregeln für gewerbliche Arbeitnehmer in §§ 105ff. GewO a.F.

Kaufmännische Arbeitnehmer sind diejenigen, die im Handelsgewerbe zur Leistung kaufmännischer Dienste eingestellt sind. Die für sie unmittelbar einschlägigen Regelungen in den §§ 59ff. HGB sind allerdings weitgehend analog auf alle Arbeitnehmer anzuwenden (dazu Heymann/Henssler, HGB, vor § 74 Rdnr. 7).

Schiffsbesatzungen (SeemG, BinnenschifffahrtsG) bestehen aus Schiffsoffizieren, sonstigen Angestellten, Schiffsleuten und Schiffsjungen (§§ 3ff. SeemG; Besonderheiten: §§ 114ff. BetrVG). Der Kapitän nimmt eine Sonderstellung ein (§§ 2, 78 SeemG). Das Arbeitsverhältnis bezeichnet das SeemG als „Heuerverhältnis" (§§ 23ff. SeemG).

Für den Arbeitsschutz der im Bergbau Beschäftigten gelten das Bundesberggesetz sowie landesgesetzliche Regelungen. Arbeitnehmer des öffentlichen Dienstes stehen in einem Arbeitsverhältnis mit einer juristischen Person des öffentlichen Rechts (Körperschaft, Anstalt, Stiftung des öffentlichen Rechts). Es bestehen besondere Tarifverträge, Tarifvertrag öffentlicher Dienst (TVöD – früher BAT). An die Stelle des Betriebsverfassungsrechts tritt das Personalvertretungsrecht (Personalvertretungsgesetze des Bundes und der Länder).

Auf die Arbeitsverhältnisse der Arbeitnehmer im kirchlichen Dienst finden wegen der durch Art. 140 GG i.V.m. Art. 137 WRV verbürgten Selbstverwaltungsgarantie der Kirche weite Bereiche des staatlichen Arbeitsrechts keine Anwendung (Einzelh.: Richardi, Arbeitsrecht in der Kirche, 4. Aufl., 2003, S. 14ff.; Fischermeier, RdA 2007, 193; zum Tarifrecht vgl. von Hoyningen-Huene, RdA 2002, 65ff.).

Sonstige Arbeitnehmer sind alle diejenigen, die nicht zu einer der vorgenannten Gruppen gehören (z.B. Angestellte eines Rechtsanwalts, Krankenpfleger, Hausgehilfin). Für sie gibt es keine Spezialregelungen.

(2) *Arbeitgeber*

(a) *Person des Arbeitgebers*

Arbeitgeber ist der Vertragspartner des Arbeitnehmers im Arbeitsvertrag. Als **63**
Arbeitgeber wird bezeichnet, wer mindestens einen Arbeitnehmer beschäftigt (BAG NZA 1999, 539). Jede natürliche und juristische Person (z.B. Aktiengesellschaft) sowie rechtsfähige Personengesellschaft (§ 14 II BGB, z.B. OHG, KG, GbR) kann Arbeitgeber sein.

Allerdings ist eine juristische Person nicht in der Lage, das Weisungsrecht gegenüber dem Arbeitnehmer auszuüben, da sie nicht handlungsfähig ist. Für sie müssen ihre Organe handeln. Deshalb muss der Leiter eines Betriebes stets eine natürliche, geschäftsfähige Person sein; diese übt die Arbeitgeberfunktionen aus und ist demnach kein Arbeitnehmer (vgl. § 14 I KSchG, §§ 5 II Nr. 1, 2 BetrVG, § 5 I 3 ArbGG).

Beispiele: Aktiengesellschaft – Vorstand, GmbH – Geschäftsführer, offene Handelsgesellschaft – Gesellschafter, aber auch: Kind – gesetzlicher Vertreter, Schuldner – Insolvenzverwalter, Erbe – Nachlassverwalter.

(b) *Arbeitgeber, Betrieb und Unternehmen*

Der Arbeitgeber ist vielfach auch Leiter des Betriebes und des Unternehmens. **64**
Der „Betrieb" ist gegenüber dem „Unternehmen" grundsätzlich der engere Begriff. Unter einem *Betrieb* versteht man die organisatorische Einheit, innerhalb deren der Inhaber allein oder in Gemeinschaft mit seinen Mitarbeitern mit Hilfe von

sachlichen und immateriellen Mitteln bestimmte arbeitstechnische Zwecke unmittelbar fortgesetzt verfolgt. Dagegen ist das *Unternehmen* die organisatorische Einheit, mit welcher der Inhaber einen entfernteren wirtschaftlichen oder ideellen Zweck verfolgt.

Beispiele: Zwei Betriebe, der eine für Karosseriebau, der andere für Motorenbau, gehören zu einem Unternehmen (Herstellung von Kraftfahrzeugen); die Großbank ist das Unternehmen, ihre Filialen sind die einzelnen Betriebe. – Das einzige Lebensmittelgeschäft eines Kaufmanns ist sowohl Betrieb als auch Unternehmen. Ausnahmsweise können mehrere Unternehmen sogar einen gemeinsamen Betrieb bilden, wenn sie sich zumindest stillschweigend zu einer gemeinsamen Führung des Betriebs verbunden haben und der Einsatz der Arbeitnehmer von einem einheitlichen Leitungsapparat gesteuert wird (Beispiel: gemeinsame Forschungsabteilung mehrerer Unternehmen). § 1 II BetrVG enthält zwar keine gesetzliche Definition, wohl aber eine Vermutungsregelung für das Vorliegen eines solchen „Gemeinschaftsbetriebs".

65 Arbeitsrechtlich sind die Begriffe Betrieb und Unternehmen vor allem in folgenden Fällen bedeutsam:

Der Betriebsbegriff ist zunächst die Grundlage der „Betriebsverfassung" (Rdnr. 845 ff.). In *Betrieben* werden Betriebsräte gewählt (vgl. § 1 BetrVG); die Größe des Betriebes entscheidet u. a. über die Zahl der zu wählenden Betriebsräte und die Anzahl der Freistellungen (z. B. in §§ 1, 9, 38 BetrVG). In der Praxis ist oft zweifelhaft, ob es sich bei einem Betriebsteil um eine selbständige Einheit handelt, der einen eigenen Betriebsrat wählt (vgl. § 4 BetrVG u. BAG NZA 1987, 708). Nach § 3 II TVG gelten die Rechtsnormen des Tarifvertrags über betriebliche und betriebsverfassungsrechtliche Fragen für alle Betriebe, deren Arbeitgeber tarifgebunden sind (z. B. Bestimmungen über Anwesenheitskontrollen, Rauchverbot).

66 Individualarbeitsrechtlich sind die Anwendbarkeit des KSchG (§§ 1 II, 23 I 2, 3 KSchG), der allgemeine Kündigungsschutz (§ 23 I 1 KSchG) und die Sozialauswahl (§ 1 III, IV KSchG) auf den Betrieb bezogen.

67 Bei einem *Unternehmen* mit mehreren Betriebsräten ist ein Gesamtbetriebsrat zu errichten (§ 47 BetrVG; dazu BAG NZA 1990, 615); bei Unternehmen mit mehr als hundert Arbeitnehmern ist ein Wirtschaftsausschuss zu bilden (§ 106 BetrVG). Für bestimmte Unternehmen sind Arbeitnehmervertreter in Gesellschaftsorganen vorgesehen (Rdnr. 1031 ff.). Das Kündigungsschutzgesetz kann nur eingreifen, wenn das Arbeitsverhältnis in demselben Betrieb oder Unternehmen ohne Unterbrechung länger als sechs Monate bestanden hat (§ 1 I KSchG). Eine Weiterbeschäftigungsmöglichkeit in einem anderen Betrieb des Unternehmens ist ebenfalls zu berücksichtigen (§ 1 II 2 Nr. 1b KSchG).

2. Besondere Arbeitsverhältnisse

Schrifttum: Blanke/Schüren/Wank/Wedde, Neue Beschäftigungsformen, 2002; Braun, Arbeitsrechtliche Rahmenbedingungen der Nebenbeschäftigung, ArbuR 2004, 47; Bruns, BB-Rechtsprechungsreport zur Teilzeitarbeit, BB 2010, 956; Flohr, Franchise-Nehmer: Arbeitnehmer oder selbständiger Absatzermittler?, DStR 2003, 1622; Franken, Individualrechtliche Fragen der Gruppenarbeitsverhältnisse, 2005; Gaul/Khanian, Zulässigkeit und Grenzen arbeitsrechtlicher Regelungen zur Beschränkung von Nebentätigkeiten, MDR 2006, 68; Hanau, Poolsystem und Abrufarbeit als flexible Arbeitszeitmodelle, in: Gedächtnisschrift Heinze, 2005, S. 321; Henssler/Höpfner, Änderungsschutz für Teilzeitbeschäftigte im öffentlichen Dienst, in: Festschrift Bauer, 2010, S. 433; Körner, Neue Betriebsratsrechte bei atypischer Beschäftigung, NZA 2006, 573; Lakies, Rechte und Pflichten in der Berufsausbildung, 2005; Lembke, Aktuelle Brennpunkte der Zeitarbeit, BB 2010, 1533; Löw, Job-Sharing: Flexibilisierungsmodell mit Zukunft?, AuA 2006, 592; Mastmann/Offer, Ausgewählte Probleme der Leiharbeit, AuA 2005, 330; Mühlmann, Flexible Arbeitsvertragsgestaltung – Die Arbeit auf Abruf, RdA 2006, 356; Opolony, Das Recht der Berufsausbildung nach dem Berufsausbildungsreformgesetz, BB 2005, 1050; Peter, Nebentätigkeiten von Arbeitnehmern, 2006; Richardi/Annuß, Gesetzliche Neuregelung von Teilzeitarbeit und Befristung, BB 2000, 2201; Ritter/Rudolf, Der befristete Arbeitsvertrag unter besonderer Berücksichtigung des Teilzeit- und Befristungsgesetzes, in: Festschrift 25 Jahre ARGE ArbR im DAV, 2006, S. 367; Wank, Teilzeit, Befristung, Leiharbeit und Scheinselbständigkeit, 2005.

In den folgenden Fällen handelt es sich um Arbeitsverhältnisse, die jedoch gewisse Besonderheiten aufweisen. Das Berufsausbildungsverhältnis ist kein Arbeitsverhältnis im eigentlichen Sinn, diesem aber durch § 10 II BBiG weitgehend angenähert. **68**

a) *Berufsausbildungsverhältnis*

Das Berufsausbildungsverhältnis wird im Berufsbildungsgesetz (BBiG) geregelt. Der Auszubildende schließt mit dem Ausbildenden einen Berufsausbildungsvertrag, auf den die für den Arbeitsvertrag geltenden Vorschriften anzuwenden sind, soweit sich aus dem Sinn des Ausbildungsvertrags und dem BBiG nichts anderes ergibt (§ 10 II BBiG). Dieser Vertrag dient – im Unterschied zum Arbeitsvertrag – vornehmlich dem Ausbildungszweck (vgl. § 14 II BBiG). Früher waren Auszubildende regelmäßig Jugendliche. Das hat sich grundlegend verändert. Wegen der verlängerten Schulzeiten und des hohen Anteils an Abiturienten und Fachabiturienten sind heute 72% aller Auszubildenden Erwachsene (BT-Drucks. 13/5494, S. 14). Das Jugendarbeitsschutzgesetz ist damit im Rahmen von Berufsausbildungsverhältnissen häufig nicht anwendbar. **69**

Der Berufsausbildungsvertrag bedarf keiner Form; jedoch hat der Ausbildende den wesentlichen Inhalt schriftlich niederzulegen und eine Ausfertigung der Niederschrift dem Auszubildenden und dessen gesetzlichem Vertreter auszuhändigen (vgl. § 11 BBiG). Ein Verstoß des Ausbildenden gegen § 11 BBiG stellt eine Ordnungswidrigkeit nach § 102 I Nr. 1 u. 2 BBiG dar, die mit einer Geldbuße nach § 102 II BBiG geahndet werden kann. **70**

Zum Schutz der Auszubildenden sind bestimmte Vertragsvereinbarungen nichtig (§ 12 BBiG). Besondere Anforderungen werden an die persönliche und fachliche Eignung der Ausbildenden sowie an die Eignung der Ausbildungsstätte gestellt (§§ 27ff. BBiG). Der Auszubildende ist für die Teilnahme am Berufsschulunterricht und an Prüfungen freizustellen (§ 15 BBiG); für diese Zeit ist die Vergütung fortzuzahlen (§ 19 I 1 Nr. 1 BBiG). Für die Probezeit wird eine Mindest- und eine Höchstgrenze bestimmt (§ 20, 2 BBiG). Das Berufsausbildungsverhältnis endet mit dem Ablauf der vereinbarten Ausbildungszeit (§ 21 I 1 BBiG) oder – sofern dies früher erfolgt – mit Bestehen der Abschlussprüfung (§ 21 II BBiG). Eine Kündigung, die schriftlich auszusprechen ist (§ 22 III BBiG), ist während der Probezeit ohne Einhaltung einer Kündigungsfrist zulässig (§ 22 I BBiG). Nach der Probezeit kann sie nur noch aus wichtigem Grund binnen zwei Wochen nach Bekanntwerden des Grundes erklärt werden. Sie muss in diesem Fall begründet werden. Der Auszubildende kann binnen vier Wochen kündigen, wenn er die Berufsausbildung aufgeben oder sich für eine andere Berufstätigkeit ausbilden lassen will (Einzelh.: § 22 BBiG).

b) *Die Beschäftigung von Jugendlichen*

71 Das Zweite Gesetz zur Änderung des Jugendarbeitsschutzgesetzes, das am 1. 3. 1997 in Kraft getreten ist (BGBl. 1997 I, 311), hat die vorher verstreuten Vorschriften über den Schutz von Jugendlichen am Arbeitsplatz zusammengefasst und das Verbot der Kinderarbeit auf Personen bis zur Vollendung des 15. Lebensjahres ausgedehnt. Kinder ab 13 Jahren dürfen nun allerdings mit Einwilligung ihrer Erziehungsberechtigten „leichten und für Kinder geeigneten Beschäftigungen“ nachgehen (§ 5 III JArbSchG), während früher für diese Altersgruppe nur bestimmte Tätigkeiten (z.B. Zeitungsaustragen) erlaubt waren. Konkretisiert sind die in § 5 III JArbSchG umschriebenen leichten Beschäftigungen in der Kinderarbeitsschutzverordnung vom 23. 6. 1998 (KindArbSchV, BGBl. 1998 I, 1508).

Für die Geschichte des Arbeitsrechts ist wichtig, dass der gesetzliche Schutz von Kindern vor unzumutbaren Arbeitsbedingungen den Anfang des gesetzlichen Arbeitnehmerschutzrechts bildet (vgl. das preußische „Regulativ über die Beschäftigung jugendlicher Arbeiter in Fabriken“ vom 6. 4. 1839, abgedruckt bei Kaufhold, AuR 1989, 225, 228). Ungeachtet des erreichten hohen Standards bestehen im Bereich des Leistungssports erhebliche Schutzlücken; Missbräuche der Erziehungsberechtigten wie der Trainer sind in manchen Bereichen (Eiskunstlauf, Kunstturnen, Schwimmen) nicht selten (vgl. Walker (Hrsg.), Kinder- und Jugendschutz im Sport, 2001).

c) *Nebenbeschäftigungsverhältnis/Mehrere Beschäftigungsverhältnisse*

72 Der Arbeitnehmer kann außer seinem (Haupt-)Arbeitsvertrag weitere Arbeitsverträge schließen. Eine solche traditionell als Nebentätigkeit bezeichnete Beschäftigung, bei der es sich regelmäßig um ein Teilzeitarbeitsverhältnis (Rdnr. 80) handeln wird, ist grundsätzlich zulässig (Art. 2 I, 12 GG). Die Zunahme neuer Beschäftigungsformen bringt es mit sich, dass häufig nicht mehr eindeutig zwischen einer „Haupt-„ und einer „Neben“-Beschäftigung unterschieden werden kann. Sieht der einzelne Arbeitsvertrag eine erforderliche Genehmigung des Arbeitgebers vor, so hat der Arbeitnehmer darauf grundsätzlich einen Rechtsanspruch, muss die weitere Tätigkeit aber anmelden. Kollidiert die weitere Tätigkeit mit dienstlichen Interessen des (Haupt-)Arbeitgebers, so kann dieser die Genehmigung verweigern (BAG AP Nr. 5 zu § 611 BGB Nebentätigkeit). Eine Nebentätigkeit kann auch durch Gesetzesvorschrift, Tarifvertrag, Betriebsvereinbarung oder Arbeitsvertrag (ganz oder teilweise) verboten sein (BAG AP Nr. 5 zu § 611 BGB Nebentätigkeit). Der Arbeitnehmer hat in diesem Fall dennoch Anspruch auf die Zustimmung des Arbeitgebers, wenn die weitere Tätigkeit betriebliche Interessen des Arbeitgebers nicht beeinträchtigt (BAG NZA 2002, 965).

73 Eine Beschäftigung während des Urlaubs, die dem Urlaubszweck widerspricht, ist untersagt (§ 8 BUrlG). Die Summe der Arbeitszeiten der verschiedenen Arbeitsverhältnisse darf die gesetzliche Höchstarbeitszeit nicht überschreiten (vgl. §§ 3, 7 ArbZG). Schwarzarbeit

(Tätigkeit, ohne die gesetzlichen Abgaben abzuführen; Vollzeittätigkeit während der Arbeitslosigkeit) ist verboten (Gesetz zur Bekämpfung der Schwarzarbeit und illegalen Beschäftigung von 1995). Auch die aus dem Arbeitsvertrag folgende Pflicht des Arbeitnehmers zur Rücksichtnahme auf die Interessen seines Arbeitgebers (z. B. Erhaltung der Arbeitskraft; Wettbewerbsinteressen) kann der Übernahme einer weiteren Beschäftigung entgegenstehen.

d) *Leiharbeitsverhältnis*

Beim sog. Leiharbeitsverhältnis (der Begriff ist völlig verfehlt, weil von „Leihe" keine Rede sein kann; daher spricht man heute verbreitet von „Zeitarbeit") stellt der Arbeitgeber den Arbeitnehmer mit dessen Einverständnis (§ 613, 2 BGB) für eine bestimmte Zeit einem anderen zur Arbeitsleistung zur Verfügung. Dieser andere („Entleiher") erhält damit Arbeitgeberfunktionen. Denn er hat während der Dauer dieser „Leihe" den Anspruch auf die Arbeitsleistung; ihm steht das Weisungsrecht zu; ihn treffen auch die Schutzpflichten gegenüber dem Arbeitnehmer. Andererseits bleibt das Arbeitsverhältnis mit dem „Verleiher" bestehen; dieser ist weiterhin zur Lohnzahlung verpflichtet. Einzelheiten ergeben sich aus den getroffenen Abmachungen. **74**

Bei einem *echten* Leiharbeitsverhältnis wird der Arbeitnehmer nur vorübergehend „ausgeliehen" (z.B. ein Baggerführer mit dem für kurze Zeit vermieteten Bagger). Beim *unechten* Leiharbeitsverhältnis dagegen wird der Arbeitnehmer (z.B. eine Schreibkraft) schon mit dem Ziel eingestellt, ihn gewerbsmäßig an andere zu überlassen (Arbeitnehmerüberlassung).

Die gewerbsmäßig betriebene Arbeitnehmerüberlassung, auf die sich auch international tätige Großfirmen spezialisiert haben, kann zu besonderen Schutzbedürfnissen der „verliehenen" Arbeitnehmer führen. Dieser Wirtschaftszweig hat sich, nicht zuletzt verursacht durch die engmaschigen Regulierungen des deutschen Arbeitsrechts und durch den Versuch, den hohen Arbeitskosten bestimmter Tarifbereiche zu entgehen, stark ausgeweitet. Den daraus entstandenen Problemen wollen die Richtlinie 91/383/EWG (ABl. vom 29. 7. 1991 Nr. L 206/19) und das Arbeitnehmerüberlassungsgesetz vom 3. 2. 1995 (AÜG) begegnen. Der deutsche Gesetzgeber sieht in der Leiharbeit, nachdem er sie jahrzehntelang als eher unerwünschte Entwicklung sehr restriktiv behandelt hat, nunmehr sogar die Lösung der Arbeitsmarktprobleme. Im Zuge der sog. Hartz-Gesetze wurden daher verschiedene Anreize geschaffen, um die Beschäftigung von Arbeitslosen über sog. Personalserviceagenturen (PSA) zu erleichtern (dazu Wank, RdA 2003, 1, 6ff.). Die jüngste Richtlinie 2008/104/EG (ABl. vom 19. 11. 2008 Nr. L 327/9), die europaweit einheitliche Mindeststandards für die Arbeitsbedingungen von Leiharbeitnehmern vorgibt, muss die Bundesrepublik bis spätestens zum 5. 12. 2011 umsetzen (dazu Thüsing, RdA 2009, 118). **75**

Wer Arbeitnehmer gewerbsmäßig anderen überlässt, bedarf nach dem Arbeitnehmerüberlassungsgesetz einer Erlaubnis der Bundesagentur für Arbeit (§§ 1 ff. AÜG). Bei unerlaubter Überlassung sind sowohl der Überlassungsvertrag zwischen Verleiher und Entleiher als auch der Arbeitsvertrag des Arbeitnehmers mit dem Verleiher unwirksam (vgl. § 9 Nr. 1 AÜG); zum Schutz des Arbeitnehmers wird jedoch ein Arbeitsvertrag mit dem Entleiher fingiert (§ 10 I 1 AÜG). Der Verleiher hat die üblichen Arbeitgeberpflichten, der Entleiher vornehmlich Schutzpflichten gegenüber dem Arbeitnehmer (vgl. § 11 VI AÜG). Im Baugewerbe ist **76** die gewerbsmäßige Arbeitnehmerüberlassung gem. § 1b AÜG eingeschränkt, weil in diesem Bereich besonders schwerwiegende Missstände festgestellt wurden. In §§ 3 I Nr. 3, 9 Nr. 2 AÜG ist zum 1. 1. 2003 der Grundsatz des „equal pay" beim Entleiher eingeführt worden, der den Leiharbeitnehmern die gleichen Löhne sichert, die der Entleiher auch seinen (ständigen) Arbeitnehmern gewährt. Ein Tarifvertrag kann allerdings abweichende Arbeitsbedingungen vorsehen (§ 9 Nr. 2 AÜG; s. dazu ErfK/Wank § 3 AÜG Rdnr. 32 ff.), wobei für die Praxis wichtig ist, dass im Geltungsbereich eines solchen Tarifvertrags auch nicht tarifgebundene Entleiherunternehmen die Anwendung der tariflichen Bedingungen vereinbaren können. Zu beachten sind nach der Neuregelung des AÜG durch das Gesetz für neue Dienstleistungen am Arbeitsmarkt von 2002 (BGBl. I 406, 417) die Mitbestimmungsrechte der Betriebsräte des Verleiher- und des Entleiherbetriebs (Grimm/Brock, DB 2003, 1113 f.; Bauer/Krets, NJW 2003, 537).

e) *Mittelbares Arbeitsverhältnis*

77 Gestattet der Arbeitgeber (AG) seinem Arbeitnehmer (M), dass dieser seinerseits zur Erfüllung seiner Pflichten aus dem Arbeitsvertrag andere Arbeitnehmer (AN) einstellt, indem er im eigenen Namen mit diesen Arbeitnehmern Arbeitsverträge schließt, und verfährt M so, dann bestehen nach h. M. außer dem Arbeitsvertrag im Verhältnis AG – M weitere Arbeitsverhältnisse M – AN (vgl. BAG AP Nr. 57 zu § 611 BGB Abhängigkeit). Zwischen AG und den AN liegt dagegen kein (echtes) Arbeitsverhältnis vor; man spricht von einem mittelbaren Arbeitsverhältnis. Kennzeichen des mittelbaren Arbeitsverhältnisses ist, dass sich ein Arbeitnehmer gegenüber einem Mittelsmann, der selbst Arbeitnehmer eines Dritten ist, zur Leistung von Arbeit verpflichtet, wobei die Arbeit tatsächlich mit Wissen des Dritten unmittelbar für diesen geleistet wird (BAG AP Nr. 1 zu § 611 BGB Hausmeister). Zwischen AG und den AN steht M als Mittelsperson (Zwischenperson); M ist also sowohl Arbeitnehmer (gegenüber AG) als auch Arbeitgeber (gegenüber AN).

Beispiel: Die Rundfunkanstalt (AG) schließt mit dem Orchesterleiter (M) als Arbeitnehmer einen Arbeitsvertrag. Der Orchesterleiter sucht die Musiker für das Orchester selbst aus, stellt sie im eigenen Namen ein und entlässt sie (vgl. BAG AP Nr. 2, 3 zu § 611 BGB Mittelbares Arbeitsverhältnis).

78 Das mittelbare Arbeitsverhältnis ist im Sozialversicherungsrecht entwickelt worden, um den mittelbaren Arbeitgeber (AG) zur Beitragspflicht heranzuziehen. Arbeitsrechtlich sind die Arbeitgeberfunktionen aufgespalten: Die Mittelsperson hat ihren Arbeitnehmern (AN) gegenüber die Lohnzahlungspflicht und das Weisungsrecht. Auch der mittelbare Arbeitgeber hat Fürsorgepflichten gegenüber den AN; er kann der Mittelsperson – als seinem Arbeitnehmer – Weisungen auch in Bezug auf deren Arbeitnehmer erteilen. Einzelheiten ergeben sich aus den getroffenen Vereinbarungen.

f) *Gruppenarbeitsverhältnis*

79 Beim Gruppenarbeitsverhältnis sind mehrere Arbeitnehmer zu einer Arbeitsgruppe zusammengefasst. Stellt ein Arbeitgeber mehrere Arbeitnehmer ein, die sich zur gemeinsamen Arbeitsleistung zu einer Gruppe zusammengeschlossen haben, spricht man von einer *Eigengruppe* (z.B. Musikkapelle). Ein Vertragsverhältnis besteht i.d.R. nur zur Gruppe (ErfK/Preis, § 611 BGB Rdnr. 195). Fasst der Arbeitgeber mehrere bei ihm beschäftigte Arbeitnehmer mit jeweils eigenständigen Arbeitsverträgen zu einer Gruppe zusammen, handelt es sich um eine *Betriebsgruppe* (z.B. Akkordkolonne). Für sie sieht das BetrVG besondere Mitbestimmungsregelungen vor (vgl. §§ 28a, 87 I Nr. 13 BetrVG).

Nach der jeweils getroffenen Vereinbarung richtet es sich, ob das einzelne Mitglied der Gruppe oder nur die Gruppe einen Lohnanspruch hat. Einer Eigengruppe (z.B. einem Heimleiterehepaar) kann in der Regel nur gemeinsam gekündigt werden; der Kündigungsgrund braucht aber nur in einer Person zu liegen (vgl. BAG AP Nr. 1 zu § 611 BGB Gruppenarbeitsverhältnis).

g) *Teilzeitarbeitsverhältnis*

Ein Teilzeitarbeitsverhältnis ist gegeben, wenn der Arbeitnehmer nur für eine **80**
kürzere als die betriebsübliche Wochenarbeitszeit beschäftigt ist (§ 2 I 1 TzBfG). Dagegen erfolgt bei der Kurzarbeit eine vorübergehende Herabsetzung der vereinbarten Arbeitszeit (Rdnr. 213). Beim befristeten Arbeitsverhältnis ist die Dauer des Arbeitsvertrags begrenzt (Rdnr. 583ff.).

(1) *Arten von Teilzeitarbeit*

Teilzeitarbeit wird unter verschiedenen Aspekten gesetzlich gefördert. Sie gilt als ein Instrument zur Förderung der Beschäftigung und der Vereinbarkeit von Familie und Erwerbstätigkeit (Teilzeit- und Befristungsgesetz vom 21. 12. 2000). Daneben soll durch Altersteilzeitarbeit (Rdnr. 84) älteren Arbeitnehmern ein gleitender Übergang vom Erwerbsleben in die Altersrente ermöglicht werden (Altersteilzeitgesetz vom 23. 7. 1996). Demnach ist die „normale“ Teilzeitarbeit von der Altersteilzeitarbeit schon im Hinblick auf die unterschiedlichen gesetzlichen Grundlagen und Regelungsziele zu unterscheiden.

(2) *Normale Teilzeitarbeit*

(a) *Begriff*

Teilzeitbeschäftigte sind Arbeitnehmer, deren regelmäßige Wochenarbeitszeit **81**
kürzer ist als diejenige vergleichbarer Vollzeitbeschäftigter (§ 2 I 1 TzBfG – lesen!). Teilzeitarbeitnehmer dürfen wegen der Teilzeitarbeit nicht ohne sachliche Gründe anders (schlechter) behandelt werden als Vollzeitarbeitnehmer. Teilbare geldwerte Leistungen des Arbeitgebers sind ihnen mindestens anteilig zu gewähren (Weihnachtsgeld, Urlaubsgeld, Jahresvergütungen etc.). Es gilt ein Diskriminierungsverbot (§ 4 I TzBfG).

(b) *Rechtsanspruch auf einseitige Verringerung der Arbeitszeit*

Ein Arbeitnehmer, dessen Arbeitsverhältnis länger als sechs Monate bestanden **82**
hat, kann unter bestimmten Voraussetzungen einseitig verlangen und durchsetzen, dass seine vertraglich vereinbarte Arbeitszeit verringert wird. Nach weiteren zwei Jahren kann der Arbeitnehmer eine erneute Verkürzung seiner Arbeitszeit verlangen (zu den Einzelh. vgl. § 8 TzBfG).

Der Arbeitgeber kann die gewünschte Verkürzung der Arbeitszeit nur ablehnen, wenn „betriebliche Gründe“ dem entgegenstehen. Im Übrigen hat er ihr zuzustimmen (§ 8 IV TzBfG). Die Darlegungs- und Beweislast für „betriebliche Gründe“ liegt beim Arbeitgeber. Unter gewissen Umständen kann sich eine Fiktion der Zustimmung nach § 8 V 2, 3 TzBfG ergeben. Arbeitnehmer, die von ihrem Recht auf Verringerung der vertraglich vereinbarten Arbeitszeit Gebrauch machen, dürfen deswegen weder benachteiligt noch gekündigt werden (§§ 5, 11 TzBfG).

83 Die gesetzliche Regelung ist rechtspolitisch bedenklich. Es verstößt gegen den Grundsatz der Vertragstreue („pacta sunt servanda“), wenn eine Vertragspartei sechs Monate nach Abschluss eines Dauerschuldverhältnisses einseitig und ohne besondere Rechtfertigung eine schwerwiegende Veränderung der vereinbarten Hauptleistungspflicht verlangen und gegen den Willen der anderen durchsetzen kann. Auch verfassungsrechtlich bestehen gegen diesen Eingriff in die Abschlussfreiheit (die Verkürzungsvereinbarung wird zum Zwangsvertrag für den Arbeitgeber) erhebliche Bedenken (Richardi/Annuß, BB 2000, 2201). Das BAG hat die zunächst deutlich zu weit gehende instanzgerichtliche Rspr. korrigiert (BAG AP Nr. 3 zu § 8 TzBfG) und zu Recht den unternehmerischen Gestaltungsfreiraum im Organisationsbereich betont (s. auch BAG NZA 2004, 921). Rechtpolitisch zu begrüßen ist ein derartiger Anspruch nur, soweit er zur Verbesserung der Vereinbarkeit von Familie und Beruf führt. Auf entsprechende Fallkonstellationen sollte er de lege ferenda auch beschränkt werden.

Will ein Arbeitnehmer seine durch eine Änderungsvereinbarung auf 50% verringerte Arbeitszeit später wieder aufstocken, so ist dazu die Zustimmung des Arbeitgebers erforderlich. Ein Anspruch darauf kann sich aus § 11 III TVöD (früher § 15 b III BAT) oder aus § 9 TzBfG ergeben (BAG NZA 2002, 1047).

(3) *Altersteilzeit*

84 Die Altersteilzeitarbeit soll älteren Arbeitnehmern den Übergang in das Rentnerdasein erleichtern (§ 1 ATZG). Das Altersteilzeitgesetz will zugleich die Renten- und Arbeitslosenversicherung von den hohen Kosten der über viele Jahre hin praktizierten Frühverrentung älterer Arbeitnehmer durch die Tarif-, Betriebs- und Arbeitsvertragsparteien entlasten (vgl. den Überblick bei HWK/Stindt/Nimscholz Vorb. ATZG Rdnr. 1 ff). Nach dem Altersteilzeitgesetz erhalten Arbeitgeber und Arbeitnehmer für längstens 6 Jahre Zuschüsse von der Bundesagentur für Arbeit, wenn sie vereinbaren, die bisherige wöchentliche Arbeitszeit für Arbeitnehmer, die über 55 Jahre alt sind, zu senken und damit die Einstellung eines sonst Arbeitslosen ermöglichen (§ 1 I, § 3 I Nr. 2 ATZG). Der Arbeitgeber muss das Regelentgelt für die Altersteilzeitarbeit um mindestens 20% (§ 3 I Nr. 1 ATZG) anheben und grundsätzlich mindestens jenen Rentenbeitrag entrichtet haben, der auf 80% des Regelarbeitsentgeltes für die Altersteilzeitarbeit entfällt. Der Arbeitgeber erhält seine Mehraufwendungen von der Bundesagentur für Arbeit erstattet. Die Einzelheiten der komplizierten Anspruchsvoraussetzungen und Berechnungsvorschriften finden Sie in §§ 3 und 7 ATZG.

(4) *Arbeit auf Abruf (§ 12 TzBfG)*

Arbeitgeber und Arbeitnehmer können vereinbaren, dass der Arbeitnehmer seine Arbeitsleistung entsprechend dem Arbeitsanfall zu erbringen hat (Arbeit auf Abruf). Die Vereinbarung muss die Dauer der wöchentlichen und täglichen Arbeitszeit festlegen. Fehlt eine solche Vereinbarung, so gelten wöchentlich zehn oder täglich drei Stunden in Folge vereinbart. Die Abrufarbeit, auch KAPOVAZ (kapazitätsorientierte variable Arbeitszeit) genannt, hatte bisher in der Praxis geringe Bedeutung. Die neuere Rspr. des BAG zur Arbeit auf Abruf (BAG NZA 2006, 423) ermöglicht es allerdings, dieses Instrument in Zukunft zur stärkeren Flexibilisierung von Arbeitsverhältnissen zu nutzen (dazu Kiene, Arbeit auf Abruf, 2010). **85**

h) *Job-Sharing (§ 13 TzBfG)*

Von Job-Sharing spricht man, wenn der Arbeitgeber zwei oder mehrere Arbeitnehmer auf einem (Vollzeit-)Arbeitsplatz einsetzt. Es handelt sich um Teilzeitbeschäftigte in einem Gruppenverhältnis. **86**

Sie können z. B. vereinbaren, dass einer von ihnen vormittags, der andere nachmittags oder jeder von ihnen jeden zweiten Arbeitstag ganztägig arbeitet. Will einer von ihnen etwa eine ganze Woche lang nicht arbeiten, muss er mit dem anderen übereinkommen, dass dieser während dieser Zeit arbeitet.

Trotz der Freiheit bei der Wahl der Arbeitszeit sind die Beschäftigten Arbeitnehmer, weil sie in den Betrieb des Arbeitgebers eingegliedert und von diesem persönlich abhängig sind.

Bei Ausfall eines Arbeitnehmers sind die anderen in die Arbeitsplatzteilung einbezogenen Arbeitnehmer zu seiner Vertretung nur aufgrund einer für den einzelnen Vertretungsfall getroffenen Vereinbarung verpflichtet. Eine generelle Verpflichtung zur Vertretung kann vorab nur für den Fall eines dringenden betrieblichen Erfordernisses vereinbart werden. Scheidet ein in die Arbeitsplatzteilung einbezogener Arbeitnehmer aus, darf der Arbeitgeber deswegen einem anderen Arbeitnehmer nicht kündigen (§ 13 I u. II TzBfG).

i) *Probearbeitsverhältnis*

Vor dem Abschluss eines Arbeitsvertrags können beide Seiten ein Interesse daran haben, die Eignung und Neigung des Arbeitnehmers für die vorgesehenen Arbeitsaufgaben zu erproben. Das geltende Recht eröffnet dafür verschiedene Gestaltungsmöglichkeiten: **87**

- Abschluss eines unbefristeten Arbeitsverhältnisses mit gleichzeitig vereinbarter, anfänglicher, befristeter Probezeit. Sie beträgt in der Regel, nicht zuletzt im Hinblick auf § 1 I KSchG, sechs Monate. Wird diese Probezeit nicht als Mindestvertragsdauer vereinbart, so kann das Arbeitsverhältnis während der Probezeit von beiden Seiten mit einer Frist von zwei Wochen gekündigt werden (§ 622 III BGB).
- Abschluss eines befristeten Probearbeitsverhältnisses. Sachgrund und Zweck der kalendermäßigen Befristung ist die Erprobung (§ 14 I Nr. 5 TzBfG). Die Befristung bedarf der Schriftform (§ 14 IV TzBfG). Das befristete Probearbeitsver-

hältnis endet mit dem Ablauf der vereinbarten Frist. Eine ordentliche Kündigung innerhalb der vereinbarten Frist ist nur möglich, wenn dies vereinbart wurde (§ 15 III TzBfG).

III. Arbeitnehmerähnliche Beschäftigungsverhältnisse

Schrifttum: Berger-Delhey/Alfmeier, Freier Mitarbeiter oder Arbeitnehmer?, NZA 1991, 257; Feldmann, Der Franchise-Nehmer als Arbeitnehmer, 2006; Henssler/Olbing/Reinecke/Voelske, Das arbeits- und sozialrechtliche Korrekturgesetz und die Scheinselbständigkeit, 1999; Rebhahn, Arbeitnehmerähnliche Personen – Rechtsvergleich und Regelungsperspektive, RdA 2009, 236; Reiserer, Wege aus dem Arbeitsverhältnis in die Selbständigkeit, in: Festschrift 25 Jahre ARGE ArbR im DAV, 2006, S. 545.; Schubert, Der Schutz arbeitnehmerähnlicher Personen, 2004; Willemsen/Müntefering, Begriff und Rechtsstellung arbeitnehmerähnlicher Personen: Versuch einer Präzisierung, NZA 2008, 193.

1. Der Begriff der arbeitnehmerähnlichen Person

88 Es gibt Rechtsverhältnisse, die keine Arbeitsverhältnisse darstellen; dennoch befindet sich eine der beiden Vertragsparteien wegen ihrer wirtschaftlichen Abhängigkeit von einem Unternehmer in einer ähnlichen Lage wie ein Arbeitnehmer. Das kann dazu führen, dass diese Personen in bestimmten Bereichen ebenso schutzbedürftig sind wie die Arbeitnehmer. An die Stelle der persönlichen Abhängigkeit tritt die wirtschaftliche Unselbständigkeit (BAG AP Nr. 12 zu § 611 BGB Arbeitnehmerähnlichkeit). Sie werden als *arbeitnehmerähnliche Personen* bezeichnet und Arbeitnehmern im Sinne des Bundesurlaubsgesetzes (§§ 2, 12 BUrlG), des Allgemeinen Gleichbehandlungsgesetzes (§ 6 I Nr. 3 AGG), des Pflegezeitgesetzes (§ 7 I Nr. 3 PflegeZG); des Arbeitsgerichtsgesetzes (§ 5 I 2 ArbGG) und des Tarifvertragsgesetzes (§ 12a TVG) gleichgestellt. Eine Legaldefinition des Arbeitnehmerähnlichen kennt § 12a TVG, der ihn für Personen verwendet, die „wirtschaftlich abhängig und vergleichbar einem Arbeitnehmer sozial schutzbedürftig“ sind. Traditionell werden die Heimarbeiter, die Handelsvertreter und die Freien Mitarbeiter zu den Arbeitnehmerähnlichen gezählt. Insgesamt ist der arbeitsrechtliche Schutz dieser Personengruppe gesetzlich nur sehr gering ausgeprägt. Insbesondere genießen die Arbeitnehmerähnlichen weder Kündigungsschutz noch Entgeltfortzahlung im Krankheitsfall. Eine Inhaltskontrolle gemäß §§ 305ff. BGB findet hingegen statt; außerdem ist der besondere Diskriminierungsschutz des AGG anwendbar (vgl. § 6 I Nr. 3 AGG). Es besteht Anspruch auf bezahlten Erholungsurlaub (§ 2 BUrlG). Ansonsten werden einzelne arbeitsrechtliche Vorschriften analog angewandt (HWK/Thüsing, Vor § 611 BGB Rdnr. 111).

Eine arbeitnehmerähnliche Person kann als im sozialversicherungsrechtlichen Sinn „Selbständig Tätiger“ in vollem Umfang rentenversicherungspflichtig sein (§ 2, 1 Nr. 9 SGB VI).

2. Heimarbeiter und Hausgewerbetreibende

Für die Heimarbeiter und die Hausgewerbetreibenden enthält das Heimarbeitsgesetz Vorschriften über Arbeitszeit-, Gefahren-, Entgelt- und Kündigungsschutz (§§ 10ff., 17ff., 29ff. HAG). Ergänzend sieht das EFZG für Heimarbeiter im Krankheitsfall einen Anspruch auf einen Zuschlag zum Arbeitsentgelt vor (§ 10 EFZG). 89

a) *Heimarbeiter* ist, wer in selbstgewählter Wohnung oder Betriebsstätte allein oder mit Familienangehörigen im Auftrag von Gewerbetreibenden gewerblich arbeitet und die Verwertung der Arbeitsergebnisse dem Gewerbetreibenden überlässt (vgl. § 2 I HAG). Das BetrVG fingiert, dass Heimarbeiter als Arbeitnehmer des Betriebes gelten, für den sie in der Hauptsache arbeiten (§ 5 I 2 BetrVG).

b) Der *Hausgewerbetreibende* unterscheidet sich vom Heimarbeiter dadurch, dass er (höchstens zwei) fremde Hilfskräfte oder Heimarbeiter beschäftigt, wobei er „selbst wesentlich am Stück mitarbeitet" (vgl. § 2 II HAG).

3. Handelsvertreter

Der Handelsvertreter ist selbständiger Kaufmann (vgl. § 84 I HGB) und daher kein Arbeitnehmer. Darf er nur für einen Unternehmer tätig werden (sog. Einfirmenvertreter, vgl. § 92a HGB) und hat er in den letzten sechs Monaten durchschnittlich nicht mehr als 1000,– € monatlich verdient, sind für seine Rechtsstreitigkeiten mit dem Unternehmer die Arbeitsgerichte zuständig (vgl. § 5 III ArbGG). 90

4. Freier Mitarbeiter

Sofern es sich bei einem als „Freier Mitarbeiter" bezeichneten Beschäftigten nicht aufgrund persönlicher Abhängigkeit um einen Arbeitnehmer handelt (**Fall d**; Rdnr. 52), so wird er doch häufig jedenfalls wirtschaftlich vom Unternehmer abhängig sein, weil er im Wesentlichen nur für ihn tätig ist und das bei ihm verdiente Entgelt seine Existenzgrundlage bildet. In diesem Fall sind die oben (Rdnr. 88) genannten Vorschriften auf sein Vertragsverhältnis anwendbar. 91

5. Franchisenehmer

Die bislang genannten, schon seit langem anerkannten Gruppen der Arbeitnehmerähnlichen sind um den Franchisenehmer zu ergänzen. Sowohl das BAG (AP Nr. 37 zu § 5 ArbGG 1979) als auch der BGH (BGHZ 140, 11) haben die Arbeitnehmerähnlichkeit dieser Vertriebspartner mit einer pauschalen Begründung bejaht (im Übrigen oben Rdnr. 55). 92

Kapitel 2

Die rechtlichen Grundlagen des Arbeitsverhältnisses

93 Das Arbeitsverhältnis unterliegt heute nicht mehr allein oder auch nur vorrangig nationalem Arbeitsrecht. Es herrscht eine Gemengelage von internationalen (teils supranationalen) (Rdnr. 95 ff.) und nationalen (Rdnr. 112 ff.) Rechtsregeln. Der Begriff „Internationales Arbeitsrecht“ kann zwei Bedeutungen haben. Er bezeichnet zunächst jenen Teil des Völkerrechts, der die zwischenstaatlichen Vereinbarungen von sozialen Schutznormen für Arbeitnehmer behandelt. Das sind insbesondere die zahlreichen Übereinkommen der Internationalen Arbeitsorganisation (Rdnr. 95). Dieser auch als supranationales Arbeitsrecht bezeichnete Teil des Arbeitsrechts gilt über die Grenzen eines Staates hinaus. Als Arbeitskollisionsrecht wird jene Teildisziplin des (deutschen) internationalen Privatrechts bezeichnet, die die Frage behandelt, welches nationale Arbeitsrecht auf Arbeitsverhältnisse mit Auslandsberührung anzuwenden ist (Rdnr. 142 ff.). In den letzten Jahrzehnten hat das Recht der Europäischen Union im Arbeitsrecht erheblich an Bedeutung gewonnen.

A. Internationales Recht

Schrifttum: Däubler/Kittner/Lörcher (Hrsg.), Internationale Arbeits- und Sozialordnung, 2. Aufl., 1994; Henssler/Braun (Hrsg.), Arbeitsrecht in Europa, 2. Aufl., 2007; Lörcher, Die Normen der Internationalen Arbeitsorganisation und des Europarats – Ihre Bedeutung für das Arbeitsrecht der Bundesrepublik, AuR 1991, 97; Münchener Handbuch des Arbeitsrechts/Birk, § 17.

Fälle:

94 a) Der polnische Staatsangehörige P ist in Deutschland bei Arbeitgeber A, der 20 Arbeitnehmer beschäftigt, angestellt. Zum 1. Juli 2010 beginnt P seinen einjährigen Wehrdienst in der polnischen Armee. Infolgedessen kann er seiner Vertragspflicht gegenüber A nicht mehr nachkommen. Kann A den P wegen Nichterfüllung des Arbeitsvertrags kündigen?

b) Arbeitgeber H schließt mit M einen Arbeitsvertrag auf Grundlage einer Vorschrift, die eine sachgrundlose Befristung für alle Arbeitnehmer ab dem 52. Lebensjahr vorsieht. M ist der Meinung, die Vorschrift verstoße gegen Europarecht.

I. Völkerrechtliche Vereinbarungen

1. Übereinkommen der IAO

Die Übereinkommen der Internationalen Arbeitsorganisation (IAO = International Labour Organisation = ILO) sind völkerrechtliche Vereinbarungen, die von den Organen der IAO beschlossen werden. Die IAO, eine selbständige Sonderorganisation der UNO mit Sitz in Genf, verfolgt das Ziel, Mindeststandards für die Arbeitsbedingungen aller Arbeitnehmer zu sichern (vgl. Präambel der Verfassung der IAO, abgedr. bei Nipperdey, Nr. 1081). Die Übereinkommen entfalten eine innerstaatliche Bindungswirkung erst dann, wenn sie vom Mitgliedstaat im Gesetzgebungsverfahren ratifiziert worden sind. Inwieweit einzelne Arbeitnehmer, Gewerkschaften oder Arbeitgeber aus ratifizierten Übereinkommen der IAO unmittelbar subjektive Rechte herleiten können, ist umstritten (dazu Lörcher, AuR 1991, 97, 102ff.). Das BAG hat hierzu bislang nicht grundsätzlich Stellung genommen. **95**

Die Bundesrepublik hat von den z.Zt. 188 Übereinkommen der IAO 82 ratifiziert, wovon 72 in Kraft sind (abrufbar unter http://webfusion.ilo.org/public/db/standards/normes/appl/index.cfm?lang=EN). Bedeutsam sind folgende Übereinkommen: **96**

a) Das Übereinkommen Nr. 87 über die Vereinigungsfreiheit und den Schutz des Vereinigungsrechts vom 9. 7. 1948 (alle Abkommen sind im Internet abrufbar unter „www.ilo.org/public/german/region/eurpro/bonn/index.htm") ist das wichtigste Übereinkommen. Danach hat jedes Mitglied innerstaatliche Regelungen zu treffen, die den Arbeitnehmern und den Arbeitgebern gleichermaßen das Recht einräumen, ohne vorherige Genehmigung Organisationen nach eigener Wahl zu bilden und ihnen beizutreten. Weiterhin muss sichergestellt sein, dass diese Organisationen ihre Tätigkeit frei von behördlichen Eingriffen selbst regeln können. Bei der Bestimmung des Inhalts dieser Koalitionsfreiheit, die in Deutschland durch Art. 9 III GG gesichert ist (Rdnr. 627ff.), und bei der Anwendung einschlägiger Normen dürfen die im Übereinkommen Nr. 87 vorgesehenen Rechte nicht geschmälert werden. Problematisch ist die Vereinbarkeit des deutschen Verbots des Arbeitskampfes für Beamte mit nicht hoheitlichen Tätigkeiten mit dem Übereinkommen.

b) Das Übereinkommen Nr. 135 über Schutz und Erleichterungen für Arbeitnehmer im Betrieb v. 23. 6. 1971 schützt Arbeitnehmervertreter im Betrieb gegen jede Benachteiligung einschließlich Kündigung (vgl. § 20 BetrVG und § 15 KSchG i.V.m. § 103 BetrVG; dazu Rdnr. 448, 526). Nach der Rspr. des BAG sind Wahlbewerber bei nichtiger Betriebsratswahl allerdings nicht nach den genannten nationalen Vorschriften geschützt; darin liege kein Verstoß gegen das Übereinkommen (BAG NZA 1986, 753).

c) Das Übereinkommen Nr. 111 über die Diskriminierung in Beschäftigung und Beruf v. 25. 6. 1958 verbietet Diskriminierungen aufgrund von Rasse, Hautfarbe, Geschlechts, Glaubensbekenntnisses, politischer Meinung, nationaler Abstammung, sozialer Herkunft und verpflichtet die Mitgliedstaaten, jegliche Diskriminierung auf diesem Gebiet auszuschalten. Dem tragen z.B. Art. 3 GG und das Allgemeine Gleichbehandlungsgesetz (AGG) Rechnung (vgl. Rdnr. 150ff., 165ff.).

d) Das Übereinkommen Nr. 132 über bezahlten Jahresurlaub v. 24. 6. 1970 sichert u.a. einen Mindestjahresurlaub von drei Wochen, einen Anspruch auf Teilurlaub, schränkt die Teilbarkeit des Urlaubs ein und gewährleistet die Übertragbarkeit des Urlaubsanspruchs sowie dessen Abgeltung. Dem entspricht das BUrlG (dazu Rdnr. 402 ff.). Das BAG (NZA 1986, 132) hält es mit dem Übereinkommen für vereinbar, dass der Urlaubsanspruch auf das Urlaubsjahr oder den Übertragungszeitraum befristet ist (a.A. LAG Düsseldorf NZA 1992, 312). Zur Vereinbarkeit mit Unionsrecht vgl. Rdnr. 409.

e) Das Übereinkommen Nr. 3 über die Beschäftigung der Frauen vor und nach der Niederkunft v. 29. 11. 1919 enthält ein Beschäftigungsverbot von sechs Wochen vor und nach der Geburt, Unterstützungsleistungen während dieses Zeitraums und ein Kündigungsverbot. Diese Rechte sind durch das MuSchG abgesichert (vgl. Rdnr. 398 ff.).

2. Europäische Menschenrechtskonvention und Europäische Sozialcharta

97 Die Europäische Menschenrechtskonvention (EMRK) und die Europäische Sozialcharta (ESC), die der Europarat in Straßburg verabschiedet hat, sind ebenfalls völkerrechtliche Vereinbarungen mit arbeitsrechtlich bedeutsamen Regelungen (vgl. Nipperdey, Nr. 1150, 1152). Beide haben in Deutschland Gesetzesrang (str. für die ESC). Sofern innerstaatliche arbeitsrechtliche Bestimmungen Auslegungsprobleme aufwerfen, ist diejenige Lösung zu wählen, die den Vorschriften der EMRK und der ESC am ehesten gerecht wird.

98 Nach Art. 11 I EMRK haben alle Menschen das Recht, sich frei mit anderen zusammenzuschließen. Dazu gehört die Befugnis, zum Schutz ihrer Interessen Gewerkschaften zu bilden und diesen beizutreten (s. auch Zachert, AuR 2003, 370).

Die ESC enthält in Teil 2 Regelungen zum individuellen und kollektiven Arbeitsrecht. Danach sind die Vertragsstaaten u.a. gehalten, die wirksame Ausübung des Rechts auf Arbeit und auf berufliche Bildung zu gewährleisten. Sie müssen auf gerechte, sichere und gesunde Arbeitsbedingungen sowie auf ein gerechtes Arbeitsentgelt hinwirken. Ferner haben sie sich für den Schutz von Kindern, Jugendlichen, Frauen, Behinderten und Wanderarbeitnehmern einzusetzen. Im Bereich der kollektiven Arbeitsbedingungen sind gem. Art. 5 ESC die Vereinigungsfreiheit und gem. Art. 6 ESC das Recht auf Kollektivvereinbarungen zu gewährleisten. In Art. 6 Nr. 4 ESC ist das Streikrecht genannt, das in der Diskussion um eine gerechte Arbeitskampfordnung Bedeutung erlangt hat (vgl. Brox/Rüthers, Arbeitskampfrecht, Rdnr. 124).

Art. 6 EMRK gewährleistet auch für das Arbeitsrecht den Anspruch auf ein faires Gerichtsverfahren innerhalb angemessener Zeit. Die Bundesrepublik ist wegen der Verletzung des Art. 6 I EMRK wiederholt verurteilt worden, zum Beispiel zur Zahlung von Schmerzensgeld wegen einer Verfahrensdauer von fünf Jahren vor einem Sozialgericht.

II. Das Recht der Europäischen Union

Schrifttum: Franzen, Privatrechtsangleichung durch die Europäische Gemeinschaft, 1999; Fuchs/Marhold, Europäisches Arbeitsrecht, 2. Aufl., 2006; Hanau, Die Europäische Grundrechtecharta – Schein und Wirklichkeit im Arbeitsrecht, NZA 2010, 1; Hanau/Steinmeyer/Wank, Handbuch des europäischen Arbeits- und Sozialrechts, 2002; Henssler, Arbeitsrecht der Europäischen Union, in Henssler/Braun (Hrsg.), Arbeitsrecht in Europa, 2. Aufl. 2007, S. 1; ders./Strick, Aktuelle Entwicklungen im europäischen Arbeitsrecht, ZAP 2006, 189; Höpfner, Die systemkonforme Auslegung, 2008; ders., Voraussetzungen und

Grenzen richtlinienkonformer Auslegung und Rechtsfortbildung, JbJZRWiss 2009, 73; Höpfner/Rüthers, Grundlagen einer europäischen Methodenlehre, AcP 209 (2009), 1; Kokott, Auslegung europäischen oder Anwendung nationalen Rechts?, RdA 2006, Beil. 6; Krimphove, Europäisches Arbeitsrecht, 2001; Preis, Verbot der Altersdiskriminierung als Gemeinschaftsgrundrecht – Der Fall Mangold und seine Folgen, NZA 2006, 401; Riesenhuber, Europäisches Arbeitsrecht, 2009; Temming, Altersdiskriminierung im Arbeitsleben, 2008.

Dem Recht der Europäischen Union kommt arbeitsrechtlich immer größere Bedeutung zu, weil das Unionsrecht zunehmend das nationale (Arbeits-)Recht überlagert. **99**

1. Geschichtliche Entwicklung

Die Europäische Union war zu Beginn 1957 eine Wirtschaftsgemeinschaft. Eine Sozial- und Arbeitspolitik war nicht vorgesehen. Die Grundfreiheiten der jetzigen Art. 45, 49, 56 AEUV (Art. 39, 43, 49 EG a. F.), welche die Freizügigkeit der Arbeitnehmer sowie die Niederlassungs- und Dienstleistungsfreiheit regeln, zielten ursprünglich nicht auf den sozialen Schutz der Arbeitnehmer, sondern auf Integration und Durchdringung der nationalen Märkte. Konkrete Bestimmungen zum Arbeitsrecht fanden sich nur in den jetzigen Art. 157, 159 AEUV (Art. 141, 143 EG a. F.). Das hat sich in der Zwischenzeit grundlegend gewandelt. Die Union hat sich zum Ziel gesetzt, eine Sozialunion zu verwirklichen (Art. 3 EUV), und ihre Befugnisse zur Rechtsetzung kontinuierlich ausgebaut. Einen ersten Schritt zur Realisierung einer solchen Sozialunion stellten die rechtlich unverbindlichen sozialpolitischen Aktionsprogramme dar. Das erste stammt von 1974 (ABl. EG 1974 C 13/1 ff.). **100**

Die Sozialpolitik (nun Art. 151 ff. AEUV) besitzt heute einen großen Stellenwert. Von Bedeutung ist insbesondere Art. 153 AEUV, der eine Vielzahl von Kompetenzen zum Richtlinienerlass für Regelungen des Arbeitslebens vorsieht. Im Jahr 1989 verabschiedete der Rat die Gemeinschaftscharta der sozialen Grundrechte der Arbeitnehmer (nicht zu verwechseln mit der ESC; Rdnr. 97). Sie enthält eine Reihe von sozialen Schutzpositionen wie z. B. den Schutz von Kindern und Jugendlichen, älteren und behinderten Arbeitnehmern oder die Anhörung und Mitwirkung der Arbeitnehmer. Auch ihr kam keine rechtliche Verbindlichkeit zu. Gleichwohl formulierte sie die politischen Ziele der Gemeinschaft und war Grundlage für weitere Aktionsprogramme, die in Form von Richtlinien umgesetzt wurden.

Die nächste Phase der Entwicklung wurde 1992 durch den Vertrag von Maastricht eingeläutet. Dem Vertrag war das Protokoll über die Sozialpolitik (sog. Sozialabkommen, abgedr. in RdA 1993, 234) beigefügt, das durch den Vertrag von Amsterdam vom 2. 10. 1997 in den EG-Vertrag überführt wurde: Art. 136–145 EG.

Nachdem die Verhandlungen über den Europäischen Verfassungsvertrag durch ablehnende Referenden in Frankreich und den Niederlanden gescheitert waren, wurden die europäischen Verträge durch den Vertrag von Lissabon vom 13. 12. 2007 grundlegend überarbeitet. Der EU-Vertrag wurde neu gestaltet; aus dem bisherigen EG-Vertrag wurde der Vertrag über die Arbeitsweise der Europäischen Union (AEUV). Durch den Vertrag von Lissabon wurde die Säulenstruktur der Union abgeschafft. Nunmehr gibt es nur noch eine einheitliche, mit Rechtspersönlichkeit ausgestattete Europäische Union. Nachdem der Vertrag von Lissabon von sämtlichen Mitgliedstaaten ratifiziert und auch vom BVerfG gebilligt wurde (BVerfG, NJW 2009, 2267), ist er am 1. 12. 2009 in Kraft getreten.

Am selben Tag wurde zudem die Charta der Grundrechte der Europäischen Union (GR-Charta) für die Union und die Mitgliedstaaten (mit Ausnahme Polens und Großbritanniens) rechtsverbindlich. Sie enthält einen umfassenden Katalog von Grundrechten. Neben den aus dem Grundgesetz bekannten Freiheitsrechten umfasst sie insbesondere ein „Recht, zu arbeiten" (Art. 15 Abs. 1 GR-Charta), einen „Schutz bei ungerechtfertigter Entlassung" (Art. 30 GR-Charta), ein „Recht auf gesunde, sichere und würdige Arbeitsbedingungen" und auf „bezahlten Jahresurlaub" (Art. 31 GR-Charta) sowie verschiedene Diskriminierungsverbote (Art. 21 GR-Charta), deren Auswirkungen auf das geltende Kündigungsschutzrecht, das Urlaubsrecht und die Debatte um einen Mindestlohn noch völlig ungeklärt sind.

101 Das Arbeitsrecht der EU setzt sich aus *primärem* und *sekundärem* Unionsrecht zusammen.

Primärrecht sind die Gründungs- und Änderungsverträge der Europäischen Union, zuletzt der Vertrag von Lissabon vom 13. 12. 2007, mit Anhängen und Protokollen, die auch die Rechtsetzungskompetenzen in der Union regeln.

Sekundärrecht sind die von den Normsetzungsorganen der Union erlassenen Regelungen, vor allem die *Verordnungen* und die *Richtlinien*. Die Verordnungen gelten in den Mitgliedstaaten unmittelbar und zwingend; sie verdrängen entgegenstehendes nationales Recht. Die Richtlinien geben verbindliche Regelungsziele vor, die von den Mitgliedstaaten durch Gesetzgebung und Rspr. umzusetzen sind (vgl. Art. 288 AEUV).

2. Vorrang des Unionsrechts

102 Das Verhältnis von Unionsrecht zum nationalen Recht ist nach wie vor nicht in allen Einzelheiten geklärt. Unsicherheiten ergeben sich aufgrund der unterschiedlichen Stellungnahmen des Europäischen Gerichtshofes (EuGH) und des BVerfG. Der EuGH hat schon früh das EU-Recht als eigenständige Rechtsordnung mit Vorrang vor nationalem Recht angesehen. Das BVerfG behält sich allerdings vor, das Unionsrecht im Kollisionsfall an tragenden Prinzipien des Grundgesetzes zu überprüfen, *solange* ein wirksamer Grundrechtsschutz durch das Unionsrecht nicht gesichert ist (BVerfGE 37, 271; 73, 339 – „Solange"-Rspr.). Das Gericht sieht diesen Schutz derzeit als gewährleistet an (BVerfGE 102, 147 – Bananenmarkt-Beschluss), begründet ihn aber – anders als der EuGH – aus der nationalen verfassungsrechtlichen Ermächtigung. Die damit verbundenen Streitfragen können hier dahingestellt bleiben. Beide Auffassungen stimmen darin überein, dass im Falle einer Kollision die europarechtlichen Vorschriften Anwendungsvorrang besitzen (EuGH NJW 1963, 974 – „van Gend & Loos"; NJW 1964, 2371 – „Costa/ENEL"; BVerfGE 73, 339; 89, 155). Danach sind europarechtswidrige nationale

Vorschriften zwar nicht unwirksam, aber unanwendbar. Eine Vorlage an das BVerfG gem. Art. 100 I GG ist unzulässig, weil sich das Verwerfungsmonopol des BVerfG auf die Unvereinbarkeit nationaler Vorschriften mit dem GG beschränkt (dazu Wißmann, DB 1989, 1922, 1924). Ist eine nationale Rechtsvorschrift unionsrechtskonform auszulegen, bleibt sie anwendbar. Bei mehreren Auslegungsmöglichkeiten ist diejenige zu wählen, die dem Unionsrecht entspricht (ausf. Höpfner, Die systemkonforme Auslegung, 2008, S. 216 ff., 249 ff.).

Beispiele: Das Nachtarbeitsverbot für Arbeiterinnen gem. § 19 AZO, aufgehoben durch das ArbZG, verstieß gegen die Richtlinie 76/207/EWG, weil es allein für Frauen galt (vgl. EuGH AP Nr. 28 zu Art. 119 EWG-Vertrag für die dem deutschen Recht entsprechende französische Regelung). § 1 III Nr. 2 LFZG a. F., der Teilzeitbeschäftigte von der Lohnfortzahlung ausschloss, war mit Art. 141 EG a. F. (heute Art. 157 AEUV) unvereinbar (BAG NZA 1992, 259). § 14 III TzBfG a. F. hielt der EuGH in seiner Mangold-Entscheidung für gemeinschaftsrechtswidrig (EuGH NJW 2005, 3695; ebenso jüngst EuGH NJW 2010, 427 „Kücükdeveci"; dazu eingehend Rdnr. 319 f.); der Begriff „entlässt" in § 17 KSchG ist nach der EuGH-Rspr. in Sachen „Junk" als „kündigt" zu verstehen (EuGH NJW 2005, 1099).

3. Die starke Rolle des EuGH

Art. 267 AEUV sieht, um eine europarechtskonforme Rechtsanwendung zu sichern, ein Vorabentscheidungsverfahren vor. Danach können und gegebenenfalls **103**
müssen nationale Gerichte dem EuGH Fragen zur Auslegung des Unionsrechts vorlegen, bevor sie selbst entscheiden. Das vorlegende Gericht ist dann an die Entscheidung des EuGH gebunden. Die Vorlagepflicht ist in Deutschland zusätzlich durch das Verfassungsgebot des gesetzlichen Richters (Art. 101 I 2 GG) abgesichert. Nichtvorlagen können daher mit einer Verfassungsbeschwerde vor dem BVerfG gerügt werden (BVerfG NZA 2010, 439).

Als letzte Instanz beansprucht der EuGH in zunehmendem Maße eine ausgedehnte Normsetzungskompetenz für das Unionsrecht, speziell auch für das europäische Arbeitsrecht. Seine Entscheidungen können – wie die bereits angesprochenen Entscheidungen in Sachen „Mangold", „Kücükdeveci" und „Junk" gezeigt haben – tief in gewachsenes nationales Arbeitsrecht eingreifen und dieses verdrängen (Steindorff, JZ 1994, 97; Bauer/Arnold, NJW 2006, 6; Henssler/Strick, ZAP 2006, 189). Seine nicht selten „ausufernde, seine Kompetenzen überschreitende Rspr." hat bisweilen das Vertrauen in die Weisheit des EuGH nicht gestärkt (Gamillscheg, Arbeitsrecht I, 8. Aufl. 2000, S. 19, 355), sondern stieß auf lebhafte Kritik, etwa die Entscheidungen „Paletta" (EuGH NJW 1992, 2687; 1996, 1881), „Christel Schmidt" (EuGH NJW 1994, 2343) und „Mangold" (EuGH NJW 2005, 3695, vgl. dazu Bauer, NZA 2005, 800). So muss die Gesamtwürdigung des europarechtlichen Einflusses auf das deutsche Arbeitsrecht eher zurückhaltend ausfallen, obwohl nicht geleugnet werden kann, dass insbesondere im Bereich der Gleichberechtigung von Mann und Frau wichtige Anstöße „aus Europa" gekommen sind.

Der Anwendungsvorrang des Unionsrechts erfasst auch das Richterrecht.

Beispiele: Nach der früheren Rspr. des BAG berechtigte eine wahrheitswidrig verneinte Frage nach einer bestehenden Schwangerschaft den Arbeitgeber dann zur Anfechtung des Arbeitsvertrags wegen arglistiger Täuschung, wenn sich nur Frauen beworben hatten (vgl. Rdnr. 169). Das verstieß gegen die Richtlinie 76/207/EWG (EuGH NJW 1991, 628). Daraufhin hat das BAG seine Rspr. aufgegeben (BAG NZA 1993, 257; vgl. Rdnr. 169).

Nach st. Rspr. des BAG konnte der Arbeitnehmer bereits vor Einführung des § 613a VI BGB dem Übergang seines Arbeitsverhältnisses gem. § 613a I 1 BGB auf einen Betriebserwerber widersprechen (vgl. Rdnr. 600ff.). Aufgrund einer Entscheidung des EuGH vom 5. 5. 1988 (NZA 1990, 885) hatte das BAG seine Rechtsauffassung dem EuGH zur Überprüfung anhand der Richtlinie 77/187/EWG vorgelegt (BAG AP Nr. 96 zu § 613a BGB). Dieser hat die Rspr. des BAG als richtlinienkonform bestätigt (EuGH NZA 1993, 169).

4. Rechtsquellen

104 Wie dargestellt (Rdnr. 101) wird das Recht der EU in primäres und sekundäres Unionsrecht unterteilt. Wichtiger für das Arbeitsrecht ist aber die Unterscheidung unionsrechtlicher Normen nach ihrer Geltungsweise: Es gibt unmittelbar und mittelbar geltendes Unionsrecht.

a) *Unmittelbar geltendes Unionsrecht*

105 Das unmittelbar geltende Unionsrecht findet ohne einen mitgliedstaatlichen Umsetzungsakt direkt auf das Verhältnis der Unionsbürger Anwendung. Sie können sich vor den Gerichten auf diese Vorschriften berufen. Eine solche Wirkung hatte der EU-Vertrag zunächst nur für Verordnungen vorgesehen. Der Europäische Gerichtshof hat aber auch bestimmten Vorschriften des primären Unionsrecht unmittelbare Geltung zugesprochen (grundlegend EuGH NJW 1963, 974 „van Gend & Loos“), wenn sie hinreichend klar und bestimmt sowie unbedingt sind. Arbeitsrechtlich bedeutsame Normen mit unmittelbarer Wirkung sind: Art. 157, 45, 49, 56 AEUV (Art. 141, 39, 43, 49 EG a.F.). Sie regeln den Grundsatz des gleichen Entgelts für Männer und Frauen, die Freizügigkeit, die Niederlassungs- und Dienstleistungsfreiheit. Daneben hat der EuGH im Rahmen der Rechtsfortbildung allgemeine Grundsätze des Unionsrechts entwickelt, die auf der Ebene des Primärrechts anzusiedeln sind und ebenfalls unmittelbar anwendbar sein sollen. Als ein solcher Grundsatz gilt das Verbot der Diskriminierung wegen des Alters (EuGH NJW 2005, 3695 „Mangold“; NJW 2010, 427 „Kücükdeveci“). Diese Rechtsfortbildung und ihre Herleitung sind zumindest zweifelhaft. Der EuGH hat hier seine im AEUV geregelten Kompetenzen überschritten. Seine pauschale Behauptung einer gemeinsamen Verfassungstradition der Mitgliedstaaten, die am Unionsrecht vorbei die Verwerfung nationaler gesetzlicher Vorschriften rechtfertigen soll, ist nicht begründet. Das Ergebnis des EuGH ist zudem sach- und zweckwidrig. Es bewirkt genau jene Altersdiskriminierung, die es verhindern soll (vgl. näher unten Rdnr. 319f.).

Verordnungen auf dem Gebiet des Arbeitsrechts finden sich bislang selten. Von gewisser Bedeutung sind die VO 1612/68 über die Freizügigkeit der Arbeitnehmer in der Gemeinschaft, insbesondere Art. 7 IV, und die VO 1408/71 über die soziale Sicherheit der Wanderarbeitnehmer in der Gemeinschaft.

Im **Fall a** (Rdnr. 94) kann sich ein Kündigungsverbot aus § 2 I und II 1 ArbPlSchG ergeben. **106** Danach ist eine Kündigung während und wegen des Wehrdienstes unzulässig (s. aber auch § 2 III 2 ArbPlSchG). Problematisch ist insoweit, ob mit dem Begriff des Wehrdienstes im ArbPlSchG nur der deutsche Wehrdienst gemeint ist. Dies wird sich wegen der Schutzrichtung grundsätzlich bejahen lassen. Im Hinblick auf den in Art. 45 AEUV und Art. 7 der Verordnung (EWG) Nr. 1612/68 niedergelegten Gleichbehandlungsgrundsatz ist das ArbPlSchG aber so auszulegen, dass auch der Wehrdienst von Staatsangehörigen anderer Mitgliedstaaten der EU erfasst wird (vgl. BAG AP Nr. 3 zu Art. 177 EWG-Vertrag).

In **Fall b** ist die Befristung des Arbeitsvertrags unwirksam. Die nationale Vorschrift im Befristungsrecht (entspricht § 14 III TzBfG a.F.) verstößt nach Rspr. des EuGH gegen das primärrechtliche Verbot der Altersdiskriminierung und ist damit nicht anwendbar. Der Arbeitsvertrag gilt unbefristet fort (vgl. § 16, 1 TzBfG).

b) *Mittelbar geltendes Unionsrecht*

Das europäische Arbeitsrecht basiert im Wesentlichen auf Richtlinien. Rechts- **107** grundlage vieler arbeitsrechtlicher Regelungen ist Art. 153 AEUV. Er enthält die wichtigsten arbeitsrechtlichen Kompetenzen der Union:

Im ordentlichen Gesetzgebungsverfahren (sog. Mitentscheidungsverfahren, Art. 289 I, 294 AUEV) können das Europäische Parlament und der Rat auf Vorschlag der Kommission Richtlinien zur Verbesserung der Arbeitsumwelt, der Arbeitsbedingungen, der Unterrichtung und Anhörung der Arbeitnehmer, der beruflichen Wiedereingliederung und der Chancengleichheit von Männern und Frauen beschließen. Einstimmigkeit ist im Rat für Richtlinien über die soziale Sicherheit, den Schutz der Arbeitnehmer bei Beendigung des Arbeitsverhältnisses, die Vertretung und kollektive Interessenwahrnehmung und die Beschäftigungsbedingungen von Drittstaatlern erforderlich (Art. 153 II AEUV). Ausschließlich dem nationalen Gesetzgeber vorbehalten bleiben Regelungen zum Arbeitsentgelt, dem Koalitionsrecht und dem Arbeitskampfrecht (Art. 153 V AEUV; vgl. aber EuGH NZA 2008, 124 „Viking"; NZA 2008, 159 „Laval").

Richtlinien wirken anders als Verordnungen nicht unmittelbar. Sie verpflichten allein die Mitgliedstaaten zur Umsetzung in nationales Recht (vgl. Art. 288 III AEUV). Dabei sind die Mitgliedstaaten hinsichtlich der Form und Mittel der Umsetzung frei. Viele Richtlinien sind allerdings so detailliert, dass nur eine nahezu wörtliche Umsetzung in Betracht kommt. Das hat nicht nur für den Gestaltungsspielraum des nationalen Gesetzgebers Folgen, sondern auch für die Rechte, die der Einzelne aus der Richtlinie herleiten kann. Ist eine Richtlinie derart präzise, dass sich aus ihr unmittelbar Rechte ableiten lassen, und ist der Mitgliedstaat mit der Umsetzung in Verzug, kann sich der Einzelne ausnahmsweise direkt auf sie berufen (EuGH NJW 1970, 2182 „Grad/FA Traunstein"). Diese nachträgliche unmittelbare Wirkung gilt nach der Rspr. des EuGH allerdings nicht im Verhältnis zwischen zwei EU-Bürgern, sondern nur im Verhältnis des Bürgers zum Mitgliedstaat (EuGH NJW 1986, 2178 „Marshall"; NJW 1994, 2473 „Faccini Dori"). Richtlinien haben demnach keine horizontale Wirkung (zwischen Bürgern), sondern sind nur im Verhältnis zum Staat (vertikal) unter den oben genannten Voraussetzungen unmittelbar anwendbar. Bei verspäteter Umsetzung ist der Mitgliedstaat zum Ersatz eventueller Schäden verpflichtet (EuGH NJW 1992, 165 „Francovich"). Ungeklärt ist allerdings, inwieweit sich zwischen Privaten Reflexwirkungen der Unanwendbarkeit staatlicher Verbote wegen Richtlinienwidrigkeit ergeben (vgl. EuGH NJW 2001, 1847; dazu Gundel EuZW 2001, 143, 144ff.). Ein Beispiel bieten nationale Beschäftigungsverbote (zum früheren Nachtarbeitsverbot für Frauen Rdnr. 102). Verstößt dieses Verbot gegen eine Richtlinie, stellt sich die Frage, ob der Arbeitgeber sich auf das nationale Verbot berufen darf, um einen Arbeitnehmer nicht zu beschäftigen, oder ob sich der Arbeitnehmer auf das nationale Recht berufen darf, um zu dieser Zeit nicht arbeiten zu müssen.

Beim Verstoß gegen einen unmittelbar anwendbaren Rechtsgrundsatz hat der EuGH jüngst Reflexwirkungen auf das Verhältnis Privater (in diesem Fall: Unwirksamkeit der Befristung) gebilligt (NJW 2005, 369 „Mangold"; NJW 2010, 427 „Kücükdeveci"; vgl. Rdnr. 319f.).

In jedem Fall wirken sich Richtlinien über das Gebot der richtlinienkonformen Auslegung auf das nationale Recht aus. Die Arbeitsgerichte sind gehalten, das nationale Recht und vor allem die Umsetzungsvorschriften im Lichte der Richtlinie auszulegen. Das gilt unabhängig davon, ob das deutsche Recht schon vor oder erst nach Inkrafttreten der Richtlinie erlassen wurde (Höpfner/Rüthers, AcP 209 (2009), 1, 25ff.).

5. Bislang erlassene Richtlinien

108 Im Vordergrund der europäischen Richtliniengesetzgebung stand zunächst die Verwirklichung des Grundsatzes der Gleichbehandlung von Männern und Frauen. Dieses Ziel verfolgen vor allem folgende Richtlinien:

- Die Lohngleichheitsrichtlinie (Richtlinie 75/117/EWG vom 10. 2. 1975) erstreckt den Grundsatz der Lohngleichheit – über den jetzigen Art. 157 I AEUV hinaus – auf Arbeiten, die als gleichwertig anerkannt sind.
- Die Gleichbehandlungsrichtlinie (Richtlinie 76/207/EWG vom 9. 2. 1976; geändert durch die Richtlinie 2002/73/EG vom 23. 9. 2002) verfolgt das Ziel der Gleichbehandlung von Männern und Frauen beim Zugang zur Beschäftigung, zur Berufsbildung, zum beruflichen Aufstieg sowie bei den Arbeitsbedingungen. Ihre Umsetzung durch die ursprüngliche Fassung des § 611a BGB (inzwischen im AGG aufgegangen) hielt der EuGH in zwei Entscheidungen nicht für ausreichend (EuGH NJW 1984, 2021; NJW 1991, 628; vgl. auch Rdnr. 187). § 611a und b BGB wurden daraufhin mit Wirkung zum 1. 9. 1994 durch das Zweite Gleichberechtigungsgesetz nach einem langwierigen Gesetzgebungsverfahren verschärft. Die Gleichbehandlungsrichtlinie Soziale Sicherheit im Betrieb (Richtlinie 86/378/EWG vom 24. 7. 1986) erstreckt den Gleichbehandlungsgrundsatz auf die betrieblichen Systeme der sozialen Sicherheit. Darunter fallen alle Zusatz- oder Ersatzleistungen zur bestehenden gesetzlichen Sozial-

versicherung (z. B. bei Krankheit, Invalidität, Alter, Vorruhestand, Arbeits- oder Berufsunfällen, Arbeitslosigkeit).
- Die Gleichbehandlungsrichtlinie zur Beweislast (Richtlinie 97/80/EG vom 15. 12. 1997).
- Die Richtlinie 2006/54/EG vom 5. 7. 2006 fasst die Richtlinien zur Gleichbehandlung von Frauen und Männern zusammen. Sie trat am 15. 8. 2009 in Kraft.

Einem allgemeinen Diskriminierungsschutz dienen zwei Richtlinien aus dem Jahr 2000: die Richtlinie 2000/43/EG v. 29. 6. 2000 zur Anwendung des Gleichbehandlungsgrundsatzes ohne Unterschied der Rasse oder der ethnischen Herkunft und die Richtlinie 2000/78/EG v. 27. 11. 2000 zur Festlegung eines allgemeinen Rahmens für die Verwirklichung der Gleichbehandlung in Beschäftigung und Beruf bezüglich der Merkmale Religion, Weltanschauung, Behinderung, Alter und sexuelle Ausrichtung. Diese Richtlinien sind im Jahr 2006 nach einer langen Diskussion durch das Allgemeine Gleichbehandlungsgesetz (AGG) in nationales Recht umgesetzt worden (dazu Kamanabrou, RdA 2006, 321).

Für das Individualarbeitsrecht bedeutsam sind ferner folgende Richtlinien (zu **109**
den Texten s. jeweils die DTV-Textsammlung Europäisches Arbeitsrecht):
- Informations- und Konsultationspflichten des Arbeitgebers gegenüber den Arbeitnehmervertretern und den nationalen Behörden sieht bei Massenentlassungen (mindestens 10 Arbeitnehmer in 30 Tagen) die Richtlinie 98/59/EG vom 20. 7. 1998 vor. Sie ist durch Änderung des § 17 KSchG umgesetzt worden (vgl. Rdnr. 456 ff.).
- Die Richtlinie zum Betriebsübergang (Richtlinie 2001/23/EG v. 12. 3. 2001) dient der Wahrung der Arbeitnehmerrechte beim Übergang von Unternehmen, Betrieben, Unternehmens- oder Betriebsteilen. In das deutsche Recht ist die europäische Vorgabe durch § 613a BGB transformiert worden (Einzelh.: Rdnr. 600 ff.).
- Die Insolvenzrichtlinie (Richtlinie 80/987/EWG vom 20. 10. 1980, geändert durch die Richtlinie 2002/74/EG v. 23. 9. 2002), verfolgt die Sicherung von Arbeitnehmeransprüchen bei Zahlungsunfähigkeit des Arbeitgebers. Die deutschen Regelungen über das Insolvenzgeld (§§ 183 ff. SGB III; Rdnr. 297) sowie über den Insolvenzschutz bei der betrieblichen Altersversorgung (§§ 7 ff. BetrAVG; Rdnr. 340) tragen der aktuellen Richtlinienfassung Rechnung (zur alten Richtlinienfassung s. EuGH NJW 2003, 2371).
- Die Richtlinie 91/533/EWG über die Pflicht des Arbeitgebers zur Unterrichtung des Arbeitnehmers über die für seinen Arbeitsvertrag oder sein Arbeitsverhältnis geltenden Bedingungen vom 14. 10. 1991 (Nachweisrichtlinie) verpflichtet den Arbeitgeber, den Arbeitnehmer spätestens zwei Monate nach Aufnahme der Arbeit über die wesentlichen Punkte des Arbeitsverhältnisses schriftlich zu informieren; umgesetzt durch das NachwG vom 20. 7. 1995.
- Vorgaben für die täglichen und wöchentlichen Mindestruhezeiten, Ruhepausen sowie wöchentliche Höchstarbeitszeiten enthält die Richtlinie 2003/88/EG. Sie löst die Richtlinie 93/104/EG über bestimmte Aspekte der Arbeitszeitgestaltung ab. Diese hatte aktuelle Auswirkungen für die Beurteilung des ärztlichen Bereitschaftsdienstes als Arbeitszeit (dazu EuGH: NZA 2000, 1227 – Simap; dazu Litschen, NZA 2001, 1355; vgl. auch Rdnr. 208 ff.).
- Die Richtlinie über den Arbeitsschutz bei befristeter Beschäftigung und bei Leiharbeit vom 25. 6. 1991 (Richtlinie 91/383/EG) will die befristet Beschäftigten und Leiharbeitnehmer beim Sozialschutz den anderen Arbeitnehmern gleichstellen (dazu Däubler, NZA 1992, 579 f.). Die Richtlinie 2008/104/EG (ABl. vom 19. 11. 2008 Nr. L 327/9) gibt darüber hinaus europaweit einheitliche Mindeststandards für die Arbeitsbedingungen von

Leiharbeitnehmern vor. Im Bereich der befristeten Arbeitsverhältnisse und der Teilzeitarbeit sind ferner die Richtlinien 97/81/EWG und 1999/70/EG zu beachten. Ihrer Umsetzung dient das TzBfG.

- Die Mutterschutzrichtlinie vom 19. 10. 1992 (Richtlinie 92/85/EWG) schafft einheitliche Mindestbedingungen für die Zeit der Schwangerschaft und während des Mutterschaftsurlaubs. Dazu gehören ein 14-wöchiger, bezahlter Mutterschaftsurlaub, ein Kündigungsverbot während dieses Zeitraums (Rdnr. 398 ff.) und die Freistellung Schwangerer von der Nachtarbeit.
- Die Datenschutzrichtlinie 95/46/EG v. 25. 10. 1995 dient dem Schutz natürlicher Personen bei der Verarbeitung personenbezogener Daten. Sie lehnt sich im Wesentlichen an das deutsche Datenschutzrecht an (dazu Schild, EuZW 1996, 549).
- Die sog. Entsenderichtlinie vom 16. 12. 1996 (Richtlinie 96/71/EG) verfolgt das Ziel, ein Mindestniveau von Arbeitsbedingungen für die aus anderen Ländern entsandten Arbeitskräfte zu gewährleisten. Das Problem ist vor allem durch den Einsatz wesentlich niedriger entlohnter ausländischer Bauarbeiter in anderen Mitgliedsstaaten aktuell geworden. Die Richtlinie dient primär dem Schutz der entsandten Arbeitnehmer. Faktisch gibt sie durch die Garantie von Mindestarbeitsbedingungen für Ausländer dem Schutz der inländischen Arbeitnehmer und Unternehmen vor einem „Sozialdumping" am Arbeitsmarkt den Vorrang vor dem Prinzip der Freizügigkeit und des freien Wettbewerbs (Cornelissen, RdA 1996, 329; Deinert, RdA 1996, 139). Im Ergebnis werden damit in Hochlohnländern Marktzutrittsschranken für Unternehmen aus ärmeren Mitgliedsländern mit billigeren Arbeitskräften errichtet. Das Arbeitnehmerentsendegesetz vom 26. 4. 2009 setzt die Richtlinie um. Es sieht vor, dass allgemeinverbindliche Tarifregelungen in bestimmten Branchen auch für ausländische Arbeitgeber und ihre im Inland beschäftigten Arbeitnehmer gelten.
- Umfassend harmonisiert wurde auch der gesamte Bereich des Arbeitsschutzes. Hierzu dienen die Rahmenrichtlinie 89/391/EWG vom 12. 6. 1989 und zahlreiche spezielle Richtlinien.

110 Den Bereich des kollektiven Arbeitsrechts betreffen insbesondere:

- Die Richtlinie über die Einsetzung Europäischer Betriebsräte wurde am 22. 9. 1994 (Richtlinie 94/45/EG) vom Ministerrat verabschiedet. Auf der Grundlage von Art. 2 II des Abkommens über die Sozialpolitik des Vertrags von Maastricht dient die Richtlinie der grenzüberschreitenden Unterrichtung und Anhörung der Arbeitnehmer in gemeinschaftsweit operierenden Unternehmen und Konzernen (vgl. zur nationalen Umsetzung der Richtlinie durch das EBRG Rdnr. 1016 ff). Sie wird zum 5. 6. 2011 durch die Richtlinie 2009/38/EG ersetzt.
- Die Richtlinie 2001/86/EG, über die Arbeitnehmermitbestimmung in der Europäischen Aktiengesellschaft (Societas Europaea, SE) wurde durch das SEBG umgesetzt. Die Richtlinie verhindert eine Flucht aus einer weitreichenden nationalen Form der Unternehmensmitbestimmung – etwa der deutschen paritätischen Mitbestimmung (Rdnr. 1044 ff.) – durch Gründung einer SE (dazu Henssler, in Festschrift Ulmer, 2002, S. 193; ders., in Gedenkschrift Heinze, 2005, S. 333).
- Die Richtlinie 2002/14/EG gibt den Mitgliedstaaten auf, Regelungen für das Recht auf Unterrichtung und Anhörung der Arbeitnehmer zu treffen (dazu Reichold, NZA 2003, 289).

Alle Richtlinien sind im Internet unter „eur-lex.europa.eu/de/index.htm" kostenfrei abrufbar.

111 Eine Besonderheit europäischer Gesetzgebung auf dem Gebiet des Arbeitsrechts ist der soziale Dialog (Art. 154 f. AEUV). Die Kommission muss vor der

Unterbreitung von Vorschlägen im Bereich der Sozialpolitik die europäischen Sozialpartner (eigene Organisationen der Gewerkschaften und der Arbeitgeberverbände auf der europäischen Ebene) anhören. Gelingt es den Sozialpartnern, innerhalb von 9 Monaten (Art. 154 IV AEUV) eine Vereinbarung über den Gegenstand der geplanten Rechtsetzung zu schließen, so ist diese Vereinbarung die Grundlage für die weitere Rechtsetzungstätigkeit. Auf dieser Grundlage sind zum Beispiel die Richtlinien 97/81/EG über Teilzeitarbeit und 1999/70/EG über befristete Arbeitsverträge ergangen. Erreichen die Sozialpartner keine Einigung, fällt die Gesetzgebungskompetenz wieder an die EU-Organe zurück.

B. Nationales Recht

Schrifttum: Bepler, Betriebliche Übungen, RdA 2004, 226; Gamillscheg, Die Grundrechte im Arbeitsrecht, 1989; Höpfner, Vertrauensschutz und Richterrecht, RdA 2006, 156; Löwisch, Die Freiheit zu arbeiten – nach dem Günstigkeitsprinzip, BB 1991, 59; Richardi, Der Arbeitsvertrag im Zivilrechtssystem, ZfA 1988, 221; ders., Die Betriebsvereinbarung als Quelle des Arbeitsrechts, ZfA 1992, 307; Söllner, Die Bedeutung des Art. 12 GG für das Arbeitsrecht, AuR 1991, 45; Waltermann, Die betriebliche Übung, RdA 2006, 257; Zöllner, Immanente Grenzen arbeitsvertraglicher Regelungen, RdA 1989, 152.

Fälle:

a) Ein Arbeitnehmer will wissen, welcher Lohn und wie viel Urlaub ihm zustehen, ob er im Betrieb rauchen darf und ob er beim Verlassen des Betriebes seine Tasche kontrollieren lassen muss. **112**

b) In einem Arbeitsvertrag heißt es: „Das Arbeitsverhältnis erlischt, wenn die Angestellte heiratet oder einer Gewerkschaft beitritt.“ Ist diese Klausel gültig?

c) Im Arbeitsvertrag wird eine tägliche Arbeitszeit von 11 Stunden vereinbart. Der Arbeitnehmer meint, er brauche dennoch nur acht Stunden zu arbeiten.

d) Im Tarifvertrag ist ein Weihnachtsgeld in Höhe eines halben Monatsgehalts festgelegt. Der zum Arbeitgeberverband gehörende Arbeitgeber hat mit dem organisierten Arbeitnehmer X (Monatsgehalt: 2.000,– €) ein Weihnachtsgeld von 400,– €, mit dem ebenfalls organisierten Arbeitnehmer Y ein solches in Höhe eines ganzen Monatsgehalts vereinbart. Der nichtorganisierte Arbeitnehmer Z verlangt das tarifliche Weihnachtsgeld.

e) Ein Arbeitnehmer verlangt den Lohn, der sich aus einer Betriebsvereinbarung ergibt und der den Tariflohn übersteigt.

f) Die Stadtwerke S-GmbH erlaubt ihren Arbeitnehmern, die Privatfahrzeuge auf dem Betriebshof zu parken, sofern sie eine formularmäßige Erklärung unterschreiben, wonach die Haftung wegen Beschädigung der Privatfahrzeuge ausgeschlossen ist. Als der Pkw des N dort beschädigt wird, verlangt dieser von S Schadensersatz. S beruft sich auf den Haftungsausschluss.

g) Ein Arbeitgeber hat in den letzten vier Jahren freiwillig ein Weihnachtsgeld von 400,– € gezahlt. Im fünften Jahr bleibt die Zahlung aus, so dass der Arbeitnehmer X das Weihnachtsgeld einklagt. Auch der Arbeitnehmer Y, der erst seit einem halben Jahr im Betrieb arbeitet, verlangt Weihnachtsgeld.

h) Ein Arbeitgeber hatte sich in allen Arbeitsverträgen zur Zahlung eines Weihnachtsgeldes von 400,– € verpflichtet. Es ist geplant, das Weihnachtsgeld durch Betriebsvereinbarung oder Tarifvertrag auf 300,– € herabzusetzen.

I. Überblick über die Rechtsquellen

113 Wenn festgestellt werden soll, ob dem Arbeitgeber oder dem Arbeitnehmer ein bestimmtes Recht aus dem Arbeitsverhältnis zusteht, so ist vom Arbeitsvertrag (Rdnr. 49 ff.) als dem Begründungsakt des Arbeitsverhältnisses auszugehen.

Daneben gibt es Gesetzesbestimmungen (Rdnr. 120 ff.), die nach dem Willen des Gesetzgebers einer arbeitsvertraglichen Vereinbarung vorgehen (zwingende Gesetzesbestimmungen). Andere gesetzliche Regeln greifen nur dann ein, wenn nichts anderes vereinbart wurde (nachgiebige, dispositive Gesetzesbestimmungen).

114 Die auf das Arbeitsrecht anwendbaren gesetzlichen Bestimmungen sind weder in einem einheitlichen Arbeitsgesetzbuch (Gesamtkodifikation des individuellen und kollektiven Arbeitsrechts) noch in einem Arbeitsvertragsgesetzbuch (Kodifikation des Individualarbeitsrechts) zusammengefasst. Allein das Individualarbeitsrecht ist auf weit über 30 Einzelgesetze verstreut (BGB, BUrlG, EFZG, KSchG, MuSchG, TzBfG etc.) und dementsprechend intransparent. Zahlreiche Versuche, zumindest das Individualarbeitsrecht zu kodifizieren, sind bisher sämtlich – sei es an der Konzeptlosigkeit der Politik oder dem teils irrationalen Widerstand der Interessenverbände – gescheitert, obwohl Art. 30 I des Einigungsvertrages einen Auftrag für eine Kodifikation enthält. Auch die Realisierungschancen des jüngsten Anlaufs sind daher – obwohl er von Seiten des Fachpublikums (Anwaltschaft, Richterschaft, Unternehmensjuristen, Hochschullehrer) nahezu uneingeschränkte Unterstützung erfahren hat – offen (vgl. Henssler/Preis, Diskussionsentwurf eines Arbeitsvertragsgesetzes, NZA 2007, Beil. zu Heft 21).

115 Neben Gesetz und Arbeitsvertrag spielen die Normen der Kollektivvereinbarungen eine große Rolle. Darunter versteht man den Tarifvertrag (Rdnr. 128) und die Betriebsvereinbarung (Rdnr. 129). Soweit diese Normen zwingender Natur sind, gehen sie den arbeitsvertraglichen Bestimmungen vor. Sie dürfen aber nicht einer zwingenden Gesetzesbestimmung widersprechen. Gegenüber dem Tarifvertrag und dem Gesetz tritt die Betriebsvereinbarung als die schwächere Rechtsquelle zurück (vgl. §§ 77 III, 87 I BetrVG; § 4 I TVG).

Ist dagegen die Norm einer Kollektivvereinbarung gegenüber dem Arbeitsvertrag nachgiebig (dispositiv), ist sie anwendbar, wenn sich keine entsprechende Regelung aus dem Arbeitsvertrag ergibt. Bei der Konkurrenz verschiedener dispositiver Normen ist wegen ihrer größeren Nähe zum Arbeitsverhältnis die dispositive Bestimmung einer Betriebsvereinbarung vor einer solchen Bestimmung des Tarifvertrags und diese vor einer dispositiven Gesetzesbestimmung zu beachten (s. HWK/Henssler, Einl. TVG Rdnr. 23 ff.).

Danach ergibt sich grundsätzlich folgende *Rangordnung:* **116**

1. unmittelbar geltendes Recht der Europäischen Union,
2. zwingende Gesetzesbestimmungen,
3. zwingende Tarifvertragsnormen,
4. zwingende Bestimmungen einer Betriebsvereinbarung,
5. Einzelarbeitsvertrag,
6. abdingbare Bestimmungen einer Betriebsvereinbarung,
7. abdingbare Tarifvertragsnormen,
8. abdingbare Gesetzesbestimmungen.

II. Richterrecht im Arbeitsrecht

Das Richterrecht, besonders das der letzten Instanzen, spielt im nationalen, zunehmend auch im Arbeitsrecht der Europäischen Union eine herausragende Rolle: Es gilt der Stoßseufzer Franz Gamillschegs: „Das Richterrecht ist unser Schicksal". **117**

Die besondere Bedeutung des Richterrechts ergibt sich insbesondere aus der fehlenden Kodifikation des Arbeitsrechts (Rdnr. 114). Teilgebiete des Arbeitsrechts sind entweder so gut wie gar nicht (Arbeitskampfrecht) oder in äußerst weit gefassten Generalklauseln (z.B. der Kündigungsschutz) geregelt. Das jeweils geltende Arbeitsrecht ergibt sich daher faktisch erst aus den Entscheidungen der obersten Gerichte.

Aufgrund des Wandels der technischen, wirtschaftlichen und sozialen Fakten und Strukturen des Arbeitslebens sieht sich die Rspr. der Arbeitsgerichtsbarkeit zu häufigen Kurswechseln gezwungen. Das führt zu einem hohen Maß an Unvorhersehbarkeit der Entscheidungen und zu erheblicher Rechtsunsicherheit bei den Betroffenen. Der außerordentlich hohe Anteil des Richterrechts am geltenden Arbeitsrecht ist im Hinblick auf das Gebot der Gewaltentrennung in Art. 20 III GG auch ein verfassungsrechtliches und nicht zuletzt verfassungspolitisches Problem.

Das Richterrecht stellt nach h.L. keine eigenständige Rechtsquelle dar (vgl. **118** aber Rüthers/Fischer, Rechtstheorie, 5. Aufl. 2010, Rdnr. 57, 235ff.), weil durch die richterliche Normsetzung keine die Instanzgerichte bindenden Rechtsnormen i.S.d. Art. 20 III, 97 I GG geschaffen werden. Es hat gleichwohl – besonders in den weiten Regelungslücken des deutschen Arbeitsrechts – gesetzesähnliche Funktionen („gesetzesvertretendes Richterrecht"). Ein markantes Beispiel für die normsetzende Kraft letztinstanzlicher Entscheidungen ist die Quotenrechtsprechung des BAG zur Aussperrung (BAG AP Nr. 64 u. 65 zu Art. 9 GG Arbeitskampf; NZA 1985, 537; 1993, 39; vgl. Rdnr. 780). Sie hat zugleich das Aussperrungsverbot in Art. 29 V der hessischen Landesverfassung außer Kraft gesetzt.

III. Verhältnis der Rechtsquellen zueinander

1. Arbeitsvertrag

119 Für die Rechte und Pflichten von Arbeitnehmer und Arbeitgeber ist zunächst der von ihnen geschlossene Arbeitsvertrag maßgebend. Den Parteien steht es jedoch nicht völlig frei, was sie als Inhalt des Vertrags vereinbaren. Den arbeitsvertraglichen Bestimmungen gehen zwingende gesetzliche und kollektivvertragliche Regeln vor. Dennoch erfolgt die Gestaltung des Arbeitsverhältnisses niemals ausschließlich durch Gesetz oder Kollektivvertrag. Die Begründung des Arbeitsverhältnisses und die Art der zu leistenden Tätigkeit sind der Vereinbarung im Arbeitsvertrag vorbehalten.

Es kann z.B. nicht aus dem Tarifvertrag entnommen werden, ob eine Arbeitnehmerin die Tätigkeit als Chefsekretärin, Stenotypistin oder Raumpflegerin auszuüben hat. Ist die Art der Tätigkeit im Arbeitsvertrag bestimmt, können möglicherweise alle anderen Fragen (z.B. Arbeitszeit, Urlaub, Lohnhöhe, Rauchverbot, Torkontrolle) sich aus einer Betriebsvereinbarung, einem Tarifvertrag oder aus dem Gesetz ergeben (zu **Fall a**).

2. Gesetzliche Bestimmungen

a) *Verfassung*

120 Die im Grundgesetz enthaltene objektive Wertordnung wirkt auf alle Bereiche des Rechts und damit auch auf das Arbeitsrecht ein. Die arbeitsrechtlichen Normen müssen verfassungskonform ausgelegt werden; dabei ist das Sozialstaatsprinzip (Art. 20 I, 28 I 1 GG) zu beachten, das neben der Berufsfreiheit des Arbeitnehmers (Art. 12 I GG) verfassungsrechtliche Grundlage des Arbeitnehmerschutzrechts ist. Nach der klassischen Theorie der Grundrechte und der Entstehungsgeschichte des Grundgesetzes sollen die Grundrechte den Bürger nur vor der staatlichen Macht schützen, nicht aber Wirkung im Verhältnis der Bürger untereinander entfalten. Dagegen vertritt die Lehre von der unmittelbaren Drittwirkung der Grundrechte die Auffassung, dass die Grundrechte unmittelbar auch auf privatrechtliche Rechtsverhältnisse einwirken. Sie wurde früher im Arbeitsrecht (vgl. etwa BAG AP Nr. 2 zu § 13 KSchG) vertreten, ist heute aber auch hier durch die Lehre von der mittelbaren Drittwirkung verdrängt worden. Sie will den Grundrechten als Elementen einer objektiven Wertordnung im Arbeitsrecht nur mittelbar über die Generalklauseln (z.B. §§ 138, 157, 242, 275 III, 826 BGB, § 106 GewO) Geltung verschaffen (BVerfGE 7, 206). Die unmittelbare Einwirkung eines Grundrechts auf Rechtsgeschäfte und insbesondere auf Verträge ist aber dann zu bejahen, wenn die Verfassung dies – wie in Art. 9 III 2 GG – ausdrücklich anordnet. Umstritten ist die Wirkung der Grundrechte auf Tarifverträge. Die früher h.M. ging davon aus, dass die Tarifpartner nur vom Staat abgeleitete Regelungsbefugnisse haben und daher ebenso wie der staatliche Gesetzgeber bei der Verabschiedung der tarifvertraglichen Rechtsnormen unmittelbar an die Grundrechte gebunden sind (sog. Delegationstheorie). Heute wird die unmittelbare Bindung der Tarifpartner an die Grundrechte zumeist abgelehnt, da die Tarifparteien keine staatliche Gewalt i.S.v. Art. 1 III GG ausüben (vgl. Rdnr. 659).

Folgende Grundrechtsartikel sind für das Arbeitsrecht besonders bedeutsam: **121**
Die Art. 1 I und 2 I GG gewährleisten als oberste Rechtsgrundsätze der Verfassung den Schutz der Menschenwürde und des allgemeinen Persönlichkeitsrechts. Beide Grundrechte können in der fremdbestimmten Arbeitsorganisation für Arbeitnehmer praktische Bedeutung erlangen (vgl. Rdnr. 302f.). So ist die arbeitsvertragliche Verpflichtung einer Arbeitnehmerin, sich in einer Peep-Show zur Schau zu stellen, wegen Verstoßes gegen die Menschenwürde nichtig (Art. 1 I GG; § 138 I BGB; vgl. BVerwGE 64, 274).

Diese Verfassungsnormen sind für das Betriebsverfassungsrecht durch § 75 II BetrVG konkretisiert. Arbeitgeber und Betriebsrat haben die freie Entfaltung der Persönlichkeit der Arbeitnehmer zu schützen und zu fördern. Eingriffe in diesen Bereich durch betriebliche Kollektivregelungen müssen durch überwiegende Interessen des Betriebes oder der Gesamtbelegschaft gerechtfertigt sein.

Art. 3 II GG (Gleichberechtigung von Mann und Frau) verbürgt für jede Arbeitnehmerin gleichen Lohn bei gleicher Arbeit (BAG AP Nr. 117 zu Art. 3 GG) und verbietet allgemein eine Benachteiligung wegen des Geschlechts (vgl. auch §§ 1, 7 AGG). Mit dem Gleichberechtigungsgrundsatz ist eine gesetzliche Regelung unvereinbar, die alleinstehenden Frauen mit eigenem Hausstand, nicht aber Männern in gleicher Lage einen Anspruch auf einen Hausarbeitstag gewährt (BVerfGE 52, 369).

Aus § 275 III BGB i.V.m. Art. 4 I GG (Freiheit des Glaubens, des Gewissens, **122**
des religiösen und weltanschaulichen Bekenntnisses) ergibt sich ein Recht zur Arbeitsverweigerung, wenn der Arbeitgeber dem Arbeitnehmer eine im Rahmen der Arbeitspflicht liegende Tätigkeit zuweist, die der Arbeitnehmer aber nicht mit seinem Gewissen oder seiner religiösen Überzeugung vereinbaren kann (Beispiele: Ein Drucker weigert sich aus Gewissensgründen, kriegsverherrlichende Schriften zu drucken, vgl. BAG AP Nr. 27 zu § 611 BGB Direktionsrecht m. Anm. Brox; ein Chemiker lehnt die Entwicklung eines Medikaments ab, das im Falle eines Nuklearkrieges zu militärischen Zwecken verwendet werden kann, vgl. BAG NZA 1990, 144; s. auch Henssler, RdA 2002, 129, 131). Als Folge verliert der Arbeitnehmer allerdings wegen § 326 I BGB grundsätzlich – sofern keine anderweitige Beschäftigungsmöglichkeit besteht – seinen Lohnanspruch.

Art. 5 I GG (Meinungsfreiheit) verbietet etwa nachteilige Maßnahmen des Ar- **123**
beitgebers gegen einen Arbeitnehmer, der in Parteikundgebungen eine politische Meinung äußert, die dem Arbeitgeber missfällt. Allerdings findet das Grundrecht der Meinungsfreiheit seine Schranken im Recht der persönlichen Ehre (des Arbeitgebers) und in den Grundregeln über das Arbeitsverhältnis (vgl. BAG AP Nr. 1 zu § 1 KSchG 1969 Verhaltensbedingte Kündigung). Danach kann der Arbeitgeber bei beharrlicher Störung des Betriebsfriedens durch politische Provokation (vgl. auch § 74 II 2 BetrVG) dem Arbeitnehmer fristlos kündigen.

Art. 6 GG (Schutz von Ehe und Familie) verbietet, Ehe und Familie zu beeinträchtigen. Deshalb ist eine Klausel im Arbeitsvertrag, nach der das Arbeitsverhältnis mit der Eheschließung endet (Zölibatsklausel), nach § 138 I BGB i.V.m. Art. 1 I und Art. 2 I GG nichtig (**Fall b**). Die Grundrechte sind aber – mangels unmittelbarer Drittwirkung – keine Verbotsgesetze i.S.v. § 134 I BGB. Für die Begründung der Nichtigkeit ist deshalb auf die Generalklausel des § 138 I BGB zurückzugreifen, die Raum für die mittelbare Drittwirkung bietet (zur sog. Ausstrahlungswirkung der Grundrechte s. Sachs/Sachs, GG, 5. Aufl., 2009, Vor Art. 1 Rdnr. 32).

Art. 9 III GG (Koalitionsfreiheit) schützt u.a. die Koalitionsfreiheit des Einzelnen (Rdnr. 636f.). Art. 9 III 2 GG enthält die Anordnung einer unmittelbaren Drittwirkung, d.h. das Grundrecht wirkt ausnahmsweise unmittelbar zwischen Privaten. Deshalb ist eine Vertragsbestimmung, nach der das Arbeitsverhältnis bei Eintritt des Arbeitnehmers in eine Gewerkschaft endet, unmittelbar gem. Art. 9 III 2 GG nichtig (**Fall b**).

124 Das für das Arbeitsrecht neben Art. 9 III GG wichtigste Grundrecht aus Art. 12 I 1 GG gewährleistet das Recht auf freie Wahl des Arbeitsplatzes und die Freiheit der Berufsausübung. Aus ihm kann sich die Nichtigkeit einer Vereinbarung ergeben, die den Arbeitnehmer zur Rückzahlung einer Weihnachtsgratifikation an den Arbeitgeber verpflichtet, wenn er im Folgejahr aus dem Arbeitsverhältnis durch Eigenkündigung ausscheidet (vgl. BAG AP Nr. 75 zu § 611 BGB Gratifikation). Auch die Vertragsfreiheit i. R. der Berufsausübung wird nach h.M. von Art. 12 I GG geschützt (sog. Arbeitsvertragsfreiheit), der insofern Art. 2 I GG verdrängt (s. BAG NZA 1994, 937).

Besondere Bedeutung für die Arbeitsrechtsordnung haben ferner die Art. 14, 15 GG, also die Garantie privaten und zugleich sozialgebundenen Eigentums an den Produktionsmitteln (vgl. Rdnr. 11f.). Die Sozialbindung des Eigentums und das Sozialstaatsprinzip (Art. 20 I, 28 I GG) bilden die verfassungsrechtliche Grundlage der weitreichenden Mitbestimmungsrechte der Arbeitnehmer bzw. ihrer Vertreter in der Unternehmens- und Betriebsverfassung (Rdnr. 839ff.).

b) *Sonstige Gesetze*

125 Auf das Arbeitsverhältnis können Gesetze und Rechtsverordnungen (= Gesetze im materiellen Sinn; vgl. Art. 80 GG) einwirken. Es gibt zwingende und nachgiebige Gesetze.

(1) *Zwingende* arbeitsrechtliche Gesetzesbestimmungen sind sehr zahlreich; durch sie wird insbesondere der Schutz des Arbeitnehmers erreicht.

Beispiele: §§ 617, 618 BGB setzen zwingend Arbeitsbedingungen fest (§ 619 BGB). Die gesetzlichen Verbote bestimmter Arbeiten für Frauen oder Jugendliche schränken die vertragliche Gestaltungsfreiheit ein (z.B. §§ 3, 4, 6 MuSchG, §§ 5, 22ff. JArbSchG).

Wird eine elfstündige tägliche Arbeitszeit zwischen Arbeitgeber und Arbeitnehmer vereinbart (**Fall c**), so verstößt diese Regelung gegen ein gesetzliches Verbot (§ 3 ArbZG, beachte aber die Ausnahmen in §§ 7, 14 und 15 ArbZG) und ist deshalb nichtig (§ 134 BGB). Die Nichtigkeit dieser Arbeitszeitvereinbarung würde regelmäßig gem. § 139 BGB zur Nichtigkeit des gesamten Arbeitsvertrags führen. Da das Arbeitszeitgesetz aber gerade den Schutz des Arbeitnehmers bezweckt, bleibt der Arbeitsvertrag wirksam; an die Stelle der nichtigen Arbeitszeitvereinbarung tritt die gesetzlich zulässige Zeit von täglich acht Stunden (§ 3 ArbZG).

Soweit zwingende Gesetzesbestimmungen dem Schutz des Arbeitnehmers dienen, ist zu prüfen, ob nur eine Abweichung zu Lasten des Arbeitnehmers verboten, eine Besserstellung des Arbeitnehmers dagegen zulässig sein soll. Man spricht dann von *einseitig zwingendem* Gesetzesrecht.

So bestimmt das Bundesurlaubsgesetz einen Mindesturlaub für Arbeitnehmer (§ 3 I BUrlG); eine für den Arbeitnehmer günstigere Regelung (also mehr Urlaub) kann im Arbeitsvertrag vereinbart werden.

Es gibt schließlich Gesetzesvorschriften, die in dem Sinne zwingend sind, dass sie zwar durch Arbeitsvertrag oder durch Betriebsvereinbarung nicht abbedungen werden können, eine Änderung durch Tarifvertrag dagegen auch zuungunsten der Arbeitnehmer zulässig ist. Man spricht von *tarifdispositivem* Gesetzesrecht. Der Gesetzgeber hält in diesen Fällen die Tarifvertragsparteien (also auf der Arbeitnehmerseite die Gewerkschaften) für fähig, solche Abweichungen aus vernünftigen Gründen zu vereinbaren und dabei die Interessen der Arbeitnehmer zu wahren (eingehend Ulber, Tarifdispositives Gesetzesrecht im Spannungsfeld von Tarifautonomie und grundrechtlichen Schutzpflichten, 2010). **126**

Beispiele: § 13 I BUrlG; § 4 IV EFZG; § 622 IV BGB; § 7 ArbZG.

(2) *Nachgiebige* Gesetzesbestimmungen sind nur insoweit zu berücksichtigen, als nichts Gegenteiliges vereinbart ist. Eine solche Vereinbarung kann in einem Arbeitsvertrag, einer Betriebsvereinbarung oder einem Tarifvertrag getroffen sein (z.B. § 612 II BGB). **127**

3. Kollektivvereinbarungen

a) *Tarifvertrag*

Die Normen des Tarifvertrags (Rdnr. 680ff.) „gelten *unmittelbar* und *zwingend* zwischen den beiderseits Tarifgebundenen, die unter den Geltungsbereich des Tarifvertrags fallen" (§ 4 I 1 TVG). Tarifgebunden sind beim Verbandstarif (der zwischen einem Arbeitgeberverband und einer Gewerkschaft geschlossen wird) die Mitglieder der beiden Tarifvertragsparteien (§ 3 I TVG; zum Firmentarif: Rdnr. 670). **128**

Im **Fall d** kann der tarifgebundene Arbeitnehmer X von dem tarifgebundenen Arbeitgeber das tarifliche Weihnachtsgeld in Höhe eines halben Monatsgehalts verlangen. Dem Arbeitnehmer Z steht dagegen kein Anspruch auf das tarifliche Weihnachtsgeld zu, da er nicht Mitglied der Gewerkschaft ist, die den Tarifvertrag abgeschlossen hat.

Nach dem Regelungsanliegen des Tarifrechts, die Arbeitnehmer zu schützen, haben die Tarifnormen nur eine einseitig zwingende Wirkung. Deshalb bleiben einzelvertragliche Abmachungen, die für den Arbeitnehmer günstiger als die Tarifnorm sind, vom Tarifvertrag unberührt (= *Günstigkeitsprinzip;* § 4 III TVG).

Im **Fall d** behält Y den einzelvertraglichen Anspruch auf das übertarifliche Weihnachtsgeld in Höhe eines Monatsgehalts.

Ausnahmsweise kann Tarifnormen nur *dispositive* Wirkung zukommen. Das ist z.B. der Fall, wenn durch den Tarifvertrag abweichende Abmachungen zuungunsten des Arbeitnehmers gestattet sind (§ 4 III TVG; Öffnungsklauseln) oder wenn die Tarifnormen infolge ihres Ablaufs ihre zwingende Wirkung verlieren (§ 4 V TVG), so dass abweichende einzelvertragliche Regelungen zulässig sind.

b) *Betriebsvereinbarung*

129 Die Normen der Betriebsvereinbarung (Rdnr. 988 ff.) wirken *unmittelbar* und *zwingend*, also wie ein Gesetz, auf die Arbeitsverhältnisse ein (§ 77 IV BetrVG). Sie gelten nur für die Arbeitnehmer des jeweiligen Betriebes, allerdings ohne Rücksicht auf deren etwaige Gewerkschaftszugehörigkeit. Auch hier gilt das *Günstigkeitsprinzip;* arbeitsvertragliche Abmachungen, die für den Arbeitnehmer günstiger sind, gehen der Betriebsvereinbarung vor (BAG NZA 1990, 351; 1990, 816). Diese kann auch *dispositive* Regeln vorsehen, so dass einzelvertragliche Regeln die Betriebsvereinbarung verdrängen, selbst wenn sie für den Arbeitnehmer ungünstiger sind.

130 Für das *Verhältnis von Tarifvertrag und Betriebsvereinbarung* ist § 77 III 1 BetrVG zu beachten. Danach können Arbeitsentgelt und sonstige Arbeitsbedingungen, die durch Tarifvertrag geregelt sind oder üblicherweise geregelt werden, nicht Gegenstand einer Betriebsvereinbarung sein (absolute Sperrwirkung). Dadurch soll den Gewerkschaften der Vorrang vor den Betriebsräten eingeräumt und eine Beeinträchtigung oder gar Aushöhlung der Tarifautonomie vermieden werden. Ohne § 77 III BetrVG bestünde die Gefahr, dass der Betriebsrat zur „beitragsfreien Ersatzgewerkschaft“ würde.

Übersteigt also der Lohn aus einer Betriebsvereinbarung den Tariflohn (**Fall e**), so kann der Arbeitnehmer nur den Tariflohn verlangen. Es gilt nicht etwa die günstigere Regelung der Betriebsvereinbarung; denn sie ist unwirksam. Daran ändert sich auch nichts, wenn aktuell kein Tarifvertrag besteht (§ 77 III 1 BetrVG: „üblicherweise“).

Allerdings kann ein Tarifvertrag den Abschluss ergänzender Betriebsvereinbarungen ausdrücklich zulassen (§ 77 III 2 BetrVG); ist in einem solchen Fall die Betriebsvereinbarung für den Arbeitnehmer günstiger als der Tarifvertrag, geht sie dem Tarifvertrag vor (Günstigkeitsprinzip; § 4 III TVG).

Außerdem ist nach § 87 I BetrVG in sozialen Angelegenheiten eine Mitbestimmung des Betriebsrats und damit eine Betriebsvereinbarung ausgeschlossen, soweit ein bestehender Tarifvertrag (oder ein Gesetz) selbst eine Regelung vorsieht (BAG NZA 1987, 639; Rdnr. 992). Mitbestimmungsrechte des Betriebsrats sind immer nur sinnvoll, wenn dem Arbeitgeber ein eigener Regelungsspielraum verbleibt.

c) *Mit dem Sprecherausschuss vereinbarte Richtlinien*

131 Eine vom Arbeitgeber und dem Sprecherausschuss der leitenden Angestellten vereinbarte Richtlinie über Inhalt, Abschluss oder Beendigung von Arbeitsverhältnissen der leitenden Angestellten gilt für die Arbeitsverhältnisse ebenfalls unmittelbar und zwingend, soweit dies zwischen Arbeitgeber und Sprecherausschuss vereinbart ist (§ 28 II 1 SprAuG; Rdnr. 1004 ff.). Die Richtlinie wirkt dann wie eine Betriebsvereinbarung. Ein Abweichen zuungunsten des Arbeitnehmers im Arbeitsvertrag ist grundsätzlich nicht möglich (§ 28 II 2 SprAuG).

IV. Sonderfälle

1. Arbeitsvertragliche Einheitsregelung

Unter einer arbeitsvertraglichen Einheitsregelung versteht man eine gleichlautende Regelung in den Arbeitsverträgen mit den Betriebsangehörigen ohne Rücksicht auf die Besonderheiten des Einzelfalles. Solche Allgemeinen Arbeitsbedingungen sind mit den Allgemeinen Geschäftsbedingungen vergleichbar. Seit dem 1. 1. 2002 sind arbeitsvertragliche Einheitsregelungen am Maßstab des in den §§ 305ff. BGB geregelten AGB-Rechts zu messen (§ 310 IV BGB; Ausnahme §§ 305 II und III BGB). Die AGB-Kontrolle gilt aber auch außerhalb der Einheitsregelungen für alle vom Arbeitgeber vorformulierten Vertragsbedingungen (Henssler, RdA 2002, 129, 135ff.; vgl. dazu Rdnr. 177ff.) 132

Zum Teil wird von der Einheitsregelung die Gesamtzusage unterschieden. Es handelt sich um einseitige Zusagen des Arbeitgebers an die ganze oder Teile der Belegschaft. 133

Beispiele: Zusage eines Weihnachtsgeldes, eines Ruhegeldes durch Anschlag am Schwarzen Brett, Rundschreiben oder mündliche Erklärung in einer Betriebsversammlung.

Nach richtiger Ansicht handelt es sich bei der Gesamtzusage auch um eine arbeitsvertragliche Einheitsregelung. Sie kommt nicht allein durch eine einseitige Erklärung des Arbeitgebers zustande, sondern durch ein Angebot des Arbeitgebers und durch Annahmeerklärungen der Arbeitnehmer; diese Erklärungen können stillschweigend erfolgen, da das Angebot des Arbeitgebers den Arbeitnehmern nur Vorteile bringt (Entbehrlichkeit des Annahmezugangs nach § 151 BGB).

Obwohl die arbeitsvertraglichen Einheitsregelungen den Kollektivvereinbarungen ähneln, sind sie dogmatisch dem Einzelarbeitsvertrag zuzuordnen. Sie werden durch Angebot und Annahme der Parteien des Arbeitsvertrags zu dessen Inhalt. Weil die Vertragsbedingungen in aller Regel jedoch nicht zwischen den Arbeitsvertragsparteien frei ausgehandelt, sondern einseitig vom Arbeitgeber festgelegt werden, unterliegt ihre Wirksamkeit der Inhaltskontrolle nach §§ 305ff. BGB (ErfK/Preis, § 611 BGB Rdnr. 257). 134

Im **Fall f** ist der Haftungsausschluss nach allgemeinen zivilrechtlichen Grundsätzen wirksam. Die Einräumung der Parkmöglichkeit auf dem Betriebshof liegt im Interesse der Arbeitnehmer und bringt ihnen Vorteile (z. B. Zeitersparnis, Nähe zum Arbeitsplatz). Außerdem sind die Fahrzeuge beim Parken außerhalb des Betriebshofs einer erhöhten Gefahr der Beschädigung ausgesetzt. – Ist S hingegen verpflichtet, den Arbeitnehmern eine Parkmöglichkeit zur Verfügung zu stellen, dürfte der Haftungsausschluss selbst bei individualvertraglicher Vereinbarung unwirksam sein.

Ist der Haftungsausschluss formularvertraglich erfolgt, ergibt sich seine Unwirksamkeit bereits aus §§ 307ff. BGB. Der Haftungsausschluss ist nicht mit § 309 Nr. 7 BGB vereinbar. Rechtsfolge ist nach § 306 II BGB die Anwendung der gesetzlichen Regelung.

Bei dem Rangverhältnis zwischen der Einheitsregelung und einer Kollektivvereinbarung (Tarifvertrag, Betriebsvereinbarung) sind zwei Fallgruppen zu unterscheiden: 135

Eine im Tarifvertrag oder in einer Betriebsvereinbarung enthaltene Leistungsverpflichtung des Arbeitgebers kann nicht durch eine arbeitsvertragliche Einheitsregelung abgebaut werden; denn die Kollektivvereinbarungen sind höherrangig und deshalb nicht durch den Einzelarbeitsvertrag zuungunsten des Arbeitnehmers abdingbar.

136 Ob im umgekehrten Fall eine arbeitsvertragliche Einheitsregelung durch eine Kollektivvereinbarung mit gleichem Geltungsbereich zu Lasten des Arbeitnehmers geändert werden kann (**Fall h**), ist seit langem in Rspr. und Schrifttum umstritten. Der Große Senat des BAG (BAG NZA 1987, 136) hat die Frage im Grundsatz zu Recht verneint, da für das Verhältnis vertraglicher Ansprüche zu den Normen einer nachfolgenden Betriebsvereinbarung das Günstigkeitsprinzip (Rdnr. 991) gilt. Jedoch stellt das BAG dem individuellen ein *kollektives Günstigkeitsprinzip* gegenüber. Danach kommt es nicht darauf an, ob die Neuregelung in der Betriebsvereinbarung einen einzelvertraglich begründeten Anspruch des Arbeitnehmers verkürzt (so beim individuellen Günstigkeitsvergleich gem. § 4 III TVG); entscheidend soll es beim kollektiven Günstigkeitsvergleich allein sein, dass die Gesamtheit der Leistungen des Arbeitgebers durch die Betriebsvereinbarung nicht geschmälert wird. Der Große Senat (dazu Richardi, NZA 1987, 185) hält es unter diesen Voraussetzungen für zulässig, durch eine ablösende Betriebsvereinbarung einzelne Arbeitnehmer schlechter zu stellen (auch: BAG NZA 1988, 509).

In der Literatur ist der kollektive Günstigkeitsvergleich kritisiert worden (vgl. Belling, DB 1987, 1888 u. Hromadka, NZA 1987, Beil. 3, 2). Es sei nicht einzusehen, warum das Günstigkeitsprinzip beim Tarifvertrag eine andere Bedeutung als bei der Betriebsvereinbarung haben soll. Ferner fehle ein überzeugender Grund dafür, dass bei der Betriebsvereinbarung das Privatinteresse des einzelnen Arbeitnehmers hinter der Kollektivregelung zurücktreten soll. Auch dem Arbeitgeber hilft die Lösung des BAG nur bedingt, da er durch eine Betriebsvereinbarung seine Leistungen insgesamt nicht verringern kann; denn die Betriebsvereinbarung darf gerade nicht dazu führen, dass die Belegschaft insgesamt ungünstiger steht als nach der vertraglichen Einheitsregelung. Eine Verringerung der Gesamtleistung kommt nur dann in Betracht, wenn sich die Geschäftsgrundlage der früheren Regelung wesentlich geändert oder der Arbeitgeber sich einen Widerruf vorbehalten hat. Andererseits darf nicht übersehen werden, dass häufig erst der kollektive Günstigkeitsvergleich den Arbeitgebern eine sachgerechte Neuordnung von übertariflichen Leistungen ermöglichen kann. Ohne die über das kollektive Günstigkeitsprinzip eröffnete Flexibilität wird sich die Neuordnung einer befriedigenden betrieblichen Gestaltung kaum realisieren lassen.

Im **Fall h** ist also der Plan nicht durchführbar.

2. Betriebliche Übung

137 Die tatsächliche, gleichmäßige Übung innerhalb eines Betriebes (z.B. Gewährung zusätzlicher sozialer Leistungen wie Zahlung von Heirats- und Geburtsbeihilfen) ist neben den gesetzlichen und kollektivvertraglichen Normen keine selbständige Rechtsquelle. Eine derartige Übung kann jedoch Grundlage einer (stillschweigenden) Vereinbarung sein oder zur Auslegung des Arbeitsvertrags herangezogen werden (vgl. BAG AP Nr. 11 zu § 242 BGB Betriebliche Übung; kritisch Henssler, FS 50 Jahre BAG, 2004, S. 683, 684 ff.).

Teilweise wird eine Bindung des Arbeitgebers auch aus einer Vertrauenshaftung hergeleitet: Hat einerseits der Arbeitgeber durch sein Verhalten einen Vertrauenstatbestand geschaffen, hat andererseits der Arbeitnehmer auf die Fortsetzung der Übung vertraut und sich darauf eingerichtet, dann ist der Arbeitgeber in Zukunft daran gebunden. Diese Erklärung mag bei einer für die Arbeitnehmer günstigen Übung passen; sie versagt bei einer für die Arbeitnehmer ungünstigen Übung (z.B. Übung, dass die Arbeitnehmer auf Weisung des Arbeitgebers Überstunden leisten).

Hat der Arbeitgeber z.B. regelmäßig ein Weihnachtsgeld gezahlt, ohne dazu verpflichtet zu sein, kann darin ein Angebot des Arbeitgebers erblickt werden, sich für die Zukunft zu einer solchen Leistung zu verpflichten. Dieses Angebot nehmen die Arbeitnehmer stillschweigend an. Entscheidend ist, ob die Arbeitnehmer das Verhalten des Arbeitgebers als ein solches Angebot auffassen durften. Das ist nicht der Fall, wenn der Arbeitgeber bei Zahlung des Geldes einen entsprechenden Vorbehalt („unter Vorbehalt“ „ohne Anerkennung einer Rechtspflicht“, sog. Freiwilligkeitsvorbehalt) erklärt hat. Nach dem BAG lässt eine vorbehaltlose Zahlung in drei aufeinander folgenden Jahren regelmäßig einen Rechtsanspruch entstehen (BAG AP Nr. 26 zu § 611 BGB Gratifikation; **Fall g**). Raum für eine Anfechtung (Erklärungsirrtum gem. § 119 I BGB) besteht dem BAG zufolge auch dann nicht, wenn der Arbeitgeber bei der Gewährung der Leistung tatsächlich keinen Rechtsbindungswillen für die Zukunft hatte (BAG AP Nr. 6 zu § 611 BGB Gratifikation). Den Rechtsanspruch erwirbt auch ein neu in den Betrieb eintretender Arbeitnehmer, wenn er davon ausgehen kann, dass die Weihnachtsgeldzahlung auch für ihn gelten soll (BAG NZA 1989, 57). Will der Arbeitgeber das verhindern, kann er mit dem neuen Arbeitnehmer bei Abschluss des Arbeitsvertrags etwas anderes vereinbaren (zu **Fall g**). Das Gesagte gilt entsprechend auch für eine betriebliche Übung, die für die Arbeitnehmer ungünstig ist (Beispiel: Rückzahlung des Weihnachtsgeldes beim Ausscheiden im ersten Quartal des Folgejahres; vgl. Rdnr. 281 f.).

Nach der Rechtsprechung kann eine formularvertraglich vereinbarte doppelte Schriftformklausel das Entstehen einer betrieblichen Übung verhindern (Einzelheiten bei Rdnr. 158).

Ist eine betriebliche Übung Inhalt des Arbeitsvertrags geworden, so kann ihre **138** Verbindlichkeit nur durch einverständliche Vertragsänderung oder durch Änderungskündigung (Rdnr. 556 ff.) beseitigt werden (BAG NZA 2010, 283). Durch betriebliche Übung entstandene vertragliche Ansprüche sind keine Ansprüche „zweiter Klasse“. Abgelehnt wird vom BAG seit einer 2009 erfolgten Rechtsprechungskorrektur auch die Möglichkeit, sich durch eine negative betriebliche Übung (Beispiel: dreimalige Nichtleistung einer zuvor gewährten Weihnachtsgratifikation) von einer entstandenen betrieblichen Übung wieder zu lösen (BAG NZA 2009, 601). Soweit es sich um eine für die Arbeitnehmer günstige Übung handelt, scheidet wegen des Günstigkeitsprinzips auch eine Abänderung durch eine Kollektivvereinbarung aus; denn kraft betrieblicher Übung entstehen einzelvertragliche Ansprüche der Arbeitnehmer. Besitzen diese Ansprüche jedoch einen kollektiven Bezug, so wird eine Anwendung des kollektiven Günstigkeitsprinzips (Rdnr. 136) in Erwägung gezogen (hierzu HWK/Gaul, § 77 BetrVG Rdnr. 63ff.).

3. Weisungsrecht des Arbeitgebers

139 Der Arbeitnehmer ist dem Arbeitgeber zur Arbeitsleistung verpflichtet. Im Arbeitsvertrag werden meistens nur Art und Umfang der Arbeit vereinbart; die Einzelheiten der vom Arbeitnehmer zu erbringenden Leistungen ergeben sich aus ihm nicht. Zur Konkretisierung der jeweiligen Pflichten des Arbeitnehmers hat der Arbeitgeber deshalb ein Weisungs-, Direktions- oder Leitungsrecht hinsichtlich der Ausführung der Arbeitsleistung (insbesondere hinsichtlich Inhalt, Ort und Zeit der Arbeit sowie Ordnung und Verhalten der Arbeitnehmer im Betrieb). Rechtsgrundlagen sind § 106 GewO und im Übrigen der Arbeitsvertrag i.V.m. § 315 BGB (BAG NZA 1990, 561).

Beispiele: Anordnung, welche Arbeiten der Arbeitnehmer erledigen muss; Behandlung des Arbeitsgeräts, Verhalten des Arbeitnehmers gegenüber Kollegen, Rauchverbot, Torkontrolle (**Fall a**). Die Weisungen dürfen nicht unbillig, also vor allem nicht willkürlich, sein. Grund für ein Rauchverbot: z.B. Brandgefahr, Schutz der nicht rauchenden Arbeitskollegen vor den Gefahren des Passivrauchens (vgl. auch § 5 I 2 ArbStättV); Grund für eine Torkontrolle: Diebstahlsgefahr. Eine Leibesvisitation darf nicht unnötig lange Wartezeiten verursachen und nicht ehrverletzend sein.

140 Das Weisungsrecht muss sich immer im Rahmen der Gesetze, der Kollektivvereinbarungen und des Arbeitsvertrags halten; diese gehen also dem Weisungsrecht des Arbeitgebers vor (§ 106, 1 GewO).

Beispiele: Der Arbeitgeber darf vom Buchhalter nicht verlangen, Urkunden zu fälschen. Der Pförtner darf nicht angewiesen werden, über die im (Firmen-)Tarifvertrag vorgesehenen Fälle hinaus weitere Torkontrollen durchzuführen. Die als Schreibkraft eingestellte Arbeitnehmerin darf nicht als Vertretung für die ausgefallene Putzfrau eingesetzt werden.

Im Einzelfall kann das Weisungsrecht aus § 106 GewO durch Grundrechte des Arbeitnehmers begrenzt sein, etwa durch Art. 4 I GG. Der Arbeitgeber muss auf das Gewissen der Arbeitnehmer jedoch nur Rücksicht nehmen, wenn die zu erledigende Arbeit unproblematisch anderen Arbeitnehmer zugewiesen werden kann. Ansonsten ist der Arbeitnehmer auf sein Leistungsverweigerungsrecht aus § 275 III BGB angewiesen (Rdnr. 122). Vielfach ist das Weisungsrecht des Arbeitgebers durch ein Mitbestimmungsrecht des Betriebsrats eingeschränkt (vgl. § 87 BetrVG; Rdnr. 909ff.).

141 Eine weitere Einschränkung kann sich daraus ergeben, dass der Arbeitgeber den Arbeitnehmer über einen langen Zeitraum nur mit bestimmten Aufgaben betraut oder ihn an einem festen Ort einsetzt. Hier konkretisiert sich die Arbeitspflicht auf den Aufgabenbereich oder den Einsatzort. Änderungen kann der Arbeitgeber dann nur noch durch Änderungskündigung (Rdnr. 556ff.) herbeiführen.

Wie weit das Weisungsrecht des Arbeitgebers reicht, lässt sich nicht allgemein festlegen.

Es muss im Einzelfall anhand des Arbeitsvertrags und der Durchführung des Arbeitsverhältnisses geprüft werden, ob sich eine Anordnung noch im Rahmen des Weisungsrechts hält oder ob bereits eine Änderungskündigung erforderlich ist.

Überschreitet der Arbeitgeber sein Weisungsrecht, darf der Arbeitnehmer die zugewiesene Arbeit verweigern; der Arbeitgeber gerät in Annahmeverzug (§ 615 BGB), wenn er dem Arbeitnehmer keine andere Arbeit zuweist.

C. Arbeitskollisionsrecht

Schrifttum: Braun/Stölting, Deutsches IPR des Arbeitsrechts, in Henssler/Braun (Hrsg.), Arbeitsrecht in Europa, 2. Aufl., 2007, S. 57; Junker, Internationales Arbeitsrecht im Konzern, 1992; ders., Internationale Zuständigkeit und anwendbares Recht in Arbeitssachen, NZA 2005, 199; Sittard, Voraussetzungen und Wirkungen der Tarifnormerstreckung, 2010.

Fall:

Monteur A arbeitet seit Beginn seiner Tätigkeit vor 10 Jahren für ein deutsches Großunternehmen in Toronto/Kanada. Da die Niederlassung aus wirtschaftlichen Gründen aufgelöst werden soll, wird dem A von der Unternehmenszentrale in Frankfurt die ordentliche Kündigung des Arbeitsverhältnisses ausgesprochen, ohne dass zuvor der am Frankfurter Firmensitz bestehende Betriebsrat gem. § 102 BetrVG angehört worden ist. 142

I. Anwendungsbereich und Grundsätze

Die Regeln des Arbeitskollisionsrechts sind einschlägig, wenn arbeitsrechtliche Fragen mit Auslandsberührung beurteilt werden müssen. Das betrifft vor allem die Fälle, in denen ein ausländischer Arbeitnehmer im Inland oder ein deutscher Arbeitnehmer im Ausland beschäftigt wird. Das bisherige deutsche Kollisionsrecht der Art. 27ff. EGBGB wurde zum 17. 12. 2009 durch die Verordnung (EG) Nr. 593/2008 vom 17. 6. 2008 über das auf vertragliche Schuldverhältnisse anzuwendende Recht (Rom I-VO) und die Verordnung (EG) Nr. 864/2007 vom 11. 7. 2007 über das auf außervertragliche Schuldverhältnisse anzuwendende Recht (Rom II-VO) ersetzt. Inhaltliche Änderungen gegenüber den zuvor geltenden Art. 27ff. EGBGB haben sich durch die Neuregelung nicht ergeben. 143

Danach können die Arbeitsvertragsparteien grundsätzlich frei bestimmen, welches nationale Arbeitsrecht auf ihr Vertragsverhältnis angewandt werden soll (Art. 3 Rom I-VO). Eine Grenze für die Wahlfreiheit ergibt sich aus Art. 8 I Rom I-VO. Die Rechtswahl ist insoweit unwirksam, als dadurch dem Arbeitnehmer der Schutz, der ihm durch die zwingenden Vorschriften des Rechts des Staates, das ohne Rechtswahl maßgebend wäre, entzogen würde.

Fehlt eine solche ausdrücklich oder stillschweigend geschlossene Rechtswahlvereinbarung, kommt das Recht des Staates zur Anwendung, in dem der Arbeitnehmer gewöhnlich seine Arbeit verrichtet (Art. 8 II Rom I-VO). Wird er ständig in verschiedenen Ländern tätig, ohne dass sich ein gewöhnlicher Arbeitsort fest- 144 stellen lässt, richtet sich das Arbeitsverhältnis nach dem Recht des Staates, in dem sich die Niederlassung befindet, die den Arbeitnehmer eingestellt hat (Art. 8 III Rom I-VO). Ausnahmsweise kann auch das Recht eines anderen Staates einschlägig sein, wenn das Arbeitsverhältnis nach den Gesamtumständen zu diesem Staat engere Verbindungen aufweist (Art. 8 IV Rom I-VO; vgl. BAG NZA 1990, 841).

145 Das nach Art. 3 und 8 Rom I-VO anzuwendende Recht gilt grundsätzlich für alle Fragen im Zusammenhang mit der Begründung, Durchführung und Beendigung des Arbeitsverhältnisses (Art. 10ff. Rom I-VO). Problematisch ist die kollisionsrechtliche Behandlung der öffentlich-rechtlichen Arbeitsrechtsnormen und der Kollektivvereinbarungen: Geht es um die Anwendbarkeit öffentlich-rechtlicher Arbeitsschutzvorschriften (z.B. MuSchG, SGB IX, ArbSchG etc.), sind diese unabhängig vom auf den Arbeitsvertrag anwendbaren Recht auf alle Arbeiten in Deutschland anwendbar. Dies ergibt sich aus § 2 I AEntG, der die international-zwingende Wirkung bestimmter Arbeitnehmerschutzrechte anordnet. Als sog. Eingriffsnormen i.S.d. Art. 9 Rom I-VO müssen diese Vorschriften in Betrieben auf deutschem Boden auch dann beachtet werden, wenn dort nur Ausländer beschäftigt sind. Wird umgekehrt ein Deutscher dauerhaft im Ausland beschäftigt, ist zu differenzieren. So kann z.B. das MuSchG bei der Kündigung Anwendung finden, nicht aber die öffentlich-rechtlichen Vorschriften zum Arbeitsschutz.

146 Die örtliche Anknüpfung gilt auch für das BetrVG und die Gesetze über die Mitbestimmung in der Unternehmensverfassung. Daraus folgt, dass alle im Inland tätigen Arbeitnehmer unabhängig von ihrer Nationalität deutschem Betriebsverfassungsrecht unterfallen, während für die im Ausland beschäftigten Arbeitnehmer das deutsche BetrVG grundsätzlich nicht gilt (s. **Fall**). So ist z.B. gemäß § 102 BetrVG der Betriebsrat vor einer Kündigung anzuhören, auch wenn es um ein ausländisches Arbeitsverhältnis geht. Wenn allerdings ein bislang im Inland tätiger Arbeitnehmer nur vorübergehend im Ausland eingesetzt wird, ohne seine Bindung an den inländischen Betrieb zu verlieren, findet auf sein Arbeitsverhältnis auch während der Zeit des Auslandsaufenthalts das deutsche BetrVG Anwendung (BAG NZA 1990, 658).

Noch nicht abschließend geklärt ist die Frage der Anwendbarkeit von Tarifverträgen auf Arbeitsverhältnisse mit Auslandberührung. Gilt ein deutscher Tarifvertrag auch für Arbeitnehmer, deren Arbeitsvertrag ausländischem Recht unterstellt ist (dazu Junker, IPRax 1994, 21)? Das BAG hat dies grundsätzlich abgelehnt (BAG AP Nr. 261 zu § 1 TVG Tarifverträge: Bau). Einzelheiten sind zwischen verschiedenen Senaten des BAG umstritten (s. dazu Thüsing/Müller BB 2004, 1333). Allerdings sind allgemeinverbindliche Tarifverträge im Anwendungsbereich des AEntG (vgl. Rdnr. 147) gem. § 3, 1 AEntG zwingend und gelten damit als Eingriffsnorm i.S.d. Art. 9 Rom I-VO auch für Arbeitsverträge nach ausländischem Recht.

II. Arbeitnehmer-Entsendegesetz (AEntG)

Werden Arbeiten im Inland von ausländischen Unternehmen mit Arbeitnehmern ausgeführt, die nach den ausländischen Tarifen – die oftmals weit unterhalb der deutschen Löhne liegen – bezahlt werden (z.B. polnische Firmen mit polnischen Bauarbeitern nach polnischen Löhnen in Berlin), weil der Schwerpunkt der Arbeitsverhältnisse trotz der „Entsendung" nach Berlin in Polen liegt, so kann ein Verdrängungswettbewerb für deutsche Unternehmen und Arbeiter entstehen. Das (ökonomisch umstrittene) Arbeitnehmerentsendegesetz sieht vor, dass für Arbeiten in bestimmten Branchen einheitliche Arbeitsbedingungen nach deutschen Tarifverträgen gelten sollen. **147**

Ursprünglich war das AEntG auf das Bauhaupt- und Baunebengewerbe beschränkt. Im Laufe der 16. Legislaturperiode wurde das AEntG zunächst auf das Gebäudereinigerhandwerk und Briefdienstleistungen ausgedehnt, bevor mit Gesetz v. 20. 4. 2009 sodann eine grundlegende Novellierung erfolgte und die Sicherheitsdienstleistungen, die Bergbauspezialarbeiten auf Steinkohlebergwerken, die Wäschereidienstleistungen im Objektkundenbereich, die Abfallwirtschaft (einschließlich Straßenreinigung und Winterdienst) und die Aus- und Weiterbildungsdienstleistungen nach dem SGB II und III aufgenommen wurden (dazu Sittard, NZA 2009, 346). Auf diesem Weg wurde faktisch ein branchenbezogener Mindestlohn in der Bundesrepublik eingeführt (vgl. Bepler, in: Festschrift Richardi, 2007, S. 189; Rieble/Klebeck, ZIP 2006, 829; Henssler/Sittard, RdA 2007, 159; s. auch Rdnr. 272).

Voraussetzung der Tarifnormerstreckung ist gem. § 3 AEntG entweder die Allgemeinverbindlicherklärung des jeweiligen Tarifvertrags oder eine Rechtsverordnung. § 7 AEntG ermächtigt das Bundesministerium für Arbeit und Soziales, durch Rechtsverordnung ohne Zustimmung des Bundesrats zu bestimmen, dass die Rechtsnormen des entsprechenden TV auf alle unter den Geltungsbereich dieses TV fallenden und nicht tarifgebundenen Arbeitgeber und Arbeitnehmer Anwendung finden. Aus rechtspolitischer Sicht ist es nicht unproblematisch, dass Tarifnormen (anders als bei der Allgemeinverbindlicherklärung gem. § 5 TVG) ohne Beteiligung der Spitzenorganisationen der Arbeitgeber und Arbeitnehmer auf bisher Tarifungebundene erstreckt werden können.

III. Prozessuales

Wird ein internationalarbeitsrechtlicher Streitfall vor ein deutsches Gericht gebracht, stellt sich die Frage der Zuständigkeit des deutschen Gerichts. Die Bestimmung der Zuständigkeit richtet sich grundsätzlich nach dem deutschen internationalen Prozessrecht, also insbesondere dem Arbeitsgerichtsgesetz (ArbGG) i.V.m. den Vorschriften der ZPO. In der Praxis häufige Ausnahmen können sich aus völkerrechtlichen Verträgen und dem Gemeinschaftsrecht ergeben. Wichtig sind die Zuständigkeitsbestimmungen in den Art. 18ff. EuGVO. **148**

Kapitel 3

Die Begründung des Arbeitsverhältnisses

Schrifttum: Adomeit/Mohr, Benachteiligung von Bewerbern (Beschäftigten) nach dem AGG, NZA 2007, 179; Annuß, Das Allgemeine Gleichbehandlungsgesetz im Arbeitsrecht, BB 2006, 1629; Brecht-Heitzmann, Die Anfechtbarkeit von Arbeitsverträgen wegen verschwiegener Schwerbehinderung, ZTR 2006, 639; Grobys, Einstellung von Arbeitnehmern im Licht des AGG, NJW-Spezial 2/2007, 81; Hanau, Das Allgemeine Gleichbehandlungsgesetz (arbeitsrechtlicher Teil) zwischen Bagatellisierung und Dramatisierung, ZIP 2006, 2189; Henssler/Sittard, Flexibler Mindestlohn durch Konkretisierung des Sittenwidrigkeitstatbestands, RdA 2007, 159; Hromadka, Schriftformklauseln in Arbeitsverträgen, DB 2004, 1261; Jacobs, Grundprobleme des Entschädigungsanspruchs nach § 15 Abs. 2 AGG, RdA 2009, 193; Joussen, Der Vertrauensschutz im fehlerhaften Arbeitsverhältnis, NZA 2006, 963; Kania/Merten, Auswahl und Einstellung von Arbeitnehmern unter Geltung des AGG, ZIP 2007, 8; Pallasch, Diskriminierungsverbot wegen Schwangerschaft bei der Einstellung, NZA 2007, 306; Picker, Die Anfechtung von Arbeitsverträgen, ZfA 1981, 1; Wisskirchen/Bissels, Das Fragerecht des Arbeitgebers bei Einstellung unter Berücksichtigung des AGG, NZA 2007, 169.

Fälle:

149 a) Auf eine Zeitungsanzeige, in der eine GmbH einen Schneidermeister zwischen 30 und 40 Jahren sucht, meldet sich X. Er weist dem Personalchef nach, dass er 35 Jahre alt ist, die Meisterprüfung mit „sehr gut“ bestanden und beste Zeugnisse hat. Muss die GmbH ihn beschäftigen?

Wie wäre es, wenn X Schwerbehinderter ist?

b) Frau F hat sich bei K um eine Einstellung als Kfz-Mechanikerin beworben. K verweist in seinem Ablehnungsschreiben darauf, dass er nur männliche Bewerber berücksichtige. F verlangt Einstellung, jedenfalls den entgangenen Lohn.

c) Der Tarifvertrag sieht für den Abschluss von Arbeitsverträgen Schriftform vor. Dennoch schließen der zum Arbeitgeberverband gehörende X und der gewerkschaftlich organisierte Y den Arbeitsvertrag nur mündlich. X hält den Arbeitsvertrag wegen Formmangels für nichtig; Y meint, der Vertrag sei gültig und verlangt von X eine schriftliche Fixierung des Arbeitsvertrags.

d) Die 17jährige N ist von ihren Eltern ermächtigt worden, als Näherin zu arbeiten. Sie schließt mit einer Textilfabrik einen Arbeitsvertrag und tritt der Gewerkschaft bei. Dann kündigt sie bei der Textilfabrik, weil es ihr dort nicht gefällt, und verpflichtet sich bei einer Bar als Bardame. Wirksam?

e) Der Schlossermeister M will seinen 15jährigen Sohn S in die Lehre nehmen. Er möchte wissen, wer den S beim Abschluss des Berufsausbildungsvertrags vertritt.

f) X stellt den Y in seiner Falschmünzerwerkstatt bei elfstündiger täglicher Arbeitszeit ein. Y will nur acht Stunden arbeiten. Mit Recht?

Wie wäre es, wenn es sich um eine Schlosserwerkstatt handelt?

g) A hat die B als Kassiererin eingestellt. Nach zwei Monaten erfährt er, dass die B wegen fahrlässiger Körperverletzung im Straßenverkehr/Diebstahls dreimal vorbestraft und nunmehr im siebten Monat schwanger ist. Deshalb ficht A den Vertrag an. Mit Recht? Mit welcher Folge?

Wie wäre es, wenn B vor ihrer Einstellung die in einem ihr vorgelegten Fragebogen enthaltenen Fragen nach Vorstrafen und Schwangerschaft wahrheitswidrig verneint hat?

h) In einer Stellenanzeige heißt es am Schluss: „Vorstellung erbeten am 1. 10. von 9 bis 11 Uhr im Personalbüro unseres Werkes." X, der zu dem Vorstellungstermin angereist ist, verlangt Ersatz der Fahrtkosten, zumal er erfährt, dass er als Bewerber nicht in Betracht kommt.

I. Abschluss des Arbeitsvertrags

1. Einigung

Niemand kann gezwungen werden, überhaupt einen Vertrag oder einen Vertrag **150**
mit einer bestimmten Person abzuschließen. Das gilt auch für den Arbeitsvertrag. Dieser besteht – wie jeder andere Vertrag auch – aus inhaltlich übereinstimmenden Willenserklärungen, aus Angebot und Annahme (§§ 145ff. BGB; Brox/Walker, AT, Rdnr. 165ff.). Das Zustandekommen eines Arbeitsvertrags setzt eine Vereinbarung über die zu erbringende Arbeitsleistung und die Vergütung voraus (Brox/Walker, BS, § 19 Rdnr. 18). Die Arbeitspflicht wird im Einzelnen durch das Weisungsrecht des Arbeitgebers (Rdnr. 139f.) näher bestimmt. Sofern die Höhe der Vergütung im Arbeitsvertrag nicht geregelt ist, ist nach § 612 II BGB die taxmäßige bzw. übliche Vergütung als vereinbart anzusehen.

Eine Stellenausschreibung (Zeitungsanzeige im **Fall a**) ist kein Angebot, sondern nur eine Aufforderung an andere, ihrerseits ein Angebot zu machen *(invitatio ad offerendum)*; denn es fehlt erkennbar ein Rechtsbindungswille (Brox/Walker, AT, Rdnr. 165a). Demnach gibt der Stellenbewerber das Angebot ab, das angenommen oder abgelehnt werden kann. In **Fall a** steht es also im Belieben der GmbH, das Angebot des X zu akzeptieren oder es abzulehnen.

a) *Ausschreibung*

Schreibt der Arbeitgeber eine offene Stelle durch eine Zeitungsanzeige oder im **151**
Betrieb aus, so darf die Ausschreibung niemanden wegen eines in § 1 AGG genannten Merkmales benachteiligen (§§ 11, 7 I AGG), es sei denn, dass eine unterschiedliche Behandlung unerlässlich ist, weil das Merkmal eine wesentliche und entscheidende berufliche Anforderung für die ausgeschriebene Stelle darstellt (§§ 8ff. AGG, z.B. Sopranistin, Lehrerin für Nachtaufsichtsdienste in einem Mädcheninternat, Herrenmannequin, männliche bzw. weibliche oder altersabhängige Theaterrolle). Diese Ausnahmen sind eng auszulegen. Nach dem BAG ist auch für Gleichstellungsbeauftragte kein bestimmtes Geschlecht erforderlich (BAG NZA 1999, 371; a.A. Hanau, ZIP 2006, 2189, 2198). Ein Verstoß des Arbeitgebers gegen § 11 AGG ist nicht unmittelbar sanktioniert. Er kann jedoch ein Indiz für eine verbotene Benachteiligung nach § 7 AGG sein, die ihrerseits Entschädigungs- und Schadensersatzansprüche gem. § 15 AGG gegen den Arbeitgeber nach sich ziehen kann. Nicht eingestellte Bewerber haben jedoch keinen Einstellungsanspruch (§ 15 VI AGG). Die Entschädigung darf im Falle einer Nichteinstellung zudem drei Monatsgehälter nicht übersteigen, wenn der Bewerber auch bei benachteiligungsfreier Auswahl nicht eingestellt worden wäre (§ 15 II 2 AGG). Die Benach-

teiligungsverbote des AGG dürfen in der Praxis auch zu keinem faktischen Kontrahierungszwang führen.

Im **Fall a** hat der Arbeitgeber mit seinem Inserat „Schneidermeister“ gegen § 11 AGG verstoßen. Durch den Zusatz „(m/w)“ oder durch die Formulierung „Schneidermeister/in“ hätte der Arbeitgeber die Ausschreibung (geschlechts-)neutral gestalten können. Die Vorgabe in der Ausschreibung, wonach der sich bewerbende „Schneidermeister“ zwischen 30 und 40 Jahre alt sein muss, ist zudem eine unzulässige Diskriminierung wegen des Alters.

b) *Bewerbung*

152 Die Bewerbung begründet ein vorvertragliches Schuldverhältnis (§ 311 II BGB) zwischen Arbeitnehmer und Arbeitgeber mit beiderseitigen spezifischen Pflichten, die sich aus den jeweiligen Besonderheiten ergeben, etwa Schutzpflichten, Diskretions-, Offenbarungs- und Kostenerstattungspflichten (Rdnr. 186f.).

c) *Abschlussgebote können sich aus Gesetz, Kollektivvereinbarung oder Einzelarbeitsvertrag ergeben.*

153 Die Vertragsfreiheit wird durch Abschlussgebote und Abschlussverbote eingeschränkt.

(1) *Gesetzliche* Abschlussgebote bestehen zugunsten besonders schutzbedürftiger Personengruppen. Allerdings ist der Arbeitgeber nicht verpflichtet, das Angebot eines bestimmten Stellenbewerbers anzunehmen.

Eine Sonderform eines gesetzlichen Abschlussgebots enthält z.B. das SGB IX. Danach sind private und öffentliche Arbeitgeber (mit mindestens 20 Arbeitsplätzen) dem Staat gegenüber verpflichtet, auf wenigstens 5 Prozent der Arbeitsplätze Schwerbehinderte zu beschäftigen (vgl. §§ 71 ff. SGB IX); als Druckmittel zum Abschluss von Arbeitsverträgen mit Schwerbehinderten sieht das Gesetz Ausgleichsabgaben (§ 77 SGB IX) und Geldbußen (§ 156 SGB IX) vor. Die Einstellungspflicht besteht als öffentlich-rechtliche Pflicht jedoch nicht gegenüber dem einzelnen Schwerbehinderten. Der schwerbehinderte Bewerber hat also keinen Anspruch gegen einen bestimmten Arbeitgeber auf Abschluss eines Arbeitsvertrags (**Fall a**).

Im **Fall b** hat F wegen § 15 VI AGG keinen Einstellungsanspruch (vgl. Rdnr. 187).

(2) Auch in *Tarifverträgen* und *Betriebsvereinbarungen* können Abschlussgebote normiert sein.

Beispiel: Klausel im Tarifvertrag über die Pflicht des Arbeitgebers, eine bestimmte Anzahl älterer Arbeitnehmer oder Auszubildender zu beschäftigen.

Damit werden keine Ansprüche einzelner älterer Personen auf Beschäftigung begründet.

Sieht eine Kollektivvereinbarung vor, dass die Arbeitnehmer, deren Arbeitsverhältnis aufgrund eines bestimmten Ereignisses (z.B. durch Kündigung) beendet worden ist, bei nachträglichem Wegfall des Beendigungsgrundes wieder eingestellt werden sollen (sog. Wiedereinstellungsklausel), dann soll der einzelne Arbeitnehmer einen Anspruch gegen den Arbeitgeber auf Neuabschluss des Arbeitsvertrags haben.

(3) Schließlich kann sich ein Abschlussgebot aufgrund einer nachwirkenden Pflicht aus einem beendeten *Arbeitsvertrag* ergeben.

Beispiele: Der Arbeitgeber hat einem Arbeitnehmer wegen des Verdachts einer strafbaren Handlung wirksam gekündigt; stellt sich später die Unschuld des Arbeitnehmers heraus, ist der Arbeitgeber u. U. zur Wiedereinstellung verpflichtet (Einzelh.: Rdnr. 553f.; allg. zum Wiedereinstellungsanspruch nach wirksamer Kündigung: Elz, Der Wiedereinstellungsanspruch des Arbeitnehmers nach Wegfall des Kündigungsgrundes, 2002). Ein Wiedereinstellungsanspruch kann sich nach einer betriebsbedingten Kündigung auch daraus ergeben, dass entgegen einer geplanten Betriebsschließung der Betrieb doch fortgeführt wird oder es zu einem Betriebsübergang kommt (BAG NZA 2009, 29). Bei befristeten Arbeitsverhältnissen besteht grundsätzlich kein Wiedereinstellungsanspruch (BAG NZA 2002, 896). Etwas anderes gilt, wenn dem befristet eingestellten Arbeitnehmer für den Fall seiner Bewährung die unbefristete Fortsetzung des Arbeitsverhältnisses in Aussicht gestellt worden ist (BAG NZA 1989, 719).

d) *Der Wirksamkeit der Einigung kann ein Abschlussverbot entgegenstehen.*

Gesetzliche Abschlussverbote bezwecken meist den Schutz bestimmter Perso- **154**
nengruppen.

Beispiele: Beschäftigungsverbote für Kinder und Jugendliche (§§ 2, 5, 22ff. JArbSchG). Aus arbeitsmarktpolitischen Gründen dürfen Ausländer (mit Ausnahme insbesondere von EU-Bürgern, sofern sie nicht aus den neuen Beitrittsländern stammen) ohne Arbeitserlaubnis der Bundesagentur für Arbeit nicht beschäftigt werden (§ 284 SGB III, §§ 4 III, 18 AufenthG).

Abschlussverbote können auch in einem Tarifvertrag (§§ 1, 4 TVG) enthalten sein. Aus Betriebsvereinbarungen (§ 77 III BetrVG) kann allerdings kein Abschluss-, sondern lediglich ein Einstellungsverbot folgen, denn die Regelungskompetenz des Betriebsrats umfasst nicht den Vertragsschluss mit außenstehenden Bewerbern. Die Wirksamkeit eines abgeschlossenen Arbeitsvertrages lässt das Einstellungsverbot unberührt; es gibt dem Betriebsrat lediglich die Möglichkeit, im Rahmen seiner Mitbestimmung die Zustimmung zur Einstellung zu verweigern (§ 99 II Nr. 1 BetrVG). (str.; a. A. ErfK/Preis, § 611 BGB Rdnr. 33)

Beispiel: Verbot, über eine bestimmte Höchstzahl hinaus Auszubildende einzustellen.

2. Form

a) Grundsätzlich bedarf der Arbeitsvertrag keiner Form; er braucht also insbe- **155**
sondere nicht schriftlich abgeschlossen zu werden. So kann ein Arbeitsvertrag auch konkludent – etwa durch Aufnahme der Tätigkeit – zustande kommen.

Dieser Grundsatz wird durch das NachwG nicht berührt. Zwar hat der Arbeitgeber gem. § 2 I 1 NachwG spätestens einen Monat nach dem vereinbarten Beginn des Arbeitsverhältnisses die wesentlichen Vertragsbedingungen schriftlich niederzulegen, die Niederschrift zu unterzeichnen und dem Arbeitnehmer auszuhändigen. Eine Formvorschrift für den *Abschluss* des Arbeitsvertrags enthält das NachwG jedoch nicht.

Eine Verletzung der Pflichten aus dem NachwG berührt nicht die Wirksamkeit des Vertrags; sie kann aber zu einer Schadensersatzpflicht des Arbeitgebers aus § 280 I BGB führen (vgl. BAG NZA 1999, 879; 2002, 800). Eine Beweislastumkehr zulasten des Arbeitgebers hinsichtlich des Nachweises einer günstigen Vertragsbedingung hat selbst eine Verletzung der Nachweispflicht nicht zur Folge (str.; s. HWK/Kliemt, NachwG Vorb. Rdnr. 41 ff.).

Gem. § 11 I AÜG richtet sich der Nachweis der wesentlichen Vertragsbedingungen für das Leiharbeitsverhältnis nach dem NachwG; eine besondere Regelung für die Vertragsniederschrift für das Ausbildungsverhältnis findet sich in § 11 BBiG. Bei beiden Vorschriften handelt es sich aber nicht um eine durch Gesetz vorgeschriebene schriftliche Form i. S. des § 126 BGB.

156 b) Soll ein *befristeter* oder *auflösend bedingter* Arbeitsvertrag geschlossen werden, so bedarf nur die entsprechende Befristungs- oder Bedingungsklausel des Vertrags zwingend der Schriftform (§§ 14 IV und 21 TzBfG). Fehlt die Schriftform, so gilt der Vertrag als auf unbestimmte Zeit geschlossen, wenn der Arbeitnehmer dies innerhalb von drei Wochen nach dem Ablauf der Frist oder dem Eintritt der auflösenden Bedingung geltend macht, §§ 16, 17, 21 TzBfG.

157 c) Sieht für den Abschluss des Arbeitsvertrags ein einschlägiger *Tarifvertrag* die *Schriftform* vor, sind die Regeln über die durch Gesetz vorgeschriebene schriftliche Form (§§ 126, 125, 1 BGB) anwendbar; danach ist der Arbeitsvertrag bei Nichtbeachtung der Form grundsätzlich nichtig.

Allerdings ist zu prüfen, ob nach der Vereinbarung der Tarifvertragsparteien die Wirksamkeit des Arbeitsvertrags von der Einhaltung der Form abhängen soll (= konstitutive Bedeutung der Formvorschrift) oder ob die Formvorschrift nur Beweiszwecken dienen soll (= deklaratorische Bedeutung der Formvorschrift). Trifft letzteres zu, so ist auch der formlos abgeschlossene Arbeitsvertrag gültig und jede Partei des Arbeitsvertrags hat gegen den Vertragspartner nur einen Anspruch auf schriftliche Festlegung des Vertrags.

Im **Fall c** ist durch Auslegung des Tarifvertrags zu ermitteln, welche Bedeutung der Schriftform nach dem Willen der Tarifvertragsparteien zukommen soll. Mangels entgegenstehender Angaben ist von einer rein deklaratorischen Bedeutung auszugehen, da in aller Regel durch eine tarifliche Vereinbarung den Arbeitnehmern kein Nachteil entstehen soll.

158 d) Haben Arbeitgeber und Arbeitnehmer bei den Vertragsverhandlungen die Schriftform des Arbeitsvertrags vereinbart oder ist – was häufiger geschieht – im *Arbeitsvertrag* für dessen Änderungen oder Ergänzungen die *Schriftform vorgesehen,* handelt es sich um eine durch Rechtsgeschäft bestimmte schriftliche Form (§§ 127, 125, 2 BGB). Auch hier kann die Schriftform konstitutive oder nur deklaratorische Bedeutung haben.

Selbst wenn zunächst eine konstitutive Wirkung beabsichtigt war, können die Parteien doch diese Vereinbarung über die Form einverständlich aufheben. Das kann auch konkludent erfolgen, sofern die Parteien von der Wirksamkeit des formlos geschlossenen Vertrags oder der formlos vereinbarten Vertragsänderung ausgehen; sie müssen dabei nicht unbedingt an die Schriftformklausel gedacht haben (vgl. BAG AP Nr. 1 zu § 127 BGB; NZA 1989, 797). Damit ist die praktische Bedeutung der vereinbarten Schriftform gering. Beruft sich ein Vertragsteil auf eine vom schriftlichen Arbeitsvertrag abweichende Abrede, muss er diese ohnehin beweisen. Änderungen des Arbeitsvertragsinhalts können auch durch konkludentes Verhalten der Vertragsparteien, also formlos zustande kommen. So kann die widerspruchslose Fortsetzung der Tätigkeit durch den Arbeitnehmer nach einem Änderungsangebot des Arbeitgebers als Annahme der Vertragsänderung anzusehen sein, wenn sich ein entsprechender Wille aus dem tatsächlichen Verhalten deutlich ergibt (BAG NZA 2003, 924 = RdA 2002, 233 m. Anm. Franzen). Dies gilt allerdings nur, wenn sich die Änderung unmittelbar im Arbeitsverhältnis auswirkt (BAG NZA 2010, 283).

Schriftformklauseln in einem Formulararbeitsvertrag, die Vertragsänderungen von der Schriftform abhängig machen (sog. einfache Schriftformklauseln) bzw. zusätzlich die Aufhebung des Schriftformerfordernisses selbst dem Schriftformerfordernis unterwerfen (sog. doppelte Schriftformklauseln), sind wegen Verstoßes gegen § 307 I BGB unwirksam, wenn sie dazu dienen, nach Vertragsschluss getroffene Individualvereinbarungen zu unterlaufen, indem sie beim anderen Vertragsteil den Eindruck erwecken, eine abweichende mündliche Abrede sei entgegen § 305b BGB unwirksam (BAG NZA 2008, 1233). Nach Ansicht des BAG kann aber durch qualifizierte Schriftformklauseln, die ausreichend deutlich machen, dass Individualabreden Vorrang haben, die Vertragsänderung mittels betrieblicher Übung (Rdnr. 137) verhindert werden, da insoweit keine „individuelle" Vertragsabrede vorliegt (BAG NZA 2008, 1233).

3. Geschäftsfähigkeit

a) Der Arbeitsvertrag setzt zwei gültige Willenserklärungen voraus. Daran fehlt **159** es, wenn eine Vertragspartei geschäftsunfähig (§§ 104f. BGB) oder beschränkt geschäftsfähig (§§ 106ff. BGB) ist.

b) In zwei für den Arbeitsvertrag wichtigen Fällen kennt das Gesetz eine *Erweiterung der Geschäftsfähigkeit:*

(1) Die Bestimmung des § 112 BGB (Brox/Walker, AT, Rdnr. 296) ist für den minderjährigen *Arbeitgeber* bedeutsam. Ermächtigt der gesetzliche Vertreter mit Genehmigung des Vormundschaftsgerichts den Minderjährigen zum selbständigen Betrieb eines Erwerbsgeschäfts, so ist der Minderjährige für solche Rechtsgeschäfte unbeschränkt geschäftsfähig, welche der Geschäftsbetrieb mit sich bringt (§ 112 I 1 BGB). Dazu gehört auch der Abschluss von Arbeitsverträgen (vgl. aber §§ 112 I 2, 1643 I, 1822 Nr. 7 BGB).

(2) Für den minderjährigen *Arbeitnehmer* ist § 113 BGB (Brox/Walker, AT, **160** Rdnr. 297) wichtig. Danach ist er unbeschränkt geschäftsfähig für den Abschluss, die Aufhebung und die Erfüllung von Arbeitsverträgen, zu deren Eingehung ihn der gesetzliche Vertreter ermächtigt hat.

Im **Fall d** sind der Abschluss des Arbeitsvertrags mit der Textilfabrik und die Kündigung wirksam, da die Minderjährige für diese Geschäfte gem. § 113 I 1 BGB unbeschränkt geschäftsfähig ist. Das gilt auch für den Beitritt zur Gewerkschaft; denn er dient der Erfüllung der sich für N aus dem Arbeitsverhältnis ergebenden Pflichten, da die Gewerkschaft für N unmittelbar die Arbeitsbedingungen aushandelt. Die Ermächtigung deckt jedoch nicht den Abschluss eines Arbeitsvertrags als Bardame, da es sich nicht um ein Arbeitsverhältnis derselben Art handelt (vgl. § 113 I 1, IV BGB).

Verfügungen über den Arbeitslohn sind von § 113 BGB grundsätzlich nicht gedeckt; Ausnahmen gelten, wenn die Anschaffung in unmittelbarem Zusammenhang mit der Arbeitstätigkeit steht (Beispiel: Kauf eines Mofas, um zur mit öffentlichen Verkehrsmitteln nicht zu erreichenden Arbeitsstelle zu kommen; Anmietung einer Unterkunft, wenn die Arbeitsaufnahme einen Wohnortswechsel bedingt).

4. Stellvertretung

161 Der Abschluss eines Arbeitsvertrags kann sowohl auf der Arbeitgeber- als auch auf der Arbeitnehmerseite durch einen Stellvertreter erfolgen. Das Geschäft wirkt für und gegen den Vertretenen, wenn der Vertreter im Namen des Vertretenen handelt und wenn er Vertretungsmacht hat (§ 164 I 1 BGB). Der Vormund, der Betreuer und der Pfleger bedürfen zum Abschluss von Lehr- und Arbeitsverträgen, die für länger als ein Jahr geschlossen werden, der Genehmigung des Vormundschaftsgerichts (§ 1822 Nr. 6 u. 7, § 1908i I, § 1915 I BGB).

Grundsätzlich stehen einer Vertretung des Kindes durch die Eltern bei Abschluss eines Arbeitsvertrages mit den Eltern die Vorschriften der §§ 181, 1629 II 1, 1795 I Nr. 1, II BGB entgegen. Im **Fall e** kann S durch seinen Vater oder seine Mutter aber wirksam vertreten werden, da die gesetzlichen Vertreter gem. § 10 III BBiG vom Verbot des § 181 BGB befreit sind.

5. Beteiligung des Betriebsrates/Sprecherausschusses

162 In Betrieben mit in der Regel mehr als zwanzig nach § 7 BetrVG wahlberechtigten Arbeitnehmern hat der Arbeitgeber vor jedem Abschluss eines Arbeitsvertrags die Zustimmung des Betriebsrats einzuholen (§ 99 I BetrVG; Näheres: Rdnr. 940 ff.). Die beabsichtigte Einstellung eines leitenden Angestellten ist dem Sprecherausschuss der leitenden Angestellten rechtzeitig mitzuteilen (§ 31 I SprAuG; Rdnr. 1012).

II. Mängel des Arbeitsvertrags und ihre Folgen

1. Nichtigkeits- und Anfechtungsgründe

163 a) Die *Nichtigkeitsgründe* beim Arbeitsvertrag entsprechen denen bei anderen Rechtsgeschäften. Zu nennen sind beispielsweise Formmangel (Rdnr. 155 ff.), fehlende Geschäftsfähigkeit (Rdnr. 159 f.), Verstoß gegen ein gesetzliches Verbot (§ 134 BGB) und die Sittenwidrigkeit des Vertrags (§ 138 BGB).

(1) *Verbotsgesetz* im Sinne des § 134 BGB (Brox/Walker, AT, Rdnr. 320 ff.) kann jede Rechtsnorm sein. Auch Tarifverträge (vgl. § 4 I TVG) und Betriebsvereinbarungen (vgl. § 77 I BetrVG) fallen unter § 134 BGB. Zu erwähnen sind vor allem Bestimmungen zum Schutze der Arbeitnehmer (z. B. Abschlussverbote, Normen über Höchstarbeitszeit) sowie Strafvorschriften; so ist ein Arbeitsvertrag, der eine wegen eines Berufsverbots nach § 70 StGB untersagte Tätigkeit zum Inhalt hat, unwirksam, da er gegen § 145c StGB verstößt.

Der Arbeitsvertrag über die Herstellung von Falschgeld (**Fall f**; § 146 StGB) ist nichtig; X hat also keinen Anspruch auf die Arbeitsleistung des Y. Handelt es sich dagegen um eine Schlosserwerkstatt, ist nur die Vereinbarung über die tägliche Arbeitszeit von elf Stunden (wegen Verstoßes gegen § 3 ArbZG) nichtig. Würde hier die Teilnichtigkeit nach der Auslegungsregel des § 139 BGB zur Nichtigkeit des ganzen Vertrags führen, würde die den Schutz des Arbeitnehmers bezweckende Vorschrift zu dessen Nachteil wirken. Deshalb ist der Arbeitsvertrag mit der gesetzlich zulässigen Arbeitszeit gültig (vgl. Brox/Walker, AT, Rdnr. 357ff.). Wäre eine Höchstarbeitszeit im Tarifvertrag vorgesehen und würde der Arbeitsvertrag dagegen verstoßen, träte nach § 4 I 1 TVG die tarifliche Arbeitszeit an die Stelle der nichtigen Arbeitszeitvereinbarung.

Aus Gründen des Arbeitnehmerschutzes ist die Vereinbarung von Schwarzarbeit nicht insgesamt wegen Verstoßes gegen § 1 SchwarzArbG nichtig, sondern nur die Hinterziehungsabrede als solche (BAG NZA 2004, 313).

(2) Ein Arbeitsvertrag kann *gegen die guten Sitten verstoßen* und insbesondere 164
wegen *Wuchers* nichtig sein (§ 138 I, II BGB).

Beispiele: Vorführung des Geschlechtsverkehrs auf der Bühne (BAG AP Nr. 34 zu § 138 BGB). Das BAG hat sich mittlerweile der vom BGH (BGHSt 43, 53) und den Instanzgerichten (LAG Berlin, NZA-RR 1998, 392; LAG Bremen, BeckRS 2008 56018; LAG Rheinland-Pfalz BeckRS 2008 55566) vertretenen Auffassung zum Lohnwucher angeschlossen, wonach ein auffälliges Missverhältnis zwischen Leistung und Gegenleistung i.S.d. § 138 II BGB vorliegt, wenn der vereinbarte Lohn weniger als 2/3 des Tariflohnes beträgt. (BAG NZA 2009, 837; vgl. zur Bestimmung der Sittenwidrigkeit Henssler/Sittard, RdA 2007, 159). Im Fall des Lohnwuchers ist nur die Entgeltvereinbarung, nicht der ganze Arbeitsvertrag nichtig; an die Stelle der vereinbarten tritt die übliche Vergütung (vgl. § 612 II BGB).

b) Mögliche *Anfechtungsgründe* ergeben sich aus den §§ 119, 123 BGB (Brox/ 165
Walker, AT, Rdnr. 411ff.). Arbeitsrechtlich bedeutsam sind vor allem der Irrtum über eine verkehrswesentliche Eigenschaft der Person und die arglistige Täuschung. Aufgrund der Natur als Dauerschuldverhältnis kann bei einem Arbeitsvertrag eine Anfechtung wegen Treu und Glauben (§ 242 BGB) ausgeschlossen sein, wenn die Rechtslage des Getäuschten im Zeitpunkt der Anfechtung nicht mehr beeinträchtigt ist.

(1) Zu einer Anfechtung nach § 119 II BGB berechtigt ein *Irrtum über eine verkehrswesentliche Eigenschaft des Vertragspartners*. Als Eigenschaften des Arbeitnehmers kommen z.B. dessen Vorbildung, berufliche Fähigkeiten, Gesundheitszustand, Zuverlässigkeit oder Vertrauenswürdigkeit in Betracht. Erheblich ist die Eigenschaft jedoch nur, wenn sie in unmittelbarer Beziehung zum Inhalt des Arbeitsvertrags steht (z.B. AIDS-Infektion bei Operationsschwester).

Vorstrafen sind keine Eigenschaften des Arbeitnehmers; aber sie lassen auf dessen Eigenschaften schließen. So sprechen im **Fall g** die Vorstrafen wegen Diebstahls für mangelnde Ehrlichkeit; diese Eigenschaft wird bei einer Einstellung als Kassiererin im Verkehr als wesentlich angesehen. Dagegen ist das Verhalten im Straßenverkehr für die Tätigkeit als Kassiererin unerheblich.

Die Schwangerschaft ist keine verkehrswesentliche Eigenschaft im Sinne des § 119 II BGB, da sie kein Dauerzustand ist (BAG AP Nr. 15 zu § 123 BGB; **Fall g**). Ohnehin würde eine Anfechtung dem Sinn des MuSchG widersprechen; denn sie würde zur Entlassung der Schwangeren wegen der Schwangerschaft führen, was das Gesetz (vgl. § 9 MuSchG) gerade verhindern will. Eine Anfechtung wegen Schwangerschaft wäre überdies eine unzulässige Benachteiligung aus Gründen des Geschlechts (§§ 1, 7 AGG).

Im **Fall g** kann also nur wegen Irrtums über die Ehrlichkeit der B nach § 119 II BGB angefochten werden.

166 (2) Vor der Einstellung eines Arbeitnehmers wird diesem im Bewerbungsverfahren in der Regel eine Reihe von Fragen vorgelegt. Im Hinblick auf die Anfechtbarkeit des Vertragsschlusses wegen *arglistiger Täuschung* nach § 123 I BGB ist es wichtig, welche Fragen dem Bewerber zulässigerweise gestellt werden dürfen. Es geht also um den Umfang der „Offenbarungspflicht" des Arbeitnehmers, die nur bei zulässigen Fragen besteht. Das sind solche, die mit dem Arbeitsplatz und der zu erbringenden Leistung in einem Sachzusammenhang stehen. Dabei ist das Interesse des Arbeitnehmers an der Wahrung seiner Persönlichkeitsrechte (Art. 2 I i.V.m. Art. 1 I GG) gegen das Interesse des Arbeitgebers (unternehmerische Freiheit, Art. 12 I GG) abzuwägen, sich ein verlässliches Bild über die fachliche und persönliche Eignung des Bewerbers für diesen Arbeitsplatz zu machen.

Der Schutz der Arbeitnehmerinteressen wird dadurch gestärkt, dass Personalfragebögen der erzwingbaren Mitbestimmung des Betriebsrats unterliegen (§ 94 I BetrVG; vgl. Rdnr. 936).

167 Ein Anfechtungsrecht wegen *arglistiger Täuschung* setzt zunächst eine Täuschungshandlung voraus. Diese kann in einem positiven Tun (z.B. unwahre Beantwortung von Fragen) oder – wenn eine Pflicht zur Aufklärung gegeben ist (z.B. Verschweigen einer chronischen Krankheit, welche die Arbeitsleistung dauerhaft unmöglich macht) – in einem Unterlassen bestehen.

Die Täuschung muss zudem widerrechtlich sein (Brox/Walker, AT, Rdnr. 453). Stellt der Arbeitgeber dem Stellenbewerber vor der Einstellung eine *unzulässige Frage* (z.B. nach im Strafregister bereits gelöschten Vorstrafen), kann der Bewerber die Beantwortung verweigern oder wahrheitsgemäß antworten, also die Vorstrafen angeben; in beiden Fällen wird er regelmäßig die Stelle nicht bekommen. Die Chance, eingestellt zu werden, hat er nur, wenn er die unzulässige Frage wahrheitswidrig beantwortet. Wird er daraufhin eingestellt, kann der Arbeitgeber nicht mit Erfolg wegen arglistiger Täuschung anfechten. Die Anfechtung scheidet aber nicht mangels Arglist (so BAG AP Nr. 2 zu § 123 BGB, AP Nr. 15 zu § 123 BGB) aus. Vielmehr fehlt es an der Widerrechtlichkeit der Täuschung. Der Arbeitgeber darf also nur auf zulässige Fragen eine wahrheitsgemäße und vollständige Antwort erwarten, bei unzulässigen Fragen hat der Arbeitnehmer ein „Recht zur Lüge".

Seit Inkrafttreten des AGG sind Fragen, die an eines der in § 1 AGG aufgeführten Merkmale anknüpfen, in erhöhtem Maße auf ihre Zulässigkeit zu überprüfen (vgl. § 2 I Nr. 1 AGG – Zugang zur Erwerbstätigkeit; dazu Däubler/Bertzbach, AGG, § 7 Rdnr. 20ff.; Wisskirchen/Bissels, NZA 2007, 169) Fragen nach Diskriminierungsmerkmalen können Indizien i.S. des § 22 AGG sein und somit zu einer Umkehr der Beweislast zulasten des Arbeitgebers bei Entschädigungsansprüchen führen (s. Rdnr. 187). Nach Unterzeichnung des Arbeitsvertrags bestehen weitergehende Fragemöglichkeiten des Arbeitgebers.

Die Frage nach den Vorstrafen einer Kassiererin wegen begangener Vermögensdelikte ist **168** zulässig, nach denen wegen begangener Verkehrsstraftaten dagegen mangels Erheblichkeit für den Arbeitsplatz unzulässig (**Fall g**). Ist die Vorstrafe allerdings nicht in ein Führungszeugnis aufzunehmen (unter anderem Geldstrafe von nicht mehr als 90 Tagessätzen, s. im Einzelnen § 32 II BZRG), so wird man dem Arbeitnehmer das Recht zubilligen müssen, solche Verurteilungen auch dem Arbeitgeber gegenüber zu verschweigen (vgl. § 53 BZRG).

Fragen nach einer bestehenden Schwangerschaft wurden zunächst nur unter **169** dem Gesichtspunkt diskutiert, ob dem zur Vertragsfreiheit des Arbeitgebers gehörenden Interesse an einer umfassenden Information über die Stellenbewerberin oder dem aus dem Persönlichkeitsrecht der Bewerberin folgenden Interesse am Schutz ihrer Intimsphäre der Vorrang einzuräumen ist. Das BAG (NZA 1986, 739) vertrat zeitweise eine differenzierende Ansicht: Eine unzulässige geschlechtsbedingte Benachteiligung sollte nur vorliegen, wenn sich auch Männer um denselben Arbeitsplatz beworben hatten, nicht dagegen bei einem rein weiblichen Bewerberkreis, weil dann eine Schwangere nur gegenüber Kandidatinnen desselben Geschlechts benachteiligt werde. Diese Lösung war sachwidrig und führte zudem bei nachträglichen Änderungen im Bewerberkreis zu Schwierigkeiten. Der EuGH hat zutreffend die Frage nach einer bestehenden Schwangerschaft wegen Verstoßes gegen den Gleichbehandlungsgrundsatz nach der Richtlinie 76/207/EWG generell für unzulässig erklärt (EuGH NJW 1991, 628), eine Entscheidungspraxis, der sich das BAG angeschlossen hat (NZA 1993, 257).

Fragen des Arbeitgebers nach einer bestehenden Schwangerschaft sind demnach in aller Regel unzulässig, dürfen also von der Bewerberin wahrheitswidrig verneint werden. Dies gilt erst recht vor dem Hintergrund der restriktiven §§ 1, 7 AGG. § 3 I 2 AGG stellt die ungünstigere Behandlung einer Schwangeren oder Mutter der unmittelbaren Benachteiligung wegen des Geschlechts gleich. Der EuGH hat seine Rspr. inzwischen auf (für sechs Monate) befristete Arbeitsverträge mit Schwangeren ausgedehnt, die beim Vertragsschluss ihre Schwangerschaft verschweigen. Der Vertrag ist dem EuGH zufolge selbst dann nicht anfechtbar, wenn beim Abschluss bereits feststeht, dass die Arbeitnehmerin während des wesentlichen Teils ihrer Vertragszeit (vier von sechs Monaten) nicht arbeiten kann (EuGH NJW 2002, 123; kritisch Herrmann, SAE 2003, 125). Die Rspr. erscheint nicht abschließend durchdacht, weil sie den eigentlichen Zielen des Gerichts (Schutz von Mutter und Kind sowie Schutz vor Frauendiskriminierung) zuwider läuft. Schwangere sollten sich danach sofort nach einem befristeten Arbeitsvertrag umschauen. Der EuGH wird mittelbar zum Anstifter für Eingehungsbetrug. Gelingt der Bewerberin ein solcher Vertragsschluss, so erhält sie „Mutterschutzlohn" ohne Arbeitsleistung (Herrmann, SAE 2003, 125, 131). Dem EuGH folgend hat das BAG seine Rspr. ebenfalls verschärft (BAG NZA 2003, 848).

Eine Arbeitnehmerin, die dem Arbeitgeber das Bestehen einer Schwangerschaft mitgeteilt hat, ist verpflichtet, den Arbeitgeber unverzüglich über das vorzeitige Ende der Schwangerschaft zu unterrichten. Das BAG verneint zu Unrecht einen Schadensersatzanspruch des Arbeitgebers, wenn die Arbeitnehmerin diese Mitteilung schuldhaft unterlässt (BAG NZA 2000, 1157 = RdA 2001, 333 m. krit. Anm. Bittner). Zur Gleichbehandlung von Frauen und Männern (Art. 3 II GG) bei Begründung eines Arbeitsverhältnisses BVerfG NZA 2007, 195.

170 Die Falschbeantwortung einer Frage nach früherer Stasi-Tätigkeit kann eine Anfechtung, jedenfalls aber eine verhaltensbedingte Kündigung rechtfertigen. Das gilt besonders im öffentlichen Dienst. Bei Beamten ist eine solche falsche Antwort sogar strafbar (BGH NJW 1999, 1485). Die Frage muss durch das betriebliche Interesse des Arbeitgebers gerechtfertigt sein (BAG NZA 2003, 265).

Die Frage nach einer (bereits ausgebrochenen) AIDS-Erkrankung ist zulässig; dagegen darf der Arbeitgeber nach einer HIV-Infektion nur dann fragen, wenn von der beruflichen Tätigkeit (z.B. Heilberuf) des infizierten Bewerbers eine besondere Gefahr für andere Personen ausgeht (Löwisch, DB 1987, 939 f.; Richardi, NZA 1988, 74 f.). Eine Erkrankung ist von einer Behinderung i.S. des § 1 AGG abzugrenzen (vgl. dazu EuGH NZA 2006, 839 sowie Rdnr. 317).

Bei Behinderungen des Arbeitnehmers muss nach der Rspr. unterschieden werden: Die Frage nach einer Behinderung ist nur zulässig, wenn diese die Eignung des Stellenbewerbers für die vorgesehene Tätigkeit beeinträchtigt (BAG NZA 1985, 57). Anders ist es bei Schwerbehinderten. Ist der Stellenbewerber als Schwerbehinderter anerkannt, so knüpfen sich daran für den Arbeitgeber während der gesamten Dauer des Arbeitsverhältnisses bestimmte gesetzliche Pflichten. Diese begründen ein berechtigtes Interesse des Arbeitgebers auch dann, wenn sich die Schwerbehinderteneigenschaft auf die vorgesehene Tätigkeit nicht auswirkt. Wird die Frage nach der Schwerbehinderteneigenschaft vom Arbeitnehmer bewusst falsch beantwortet, so rechtfertigte dies nach bisheriger Rspr. die Anfechtung des Arbeitsvertrags nach § 123 BGB (BAG NZA 2001, 315; a.A. Däubler/Bertzbach, AGG, § 7 Rdnr. 35 m.w.Nachw.). Unter der Geltung des § 81 II SGB IX, der nunmehr auf das AGG verweist und somit ein allgemeines Verbot (§§ 7, 1 AGG) der Diskriminierung schwerbehinderter Menschen begründet, dürfte diese Rspr. nicht mehr haltbar sein (so Wisskirchen/Bissels, NZA 2007, 169, 173; Joussen, NZA 2007, 177).

Bei Fragen nach dem Alter ist darauf abzustellen, ob diese auf einem berechtigten Interesse beruhen (etwa wegen der Berechnung von Lohngruppen, vgl. § 10 AGG) oder ob sie diskriminierenden Charakter haben und zu einer unzulässigen Benachteiligung wegen des Alters (§§ 7, 1 AGG) führen.

Im **Fall g** kann A – unter den unter Rdnr. 168 geschilderten Voraussetzungen – wegen wahrheitswidriger Angaben über die Diebstahlsvorstrafen den Vertrag nach § 123 I BGB wegen arglistiger Täuschung anfechten.

2. Rechtsfolgen

171 Nach allgemeinen Regeln bewirkt das Vorliegen eines Nichtigkeitsgrundes die Nichtigkeit des Arbeitsvertrags, während die Anfechtbarkeit nur dann zur Nichtigkeit des Rechtsgeschäfts führt, wenn dieses wirksam, vor allem fristgemäß (§§ 121, 124 BGB), angefochten worden ist (§§ 142 f. BGB). Hinsichtlich der Wirkung der Nichtigkeit (von Anfang an oder nur für die Zukunft) muss im Arbeitsrecht danach unterschieden werden, ob der Arbeitnehmer die Arbeit schon angetreten hat oder nicht.

172 a) *Vor Antritt der Arbeit* gelten beim Vorliegen eines Nichtigkeitsgrundes die allgemeinen Regeln des BGB. Wird der Arbeitsvertrag angefochten, bevor der Arbeitnehmer die Arbeit aufgenommen hat, bleibt es daher bei der allgemeinen Regel des § 142 I BGB, wonach der angefochtene Arbeitsvertrag als von Anfang an nichtig anzusehen ist und den Beteiligten deshalb keine vertraglichen Ansprüche zustehen.

b) *Nach Antritt der Arbeit* durch den Arbeitnehmer und der damit erfolgten In- 173
vollzugsetzung des Arbeitsverhältnisses ist hinsichtlich der Folgen danach zu unterscheiden, ob gem. §§ 119, 123 BGB angefochten worden ist oder ob der Vertrag von vornherein nichtig war.

(1) Eine *Anfechtung* führt grundsätzlich nur zur Nichtigkeit des Arbeitsvertrags vom Zeitpunkt des Zugangs der Anfechtungserklärung an *(ex nunc)*. Hat der Arbeitnehmer nämlich bereits Arbeit geleistet, würde die gem. § 142 I BGB (*ex tunc*) auf den Zeitpunkt des Vertragsschlusses zurückwirkende Vernichtung des Rechtsgeschäfts und die damit verbundene Rückabwicklung des Arbeitsverhältnisses nach den allein in Betracht kommenden Vorschriften über die ungerechtfertigte Bereicherung (vgl. vor allem § 818 III BGB) zu erheblichen Schwierigkeiten und unbilligen Ergebnissen für den Arbeitnehmer führen. Rspr. und Lehre sind sich daher darüber einig, dass nach Antritt der Arbeit eine Anfechtung grundsätzlich nur Wirkung für die Zukunft entfaltet. Somit kommt der Anfechtung in diesem Falle eine kündigungsähnliche Wirkung zu.

Ficht der Arbeitgeber zwei Monate nach Arbeitsbeginn an (**Fall g**), bleibt der Arbeitsver- 174
trag für diese zwei Monate bestehen; die Arbeitnehmerin ist also für die vergangene Zeit nicht auf einen Bereicherungsanspruch nach § 812 I 1 Alt. 1 oder S. 2 BGB angewiesen, sondern hat einen Lohnanspruch aus dem Vertrag (§ 611 I BGB). Von der Anfechtung an ist der Vertrag vernichtet; danach bestehen zwischen den Beteiligten keine vertraglichen Ansprüche mehr.

Ausnahmsweise kann die Anfechtung lediglich einer einzelnen vereinbarten Arbeitsbedingung dann zulässig sein, wenn allein der angefochtene Teil des Vertrags auf einem Irrtum oder einer arglistigen Täuschung beruht und der Arbeitsvertrag auch ohne den angefochtenen Teil sinnvoll ist. Bei einer solchen Anfechtung entfällt nur der angefochtene Teil des Vertrags – soweit möglich – rückwirkend, während der restliche Teil des Vertrags wirksam bleibt (vgl. BAG AP Nr. 4 zu § 60 HGB).

(2) Bei *Nichtigkeit* des Arbeitsvertrags besteht im Regelfall ein sog. fehlerhaftes 175
Arbeitsverhältnis, nur in besonderen Fällen ist die Nichtigkeit auch für die Vergangenheit zu beachten.

(a) Im Regelfall kann die Nichtigkeit des Vertrags – aus den zur Anfechtung genannten Gründen – nur für die Zukunft berücksichtigt werden. Jede der beiden Parteien ist in der Lage, sich durch einseitige Erklärung vom fehlerhaften Arbeitsverhältnis zu lösen.

(b) Ausnahmsweise gebieten grundlegende Wertungen unserer Rechtsordnung die Beachtung der Nichtigkeit bereits für die Vergangenheit:
So wollen die §§ 104ff. BGB die nicht geschäftsfähigen Personen schützen. Hat also der nicht geschäftsfähige Arbeitnehmer einen Arbeitsvertrag geschlossen, so

ist dieser unwirksam. Vertragspflichten des Arbeitnehmers sind hier auch für die Vergangenheit nicht entstanden. Da die Nichtigkeit des Vertrags wegen mangelnder Geschäftsfähigkeit aber dem Schutz des Nichtgeschäftsfähigen dienen soll, kann der Arbeitgeber sich nicht auf die Nichtigkeit des Arbeitsvertrags berufen, wenn für den nicht geschäftsfähigen Arbeitnehmer der Lohn für die Vergangenheit, während der er gearbeitet hat, verlangt wird.

176 Im umgekehrten Fall, in dem ein nicht geschäftsfähiger Arbeitgeber einen Arbeitsvertrag geschlossen hat, muss der Nichtigkeitsgrund der mangelnden Geschäftsfähigkeit zu seinen Gunsten auch für die Vergangenheit berücksichtigt werden, denn der Schutz des nicht geschäftsfähigen Arbeitgebers geht nach der Wertung des Gesetzes den Interessen des Arbeitnehmers vor. Dem Arbeitnehmer stehen also in diesem Fall keine Lohnansprüche aus Vertrag zu (h.M.); er kann wegen der geleisteten Arbeit lediglich Ansprüche aus ungerechtfertigter Bereicherung geltend machen.

Die Nichtigkeit des Arbeitsvertrags ist trotz bereits geleisteter Arbeit auch für die Vergangenheit zu berücksichtigen, wenn der Inhalt des Vertrags gegen ein gesetzliches Verbot (§ 134 BGB; z.B. Fehlen der Approbation bei ärztlicher Tätigkeit, BAG NZA 2005, 1409) oder gegen die guten Sitten (§ 138 BGB) verstößt. Dann entsteht kein fehlerhaftes Arbeitsverhältnis. Hier will die zur Nichtigkeit führende Wertung gerade die Arbeitsleistung und deren Entlohnung verhindern, so dass der Vertrag keine rechtlichen Wirkungen entfalten kann (**Fall f**: Falschmünzerei). Auch Bereicherungsansprüche sind ausgeschlossen (§ 817, 2 BGB).

III. Die Inhaltskontrolle von arbeitsvertraglichen Klauseln

Schrifttum: Däubler, Aktuelle Fragen der AGB-Kontrolle im Arbeitsrecht, NZA 2006, Beil. 3, 133; Gotthardt, Arbeitsrecht nach der Schuldrechtsreform, 2. Aufl., 2003; Henssler, Arbeitsrecht und Schuldrechtsreform, RdA 2002, 129; Henssler/v. Westphalen, Praxis der Schuldrechtsreform, 2. Aufl. 2003; Preis, AGB-Recht und Arbeitsrecht, NZA 2006, Beil. 3, 115; Reim, Wirksamkeit von Vertragsklauseln in Formulararbeitsverträgen, JuS 2006, 120; Wank/Maties, Allgemeine Geschäftsbedingungen in der Arbeitsrechtsklausur, Jura 2010, 1; Worzalla, Die Wirksamkeit einzelner Arbeitsvertragsklauseln nach der Schuldrechtsreform, NZA 2006, Beil. 3, 122.

1. Allgemeines

177 Seit dem 1. 1. 2002 sind Formulararbeitsverträge, und das sind nahezu alle Arbeitsverträge, gem. § 310 IV BGB grundsätzlich den Regelungen der §§ 305–310 BGB unterworfen. Zuvor galt gem. § 23 I AGBG eine Bereichsausnahme für das gesamte Arbeitsrecht. Obwohl zahlreiche Aspekte gegen eine pauschale Einordnung sprechen (vgl. Henssler, RdA 2002, 129, 133; Lieb/Jacobs, Arbeitsrecht, Rdnr. 144), ist nach der Rspr. des BAG der Arbeitnehmer bei Abschluss des Arbeitsvertrages als Verbraucher i.S. des § 13 BGB anzusehen (BAG NZA 2005, 1111). Diese Einordnung führt zur Erweiterung der Inhaltskontrolle von Arbeitsverträgen nach den Maßgaben des § 310 III BGB (Arbeitsverträge als Verbraucherverträge). Bei vorformulierten Vertragsbedingungen wird gem. § 310 III BGB vermutet, dass sie vom Arbeitgeber gestellt sind, zudem sind die Unklarheitenregel des § 305c II BGB sowie die Inhaltskontrolle gem. §§ 306, 307–309 BGB bereits bei *nur zur einmaligen Verwendung* bestimmten Vertragstexten anzuwenden.

Ist der vorformulierte Arbeitsvertrag als „Allgemeine Geschäftsbedingung" i.S. **178** des § 305 I 1 BGB einzustufen, so weist die rechtliche Überprüfung anhand des AGB-Rechtes auch nach neuem Recht Eigentümlichkeiten auf. So sind § 305 II und III BGB nicht anwendbar. Das Gesetz geht davon aus, dass ein hinreichender Schutz des Arbeitnehmers insoweit über das NachwG sichergestellt ist. Von besonderer Bedeutung für die AGB-Kontrolle ist § 310 IV 2 BGB. Danach sind bei der inhaltlichen Überprüfung arbeitsvertraglicher Klauseln die „arbeitsrechtlichen Besonderheiten" angemessen zu berücksichtigen. Was hierunter zu verstehen ist, ist zwar noch nicht abschließend, aber doch weitgehend geklärt. Das BAG (NZA 2004, 727) hat schon früh der im Schrifttum vertretenen engen Auffassung, die nur *innerhalb* des Arbeitsrechts bestehende Besonderheiten (etwa für kirchliche Arbeitsverhältnisse) anerkennen wollte, eine Absage erteilt. Alle rechtlichen Besonderheiten des Arbeitsrechts können in jedem Fall einen eingeschränkten Prüfungsmaßstab rechtfertigen. So kann eine Vertragsstrafe in einem Arbeitsvertrag entgegen § 309 Nr. 6 BGB wirksam sein, weil der Arbeitnehmer gem. § 888 III ZPO (Rdnr. 235) nicht durch Zwangsgeld oder Zwangshaft zur Arbeitsleistung angehalten werden kann (rechtliche Besonderheit! vgl. Rdnr. 182). Darüber hinausgehend sind auch rein tatsächliche Besonderheiten des Arbeitsrechts, etwa besondere Beweisschwierigkeiten des Arbeitgebers und eine langjährige Praxis, zu berücksichtigen (Henssler, RdA 2002, 129, 138). Diesem weiten Verständnis hat sich auch die Rspr. angeschlossen (BAG NZA 2006, 746: Anrechnungsvorbehalte sind in arbeitsvertraglichen Vergütungsabreden seit Jahrzehnten üblich und daher (!) eine Besonderheit des Arbeitsrechts).

Arbeitsvertragliche Klauseln sind weiterhin dann von jeder Inhaltskontrolle aus- **179** geschlossen, wenn sie lediglich tarifliche Bestimmungen wiedergeben (§ 310 IV 3 BGB i.V.m. § 307 III BGB). Anderenfalls käme es zu einer mittelbaren Tarifzensur, die mit der verfassungsrechtlich garantierten Tarifautonomie nicht zu vereinbaren wäre. Nur anhand der Transparenzkontrolle des § 307 I 2 BGB, nicht dagegen an den sonstigen Maßstäben des AGB-Rechtes überprüfbar sind damit die in Arbeitsverträgen häufigen Bezugnahmeklauseln, sofern sie auf den ganzen (fachlich einschlägigen) Tarifvertrag oder in sich abgeschlossene Teile desselben verweisen. (Rdnr. 717 ff).

2. Prüfungsaufbau

Die AGB-rechtliche Kontrolle arbeitsvertraglicher Bestimmungen ist danach in **180** folgenden Prüfungsschritten durchzuführen:

1. Liegen allgemeine Arbeitsbedingungen i.S. des § 305 I BGB vor? Keine Verdrängung durch Individualabrede (§ 305b BGB)?

2. Handelt es sich um eine überraschende Klausel im Sinne von § 305c I BGB? Hierbei ist die verwenderfreundlichste, d.h. für den Arbeitgeber günstigste Auslegung zu Grunde zu legen. Ist die Klausel nach der arbeitgeberfreundlichen Inter-

pretation für den Arbeitnehmer überraschend, wird sie von vornherein nicht Vertragsbestandteil.

3. Ist die Klausel nicht überraschend, so muss sie für die folgende individuelle Inhaltskontrolle ebenfalls arbeitnehmerfeindlich ausgelegt werden. Im AGB-Recht ist allgemein bei verschiedenen Auslegungsalternativen zunächst die „kundenfeindlichste" Auslegung maßgeblich im Sinne derjenigen, die gegen §§ 307–309 BGB verstößt (MünchKomm/Basedow § 305c Rdnr. 35)

4. Entspricht die Klausel inhaltlich einer tariflichen Regelung oder einer Betriebsvereinbarung? Bejahendenfalls findet nach § 310 IV 3 BGB i.V.m. § 307 III BGB keine Inhaltskontrolle, sondern nur eine Transparenzkontrolle statt. Voraussetzung dürfte allerdings sein, dass jeweils die gesamte Kollektivvereinbarung oder aber zumindest in sich abgeschlossene Teile der Kollektivvereinbarung zum Gegenstand des Arbeitsvertrags gemacht wurden. Ferner unterfallen Hauptleistungspflichten aus dem Arbeitsverhältnis – etwa das Entgelt – nicht der Inhaltskontrolle (BAG NZA 2004, 597, 603).

5. Ist eines der Klauselverbote gem. §§ 309, 308 BGB oder die Generalklausel des § 307 II, I BGB (in dieser Reihenfolge!) einschlägig?

6. Ist die Klausel nach 5. an sich unwirksam, so ist in einem weiteren Schritt zu überprüfen, ob ausnahmsweise arbeitsrechtliche Besonderheiten i.S.v. § 310 IV 2 BGB der Unwirksamkeitsfolge entgegenstehen. So sind etwa Kurzarbeitsklauseln in Arbeitsverträgen entgegen § 308 Nr. 4 BGB bzw. § 307 II Nr. 1 BGB wirksam, weil sie durch arbeitsrechtliche Besonderheiten gerechtfertigt sind (a.A. Hümmerich, NZA 2003, 764; zum Ganzen HWK/Gotthardt, § 310 BGB Rdnr. 23ff.).

7. Führt die AGB-Kontrolle nicht zur Unwirksamkeit der Klausel, ist nun die arbeitnehmerfreundlichste Auslegung zu wählen (§ 305c II BGB).

181 Im Falle der Unwirksamkeit der Klausel bleibt die Wirksamkeit des Arbeitsvertrags im Übrigen unberührt. An die Stelle der unwirksamen Klausel tritt die gesetzliche Regelung (§ 306 I, II BGB). Eine Rückführung auf das noch zulässige Maß einer Klausel, sog. *geltungserhaltende Reduktion*, scheidet aus, da der Verwender von allgemeinen Arbeitsbedingungen auch das Risiko deren Unwirksamkeit tragen muss (BAG NZA 2005, 1111). Bei Altklauseln, die vor dem 1. 1. 2002 vereinbart wurden und der seither neu eingeführten AGB-Kontrolle nicht mehr standhalten, ist die durch ihre Unwirksamkeit entstehende Lücke über die ergänzende Vertragsauslegung zu schließen (BAG NZA 2005, 465). Ist eine Arbeitsvertragsklausel unter Wahrung ihres Sinnes teilbar (sog. „blue-pencil-test"; Palandt/Heinrichs, vor § 307 BGB Rdnr. 11), kann dies dazu führen, dass sich die Unwirksamkeit nur auf einen Teil der Klausel bezieht.

Praktiziert hat das BAG eine solche Teilrettung etwa bei Stichtagsklauseln, die für die Gewährung einer Sonderzuwendung/Prämie durch den Arbeitgeber auf ein „ungekündigtes Arbeitsverhältnis" zu einem bestimmten Termin abstellen. Arbeitnehmer, denen betriebsbedingt gekündigt wurde, erhalten somit keine Leistung. Hier lässt sich nach Ansicht des BAG die Klausel durch schlichte Streichung des Wortes „ungekündigt" teilweise aufrechterhalten (BAG NZA 2009, 783; vgl. ferner Rdnr. 184).

3. Inhaltskontrolle einzelner Vertragsklauseln

Aufgrund der Einbeziehung von Arbeitsverhältnissen in die AGB-Kontrolle **182** durch die Schuldrechtsreform war strittig geworden, inwiefern *Vertragsstrafenvereinbarungen* mit Arbeitnehmern in vorformulierten Arbeitsverträgen gem. § 309 Nr. 6 BGB unwirksam sind. Das BAG (NZA 2004, 727) hält Vertragsstrafen in Arbeitsverträgen weiterhin nicht grundsätzlich für unzulässig (vgl. Rdnr. 178). Die fehlende Vollstreckbarkeit der Verpflichtung zur Arbeitsleistung gem. § 888 III ZPO ist als Besonderheit des Arbeitsrechts im Sinne des § 310 IV 2 BGB anzuerkennen (Henssler, RdA 2002, 129, 138). Relevant ist dies beim Nichtantritt der Arbeit oder der vorzeitigen Beendigung des Vertrages ohne Einhaltung der Kündigungsfrist. Anwendbar bleibt die Inhaltskontrolle von Vertragsstrafenvereinbarungen anhand der Generalklausel (§ 307 BGB). Eine unangemessene Benachteiligung des Arbeitnehmers kann sich bei einem Missverhältnis zwischen der Pflichtverletzung und der Höhe der Vertragsstrafe ergeben. So darf die Vertragsstrafe den während der Kündigungsfrist möglichen Verdienst nicht übersteigen.

Praktisch bedeutsam ist die Inhaltskontrolle sog. Änderungsvorbehalte, die eine **183** Flexibilisierung von Arbeitsbedingungen ermöglichen sollen. Regelmäßig gezahlte Leistungsbestandteile dürfen grundsätzlich nicht unter den *Vorbehalt der Freiwilligkeit* gestellt werden, da der Ausschluss des Rechtsanspruchs die synallagmatische Verknüpfung der Leistungen beider Vertragsparteien löst und damit den Arbeitnehmer unangemessen benachteiligt (BAG NZA 2007, 853). Anders verhält es sich bei Sondervergütungen (z. B. Weihnachtsgeld, Urlaubsgeld). Diese dürfen unter einen Freiwilligkeitsvorbehalt gestellt werden. Die entsprechende Klausel muss allerdings dem Transparenzgebot des § 307 I 2 BGB entsprechen. Sagt ein Arbeitgeber einem Arbeitnehmer in einem von ihm vorformulierten Anstellungsvertrag ausdrücklich zu, jedes Jahr ein Weihnachtsgeld in bestimmter Höhe zu zahlen, ist es widersprüchlich, wenn der Arbeitgeber die Zahlung des Weihnachtsgeldes in derselben oder in einer anderen Vertragsklausel an einen Freiwilligkeitsvorbehalt bindet (BAG NZA 2009, 1375). Der Arbeitgeber kann sich außerdem im Sinne eines *Widerrufsvorbehalt* das Recht vorbehalten, einzelne Vertragsbedingungen einseitig zu ändern (Bsp.: Widerruf von Gratifikationen) oder Tariflohnerhöhungen auf Sonderzuwendungen anzurechnen (Anrechnungsvorbehalte). AGB-rechtlich sind hier die §§ 308 Nr. 4, 307 BGB einschlägig (BAG NZA 2005, 465; Henssler, RdA 2002, 129, 138). Dem BAG zufolge darf der widerrufliche Anteil allerdings 25–30% der Gesamtvergütung nicht übersteigen; ferner darf der Widerruf nur bei Vorliegen eines Sachgrundes ausgeübt werden, der sich der Vereinbarung entnehmen lassen muss. Die Ausübung des Widerrufsrechts muss schließlich billigem Ermessen (§ 315 BGB) entsprechen (BAG AP Nr. 5 zu § 620 BGB Teilkündigung).

Üblich sind in Arbeitsverträgen seit Jahrzehnten vertraglich vereinbarte *Ausschlussfristen*. Die Kautelarpraxis kennt *ein-* und *zweistufige* Ausschlussfristen. **184** Bei der erstgenannten muss der Anspruch innerhalb einer bestimmten Frist gegenüber dem Arbeitgeber geltend gemacht werden. Bei zweistufigen Ausschlussfristen ist nach erfolgloser außergerichtlicher Geltendmachung auf einer zweiten Stufe eine Klageerhebung erforderlich (HWK/Thüsing, § 611 BGB Rdnr. 425 ff.).

Wegen Verstoßes gegen § 307 I 1 BGB sind *einseitige* Ausschlussfristen, die lediglich für den Arbeitnehmer gelten, unwirksam (BAG NZA 2006, 324). *Zweiseitige* Ausschlussfristen, die also Arbeitnehmer *und* Arbeitgeber gleichermaßen treffen, können grundsätzlich in Formulararbeitsverträgen vereinbart werden (BAG NZA 2005, 1111). Jedoch ist für jede Stufe eine Mindestfrist von drei Monaten zu beachten.

Bei zweistufigen Ausschlussklauseln beeinträchtigt die Unwirksamkeit der zweiten Stufe, die eine zu kurze Frist für die gerichtliche Geltendmachung vorsieht, die Wirksamkeit der ersten Stufe nicht, wenn die Klausel teilbar ist und auch ohne die unwirksame Regelung weiterhin verständlich und sinnvoll bleibt (BAG NZA 2008, 699). Es handelt sich hierbei um eine Ausnahme vom Verbot der geltungserhaltenden Reduktion, sog. „Blue-Pencil-Test" (vgl. Rdnr. 181).

185 Der formularmäßige *Verzicht auf eine Kündigungsschutzklage* hält nach Auffassung des BAG ohne eine kompensatorische Gegenleistung des Arbeitgebers der Inhaltskontrolle nach § 307 I 1 BGB nicht stand. Die unangemessene Benachteiligung des Arbeitnehmers liegt in dem Versuch des Arbeitgebers, seine Rechtsposition ohne Rücksicht auf die Interessen des Arbeitnehmers zu verbessern, indem er dem Arbeitnehmer die Möglichkeit einer gerichtlichen Überprüfung der Kündigung entzieht (BAG NZA 2008, 219).

Weitere typische Bestandteile von Formulararbeitsverträgen bzw. Aufhebungsverträgen sind *Schriftformvereinbarungen* (Rdnr. 158) sowie *Ausgleichsquittungen* (Rdnr. 293).

IV. Vertragsanbahnung

1. Schadensersatz wegen Verschuldens bei Vertragsschluss

186 Mit der Aufnahme von Vertragsverhandlungen entsteht zwischen den Beteiligten ein Schuldverhältnis im Sinne von § 311 II BGB mit Pflichten aus § 241 II BGB. Die schuldhafte Verletzung der Sorgfaltspflichten führt zu einer Haftung nach § 280 I i. V. m. § 311 II BGB. Eine solche Haftung kann sich vor allem aus der Verletzung von Aufklärungs-, Offenbarungs-, Mitteilungs- (vgl. § 81 BetrVG), Obhuts- und Verschwiegenheitspflichten ergeben.

Beispiele: Der Arbeitgeber informiert den Bewerber nicht über die Eigenart des Arbeitsplatzes, die besondere Anforderungen an den Arbeitnehmer stellt. Er weist ihn nicht darauf hin, dass er unmittelbar vor der Insolvenz steht. Er behauptet wahrheitswidrig, der Betriebsrat habe der Einstellung schon zugestimmt. Gibt der Bewerber darauf seine bisherige Stellung auf, hat der Arbeitgeber ihm den dadurch entstehenden Schaden zu ersetzen. Schadensersatzpflichtig ist der Arbeitgeber auch dann, wenn durch sein Verschulden oder das seiner Erfüllungsgehilfen (§ 278 BGB) die eingereichten Bewerbungsunterlagen verschwinden oder beschädigt werden.

Der Bewerber muss einen seinem Arbeitgeber entstandenen Schaden ersetzen, wenn er etwa eine Stelle annimmt, für die er gänzlich ungeeignet ist.

Wirbt der Arbeitgeber den Arbeitnehmer aus einem ungekündigten, bestandsgeschützten Arbeitsverhältnis ab, so kann er diesem gegenüber eine Aufklärungspflicht haben, wenn der zu besetzende Arbeitsplatz absehbar unsicher ist und eine betriebsbedingte Kündigung während der Probezeit droht (ArbG Wiesbaden NZA-RR 2002, 349; Hümmerich, NZA 2002, 1305).

Besonderheiten ergeben sich, wenn ein Bewerber unter Verletzung des Benachteiligungsverbots (§ 7 AGG) nicht eingestellt worden ist. In diesem Fall kommen Ansprüche nach § 15 AGG in Betracht (dazu Deinert, DB 2007, 398; Seel, MDR 2006, 1321, 1323f.). **187**

Entsteht dem Bewerber aus der Diskriminierung ein Schaden, ist dieser – verschuldensabhängig – vom Arbeitgeber nach § 15 I AGG zu ersetzen. Die bestqualifizierte benachteiligte Person kann ferner nach § 15 II 1 AGG – verschuldensunabhängig – eine angemessene, in der Höhe nicht begrenzte Geldentschädigung verlangen. Ein Anspruch auf Einstellung besteht nicht (§ 15 VI AGG). Die Herleitung eines Einstellungsanspruchs aus allgemeinem Schadensersatzrecht (§ 249 BGB) wird durch § 15 VI AGG ausdrücklich ausgeschlossen. F kann daher im **Fall b** ihre Einstellung nicht verlangen. Die übrigen Bewerber, die auch bei ordnungsgemäßer Auswahl nicht eingestellt worden wären, können nach § 15 II 2 AGG eine Entschädigung in Höhe von maximal drei Monatsgehältern fordern. Die Geltendmachung der Ansprüche ist nach Abs. 4 fristgebunden. Eine Klage vor einem Arbeitsgericht muss gem. § 61b ArbGG innerhalb von drei Monaten nach Geltendmachung erhoben werden. Gem. § 15 V AGG sind Ansprüche aus sonstigem Rechtsgrund nicht ausgeschlossen. Damit bleibt weiterhin Raum für Ersatzansprüche aus § 823 I BGB wegen schwerwiegender Verletzung des allgemeinen Persönlichkeitsrecht (so BAG NZA 1990, 21 für die Zeit vor Inkrafttreten des AGG).

Im Rahmen der gesplitteten Beweislastverteilung des § 22 AGG, wie sie auch aus dem Bereich der Produkthaftung bekannt ist, hat der Arbeitnehmer Indizien zu beweisen, die eine Benachteiligung wegen des Geschlechts vermuten lassen. Den Arbeitgeber trifft dann die volle Beweislast dafür, dass der Auswahlentscheidung keine nach dem AGG unzulässige Diskriminierung zu Grunde lag (s. Windel, RdA 2007, 1).

2. Sonstige Ansprüche

a) Der Bewerber hat gegen den Arbeitgeber einen Anspruch auf Ersatz seiner *Vorstellungskosten,* wenn ihm Reisekostenersatz zugesagt worden ist. Hat ihn der Arbeitgeber zur Vorstellung aufgefordert, ohne die Frage der Kostenübernahme anzusprechen, steht dem Bewerber nach § 670 BGB ein Anspruch auf Ersatz der Aufwendungen zu, die er den Umständen nach für erforderlich halten durfte. Das gilt selbst dann, wenn der Bewerber letztlich nicht eingestellt wird. **188**

Aus einer Zeitungsanzeige, in der um eine Vorstellung gebeten wird (**Fall h**), kann man vernünftigerweise nicht entnehmen, dass der Arbeitgeber einer unübersehbaren Zahl von Bewerbern die Kosten ersetzen will.

b) Der Stellenbewerber hat einen Anspruch auf *Vernichtung des Personalfragebogens,* den er anlässlich einer erfolglosen Bewerbung ausgefüllt hat (Abwehranspruch aus dem allgemeinen Persönlichkeitsrecht, § 1004 BGB analog). Etwas anderes soll nur dann gelten, wenn der Arbeitgeber ausnahmsweise ein berechtigtes Interesse daran hat, die mitgeteilten Daten aufzubewahren (vgl. BAG NZA 1984, 321). Ein berechtigtes Interesse kann in der Abwehr von Ansprüchen aus § 15 AGG zu sehen sein. Nach § 311 II i.V.m. § 241 II BGB kann der Stellenbewerber vom Arbeitgeber die Bewerbungsunterlagen herausverlangen. **189**

Kapitel 4

Die Pflichten des Arbeitnehmers

190 Aufgrund des Arbeitsvertrags ist der Arbeitnehmer vor allem zur Arbeitsleistung verpflichtet (Rdnr. 191 ff.). Darüber hinaus obliegen ihm wegen der personenrechtlichen Elemente des Arbeitsvertrags eine Reihe von Verhaltenspflichten (Rdnr. 217 ff.). Pflichtverletzungen des Arbeitnehmers berechtigen den Arbeitgeber zu Gegenmaßnahmen (Rdnr. 233 ff.).

I. Arbeitspflicht

Schrifttum: Henssler, Das Leistungsverweigerungsrecht des Arbeitnehmers bei Pflichten- und Rechtsgüterkollisionen, AcP 190 (1990), 538; Henssler/Muthers, Arbeitsrecht und Schuldrechtsmodernisierung, ZGS 2002, 219; Petrak, Kurzarbeit, NZA-Beil. 2010, 44; Singer/Schiffer, Sanktionen für Schlechtleistungen von Arbeitnehmern, JA 2006, 833; Waltermann, Risikozuweisung nach den Grundsätzen der beschränkten Arbeitnehmerhaftung, RdA 2005, 98; Wahlig/Jeschke, Betriebsbedingte Kündigung versus Kurzarbeit, NZA 2010, 607; Wulff, Überstunden und Mehrarbeit, AiB 2008, 311.

Fälle:

191 a) Ein Arbeiter bleibt drei Tage lang der Arbeit fern, um als Zuschauer am Fußballspiel seines Heimatvereins im Ausland teilnehmen zu können. Er schickt seinen Bruder, der statt seiner die Arbeit verrichten soll, wozu dieser auch bereit und geeignet ist. Der Arbeitgeber lässt den Bruder nicht arbeiten und zahlt für die drei Tage keinen Lohn.

b) Eine Hausfrau will während ihres Urlaubs ihre Haushaltshilfe gegen deren Willen ihrer Nachbarin zur Verfügung stellen.

c) Da an einer Baustelle ein Maurer und ein Hilfsarbeiter ausgefallen sind, ordnet der Arbeitgeber an, dass ein auf einer anderen Baustelle arbeitender Maurer und ein Zeichner aus dem Büro vorübergehend dort arbeiten. Mit Recht?

d) Laut Tarifvertrag beträgt die wöchentliche Arbeitszeit 40 Stunden. Der Arbeitgeber und der Betriebsrat vereinbaren, dass montags bis donnerstags je neun Stunden, freitags vier Stunden und samstags überhaupt nicht gearbeitet werden soll. Ein Arbeitnehmer meint, die Arbeit während der neunten Stunde sei gesetzlich nicht erlaubt, jedenfalls stehe ihm eine Mehrarbeitsvergütung dafür zu.

192 Der Arbeitnehmer ist nach § 611 I BGB „zur Leistung der versprochenen Dienste" verpflichtet. Diese schuldrechtliche Verpflichtung zur Arbeitsleistung wird erfüllt, wenn der richtige Schuldner dem richtigen Gläubiger die richtige Leistung am richtigen Ort zur richtigen Zeit erbringt.

1. Schuldner

193 Der Arbeitnehmer hat die Arbeit „im Zweifel in Person zu leisten" (§ 613, 1 BGB). Daraus folgt: Regelmäßig besteht eine *persönliche* Arbeitspflicht. Ein Ar-

beitnehmer ist also nicht berechtigt, einen Ersatzmann zur Arbeit zu schicken (zu **Fall a**).

Der Arbeitgeber kann deshalb die Ersatzkraft ablehnen, ohne dass er in Annahmeverzug (§§ 293 ff. BGB) gerät. Er braucht im **Fall a** für die drei Tage keinen Lohn zu zahlen (§§ 275 I, 326 I BGB, vgl. Rdnr. 237); vom Arbeitnehmer kann er den Schaden ersetzt verlangen, der ihm durch den Arbeitsausfall entstanden ist (§§ 280, 281 BGB; Rdnr. 239).

Andererseits ist der Arbeitnehmer auch nicht verpflichtet, bei Unmöglichkeit **194** der Erfüllung seiner Arbeitspflicht (z.B. bei eigener Krankheit) einen Ersatzmann zu stellen. Allerdings können die Parteien *Abweichungen* von der Regel des § 613, 1 BGB *vereinbaren* („im Zweifel").

Stirbt der Arbeitnehmer, so geht die Verpflichtung zur Arbeitsleistung nicht nach §§ 1922, 1967 BGB auf den Erben über. Das folgt aus dem Grundsatz der persönlichen Arbeitsleistung.

Daraus ergibt sich auch, dass der Erbe nicht berechtigt ist, den Arbeitsplatz des Erblassers einzunehmen. Arbeitet er mit Willen des Arbeitgebers anstelle des Verstorbenen, ist ein neuer Arbeitsvertrag konkludent abgeschlossen.

2. Gläubiger

Der Anspruch auf die Arbeitsleistung ist nach § 613, 2 BGB „im Zweifel nicht **195** übertragbar". Der Arbeitgeber kann also seinen Arbeitnehmer *nicht an einen anderen Arbeitgeber abgeben* (**Fall b**).

Auch hier können die Arbeitsvertragsparteien *etwas anderes vereinbaren.*

Beim Leiharbeitsverhältnis (Rdnr. 74 ff.) stellt der Arbeitgeber den Arbeitnehmer einem anderen zur Verfügung. Dieser hat den Anspruch auf die Arbeitsleistung. Beim echten Arbeitsvertrag zugunsten eines Dritten (§ 328 BGB; Brox/Walker, AS, § 32 Rdnr. 1 ff.) stellt z.B. der Sohn (als Vertragspartei) für seine alte Mutter eine Hausgehilfin ein. Der Sohn muss den Lohn zahlen; der Mutter stehen der Anspruch auf die Arbeitsleistung und insoweit auch das Weisungsrecht zu.

Davon zu unterscheiden sind die Tatbestände, in denen anstelle des bisherigen **196** Arbeitgebers *eine andere Person in die Position des Arbeitgebers einrückt.*

Stirbt der Arbeitgeber, treten seine Erben nach §§ 1922, 1967 BGB in die Arbeitsverhältnisse ein (Rdnr. 599). Geht ein Betrieb oder Betriebsteil aufgrund eines Rechtsgeschäfts auf einen neuen Inhaber über, tritt dieser nach § 613a I BGB in die bei Betriebsübergang bestehenden Arbeitsverhältnisse ein (Rdnr. 600 ff.). In beiden Fällen wird der neue Arbeitgeber Gläubiger des Anspruchs auf die Arbeitsleistung.

3. Art der Arbeitsleistung

Die Art der Arbeitsleistung, die der Arbeitnehmer zu erbringen hat, ergibt sich **197** aus dem Arbeitsvertrag und den sonstigen rechtlichen Grundlagen (Gesetz, Kollektivvereinbarung, Rdnr. 93 ff.); nur in diesem Rahmen ist Raum für das Weisungsrecht des Arbeitgebers (Rdnr. 139 ff.).

Im **Fall c** muss der Maurer der Weisung des Arbeitgebers folgen, da er nach dem Arbeitsvertrag zu Maurerleistungen verpflichtet ist, die üblicherweise an wechselnden Baustellen zu erbringen sind. Beim Zeichner dagegen soll die vereinbarte Beschäftigungsart geändert werden; der als Zeichner beschäftigte Arbeitnehmer ist grundsätzlich nicht zu Handlangerdiensten verpflichtet, es sei denn, dass der Arbeitgeber nach dem Arbeitsvertrag berechtigt ist, ihn bei bestimmten betrieblichen Bedürfnissen auch anders zu verwenden.

198 Die Frage, ob vom Arbeitnehmer eine *andere als die vereinbarte Arbeit* gefordert werden kann, wenn eine besondere Abrede fehlt, wird regelmäßig zu verneinen, in Notfällen dagegen eher zu bejahen sein. So kann der Zeichner bspw. bei einem nahenden Hochwasser zur Mithilfe bei der Sicherung der Räume verpflichtet werden (**Fall c**). Im Einzelfall muss der Grundsatz von Treu und Glauben (§ 242 BGB; § 106 GewO) entscheiden. Dabei ist vor allem darauf abzustellen, ob dem Arbeitnehmer eine solche Änderung der Arbeitspflicht zumutbar ist; die Arbeit muss den körperlichen und geistigen Fähigkeiten des Arbeitnehmers entsprechen (z.B. Rücksichtnahme auf Schwerbehinderte, § 106, 3 GewO).

4. Ort der Arbeit

199 Auszugehen ist von § 269 BGB. Danach ist zunächst maßgebend, ob ein Ort für die Arbeitsleistung vereinbart (z.B. im Arbeitsvertrag, Tarifvertrag) oder ob er aus den Umständen oder der Art des Schuldverhältnisses zu entnehmen ist; regelmäßig ist die Arbeit im *Betrieb* des Arbeitgebers zu erbringen. Es liegt damit entgegen dem gesetzlichen Grundfall des § 269 BGB (Holschuld) eine Bringschuld des Arbeitnehmers vor.

Ist ein Arbeitnehmer für den Kundendienst des Arbeitgebers eingestellt worden, so erfüllt er bei den Kunden seine Arbeitspflicht gegenüber dem Arbeitgeber.

Für *Betriebsverlegungen* gibt es keine abschließende gesetzliche Regelung. Inwieweit derartige Änderungen von der Zustimmung des Betriebsrats abhängig sind, ergibt sich aus den §§ 111 ff. BetrVG (Rdnr. 966 ff.). Unabhängig davon richtet sich die Frage, ob der Arbeitnehmer bei einer Betriebsverlegung an der neuen Betriebsstätte arbeiten muss, vor allem danach, inwieweit hieraus wesentliche Erschwerungen für seinen Arbeitsweg folgen. Ist dem Arbeitnehmer eine Weiterarbeit nicht zuzumuten, so behält er grundsätzlich auch ohne Weiterarbeit seinen vertraglichen Lohnanspruch; die notwendige Betriebsverlegung gibt dem Arbeitgeber aber regelmäßig einen Grund zur (Änderungs-)Kündigung (Rdnr. 556 ff.). Andererseits kann auch der Arbeitnehmer – etwa zur schnellen Klärung der Verhältnisse – kündigen.

200 Für eine Versetzung des Arbeitnehmers auf einen anderen Arbeitsplatz gelten die gleichen Grundsätze, die unter Rdnr. 197 f. für die Änderung der vertraglich vereinbarten Art der Arbeitsleistung dargestellt wurden. Der Arbeitgeber kann sie also nicht einseitig über sein Direktionsrecht anordnen, sondern muss entweder eine einvernehmliche Vertragsänderung erreichen oder aber eine Änderungskündigung aussprechen, deren Zulässigkeit nach §§ 1, 2 KSchG an strenge Voraussetzungen gebunden ist. Außerdem unterliegt die Versetzung (beachte die Legaldefinition in § 95 III BetrVG) der Mitbestimmung des Betriebsrats (vgl. § 99 BetrVG; Rdnr. 940 ff.).

5. Zeit der Arbeit

Die tariflichen Jahressollarbeitszeiten sind im internationalen Vergleich außerordentlich verschieden. Sie betrugen im Jahr 2008 (Quellen: EIRO, www.bda-online.de) in **201**

Frankreich	1568 Stunden
Dänemark	1628 Stunden
Schweden	1635 Stunden
Deutschland	**1651 Stunden**
Italien	1680 Stunden
Finnland	1688 Stunden
Norwegen	1695 Stunden
Großbritannien	1696 Stunden
Portugal	1700 Stunden
Tschechien	1710 Stunden
Niederlande	1713 Stunden
Spanien	1716 Stunden
Zypern	1725 Stunden
Slowakei	1727 Stunden
Belgien	1730 Stunden
Luxemburg	1732 Stunden
Österreich	1738 Stunden
EU-Durchschnitt	**1744 Stunden**
Irland	1771 Stunden
Malta	1800 Stunden
Griechenland	1816 Stunden
Litauen	1816 Stunden
Lettland	1824 Stunden
Bulgarien	1832 Stunden
Slowenien	1832 Stunden
Polen	1840 Stunden
Ungarn	1840 Stunden
Estland	1848 Stunden
Schweiz	1852 Stunden
Rumänien	1856 Stunden
USA (2004)	1920 Stunden
Japan (2004)	2013 Stunden.

Schließt man in den Vergleich die Zahl der durchschnittlichen Urlaubstage und der durch Feiertage entfallenden Arbeitstage ein – auch insoweit nimmt Deutschland eine vordere Stellung ein – so wird der Zusammenhang zwischen Arbeitsrecht und Wirtschaftsordnung mit den daraus folgenden Gestaltungs- und Steuerungsproblemen deutlich. **202**

Hinsichtlich der Arbeitszeit sind mehrere Fragen voneinander zu trennen: Zunächst geht es darum, wann der Arbeitnehmer mit der Erfüllung seiner Arbeitspflicht zu beginnen hat (z.B. Arbeitsantritt am 1. Dezember). Ferner ist bedeutsam, wie lange der Arbeitnehmer (täglich, wöchentlich, monatlich) arbeiten muss. Außerdem kommt es auf Beginn und Ende der täglichen Arbeitszeit an.

Die Regel des § 271 I BGB ist arbeitsrechtlich wenig ergiebig, da die Arbeitsleistung in ständiger Wiederkehr zu erbringen ist. § 271 II BGB passt für den Arbeitsvertrag deswegen nicht, weil eine Vereinbarung über den Zeitpunkt des Arbeitsantritts eine frühere Arbeitsaufnahme ausschließt.

Wenn im Folgenden von Arbeitszeit gesprochen wird, ist damit die Zeit vom Beginn bis zum Ende der Arbeit ohne Ruhepausen gemeint (vgl. § 2 I ArbZG).

203 a) *Regeln über die Arbeitszeit* finden sich in zahlreichen gesetzlichen Bestimmungen, Tarifverträgen und Betriebsvereinbarungen, seltener in Einzelarbeitsverträgen. Nur innerhalb der dadurch gesteckten Grenzen spielt das Weisungsrecht des Arbeitgebers eine Rolle (z.B. Bestimmung des Beginns und/oder Endes der täglichen Arbeitszeit; zum Mitbestimmungsrecht des Betriebsrats: § 87 I Nr. 2, II BetrVG; Rdnr. 911).

204 (1) Die *gesetzlichen Regeln* zur Arbeitszeit dienen dem Schutz des Arbeitnehmers. Sie sind öffentlich-rechtliche Normen, enthalten Straf- und Bußgeldvorschriften für den Arbeitgeber und wirken über § 134 BGB auf die getroffenen Vereinbarungen ein (Rdnr. 125).

Beispiele: Das ArbZG bestimmt eine regelmäßige Höchstdauer von acht Stunden Arbeitszeit je Werktag (§ 3 ArbZG; vgl. aber Rdnr. 207). Zulässig ist eine Verlängerung auf bis zu 10 Stunden, wenn innerhalb eines Ausgleichszeitraums von sechs Kalendermonaten oder innerhalb von 24 Wochen im Durchschnitt acht Stunden werktäglich nicht überschritten werden. § 7 ArbZG lässt von diesem Grundsatz zahlreiche Ausnahmen zu. Das ArbZG ermöglicht alle bekannten Arbeitszeitformen (z.B. Gleitzeitarbeitszeit) und lässt genügend Raum für die Entwicklung neuer Arbeitszeitmodelle. Differenzierungen zwischen Frauen und Männern bestehen bei der Arbeitszeit nicht mehr.

Sonderregelungen enthalten §§ 7, 8 MuSchG für werdende und stillende Mütter und die §§ 8ff. JArbSchG für Jugendliche.

205 (2) *Tarifverträge* können gem. § 7 ArbZG die regelmäßige gesetzliche Höchstgrenze der täglichen Arbeitszeit erweitern, müssen jedoch die dort festgeschriebenen Grenzen beachten. Fast immer legen Tarifverträge die Zeitdauer der täglichen (wöchentlichen) Arbeitspflicht fest (z.B. 37,5-Stunden-Woche). Gem. § 1 I TVG können die Tarifvertragsparteien auch den Beginn und das Ende der täglichen Arbeitszeit sowie der Pausen festlegen; jedoch wird davon in der Praxis wenig Gebrauch gemacht, da diese Fragen kaum für alle Betriebe einheitlich zu lösen sind. Deshalb überlässt man die Regelung meist einer Betriebsvereinbarung.

206 (3) *Betriebsvereinbarungen* können die *Dauer* der Arbeitszeit nur dann wirksam regeln, wenn ihnen nicht die Sperrwirkung des § 77 III BetrVG entgegensteht. Soll dagegen die *Lage* der Arbeitszeit auf betrieblicher Ebene geregelt werden, so können Arbeitgeber und Betriebsrat entsprechende Betriebsvereinbarungen jeweils gegen den anderen Betriebspartner erzwingen (§ 87 I Nr. 2, II BetrVG; z.B. Einführung der gleitenden Arbeitszeit; Rdnr. 911).

b) Bei der *Ermittlung der Arbeitszeit* im konkreten Fall ist zu unterscheiden, welche Vereinbarungen erlaubt und welche tatsächlich getroffen worden sind. **207**

(1) Die *erlaubte Arbeitszeit* ergibt sich aus den gesetzlichen Regeln über die Höchstgrenze. Sie beträgt im Regelfall acht Stunden werktäglich (§ 3 ArbZG). Dabei geht das ArbZG von der 6-Tage-Woche und folglich von einer 48 Stundenwoche aus. Bei der heute vielfach üblichen 5-Tage-Woche ist damit eine tägliche Arbeitszeit von 9,6 Stunden zulässig, ohne dass es einer Kompensation innerhalb eines Ausgleichszeitraums bedarf. Überschreitungen der Höchstarbeitszeiten sind nach § 7 ArbZG und in den besonderen Fällen der §§ 14, 15 ArbZG möglich. Sofern Vereinbarungen die Höchstgrenzen missachten, sind sie (nur) insoweit nichtig (vgl. Rdnr. 125).

Das ArbZG enthält keine Regelungen der Mehrarbeit (Überschreitung der gesetzlichen täglichen Arbeitszeit) und Überstunden (Überschreitung der einzel- oder tarifvertraglichen Arbeitszeit). Die Vergütung zusätzlicher Arbeit ist nun allein Gegenstand freier Übereinkünfte in Arbeits- oder Tarifvertrag.

Im **Fall d** ist die Arbeit aufgrund der Betriebsvereinbarung während der neunten Stunde montags bis donnerstags erlaubt (§ 3, 2 ArbZG). Es kommt allein darauf an, dass im Durchschnitt 8 Stunden werktäglich innerhalb des für den Betrieb gewählten Ausgleichzeitraums und am Tag 10 Stunden nicht überschritten werden. Eine Mehrarbeitsvergütung kann sich nur aus einzelvertraglichen oder kollektiven Vereinbarungen ergeben.

Ein in manchen Berufssparten wichtiges Sonderproblem bildet die arbeitszeitrechtliche Einordnung des Bereitschaftsdienstes, der Arbeitsbereitschaft und der Rufbereitschaft (vgl. ErfK/Preis, § 611 BGB Rdnr. 831 ff.). Bereitschaftsdienst ist die Zeitspanne, während derer der Arbeitnehmer, ohne dass er unmittelbar am Arbeitsplatz anwesend sein muss, sich für Zwecke des Betriebs an einem vom Arbeitgeber bestimmten Ort, innerhalb oder außerhalb des Betriebs aufzuhalten hat, damit er ggf. seine volle Arbeitstätigkeit sofort aufnehmen kann (vgl. Baeck/Deutsch, § 3 ArbZG Rdnr. 41). Nach Auffassung des EuGH ist der Bereitschaftsdienst, z.B. die Zeit, in der sich ein Arzt im Krankenhaus für Notfälle bereit hält, nach der Arbeitszeitrichtlinie 93/104/EG im vollen Umfang zur bezahlten Arbeitszeit zu rechnen (EuGH NJW 2003, 2971). **208**

Als Folge dieser Entscheidung war der deutsche Gesetzgeber aufgefordert, die gegen das Europarecht verstoßenden Regelungen des ArbZG zu ändern, eine Pflicht, der er mit der Novelle des ArbZG zum 1. 1. 2004 nachgekommen ist (Bermig, BB 2004, 101 ff.; Reim, DB 2004, 186 ff.). Der Bereitschaftsdienst fällt seither aus dem Regelungsbereich der Ausnahmevorschriften heraus. Weiterhin ist in § 7 I ArbZG klargestellt worden, dass bei Arbeitsbereitschaft und Bereitschaftsdienst im Durchschnitt eine wöchentliche Arbeitszeit von 48 Stunden nicht überschritten werden darf. Im Ergebnis wird der Bereitschaftsdienst damit auch nach deutschem Arbeitsrecht als Arbeitszeit (im Sinne des § 2 ArbZG) eingestuft (Boerner, NJW 2004, 1559). Dennoch bestehen weiterhin Zweifel, ob die Arbeitszeitrichtlinie in der Bundesrepublik richtlinienkonform umgesetzt worden ist (dazu Schliemann, NZA 2006, 1009).

209 Von dieser arbeitszeitrechtlichen Einstufung zu trennen ist die Vergütung des Bereitschaftsdienstes. Eine Pflicht zur Gleichbehandlung von Bereitschaftsdienst und gewöhnlicher Arbeitszeit besteht insoweit nicht (BAG NZA 2004, 656).

210 Unter Arbeitsbereitschaft wird die Zeit der wachen Achtsamkeit im Zustand der Entspannung verstanden (BAG NZA 1991, 516). Von der Vollarbeit unterscheidet sich die Arbeitsbereitschaft nur durch den Grad der Inanspruchnahme. Die Arbeitsbereitschaft ist grundsätzlich Arbeitszeit.

Dagegen ist die Rufbereitschaft keine Arbeitszeit im Sinne des Arbeitszeitrechts. Darunter ist die Verpflichtung des Arbeitnehmers zu verstehen, für den Arbeitgeber jederzeit erreichbar zu sein, um auf Abruf die Arbeit alsbald aufnehmen zu können. Der Arbeitnehmer ist während der Rufbereitschaft in der Wahl seines Aufenthaltsortes frei (vertiefend Baeck/Deutsch, § 2 ArbZG Rdnr. 27ff.).

211 (2) Die vom Arbeitnehmer *geschuldete Arbeitszeit* ergibt sich aus den einzel- oder kollektivvertraglichen Vereinbarungen. Sieht der Tarifvertrag eine Arbeitszeit von täglich sieben Stunden vor, ist der Arbeitnehmer nur zu dieser Arbeitsleistung verpflichtet, obwohl das Gesetz eine längere Arbeitszeit zulässt. Arbeitet der Arbeitnehmer noch eine achte Stunde, handelt es sich um Überarbeit (auch Überstundenarbeit, Überschichten genannt). *Überarbeit* ist also die Arbeit, welche *die für dieses Arbeitsverhältnis normale Arbeitszeit überschreitet.* Eine Pflicht des Arbeitnehmers zur Leistung von Überstunden besteht grundsätzlich nur bei entsprechender vertraglicher Vereinbarung. Ausnahmen gelten in Not- und Katastrophenfällen (ArbG Leipzig NZA-RR 2003, 365).

Die Nachweisrichtlinie der EG aus dem Jahr 1991 (vgl. Rdnr. 109) verpflichtet den Arbeitgeber zur Information des Arbeitnehmers darüber, ob und unter welchen Bedingungen er auf bloße Anordnung des Arbeitgebers zur Leistung von Überstunden herangezogen werden kann (EuGH NJW 2001, 955). Das NachwG erwähnt eine entsprechende Nachweispflicht nicht explizit; da es sich um eine wesentliche Arbeitsbedingung handelt, ergibt sie sich aber aus § 2 I 1 NachwG.

212 Die Vergütung von Überarbeit ist häufig in Tarif- oder Arbeitsverträgen vorgesehen, zumal eine gesetzliche Regelung fehlt. Da Überarbeit ebenso wie die normale Arbeitsleistung nur gegen Entgelt zu erwarten ist, ergibt sich ein Vergütungsanspruch trotz fehlender kollektiv- oder einzelvertraglicher Regelung in der Regel aus § 612 I, II BGB. Ob darüber hinaus ein besonderer Zuschlag zu zahlen ist, richtet sich nach der Betriebs- oder Branchenüblichkeit.

Bestimmt der Tarifvertrag nur die wöchentliche Arbeitszeit, so steht dem Betriebsrat hinsichtlich der Verteilung der Arbeitszeit auf die einzelnen Wochentage ein Mitbestimmungsrecht zu (§ 87 I Nr. 2 BetrVG; Rdnr. 911).

213 c) *Kurzarbeit* ist die *vorübergehende Herabsetzung der vereinbarten Arbeitszeit bei entsprechender Minderung der Entgeltansprüche des Arbeitnehmers.* Sie bedarf grundsätzlich einer Vereinbarung mit dem Arbeitnehmer (individualarbeitsrechtliche Ebene) und in betriebsverfassten Betrieben außerdem der Zustimmung des Betriebsrats gem. § 87 I Nr. 3 BetrVG. Wird sie vom Arbeitgeber (z.B. wegen Auftragsmangels) einseitig angeordnet, so führt das nicht zu einer Suspendierung der Arbeitspflicht mit entsprechender Lohnkürzung; der Arbeitgeber gerät in Annahmeverzug (§ 615 BGB; vgl. BAG AP Nr. 2 zu § 615 Kurzarbeit). Um nicht den vollen Lohn zahlen zu müssen, werden daher Kurzarbeitsklauseln vereinbart.

(1) *Kurzarbeitsklauseln* sind oft in *Tarifverträgen* enthalten. Sie sehen Tatbestände vor, bei deren Vorliegen Kurzarbeit kraft Weisung (§ 106 GewO) eingeführt werden kann. Streitig ist, ob es sich dabei um eine Inhaltsnorm (Rdnr. 674) oder um eine betriebliche Norm (§ 3 II TVG; Rdnr. 677) handelt. Im ersten Fall würde die Klausel nur gegenüber den organisierten Arbeitnehmern, im zweiten Fall auch gegenüber den (nicht organisierten) Außenseitern wirken. **214**

Für den Fall, dass es sich um eine Inhaltsnorm handeln sollte, wird in der Praxis das missliche Ergebnis, dass nur die organisierten und nicht alle Arbeitnehmer betroffen sind, dadurch vermieden, dass der Tarifvertrag über sog. Bezugnahmeklauseln (Rdnr. 717 f.) schuldrechtlicher Inhalt auch der Arbeitsverträge mit den Außenseitern wird.

(2) Die Kurzarbeit kann auch durch eine *Betriebsvereinbarung* näher geregelt werden (§ 87 I Nr. 3 BetrVG; Rdnr. 912; BAG AP Nr. 1 zu § 615 BGB Kurzarbeit, sehr str.; a. A. zum Beispiel Heinze, RdA 1998, 14; umfangreiche Nachweise bei GK-BetrVG/Wiese § 87 BetrVG Rdnr. 363). Kommt keine Einigung zwischen Arbeitgeber und Betriebsrat zustande, entscheidet die Einigungsstelle (§ 87 II BetrVG). Die Betriebsvereinbarung hat unmittelbare und zwingende Wirkung für die Arbeitsverhältnisse aller Betriebsangehörigen (§ 77 IV 1 BetrVG; Rdnr. 990). Sie wirkt nach h. M. auch zu Lasten der Arbeitnehmer, da sich anders – also bei der Möglichkeit eines individuellen Widerspruchs einzelner Arbeitnehmer – eine Kurzarbeit im Betrieb gar nicht sinnvoll realisieren ließe. Über die Betriebsvereinbarung kommt es somit zu einer Verschlechterung der individualarbeitsrechtlichen Position des einzelnen Arbeitnehmers. **215**

(3) Schließlich sind auch *einzelvertragliche Vereinbarungen* über die Kurzarbeit und die entsprechende Minderung der Vergütung möglich. Die Anordnung der Kurzarbeit unterliegt auch hier der Mitbestimmung des Betriebsrats. Gehen die Arbeitnehmer auf eine Vereinbarung nicht ein, so bleibt dem Arbeitgeber in betriebsratslosen Betrieben nur die Möglichkeit einer Änderungskündigung (Rdnr. 427, 556 ff.). **216**

(4) Kurzarbeit wird in wirtschaftlichen Krisenzeiten als Instrument zur Vermeidung von Kündigungen eingesetzt. Die gesetzlichen Voraussetzungen für die **Gewährung von Kurzarbeitergeld** in Höhe von 60–67 % des entgangenen Nettolohnes durch die Bundesagentur für Arbeit sind in den §§ 169 ff. SGB III geregelt. Die Gewährung von Kurzarbeitergeld setzt danach einen erheblichen Arbeitsausfall mit Entgeltausfall voraus, der auf wirtschaftlichen Gründen oder einem unabwendbaren Ereignis beruht, vorübergehend sowie nicht vermeidbar ist und einen in § 170 I Nr. 4 SGB III näher beschriebenen Mindestumfang aufweist. In Abgrenzung zu betriebsorganisatorischen Gründen sind wirtschaftliche Gründe, die die Auszahlung von Kurzarbeitergeld rechtfertigen, nur solche, die im Zusammenhang mit dem allgemeinen Wirtschaftsprozess stehen. Kurzarbeit ist grundsätzlich auf sechs Monate begrenzt (§ 177 Abs. 1 SGB III); liegen jedoch außergewöhnli- **216a**

che Verhältnisse auf dem Arbeitsmarkt vor, kann sie durch Rechtsverordnung auf bis zu 24 Monate ausgedehnt werden (§ 182 Abs. 1 Nr. 3 SGB III).

Auch während der Kurzarbeit ist der Ausspruch betriebsbedingter Kündigungen möglich. Den Arbeitgeber trifft allerdings eine erhöhte Darlegungslast, wenn er die Kündigungen auf den Beschäftigungsrückgang stützt, der ihn bereits zur Einführung von Kurzarbeit veranlasst hatte.

II. Sonstige Pflichten des Arbeitnehmers

Schrifttum: Dickmann, Inhaltliche Ausgestaltung von Regelungen zur privaten Internetnutzung im Betrieb, NZA 2003, 1009; Eisenbeis/Nießen, Auf Kollisionskurs: Ethikrichtlinien nach US-amerikanischem Vorbild und deutsches Arbeitsrecht, in: Festschrift Leinemann, 2006, S. 697; Fischermeier, Meinungsfreiheit im Arbeitsrecht, in: Festschrift Buchner, 2009, 219; Gaul/Khanian, Zulässigkeit und Grenzen arbeitsrechtlicher Regelungen zur Beschränkung von Nebentätigkeiten, MDR 2006, 68; Müller, Whistleblowing – Ein Kündigungsgrund?, NZA 2002, 424.

Fälle:

217 a) Ein Prokurist und Filialleiter bemerkt aus Unachtsamkeit nicht, dass ein Arbeitnehmer mehrmals Arbeitsgeräte stiehlt. Er stellt fest, dass ein anderer Arbeitnehmer falsche Spesenabrechnungen abgibt; dennoch veranlasst er nichts. Vom Arbeitgeber deshalb zur Rechenschaft gezogen, weist der Prokurist darauf hin, dass sich aus dem Arbeitsvertrag keine Verpflichtung zur Überwachung und Anzeige ergebe.

b) Ein Büroangestellter einer politischen Partei tritt außerdienstlich als Wahlredner für eine andere Partei auf und boxt als Amateur in einem Boxverein. Sein Vorgesetzter verlangt von ihm, beides zu unterlassen.

c) Der Einkäufer E des Arbeitgebers lässt sich von dem Anbieter V 5000,– € versprechen, wenn es zum Abschluss eines großen Lieferungsgeschäfts kommt. Als der Arbeitgeber davon erfährt, will er den E auf der Stelle entlassen und von ihm Zahlung des erlangten Geldes verlangen. E macht geltend, auch ohne die Zusage von 5000,– € hätte er mit V den Vertrag abgeschlossen, da dieser die für den Arbeitgeber günstigsten Vertragsbedingungen angeboten habe. Im Übrigen habe er das Geld noch nicht erhalten; zudem verfalle es dem Staat.

218 Lange Zeit wurden Gehorsams- und Treuepflichten als die sonstigen Pflichten des Arbeitnehmers genannt. Als Gehorsamspflicht bezeichnete man die Pflicht des Arbeitnehmers, den Weisungen des Arbeitgebers nachzukommen. Man sah sie zu Unrecht als Kehrseite des Weisungsrechts des Arbeitgebers (Rdnr. 139ff.) an. Dieses Weisungsrecht ist indes kein Forderungsrecht, dem eine (Gehorsams-) Pflicht des Arbeitnehmers entspricht. Vielmehr dient die Weisung der Konkretisierung der (im Arbeitsvertrag enthaltenen) Pflichten des Arbeitnehmers. Befolgt der Arbeitnehmer eine zulässige Weisung des Arbeitgebers nicht, so verletzt er seine arbeitsvertragliche Pflicht (meist die Arbeitspflicht). Einer besonderen Gehorsamspflicht bedarf es nicht.

219 Wie bei jedem Schuldverhältnis (§ 241 II BGB) ergeben sich auch beim Arbeitsverhältnis Pflichten zur gegenseitigen Rücksichtnahme, die über den Austausch vermögenswerter Leistungen (Arbeit und Lohn) hinausgehen. Der Umfang dieser

Pflichten richtet sich unter anderem nach der Art des Schuldverhältnisses; sie erlangen beim Arbeitsverhältnis gesteigerte Bedeutung, da hier eine auf Dauer angelegte persönliche Bindung der Vertragsparteien besteht. Die Pflicht zur Rücksichtnahme des Arbeitnehmers bezeichnet man vielfach als Treuepflicht, die entsprechende Pflicht des Arbeitgebers als Fürsorgepflicht. Dem veralteten und zudem missverständlichen Begriff der Treuepflicht sind indes die allgemein gehaltenen Bezeichnungen „Nebenpflichten" oder „Rücksichtnahmepflichten" vorzuziehen.

Wie weit die Verhaltenspflicht (Interessenwahrungspflicht) im Einzelfall geht, 220
kann nicht allgemein gesagt werden. Entscheidend kommt es vor allem auf die Stellung des Arbeitnehmers im Betrieb an. Je größer das dem Arbeitnehmer eingeräumte Vertrauen ist, desto höhere Anforderungen sind an seine Pflicht zur Rücksichtnahme auf die Interessen des Arbeitgebers zu stellen. Einzelne Verhaltenspflichten sind – nicht abschließend – in Spezialvorschriften angesprochen (z.B. §§ 60f. HGB). Die Pflicht zur Wahrung schutzwürdiger Arbeitgeberinteressen umfasst gewisse Handlungspflichten und zudem eine Reihe von Unterlassungspflichten.

1. Handlungspflichten

Der Arbeitnehmer ist verpflichtet, die mit dem Arbeitsverhältnis zusammenhän- 221
genden berechtigten Interessen des Arbeitgebers nach besten Kräften wahrzunehmen. Daraus folgt etwa die Pflicht des Arbeitnehmers, die in seinem Arbeitsbereich drohenden Schäden (sog. Schadensabwendungspflicht; z.B. Fehler an Maschinen oder Material) anzuzeigen und gegenüber dem Arbeitgeber richtige Angaben zu machen (z.B. keine falsche Spesenabrechnung, keine falsche Entschuldigung bei Dienstversäumnis).

Im Einzelfall kann allerdings problematisch sein, ob der Arbeitnehmer überhaupt Überwachungs- und Anzeigepflichten hat. Inwieweit z.B. Verfehlungen anderer Arbeitnehmer anzuzeigen (sog. *Whistleblowing*) sind, hängt entscheidend von der Stellung des Arbeitnehmers im Betrieb und von der Art der Verfehlung ab. Im Zuge der aktuellen Diskussion um bessere Korruptionsbekämpfung und um die sog. „Compliance" als Aufgabe der Unternehmensleitung haben diese Pflichten an Bedeutung gewonnen (dazu Küttner/Kreitner, Personalbuch 2010, Stichwort Compliance A.2.).

Ein Werkmeister ist eher zur Anzeige verpflichtet als ein Hilfsarbeiter. Diebstähle sind eher anzeigepflichtig als das Schlafen während der Arbeitszeit. Wesentlich kann auch sein, ob es sich um eine einmalige Handlung oder um mehrmalige Taten handelt. – Im **Fall a** ist der Prokurist und Filialleiter zur Überwachung und Anzeige verpflichtet, auch wenn davon nichts im Arbeitsvertrag steht. Die Pflicht ergibt sich schon aus seiner Stellung im Betrieb.

2. Unterlassungspflichten

a) *Unterlassungspflichten im Allgemeinen*

222 Der Arbeitnehmer ist verpflichtet, alles zu unterlassen, was den mit dem Arbeitsverhältnis zusammenhängenden berechtigten Interessen des Arbeitgebers zuwiderläuft. Dem Arbeitnehmer ist es z.B. nicht gestattet, einen Arbeitskollegen abzuwerben, so dass dieser vertragsbrüchig wird, oder andere Mitarbeiter zu veranlassen, ihre Pflichten aus dem Arbeitsvertrag nicht oder nur schlecht zu erfüllen. Der Arbeitnehmer darf nicht den Betriebsfrieden stören, den Konkurrenten des Arbeitgebers Betriebsgeheimnisse preisgeben, kreditschädigende Äußerungen (auch wenn sie wahr sind) über den Arbeitgeber abgeben. Vermehrt werden solche Unterlassungspflichten in sog. Ethikrichtlinien zusammengefasst, die die oftmals schwer zu bestimmenden Nebenpflichten konkretisieren (dazu BAG NZA 2008, 1248 „Honeywell").

223 Besondere Loyalitätsobliegenheiten des Arbeitnehmers gegenüber dem Arbeitgeber können vertraglich vereinbart werden oder sich aus der Arbeitsaufgabe ergeben. Auch das Recht auf freie Meinungsäußerung kann durch die Nebenpflichten des Arbeitnehmers in gewissem Umfang beschränkt sein. Das gilt etwa für kirchliche Bedienstete, die nach ihrem Arbeitsvertrag an der Glaubensverkündigung ihrer Religionsgemeinschaft teilnehmen oder in anderer Funktion auf deren Glaubwürdigkeit zu achten haben, und zwar auch in ihrer privaten Lebensführung (vgl. Richardi, Arbeitsrecht in der Kirche, 4. Aufl., 2003, § 6 III Nr. 3). So darf etwa eine Arbeitnehmerin, die in einem evangelischen Kindergarten tätig ist, nicht in der Öffentlichkeit für eine andere Glaubensgemeinschaft mit abweichenden religiösen Lehren werben (BAG NZA 2001, 1136; zum Verhältnis des auf Art. 140 GG gegründeten Sonderarbeitsrechts der Kirchen zum Europarecht vgl. Schliemann, NZA 2003, 407). Ähnliche Pflichten können sich für Arbeitnehmer in „Tendenzunternehmen" (z.B. Redakteure bestimmter Medien, Angestellte von Parteien, Gewerkschaften etc.) ergeben.

224 Was der Arbeitnehmer im Einzelfall zu unterlassen hat, hängt von der Art seiner Tätigkeit und der Art des Betriebes ab. Danach beurteilt sich auch die Frage, ob der Arbeitnehmer ausnahmsweise in seinem außerdienstlichen Verhalten Zurückhaltung üben muss.

Der Hilfsarbeiter kann es sich gegenüber seinem Arbeitgeber leisten, an jedem Wochenende sturzbetrunken in der Öffentlichkeit zu erscheinen, der Sparkassenleiter dagegen nicht. Konsumiert ein Fernfahrer vor Dienstantritt Alkohol und kann er daher nicht vorschriftsmäßig sein Fahrzeug lenken, verletzt er seine Arbeitspflicht (dienstliches Verhalten). Politisches Engagement außerhalb des Betriebes ist dem Arbeitnehmer grundsätzlich gestattet. Hingegen hat der Arbeitnehmer in einem Tendenzbetrieb (vgl. § 118 BetrVG) inner- und außerdienstlich alles zu unterlassen, was mit der Tendenz des Betriebes nicht in Einklang steht (**Fall b**). Auch Gewerkschaften benötigen gelegentlich den Tendenzschutz, den sie in ihren rechtspolitischen Programmen oft beseitigt sehen möchten. So rechtfertigte beispielsweise die Mitgliedschaft einer DGB-Rechtsschutzsekretärin im „Kommunistischen Bund Westdeutschland" deren Kündigung wegen Verstoßes gegen die Pflicht zur Tendenztreue (BAG AP Nr. 2 zu § 1 KSchG 1969 Verhaltensbedingte

Kündigung; vgl. auch BVerfGE 100, 214). Kein Arbeitgeber darf seinem Arbeitnehmer das Amateurboxen verbieten (**Fall b**). Eine allgemeine arbeitsvertragliche Pflicht zu gesundheitsförderndem Verhalten existiert nicht. Eine andere Frage ist es, ob der Arbeitgeber Entgeltfortzahlung leisten muss, wenn der Arbeitnehmer wegen einer beim Boxen erlittenen Verletzung arbeitsunfähig wird (Rdnr. 372).

b) *Einzelne Unterlassungspflichten*

(1) *Verschwiegenheitspflicht*

Der Verrat eines Betriebs- oder Geschäftsgeheimnisses ist nach § 17 I UWG **225** strafbar, wenn der Arbeitnehmer es zu Zwecken des Wettbewerbs, aus Eigennutz, zugunsten eines Dritten oder in der Absicht, dem Inhaber des Geschäftsbetriebes Schaden zuzufügen, an jemanden mitteilt; der Arbeitnehmer macht sich dem Arbeitgeber gegenüber schadensersatzpflichtig (§ 17 I UWG i.V.m. § 823 II BGB). Darüber hinaus folgt aus der Pflicht zur Rücksichtnahme, dass der Arbeitnehmer nicht berechtigt ist, überhaupt Geschäfts- und Betriebsgeheimnisse anderen mitzuteilen. Zu diesen Geheimnissen gehören z.B. technisches Know-how, Kundenlisten, Warenbezugsquellen, nicht aber bereits übliche Verfahren und allgemein bekannte Tatsachen. Zur Verschwiegenheitspflicht nach Beendigung des Arbeitsverhältnisses s. Rdnr. 624f.

(2) *„Bestechlichkeit"*

Ein Arbeitnehmer macht sich strafbar, wenn er z.B. als Einkäufer im geschäftli- **226** chen Verkehr von einem Lieferanten Vorteile fordert, um diesen gegenüber den Mitbewerbern zu bevorzugen; das ergibt sich aus § 299 I StGB. Über diese strafrechtliche Bestimmung hinaus verletzt der Arbeitnehmer seine Vertragspflichten, wenn er sich bestechen lässt.

Im **Fall c** handelt es sich um das Versprechen eines Schmiergeldes; es wird in der Erwartung versprochen, E werde bei der Vergabe des „Auftrages" nicht objektiv nach den Interessen des Arbeitgebers entscheiden. Da E jedenfalls nach außen gegenüber V den Eindruck erweckt hat, die Schmiergeldzahlung werde seine Entscheidung beeinflussen, kommt es nicht darauf an, ob E wirklich bereit war, sich bei der Vergabe des Auftrages von sachfremden Erwägungen leiten zu lassen. E kann fristlos entlassen werden (vgl. BAG AP Nr. 65 zu § 626 BGB). Er hat keinen Anspruch auf Zahlung des versprochenen Geldes, da die Vereinbarung des Schmiergeldes unabhängig von Verstößen gegen gesetzliche Verbote jedenfalls wegen Sittenwidrigkeit nichtig ist (§ 138 I BGB). Sofern er es erhalten hat, muss er es dem Arbeitgeber herausgeben. Das folgt entweder aus § 667 BGB („aus der Geschäftsbesorgung erlangt"; so RGZ 99, 31; BGHZ 38, 171) oder aus §§ 687 II 1, 681, 667 BGB (Angemaßte Eigengeschäftsführung: „fremdes Geschäft als sein eigenes, obwohl er weiß, dass er nicht dazu berechtigt ist"; so BAG AP Nr. 1 zu § 687 BGB). Die Konkurrenz zwischen dem Anspruch des Arbeitgebers auf Herausgabe der Schmiergelder und dem Verfallrecht des Staates (§ 73 StGB) löst § 73 I 2 StGB zugunsten des privatrechtlichen Anspruchs (str., vgl. Mayer, NJW 1983, 1300; Schönke/Schröder/Eser, Strafgesetzbuch, 27. Aufl., 2006, § 73 Rdnr. 26; Fischer, Strafgesetzbuch, 57. Aufl., 2010, § 73 Rdnr. 13; vgl. auch BGHSt 47, 22, 31 f. und BGH NStZ 2003, 423 zur Bestechung). Der Arbeitnehmer ist grundsätzlich nicht gehalten, den Arbeitgeber unaufgefordert über einen Bestechungsversuch eines Dritten zu informieren (HWK/Thüsing, § 611 BGB Rdnr. 367; str.).

(3) *Wettbewerbs- und Nebentätigkeitsverbot*

227 Gesetzlich ist das Wettbewerbsverbot für Handlungsgehilfen (§§ 60ff. HGB) geregelt. Diese dürfen ohne Einwilligung des Arbeitgebers weder ein Handelsgewerbe betreiben noch im Handelszweig des Arbeitgebers Geschäfte machen, soweit sie als Wettbewerber auftreten (BAG AP Nr. 4, 10 zu § 60 HGB). Die Regelung ist auf alle sonstigen Arbeitnehmer übertragbar. § 61 HGB kennt für Fälle des Verstoßes gegen § 60 HGB eine eigenständige Anspruchsgrundlage für Ersatzansprüche des Arbeitgebers. Oft werden Vereinbarungen über Wettbewerbsverbote getroffen. Selbst wenn weder eine vertragliche noch eine gesetzliche Regelung besteht, kann sich aus der Pflicht des Arbeitnehmers zur Rücksichtnahme ein solches Verbot ergeben. Da der Arbeitnehmer alles zu unterlassen hat, was den Arbeitgeber schädigen könnte, darf er jedenfalls solange keine Konkurrenztätigkeit ausüben, wie das Arbeitsverhältnis besteht. Zu Konkurrenzverboten für die Zeit nach Beendigung des Arbeitsverhältnisses Rdnr. 625.

228 Grundsätzlich erlaubt sind dem Arbeitnehmer dagegen sonstige Nebentätigkeiten, die unter dem Schutz von Art. 12 I GG stehen. Vertragliche Beschränkungen setzen ein berechtigtes Interesse des Arbeitgebers voraus. Gesetzliche Schranken ergeben sich aus dem ArbZG (Rdnr. 207) und aus § 8 BUrlG (Rdnr. 408).

(4) *Verbot von Anzeigen gegen den Arbeitgeber (Whistleblowing)*

229 Ob der Arbeitnehmer befugt ist, den Arbeitgeber bei Behörden anzuzeigen, hängt von den Umständen des Einzelfalles ab. Das Vertrauen des Arbeitgebers, von seinem Arbeitnehmer nicht angezeigt zu werden, und das Informationsbedürfnis außerbetrieblicher Stellen sind gegeneinander abzuwägen. Das BVerfG steht mit Recht auf dem Standpunkt, dass eine Sanktionierung von Arbeitnehmern, die ihren staatsbürgerlichen Pflichten – etwa als Zeugen – nachkommen, nicht mit rechtsstaatlichen Grundsätzen zu vereinbaren wäre (BVerfG NZA 2001, 888; Müller, NZA 2001, 424; Deiseroth, AuR 2002, 161). Zivilrechtliche Folgen in Form einer Kündigung dürfen ihm daher grundsätzlich nur drohen, wenn der Arbeitnehmer wissentlich oder leichtfertig falsche Angaben macht.

Beispiele: Unterrichtung der Ausländerbehörde und der Sozialversicherungsträger über Schwarzarbeit illegal eingereister Ausländer; Anzeige des Arbeitgebers bei der Gewerbeaufsicht wegen fortlaufenden Verstoßes gegen die vorgeschriebenen Lenk- und Ruhezeiten im Güterkraftverkehr; Einschaltung der Berufsgenossenschaft wegen Außerachtlassung von Sicherheitsvorschriften auf der Baustelle; Mitteilung an die Polizei über Abkippen von Giftmüll in einem stillgelegten Steinbruch.

230 Trotz seiner Pflicht, die Interessen des Arbeitgebers zu wahren, ist der Arbeitnehmer nicht generell gehalten, sich zunächst innerbetrieblich um Abhilfe zu bemühen. Eine vorherige innerbetriebliche Meldung und Klärung ist unzumutbar, wenn der Arbeitnehmer Kenntnis von Straftaten erhält, durch deren Nichtanzeige er sich selbst einer Strafverfolgung aussetzen würde (§ 138 StGB), bei denen es sich um schwerwiegende oder vom Arbeitgeber selbst begangene Straftaten handelt oder eine Aufforderung nicht rechtzeitig zur Abhilfe führen würde. Dagegen obliegt dem Arbeitnehmer bei Straftaten eines Mitarbeiters die vorherige Information seines Arbeitgebers, insbesondere wenn der Arbeitgeber selbst der Geschädigte ist (BAG NZA 2004, 427).

Der Arbeitnehmer ist grundsätzlich nicht berechtigt, Presse, Rundfunk oder **231**
Fernsehen einzuschalten. Sein berechtigtes Interesse erschöpft sich darin, auf Abstellung der Gesetzwidrigkeiten hinzuwirken. Der sachgerechte Weg ist in der Regel die Einschaltung der zuständigen staatlichen Behörden, wenn eventuell zumutbare innerbetriebliche Abhilfeversuche gescheitert sind.

3. Pflichten aus besonderen Vereinbarungen – Fortbildungsverträge

Im Rahmen von Arbeitsverhältnissen werden häufig mit Arbeitnehmern vom **232**
Arbeitgeber finanzierte Berufsfortbildungsmaßnahmen vereinbart (näher Küttner/Reinecke, Personalbuch, 2010, Stichwort Fortbildung). Daraus entstehen wechselseitige Sonderpflichten. Der Arbeitgeber übernimmt in der Regel die Fortbildungskosten in der Absicht, die fortzubildenden, besser qualifizierten Arbeitnehmer für eine bestimmte Zeit an seinen Betrieb zu binden. Deshalb werden regelmäßig Rückzahlungsklauseln für den Fall vereinbart, dass der Arbeitnehmer das Unternehmen gegen den Willen des Arbeitgebers vorzeitig verlässt. Auf die zahlreichen Grundsätze, die von der Rspr. zur Zulässigkeit einer solchen Einschränkung der Kündigungsfreiheit des Arbeitnehmers entwickelt worden sind, kann hier nur verwiesen werden (vgl. nur aus jüngerer Zeit BAG NZA 2007, 748; BGH NZA 2010, 37; Maier/Mosig NZA 2008, 1168).

III. Rechte des Arbeitgebers bei Pflichtverletzungen des Arbeitnehmers

Schrifttum: Dedek, Die Beweislastverteilung nach § 619a BGB, ZGS 2002, 320; Deinert, Mankohaftung, RdA 2000, 22; Krause, Geklärte und ungeklärte Probleme der Arbeitnehmerhaftung, NZA 2003, 577; Hauck, Die Vertragsstrafe im Arbeitsrecht im Lichte der Schuldrechtsreform, NZA 2006, 816; Henssler, Arbeitsrecht und Schuldrechtsreform, RdA 2002, 129; ders., Die Auswirkungen der Schuldrechtsreform auf das Arbeitsrecht, in: Dauner-Lieb/Konzen/K. Schmidt (Hrsg.), Das neue Schuldrecht in der Praxis, S. 615; Joussen, Der persönliche Anwendungsbereich der Arbeitnehmerhaftung, RdA 2006, 129; Richardi, Leistungsstörungen und Haftung im Arbeitsverhältnis nach dem Schuldrechtsmodernisierungsgesetz, NZA 2002, 1004; Sandmann, Die Haftung von Arbeitnehmern, Geschäftsführern und leitenden Angestellten, 2001; Schwab, Die Schadenshaftung im Arbeitsverhältnis, NZA-RR 2006, 449; Walker, Haftungsvereinbarungen im Arbeitsrecht unter besonderer Berücksichtigung der Schuldrechtsreform, in: Festschrift Canaris, 2007, 1503; Waltermann, Besonderheiten der Haftung im Arbeitsverhältnis, JuS 2009, 193.

Fälle:

a) Ein Arbeitnehmer erscheint während der Karnevalszeit zwei Tage nicht zur **233**
Arbeit; am dritten Tag macht er infolge Übermüdung laufend Fehler, so dass Arbeitsmaterial vergeudet wird. Was kann der Arbeitgeber tun?

b) Wer trägt die Beweislast, wenn der Arbeitnehmer behauptet, er sei an beiden Tagen ohne sein Verschulden an der Arbeitsleistung gehindert gewesen, der Arbeitgeber dies jedoch bezweifelt?

c) Der Fahrer einer Baumaschine verursacht infolge ganz leichter Fahrlässigkeit einen Unfall, bei dem die Maschine beschädigt und ein Fußgänger verletzt werden. Welche Ansprüche bestehen?

d) N verursacht mit dem nicht kaskoversicherten Reisebus seines Arbeitgebers G einen Verkehrsunfall, weil er trotz Rotlichts in einen Kreuzungsbereich einfährt. G verlangt von N 55.000,– € Schadensersatz für den zerstörten Reisebus. N meint, er hafte nur auf den Selbstbeteiligungsanteil einer Kaskoversicherung, höchstens jedoch auf den Betrag eines dreifachen Monatsverdienstes.

e) Im Fall d ist der Reisebus an die Bank B sicherungsübereignet. Nachdem G zahlungsunfähig geworden ist, nimmt die B den N in Anspruch. N meint, er hafte auch der B gegenüber nur beschränkt.

f) Ein Arbeitnehmer, der trotz eines Rauchverbots mehrfach im Betrieb rauchend angetroffen worden ist, wird vor ein Betriebsgericht gestellt und mit einer Strafe von 50,– € belegt; diesen Betrag zieht der Arbeitgeber ihm vom Lohn ab. Rechte des Arbeitnehmers?

234 Die Verletzung einer Arbeitnehmerpflicht liegt nur dann vor, wenn der Arbeitnehmer unbefugt etwas unterlässt, was er aufgrund des Arbeitsverhältnisses tun muss, oder wenn er unbefugt etwas tut, was er zu unterlassen hat.

Beispiele für unbefugtes Unterlassen: Der Arbeitnehmer bleibt dem Arbeitsplatz fern (**Fall a**) oder erscheint zwar, arbeitet aber nicht; er erscheint später oder entfernt sich früher. Dagegen liegt eine befugte Nichtleistung vor, wenn der Arbeitnehmer z. B. Urlaub hat oder an einem rechtmäßigen Streik teilnimmt (Näheres: Rdnr. 792).

Beispiele für unbefugtes Tun: Beschädigung von Arbeitsgerät, Annahme von Schmiergeldern, Ausplaudern von Geschäftsgeheimnissen.

Bei einer Pflichtverletzung des Arbeitnehmers kommen für den Arbeitgeber folgende Möglichkeiten in Betracht:

1. Klage auf Erfüllung

235 Der Arbeitgeber kann gegen den Arbeitnehmer vor dem Arbeitsgericht (§ 2 I Nr. 3a ArbGG) auf Erfüllung klagen und ein Urteil erstreiten, das den Arbeitnehmer zu einem bestimmten Tun oder Unterlassen verurteilt. Aus einem Urteil auf Arbeitsleistung ist allerdings eine Zwangsvollstreckung nicht möglich (§ 888 III ZPO), wenn es um eine unvertretbare Handlung geht (= die nicht von einem Dritten anstelle des Schuldners vorgenommen werden kann; § 888 I 1 ZPO). Bei einer vertretbaren Arbeitsleistung (= die auch von einem Dritten vorgenommen werden kann) ist der Arbeitgeber vom Prozessgericht auf Antrag zu ermächtigen, die Handlung auf Kosten des Arbeitnehmers vornehmen zu lassen (§ 887 ZPO). Die h.M. sieht dagegen in der Arbeitsleistung stets eine unvertretbare Handlung und wendet deshalb immer § 888 III ZPO an.

Bei einer Verurteilung zur Arbeitsleistung ist der Arbeitnehmer auf Antrag des Arbeitgebers „zugleich für den Fall, dass die Handlung nicht binnen einer bestimmten Frist vorgenommen ist, zur Zahlung einer vom Arbeitsgericht nach freiem Ermessen festzusetzenden Entschädigung zu verurteilen“ (§ 61 II 1 ArbGG).

Ist der Arbeitnehmer zur Unterlassung (z.B. keine Konkurrenzgeschäfte zu tätigen) verurteilt worden, dann sind bei Zuwiderhandlungen gegen ihn vom Arbeitsgericht auf Antrag des Arbeitgebers Ordnungsmittel (Ordnungsgeld oder Ordnungshaft) zu verhängen (§ 890 ZPO; Brox/Walker, ZVR, Rdnr. 1092ff.).

Da im Arbeitsrecht häufig schnelle Rechtsklarheit erzielt werden muss (Bei- **236**
spiel: Entscheidung über kurzfristigen Urlaubsantrag des Arbeitnehmers), besteht ein großes praktisches Bedürfnis für einen vorläufigen Rechtsschutz in Form einer einstweiligen Verfügung (§ 62 II ArbGG; vgl. auch § 85 II ArbGG; §§ 935ff. ZPO; Brox/Walker, ZVR, Rdnr. 1579ff.). Dieses summarische Eilverfahren darf nicht nur zur Sicherung, sondern in begrenzten Ausnahmefällen sogar zur vorläufigen Befriedigung des Gläubigers führen, wenn von diesem wesentliche Nachteile abgewendet werden sollen (= Leistungsverfügung).

Der Erlass einer solchen einstweiligen Verfügung setzt einen Verfügungsanspruch und einen Verfügungsgrund voraus. Verfügungsanspruch muss ein materiell-rechtlicher Anspruch auf ein Tun (z.B. die Arbeitsleistung zu erbringen) oder auf ein Unterlassen (z.B. ein Geschäftsgeheimnis nicht preiszugeben) sein; die entsprechenden Voraussetzungen müssen vom Arbeitgeber als Antragsteller dargelegt und glaubhaft (§ 294 I ZPO) gemacht werden. Ein Verfügungsgrund ist gegeben, wenn die einstweilige Verfügung notwendig ist, um von dem Antragsteller wesentliche Nachteile abzuwenden. Da die Leistungsverfügung endgültige Verhältnisse schafft, sind bei ihr an die Darlegung und Glaubhaftmachung des Verfügungsgrundes strenge Anforderungen zu stellen.

2. Verweigerung der Lohnzahlung/Zurückbehaltungsrecht

Bei der Arbeitsleistung handelt es sich um eine absolute Fixschuld, da die ver- **237**
säumte Arbeitsleistung nicht nachholbar ist. Wird die Arbeit nicht zur vereinbarten Zeit geleistet, so tritt zeitgleich Unmöglichkeit gem. § 275 I BGB ein. Der Arbeitgeber wird gem. § 326 I BGB von seiner Verpflichtung frei, die Gegenleistung (Lohnzahlung) zu erbringen. (**Fall a**: Der Arbeitnehmer macht zwei Tage „blau“). Auf ein Zurückbehaltungsrecht kommt es dann nicht mehr an. Bei vom Arbeitnehmer nicht verschuldeten Leistungshindernissen können sich allerdings Ausnahmen von § 326 I BGB aus §§ 615, 616 BGB ergeben (Rdnr. 365ff.). Ist der Arbeitgeber für das Leistungshindernis verantwortlich, behält der Arbeitnehmer seinen Lohnanspruch bereits nach § 326 II 1 BGB.

Kann die versäumte Arbeitsleistung ausnahmsweise nachgeholt werden (bloße Leistungsverzögerung), steht dem Arbeitgeber gem. § 320 I 1 BGB ein Zurückbehaltungsrecht zu, bis der Arbeitnehmer seine Arbeitsleistung erbringt. Die Pflicht zur Arbeitsleistung steht mit der Lohnzahlungspflicht im Gegenseitigkeitsverhältnis, so dass § 320 BGB greift (Brox/Walker, AS, § 13 Rdnr. 12ff.). Regelmäßig ist der Arbeitnehmer vorleistungspflichtig (§ 614 BGB), so dass der Arbeitgeber am Ende des Monats (typischer Zeitpunkt der Entgeltauszahlung) von seinem Zurückbehaltungsrecht Gebrauch machen kann.

Bei einer Schlechtleistung des Arbeitnehmers (**Fall a**: Fehler am dritten Tag) **238**
scheidet § 320 BGB schon deshalb aus, weil der Arbeitnehmer die Leistung – wenn auch schlecht – erbracht hat. Der Arbeitnehmer schuldet gerade keinen bestimmten Erfolg (vgl. Rdnr. 45). Der Arbeitgeber ist auch nicht befugt, die Vergü-

tung entsprechend zu kürzen; eine Minderung des Entgelts, wie sie vom Gesetz bei Kauf, Miete und insbesondere beim Werkvertrag (§§ 634 Nr. 3, 638 BGB) vorgesehen ist, kennt das Dienst- und Arbeitsvertragsrecht nicht. Hier ist der Anspruch auf Entgelt nicht erfolgs-, sondern tätigkeitsbezogen.

Das schließt jedoch nicht aus, dass eine Lohnminderung bei Schlechtleistung (ausdrücklich oder stillschweigend) vertraglich vorgesehen werden kann. So wird z.B. bei Akkordlöhnen häufig vereinbart, dass nur mangelfreie Stücke vergütet werden. Bei Akkordlöhnen ist das Mitbestimmungsrecht des Betriebsrats nach § 87 I Nr. 11 BetrVG zu beachten (vgl. Rdnr. 923).

Hat der Arbeitnehmer die Mangelhaftigkeit *verschuldet* und ist er deshalb dem Arbeitgeber gem. § 280 I BGB schadensersatzpflichtig (**Fall a**: Ersatz des schuldhaft vergeudeten Materials; Rdnr. 240), kann der Arbeitgeber mit seinem Schadensersatzanspruch gegen den Lohnanspruch aufrechnen. Im Ergebnis kommt es damit zu einer Lohnminderung (Grenze: § 394, 1 BGB, §§ 850ff. ZPO).

3. Schadensersatzanspruch

239 Der Arbeitgeber kann vom Arbeitnehmer Ersatz des Schadens verlangen, der ihm durch eine *schuldhafte* Pflichtverletzung des Arbeitnehmers entstanden ist. Im Grundsatz gilt auch im Arbeitsrecht das Leistungsstörungsrecht der §§ 280ff. BGB, dessen Zentralbegriff die Pflichtverletzung ist. Unter einer Pflichtverletzung wird jedes Abweichen vom vertraglichen Pflichtenprogramm verstanden. § 280 I 1 BGB stellt alle Formen der vom Schuldner zu vertretenden Pflichtverletzung gleich, erfasst also grundsätzlich neben der Schlechtleistungen auch die verspätete Leistung (vgl. aber § 280 II i.V.m. § 286 BGB) und die Nichtleistung (vgl. aber für den Fall des Schadensersatzes statt der Leistung § 283 BGB).

a) *Schuldhafte Nichtleistung*

Da im Falle schuldhafter Nichtleistung des Arbeitnehmers in der Regel Unmöglichkeit vorliegt (absolute Fixschuld), folgt der Schadensersatzanspruch in diesen Fällen aus § 280 I 1, III i.V.m. § 283 BGB.

Beispiele: Der Arbeitgeber musste während der unentschuldigten Abwesenheit des Arbeitnehmers eine Aushilfe beschäftigen und dieser ein höheres Entgelt zahlen. Die Differenz zwischen diesem höheren Entgelt und dem Lohn, den der säumige Arbeitnehmer erhalten hätte, ist der Schaden des Arbeitgebers.

Hat der Arbeitnehmer ohne wichtigen Grund fristlos den Arbeitsvertrag gekündigt, und hat der Arbeitgeber, nachdem der Arbeitnehmer der Arbeit fern geblieben ist, eine neue Arbeitskraft per Zeitungsanzeige gesucht, so stellt sich die Frage, ob der Arbeitgeber vom Arbeitnehmer die Inseratskosten verlangen kann. Entscheidend ist, ob zwischen der Verletzung der Norm (vertragliche Pflicht zur Arbeitsleistung) und dem Schaden (Anzeigekosten) ein innerer Zusammenhang besteht. Daran fehlt es hier; denn die Kosten wären auch entstanden, wenn der Arbeitnehmer sich durch fristgerechte Kündigung von seiner Arbeitspflicht gelöst hätte (rechtmäßiges Alternativverhalten; Brox/Walker, AS, § 30 Rdnr. 16). Der Arbeitnehmer muss dem Arbeitgeber nur den Schaden ersetzen, der durch die überstürzte Vertragsbeendigung entstanden ist, jedoch bei Einhaltung der Kündigungsfrist nicht eingetreten wäre (sog. Verfrühungsschaden; vgl. BAG AP Nr. 7 zu § 276 BGB Vertragsbruch).

b) *Schuldhafte Schlechtleistung*

Im Falle schuldhafter Schlechtleistung ist der Arbeitnehmer aus § 280 I 1 BGB schadensersatzpflichtig („Schadensersatz neben der Leistung“). 240

Beispiele: Vergeudung von Material (**Fall a**), Beschädigung von Arbeitsgerät, zu langsames Arbeiten, Verletzung der Verschwiegenheitspflicht oder des Wettbewerbsverbots, Nichtbefolgung berechtigter Weisungen des Arbeitgebers.

c) *Verschuldensmaßstab*

Nach § 280 I 2 BGB greift die Schadensersatzpflicht nur, sofern der Arbeitnehmer die Pflichtverletzung zu vertreten hat. Wie von jedem Schuldner sind vom Arbeitnehmer grundsätzlich Vorsatz und Fahrlässigkeit zu vertreten (§ 276 I 1 BGB). Fahrlässigkeit liegt vor, wenn der Arbeitnehmer die im Verkehr erforderliche Sorgfalt außer Acht lässt (§ 276 II BGB). Deren Maß richtet sich danach, welche Sorgfalt gerade für die Tätigkeit, die der Arbeitnehmer auszuüben hat, für erforderlich gehalten wird. 241

d) *Beweislast*

Nach § 280 I 2 BGB trägt der Schuldner die Beweislast, wenn er behauptet, er habe die Pflichtverletzung nicht zu vertreten. Von diesem Grundsatz sieht § 619a BGB für das Arbeitsrecht eine praktisch bedeutsame Ausnahme vor. Danach muss der Arbeitgeber als Anspruchssteller neben den sonstigen Voraussetzungen seines Schadensersatzanspruchs auch beweisen, dass der Arbeitnehmer schuldhaft gehandelt hat. § 619a BGB will die Kontinuität der älteren Rspr. aus der Zeit vor 2002 sichern, die es abgelehnt hatte, § 282 BGB a.F. – wonach der Schuldner im Falle der Unmöglichkeit sein Nichtvertretenmüssen zu beweisen hatte – auf eine betrieblich veranlasste Schlechterfüllung (positive Vertragsverletzung) zu übertragen (vgl. BT-Drucks. 14/7052, S. 204). Im Ergebnis geht es dem Gesetzgeber darum, die Grundsätze der beschränkten Arbeitnehmerhaftung auf der Ebene der Darlegungs- und Beweislast zu sichern. Da sich das Arbeitnehmerhaftungsprivileg aber nur auf Schlechtleistungen, Nebenpflichtverletzungen (§ 241 II BGB) und u.U. vorvertragliche Pflichtverletzungen des Arbeitnehmers bezieht, ist der Wortlaut des § 619a BGB, der alle Schadenersatzansprüche betrifft, zu weit gefasst. Sachgerecht erscheint es, die Beweislastumkehr auf Fälle der Nichtleistung (Unmöglichkeit) und der verzögerten Leistungserbringung nicht anzuwenden (MünchKomm/Henssler, § 619a BGB Rdnr. 36ff.; str.). Der Arbeitgeber hat hier nämlich keine aus seiner Organisationsgewalt folgenden überlegenen Erkenntnismöglichkeiten, so dass kein Anlass besteht, vom allgemeinen Schuldrecht abzuweichen. 242

Im **Fall b** hat damit entgegen § 619a BGB der Arbeitnehmer zu beweisen, dass er das Fernbleiben von der Arbeit nicht zu vertreten hat. Dies würde auch gelten, wenn der Arbeitnehmer bspw. seinen Dienstwagen nicht zurückgibt.

4. Einschränkung der Arbeitnehmerhaftung (sog. Arbeitnehmerhaftungsprivileg)

a) *Rechtsgrund für eine Haftungsbeschränkung*

243 (1) Nach allgemeinem Schuldrecht müsste der Arbeitnehmer bei jedem Verschulden, also selbst bei leichtester Fahrlässigkeit, dem Arbeitgeber den von ihm verursachten Schaden voll ersetzen, auch wenn dessen Höhe die Leistungsfähigkeit des Arbeitnehmers weit übersteigt. Diese Belastung des Arbeitnehmers wurde schon seit langem insbesondere bei solchen Arbeiten als unbillig empfunden, bei deren Erfüllung geringfügige Verstöße gegen die erforderliche Sorgfalt nicht unwahrscheinlich sind. Dem Arbeitnehmer sollte nicht ein Versehen angelastet werden, das jedem einmal passieren kann. Gerade in einer technisierten Arbeitswelt gibt es mehr und mehr Tätigkeiten, bei denen man – etwa wegen ihrer Dauer oder wegen ihrer Wiederholung – mit einem geringfügigen Nachlassen der Aufmerksamkeit typischerweise rechnen muss. Darüber hinaus ist zu berücksichtigen, dass der Arbeitgeber durch seine Organisationsgewalt Einfluss auf die Risiken im Betrieb nimmt, der Arbeitnehmer daher Schadensrisiken ausgesetzt ist, die im Verantwortungsbereich des Arbeitgebers liegen.

Beispiel: Der Arbeitnehmer verursacht durch eine Unaufmerksamkeit im Straßenverkehr an dem von ihm gefahrenen Lkw des Arbeitgebers einen Schaden.

Außerdem kann das Verschulden des Arbeitnehmers zu einem unverhältnismäßig hohen Schaden führen, durch dessen Ersatz der Arbeitnehmer der Gefahr eines wirtschaftlichen Ruins ausgesetzt ist.

Beispiel: Ein einziger Fehlgriff an einer kompliziert zu bedienenden und teuren Maschine zerstört diese.

244 (2) Als Folge dieser arbeitsrechtlichen Besonderheiten wird eine Haftungsbeschränkung sowohl dem Grunde als auch der Höhe nach von weiten Teilen der Arbeitsrechtswissenschaft und der Rspr. seit langem befürwortet, ihre überzeugende dogmatische Herleitung ist dagegen bis heute umstritten. Versuche, die Haftungsbeschränkung damit zu begründen, dass bereits der Tatbestand einer zum Schadensersatz verpflichtenden Handlung verneint wird, blieben in der Minderheit. Nicht durchsetzen konnte sich auch jene Ansicht, die von einem stillschweigenden Haftungsausschluss zwischen Arbeitgeber und Arbeitnehmer ausgeht; dabei handelt es sich um eine Fiktion, die sich aus tatsächlichen Gründen nicht rechtfertigen lässt.

245 Früher wurde der Gesichtspunkt des Betriebsrisikos bemüht, um den Arbeitgeber ganz oder teilweise mit dem vom Arbeitnehmer verursachten Schaden zu belasten. Bei dem „Betriebsrisiko“ geht es jedoch um die Frage, wer das Risiko einer von keiner Seite zu vertretenden Unmöglichkeit zu tragen hat (Rdnr. 387ff.). Schon vor seiner Verankerung in § 615, 3 BGB passte dieser Gedanke somit nicht, wenn die Zurechnung eines vom Arbeitnehmer verursachten Schadens in Rede steht. Letztlich geht es um eine angemessene Risikoverteilung zwischen den Partnern des Arbeitsvertrags. Zum einen wird der Arbeitgeber einen hohen, vom Arbeitnehmer verschuldeten Schaden in der Regel aufgrund seiner wirtschaftlichen

Leistungsfähigkeit und seiner Möglichkeit, das Risiko zu versichern und die Kosten auf seine Vertragspartner abzuwälzen, verkraften; der Arbeitnehmer ist dagegen mangels wirtschaftlicher Leistungsfähigkeit und mangels Abwälzungsmöglichkeit leicht bis an sein Lebensende ruiniert. Zum anderen kann der Arbeitgeber das Risiko von Schadenseintritten durch seine Organisationshoheit zumindest teilweise steuern. Die Haftungsbeschränkung des Arbeitnehmers beruht somit auch auf Billigkeits- oder Gerechtigkeitsüberlegungen (vgl. Brox/Walker, DB 1985, 1469).

(3) Akzeptanz fand das Arbeitnehmerhaftungsprivileg bereits in dem Grundsatzbeschluss des Großen Senats des BAG vom 25. 9. 1957 (AP Nr. 4 zu §§ 898, 899 RVO). Um ein Kriterium zur Begrenzung der Haftung des Arbeitnehmers gegenüber dem Arbeitgeber zu gewinnen, entwickelte die Rspr. allerdings zunächst die Grundsätze der sog. „schadensgeneigten Arbeit“: Danach sollte eine Haftungsbeschränkung nur dann in Betracht kommen, wenn die ausgeübte Tätigkeit so geartet war, dass selbst dem sorgfältigsten Arbeitnehmer aufgrund der allgemeinen menschlichen Unzulänglichkeit Fehler unterlaufen konnten. 246

(4) Als Abgrenzungskriterium zwischen einem speziellen arbeitsrechtlichen und dem schärferen allgemeinen zivilrechtlichen Haftungsregime blieb das Merkmal der „Gefahrgeneigtheit“ allerdings vielfältiger Kritik ausgesetzt. Hinzu kam, dass die Rspr. zur Haftungseinschränkung für Arbeitnehmer mehrfach schwankend war mit negativen Folgen für die Rechtssicherheit (vgl. nur BAG NZA 1990, 95). In seinem Beschluss vom 27. 9. 1994 nahm schließlich der Große Senat des BAG (NZA 1994, 1083) die Kritik des Schrifttums auf. 247

b) *Voraussetzungen für eine Haftungsbeschränkung*

Die aktuelle Rspr. setzt nicht mehr die Gefahrgeneigtheit der Arbeit voraus. Vielmehr wird die nach dem Verschuldensgrad abgestufte Privilegierung nur noch an die Voraussetzung der „betrieblichen Veranlassung“ der Tätigkeit geknüpft. Als betrieblich veranlasste Tätigkeiten gelten solche, die dem Arbeitnehmer ausdrücklich von dem Betrieb und für den Betrieb übertragen sind, die er im Interesse des Betriebs ausführt oder die in nahem Zusammenhang mit dem Betrieb und seinem betrieblichen Wirkungskreis stehen. Das Merkmal der betrieblichen Veranlassung stellt sicher, dass der Arbeitgeber nicht mit dem allgemeinen Lebensrisiko des Arbeitnehmers belastet wird. 248

Vollständig hat die Gefahrgeneigtheit der Arbeit freilich ihre Bedeutung nicht verloren. Sie wird vielmehr weiterhin bei der nach § 254 BGB vorzunehmenden Abwägung der beiderseitigen Interessen berücksichtigt. Mit der Aufnahme des § 619a BGB in das Recht des Dienstvertrags (dazu MünchKomm/Henssler, § 619a BGB Rdnr. 10) hat der Gesetzgeber diese Grundsätze mittelbar gebilligt.

Die Haftungsbeschränkung begünstigt grundsätzlich alle Arbeitnehmer, auch Arbeitnehmer in einem Leiharbeitsverhältnis, soweit es um Schadensersatzansprüche des entleihenden Arbeitgebers geht. Nicht abschließend geklärt ist, ob sich auch leitende Angestellte (vgl. Rdnr. 60), arbeitnehmerähnliche Personen (vgl. Rdnr. 88) oder Organe einer Gesellschaft (z.B. GmbH-Geschäftsführer) auf 249 die Haftungsbeschränkung berufen können (vgl. MünchKomm/Henssler, § 619a BGB Rdnr. 14ff.). Bei den ersten beiden Gruppen wird man dies nicht generell ausschließen können. Gesellschaftsorgane werden dagegen nicht erfasst (s. auch § 43 GmbHG als Maßstab).

c) *Umfang der Haftungsbeschränkung*

250 Der Umfang der Haftungsbeschränkung richtet sich nach dem Abwägungsergebnis, zu dem man gelangt, wenn man in entsprechender Anwendung des § 254 BGB dem Verschulden des Arbeitnehmers die auf Billigkeitserwägungen beruhende Risikozurechnung an den Arbeitgeber gegenüberstellt. Richtiger Prüfungsstandort für die Grundsätze der privilegierten Arbeitnehmerhaftung ist wegen der Anknüpfung an ein „Mitverschulden" des Arbeitgebers der haftungsausfüllende Tatbestand. Das Ergebnis der Abwägung hängt maßgeblich vom *Grad des Verschuldens* des Arbeitnehmers ab.

251 In jüngere Zeit ist in der Rspr. nach den jahrzehntelangen, z.T. abrupten Kurswechseln eine gewisse Konsolidierung eingetreten. Die zentralen Anwendungskriterien können nunmehr als gesichert gelten, wenn auch im Einzelfall weiterhin Einordnungsschwierigkeiten bestehen. Das BAG (BAG NZA 2003, 37) hat sie wie folgt zusammengefasst:

- Vorsätzlich verursachte Schäden hat der Arbeitnehmer in vollem Umfang zu tragen.
- Grobe Fahrlässigkeit des Arbeitnehmers führt zwar grundsätzlich ebenfalls zu dessen Alleinhaftung, jedoch ist eine Haftungserleichterung zu seinen Gunsten nicht ausgeschlossen, sondern von einer Abwägung im Einzelfall abhängig. Insbesondere bei hohen Schäden kommt es danach zu einer Schadensteilung.
- Bei normaler Fahrlässigkeit hat der Arbeitnehmer den Schaden anteilig zu tragen. Ob und ggf. in welchem Umfang er zum Ersatz verpflichtet ist, richtet sich im Rahmen einer Abwägung der Gesamtumstände, insbesondere von Schadensanlass und Schadensfolgen, nach Billigkeits- und Zumutbarkeitsgesichtspunkten. Primär ist auf den Grad des dem Arbeitnehmer zur Last fallenden Verschuldens, die Gefahrgeneigtheit der Arbeit, die Höhe des Schadens, die Versicherbarkeit des Risikos, die Stellung des Arbeitnehmers im Betrieb und die Höhe seines Arbeitsentgelts abzustellen. Inwieweit persönliche Umstände des Arbeitnehmers, wie etwa die Dauer der Betriebszugehörigkeit, sein Lebensalter, seine Familienverhältnisse sowie das bisherige Verhalten des Arbeitnehmers in der Abwägung heranzuziehen sind, ist streitig. Teilweise werden sie als sachfremd eingestuft, da es am Bezug zur konkreten Pflichtverletzung fehlt (vgl. HWK/Krause, § 619a BGB Rdnr. 36).
- Ist der Schaden auf leichteste Fahrlässigkeit zurückzuführen, haftet der Arbeitnehmer gar nicht (**Fall c**).

Zu beachten ist, dass nach der Rspr. bei einer vorsätzlichen Pflichtverletzung der Vorsatz – entgegen allgemeiner schuldrechtlicher Grundsätze – den Eintritt des Schadens umfassen muss (BAG AP Nr. 122 zu § 611 BGB Haftung des Arbeitnehmers), wenn es bei der Alleinhaftung des Arbeitnehmers verbleiben soll. Bei fahrlässiger Verursachung des Schadens muss sich das Verschulden ebenfalls nicht nur auf die Pflicht-, Rechtsguts- oder Schutzgesetzverletzung, sondern auch auf den eingetretenen Schaden beziehen (BAG AP Nr. 122 zu § 611 BGB Haftung des Arbeitnehmers). Das hat gravierende Auswirkungen: Setzt sich der Arbeitnehmer willentlich und wissentlich über ein Verbot des Arbeitgebers hinweg und entsteht dabei ein Schaden, den der Arbeitnehmer nicht verursachen wollte, greift nur die Haftung wegen fahrlässigen Handelns (kritisch HWK/Krause, § 619a BGB Rdnr. 28).

Verschuldet der Arbeitnehmer als Fahrer eines betriebseigenen Kraftfahrzeugs fahrlässig einen Unfall, dann kann beim innerbetrieblichen Schadensausgleich zu Lasten des Arbeitgebers ins Gewicht fallen, dass dieser für das Fahrzeug keine Kaskoversicherung abgeschlossen hat. Dazu ist der Arbeitgeber dem Arbeitnehmer gegenüber zwar nicht verpflichtet; ihn trifft aber in der Regel eine Obliegenheit, durch eine solche Versicherung den Schaden zu begrenzen. Kommt er dieser Obliegenheit nicht nach, kann das dazu führen, dass der Arbeitnehmer nur in Höhe einer Selbstbeteiligung haftet, die beim Abschluss einer Kaskoversicherung zu vereinbaren gewesen wäre (BAG NZA 1988, 584). 252

Im **Fall d** müsste N selbst bei Abschluss einer Kaskoversicherung mit einer Inanspruchnahme durch die Versicherung rechnen, weil er grob fahrlässig gehandelt hat (vgl. § 81 II VVG, s. aber auch BGH NJW 2003, 1118 f.). Deshalb muss sich G die fehlende Kaskoversicherung von N nicht entgegenhalten zu lassen.

Hat der Arbeitnehmer den Schaden grob fahrlässig verursacht, ist er dem Arbeitgeber zwar grundsätzlich zum Schadensersatz in voller Höhe verpflichtet. Jedoch kann eine unbeschränkte Ersatzpflicht im Einzelfall zu einer ungerechten Risikoverteilung führen und deshalb unbillig sein. Ausnahmsweise kann daher auch bei grober Fahrlässigkeit eine Quotelung in Betracht kommen (BAG AP Nr. 122 zu § 611 BGB Haftung des Arbeitnehmers), insbesondere wenn der Verdienst der Tätigkeit in einem deutlichen Missverhältnis zum Schadensrisiko der Tätigkeit steht (BAG NZA 1999, 263; 2002, 612). Auch kann der Arbeitgeber das Schadensrisiko durch eigenes Verhalten erhöht oder das vom Arbeitgeber zu tragende Betriebsrisiko sich in einer grob fahrlässigen Schädigung realisiert haben. 253

Beispiele: Der Arbeitgeber weist den erst seit kurzem bei ihm beschäftigten Arbeitnehmer an, eine komplizierte Druckmaschine allein zu bedienen. Infolge eines grob fahrlässigen Bedienungsfehlers wird die Maschine schwer beschädigt. Reparatur und Produktionsausfall verursachen einen Schaden von über 100.000 €. – Im **Fall d** ist die Haftung des N trotz grober Fahrlässigkeit aufgrund des Missverhältnisses von Arbeitsentgelt und Haftungsrisiko zu beschränken, um eine lebenslange Verschuldung des N zu verhindern.

Eine Aufteilung des Schadens scheidet aus, wenn der Arbeitnehmer vorsätzlich oder „mit besonders grober (gröbster) Fahrlässigkeit“ gehandelt hat (so BAG NZA 1999, 263). 254

Eine pauschale Begrenzung der Arbeitnehmerhaftung auf eine Höchstsumme (z.B. den einfachen oder dreifachen Monatsverdienst) ergibt sich aus dem geltenden Recht nicht (BAG NZA 1990, 97; zu **Fall d**).

Ist ein vertraglicher Schadensersatzanspruch des Arbeitgebers gegen den Arbeitnehmer eingeschränkt oder ganz ausgeschlossen, so steht dem Arbeitgeber auch kein weitergehender Anspruch aus unerlaubter Handlung (§ 823 I BGB: fahrlässige widerrechtliche Eigentumsverletzung) zu. Es gilt der Grundsatz, dass eine 255 strengere Haftung aus unerlaubter Handlung nicht greift, wenn die vertragliche Haftung beschränkt ist (Brox/Walker, BS, § 44 Rdnr. 39). Die Grundsätze der beschränkten Arbeitnehmerhaftung sind somit auf deliktische Ansprüche zu übertragen. Als zwingendes Arbeitnehmerschutzrecht sind sie außerdem nicht zu Lasten des Arbeitnehmers abdingbar (BAG NZA 2004, 649).

d) *Haftung für Personenschäden des Arbeitgebers*

256 Eine besondere Regelung enthält § 105 II SGB VII für durch einen Arbeitnehmer verursachte Personenschäden seines Arbeitgebers (zur Parallelregelung bei Arbeitskollegen des Arbeitnehmers s. Rdnr. 264). Die Haftung des Arbeitnehmers ist insoweit grundsätzlich auf vorsätzliche Schädigungen beschränkt. Die Regelung entspricht der eingeschränkten Haftung des Arbeitgebers nach § 104 SGB VII bei von ihm selbst verursachten Personenschäden seiner Arbeitnehmer (s. dazu Rdnr. 356ff.).

e) *Mankohaftung*

257 Ein spezielles Haftungsrisiko für Arbeitnehmer entsteht, wenn sie im Rahmen ihrer Arbeitsaufgaben Warenlager, Kassenbestände, Gerätschaften und ähnliches zu verwalten haben. Das Arbeitnehmerhaftungsprivileg ist vom Grundsatz her auch in diesem Bereich („Mankohaftung") anzuwenden. Für Fehlbestände haftet der Arbeitnehmer nach den vorstehend dargelegten Grundsätzen deshalb nur eingeschränkt. Die Obhutsleistung ist betrieblich veranlasst, so dass die Voraussetzungen für die Anerkennung der Haftungsbeschränkung gegeben sind. Kann der Arbeitnehmer bestimmte Gegenstände, die er zu verwahren hatte, nicht herausgeben, weil sie fehlen, so kommt es für die Verteilung der Darlegungs- und Beweislast auch nach neuem Recht darauf an, ob der Arbeitnehmer Alleinbesitzer war. Dies setzt voraus, dass der Arbeitnehmer alleinigen Zugriff auf die Sachen hat und diese eigenwirtschaftlich verwalten kann. In diesem Fall greift entsprechend der Rspr. § 619a BGB nicht, vielmehr muss der Arbeitnehmer nachweisen, dass er sein Unvermögen, den anvertrauten Gegenstand zurückzugeben, nicht zu vertreten hat. Diese Ausnahme zu § 619a BGB ist gerechtfertigt, weil die darzulegenden und zu beweisenden Tatsachen – anders als sonst im Arbeitsrecht – in der Sphäre des (alleinbesitzenden) Arbeitnehmer liegen. War der Arbeitnehmer dagegen nur Besitzdiener, so bleibt es bei der Beweispflicht des Arbeitgebers gem. § 619a BGB. Kommt ein Diebstahl durch Dritte in Betracht, so ist zu prüfen, ob und in welchem Grade der Arbeitnehmer seine Sorgfaltspflicht verletzt hat. Insoweit ist die Verantwortlichkeit des Arbeitgebers für seine Betriebsorganisation zu berücksichtigen (vgl. zur Beweislast MünchKomm/Henssler, § 619a BGB Rdnr. 52f.)

258 Auch im Bereich der Mankohaftung können die Grundsätze über den innerbetrieblichen Schadensausgleich nicht zu Lasten des Arbeitsnehmers vertraglich abgeändert werden (BAG NZA 2000, 715). Die vertragliche Vereinbarung strengerer Haftungsmaßstäbe ist jedoch wirksam, wenn dem Arbeitnehmer eine spezielle Mankovergütung als Gegenleistung gewährt wird und seine Mankohaftung auf die Höhe dieser Vergütung beschränkt ist (BAG NZA 1999, 141). Im Ergebnis erhält

der Arbeitnehmer auf diese Weise die Chance einer zusätzlichen Vergütung für die erfolgreiche Verwaltung eines Waren- oder Kassenbestandes.

f) *Folgen bei Schädigung eines Dritten*

(1) Hat der Arbeitnehmer bei einer betrieblichen Tätigkeit den Schaden eines Dritten verursacht (Verletzung des Fußgängers in **Fall c**), so ist er dem Dritten nach Deliktsrecht (z.B. nach §§ 823 I, 249 BGB) schadensersatzpflichtig. Der Arbeitnehmer kann sich gegenüber dem Dritten nicht mit Erfolg darauf berufen, dass ihn nur leichte Fahrlässigkeit treffe. Die Privilegierung des Arbeitnehmers ist nur im Verhältnis zum Arbeitgeber, nicht aber im Verhältnis zu unbeteiligten Dritten, denen weder die Personalhoheit noch sonstige Organisationsgewalt zusteht, gerechtfertigt (BGH NJW 1994, 852, 853 ff.). **259**

Der *innerbetriebliche Schadensausgleich* führt aber dazu, dass der Arbeitnehmer, der den Schaden des Dritten ersetzt hat, beim Arbeitgeber Regress nehmen kann, soweit er dem Arbeitgeber nach den Grundsätzen des innerbetrieblichen Schadensausgleichs nicht ersatzpflichtig wäre, wenn der Arbeitgeber selbst der Geschädigte wäre.

Sofern im Innenverhältnis zwischen Arbeitgeber und Arbeitnehmer eine Einschränkung der Arbeitnehmerhaftung in Betracht kommt und sich daraus eine (vollständige oder teilweise) Beteiligung des Arbeitgebers an der Schadensersatzleistung ergibt, hat der vom geschädigten Dritten auf Schadensersatz herangezogene Arbeitnehmer einen Anspruch, dass der Arbeitgeber ihn von der Haftung gegenüber dem Dritten freistellt (= *Freistellungsanspruch*); dies geschieht regelmäßig durch Leistung an den Dritten. Die Grundlage für den Freistellungsanspruch sieht die Rspr. in der Fürsorgepflicht des Arbeitgebers (vgl. BAG NZA 1989, 181). Überzeugender erscheint eine analoge Anwendung von § 670 i.V.m. § 257 BGB, handelt es sich doch bei der Schädigung eines Dritten in Ausübung einer betrieblich veranlassten Tätigkeit um einen mit der Arbeitsleistung in Zusammenhang stehenden risikotypischen Begleitschaden (vgl. auch Rdnr. 354). **260**

Im **Fall c** schuldet der Führer der Baumaschine dem Fußgänger nach § 823 I BGB uneingeschränkt Schadensersatz. Da ihn aber nur leichteste Fahrlässigkeit trifft und es sich um eine betrieblich veranlasste Tätigkeit handelt, hat er gegen seinen Arbeitgeber Anspruch auf Freistellung und nach eigener Leistung des Schadensersatzes Anspruch auf Ersatz gegen den Arbeitgeber.

Der Freistellungsanspruch des Arbeitnehmers gegen den Arbeitgeber ist an den geschädigten Dritten abtretbar und von diesem pfändbar (BAG AP Nr. 37 zu § 611 BGB Haftung des Arbeitnehmers). Auf diese Weise kann ein Geschädigter, der – etwa wegen der Entlastung des Arbeitgebers (§ 831 I 2 BGB) – keinen eigenen Anspruch gegen den Arbeitgeber hat, gleichwohl gegen diesen vorgehen; der Freistellungsanspruch verwandelt sich in einen Zahlungsanspruch (vgl. BAG AP Nr. 37, 45 zu § 611 BGB Haftung des Arbeitnehmers). **261**

Aus Sicht des Arbeitnehmers unbefriedigend ist seine Rechtsstellung im Falle der Insolvenz seines Arbeitgebers; denn dann wird sich der Dritte an den Arbeitnehmer halten (**Fall e**). Dessen Freistellungs- oder Ersatzanspruch gegen den Arbeitgeber ist aber wertlos, so dass es letztlich bei der vollen Haftung des Arbeitnehmers bleibt. Zum Teil wird im Schrifttum deshalb gefordert, die deliktische Haftung gegenüber Dritten im Wege richterlicher Rechtsfortbildung (vgl. Rdnr. 117ff.) entweder ganz oder jedenfalls für die Schäden an Betriebsmitteln auszuschließen, die im Eigentum eines Dritten stehen (vgl. Baumann, BB 1990, 1833; Eberlein, BB 1989, 624f.; ähnlich für Fälle, in denen der Dritte Betriebsmittel stellt, z.B. beim Leasing, HWK/Krause, § 619a BGB Rdnr. 60). Entsprechende Vorschläge scheitern jedoch daran, dass die geltende Rechtsordnung keine tragfähigen Wertentscheidungen für eine Einschränkung der Arbeitnehmeraußenhaftung enthält (BGH NZA 1990, 97); die Haftungsbeschränkung des Arbeitnehmers gegenüber dem Arbeitgeber hat ihre Grundlage in den Besonderheiten des Arbeitsvertragsrechts. Allerdings ist zu prüfen, ob sich aus einer zwischen dem Arbeitgeber und dem Dritten bestehenden Vertragsbeziehung nicht im Wege der (ergänzenden) Vertragsauslegung eine Haftungsbeschränkung zugunsten des Arbeitnehmers ergibt.

Hatte der Arbeitgeber mit dem geschädigten Dritten zuvor eine Haftungsbeschränkung oder einen Haftungsausschluss vertraglich (z.B. durch Allgemeine Geschäftsbedingungen) vereinbart, so würde diese Vereinbarung leer laufen, wenn der Dritte einen Schadensersatzanspruch gegen den Arbeitnehmer geltend macht und der Arbeitgeber den Arbeitnehmer von diesem Anspruch freistellen müsste. Dieses unbefriedigende Ergebnis lässt sich vermeiden, wenn man der Haftungsvereinbarung Wirkungen zugunsten des Arbeitnehmers beilegt. Diese Auslegung dient dem Arbeitnehmer, der keinem Schadensersatzanspruch ausgesetzt ist, vor allem aber dem Arbeitgeber, dessen Haftungsvereinbarung mit dem Dritten sonst durch einen Freistellungsanspruch unterlaufen werden könnte (vgl. BGH NJW 1962, 388).

262 Ist der Arbeitgeber dem geschädigten Dritten ebenfalls ersatzpflichtig (z.B. aus §§ 831, 833 BGB), so haften Arbeitgeber und Arbeitnehmer nach § 840 I BGB als Gesamtschuldner (Brox/Walker, BS, § 43 Rdnr. 13). Im Innenverhältnis gilt § 426 I BGB. Die Grundsätze über die Einschränkung der Arbeitnehmerhaftung bestimmen „etwas anderes" im Sinne dieser Vorschrift. Damit wird die in § 840 II, III BGB vorgesehene Schadensverteilung verdrängt. Der Arbeitnehmer haftet bei leichtester Fahrlässigkeit im Innenverhältnis überhaupt nicht; er kann vom Arbeitgeber – wie bereits erwähnt – Freistellung oder Ersatz verlangen. In allen anderen Fällen richtet sich der Freistellungs- oder Ersatzanspruch des Arbeitnehmers nach dem Umfang seiner Haftung im Verhältnis zum Arbeitgeber. Das hilft dem Arbeitnehmer wiederum dann nicht, wenn der Arbeitgeber zahlungsunfähig ist.

263 Handelt es sich um einen Kraftfahrzeugunfall (**Fall d**), so hat die kraft Gesetzes abzuschließende Haftpflichtversicherung für Schadensersatzansprüche gegen Arbeitgeber und Arbeitnehmer einzutreten.

264 (2) Ist der geschädigte Dritte in demselben Betrieb wie der Schädiger beschäftigt (z.B. Arbeitskollegen, die an derselben Maschine eingesetzt werden), so sind Ansprüche des Dritten auf Schadensersatz wegen *Personenschäden* grundsätzlich nach §§ 105 I, 104 SGB VII ausgeschlossen (Einzelh. Rdnr. 356ff.). Für Sachschäden gelten keine Besonderheiten. Der schädigende Arbeitnehmer hat im Rahmen der beschränkten Arbeitnehmerhaftung einen Freistellungsanspruch gegen seinen Arbeitgeber.

g) *Vertragsstrafen*

Ein Fehlverhalten des Arbeitnehmers kann zusätzlich mit einer Vertragsstrafe (vgl. § 339 BGB) sanktioniert werden. Vertragsstrafenabreden sind ungeachtet der Regelung in § 309 Nr. 6 BGB auch in vorformulierten Arbeitsverträgen möglich, weil sie durch arbeitsrechtliche Besonderheiten i.S. von § 310 IV 2 BGB gerechtfertigt sind. Zu den Grenzen vgl. Rdnr. 178. **265**

5. Betriebsbußen

Schrifttum: Heinze, Zur Abgrenzung von Betriebsbuße und Abmahnung, NZA 1990, 169; Leßmann, Betriebsbuße statt Kündigung, DB 1989, 1769; Schaub, Betriebsbußen, AR-Blattei SD 480 (1996); Walker, Zur Zulässigkeit von Betriebsbußen, in: Festschrift Kissel, 1994, S. 1205.

Zur Ahndung von Verstößen gegen die betriebliche Ordnung (z.B. Zuspätkommen, Nichtbeachtung von Unfallverhütungsvorschriften) oder von strafbaren Handlungen im Betrieb (z.B. Diebstahl, Manipulation der Zeiterfassungsgeräte) können „Betriebsgerichte“ eingerichtet werden, die meist paritätisch von der Arbeitgeberseite und vom Betriebsrat besetzt sind. Denkbare Strafen sind: Verwarnung, Verweis, Geldbuße. Eine gesetzliche Regelung solcher Betriebsbußen fehlt, so dass vieles streitig ist. Die praktische Bedeutung ist deutlich zurückgegangen. Die Rspr. (BAG AP Nr. 1 zu § 56 BetrVG Betriebsbuße; AP Nr. 1 zu § 47 BetrVG) und ihr folgend die h.L. (z.B. GK-BetrVG/Wiese, § 87 Rdnr. 236ff. m. w. Nachw.) bejahen die Zulässigkeit von Betriebsbußen als Ausfluss der autonomen Gewalt der Betriebspartner. Die Arbeitnehmer werden im Allgemeinen eine Betriebsbuße dem Verlust des Arbeitsplatzes durch Kündigung des Arbeitgebers oder bei einer Straftat eine „private“ Strafe einer Verurteilung im gerichtlichen Strafverfahren vorziehen. **266**

Bedenklich ist die Ahndung von Straftaten durch ein Betriebsgericht. Zwar wird dieses nicht anstelle des ordentlichen Gerichts tätig, so dass kein Verstoß gegen das staatliche Rechtsprechungsmonopol (vgl. Art. 92, 101 I 2, 103 III GG) vorliegt; denn das Strafverfahren wird durch einen Spruch des Betriebsgerichts rechtlich nicht ausgeschlossen. Tatsächlich aber wird das Strafverfahren verhindert; das entspricht auch der Absicht aller Beteiligten; der beschuldigte Arbeitnehmer wird vielfach mit allem einverstanden sein, um nur nicht vor einem ordentlichen Gericht angeklagt zu werden.

Keine Bedenken bestehen gegen Betriebsbußen bei bloßen Ordnungsverstößen. Sie können als Verwarnungen und Verweise erfolgen. Eine Entlassung kann dagegen nur mit einer (fristlosen) Kündigung durch den Arbeitgeber erreicht werden. Die Verhängung einer (Geld-)Buße durch das Betriebsgericht setzt eine Rechtsgrundlage (Arbeitsvertrag, Tarifvertrag, str. für Betriebsvereinbarung, vgl. ErfK/Müller-Glöge, §§ 339–345 BGB Rdnr. 6) voraus. Das Verfahren hat rechtsstaatlichen Regeln (z.B. rechtliches Gehör, Zulassung einer Vertretung) zu entsprechen. **267**

Außerdem muss der Betriebsrat eingeschaltet werden (vgl. § 87 I Nr. 1 BetrVG; Rdnr. 910).

268 Von der Betriebsbuße ist die Abmahnung (Rdnr. 487 ff.) zu unterscheiden. Eine Abmahnung stellt die Ausübung des Gläubigerrechts bei Vertragsverletzungen jeglicher Art dar (vgl. auch § 314 II BGB). Die Betriebsbuße ist dagegen nur bei Verstößen gegen die Betriebsordnung zulässig. Sie reicht in ihren Folgen über die Wahrnehmung von Gläubigerrechten hinaus, indem zusätzliche Sanktionen (z. B. Geldbuße, Beförderungssperre) vorgesehen sind. Da die Einhaltung der betrieblichen Ordnung zu den vertraglichen Arbeitnehmerpflichten gehört (vgl. Rdnr. 222 ff.), hat der Arbeitgeber bei einem regelwidrigen Verhalten des Arbeitnehmers die Wahl zwischen Betriebsbuße und Abmahnung. Bei der Abmahnung ist der Arbeitgeber nicht auf die Zustimmung des Betriebsrats angewiesen. Ob er eine Betriebsbuße verhängt oder eine Abmahnung ausgesprochen hat, richtet sich nicht in erster Linie nach der Bezeichnung der Maßnahme (z. B. als Rüge, Missbilligung, Verweis oder Abmahnung); entscheidend ist vielmehr, ob der Arbeitgeber unter Berücksichtigung der dem Arbeitnehmer erkennbaren objektiven Begleitumstände eine zusätzliche Sanktion verhängen wollte (vgl. BAG NZA 1990, 193).

269 Im **Fall f** kann der Arbeitnehmer die einbehaltenen 50,– € gegen den Arbeitgeber einklagen. Beruft dieser sich auf den Spruch des Betriebsgerichts, muss das Arbeitsgericht die Rechtsgrundlage für die Buße und die rechtsstaatlichen Mindestvoraussetzungen nachprüfen. Das gilt auch für die Tatsachenermittlung, wenn der Arbeitnehmer den vom Betriebsgericht festgestellten Sachverhalt bestreitet.

6. Kündigung

270 Pflichtverletzungen des Arbeitnehmers können die Fortsetzung des Arbeitsverhältnisses für den Arbeitgeber unzumutbar machen (vgl. die Übersicht bei MünchKomm/Henssler, § 626 BGB Rdnr. 132 ff.). Dann kommt eine fristgemäße verhaltensbedingte (Rdnr. 484 ff.), notfalls eine fristlose Kündigung des Arbeitgebers aus wichtigem Grund (§ 626 BGB) in Betracht (Rdnr. 524 ff.).

Kapitel 5

Die Pflichten des Arbeitgebers

Der Arbeitsvertrag verpflichtet den Arbeitgeber in erster Linie zur Lohnzahlung (Rdnr. 271 ff.). Daneben kommen sonstige Pflichten, vor allem Schutzpflichten, in Betracht (Rdnr. 299 ff.). Vertragsverletzungen des Arbeitgebers lösen Rechte des Arbeitnehmers aus (Rdnr. 344 ff.). **271**

I. Lohnzahlungspflicht

Schrifttum: Brors, Die individualrechtliche Zulässigkeit von Zielvereinbarungen, RdA 2004, 273; Heiden, Grenzen der Entgeltvariabilisierung am Beispiel zielvereinbarungsgestützter Vergütung, DB 2006, 2401; v. Hoyningen-Huene, Sicherheiten im Arbeitsverhältnis, BB 1992, 2138; Löwisch, Die neue Mindestlohngesetzgebung, RdA 2009, 215; Mauer, Zielvereinbarungen als Vergütungsgrundlage im Arbeitsverhältnis, NZA 2002, 540; Schöne, Die Novellierung der Gewerbeordnung und die Auswirkungen auf das Arbeitsrecht, NZA 2002, 829; Mengel, Erfolgs – und leistungsorientierte Vergütung, 5. Aufl. 2008; Schwab, Rechtsprobleme der Arbeit im Leistungslohn, NZA-RR 2009, 1; u. 57.

Fälle:

a) In einem Tarifvertrag wird der Stundenlohn erhöht. Der im Akkord arbeitende Arbeitnehmer meint, dadurch erhöhe sich automatisch auch sein Akkordlohn. **272**

b) Der tantiemeberechtigte Leiter des Verkaufs (L) und ein Arbeiter (A) einer Aktiengesellschaft scheiden zum 1. 4. aus. Am 1. 5. legt die Gesellschaft die Jahresbilanz vor und zahlt gleichzeitig eine Gratifikation an ihre Arbeiter. L verlangt seine Tantieme, A die Gratifikation.

c) Ein angestellter Vertriebsmitarbeiter vermittelt für seinen Arbeitgeber ein Geschäft. Der Arbeitgeber lehnt den Vertragsschluss ab, um den Arbeitnehmer zu ärgern, und verweigert insoweit auch eine Provisionszahlung.

Nach § 611 I BGB ist der Arbeitgeber verpflichtet, dem Arbeitnehmer den vereinbarten Lohn zu zahlen. Die Höhe des Lohnes ergibt sich vielfach aus einem Tarifvertrag (Rdnr. 655 ff.), nur in Ausnahmefällen aus einer Betriebsvereinbarung (§ 77 III BetrVG; Rdnr. 988 ff.). Greift keine kollektivvertragliche Regelung, so ist die arbeitsvertragliche Entgeltvereinbarung maßgebend. Fehlt auch sie, ist die übliche Vergütung geschuldet (§ 612 II BGB). Staatliche Mindestlöhne waren in der Bundesrepublik lange Zeit unbekannt und bis heute existiert im Gegensatz zu vielen anderen europäischen Staaten weiterhin kein einheitlicher Mindestlohn. Allerdings ermöglichen das zum 24.4.2009 novellierte AEntG und das zum 28.4.2009 neu gefasste MiArbG dem Bundesministerium für Arbeit und Soziales besser als bisher, für bestimmte Branchen (erfasst sind zur Zeit Bauhauptgewerbe und Baunebengewerbe, Gebäudereinigung, Briefdienstleistungen, Sicherheitsdienstleistungen, Bergbauspezialarbeiten auf Steinkohlebergwerken, Wäschereidienstleistungen im Objektkundengeschäft, Abfallwirtschaft einschl. Straßenreinigung und Winterdienst) Mindestentgelte festzusetzen. In den genannten Branchen ist das Bundesministerium für Arbeit und Soziales berechtigt, Tarifverträge auf nicht tarifgebundene Arbeitnehmer durch Rechtsverordnung zu erstrecken (§ 7 AEntG). Zu Einzelheiten Rdnr. 25. Eine weitere Möglichkeit zur staatlichen Entgeltfestsetzung enthält für die Heimarbeit § 19 HAG, für selbständige Handels- und Versicherungsvertreter § 92a HGB. Werden Entgelttarifverträge gem. § 5 TVG für allgemeinverbindlich erklärt (Rdnr. 714ff.), bewirkt auch dies eine Art staatlichen Mindestlohn.

1. Arten des Lohnes

a) *Geldlohn – Naturallohn*

273 (1) Der Arbeitgeber ist nach § 107 I GewO verpflichtet, dem Arbeitnehmer das Arbeitsentgelt in Euro zu berechnen und auszuzahlen. Die Leistungsform ist – unter Berücksichtigung des Mitbestimmungsrechts des Betriebsrats aus § 87 I Nr. 4 BetrVG – grundsätzlich frei gestaltbar (z.B. Barzahlung, Scheck, Banküberweisung).

274 (2) *Naturallohn* ist Lohn in der Form von Sachbezügen (z.B. Wohnung, Kleidung, Kost, Brennmaterial). Seine Bedeutung ist heute gering und er bildet regelmäßig nur einen Teil der im Übrigen in Geld geschuldeten Arbeitsvergütung.

Die Gewährung von Sachbezügen durch den Arbeitgeber unterliegt den Beschränkungen des § 107 II GewO. Insbesondere darf die Anrechnung der Sachbezüge den pfändbaren Teil des Arbeitsentgelts nicht übersteigen.

Als Sonderformen des Naturallohnes kommen Nebenleistungen des Arbeitgebers in Betracht, etwa ein Dienstwagen, der auch privat genutzt werden kann, „Deputate" aus der Produktion des Arbeitgebers (üblich im Brauereigewerbe), Personalrabatte auf Erzeugnisse des Unternehmens („Jahreswagen" in der Automobilindustrie). Vergünstigungen dieser Art werden steuerrechtlich und sozialversicherungsrechtlich nach speziellen Vorschriften zum Arbeitsentgelt gerechnet (vgl. Küttner/Thomas, Personalbuch 2010, Stichwort Sachbezug B.1.). Eine aktuell diskutierte Form des Arbeitslohns ist die Beteiligung der Arbeitnehmer am Unternehmen, sog. Investivlohn. Die Beteiligung erfolgt überwiegend durch Belegschaftsaktien oder GmbH-Anteile.

b) *Zeitlohn – Akkordlohn*

275 Die Vergütung des Arbeitnehmers kann sich nach der Dauer der geleisteten Arbeitszeit (Zeitlohn) oder nach ihrem Ergebnis (Akkordlohn) richten. Die Art der Lohnermittlung folgt aus den getroffenen Vereinbarungen (beachte auch § 87 I Nr. 10, II BetrVG; Rdnr. 922).

(1) Der *Zeitlohn* berechnet sich nach Lohnbemessungsperioden (z.B. Stundenlohn, Monatsgehalt). Für einen bestimmten Zeitraum wird also eine im Voraus fest bestimmte Lohnsumme gezahlt, unabhängig davon, wie hoch die Arbeitsleistung tatsächlich zu bewerten ist.

Beispiel: Verpflichtet sich der Arbeitgeber zur Zahlung eines Stundenlohns von 15,– € in der Erwartung, der Arbeitnehmer werde in einer Stunde 10 Stücke eines Produkts herstellen, so ändert sich an der Lohnhöhe nichts, wenn der Arbeitnehmer nur fünf oder mehr als 10 Stück in der Stunde gefertigt hat.

(2) Beim *Akkordlohn* richtet sich die Höhe der Entlohnung nach dem erbrachten Arbeitsergebnis. Es gibt zwei Berechnungsarten: **276**

Beim *Geldakkord* wird für eine bestimmte Leistung (z. B. je Stück) ein bestimmter Geldbetrag festgesetzt, den der Arbeitnehmer erhalten soll. Man spricht auch von einem Stückpreis und demgemäß von einem Stückakkord. Der Lohn des Arbeitnehmers wird berechnet, indem man die Zahl der erbrachten Leistungen (= Stückzahl) mit dem pro Leistungseinheit festgesetzten Preis (= Stückpreis) vervielfacht.

Beispiel: A soll bei normaler Arbeitsleistung in der Stunde 15,– € verdienen. Kann er bei dieser Normalleistung 10 Stück je Stunde herstellen, so hat jedes Stück einen Wert von 15,– € : 10 = 1,50 €. Stellt A in einer Stunde jedoch 12 Stück her, hat er 12 × 1,50 € = 18,00 € verdient.

Lohn = Zahl der erbrachten Leistungen (Zahl der Stücke) × Stückpreis

Beim *Zeitakkord* wird dem Arbeitnehmer nicht Geld, sondern Zeit (Zahl der Minuten) gutgeschrieben. Diese wird berechnet, indem man die Zahl der erbrachten Leistungen mit der Normalzeit für ein Stück vervielfacht. Diese Normalzeit ist die Zeit, in der ein normaler Arbeitnehmer bei normalen Verhältnissen ein Stück herstellen kann. Sie kann geschätzt werden (Schätzakkord, Faustakkord oder vom Meister aufgrund seiner Erfahrungen festgesetzter Meisterakkord). Heute ermittelt man die Normalzeiten (= Vorgabezeiten, Zeitfaktor) in aller Regel mit arbeitswissenschaftlichen Methoden; es sind das Refa-System (= Reichsausschuß für Arbeitszeitermittlung), das Bédaux-System (entwickelt von Bédaux) und das MTM-System (= Methods Time Measurement) zu unterscheiden (Einzelh.: Schaub/Koch, Arbeitsrechts-Handbuch 2009; § 64 Rdnr. 13 ff.). Die dem einzelnen Arbeitnehmer insgesamt gutzubringende Zeit wird dann mit dem Geldfaktor vervielfacht; dieser ist der für eine Minute festgesetzte Geldbetrag. **277**

Beispiel: Im obigen Fall werden dem A je Stück 60 : 10 = 6 Minuten gutgeschrieben. Der Wert jeder Minute beträgt 15,– €: 60 = 0,25 € (= Geldfaktor). Erstellt A 12 Stück in einer Stunde, erhält er 12 × 6 Minuten = 72 Minuten gutgebracht. Sein Lohn beträgt dann 72 × 0,25 € = 18,– €.

Lohn = Zahl der erbrachten Leistungen × Normalzeit × Geldfaktor

Die beiden Beispiele zeigen, dass Geld- und Zeitakkord nur verschiedene Berechnungsarten sind, die zu demselben Ergebnis führen. Der Stückpreis beim Geldakkord entspricht dem Produkt aus Normalzeit und Geldfaktor beim Zeitakkord.

Die Berechnung des Zeitakkords ist für die Praxis vorteilhafter: Stellt sich z. B. heraus, dass die Normalzeit falsch berechnet ist oder ändert sich die Normalzeit, weil eine andere Fertigungsmethode angewandt wird, dann wird nur die Normalzeit entsprechend berichtigt, und der Geldfaktor bleibt davon unberührt. Soll der Lohn erhöht oder herabgesetzt werden, muss nur der Geldfaktor geändert werden, was eine entsprechende Vereinbarung voraussetzt. Beim Geldakkord muss dagegen in allen genannten Fällen der Stückpreis abgeändert werden.

Der Betriebsrat hat bei der Regelung von Akkordsätzen mitzubestimmen; sein Mitbestimmungsrecht erstreckt sich sowohl auf die Ermittlung des Zeitfaktors als auch auf die Festsetzung des Geldfaktors (§ 87 I Nr. 11, II BetrVG; Rdnr. 923).

278 Sind in einem Tarifvertrag nur Bestimmungen über Stundenlöhne enthalten und wollten die Tarifvertragsparteien damit keine Regelung über Akkordlöhne treffen, dann beeinflusst eine Tariflohnerhöhung die Akkordlöhne nicht (**Fall a**). Enthält der Tarifvertrag aber eine Verdienstsicherungsklausel (Akkordsicherungsklausel), dann wird dadurch dem Akkordarbeiter – auch bei Zurückbleiben hinter seiner Leistung – der tarifliche Stundenlohn als Mindestverdienst zugesichert (ErfK/Preis, § 611 BGB Rdnr. 498). Üblicherweise werden die Akkorde zu den Stundenlöhnen durch tarifliche Vereinbarungen von *Akkordrichtsätzen* in Beziehung gesetzt. Der Akkordrichtsatz legt fest, welche Vergütung ein im Akkord tätiger Arbeitnehmer für die nach arbeitswissenschaftlichen Methoden zu ermittelnde Normalleistung erhalten soll. Er wird meistens nach dem Zeitlohn der vergleichbaren Arbeitnehmergruppe zuzüglich eines prozentualen Aufschlags bestimmt.

Beispiel: Wird vereinbart, dass der Akkordarbeiter für die Normalleistung einen den Stundenlohn um 15% übersteigenden Lohn erhält, dann ist im obigen Falle für die Berechnung des Geldfaktors von 17,25 € auszugehen; denn: 15,– € + 15% (2,25 €) = 17,25 €.

Wird auf eine solche oder ähnliche Weise der Akkordlohn mit dem Stundenlohn gekoppelt, dann steigt bei einer Erhöhung der tariflichen Stundenlöhne auch der Geldfaktor bei der Berechnung des Akkordlohnes (**Fall a**).

c) *Grundlohn – Lohnzuschläge*

279 (1) Als *Grundlohn* bezeichnet man das normale Arbeitsentgelt im Unterschied zu den Zuschlägen, die neben dem Grundlohn als besondere Vergütungen aus verschiedenen Anlässen (z. B. wegen besonderer Erschwernisse: Schmutzzulage, Wegegeld) gewährt werden. Diese Aufteilung schließt nicht aus, dass auch der Grundlohn z. B. nach Dienstalter, Familienstand oder Kinderzahl gestaffelt ist.

280 (2) Als *Lohnzuschläge* (bzw. Sondervergütungen, vgl. § 4a EFZG) kommen vor allem Prämien, Gratifikationen, Provisionen, Tantiemen, Boni und Zulagen in Betracht. Sie werden aufgrund einer Vereinbarung oder freiwillig gezahlt; in beiden Fällen handelt es sich nicht um unentgeltliche Zuwendungen, sondern um Lohnbestandteile, die also auch dem Lohnschutz (z. B. Pfändungsschutz; Rdnr. 295) unterliegen.

(a) *Prämien* sind zusätzliche Vergütungen für eine besonders gute Erfüllung dienstlicher Pflichten. Sie werden meist neben dem Zeitlohn gezahlt, um dem Arbeitnehmer einen Anreiz für einen bestimmten Leistungserfolg zu geben.

Beispiele: Qualitäts-, Ersparnis-, Pünktlichkeits-, Anwesenheitsprämien.

(b) *Gratifikationen* sind Sonderzuwendungen aus bestimmtem Anlass. Sie werden als Anerkennung für geleistete Dienste und oft auch mit der Absicht gewährt, den Arbeitnehmer weiterhin an den Betrieb zu binden. Neben diesen Zwecken kann eine zusätzliche Vergütung der im Bezugszeitraum geleisteten Arbeit gewollt sein (sog. Sonderzuwendung mit Mischcharakter: BAG NZA 1991, 689). Rechtsgrundlagen für eine Gratifikation können ein Tarifvertrag, eine Betriebsvereinbarung, der Einzelarbeitsvertrag, aber auch eine Betriebsübung (vgl. Rdnr. 137ff.) oder der arbeitsrechtliche Gleichbehandlungsgrundsatz (vgl. Rdnr. 322ff.) sein. **281**

Beispiele: Weihnachtsgratifikation (zum Rechtsanspruch vgl. Rdnr. 137); 13. Monatseinkommen; Treuegeld für längere Betriebszugehörigkeit.

Was im Einzelfall gewollt ist, ergibt sich in erster Linie nicht aus der Bezeichnung, sondern aus den Voraussetzungen für die Gewährung der Sonderzahlung. Hängt diese von einer bestimmten Dauer der Betriebszugehörigkeit und/oder dem Bestehen des Arbeitsverhältnisses zu einem bestimmten Zeitpunkt ab (sog. Stichtagsregelung), soll die in der Vergangenheit erwiesene Betriebstreue belohnt werden. Ist die Gratifikation rückzahlbar, wenn der Arbeitnehmer zu einem bestimmten Zeitpunkt im Folgejahr selbst kündigt oder aufgrund seines Verhaltens die Kündigung durch den Arbeitgeber veranlasst (sog. Rückzahlungsklausel), soll die Gratifikation einen Anreiz für zukünftige Betriebstreue bieten. Solche Klauseln sind unwirksam, wenn sie den Arbeitnehmer übermäßig lange an den Betrieb binden (vgl. BAG NZA 2003, 1032). Die Vereinbarungen unterliegen der Inhaltskontrolle nach § 307 BGB (BAG NZA 2004, 924).

Für die Wirksamkeit von einzelvertraglichen Rückzahlungsklauseln hat die Rspr. Grenzwerte entwickelt, bei deren Überschreitung anzunehmen ist, dass der Arbeitnehmer durch die vereinbarte Rückzahlung in unzulässiger Weise in seiner durch Art. 12 I GG garantierten Berufsausübung behindert wird (st. Rspr. vgl. BAG NZA 1993, 935).

- Danach dürfen Kleingratifikationen bis zu einem Betrag von 100 EUR brutto überhaupt keiner Rückzahlungsverpflichtung unterworfen werden.
- Eine am Jahresende zu zahlende Gratifikation, die über 100 €, aber unter einem Monatsgehalt liegt, kann den Arbeitnehmer bis zum Ablauf des 31. 3. des Folgejahres binden.
- Nur wenn die Gratifikation einen Monatsverdienst erreicht, ist eine Bindung des Arbeitnehmers über diesen Termin hinaus zulässig (schon: BAG AP Nr. 22 zu § 611 BGB Gratifikation). Hierbei ist für die grundsätzlich drei Monate betragende Bindungsfrist unschädlich, wenn eine Weihnachtsgratifikation bereits im November ausgezahlt wird (BAG AP Nr. 78 zu § 611 BGB Gratifikation).
- Gratifikation von mehr als einem und weniger als zwei Monatsverdiensten: Rückzahlung bei Ausscheiden des Arbeitnehmers im ersten Halbjahr des Folgejahres (BAG AP Nr. 99 zu § 611 BGB Gratifikation).
- Gratifikation von zwei Monatsgehältern: abgestufte Rückzahlungsregelung zulässig (BAG AP Nr. 69 zu § 611 BGB Gratifikation).

Die zulässige Bindungsdauer, die durch die Pflicht zur Rückzahlung einer Gratifikation **282**
für den Fall des Ausscheidens aus dem Betrieb erreicht werden kann, richtet sich nach der Höhe und dem Zeitpunkt der vereinbarten Fälligkeit der Leistung. Dies gilt auch dann, wenn eine als einheitlich bezeichnete Leistung in zwei Teilbeträgen zu unterschiedlichen Zeitpunkten fällig wird (BAG NZA 2003, 1032).

Unwirksam sind pauschale Rückzahlungsklauseln, also solche, die keine Voraussetzungen für den Eintritt der Rückzahlungspflicht festlegen und den Zeitraum der Bindung des Arbeitnehmers nicht eindeutig bestimmen.

Ohne Stichtags- und Rückzahlungsklausel ist im Zweifel eine 13. Monatsvergütung gewollt, mit der die im Kalenderjahr geleistete Arbeit zusätzlich vergütet werden soll. Scheidet ein Arbeitnehmer im laufenden Kalenderjahr aus, steht ihm ein seiner Beschäftigungszeit entsprechender anteiliger Anspruch zu (BAG AP Nr. 100 zu § 611 BGB Gratifikation).

283 Ob der Arbeitgeber eine Jahressonderzahlung für Zeiten ohne Arbeitsleistung (z.B. Krankheit, Erziehungsurlaub, unentschuldigte Fehltage) im Bezugszeitraum anteilig kürzen darf (dazu Preis/Lindemann, Der Arbeitsvertrag, 3. Aufl. 2009, S. 1227 ff.), hängt in erster Linie davon ab, ob eine Kürzungsmöglichkeit vereinbart wurde. Fehlt eine Kürzungsregelung, ist nach der Art der Sonderzahlung zu unterscheiden:

Hat die Zahlung ausschließlich Entgeltcharakter, ist der Arbeitgeber berechtigt, sie anteilig um Zeiten zu kürzen, für die kein Lohnanspruch besteht (z.B. nach Ablauf des sechswöchigen Entgeltfortzahlungszeitraums bei Krankheit, vgl. Rdnr. 368 ff.; bei Elternzeit oder unbezahltem Sonderurlaub). Denn die Sonderzahlung ist hier nichts anderes als eine atypisch fällig werdende Vergütung.

284 Soll mit der Gratifikation nur die Betriebstreue honoriert werden, kommt es allein auf das Bestehen des Arbeitsverhältnisses im Bezugszeitraum an. Eine Kürzung scheidet aus, sofern nur das Arbeitsverhältnis bestanden hat (**Fall b**).

Bei Gratifikationen mit Mischcharakter (vgl. BAG NZA 1994, 747) sind die Betriebstreue und die Arbeitsleistung regelmäßig als kumulative anspruchsbegründende Voraussetzungen zu verstehen. Der Anspruch entfällt daher bereits, wenn und soweit einer der Zwecke nicht erreicht wird.

Bei einer sog. *Anwesenheitsprämie* muss den Arbeitnehmern im Voraus bekannt sein, ob und wie diese bei Fehltagen gekürzt wird. Bei einer als freiwillig deklarierten Weihnachtszuwendung kann der Arbeitgeber in den Grenzen des § 4a, 2 EFZG Arbeitnehmer ausnehmen, die im Bezugszeitraum Fehlzeiten hatten (BAG NZA 2002,1284).

Kürzungsvereinbarungen sind unzulässig, soweit sie einzelne Arbeitnehmergruppen sachfremd und willkürlich benachteiligen (BAG NZA 1991, 763; z.B. Ausschluss von Teilzeitbeschäftigung, vgl. § 4 I 2 TzBfG) oder zwingende Arbeitnehmerschutzrechte unzulässig beeinträchtigen. Weitere Grenzen ergeben sich aus AGB-rechtlichen Besonderheiten (vgl. zum Ganzen Preis/Lindemann, Der Arbeitsvertrag, 3. Aufl. 2009, S. 1204 ff.).

285 (c) *Provisionen* sind Vergütungen, die nach einem bestimmten Prozentsatz des Wertes der vom Arbeitnehmer vermittelten oder abgeschlossenen Geschäfte berechnet werden. Als Zuschlag werden sie neben einem festen Grundlohn (Fixum) gezahlt. Provisionsabreden in Arbeitsverträgen finden sich hauptsächlich bei Handlungsgehilfen, die für ihren Arbeitgeber Geschäfte abzuschließen oder zu vermitteln haben (§ 65 HGB).

Kommt ein provisionspflichtiges Geschäft aus völlig sachwidrigen Erwägungen des Arbeitgebers nicht zustande (**Fall c**), so erhält der Arbeitnehmer dennoch die Provision (§§ 65, 87a HGB; Rechtsgedanke des § 162 BGB).

286 (d) *Tantiemen* sind zusätzliche Vergütungen, die regelmäßig Vorstands- und Aufsichtsratsmitgliedern von Kapitalgesellschaften (vgl. §§ 87 I, 113 III AktG), oft auch leitenden Angestellten gezahlt werden. Ihre Höhe richtet sich nach dem Jahresgewinn des Unternehmens. Sie werden teils in Geld, teils in Aktien oder

auch in Aktienoptionen geleistet. Ihr Ziel ist es, einen Anreiz zu bieten, dass die Berechtigten sich für eine möglichst gewinnbringende Unternehmensführung einsetzen. In eine ähnliche Richtung zielen die in jüngster Zeit insbesondere bei Bankern in die Diskussion geratenen Boni. Ebenso wie bei Tantiemen kann sich als problematisch erweisen, dass sie Anreize für nur kurzfristige Ergebnisverbesserungen bieten zu Lasten einer langfristigen Unternehmensstrategie.

Beim vorzeitigen Ausscheiden eines berechtigten Arbeitnehmers erhält dieser im Zeitpunkt der Bilanzierung einen seiner Arbeitszeit entsprechenden Anteil am Gewinn (**Fall b**). Das ergibt sich auch ohne besondere Abrede aus einer am Zweck der Tantieme ausgerichteten Vertragsauslegung (§§ 133, 157 BGB).

(e) *Zulagen* sind alle übrigen Lohnzuschläge. Sie finden ihren Grund entweder **287** in der Änderung der allgemeinen Lebensverhältnisse (z.B. Teuerung), in den persönlichen Verhältnissen des Arbeitnehmers (z.B. Geburt eines Kindes, Todesfall in der Familie) oder in der besonderen Art seiner Tätigkeit (z.B. bei Schmutz, Gefahr).

(f) Zur *Bezahlung von Mehr- und Überarbeit* vgl. Rdnr. 211.

2. Lohnzahlung

a) Vom Arbeitgeber an den Arbeitnehmer auszuzahlen ist der *Nettolohn.* Dieser **288** wird ermittelt, indem vom Bruttolohn abgezogen werden: die Lohn- und gegebenenfalls die Kirchensteuer sowie der Solidaritätszuschlag, die Sozialversicherungsbeiträge sowie etwaige Abzüge, die auf privatem Recht (z.B. Abreden über die Einbehaltung von Lohn) beruhen.

Die Lohn-, die Kirchensteuer und der Solidaritätszuschlag, die der Arbeitnehmer zu tragen hat, sind vom Arbeitgeber an das Finanzamt abzuführen. Die Sozialversicherungsbeiträge (zur Kranken-, Pflege-, Arbeitslosen- und Rentenversicherung) sind vom Arbeitgeber und vom Arbeitnehmer je zur Hälfte aufzubringen (s. aber auch § 58 III SGB XI); die Arbeitnehmeranteile, die dem Arbeitnehmer vom Lohn abgezogen werden, hat der Arbeitgeber zusammen mit seinen eigenen Beiträgen abzuführen. Nicht abgezogen werden Beiträge zur gesetzlichen Unfallversicherung, da sie der Arbeitgeber allein zu tragen hat (Einzelh.: Schaub/Linck, Arbeitsrechts-Handbuch, § 71).

b) *Empfangsberechtigter* des Nettolohnes ist grundsätzlich der Arbeitnehmer, **289** der von ihm Bevollmächtigte oder auch ein Dritter, auf den die Forderung (z.B. durch Abtretung) übergegangen ist.

Der Arbeitgeber wird durch Zahlung an einen minderjährigen Arbeitnehmer nicht von seiner Verpflichtung frei, es sei denn, dass der gesetzliche Vertreter mit einer solchen Zahlung einverstanden ist. Ist der Minderjährige allerdings ermächtigt worden, in Dienst oder Arbeit zu treten (§ 113 BGB; Rdnr. 160), kann der Lohn mit befreiender Wirkung an den Minderjährigen gezahlt werden.

c) Der *Zahlungsort* richtet sich nach § 269 BGB (Brox/Walker, AS, § 12 **290** Rdnr. 15ff.). Ist ein Betriebsrat gewählt, kommt es auf eine eventuell geschlossene Betriebsvereinbarung an (vgl. § 87 I Nr. 4, II BetrVG; Rdnr. 913). Letztlich ist der

Sitz des Betriebes der Erfüllungsort (§ 269 I, II BGB), allerdings ist die bargeldlose Zahlung heute der absolute Regelfall.

291 d) Die *Zahlungszeit* richtet sich in erster Linie nach der (kollektiv- oder einzelvertraglichen) Vereinbarung (vgl. § 271 I BGB). Da die Vergütung regelmäßig nach Zeitabschnitten (Monatsgehalt) bemessen ist, ist der Lohn nach § 614, 2 BGB erst nach Ablauf der jeweiligen Zeitabschnitte zu zahlen. Bei längeren Zeitabschnitten werden meist monatliche Abschlagszahlungen vereinbart. § 614, 2 BGB ist abdingbar; es wäre im Übrigen auch völlig unpraktikabel, Stundenlöhne stündlich auszuzahlen. Bei kaufmännischen Angestellten („Handlungsgehilfen") hat die Gehaltszahlung spätestens am Monatsende zu erfolgen (§ 64 HGB).

292 e) *Abrechnung des Arbeitsentgelts.* Nach § 108 GewO ist dem Arbeitnehmer bei Zahlung des Arbeitsentgelts eine Abrechnung in Textform zu erteilen. Die Abrechnung muss mindestens Angaben über Abrechnungszeitraum und Zusammensetzung des Arbeitsentgelts enthalten. Hinsichtlich der Zusammensetzung sind insbesondere Angaben über Art und Höhe der Zuschläge, Zulagen, sonstige Vergütungen, Art und Höhe der Abzüge, Abschlagszahlungen sowie Vorschüsse erforderlich. Die Verpflichtung zur Abrechnung entfällt, wenn sich die Angaben gegenüber der letzten ordnungsgemäßen Abrechnung nicht geändert haben.

293 f) Über den Empfang des Lohnes hat der Arbeitnehmer dem Arbeitgeber nach § 368 BGB eine *Quittung* zu erteilen; ein Anspruch auf eine Ausgleichsquittung (gegenseitiger Verzicht auf weitergehende Ansprüche) besteht dagegen nicht. Formularmäßig vereinbarte Ausgleichsquittungen sind einer Inhaltskontrolle anhand der §§ 307 ff. BGB unterworfen. Eine Freistellung nach § 307 III BGB wird eine Ausnahme bilden, da i.d.R. nicht die – kontrollfreie – Vereinbarung über die Hauptleistung im Vordergrund steht, sondern der Charakter als Quittung i.S.d. § 368 BGB (Preis/Bleser/Rauf, DB 2006, 2812, 2814).

3. Lohnsicherung

294 Da der Arbeitslohn in aller Regel die einzige Einnahmequelle und damit die Existenzgrundlage des Arbeitnehmers und seiner Familie ist, muss ein bestimmter Teil des Lohnes als Existenzminimum gegenüber pfändenden Gläubigern und gegenüber dem Arbeitgeber gesichert werden. Schutzbedarf besteht auch im Fall der Insolvenz des Arbeitgebers.

a) *Sicherung gegenüber pfändenden Gläubigern*

295 Der Gläubiger, der aus einem auf Zahlung eines bestimmten Geldbetrages lautenden Vollstreckungstitel vollstrecken will, kann durch das Amtsgericht die Lohnforderung seines Schuldners, die dieser als Arbeitnehmer gegen seinen Arbeitgeber als Drittschuldner hat, pfänden und sich zur Einziehung überweisen lassen (vgl. §§ 829, 835 ZPO). Jedoch ist die Pfändung von Arbeitseinkommen (§ 850 ZPO) nur beschränkt zulässig (§§ 850a-850k ZPO).

Ein bestimmter Teil des Arbeitseinkommens ist unpfändbar. Der Umfang der Unpfändbarkeit richtet sich nach den Unterhaltspflichten des Arbeitnehmers. Verdient der Arbeitnehmer mehr als den pfändungsfreien Grundbetrag, so ist der überschießende Betrag bis auf einen bestimmten Teil pfändbar (Einzelh.: § 850c ZPO).

Wird wegen gesetzlicher Unterhaltsforderungen naher Angehöriger des Arbeitnehmers dessen Lohnforderung gepfändet, so gelten die Pfändungsbeschränkungen nicht. Der Arbeitnehmer muss mit seinen Angehörigen das Letzte teilen; stets ist ihm jedoch so viel zu belassen, wie er für seinen notwendigen Unterhalt und zur Erfüllung seiner sonstigen vor- und gleichrangigen Unterhaltspflichten benötigt (Einzelh.: § 850d ZPO).

Soweit die Lohnforderung nicht der Pfändung unterworfen ist, kann sie auch nicht an einen anderen abgetreten werden (§ 400 BGB).

b) *Sicherung gegenüber dem Arbeitgeber*

Soweit die Lohnforderung der Pfändung nicht unterworfen ist, besteht ein *Aufrechnungsverbot* (§ 394, 1 BGB; Brox/Walker, AS, § 16 Rdnr. 16); der Arbeitgeber kann also nur innerhalb der Pfändungsgrenzen mit einer Gegenforderung aufrechnen. Eine Aufrechnung kann auch einzel- oder kollektivvertraglich ausgeschlossen werden. Bei Formulararbeitsverträgen ist § 309 Nr. 3 BGB zu beachten (HWK/Gotthardt, § 309 BGB Rdnr. 4). **296**

Der Abzug von Steuern und Sozialversicherungsbeiträgen ist keine Aufrechnung. Das gilt auch für die Einbehaltung eines Lohnvorschusses; denn durch die vorzeitige Zahlung des Vorschusses wurde insoweit bereits der Lohnanspruch getilgt. Der Arbeitnehmer verdient den Schutz des § 394 BGB nicht, wenn dem Arbeitgeber eine Gegenforderung wegen vorsätzlicher Schädigung durch den Arbeitnehmer zusteht (vgl. BAG AP Nr. 9 zu § 394 BGB).

Auch die *Ausübung eines Zurückbehaltungsrechts* hinsichtlich des Lohnes nach § 273 BGB ist immer dann ausgeschlossen, wenn sie einen der Aufrechnung gleichkommenden Effekt hat und wenn die Aufrechnung unzulässig wäre (Brox/Walker, AS, § 13 Rdnr. 8).

c) *Insolvenz des Arbeitgebers*

Die Insolvenzordnung regelt den Entgeltschutz der Arbeitnehmer im Insolvenzfall des Arbeitgebers in zwei Tatbeständen: Entgeltansprüche, die bei der Eröffnung des Insolvenzverfahrens schon entstanden sind, werden Insolvenzforderungen (§§ 38, 87, 174ff. InsO). Entgeltansprüche, die nach Verfahrenseröffnung entstehen, werden Masseverbindlichkeiten (§§ 103 I, 55 I 1 und 113 InsO), je nach den Umständen nach § 209 I Nr. 2 oder 3 InsO (vgl. § 209 II InsO). **297**

Für Entgeltansprüche aus den letzten drei Monaten vor der Verfahrenseröffnung, die im Insolvenzverfahren ausfallen, erhält der Arbeitnehmer von der Bundesagentur für Arbeit ein Insolvenzgeld in Höhe der Nettobezüge (§§ 183ff. SGB III). Sozialplanansprüche sind Masseverbindlichkeiten (§ 123 II 1 InsO).

II. Sonstige Pflichten des Arbeitgebers

Schrifttum: Bartenbach/Volz, Die Novelle des Gesetzes über Arbeitnehmererfindungen 2009, GRUR 2009, 997; Bergwitz, Das betriebliche Rauchverbot, NZA-RR 2004, 169; Buchner, Betriebliche Datenverarbeitung zwischen Datenschutz und Informationsfreiheit, in: Festschrift Buchner, 2009, S. 153; Däubler, Gläserne Belegschaften?, 5. Aufl., 2009; Grobys, Organisationsmaßnahmen des Arbeitgebers nach dem neuen Allgemeinen Gleichbehandlungsgesetz, NJW 2006, 2950; Schmidt, Das gemeinschaftsrechtliche Verbot der Altersdiskriminierung und seine Bedeutung für das deutsche Arbeitsrecht, RdA 2002, 80; Schreiber, Gleichbehandlung im Arbeitsrecht, Jura 2010, 499; Wiedemann, Die Gleichbehandlungsgebote im Arbeitsrecht, 2001; ders., Gerechtigkeit durch Gleichbehandlung, in: 50 Jahre BAG, 2004, S. 265; Wiedemann/Thüsing, Der Schutz älterer Arbeitnehmer und die Umsetzung der Richtlinie 2000/78/EG, NZA 2002, 835.

Fälle:

298 a) Die Arbeitnehmer, die mit dem Rad oder dem Auto zur Arbeit fahren, verlangen vom Arbeitgeber die Bereitstellung von Einstell- und Parkplätzen.

b) Ein Arbeitnehmer, dem aus dem verschlossenen Spind sein Straßenanzug entwendet worden ist, verlangt vom Arbeitgeber den Abschluss einer Diebstahlsversicherung.

c) Der Arbeitgeber gibt durch Anschlag die erstmalige Zahlung eines Weihnachtsgeldes bekannt: Ledige bekommen 150,– €, Verheiratete 250,– €; ausländische Arbeitnehmer, Teilzeitkräfte und Personen, die noch kein Jahr im Betrieb arbeiten, erhalten nichts.

d) Der Arbeitgeber schickt die Arbeitnehmer, die an einem bestimmten Fließband arbeiten, wegen dringender Reparaturen für drei Tage nach Hause. Arbeitnehmer A will weiterarbeiten, obwohl der Arbeitgeber zur Entgeltfortzahlung für die drei Tage bereit ist.

e) Der Arbeitgeber entzieht einem früheren Arbeitnehmer das vertraglich zugesagte Ruhegeld, weil dieser nach seinem Ausscheiden dem Arbeitgeber beleidigende Briefe geschrieben hat.

1. Schutzpflichten („Fürsorgepflichten“)

299 a) Aus dem Arbeitsverhältnis ergeben sich – wie bei anderen Vertragsverhältnissen – Schutzpflichten für die Vertragsparteien. Die den Arbeitgeber treffenden Schutzpflichten sind heute weitgehend gesetzlich geregelt.

Beispiele: Pflicht zur Schaffung sicherer Arbeitsplätze (§§ 618 I, 619 BGB, § 62 I, IV HGB, § 3 I ArbSchG), zum Schutz der freien Entfaltung der Persönlichkeit der im Betrieb beschäftigten Arbeitnehmer (§ 75 II BetrVG), zur Unterrichtung des Arbeitnehmers über seine Stellung im Betrieb (§ 81 BetrVG), zur Anhörung des Arbeitnehmers und zur Erörterung der Angelegenheiten, die den Arbeitnehmer betreffen (§ 82 BetrVG), zur Gewährung von Einsicht des Arbeitnehmers in die über diesen geführten Personalakten (§ 83 BetrVG).

Gem. § 12 AGG ist der Arbeitgeber verpflichtet, die erforderlichen Maßnahmen zum Schutz vor Benachteiligung wegen eines in § 1 AGG genannten Grundes (Rasse oder ethnische Herkunft, Geschlecht, Religion oder Weltanschauung, Behinderung, Alter oder sexuelle Identität) zu treffen (dazu Schneider/Sittard, NZA 2007, 654; zum AGG vgl. Rdnr. 150ff., 167ff.). Nach § 12 I 2 AGG umfasst dieser Schutz auch vorbeugende Maßnahmen. Mit der Einführung des AGG wurde auch § 75 I BetrVG geändert. Nach der novellierten Fassung haben Arbeitgeber und Betriebsrat darüber zu wachen, dass Benachteiligungen wegen eines in § 1 AGG genannten Grundes unterbleiben.

Der Durchsetzung des Benachteiligungsverbotes nach § 7 AGG dient ein Beschwerderecht der Betroffenen in § 13 AGG. Die Betroffenen haben bei Untätigkeit des Arbeitgebers oder eines Dienstvorgesetzten ferner das Recht, ihre Tätigkeit ohne Verlust ihrer Bezüge einzustellen (§ 14 AGG), soweit dies zu ihrem Schutz erforderlich ist. Ferner enthält das Gesetz ein an § 612a BGB angelehntes Maßregelungsverbot für Arbeitnehmer, die ihre im AGG enthaltenen Rechte in zulässiger Weise ausgeübt haben (§ 16 AGG).

Zu erwähnen sind ferner der in zahlreichen Gesetzen und Verordnungen geregelte techni- **300**
sche und medizinische Arbeitsschutz (z. B. Arbeitsstättenverordnung, Arbeitsstoffverordnung, Geräte- und Produktsicherheitsgesetz, Arbeitssicherheitsgesetz), die Unfallverhütungsvorschriften der Berufsgenossenschaften (§ 15 SGB VII) sowie der soziale Arbeitsschutz (z. B. ArbZG, JArbSchG, MuSchG). Das Arbeitsschutzgesetz enthält Grundnormen, die für alle Beschäftigungsbereiche gelten.

Soweit gesetzliche Regelungen fehlen, können sich im Hinblick auf die besondere Schutzbedürftigkeit des Arbeitnehmers Schutzpflichten aus dem Arbeitsvertrag in Verbindung mit dem Grundsatz von Treu und Glauben ergeben.

b) Zu den Pflichten des Arbeitgebers gehören auch die *Wahrung und der Schutz* **301**
der Grundrechte der Arbeitnehmer im Rahmen des Arbeitsverhältnisses. Beispielhaft ist etwa auf die Grundrechte aus Art. 4 GG zu verweisen. Der Arbeitnehmer verzichtet mit dem Abschluss des Arbeitsvertrags nicht von vornherein auf diese Grundrechte, weil er damit rechnen muss, dass die Erfüllung seiner Vertragspflichten mit seinen religiösen Verpflichtungen kollidieren kann. Andererseits ist der Arbeitgeber nicht verpflichtet, einem Arbeitnehmer im taktgebundenen Schichtbetrieb während der Arbeitszeit spezielle Gebetspausen einzuräumen, wenn dadurch betriebliche Störungen eintreten (LAG Hamm NZA 2002, 675). Der gläubige Muslim kann wegen seiner Grundrechte aus Art. 4 GG nach Auffassung des LAG Hamm berechtigt sein, seinen Arbeitsplatz wegen kurzzeitiger Gebete zu verlassen (§ 616 BGB). Er darf den Zeitpunkt seiner Arbeitsunterbrechung jedoch nicht ohne Absprache mit seinem Vorgesetzten selbst bestimmen (LAG Hamm NZA 2002,1090).

c) Der Arbeitgeber ist zum *Schutz der Person des Arbeitnehmers* verpflichtet; **302**
dazu gehört vor allem die Pflicht zum Schutz von Leben und Gesundheit des Arbeitnehmers am Arbeitsplatz (vgl. §§ 617 ff. BGB).

Beispiele: Sorge für sichere Arbeitsräume, Zugangswege, Maschinen, Werkzeuge, für genügende Beleuchtung, Belüftung, Heizung. Öffentlich-rechtlich bestehen umfangreiche Regelungen in der ArbStättV (BGBl. 2004 I, 2179). Zum Nichtraucherschutz s. § 5 ArbStättV, zur Arbeitszeit: BAG NZA 2004, 927.

Ferner hat der Arbeitgeber die Würde des Arbeitnehmers und seine Persönlichkeitsrechte zu achten und zu schützen. Das ist nach §§ 75 II, 80 I Nr. 1 BetrVG eine gemeinsame Pflicht von Arbeitgeber und Betriebsrat. Praktische Bedeutung hat das etwa beim Abhören von Telefongesprächen im Betrieb (BAG SAE 1998, 285 m. Anm. Löwisch/Wallisch) oder bei dem Versuch des Arbeitgebers, ein allgemeines „Duzen" aller Betriebsangehörigen untereinander durchzusetzen (abzulehnen LAG Hamm NZA-RR 1998, 481). Der Schutz der Persönlichkeit des Arbeitnehmers findet sich nunmehr in § 3 III AGG wieder, der auch den Schutz vor Mobbing umfasst (Rdnr. 353; ErfK/Preis, § 611 BGB Rdnr. 768a m. w. Nachw.).

Aus dem Persönlichkeitsrecht des Arbeitnehmers folgt als Nebenpflicht des Arbeitgebers ein allgemeines Schikaneverbot (HWK/Thüsing, § 611 BGB Rdnr. 256).

303 Verletzt wird das Persönlichkeitsrecht des Arbeitnehmers in der Regel durch eine heimliche Videoüberwachung an seinem Arbeitsplatz. Eine Ausnahme gilt, wenn der konkrete Verdacht einer schweren Verfehlung zu Lasten des Arbeitgebers besteht und die Überwachung das einzige verhältnismäßige Mittel der Aufklärung darstellt. Fehlt die Zustimmung des Betriebsrats nach § 87 I Nr. 6 BetrVG, so folgt daraus kein eigenständiges Beweisverwertungsverbot, wenn der Betriebsrat der Verwendung des Beweismittels und der darauf gestützten Kündigung zustimmt (BAG NZA 2003, 1193; vgl. auch BAG NZA 2004, 1278; dazu Richardi/Korstock, RdA 2005, 381).

Weitere Beispiele: Pflicht zur Sicherung personenbezogener Daten; Schweigepflicht hinsichtlich der dem Arbeitnehmer nachteiligen Tatsachen. Damit ein menschenwürdiges, erträgliches Betriebsklima besteht und erhalten bleibt, kann der Arbeitgeber verpflichtet sein, zerstrittene Arbeitnehmer nach Möglichkeit nicht an derselben Maschine einzusetzen oder einen Störenfried notfalls zu versetzen bzw. gar zu entlassen; das kann auch der Betriebsrat im Fall des § 104 BetrVG von ihm verlangen (Rdnr. 963).

304 d) Die *Pflicht zur Beachtung der sozialversicherungsrechtlichen Vorschriften* besteht nicht nur gegenüber den Sozialversicherungsträgern; vielmehr ist der Arbeitgeber dazu auch gegenüber dem Arbeitnehmer verpflichtet, damit dessen Rechte aus der Sozialversicherung nicht beeinträchtigt werden.

Verpflichtet ist der Arbeitgeber insbesondere zur richtigen und rechtzeitigen Anmeldung des Arbeitnehmers zur Sozialversicherung, zur ordnungsgemäßen Beitragszahlung (vgl. auch § 266a StGB) und rechtzeitigen Anzeige eines Betriebsunfalls.

305 e) Die Pflicht zum *Schutz des Eigentums des Arbeitnehmers* bezieht sich einmal auf die notwendigerweise mitgebrachten Sachen (z.B. Kleidung; nicht etwa wertvoller Schmuck); der Arbeitgeber hat dafür zu sorgen, dass diese Sachen vor Verlust und Beschädigung sicher aufbewahrt werden können; das gilt auch für Fahrzeuge, sofern es sich dabei um Fahrräder oder Mopeds handelt (**Fall a**).

Ob der Arbeitgeber Parkplätze für die Kraftwagen der Arbeitnehmer bereitstellen muss, richtet sich nach den Umständen des Einzelfalles (z.B. vorhandener Raum, Kosten, Zahl der Fahrzeuge, Erforderlichkeit der Autobenutzung und Entfernung des Betriebes von öffentlichen Parkplätzen); stellt der Arbeitgeber einen Parkplatz zur Verfügung, muss er für dessen Verkehrssicherheit sorgen (Einzelh.: BAG AP Nr. 1 ff. zu § 611 BGB Parkplatz). Zum Abschluss einer Diebstahlsversicherung ist der Arbeitgeber nur bei einer besonderen Vereinbarung verpflichtet (**Fall b**).

306 f) Eine *Pflicht zum Aufwendungsersatz* besteht, wenn der Arbeitnehmer anlässlich der Erfüllung seiner arbeitsvertraglichen Pflichten Aufwendungen tätigt, die entweder vom Arbeitgeber angeordnet oder objektiv erforderlich waren oder die der Arbeitnehmer in verständiger Würdigung der Sachlage im Interesse des Arbeitgebers für erforderlich halten durfte. Die Erstattungspflicht des Arbeitgebers setzt voraus, dass die Aufwendungen nicht bereits durch das Arbeitsentgelt abgegolten sind (Einzelh.: HWK/Thüsing, § 611 Rdnr. 270 ff.). Die h.M. folgert das aus einer analogen Anwendung des § 670 BGB (BAG NZA 1999, 38; dazu Rdnr. 354). Zu den erforderlichen Aufwendungen gehören nicht nur freiwillige Vermögensopfer des Arbeitnehmers, sondern auch unverschuldete, betrieblich veranlasste Vermögensschäden (näher: Küttner/Griese, Personalbuch 2010, Stichwort Aufwendungsersatz A.3.). Bei Mitverschulden des Arbeitnehmers gilt § 254 BGB.

2. Diskriminierungsverbot

Den Arbeitgeber treffen in unterschiedlichem Maße Pflichten zur Gleichbehandlung der Arbeitnehmer. Neben die Diskriminierungsverbote, die dem Arbeitgeber ein Anknüpfen an bestimmten verpönten Kriterien untersagen (Rdnr. 308ff.), tritt das allgemeine arbeitsrechtliche Gleichbehandlungsgebot (Rdnr. 322ff.). **307**

a) *Einzelne Diskriminierungsverbote*

Diskriminierungsverbote verwehren dem Arbeitgeber die unterschiedliche Behandlung einzelner Arbeitnehmer aufgrund des jeweils erfassten Kriteriums. Die im deutschen Recht bekannten Verbote beruhen überwiegend auf gemeinschaftsrechtlichen Grundlagen. Dabei wird in den neueren Richtlinien der Katalog des Art. 10 AEUV (vgl. den früheren Art. 13 EG) aufgegriffen, während das Verbot der Diskriminierung wegen des Geschlechts auf der Vorgängernorm des heutigen Art. 157 AEUV, dem nunmehr außer Kraft getretenen Art. 141 EG beruht. Diskriminierungsverbote finden sich etwa in der betriebsverfassungsrechtlichen, zugunsten des einzelnen Arbeitnehmers aber nicht unmittelbar anwendbaren (BAG AP Nr. 2 zu § 74 BAT) Norm des § 75 I BetrVG, vor allem aber in Art. 3 III GG sowie in Art. 9 III 2 GG. Wesentliche Bedeutung kommt dem *Allgemeinen Gleichbehandlungsgesetz (AGG)* zu, in dessen Mittelpunkt das Diskriminierungsverbot des § 7 AGG steht. Danach dürfen Beschäftigte nicht wegen eines in § 1 AGG genannten Grundes (Rasse, ethnische Herkunft, Geschlecht, Religion oder Weltanschauung, Behinderung, Alter, sexuelle Identität) benachteiligt werden. Mit dem AGG setzte der deutsche Gesetzgeber die europäischen Antidiskriminierungsrichtlinien (2000/43/EG, 2000/78/EG, 2002/73/EG, 2004/113/EG) in deutsches Recht um. **308**

(1) *Diskriminierung wegen der Gewerkschaftsangehörigkeit*

Aus Art. 9 III 2 GG ergibt sich unmittelbar das Verbot der Diskriminierung wegen der Gewerkschaftsangehörigkeit. Danach sind Abreden, die das Recht, zur Wahrung und Förderung der Arbeits- und Wirtschaftsbedingungen Vereinigungen zu bilden, einschränken oder zu behindern suchen, nichtig, hierauf gerichtete Maßnahmen rechtswidrig (s. Rdnr. 626ff. zur Koalitionsfreiheit). Ergänzt wird diese Regelung durch § 612a BGB. Danach darf der Arbeitgeber einen Arbeitnehmer bei einer Vereinbarung oder Maßnahme nicht benachteiligen, weil der Arbeitnehmer in zulässiger Weise seine Rechte ausübt. Im Ergebnis bedeutet dies, dass der Arbeitgeber einen organisierten und einen nicht organisierten Arbeitnehmer allein wegen ihrer Organisationsentscheidung jeweils nicht schlechter behandeln **309** darf, weil jeder von ihnen sein Recht auf die positive bzw. negative Koalitionsfreiheit ausübt.

Nicht ausgeschlossen ist dagegen, dass ein gewerkschaftlich organisierter Arbeitnehmer anders als ein nicht gewerkschaftlich organisierter Arbeitnehmer behandelt wird. Der sachliche Grund für eine unterschiedliche Behandlung kann in der normativen Bindung des Arbeitgebers an den Tarifvertrag gem. § 4 I 1 TVG liegen, die bei einem nicht organisierten Arbeitnehmer nicht greift.

310 Ob Sonderzuwendungen (sog. Streikbruchprämien) an Arbeitnehmer, die sich an einem rechtmäßigen Streik nicht beteiligen und weiterarbeiten, gegen das gesetzliche Maßregelungsverbot des § 612a BGB verstoßen, ist eine Frage des Einzelfalls (vgl. etwa Schwarze, NZA 1993, 967). § 612a BGB ist jedenfalls dann nicht verletzt, wenn alle Begünstigten während des Streiks Belastungen ausgesetzt waren, die erheblich über das normale Maß der mit jeder Streikarbeit verbundenen Erschwerungen hinausgehen (BAG NZA 1993, 267).

(2) *Diskriminierung wegen des Geschlechts*

311 Die Diskriminierung wegen des Geschlechts stellte ursprünglich den Hauptanwendungsfall der – inzwischen nicht mehr vertretenen – Lehre der unmittelbaren Drittwirkung der Grundrechte dar (s. oben Rdnr. 120). Seit den 1970er Jahren ergaben sich wesentliche Impulse bei der Bekämpfung der Diskriminierung aus dem europäischen Gemeinschaftsrecht, die zuletzt zur Verabschiedung des AGG führten.

Eine Benachteiligung wegen des Geschlechts verbietet die Schlechterbehandlung von Frauen gegenüber Männern sowie Männern gegenüber Frauen. Eine unterschiedliche Behandlung wegen des Geschlechts ist nach § 8 I AGG nur dann zulässig, wenn dieses wegen der Art der auszuübenden Tätigkeit oder der Bedingungen ihrer Ausübung eine wesentliche und entscheidende berufliche Anforderung darstellt, sofern der Zweck rechtmäßig und die Anforderung angemessen ist. An eine solche Ausnahme sind strenge Maßstäbe anzulegen (s. Rdnr. 151).

Offene unmittelbare Diskriminierungen (s. § 3 I AGG) wegen des Geschlechts sind heute eher selten, besitzen im Bereich der Stellenausschreibungen aber noch eine gewisse Relevanz (vgl. BAG NZA 2004, 540). Auch der generelle Zugang von Frauen zur Bundeswehr ist erst vom EuGH in Anwendung der Richtlinie 76/207/EWG eröffnet worden (EuGH NZA 2000, 137).

312 Praktisch bedeutender sind Fälle der mittelbaren Diskriminierung. Nach § 3 II AGG liegt eine mittelbare Diskriminierung vor, wenn dem Anschein nach neutrale Vorschriften, Kriterien oder Verfahren Personen wegen eines in § 1 AGG genannten Grundes gegenüber anderen Personen in besonderer Weise benachteiligen können, es sei denn, die betreffenden Vorschriften, Kriterien oder Verfahren sind durch ein rechtmäßiges Ziel sachlich gerechtfertigt und die Mittel sind zur Erreichung dieses Ziels angemessen und erforderlich.

313 Als Musterbeispiel einer mittelbaren Diskriminierung galt lange Zeit die Ungleichbehandlung Teilzeitbeschäftigter gegenüber Vollzeitbeschäftigten, da regelmäßig mehr Frauen als Männer einer Teilzeitbeschäftigung nachgehen und dieser Umstand auf ihrer Geschlechterrolle beruht. Wegen der Klarstellung in § 4 I TzBfG bedarf es heute allerdings keines Rückgriffs auf die Konstruktion der mittelbaren Diskriminierung (dazu Rdnr. 319). § 4 TzBfG ist als lex specialis vor § 3 AGG zu prüfen und wird durch das weiterreichende AGG im Übrigen nicht berührt (§ 2 III AGG).

Praktische Relevanz erlangte die mittelbare Diskriminierung bei Schwangerschaften. Die Entwicklung ist in diesem Bereich durch den EuGH vorangetrieben worden. Der EuGH (NJW 2002, 123; 2003, 1107) lehnt eine Pflicht zur Offenbarung der Schwangerschaft selbst dann ab, wenn die Beschäftigung in einem wesentlichen Teil des befristeten Arbeitsverhältnisses wegen der Schwangerschaft nicht durchgeführt werden kann oder die Elternzeit beendet wird, um das höhere Mutterschaftsgeld zu erlangen (dem EuGH folgend BAG NZA 2003, 848). § 3 I 2 AGG bewertet eine ungünstigere Behandlung einer Frau wegen ihrer Schwangerschaft nunmehr sogar als *unmittelbare* Benachteiligung wegen des Geschlechts. Ein weiteres Beispiel für eine mittelbare, vom EuGH aber gebilligte Benachteiligung ist die Entgelt- bzw. Abfindungsverringerung durch die Inanspruchnahme von Elternzeit (§§ 15 ff. BEEG), die überwiegend bei Frauen eintritt (EuGH AP Nr. 19 zu EWG-Richtlinie Nr. 75/117). **314**

Einen strittigen Diskussionspunkt bildete lange Zeit die Zulässigkeit von Fördermaßnahmen zugunsten des jeweils unterrepräsentierten Geschlechts, die sog. umgekehrte oder positive Diskriminierung. Hier kommt es zu Konflikten zwischen der Gleichbehandlung Einzelner und dem Ausgleich faktischer Nachteile insbesondere von Frauen. Dass zumindest eine gewisse Förderung möglich ist, zeigen Art. 3 II 2 GG, Art. 141 IV EG und § 5 AGG. Der Ausgleich dieser widerstreitenden Interessen hat nach der Rspr. des EuGH so zu erfolgen, dass Fördermaßnahmen zwar ergriffen werden, aber nicht zu einer automatischen Bevorzugung des schwächer repräsentierten Geschlechts führen dürfen (EuGH NJW 1997, 3429). § 5 AGG ermächtigt nach der Gesetzesbegründung nicht nur den Gesetzgeber, sondern auch Arbeitgeber, Tarifvertrags- sowie Betriebspartner, positive Maßnahmen zu ergreifen (BT-Drucks. 16/1780, S. 34; str. s. Kamanabrou, NZA 2006, Beil. 3, 138). Eine positive Maßnahme i. S. des § 5 AGG stellt etwa ein Förderplan dar, wonach z. B. Frauen oder Jugendliche bei ihrem beruflichen Werdegang bevorzugt zu behandeln sind. **315**

Das Diskriminierungsverbot gilt auch für Zahlungen aus einer Pensionskasse. Wird etwa der Anspruch auf eine Witwerrente, nicht aber der auf eine Witwenrente an die zusätzliche Bedingung geknüpft, dass der/die Beschäftigte den Unterhalt der Familie überwiegend bestritten hat, so liegt hierin eine unmittelbare Geschlechtsdiskriminierung (BAG NZA 2003, 380 nach EuGH NJW 2001, 3693; vgl. auch EuGH NZA 2002, 1141).

(3) *Diskriminierung Behinderter und Schwerbehinderter*

Das Merkmal „Behinderung" i. S. des § 1 AGG ist seinem Inhalt nach nicht identisch mit dem der „Schwerbehinderung" aus § 2 II SGB IX. Die Unterscheidung ist dem Umstand geschuldet, dass die Erheblichkeitsschwelle einer Schwerbehinderung für zu hoch erachtet wurde. Unter „Behinderung" ist eine Einschränkung zu verstehen, die insbesondere auf physische, geistige oder psychische Beeinträchtigungen zurückzuführen ist und die ein Hindernis für die Teilhabe des Betreffenden am Berufs- und am sonstigen Leben bildet (vgl. EuGH NZA 2006, 839, 840; Hanau, ZIP 2006, 2189, 2190; s. aber auch § 2 I SGB IX, der – anders **316** als der EuGH – bereits ab 6 Monaten von einer Behinderung ausgeht). Ein ausdrückliches Diskriminierungsverbot zugunsten schwer behinderter Menschen (vgl. § 2 II SGB IX) findet sich in § 81 II 1 SGB IX, der in seinem Satz 2 auf die Regelungen des AGG verweist.

(4) *Diskriminierung wegen der Staatsangehörigkeit, der Rasse oder der ethnischen Herkunft*

317 Gem. § 1 AGG sollen Benachteiligungen aus Gründen der Rasse oder der ethnischen Herkunft verhindert oder beseitigt werden. Unter ethnischer Herkunft ist die Zugehörigkeit eines Menschen zu einer durch sprachliche und kulturelle, jedoch nicht vererbliche Merkmale verbundenen Gemeinschaft zu verstehen. Mit der Aufnahme des Kriteriums „Rasse" soll nicht die Existenz menschlicher Rassen anerkannt werden. Hintergrund der Regelung ist vielmehr die lückenlose Vermeidung rassistischer Diskriminierungen (Kamanabrou, RdA 2006, 321, 322). Verhindert werden sollen vor allem Ungleichbehandlungen aufgrund äußerer Merkmale wie Hautfarbe, Haartrachten oder Körperbau (Annuß, BB 2006, 1629, 1630).

Das AGG nennt als verpöntes Merkmal nicht die Staatsangehörigkeit. Teilweise wird erwogen, das AGG auf Diskriminierungen wegen der Staatsangehörigkeit analog anzuwenden (vgl. Roloff/Lampe, JuS 2007, 354). In seinem Anwendungsbereich schützt indes schon Art. 7 IV der Verordnung (EWG) Nr. 1612/68 vor Benachteiligungen wegen der Staatsangehörigkeit. Danach sind alle Bestimmungen in Tarif- oder Einzelarbeitsverträgen oder sonstigen Kollektivvereinbarungen betreffend Zugang zur Beschäftigung, Beschäftigung, Entlohnung und alle übrigen Arbeits- und Kündigungsbedingungen nichtig, soweit sie für Arbeitnehmer, die Staatsangehörige anderer Mitgliedstaaten sind, diskriminierende Bedingungen vorsehen oder zulassen. Daneben enthält Art. 39 II EG (Arbeitnehmerfreizügigkeit) ein – nach der Rspr. des EuGH auch für Privatpersonen geltendes – Verbot der Diskriminierung wegen der Staatsangehörigkeit eines Mitgliedstaats (EuGH NZA-RR 2001, 20 = RdA 2001, 180 m. Anm. Weber), das jedoch nur bei grenzüberschreitenden Sachverhalten anwendbar ist. Ein allgemeines Diskriminierungsverbot aufgrund der Staatsangehörigkeit findet sich auch in Art. 18 AEUV, der allerdings nicht unmittelbar zwischen Privaten gilt.

(5) *Gleichbehandlung Teilzeit- und befristet Beschäftigter*

318 Nach § 4 TzBfG sind Diskriminierungen Teilzeit- und befristet Beschäftigter verboten, es sei denn, dass sachliche Gründe eine unterschiedliche Behandlung rechtfertigen. Insbesondere ist nach § 4 I 2 TzBfG einem teilzeitbeschäftigten Arbeitnehmer Arbeitsentgelt oder eine andere teilbare geldwerte Leistung mindestens in dem Umfang zu gewähren, der dem Anteil seiner Arbeitszeit eines vergleichbaren vollzeitbeschäftigten Arbeitnehmers entspricht. Auch diese Diskriminierungsverbote beruhen auf dem Gemeinschaftsrecht (jeweils § 4 der von den Richtlinien 97/81/EG und 1999/70/EG in Bezug genommenen Rahmenvereinbarungen).

Beispiele: Ausschluss vom Urlaubs- u. Weihnachtsgeld (BAG NZA 1991, 346); Ausschluss aus einer Versorgungsordnung (BAG NZA 1993, 215). Auch Jubiläumszuwendungen sind an Teilzeitbeschäftigte in entsprechender Höhe zu zahlen. Im **Fall c** verstößt der Arbeitgeber gegen § 4 I TzBfG, indem er den Teilzeitkräften das Weihnachtsgeld nicht anteilig gewährt.

Ergänzt wird das Diskriminierungsverbot durch das Benachteiligungsverbot in § 5 TzBfG, welches dem allgemeinen Maßregelungsverbot des § 612a BGB entspricht. Rechtsfolge des Verstoßes gegen das Diskriminierungsverbot des § 4 TzBfG ist die Unwirksamkeit der Maßnahme (HWK/Schmalenberg, § 4 TzBfG Rdnr. 18). Wegen § 2 III AGG wird § 4 TzBfG durch das AGG nicht berührt.

(6) *Diskriminierung wegen des Alters und weitere Diskriminierungsverbote*

§ 7 i.V.m. § 1 AGG enthalten weitere Diskriminierungsverbote hinsichtlich der **319**
Religion oder der Weltanschauung oder der sexuellen Identität (vgl. dazu ErfK/Schlachter, § 1 AGG Rdnr. 3 ff). Unter letzterem Merkmal versteht man nicht nur die sexuelle Ausrichtung, die als identitätsprägend wahrgenommen wird (Hetero-, Homo- bzw. Bisexualität), sondern es wird in einem weiten Verständnis des Begriffes auch ein auf der sexuellen Ausrichtung beruhendes Verhalten umfasst (Annuß, BB 2006, 1629, 1631).

In Umsetzung der Art. 1, 2 der Richtlinie 2000/78/EG verbietet § 7 AGG außerdem eine Diskriminierung wegen des Alters. Der Richtlinie zufolge ist eine Diskriminierung wegen des Alters grundsätzlich unzulässig, es sei denn, sie verfolgt ein legitimes Ziel und ist verhältnismäßig (Art. 6 RL). Als legitime Ziele werden die Beschäftigungs- und Arbeitsmarktpolitik genannt. Mit § 14 III TzBfG a.F. hatte der deutsche Gesetzgeber früher die Befristung von Arbeitsverträgen mit Arbeitnehmern über 52 Jahren pauschal erleichtert, um die berufliche Eingliederung älterer Arbeitsloser zu fördern und deren reale Diskriminierung abzubauen (BT-Drucks. 15/25, S. 40).

Der EuGH hat dies in der Rechtssache „Mangold“ für gemeinschaftsrechtswid- **320**
rig erklärt, ohne sich näher mit der Rechtfertigungsmöglichkeit nach Art. 6 der Richtlinie zu befassen. Er verkennt, dass nicht § 14 III TzBfG a.F., sondern die reale Situation am Arbeitsmarkt die Diskriminierung älterer Arbeitnehmer bewirkt. Die Entscheidung nimmt der nationalen Gesetzgebung die (in der Richtlinie ausdrücklich vorgesehene) Chance, bestehenden Diskriminierungen gesetzlich entgegenzusteuern. In der Sache bewirkt sie das Gegenteil dessen, was sie soll. Sie zementiert die real bestehende Benachteiligung der Älteren und ist zudem beschäftigungsfeindlich (vgl. Rüthers, NJW 2006, 1640, 1642).

Auch aus methodischer und kompetenzrechtlicher Sicht begegnet das Urteil Bedenken. Zum Zeitpunkt der Entscheidung war die Umsetzungsfrist der Richtlinie noch nicht abgelaufen, die Richtlinie daher nicht – erst recht nicht zwischen *Privaten* – unmittelbar anwendbar. Darüber setzte sich der Gerichtshof hinweg, indem er das Diskriminierungsverbot zu einem „allgemeinen Grundsatz des Gemeinschaftsrechts“ erhob, der seinen Ursprung in den „gemeinsamen Verfassungstraditionen der Mitgliedstaaten“ haben sollte (kritisch Preis, NZA 2006, 401, 406). Der EuGH missachtet damit seine richterliche Gesetzesbindung und das

Prinzip der begrenzten Einzelermächtigung der EU. Er nimmt den Mitgliedstaaten die Interpretationshoheit über ihre Verfassungen und konstruiert so im Ergebnis die unmittelbare Anwendbarkeit der Richtlinie zwischen Privaten vor Ablauf der Umsetzungsfrist. Die Mangold-Entscheidung kennzeichnet in beispielhafter Weise die Risiken eines „europäischen Richterstaates“. Sollte der EuGH die hier eingeschlagene Praxis der Anmaßung nicht legitimierter richterlicher Normsetzung fortsetzen, besteht die Gefahr, dass er nicht nur die oberste Revisionsinstanz der Fachgerichtsbarkeiten und oberstes Verfassungsgericht, sondern zugleich oberste Verfassungsänderungsinstanz für die Mitgliedstaaten werden könnte.

(7) *Rechtsfolgen eines Verstoßes gegen das Verbot des § 7 AGG*

321 Verstößt der Arbeitgeber gegen das Benachteiligungsverbot des § 7 AGG, indem er einen Beschäftigten wegen eines in § 1 AGG genannten Grundes benachteiligt, kommen Schadensersatz- bzw. Entschädigungsansprüche des Arbeitnehmers nach § 15 AGG in Betracht (vgl. auch Rdnr. 151, 187). Der Anspruch nach § 15 I AGG ist auf den Ersatz des materiellen Interesses gerichtet und verschuldensabhängig (§ 15 I 2 AGG). Verschulden von Dritten wird über § 278 BGB zugerechnet (Hanau, ZIP 2006, 2189, 2201). Bei immateriellen Schäden steht dem Beschäftigten nach § 15 II AGG sogar ein verschuldensunabhängiger Entschädigungsanspruch zu. Gem. § 15 V AGG bleiben Ansprüche gegen den Arbeitgeber, die sich aus anderen Rechtsvorschriften ergeben, unberührt (z.B. §§ 823, 1004 BGB; BT-Drucks. 16/1780, S. 38). Ansprüche nach § 15 I, II AGG müssen innerhalb einer Frist von zwei Monaten geltend gemacht werden, sofern keine andere tarifvertragliche Regelung getroffen wurde (§ 15 IV AGG). Gelingt es dem Beschäftigten Indizien für eine Benachteiligung zu beweisen, kommt ihm die Beweislastumkehr des § 22 AGG zugute (dazu Windel, RdA 2007, 1 ff.).

b) *Allgemeiner arbeitsrechtlicher Gleichbehandlungsgrundsatz*

(1) *Rechtsgrund und Anwendungsbereich*

322 Ergänzt werden die Diskriminierungsverbote durch den allgemeinen arbeitsrechtlichen Gleichbehandlungsgrundsatz. Diese Pflicht des Arbeitgebers, die Arbeitnehmer eines Betriebes gleich zu behandeln, verbietet eine unsachliche Benachteiligung einzelner oder mehrerer Arbeitnehmer. Auch eine sachfremde Gruppenbildung kann gegen den Gleichbehandlungsgrundsatz verstoßen (BAG NZA 2007, 221, 222). Der Rechtsgrund der Gleichbehandlungspflicht ist bis heute nicht abschließend geklärt. Sie ist z.B. aus dem verfassungsrechtlichen Gleichheitssatz (so BAG NZA 1993, 215, 216), aus dem Grundsatz von Treu und Glauben, aus der gem. §§ 315 BGB, 106 GewO geforderten Bestimmung nach billigem Ermessen, aus dem Gemeinschaftsverhältnis der Arbeitnehmer zum Arbeitgeber sowie aus der Fürsorgepflicht hergeleitet worden (s. HWK/Thüsing, § 611 BGB Rdnr. 181).

323 (a) Die Gleichbehandlungspflicht gilt grundsätzlich für alle Maßnahmen und Entscheidungen des Arbeitgebers, seien sie für die Arbeitnehmer günstig oder ungünstig.

Beispiele: Gehaltserhöhungen, Arbeitsbefreiung wegen schlechter Witterung, Gewährung von Zulagen, aber auch Anrechnung von Tariflohnerhöhungen auf übertarifliche Vergütung, Anordnung von Kurzarbeit, Kürzung des Weihnachtsgeldes.

(b) Auch im Arbeitsrecht hat die *Vertragsfreiheit* jedoch *Vorrang* vor einer Gleichbehandlung aller Arbeitnehmer. Die Vertragsfreiheit gewährleistet, dass die Arbeitsvertragsparteien Arbeitsbedingungen entsprechend ihren Interessen und Bedürfnissen einzeln aushandeln können.

Beispiele: Der Arbeitgeber bietet einem besonders erfolgreichen Außendienstmitarbeiter eine zusätzliche Umsatzbeteiligung sowie eine betriebliche Altersversorgung an; er zahlt einer bewährten Fachkraft einen übertariflichen Lohn. Hier haben die anderen Arbeitnehmer keinen Anspruch auf die Zusatzleistungen; denn der Arbeitgeber verfolgt damit auf das einzelne Arbeitsverhältnis begrenzte Zwecke (Bindung an den Betrieb, Belohnung für besondere Leistungen und Zuverlässigkeit). Zu beachten ist, dass es einen allgemeinen Rechtsgrundsatz „gleicher Lohn für gleiche Arbeit" im deutschen Arbeitsrecht nach der Rechtsprechung des BAG nicht gibt (BAG NZA 2000, 1050).

(c) Nur wenn der Arbeitgeber – ähnlich wie ein staatlicher Gesetzgeber – eine **324**
über einen Einzelfall hinausgehende Regel für sein Unternehmen aufstellt und sie praktiziert, darf er einzelne Arbeitnehmer oder Arbeitnehmergruppen, die unter den von der Regel erfassten Sachverhalt fallen, nicht willkürlich ausschließen. Es muss sich also um eine Maßnahme mit kollektivem Bezug handeln. Die Abgrenzung zu einzelvertraglichen Vereinbarungen ist zuweilen schwierig. Bei der Verwendung von Formularverträgen oder bei einer Inbezugnahme allgemeiner Arbeitsbedingungen im schriftlichen Arbeitsvertrag handelt es sich regelmäßig um Vereinbarungen mit kollektivem Charakter. In den übrigen Fällen kommt es entscheidend auf den Inhalt der getroffenen Vereinbarungen an. Lassen diese ein allgemeines, innerbetriebliches Prinzip erkennen, ist eine Individualvereinbarung an der vom Arbeitgeber selbst aufgestellten generellen Ordnung zu messen (BAG NZA 1993, 171).

Eine unterschiedliche Behandlung von Angestellten und Arbeitern bei der Gewährung von Weihnachtsgeld ist in der Regel nicht gerechtfertigt (BAG NZA 2005, 1418). Im **Fall c** ist die Differenzierung nach inländischen Arbeitskräften und ausländischen Arbeitnehmern bei objektiver Beurteilung sachfremd (s. auch Rdnr. 318), während ein Ausschluss der noch nicht lange im Betrieb Tätigen und eine Besserstellung der verheirateten Arbeitnehmer sachlich gerechtfertigt sind.

(d) Der Gleichbehandlungsgrundsatz ist ferner beim *Weisungsrecht des Arbeit-* **325**
gebers zu beachten. Auch eine Weisung kann eine Maßnahme mit kollektivem Bezug darstellen. Weisungen des Arbeitgebers müssen der Billigkeit entsprechen (vgl. § 106, 1 GewO); sie dürfen Arbeitnehmer insbesondere nicht wegen einer zulässigen Ausübung ihrer Rechte maßregeln (vgl. § 612a BGB).

Beispiele: Nimmt der Arbeitgeber einen Arbeitnehmer von freiwilligen Leistungen oder von der Zuweisung von Überstunden nur deshalb aus, weil dieser sich einer unbezahlten Arbeitszeitverlängerung widersetzt oder nicht bereit ist, auf tarifliche Vergütungsansprüche zu verzichten, so ist dies eine unzulässige Maßregelung nach § 612a BGB (BAG NZA 2002, 1389 = RdA 2003, 119 m. Anm. Kort und BAG NZA 2003, 1139 = RdA 2003, 368 m. Anm. Franzen). Das Weisungsrecht des Arbeitgebers wird dann unsachlich ausgeübt, wenn bei einer Torkontrolle bestimmte Arbeitnehmer besonders häufig und streng untersucht werden sollen, ohne dass bei ihnen ein erhöhter Diebstahlsverdacht gegeben ist. Der Arbeitgeber verstößt gegen das Maßregelungsverbot, wenn er auf den berechtigten Wunsch des Arbeitnehmers nach einem schriftlichen Arbeitsvertrag (vgl. § 2 I und IV NachwG) mit einer Kündigung reagiert.

326 (f) Zweifelhaft ist, ob der Gleichbehandlungsgrundsatz bei *Kündigungen* eingreift (verneinend: BAG AP Nr. 41 zu Art. 9 GG Arbeitskampf = RdA 1970, 60; s. aber auch BAG AP Nr. 73 zu § 2 KSchG 1969 zur Berücksichtigung gleichheitswidriger Auswahlkriterien bei anderen Unwirksamkeitsgründen einer Kündigung).

In aller Regel sind Kündigungsgründe nie völlig identisch. Vielmehr sind stets die besonderen Umstände des Einzelfalles zu berücksichtigen. Sofern mehrere Arbeitnehmer die gleiche Pflichtverletzung begangen haben, dürfte der Arbeitgeber bei der herausgreifenden Kündigung eines Arbeitnehmers an den Gleichbehandlungsgrundsatz gebunden sein (HWK/Thüsing, § 611 BGB Rdnr. 190; zur herausgreifenden Kündigung bei Teilnahme an einem rechtswidrigen Streik: Rdnr. 805; Brox/Rüthers, Arbeitskampfrecht, Rdnr. 339).

(2) *Anwendungsvoraussetzungen für den Gleichbehandlungsgrundsatz*

327 Zusammenfassend lassen sich folgende Voraussetzungen für die Anwendbarkeit des Gleichbehandlungsgrundsatzes festhalten:

- Kollektiver Tatbestand (Regelaufstellung und Regelbefolgung durch den Arbeitgeber)
- Ungleichbehandlung eines einzelnen Arbeitnehmers oder einer Arbeitnehmergruppe
- Benachteiligung des betroffenen Arbeitnehmers bzw. der Gruppe
- Die ungleich behandelten Arbeitnehmer müssen in demselben Unternehmen, nicht dagegen in demselben Betrieb beschäftigt sein (BAG NZA 1999, 606 = RdA 2000, 94 m. Anm. Wiedemann). Außerhalb des Unternehmens – etwa im Konzern – gilt der Gleichbehandlungsgrundsatz nach h. M. dagegen nicht.
- Die Ungleichbehandlung muss auf sachfremden Kriterien beruhen und damit willkürlich sein. Betriebliche Unterschiede können aber einen rechtfertigenden Sachgrund bilden.

(3) *Rechtsfolgen eines Verstoßes*

328 Nach wie vor nicht abschließend geklärt sind die Rechtsfolgen eines Verstoßes gegen den Gleichbehandlungsgrundsatz.

(a) Für die Vergangenheit ist bei einer Benachteiligung ganzer Arbeitnehmergruppen durch Vorenthaltung von Vergünstigungen grundsätzlich kein Leistungsanspruch der benachteiligten Gruppe zu bejahen. Eine Neuverteilung des Gesamtvolumens der Arbeitgeberleistungen unter Beachtung des Gleichbehandlungsgrundsatzes kommt grundsätzlich schon deshalb nicht in Betracht, weil den Begünstigten die erhaltenen Leistungen regelmäßig nicht mehr entzogen werden können. Die Gewährung der gleichen Leistung an alle zu Unrecht schlechter behandelten Arbeitnehmer würde dagegen regelmäßig zu einer Überforderung des

Arbeitgebers führen (Beispiel: Rückwirkende Gewährung von Ansprüchen auf eine betriebliche Altersversorgung an bislang ausgeklammerte Teilzeitbeschäftigte). Jedenfalls bei für ihn nicht ohne weiteres erkennbaren Gleichheitsverstößen wäre eine solche Belastung für den Arbeitgeber unzumutbar. So wird auch bei gleichheitswidrigen Gesetzen die Ungleichbehandlung vom BVerfG für die Vergangenheit regelmäßig geduldet und dem Gesetzgeber eine Frist für eine Neuregelung des Sachverhaltes unter Beachtung des Gleichheitssatzes gewährt (vgl. nur BVerfGE 109, 64).

Liegt dagegen nur eine gleichheitswidrige Benachteiligung einzelner Arbeitnehmer vor, so wirkt der Gleichheitsgrundsatz auch für die Vergangenheit anspruchsbegründend. Dem Arbeitgeber kann hier auch für die Vergangenheit zugemutet werden, dass er die Benachteiligung durch Gewährung von Leistungen ausgleicht (zum Ganzen Wiedemann, Die Gleichbehandlungsgebote im Arbeitsrecht, S. 82ff.). Im Anwendungsbereich der europarechtlichen Diskriminierungsverbote (z.B. Art. 141 EG oder der Gleichbehandlungsrichtlinien) können diese Grundsätze indes nicht unbesehen angewandt werden. Der EuGH (NZA 1990, 771; 2001, 1301) hält bei diskriminierenden Anspruchsausschlüssen (z.B. zusätzliche Anspruchsvoraussetzung für Witwerpension) den Ausschluss für unanwendbar. Dies führt zu einer „Anpassung nach oben", durch die teils erhebliche Zusatzkosten auf den Arbeitgeber zukommen (vgl. HWK/Strick, Art. 141 EG Rdnr. 29ff.).

(b) Für die Zukunft ist zu beachten, dass der Verstoß gegen den Gleichbehandlungsgrundsatz zur Nichtigkeit (§ 134 BGB) der Absprache („Regel") führt, auf deren Grundlage die Begünstigung bislang gewährt wurde (str.; wie hier Lieb/Jacobs, Arbeitsrecht, Rdnr. 109; a.A. ErfK/Preis, § 611 BGB Rdnr. 749). Das BAG verneint eine „Anpassung nach oben", also einen unmittelbaren Anspruch auf Gleichstellung der benachteiligten Arbeitnehmer, jedenfalls dann, wenn es sich bei der begünstigten Gruppe um einen sehr kleinen Teil der Gesamtbelegschaft handelt (weniger als 5%; BAG NZA 2007, 221, 223). Nach dem Rechtsgedanken des § 139 BGB ist nicht nur die gleichheitswidrige Ausklammerung der benachteiligten Personengruppe nichtig, sondern grundsätzlich die Gesamtvereinbarung. Im Falle einer Gewährung von Vergünstigungen ist der Arbeitgeber damit verpflichtet, für die Zukunft eine neue „Regel" unter Beachtung des Gleichbehandlungsgebots aufzustellen. Das bedeutet nicht zwingend, dass er allen Arbeitnehmern im Sinne einer Anpassung nach oben die bislang nur den privilegierten Arbeitnehmern gewährten Leistungen anbieten muss. Er muss jedoch zumindest dasjenige Volumen, das er bislang zur Verfügung gestellt hat, unter Berücksichtigung des Gleichbehandlungsgebotes neu verteilen (sog. „Topftheorie"; vgl. dazu BAG NZA 1992, 749). **329**

3. Beschäftigungspflicht

Der Arbeitsvertrag begründet nicht nur ein schuldrechtliches Austauschverhältnis von Arbeitsleistung und Lohn. Neben seiner Lohnzahlungspflicht trifft den Arbeitgeber auch eine Beschäftigungspflicht (vgl. BAG AP Nr. 2ff. zu § 611 BGB Beschäftigungspflicht). Sie findet ihre Grundlage im Recht des Arbeitnehmers auf **330** freie Entfaltung der Persönlichkeit und in der personalen Würde des Arbeitnehmers (Art. 2 I i.V.m. 1 I GG).

Bei Nichtbeschäftigung gerät der Arbeitgeber also nicht nur in Annahmeverzug mit der Folge der Lohnzahlungspflicht aus § 615 BGB, sondern verletzt zugleich den Anspruch des Arbeitnehmers auf Beschäftigung. Selbst wenn er den Lohn weiterzahlt, ist der Arbeitgeber nicht befugt, dem Arbeitnehmer eine vertragsgemäße Beschäftigung zu verweigern.

Wichtige Gründe können zur Unzumutbarkeit der Beschäftigung des Arbeitnehmers führen. Sie können in der Person des Arbeitnehmers liegen (z.B. nicht sogleich aufzuklärender Diebstahlsverdacht) oder mit dem Betrieb zusammenhängen (z.B. Auftragsmangel). In diesem Fall ist eine einseitige Suspendierung durch den Arbeitgeber möglich. Der Arbeitgeber braucht den Arbeitnehmer außerdem dann nicht zu beschäftigen, wenn dieser kein Interesse an der Beschäftigung hat. Im Übrigen sind vertragliche Einschränkungen der Beschäftigungspflicht denkbar (zur Suspendierung vgl. HWK/Thüsing, § 611 BGB Rdnr. 172ff.).

Im **Fall d** ist ein wichtiger Grund gegeben, weil die Arbeitsleistung infolge von Reparaturen am Fließband nicht zu erbringen ist. Etwas anderes gilt, wenn die Arbeitnehmer während der Reparatur an einem anderen Fließband beschäftigt werden können.

4. Pflicht zur Urlaubsgewährung

331 Der Arbeitgeber ist verpflichtet, dem Arbeitnehmer bezahlten Erholungsurlaub zu gewähren (dazu Rdnr. 402ff.).

5. Pflicht zur Vergütung einer Arbeitnehmererfindung

332 Den Arbeitgeber kann bei einer Erfindung des Arbeitnehmers eine Vergütungspflicht treffen. Einzelheiten dieser in der juristischen Ausbildung nicht relevanten Spezialmaterie, mit der auch der arbeitsrechtliche Praktiker selten konfrontiert wird, sind im ArbNErfG geregelt. Auf ihre Darstellung wird im Rahmen des vorliegenden Grundrisses verzichtet (vgl. zur Einführung Küttner/Reinecke, Personalbuch 2010, Stichwort Arbeitnehmererfindung A.).

6. Pflicht zur Altersversorgung

Schrifttum: Förster/Rühmann/Cisch, Betriebsrentengesetz, 12. Aufl., 2009; Blomeyer/Otto/Rolfs, Betriebsrentengesetz, 4. Aufl., 2006; Höfer, Die Neuregelung des Betriebsrentengesetzes durch das Alterseinkünftegesetz, DB 2004, 1426; Kemper/Kisters-Kölkes, Arbeitsrechtliche Grundzüge der betrieblichen Altersversorgung, 5. Aufl., 2008; Meier/Recktenwald, Direktzusage in der betrieblichen Altersversorgung: ein Durchführungsweg mit Zukunft, BB 2006, 707; Reichel/Heger, Betriebliche Altersversorgung – ein Grundriss, 2003; Rengier, Bestandsschutz bei Neuregelung der betrieblichen Altersversorgung, RdA 2006, 213; ders., Betriebliche Altersversorgung und Allgemeines Gleichbehandlungsgesetz, NZA 2006, 1251; Rolfs, „Für die betriebliche Altersvorsorge gilt das Betriebsrentengesetz" – Über das schwierige Verhältnis von AGG und BetrAVG, NZA 2008, 553; Steinmeyer, Das Allgemeine Gleichbehandlungsgesetz und die betriebliche Altersversorgung, ZfA 2007, 27.

a) *Bedeutung der Altersversorgung*

Scheidet ein Arbeitnehmer bei Erreichen der Altersgrenze, bei Erwerbs- oder Berufsunfähigkeit aus dem Arbeitsverhältnis aus, erhält er normalerweise aus der gesetzlichen Rentenversicherung nach SGB VI eine Rente, die seinen Lebensunterhalt und den seiner Familienangehörigen sicherstellen soll. Da diese gesetzlichen Renten in der Regel niedriger als das bisherige Arbeitseinkommen sind, gewähren viele Arbeitgeber ihren (langjährigen) Arbeitnehmern eine freiwillige zusätzliche (betriebliche) Altersversorgung (Ruhegeld, Ruhegehalt, Pension) oder den Hinterbliebenen eines verstorbenen Arbeitnehmers eine Hinterbliebenenversorgung (Witwen-, Waisenrente). 333

b) *Arten der Altersversorgung*

In der Praxis haben sich verschiedene Formen der Altersversorgung herausgebildet, von denen das Gesetz zur Verbesserung der betrieblichen Altersversorgung vier Fallgruppen behandelt (vgl. § 1 I und § 1b II bis IV BetrAVG): 334

(1) Der Arbeitgeber gibt dem Arbeitnehmer eine *unmittelbare Versorgungszusage (= Direktzusage*, § 1 I 2 BetrAVG*)*. Er selbst ist zur Zahlung des Ruhegeldes (der Hinterbliebenenversorgung) an den Arbeitnehmer (dessen Witwe, Waisen) verpflichtet.

(2) Der Arbeitgeber schließt mit einer Lebensversicherungsgesellschaft eine *Lebensversicherung* (Einzel- oder Gruppenversicherungsverträge) zugunsten einzelner, mehrerer oder aller Arbeitnehmer (der Hinterbliebenen) ab (= *Direktversicherung*, § 1b II BetrAVG).

(3) Es besteht eine *Pensionskasse*, § 1b III BetrAVG. Der Arbeitgeber wendet dem Arbeitnehmer (den Hinterbliebenen) einen *Rechtsanspruch* auf Versorgungsleistungen gegen die Kasse zu. Solche Kassen sind rechtsfähige Versorgungseinrichtungen in der Rechtsform von Versicherungsvereinen auf Gegenseitigkeit (VVaG); sie werden als Betriebs-, Konzern- oder Gruppenpensionskassen betrieben.

(4) Es besteht eine *Unterstützungskasse*, § 1b IV BetrAVG. Auf deren Leistung gibt es *keinen Rechtsanspruch.* Die Rspr. sieht im „Ausschluss eines Rechtsanspruchs" indes nur eine Widerrufsmöglichkeit des Arbeitgebers (BAG AP Nr. 6 zu § 242 BGB Ruhegehalt-Unterstützungskassen). Solche Kassen sind rechtsfähige Versorgungseinrichtungen in der Rechtsform von eingetragenen Vereinen, Stiftungen oder Gesellschaften mit beschränkter Haftung.

c) *Rechtsgrund der Altersversorgung*

Eine gesetzliche Verpflichtung des Arbeitgebers zur Leistung einer zusätzlichen Altersversorgung besteht nicht, soweit es sich nicht um eine Entgeltumwandlung handelt. Für den letztgenannten Fall gewährt § 1a BetrAVG einen gesetzlichen Anspruch auf eine betriebliche Altersversorgung. Danach kann der Arbeitnehmer verlangen, dass von seinen künftigen Entgeltansprüchen bis zu 4% der jeweiligen Beitragsbemessungsgrenze in der Rentenversicherung der Arbeiter und Angestellten durch Entgeltumwandlung für seine betriebliche Altersversorgung verwendet 335 werden (zu Einzelheiten § 1a BetrAVG). Im Übrigen kann der Arbeitgeber frei entscheiden, ob und unter welchen Voraussetzungen er seinen Arbeitnehmern ein Ruhegeld zahlen will. Zur Begründung eines Anspruchs bedarf es einer besonderen einzel- oder kollektivvertraglichen Vereinbarung.

336 (1) Der Arbeitgeber kann sich im *Einzelvertrag* zur Zahlung eines Ruhegeldes verpflichten. Diese Vereinbarung bedarf keiner Form, weil sie weder ein Schenkungs- noch ein Leibrentenversprechen darstellt (§§ 518, 761 BGB). Das Ruhegeld ist zwar kein nachträglich gezahltes Arbeitsentgelt; es wird aber nur im Hinblick auf die früher geleisteten Dienste gewährt und findet deshalb im Arbeitsverhältnis seine rechtliche Grundlage. Bei Vereinbarungen über Ruhegeldzahlungen sind Mitbestimmungsrechte des Betriebsrats aus § 87 I Nr. 8, 10 BetrVG zu beachten. Da der Arbeitgeber die Verpflichtung freiwillig eingeht, kann er die Zahlung des Ruhegeldes an bestimmte Voraussetzungen knüpfen.

Beispiele: Zwanzigjährige Betriebszugehörigkeit (BAG AP Nr. 2 zu § 1 BetrAVG Wartezeit); Höchsteintrittsalter (BAG NZA 1987, 23); Mindestdauer einer Ehe bei Witwenrente (BAG NZA 1988, 158); Mindestalter für Invalidenrente (BAG NZA 1988, 394).

337 (2) Das Ruhegeld kann in einem *Kollektivvertrag* geregelt sein. Hier kommt in erster Linie eine *Betriebsvereinbarung* in Betracht (§§ 88, 77 BetrVG). Wegen der unterschiedlichen betrieblichen Verhältnisse ist eine Regelung durch einen überbetrieblichen Tarifvertrag nicht üblich; deshalb steht § 77 III BetrVG einer Betriebsvereinbarung nicht entgegen. Gelegentlich wird allerdings eine Ruhegeldregelung auch in einem *Firmentarifvertrag* (Rdnr. 712) getroffen.

338 (3) Häufigste Grundlage für die Zahlung eines Ruhegeldes ist eine *arbeitsvertragliche Einheitsregelung* (Gesamtzusage, Pensionsordnung; vgl. Rdnr. 132ff.).

339 (4) Schließlich kann sich aus der *Gleichbehandlungspflicht* (Rdnr. 322ff.) und aus *betrieblicher Übung* (Rdnr. 137f.; BAG NZA 1986, 786) ein Ruhegeldanspruch ergeben, wenn ein Arbeitnehmer aus einer Gruppe von Arbeitnehmern willkürlich von der Ruhegeldgewährung ausgeschlossen wird (vgl. § 1b I 4 BetrAVG). Die Frage, ob die Regelungen des AGG auch im Bereich der betrieblichen Altersversorgung Anwendung finden, wurde in der Literatur zunächst kontrovers diskutiert, da der gesetzliche Verweis in § 2 II 2 AGG auf die Geltung des BetrAVG Anlass zu unterschiedlichen Interpretationen gab (vgl. u.a. Thüsing, BetrAV 2006, S. 704; Rengier NZA 2006, 1251; zum unklaren Gesetzeswortlaut Willemsen/Schweibert, NJW 2006, 2583, 2584). Das BAG hat inzwischen aus höchstrichterlicher Sicht klargestellt, dass die Regelung des § 2 II 2 AGG lediglich eine Kollisionsregel zwischen dem AGG und dem BetrAVG enthält. Das AGG gilt demnach trotz der in § 2 II 2 AGG enthaltenen Verweisung auf das Betriebsrentengesetz auch für die betriebliche Altersversorgung, soweit das Betriebsrentenrecht keine vorrangigen Sonderregelungen enthält (BAG NZA 2008, 532; BAG NZA 2009, 489). Da das LPartG seit dem 1.1.2005 grds. eine gleichartige Rechtsstellung von Ehegatten und Lebenspartnern vorsieht, ist die Situation von Lebenspartnern in Bezug auf die Hinterbliebenenversorgung mit der von Ehegatten vergleichbar (BAG NZA 2009, 489). Die Altersversorgung ist Entgelt i.S.d. Art. 157

AEUV, so dass auch dessen Vorgaben zu beachten sind (s. EuGH NJW 1991, 2204; 1994, 645 sowie BAG NZA 2006, 1276).

Ein Verstoß gegen den Gleichbehandlungsgrundsatz liegt z. B. vor, wenn Teilzeitbeschäftigte von der Altersversorgung ausgeschlossen werden (BAG NZA 1987, 445). Dagegen ist es mit diesem Grundsatz vereinbar, wenn eine betriebliche Altersversorgung ausschließlich an Führungskräfte gewährt wird (BAG NZA 1987, 449) oder Frührentner ausgeschlossen werden (BAG NZA 1988, 394). Zur Zulässigkeit von sog. Altersabstandsklauseln s. BAG NZA 2006, 1276.

d) *Sicherung der Altersversorgung*

Der Anspruch auf Zahlung des Ruhegeldes entsteht erst, wenn der Arbeitnehmer nach Erfüllung der vorgesehenen Wartezeit aus dem Arbeitsverhältnis ausscheidet; vorher hat er nur eine Anwartschaft auf den Erwerb des Anspruchs. Das BetrAVG sichert die Anwartschaften und die Ansprüche im Interesse der Arbeitnehmer sehr weitgehend. **340**

(1) *Anwartschaften* sind *unverfallbar,* wenn der Arbeitnehmer beim Ausscheiden aus dem Arbeitsverhältnis mindestens 30 Jahre alt ist und entweder die Versorgungszusage für ihn mindestens fünf Jahre bestanden hat oder er sie wegen einer Vorruhestandsregelung nicht erreicht (§ 1b I BetrAVG; weitere Einzelh.: §§ 2f. BetrAVG). Voraussetzung für die Unverfallbarkeit ist aber, dass der Arbeitnehmer nach der betrieblichen Regelung überhaupt zum Kreis der Versorgungsberechtigten gehört. Noch nicht erfüllte Wartezeiten können nach § 1b I 5 BetrAVG auch noch nach Beendigung des Arbeitsverhältnisses erfüllt werden. Im Fall der Entgeltumwandlung tritt die Unverfallbarkeit sofort ein (§ 1b V BetrAVG).

(2) Der Arbeitgeber hat *alle drei Jahre eine Anpassung* der laufenden Leistungen der betrieblichen Altersversorgung *zu prüfen und* hierüber nach billigem Ermessen *zu entscheiden* (§ 16 BetrAVG; dazu Feudner, DB 2005, 50).

(3) Die Leistungen der betrieblichen Altersversorgung dürfen nach Eintritt des Versorgungsfalles nicht dadurch gemindert oder entzogen werden, dass andere Versorgungsleistungen an die wirtschaftliche Entwicklung angepasst und angerechnet werden (sog. *Auszehrungsverbot,* § 5 I BetrAVG; Besonderheit: § 5 II BetrAVG).

(4) Bei Zahlungsunfähigkeit (z. B. Insolvenz) des Arbeitgebers hat der Ruhegeldberechtigte einen Anspruch gegen den *Pensionssicherungsverein* (Einzelheiten zur Insolvenzsicherung: §§ 7ff., 14 BetrAVG).

e) *Erlöschen der Ruhegeldverpflichtung*

(1) Hat sich der Arbeitgeber unter bestimmten Voraussetzungen den *Widerruf vorbehalten,* so ist er bei Vorliegen dieser Umstände in der Lage, einseitig sowohl den bereits entstandenen Ruhegeldanspruch der ausgeschiedenen Arbeitnehmer als auch die Ruhegeldanwartschaft der aktiven Arbeitnehmer zu kürzen oder ganz zu beseitigen (vgl. auch BAG AP Nr. 6 zu § 242 BGB Ruhegehalt-Unterstützungskassen). **341**

Ist dem Arbeitgeber ein Widerrufsrecht ohne weitere Voraussetzungen eingeräumt, darf der Widerruf jedoch nur nach billigem Ermessen ausgeübt werden (vgl. BAG AP Nr. 162 zu § 242 BGB Ruhegehalt). Das folgt aus dem Zweck der betrieblichen Versorgungszusage und der Schutzbedürftigkeit des Ruhegeldempfängers. Allerdings darf der Widerruf von Leistungen aus einer Unterstützungskasse, auf die kein Rechtsanspruch besteht, nicht von derart strengen Voraussetzungen abhängig gemacht werden, wie sie bei gesetzlich gesicherten Versorgungsansprüchen bestehen (BVerfGE 65, 196, 215ff.; BAG NZA 1989, 305; vgl. auch BVerfGE 74, 129, 148).

342 (2) Bei einer *vorbehaltlosen Versorgungszusage* kann der Arbeitgeber von seiner Verpflichtung grundsätzlich nur durch Abänderung der getroffenen Vereinbarungen befreit werden. Das gilt sowohl für den Ruhegeldanspruch als auch für die Ruhegeldanwartschaft.

Beruht die Verpflichtung des Arbeitgebers auf einer Betriebsvereinbarung, können die Ruhegeldanwartschaften der Arbeitnehmer durch eine nachfolgende Betriebsvereinbarung verbessert oder verschlechtert werden; die jüngere Betriebsvereinbarung geht der älteren vor (BAG NZA 1987, 168: sog. Zeitkollisionsregel). Individuelle Versorgungszusagen können „betriebsvereinbarungsoffen" ausgestaltet werden. Eine verschlechternde Betriebsvereinbarung ist dann kein Verstoß gegen das Günstigkeitsprinzip (HWK/Schipp, Vorb. BetrAVG Rdnr. 141). Beruht die betriebliche Altersversorgung auf einem Tarifvertrag, müssen Eingriffe in bestehende Rechte den Grundsätzen der Verhältnismäßigkeit und des Vertrauensschutzes entsprechen (BAG NZA 2006, 335, 339).

343 (3) Das Ruhestandsverhältnis kann nach seinem Sinn und Zweck nicht durch ordentliche Kündigung beendet werden. Jedoch ist auch hier – wie bei jedem Dauerrechtsverhältnis – eine *außerordentliche Kündigung* aus wichtigem Grund möglich; man spricht in der Regel von einem Widerruf.

Ob und unter welchen Voraussetzungen dem Arbeitgeber ein Widerrufsrecht zusteht, ist umstritten. Sieht man das Ruhegeld als (aufgespartes) Arbeitsentgelt an, wird ein Widerruf regelmäßig ausgeschlossen sein. Betont man den Fürsorgecharakter der Altersversorgung, dürfte ein Widerruf eher möglich sein.

Das BAG (AP Nr. 7 zu § 1 BetrAVG Treuebruch) stellt darauf ab, ob die Verstöße so schwer wiegen, dass die Berufung auf die Versorgungszusage arglistig erscheint. Dabei trennt es zwischen Verfehlungen während des Arbeitsverhältnisses und solchen danach. Beleidigende Briefe (**Fall e**) rechtfertigen noch keinen Widerruf; zum Widerruf bei einer Konkurrenztätigkeit eines Ruheständlers vgl. BAG NZA 1990, 808. Der Widerruf einer Versorgungszusage kommt dagegen in Betracht, wenn der Arbeitnehmer jahrelang unter Ausnutzung seiner Stellung den Arbeitgeber erheblich geschädigt hat; denn dann erweist sich die erbrachte Betriebstreue rückblickend als wertlos (BAG NZA 1990, 807). Ein Widerruf wegen wirtschaftlicher Notlage scheidet aus (BAG AP Nr. 24 zu § 7 BetrAVG Widerruf).

III. Rechte des Arbeitnehmers bei Pflichtverletzungen des Arbeitgebers

Schrifttum: Benecke, „Mobbing" im Arbeitsrecht, NZA-RR 2003, 225; Reipen, Haftungsprivileg des Arbeitgebers, JuS 2006, 527; Waltermann, Haftungsfreistellung bei Personenschäden – Grenzfälle und neue Rechtsprechung, NJW 2004, 901.

Fälle:

a) Der Arbeitgeber weigert sich, eine zur Vermeidung von Unfällen notwendige Vorrich- **344**
tung an einer Maschine anbringen zu lassen. Was kann der an dieser Maschine beschäftigte Arbeitnehmer tun?

b) Der Pförtner überlässt den Schlüssel zum Fahrradabstellraum einem Besucher, der mit dem Fahrrad des Arbeitnehmers N verschwindet. N verlangt vom Arbeitgeber G Schadensersatz. G betont, er habe den Pförtner gut ausgewählt und laufend über seine Pflichten belehrt.

c) Der im Außendienst tätige A benutzt seinen eigenen Pkw gegen Zahlung eines Kilometergeldes für seinen Arbeitgeber G. Bei einer Dienstfahrt verursacht A einen Unfall. Er verlangt von G Ersatz des an seinem Pkw entstandenen Schadens sowie des Rückstufungsschadens, der ihm dadurch entstanden ist, dass er in der Haftpflichtversicherung höhere Beiträge zahlen muss.

d) Durch Unachtsamkeit des Arbeitnehmers N beim Bedienen einer Maschine wird der Arbeitskollege K an der Hand verletzt; außerdem wird die Armbanduhr des K beschädigt. Dieser verlangt vom Arbeitgeber und von N Schadensersatz einschließlich Schmerzensgeld.

Bei einer Pflichtverletzung des Arbeitgebers kommen für den Arbeitnehmer – **345**
außer der Beschwerde nach §§ 84f. BetrVG bzw. § 13 AGG – folgende Möglichkeiten in Betracht:

1. Klage auf Erfüllung

Der Arbeitnehmer kann gegen den Arbeitgeber auf Erfüllung der Vertragspflichten klagen.

a) Die *Lohnzahlungsklage* ist der praktisch häufigste Fall. Sie kommt auch dann in Betracht, wenn der Arbeitgeber z.B. dem pfändenden Gläubiger des Arbeitnehmers zu viel (etwa einen Teil des der Pfändung nicht unterliegenden Lohnbetrages) gezahlt hat. Dabei ist es unerheblich, ob den Arbeitgeber ein Verschulden trifft. Denn es handelt sich nicht um einen Schadensersatzanspruch des Arbeitnehmers; vielmehr ist insoweit der Lohnanspruch des Arbeitnehmers nicht erfüllt.

Zur Sicherung der Lohnforderungen in der Insolvenz des Arbeitgebers: Rdnr. 297.

b) Auch bei der Verletzung einer *Schutzpflicht* des Arbeitgebers kann der Arbeit- **346**
nehmer vom Arbeitsgericht die Verurteilung des Arbeitgebers zur Erfüllung begehren. So kann der Arbeitnehmer vom Arbeitgeber verlangen, einen tabakrauchfreien Arbeitsplatz zur Verfügung zu stellen (BAG NZA 1998, 1231; vgl. die Regelung in § 5 ArbStättV; dazu Wellenhofer-Klein, RdA 2003, 155).

Im **Fall a** kann der Arbeitnehmer beantragen, den Arbeitgeber zur Anbringung der Schutzvorrichtung zu verurteilen. Jedoch ist eine Klage auf Erfüllung der Schutzpflicht oder ein Antrag auf Erlass einer einstweiligen Verfügung wenig praktisch. Regelmäßig wird durch Einschaltung innerbetrieblicher Stellen (Betriebsrat, Sicherheitsingenieur) eine befriedigende Regelung erzielt, s. auch § 17 ArbSchG zu Vorschlägen an den Arbeitgeber und zum Recht der Arbeitnehmer, sich an die zuständige Behörde zu wenden, wenn der Arbeitgeber nicht abhilft (sog. *Whistleblowing*).

347 c) Bei Verletzung der *Gleichbehandlungspflicht* kommen Klagen des Arbeitnehmers auf ein positives Tun oder auf ein Unterlassen des Arbeitgebers in Betracht.

Werden bestimmte Arbeitnehmer aufgrund einer Weisung des Arbeitgebers bei der Torkontrolle aus unsachlichen Erwägungen besonders häufig und scharf untersucht, so haben sie insoweit einen Unterlassungsanspruch.

348 d) Auch die Verletzung der *Beschäftigungspflicht* berechtigt den Arbeitnehmer zur Klage auf Erfüllung (Vollstreckung durch Beugemittel; § 888 I ZPO), in eiligen Fällen zum Antrag auf Erlass einer einstweiligen Verfügung (§§ 935, 940 ZPO).

2. Zurückbehaltungsrecht

349 Der Arbeitnehmer kann, wenn der Arbeitgeber die geschuldete Vergütung nicht erbringt, die Einrede des nicht erfüllten Vertrags nach § 320 BGB geltend machen. § 614 BGB, der die Vorleistungspflicht des Arbeitnehmers bestimmt, steht dem nicht entgegen, da dieser nur für eine Lohnzahlungsperiode vorleistungspflichtig ist. Der Arbeitnehmer behält für den Zeitraum seiner Arbeitsverweigerung seinen Vergütungsanspruch nach §§ 615, 298 BGB.

Bei verhältnismäßig geringfügigen Lohnrückständen steht dem Arbeitnehmer kein Zurückbehaltungsrecht zu (§ 320 II BGB).

350 Bei Ansprüchen des Arbeitnehmers gegen den Arbeitgeber, die nicht im arbeitsvertraglichen Synallagma stehen (z. B. die Nichterfüllung einer Schutzpflicht, **Fall a**), kann der Arbeitnehmer seine Arbeitsleistung nach § 273 BGB zurückhalten. Die in § 273 III BGB vorgesehene Abwendungsbefugnis des Arbeitgebers durch Sicherheitsleistung ist in diesem Fall abzulehnen, da sie den Schutzpflichten aus § 618 BGB nicht gerecht würde. Der Arbeitnehmer behält seinen Entgeltanspruch nach § 615 BGB, da die Bereitstellung eines ordnungsgemäßen Arbeitsplatzes eine typische Mitwirkungshandlung des Gläubigers ist, die wegen des Fixschuldcharakters der Arbeit auch termingebunden ist.

Ein Verschulden des Arbeitgebers ist hier nicht erforderlich, da der Annahmeverzug kein Verschulden voraussetzt (vgl. § 293 BGB).

Ein weiteres gesetzliches Zurückbehaltungsrecht enthält § 14 AGG in den Fällen, in denen der Arbeitgeber nicht zum Schutz eines Arbeitnehmers vor (sexueller) Belästigung tätig wird (vgl. Rdnr. 299).

Üben mehrere Arbeitnehmer ein ihnen zustehendes, individualrechtlich begründetes Zurückbehaltungsrecht (§§ 273, 320 BGB; § 14 AGG) gemeinsam aus, so ist das äußere Erscheinungsbild des Vorgangs dem eines Streiks ähnlich (vgl. Rdnr. 750; Brox/Rüthers, Arbeitskampfrecht, Rdnr. 74 ff., 594 ff.).

3. Schadensersatzanspruch

a) Ein vertraglicher Schadensersatzanspruch des Arbeitnehmers aus § 280 I BGB setzt eine *zu vertretende (§ 276 I 1 BGB) Pflichtverletzung* des Arbeitgebers voraus, ganz gleich, ob sich die Leistungsstörung als Unmöglichkeit, Schuldnerverzug oder Schlechterfüllung von Haupt- bzw. Verletzung von Nebenpflichten darstellt. Das „Vertretenmüssen" des Arbeitgebers wird nach der allgemeinen Regel des § 280 I 2 BGB vermutet; § 619a BGB betrifft nur den Fall der Arbeitnehmerhaftung, nicht denjenigen der Haftung des Arbeitgebers. Ist der Arbeitgeber eine juristische Person oder eine rechtsfähige Personengesellschaft, so muss er nach § 31 BGB (bei Personengesellschaften § 31 BGB analog) für die Schäden eintreten, die z.B. sein Vorstandsmitglied (bei der Aktiengesellschaft) oder sein Geschäftsführer (bei der GmbH) schuldhaft einem Arbeitnehmer zufügt. Im Übrigen hat der Arbeitgeber nach § 278 BGB für das Verschulden seiner Erfüllungsgehilfen (z.B. Bürovorsteher, Werkmeister, Kolonnenführer) einzustehen. Keine Erfüllungsgehilfen sind externe Werkunternehmer und deren Mitarbeiter, die der Arbeitgeber mit der Durchführung von werkvertraglichen Leistungen im Bereich des Betriebes beauftragt hat (vgl. BAG NZA 2000, 1052). 351

Beispiel: Hat das Lohnbüro den Lohn des Arbeitnehmers fälschlicherweise zu niedrig berechnet, hat der Arbeitnehmer deswegen seine laufenden Ratenzahlungsverpflichtungen nicht erfüllen können und sind ihm deshalb Prozess- und Vollstreckungskosten entstanden, so kann der Arbeitnehmer diesen Schaden als Verzugsschaden (§ 280 I, II i.V.m. § 286 BGB) vom Arbeitgeber ersetzt verlangen; einer Mahnung zum Eintritt des Schuldnerverzuges bedarf es nicht, da für die Lohnzahlung eine Zeit nach dem Kalender bestimmt ist (§ 286 II Nr. 1 BGB). Im Einzelfall bleibt aber zu prüfen, ob den Arbeitnehmer nicht deshalb ein mitwirkendes Verschulden (§ 254 BGB) trifft, weil er etwa seinerseits bei einer Lohnkürzung nicht nachgefragt hat.

Im Einzelfall kann sich ein Schadensersatzanspruch des Arbeitnehmers auch aus unerlaubter Handlung ergeben (§§ 823 ff., 831 BGB). 352

Im **Fall b** kann der Schadensersatzanspruch auf schuldhafte Verletzung einer Schutzpflicht gem. §§ 280 I, 241 II BGB in Verbindung mit § 278 BGB und auf § 831 I BGB i.V.m. § 823 I BGB (Eigentumsverletzung durch den Verrichtungsgehilfen) gestützt werden. Nur im Rahmen des § 831 BGB kommt es auf den vom Arbeitgeber angebotenen Entlastungsbeweis an (§ 831 I 2 BGB; Brox/Walker, BS, § 42 Rdnr. 6f.), nicht dagegen beim vertraglichen Anspruch; hier hat der Arbeitgeber für das Verschulden seines Erfüllungsgehilfen ohne Entlastungsmöglichkeit einzustehen (§ 278 BGB).

In der Rspr. unentschieden und im Schrifttum umstritten ist die Frage, ob ein *„Recht am Arbeitsplatz"* oder ein *„Recht am Arbeitsverhältnis"* als absolutes Recht im Sinne von § 823 I BGB („sonstiges Recht") anzuerkennen ist (Nachw. bei BAG NZA 1998, 1113; HWK/Krause, § 619a BGB Rdnr. 71). Wenn man das bejaht, kämen bei rechtswidrigen Kündigungen, auch Druckkündigungen, des Arbeitgebers Ersatzansprüche gegen den Arbeitgeber und gegen Dritte in Betracht, die eine solche Kündigung durch Druck herbeiführen.

b) Wird ein Arbeitnehmer im Betrieb des Arbeitgebers durch Arbeitskollegen oder Vorgesetzte „gemobbt", so können nicht nur gegen den unmittelbaren Schädiger, sondern auch gegenüber dem Arbeitgeber Ersatzansprüche bestehen. Dieser 353 hat alles zu unternehmen, um Mobbing im Betrieb zu vermeiden. Unter Mobbing versteht man fortgesetzte, aufeinander aufbauende oder ineinander übergreifende, der Anfeindung, Schikane oder Diskriminierung dienende Verhaltensweisen, die nach ihrer Art und ihrem Ablauf im Regelfall einer übergeordneten, von der Rechtsordnung nicht gedeckten Zielsetzung förderlich sind und jedenfalls in ihrer Gesamtheit das allgemeine Persönlichkeitsrecht, die Ehre oder die Gesundheit des Betroffenen verletzen (BAG NZA 2007, 1154; LAG Rheinland-Pfalz NZA-RR 2002, 121; LAG Schleswig-Holstein NZA-RR 2002, 457).

Führt das Mobbing zu einer Gesundheitsverletzung oder Verletzung der sexuellen Selbstbestimmung, greifen §§ 280, 253 II BGB i.V.m. § 278 BGB (Gehilfenhaftung). Kommt es als Folge des Mobbing dagegen (nur) zu einer Persönlichkeitsverletzung, greifen lediglich §§ 823, 831 BGB i.V.m. Art 1, 2 I GG (verfassungsunmittelbarer Schmerzensgeldanspruch bei gravierendem Eingriff), nicht § 253 II BGB (Erman/Kuckuk, § 253 BGB Rdnr. 15; Erman/Ehmann, Anh. § 12 BGB Rdnr. 378). Im Falle einer Kündigung kommen Ersatzansprüche aus § 628 II BGB in Betracht.

354 c) Ausnahmsweise ist der Arbeitgeber dem Arbeitnehmer *analog § 670 BGB* auch ohne Verschulden zum Schadensersatz verpflichtet (sog. *Gefährdungshaftung*; vgl. dazu HWK/Krause, § 619a BGB Rdnr. 73 ff.). Voraussetzung ist, dass der Arbeitnehmer in Ausführung der ihm übertragenen Arbeit einen Schaden erleidet, der auf einer mit der Tätigkeit verbundenen typischen Gefahrenlage beruht (BAG AP Nr. 2 zu § 611 BGB Gefährdungshaftung des Arbeitgebers = RdA 1963, 7 m. Anm. Küchenhoff). Schäden des Arbeitnehmers, die sich als Verwirklichung des allgemeinen Lebensrisikos darstellen (z.B. normale Abnutzung der Kleidung, Beschädigung der Armbanduhr infolge Unachtsamkeit) oder für die der Arbeitnehmer einen Vergütungszuschlag erhält (z.B. Schmutzzulage für besonderen Reinigungsaufwand, Kilometergeld zur Abdeckung der Betriebskosten für dienstlich genutzten Privat-Pkw), sind dagegen nicht ersatzfähig (vgl. BAG AP Nr. 6 zu § 611 BGB Gefährdungshaftung des Arbeitgebers; NZA 1990, 27).

355 Im **Fall c** kann A von G analog § 670 BGB Ersatz des an seinem Pkw entstandenen Schadens verlangen, weil sich der Unfall als Verwirklichung einer mit der Tätigkeit des A verbundenen typischen Gefahrenlage darstellt. Hätte G dem A ein Dienstfahrzeug zur Verfügung gestellt, hätte G einen Eigenschaden erlitten. Es darf dem G kein Vorteil daraus erwachsen, dass A für die dienstliche Tätigkeit sein eigenes Fahrzeug benutzt (dazu BAG AP Nr. 39 zu § 611 Haftung des Arbeitgebers). Der Schadensersatzanspruch des A ist nicht durch das von G gezahlte Kilometergeld ausgeschlossen; denn damit werden nur die allgemeinen Betriebskosten (Verschleiß an Material, Verbrauch von Schmiermitteln usw.) abgedeckt. Allerdings muss A sich ein etwaiges eigenes Verschulden anrechnen lassen. Hätte A nämlich ein Dienstfahrzeug des G beschädigt, könnte er dem G bei einem bestimmten Grad des Verschuldens (s. die Haftungsgrundsätze bei betrieblich veranlasster Arbeit, Rdnr. 243 ff.) schadensersatzpflichtig sein. Deshalb ist der Schadensersatzanspruch des A in dem Umfang zu kürzen, in dem A dem G bei Benutzung eines Dienstfahrzeugs schadensersatzpflichtig wäre. Dagegen soll der durch Rückstufung in der Haftpflichtversicherung entstandene Schaden regelmä-

ßig nicht zu ersetzen sein, da dieser im Zweifel durch die vereinbarte Zahlung der nach Steuerrecht anerkannten Pauschale abgegolten sei (BAG NZA 1993, 262).

4. Besonderheiten bei Personenschäden als Folge von Arbeitsunfällen

a) *Sinn der gesetzlichen Unfallversicherung*

Hat ein Arbeitnehmer infolge eines Arbeitsunfalls (§ 8 SGB VII) einen Perso- 356
nenschaden erlitten, greift die Unfallversicherung ein (§§ 1 ff. SGB VII). Danach bestehen öffentlich-rechtliche Sozialversicherungsansprüche gegen die Berufsgenossenschaft. Das Unfallversicherungsrecht dient einmal dem sozialen Schutz des Arbeitnehmers und seiner Familie, indem es einen vom Verschulden unabhängigen Entschädigungsanspruch gegen eine leistungsfähige Gemeinschaft der Unternehmer einräumt. Zum anderen will es die Schadensersatzpflicht des Unternehmers gegenüber seinen Arbeitnehmern ablösen, um eine betriebliche Konfliktsituation zu vermeiden; zudem trägt der Arbeitgeber allein die Beiträge zur Berufsgenossenschaft. Deshalb kann der Personenschaden eines Arbeitnehmers grundsätzlich nicht gegen den Arbeitgeber und auch nicht gegen eine andere im Betrieb beschäftigte Person geltend gemacht werden (§§ 104, 105 SGB VII; **Fall c**). Dies wird üblicherweise als Haftungsausschluss bezeichnet. Treffender ist allerdings der Begriff der Haftungsablösung, weil dem durch den Arbeitsunfall verletzten Arbeitnehmer nicht mehr der Schädiger haftet, sondern er stattdessen die Leistungen der gesetzlichen Unfallversicherung erhält.

b) *Voraussetzungen des Haftungsausschlusses*

(1) Ein *Arbeitsunfall* muss einen *Personenschaden* des Versicherten verursacht 357
haben. Ein Arbeitsunfall ist ein zeitlich begrenztes, von außen auf den Körper einwirkendes Ereignis, das zu einem Gesundheitsschaden oder zum Tod führt und das in einem rechtlich wesentlichen Ursachenzusammenhang („infolge") zur unfallversicherten Tätigkeit steht (§ 8 I SGB VII). Gemeint sind alle betrieblichen (§§ 2, 3 oder 6 SGB VII), aber auch die Wege- und Arbeitsgeräteunfällen zugrunde liegenden Tätigkeiten (§ 8 II SGB VII). Zu ersetzen ist jede Vermögensbeeinträchtigung, die durch die Verletzung oder Tötung eines Menschen verursacht wird. Dazu gehören auch die Beerdigungskosten (BAG NZA 1989, 795).

Für *Sachschäden* tritt die Unfallversicherung nicht ein; gegebenenfalls hat aber der Arbeitgeber Ersatz zu leisten (**Fall d**: Armbanduhr; s. oben Rdnr. 354 f.).

(2) Der Arbeitsunfall darf vom Arbeitgeber bzw. der im Betrieb tätigen Person 358
nicht vorsätzlich herbeigeführt worden sein (§§ 104 I, 105 I SGB VII). Bei vorsätzlicher Verursachung des Unfalls tritt nicht die gesetzliche Unfallversicherung ein, sondern der Schädiger selbst haftet für die Personenschäden weiter in vollem Umfang. Vorsatz ist zu bejahen, wenn der Schädiger den Unfall bewusst und gewollt verursacht oder wenn er ihn für möglich gehalten und billigend in Kauf genommen hat; der Vorsatz muss jedoch nicht den Eintritt und den Umfang des Schadens mit umfassen (s. HWK/Krause, § 619a BGB Rdnr. 28 m. w. N.).

359 (3) Schließlich greift der Haftungsausschluss nur ein, wenn der Arbeitsunfall nicht auf einem nach § 8 II Nr. 1 bis 4 SGB VII versicherten Weg herbeigeführt worden ist. Falls doch ein derartiger Wegeunfall passiert, kann der verletzte Arbeitnehmer – unter Anrechnung der Versicherungsleistungen (§ 104 III SGB VII) – privatrechtliche Schadensersatzansprüche gegen den Schädiger geltend machen.

Beispiele: Der Unfall auf dem Wege nach und von der Arbeit (Wegeunfall) ist ein Arbeitsunfall (§ 8 II Nr. 1 SGB VII). Auch wenn der Chef mit seinem Pkw seinen Vorarbeiter auf dem Heimweg anfährt, kann der Arbeiter die Leistungen der gesetzlichen Unfallversicherung beanspruchen; außerdem stehen ihm Schadensersatzansprüche gegen den Chef zu. Nimmt ein Kollege den Arbeitnehmer auf seinem Motorrad zur Arbeitsstelle mit und verschuldet er einen Unfall, kommen außer den Leistungen der Berufsgenossenschaft Schadensersatzansprüche gegen den Motorradfahrer in Betracht.

Dagegen scheiden Schadensersatzansprüche gegen den Arbeitgeber oder andere im Betrieb tätige Personen aus, wenn es sich bei dem Unfall um einen innerdienstlichen Vorgang handelt (BGHZ 145, 311). Dies ist nicht nur beim Verkehr auf dem Werksgelände der Fall (BSG NZA 1989, 533), sondern auch bei sog. Betriebs- oder Arbeitswegen. Mit diesem Begriff werden Wege bezeichnet, die in Ausführung der versicherten Tätigkeit zurückgelegt werden, wie etwa Botengänge, Lieferfahrten oder Dienst- und Geschäftsreisen. Solche Wege und die dabei entstehenden Unfälle stehen mit der versicherten Tätigkeit in einem unmittelbaren inneren Zusammenhang, so dass sie dem Versicherungsschutz des § 8 I SGB VII unterfallen (BGHZ 157, 159; BAG AP Nr. 2 zu § 104 SGB VII, jeweils auch zur Abgrenzung).

c) *Folgen des Haftungsausschlusses*

360 (1) Es gibt keinen Anspruch wegen des erlittenen Personenschadens gegen den Arbeitgeber und den Arbeitskollegen (**Fall d**: Verletzung der Hand). Auch ein Schmerzensgeldanspruch (§ 253 II BGB), den die gesetzliche Unfallversicherung nicht gewährt, besteht dann nicht (BVerfGE 34, 118, 128ff.; **Fall d**).

(2) Hat außer dem Arbeitgeber oder dem Arbeitskollegen noch ein nicht betriebsangehöriger Dritter den Unfall verschuldet, kann auch dieser Dritte vom Geschädigten nur insoweit in Anspruch genommen werden, als der Dritte bei Bestehen eines Gesamtschuldverhältnisses zwischen den Schädigern den Schaden im Innenverhältnis zu tragen hätte (Brox/Walker, AS, § 37 Rdnr. 26; BGHZ 61, 51; BGH NJW 2005, 2309). Die Haftung ist nach § 106 III SGB VII außerdem dann ausgeschlossen, wenn Versicherte mehrerer Unternehmen vorübergehend betriebliche Tätigkeiten auf einer gemeinsamen Betriebsstätte verrichten.

(3) Der Sozialversicherungsträger hat Ersatzansprüche gegenüber dem im Verhältnis zum Geschädigten freigestellten Arbeitgeber bzw. den Arbeitskollegen, sofern sie grob fahrlässig den Arbeitsunfall verursacht haben (§ 110 SGB VII).

5. Kündigung

Liegt ein wichtiger Grund vor, kann der Arbeitnehmer das Arbeitsverhältnis fristlos kündigen (§ 626 BGB; Rdnr. 524 ff.). Pflichtverletzungen des Arbeitgebers erfüllen das Merkmal des wichtigen Grundes, wenn dem Arbeitnehmer die Fortsetzung des Arbeitsverhältnisses nicht zumutbar ist (Rdnr. 537). Ist die Kündigung durch ein vertragswidriges Verhalten des Arbeitgebers veranlasst, so hat dieser den durch die Vertragsauflösung dem Arbeitnehmer entstehenden Schaden zu ersetzen (§ 628 II BGB). Der Schadensersatzanspruch umfasst aber nicht die Schäden, die auch im Falle einer ordentlichen Kündigung entstanden wären (BAG AP Nr. 18 zu § 628 BGB). 361

Kapitel 6

Die Folgen unverschuldeter Arbeitsausfälle

362 Verletzt der Arbeitgeber oder der Arbeitnehmer eine Pflicht aus dem Arbeitsvertrag, so löst das die bereits geschilderten Folgen aus (Rdnr. 233ff., 344ff.). Jede Nichtleistung des Arbeitnehmers stellt nach dem § 280 I BGB zu Grunde liegenden objektiven Verständnis prinzipiell eine Pflichtverletzung dar. Zur Nichtleistung der vereinbarten Arbeit kann es aber auch kommen, ohne dass dem Arbeitnehmer ein Vorwurf zu machen ist, z.B. bei einer Stromsperre oder einer Erkrankung des Arbeitnehmers. In diesen Fällen stellt sich die Frage, ob der Arbeitnehmer endgültig von seiner Arbeitspflicht frei wird und ob er trotz Nichtarbeit seinen Lohnanspruch behält. Im Arbeitsrecht finden sich für die Beurteilung derartiger Arbeitsausfälle sehr verschiedene Grundsätze. Sie ergeben sich einmal aus gesetzlichen Vorschriften, zum anderen aus Regeln, die von Rspr. und Lehre entwickelt worden sind. Soweit der Arbeitnehmer Lohn auch ohne Arbeitsleistung erhält, sind dafür regelmäßig soziale Gründe maßgebend; überwiegen jedoch die Interessen des Arbeitgebers, geht der Arbeitnehmer leer aus.

I. Der Grundsatz „Ohne Arbeit keinen Lohn" und seine Durchbrechungen

Schrifttum: Gotthardt, Arbeitsrecht nach der Schuldrechtsreform, 2. Aufl., 2003; ders./Greiner, Leistungsbefreiung bei Krankheit des Arbeitnehmers nach § 275 Abs. 1 oder § 275 Abs. 3 BGB?, DB 2002, 2116; Greiner, Familienfreundliches Arbeitsrecht? – Die Erkrankung des Kindes als Gegenstand widersprüchlicher Regelungen, NZA 2007, 490; Kießling/Jünemann, Dienstbefreiung, Entgeltfortzahlung und Kündigung bei der Erkrankung von Kindern, DB 2005, 1684; Linck, Offene Fragen des Pflegezeitgesetzes, BB 2008, 2738; Marburger, Entgeltfortzahlung im Krankheitsfall, 9. Aufl., 2006; Schlodder, Der Arbeitsvertrag im neuen Schuldrecht, 2004; Schmitt, Die Auswirkungen der Schuldrechtsmodernisierung auf das Recht der Entgeltfortzahlung im Krankheitsfall, in: Gedächtnisschrift Heinze, 2005, S. 785ff.; Scholl, Die Unzumutbarkeit der Arbeitsleistung nach § 275 III BGB, Jura 2006, 283; Subatzus, Beweiswert von EU-Arbeitsunfähigkeitsbescheinigungen: Änderungen durch die EU-VO 1206/01, DB 2004, 1613; Wank, Das Recht der Leistungsstörungen im Arbeitsrecht nach der Schuldrechtsreform, in: Festschrift Schwerdtner, 2003, S. 247ff..

Fälle:

363 a) Ein Arbeitnehmer befindet sich in Strafhaft, ein anderer acht Tage in Untersuchungshaft; beide verlangen Lohnfortzahlung.

b) Ein Büroangestellter ist acht Wochen krank. Der Arbeitgeber bestreitet eine Pflicht zur Lohnfortzahlung.

c) Ein Arbeiter ist wegen einer beim Boxen in seinem Boxverein erlittenen Verletzung drei Wochen arbeitsunfähig. Sein Arbeitgeber verweigert für diese Zeit die Lohnzahlung, weil er für die Folgen eines gefährlichen Sports nicht aufzukommen habe.

d) Drei bei der X-GmbH beschäftigte Kegelbrüder melden sich von ihrem alljährlichen Kegelausflug aus Spanien krank. Später legen sie ordnungsgemäß ausgestellte Arbeitsunfähigkeitsbescheinigungen eines spanischen Arztes vor. Die X-GmbH zweifelt die Erkrankungen an und verweigert die Entgeltfortzahlung.

e) Eine Krankenhausschwester ist zwei Tage arbeitsunfähig; ihren Vergütungsanspruch lehnt die Krankenhausleitung ab, da das Arbeitsentgelt nach dem Tarifvertrag erst vom dritten Krankheitstag an weiterzuzahlen sei.

f) Der Arbeitnehmer A ist bei einem Verkehrsunfall verletzt worden. Der Schädiger will den Lohnausfall nicht ersetzen, weil A Lohnfortzahlungsansprüche gegen seinen Arbeitgeber G habe. Dieser verweist den A auf Schadensersatzansprüche gegen den Schädiger.

Wird die Erbringung der Arbeitsleistung unmöglich oder unzumutbar, wird der **364** Arbeitnehmer von seiner Verpflichtung frei (§ 275 I – III BGB). Da die Arbeitsleistung des Arbeitnehmers in der Regel nicht nachholbar ist, handelt es sich um eine absolute Fixschuld (vgl. Rdnr. 237). Folglich tritt im Augenblick der Nichtleistung Unmöglichkeit gem. § 275 I BGB ein (Ebene der sog. Leistungsgefahr). Nach der allgemeinen schuldrechtlichen Regel des § 326 I BGB entfällt zugleich der Lohnanspruch des Arbeitnehmers (Ebene der sog. Gegenleistungs- oder Preisgefahr). § 326 I BGB ist damit der dogmatische Anknüpfungspunkt des Prinzips „Ohne Arbeit kein Lohn“. Diese Grundregel gilt allerdings nicht ausnahmslos. Der Arbeitnehmer behält trotz Unmöglichkeit der Arbeitsleistung den Anspruch auf die Gegenleistung (den Lohn), wenn der Arbeitgeber die Unmöglichkeit der Arbeitsleistung zu verantworten hat (§ 326 II BGB), sich im Annahmeverzug befindet (§ 326 II, § 615, 1 BGB) oder eine spezielle gesetzliche Regelung dem Arbeitgeber die Gegenleistungsgefahr aufbürdet (z.B. § 616 BGB).

Der Arbeitnehmer ist von seiner Arbeitspflicht z.B. bei Krankheit, Unfall, Stromsperre, Brand frei. Der Unmöglichkeit gleichgestellt sind gem. § 275 II und III BGB Fälle wirtschaftlicher oder persönlicher Unzumutbarkeit; deshalb braucht der Arbeitnehmer etwa am Tag seiner Hochzeit oder der Beerdigung eines nahen Angehörigen seiner Arbeitspflicht nicht nachzukommen. Nach der Grundregel des § 326 I BGB würde dann der Vergütungsanspruch des Arbeitnehmers entfallen.

Die Durchbrechungen des Grundsatzes „Ohne Arbeit kein Lohn“ sind von besonderer Relevanz für das Studium und das Examen, da sich bei ihnen die enge Verknüpfung mit dem allgemeinen Schuldrecht zeigt. Wichtig sind vor allem die Sonderregelungen in §§ 615, 616 BGB und § 3 EFZG, nach denen der Vergütungsanspruch aus dem Arbeitsvertrag (i. V.m. § 611 I BGB) aufrechterhalten bleibt. Bei diesen Vorschriften handelt es sich nicht um eigene Anspruchsgrundlagen, sondern um Ausnahmen vom Grundsatz des § 326 I BGB.

II. Vorübergehende Verhinderung des Arbeitnehmers

Nach § 616, 1 BGB behält der Arbeitnehmer seinen Vergütungsanspruch, wenn **365** er durch einen in seiner Person liegenden Grund ohne sein Verschulden für eine verhältnismäßig nicht erhebliche Zeit an der Arbeitsleistung verhindert ist.

1. Voraussetzungen

a) Die Arbeitsverhinderung muss ihren Grund in den *persönlichen Verhältnissen* des einzelnen Arbeitnehmers haben. Objektive Hinderungsgründe (z.B. witterungsbedingtes Fahrverbot – BAG AP Nr. 59 zu § 616 BGB; Glatteis – BAG AP Nr. 58 zu § 616 BGB) gehören nicht hierher. Mit persönlichen Gründen muss der Arbeitgeber rechnen; die Vergütungszahlung in solchen Einzelfällen belastet ihn nicht so wie beim Vorliegen eines objektiven Grundes, der viele Arbeitnehmer betreffen kann.

Persönliche Hinderungsgründe sind z.B. eigene Hochzeit, gerichtliche Vorladung, Niederkunft der Ehefrau, nicht aber der Lebensabschnittspartnerin, wenn dies nicht ausdrücklich geregelt ist (BAG NZA 2002, 47), Hochzeit der Kinder, religiöse Feste wie Erstkommunion oder Konfirmation der Kinder, goldene Hochzeit der Eltern, Todesfall oder Begräbnis eines nahen Angehörigen. Auch im Fall der notwendig vom Arbeitnehmer zu leistenden Pflege eines erkrankten Kindes kann ein Anspruch auf bezahlte Freistellung von der Arbeitsleistung gegeben sein; anderenfalls ist der Arbeitnehmer berechtigt, vom Arbeitgeber unbezahlte Freistellung und von der Krankenkasse Zahlung von Krankengeld zu verlangen (Einzelh.: § 45 SGB V). Nach § 2 PflegeZG haben Beschäftigte das Recht, bis zu zehn Arbeitstage der Arbeit fernzubleiben, wenn dies erforderlich ist, um für einen pflegebedürftigen nahen Angehörigen in einer akut aufgetretenen Pflegesituation eine bedarfsgerechte Pflege zu organisieren oder eine pflegerische Versorgung in dieser Zeit sicherzustellen. Das PflegeZG selbst sieht keinen Entgeltfortzahlungsanspruch vor, ein solcher kann sich auch in diesem Fall aber aus § 616 BGB ergeben. Zu beachten ist, dass der Angehörigenbegriff des § 616 BGB enger ist als derjenige des § 7 III PflegeZG und nur Ehepartner, eingetragene Lebenspartner, Kinder, Geschwister oder Eltern erfasst.

Der Hauptfall persönlicher Arbeitsverhinderung ist die Erkrankung, die allerdings für Arbeitnehmer spezialgesetzlich im EFZG geregelt ist (Rdnr. 368ff.). Ist der Dienstverpflichtete kein Arbeitnehmer (z.B. freier Mitarbeiter oder GmbH-Geschäftsführer), so richten sich die Folgen einer Erkrankung nach § 616 BGB. Weitere Spezialvorschriften finden sich u.a. in § 37 II BetrVG, § 19 I Nr. 2b BBiG und §§ 3ff. MuSchG.

Auch die Erfüllung religiöser Pflichten (nicht aber jede religiöse Aktivität an sich) kann zu einem Leistungshindernis i.S. des § 616 BGB führen (BAG AP Nr. 61 zu § 616 BGB).

366 b) Der Arbeitnehmer muss *ohne sein Verschulden* an der Arbeitsleistung verhindert sein. Schuldhaft ist die Arbeitsverhinderung nach dem Zweck des § 616 BGB lediglich bei einem groben Abweichen von der Verhaltensweise, die ein vernünftiger Arbeitnehmer in seinem eigenen Interesse einhält (vgl. BAG AP Nr. 28 zu § 63 HGB). Dogmatisch handelt es sich nicht um ein Verschulden gegenüber dem Arbeitgeber, sondern um ein „Verschulden gegen sich selbst" (BAG AP Nr. 28 zu § 63 HGB). Nicht das für Schadensersatzansprüche maßgebliche Verschuldensprinzip (§ 276 BGB), sondern die in §§ 254 und 242 BGB verankerten Rechtsgedanken der Mitverantwortung und des *venire contra factum proprium* bilden damit die Grundlage der tatbestandlichen Einschränkung.

Danach entfällt ein Vergütungsanspruch infolge Verschuldens z.B. bei Strafhaft, nicht hingegen bei unschuldig erlittener Untersuchungshaft (**Fall a**).

c) Ob der Zeitraum der Arbeitsverhinderung *verhältnismäßig nicht erheblich* ist, richtet sich nach den Umständen des Einzelfalls, insbesondere nach der Art der

Arbeit und der Dauer des Vertragsverhältnisses im Vergleich zum Zeitraum des Arbeitsausfalles. Folgende Faustregel erscheint angemessen: Bei einer Beschäftigung bis zu sechs Monaten ist eine Zeitspanne von max. drei Tagen angemessen; ist der Arbeitnehmer bis zu einem Jahr (oder länger) beschäftigt, kommt eine Freistellung von einer (zwei) Woche(n) in Betracht. Die Höchstdauer des Leistungsverweigerungsrechts nach dem PflegeZG von zehn Tagen kann je nach den Umständen des Einzelfalls noch als „verhältnismäßig nicht erheblich" angesehen werden. Vielfach enthalten Tarifverträge zeitliche Festlegungen.

2. Rechtsfolgen

§ 616 BGB führt zur Aufrechterhaltung des Vergütungsanspruchs für den ver- **367**
hältnismäßig nicht erheblichen Zeitraum. Nach h.M. entfällt jedoch jeder Vergütungsanspruch, wenn die Arbeitsverhinderung sich über eine erhebliche Zeit hinzieht, also auch für den Zeitraum, der als nicht erheblich anzusehen ist (BAG [GS] AP Nr. 22 zu § 616 BGB).

Liegen die Voraussetzungen des § 616, 1 BGB vor, behält der Arbeitnehmer seinen Vergütungsanspruch (Lohnausfallprinzip), er muss sich jedoch gemäß § 616, 2 BGB dasjenige anrechnen lassen, was er aus der gesetzlichen Kranken- oder Unfallversicherung bekommt.

III. Krankheit des Arbeitnehmers

Im Falle der Erkrankung eines Arbeitnehmers folgt die Befreiung von der Ar- **368**
beitspflicht aus § 275 I oder III BGB. Ist dem Arbeitnehmer die Erbringung der Arbeitsleistung objektiv unmöglich, ergibt sich die Freistellung aus § 275 I BGB; dagegen werden Fälle, in denen der Arbeitnehmer zur Leistungserbringung nicht schlechthin außerstande ist, unter § 275 III BGB gefasst. Rechtlich bedeutsam ist die Unterscheidung, weil sich der Arbeitnehmer im Bereich des § 275 III BGB (Beachte die Konstruktion als Einrede!) entscheiden kann, trotz der Erkrankung zu leisten (dazu Löwisch NZA 2001, 465). Das Schicksal des Entgeltanspruchs ist für alle Arbeitnehmer einheitlich im Entgeltfortzahlungsgesetz (EFZG) geregelt. Neben der Entgeltfortzahlung bei unverschuldeter Krankheit erfasst dieses Gesetz auch die Vergütungspflicht des Arbeitgebers an Feiertagen.

Als Ausnahme zu § 326 I BGB ist im Krankheitsfall § 3 EFZG zu prüfen. Der Arbeitnehmer behält danach seinen Anspruch auf Arbeitsentgelt für die Zeit der Arbeitsunfähigkeit bis zur Dauer von 6 Wochen (zum Anspruchsumfang vgl. Rdnr. 379).

1. Voraussetzungen

Folgende *Voraussetzungen* müssen für einen Anspruch auf Fortzahlung der Ar- **369**
beitsvergütung im Krankheitsfall erfüllt sein:

a) Es muss ein *Arbeitsverhältnis* bestehen. Hierzu zählt nach § 1 II EFZG auch das Berufsausbildungsverhältnis. Für die in Heimarbeit Beschäftigten enthält das EFZG für die Zahlung im Krankheitsfall und an Feiertagen mit den §§ 10f. EFZG spezielle Regelungen. Der Entgeltfortzahlungsanspruch entsteht erst nach vierwöchiger ununterbrochener Dauer des Arbeitsverhältnisses (§ 3 III EFZG). Der Arbeitnehmer erhält bis zu diesem Zeitpunkt von seinem Krankenversicherer Krankengeld. Bei einem engen zeitlichen und sachlichen Zusammenhang zwischen bisherigem und neuem Arbeitsverhältnis ist auch eine kurzfristige rechtliche Unterbrechung unschädlich (BAG NZA 2002, 610).

370 b) Die *Krankheit* allein muss die *Arbeitsunfähigkeit verursacht* haben (sog. Monokausalität). Krankheit im medizinischen Sinne ist jeder regelwidrige körperliche oder geistige Zustand, welcher der Heilbehandlung bedarf (BAG AP Nr. 52 zu § 1 LohnFG). Zur Arbeitsunfähigkeit führt die Erkrankung, wenn der Arbeitnehmer durch sie gehindert ist, die vertraglich geschuldete Arbeitsleistung zu erbringen, oder wenn er nur unter der Gefahr der Verschlimmerung seines Zustandes arbeiten kann. Ob eine Krankheit im medizinischen Sinne zugleich die Arbeitsunfähigkeit verursacht, hängt also von der Art der Erkrankung und der geschuldeten Arbeitsleistung ab.

Beispiele: Heiserkeit führt bei einem angestellten Chorsänger zur Arbeitsunfähigkeit, nicht dagegen bei einem Bauarbeiter. Die Schreibkraft, die sich einen Finger gebrochen hat, ist arbeitsunfähig, nicht dagegen ein Pförtner.

371 Der erkrankte Arbeitnehmer ist grundsätzlich zur Erbringung von Teilleistungen nicht verpflichtet, selbst wenn er einzelne Tätigkeiten oder die geschuldete Arbeit noch in zeitlich begrenztem Umfang leisten könnte. Denn die Teilarbeitsfähigkeit findet im Gesetz keine Stütze.

Der Arbeitgeber ist ferner nicht befugt, dem Arbeitnehmer eine andere als die vertraglich vereinbarte Arbeit zuzuweisen, auch wenn der Arbeitnehmer dazu ohne Beeinträchtigung der Genesung in der Lage wäre (sog. Schonarbeit). Die Bestimmung des § 9 EFZG geht hierbei als lex specialis vor (ErfK/Dörner, § 616 BGB Rdnr. 14). Dem Arbeitgeber stehen jedoch die Instrumente der Änderungsvereinbarung oder Änderungskündigung (Rdnr. 556ff.) zur Verfügung.

372 c) Die Krankheit darf *vom Arbeitnehmer nicht verschuldet sein*. Ein solches Verschulden ist – ebenso wie im Fall des § 616 BGB (s. Rdnr. 366) – nur dann anzunehmen, wenn der Arbeitnehmer grob gegen das von einem verständigen Menschen im eigenen Interesse zu erwartende Verhalten verstößt (so bereits zu den Vorläufervorschriften BAG AP Nr. 71 zu § 1 LohnFG).

Beispiele: Grob verkehrswidriges Verhalten im Straßenverkehr, grob fahrlässige Verletzung von Unfallverhütungsvorschriften, Unfall bei der Arbeit infolge Alkoholgenusses (BAG AP Nr. 77 zu § 1 LohnFG), Betreiben einer besonders gefährlichen Sportart (BAG AP Nr. 18 zu § 1 LohnFG). Bisher hat das BAG noch keine Sportart als an sich gefährlich eingestuft, auch nicht Amateurboxen. (BAG AP Nr. 42 zu § 1 LohnFG). Im **Fall c** ist der Lohnfortzahlungsanspruch daher nur dann ausgeschlossen, wenn der Arbeitnehmer etwa völlig untrainiert in den Ring steigt, den Unterleibsschutz nicht anlegt oder besonders leichtfertig gegen die anerkannten Regeln des Sports verstößt. Auch das Befahren des Nürburgrings mit dem Motorrad stellt nicht generell einen gröblichen Verstoß gegen § 3 I 1 EFZG (LAG Köln LAGE § 1 LohnFG Nr. 33) dar. Offen bleibt allerdings die rechtspolitische Frage, ob es arbeitsmarktpolitisch sinnvoll ist, die Ausübung risikoreicher Sportarten und Freizeitvergnügen über die Entgeltfortzahlung zu einem Arbeitgeberrisiko zu machen. Eine mögliche Alternative wäre es, dem Arbeitnehmer für die Arbeitsunfähigkeit als Folge besonders gefährlicher Sportarten (z.B. Reiten, Trickski, Drachenfliegen, Extremkletterei etc.) eine private Versicherungspflicht aufzuerlegen und so den Arbeitgeber von arbeitsvertragsfremden Zusatzkosten zu befreien. Bei krankhafter Alkoholabhängigkeit kann nicht ohne weiteres davon ausgegangen werden, dass der Arbeitnehmer sie selbst verschuldet hat (BAG AP Nr. 52 zu § 1 LohnFG; anders bei Rückfall: BAG NZA 1988, 197).

Nach h. A. ist es grds. unerheblich, wann und bei welcher Gelegenheit der Arbeitnehmer erkrankt, also grds. auch bei einem zweiten Arbeitsverhältnis. Die Geltendmachung des Entgeltfortzahlungsanspruchs kann aber unter besonderen Umständen rechtsmissbräuchlich sein (BAG AP Nr. 38 zu § 1 LohnFG; AP Nr. 62 zu § 616 BGB). Eine weitere Ausnahme kann sich bei einem Verstoß gegen das Arbeitszeitrecht ergeben, wenn die Überarbeit für die Arbeitsunfähigkeit kausal geworden ist (BAG AP Nr. 49 zu § 1 LohnFG; ErfK/Dörner, § 3 EFZG Rdnr. 63).

2. Anzeige- und Nachweispflichten

Im Krankheitsfall bestehen für die Arbeitnehmer *Anzeige- und Nachweispflichten.* 373

a) Wird ein Arbeiter infolge Krankheit arbeitsunfähig, so hat er dem Arbeitgeber die Arbeitsunfähigkeit und deren voraussichtliche Dauer unverzüglich mitzuteilen (§ 5 I 1 EFZG). Dauert die Arbeitsunfähigkeit länger als drei Kalendertage, hat der Arbeitnehmer eine ärztliche Bescheinigung über das Bestehen der Arbeitsunfähigkeit sowie deren voraussichtliche Dauer spätestens am darauf folgenden Arbeitstag vorzulegen. Unabhängig hiervon ist der Arbeitgeber nach § 5 I 3 EFZG berechtigt, diese Bescheinigung schon früher zu verlangen. Dauert die Arbeitsunfähigkeit des Arbeitnehmers länger als in der ärztlichen Bescheinigung vorgesehen, muss er eine erneute Bescheinigung beibringen.

Zur Bekämpfung des von Arbeitgeberseite beklagten Krankfeierns enthält § 5 I 374
5 EFZG die Regelung, dass die ärztliche Bescheinigung bei gesetzlich versicherten Arbeitnehmern einen Vermerk des Arztes darüber enthalten muss, dass gleichfalls eine Bescheinigung über die Arbeitsunfähigkeit mit Angaben über den Befund und die voraussichtliche Dauer der Arbeitsunfähigkeit an die Krankenkasse übersandt wird. Die Vorschrift korrespondiert mit den deutlich erweiterten Kontrollbefugnissen der Krankenkassen nach § 275 SGB V. Diese können nun schon bei einfachen Zweifeln eine gutachtliche Stellungnahme des Medizinischen Dienstes einholen. Diese Zweifel werden nach § 275 I Nr. 3 lit. b SGB V insbesondere bei auffällig häufigen Mehrfach- oder Kurzerkrankungen, bei häufiger Arbeitsunfähigkeit i. V.m. Wochenenden und Brückentagen oder bei Bescheinigungen durch einschlägig aufgefallene Ärzte vermutet (§ 275 Ia 1 SGB V). § 106 IIIa

SGB V begründet eine Schadensersatzpflicht des Arztes, der grob fahrlässig oder vorsätzlich die Arbeitsunfähigkeit des Arbeitnehmers bescheinigt hat, obwohl die arbeitsmedizinischen Voraussetzungen hierfür nicht vorlagen.

375 b) Besonderheiten gelten in Bezug auf die Benachrichtigungs- und Bescheinigungspflicht des Arbeitnehmers, wenn er sich zu Beginn der Arbeitsunfähigkeit im Ausland befindet. Er hat dann den Arbeitgeber – und im Falle der gesetzlichen Krankenversicherung auch die Krankenkasse – von seiner Arbeitsunfähigkeit auf dem schnellst möglichen Wege zu unterrichten (§ 5 II 1 EFZG). Kehrt der erkrankte Arbeitnehmer in das Inland zurück, hat er seinen Arbeitgeber und seine Krankenkasse hiervon ebenfalls unverzüglich zu unterrichten. Die Pflicht zur Vorlage einer ärztlichen Bescheinigung nach § 5 I EFZG ist hiervon unberührt.

376 Mit der Vorlage einer ordnungsgemäß ausgestellten Arbeitsunfähigkeitsbescheinigung erbringt der Arbeitnehmer im Regelfall den *Beweis der Arbeitsunfähigkeit* infolge Krankheit. Die Bescheinigung begründet jedoch keine gesetzliche Vermutung i.S.d. § 292 ZPO für das Vorliegen der Arbeitsunfähigkeit. Ihre Beweiskraft beschränkt sich gem. § 416 ZPO vielmehr darauf, dass die in ihr enthaltenen Feststellungen vom ausstellenden Arzt getroffen worden sind. Für die Tatsache der Arbeitsunfähigkeit spricht lediglich eine tatsächliche Vermutung (Beweis des ersten Anscheins). Wird diese z.B. im Lohnfortzahlungsprozess vom Arbeitgeber durch die Darlegung geeigneter Tatsachen erschüttert, muss der Arbeitnehmer den Beweis für seine Arbeitsunfähigkeit auf andere Weise, z.B. durch Zeugnis des Arztes, der ihn untersucht hat, führen (BAG NZA 1993, 23).

Umstände, die den Beweiswert einer Arbeitsunfähigkeitsbescheinigung erschüttern, können sich ergeben: aus der Bescheinigung selbst (z.B. Rückdatierung, fehlende Unterschrift des Arztes), aus einem Verhalten des Arbeitnehmers vor oder während der attestierten Arbeitsunfähigkeit (z.B. Androhung der Arbeitsunfähigkeit für den Fall der Nichtgewährung eines freien Tages oder im Zusammenhang mit der Ablehnung einer zugewiesenen Arbeit, Barbesuch eines angeblich bettlägerig erkrankten Arbeitnehmers, Missachtung einer vertrauensärztlichen Vorladung), aus sonstigen Umständen (z.B. Erkrankung eines Ehegatten während des gemeinsamen Urlaubs bis zum Urlaubsende des Partners).

377 Bei Auslandserkrankungen misst das BAG der von einem ausländischen Arzt ausgestellten Arbeitsunfähigkeitsbescheinigung denselben Beweiswert zu, sofern darin zwischen bloßer Krankheit und Arbeitsunfähigkeit verursachender Erkrankung unterschieden ist (BAG NZA 1985, 737). Nach Art. 18 der Verordnung (EWG) Nr. 574/72 ist der Arbeitgeber in tatsächlicher wie rechtlicher Hinsicht an die ärztlichen Feststellungen über Eintritt und Dauer der Arbeitsunfähigkeit gebunden, sofern er den Arbeitnehmer nicht durch einen Arzt seiner, des Arbeitgebers, Wahl untersuchen lässt (EuGH NZA 1992, 735 – Paletta I). Die Verordnung (EWG) Nr. 574/72 hindert den Arbeitgeber allerdings nicht, Nachweise zu erbringen, anhand deren das nationale Gericht feststellen kann, dass der Arbeitnehmer in Wirklichkeit nicht arbeitsunfähig war (EuGH NZA 1996, 635 – Paletta II). Der Nachweis bereitet in der Praxis große Schwierigkeiten. Der Arbeitgeber ist damit eventuellen Betrugsversuchen seiner Arbeitnehmer durch vorgetäuschte Arbeitsunfähigkeit im Ausland fast wehrlos ausgeliefert. Im **Fall d** ist die GmbH zur Entgeltfortzahlung verpflichtet, da sie keine Untersuchung ihrer Arbeitnehmer in Spanien veranlasst hat; eines weiteren Nachweises bedarf es nicht.

Seit dem 1. 1. 2004 gelten die §§ 1072ff. ZPO, die die näheren Einzelheiten der EU-VO 1206/01 zur Zusammenarbeit der Mitgliedstaaten auf dem Gebiet der Beweisaufnahme regeln. Sie beseitigen die Beweisprobleme des Arbeitnehmers, der im Ausland arbeitsunfähig krankgeschrieben wird.

Der Entgeltfortzahlungsanspruch entsteht unabhängig davon, ob eine Arbeitsunfähigkeitsbescheinigung vorgelegt wird; die Nichtvorlage berechtigt den Arbeitgeber jedoch, die Lohnfortzahlung zu verweigern (§ 7 I Nr. 1 EFZG).

c) Verletzt der Arbeitnehmer schuldhaft seine *Anzeige- oder Nachweispflicht,* ist **378** der Arbeitgeber zur Abmahnung (Rdnr. 488 ff.) berechtigt. Im Wiederholungsfall kommt eine verhaltensbedingte ordentliche Kündigung (Rdnr. 484ff.) in Betracht (BAG NZA 1993, 17), bei mehrfachen, beharrlichen Pflichtverletzungen sogar eine fristlose Kündigung (MünchKomm/Henssler, § 626 Rdnr. 176). Eine Pflicht zur Vorlage einer *ärztlichen Gesundschreibung* sehen arbeitsrechtliche Vorschriften nicht vor; sie folgt auch nicht als immanente Nebenpflicht aus dem Arbeitsvertrag.

3. Rechtsfolgen

a) Liegen die genannten Voraussetzungen vor, sind dem Arbeitnehmer nach § 4 I **379** EFZG 100% des ihm in der für ihn maßgebenden regelmäßigen Arbeitszeit zustehenden *Arbeitsentgelts fortzuzahlen* (sog. Lohnausfallprinzip). Fortzuzahlen ist das reale Arbeitsentgelt. Es ergibt sich in erster Linie aus dem Arbeitsvertrag im Sinne des „gelebten Rechtsverhältnisses“ als Ausdruck des wirklichen Parteiwillens, nicht allein aus dem Vertragstext. Wird regelmäßig eine erhöhte Arbeitszeit abgerufen, so ist diese Ausdruck der vertraglich geschuldeten Leistung (BAG NZA 2002, 439 = RdA 2003, 48 m. Anm. Schmitt). Der Arbeitnehmer hat weder Anspruch auf den Ersatz von Aufwendungen, die wegen seiner Arbeitsunfähigkeit nicht notwendig werden (z.B. Spesenpauschalen) noch sind Überstundenentgelte fortzuzahlen (§ 4 Ia EFZG).

Fortzuzahlen sind dagegen Zuschläge für Nacht-, Sonntags- und Feiertagsarbeit, **380** soweit diese regelmäßig anfallen (Löwisch, BB 1999, 102, 105). Sondervergütungen (Gratifikationen oder Zulagen) an Arbeitnehmer dürfen wegen krankheitsbedingter Fehlzeiten gekürzt werden, allerdings ist die Kürzung der Höhe nach auf 25% des durchschnittlichen Tagesverdienstes beschränkt (§ 4a EFZG; vgl. BAG NZA 1998, 469).

Besonderheiten ergeben sich bei einer erneuten Arbeitsunfähigkeit des Arbeitnehmers wegen derselben Krankheit (sog. Fortsetzungserkrankung i.S.d. § 3 I 2 EFZG, BAG AP Nr. 25 zu § 3 EFZG): Hierbei werden grundsätzlich alle Fehlzeiten zusammengerechnet, so dass nur ein Anspruch auf Entgeltfortzahlung für insgesamt sechs Wochen besteht. Ausnahmen ergeben sich aus § 3 I 2 Nr. 1, 2 EFZG. Wird der Arbeitnehmer aufgrund einer anderen Krankheit arbeitsunfähig, hat er grundsätzlich einen erneuten Anspruch auf Entgeltfortzahlung für weitere sechs

Wochen, es sei denn, die andere Krankheit tritt während der Dauer der ersten Arbeitsunfähigkeit auf (Prinzip der Einheit des Verhinderungsfalls, vgl. BAG AP Nr. 55 zu § 1 LohnFG).

Die Vorschriften des EFZG sind *unabdingbar.* § 4 IV EFZG ermöglicht es den Tarifpartnern jedoch, durch Tarifvertrag von den in Abs. 1 bis 3 enthaltenen Regelungen abweichende Bemessungsgrundlagen des fortzuzahlenden Arbeitsentgeltes zu vereinbaren.

In **Fall e** ist der Tarifvertrag unwirksam, da Karenztage die Lohnfortzahlung ganz ausschließen und nicht lediglich eine andere Bemessungsgrundlage darstellen.

381 b) Der Vergütungsanspruch des Arbeitnehmers wird nicht dadurch berührt, dass der Arbeitgeber aus Anlass der Arbeitsunfähigkeit kündigt (sog. Anlasskündigung, § 8 I 1 EFZG; zur krankheitsbedingten Kündigung vgl. Rdnr. 481). Kündigt der Arbeitgeber aus einem anderen Grund als der Arbeitsunfähigkeit, liegt eine Arbeitnehmerkündigung vor oder endet das Arbeitsverhältnis durch Zeitablauf, endet der Anspruch auf Entgeltfortzahlung mit dem Arbeitsverhältnis.

382 c) *Hat ein Dritter die Arbeitsverhinderung* durch eine gegen den Arbeitnehmer gerichtete unerlaubte Handlung *schuldhaft verursacht* (z. B. bei einem Straßenverkehrsunfall), stellt sich die Frage nach dem Verhältnis der Ansprüche des Arbeitnehmers gegen den Arbeitgeber auf Entgeltzahlung zu den Schadensersatzansprüchen gegen den Dritten (z.B. gem. § 823 BGB, §§ 7, 18 StVG). Die Entgeltfortzahlungsansprüche sind unabhängig von etwaigen Schadensersatzansprüchen gegen Dritte gegeben; eine Anrechnung sieht das Gesetz nicht vor. Damit wäre der Arbeitgeber der eigentlich Geschädigte, da er Vergütung ohne Gegenleistung zu zahlen hat. Ein eigener Anspruch gegen den Schädiger steht ihm nicht zu, weil dieser ihm gegenüber nicht den Tatbestand einer unerlaubten Handlung erfüllt hat (vgl. Brox/Walker, AS, § 29 Rdnr. 7, § 31 Rdnr. 24). Um dieses rechtspolitisch unbefriedigende Ergebnis zu vermeiden, geht der Schadensersatzanspruch des *Arbeitnehmers* gegen den ersatzpflichtigen Dritten gem. § 6 EFZG kraft Gesetzes auf den Arbeitgeber über, soweit dieser Arbeitsentgelt fortgezahlt und darauf entfallende Arbeitgeberanteile zur Sozialversicherung oder zu Einrichtungen der zusätzlichen Alters- und Hinterbliebenenversorgung abgeführt hat (zu **Fall f**). Insoweit handelt es sich um einen normativen Schaden des Arbeitnehmers (BGHZ 43, 378).

IV. Annahmeverzug des Arbeitgebers

1. Problematik

383 Kommt der Arbeitgeber (Gläubiger) mit der Annahme der Arbeitsleistung in Verzug, führt dies dazu, dass der Arbeitnehmer (Schuldner) seine Arbeitsleistung nicht erbringen kann. Gem. § 275 I BGB tritt dann Unmöglichkeit ein. § 615, 1 BGB ordnet für den Fall des Annahmeverzugs als Ausnahme zu § 326 I BGB den Erhalt des Lohnanspruchs an. Die Voraussetzungen des Annahmeverzugs ergeben sich aus den §§ 293 ff. BGB. Wichtigster Fall des Anspruchs auf Annahmeverzugslohn ist die Situation einer unwirksamen Kündigung. Mangels Beendigung des Arbeitsverhältnisses war und ist der Arbeitgeber verpflichtet, den Arbeitnehmer zu beschäftigten. Hat er dies nicht getan, gerät er in der Regel in Annahmeverzug. Zum Klausuraufbau vgl. Rdnr. 1159ff.

2. Voraussetzungen

a) Erste Voraussetzung des Annahmeverzugs ist die Berechtigung des Arbeitnehmers zur Erbringung der Arbeitsleistung (*Erfüllbarkeit*, § 271 II BGB). **384**

b) Ferner muss der Arbeitnehmer gem. § 297 BGB *leistungsfähig* und *leistungsbereit* sein.

Annahmeverzug des Arbeitgebers scheidet damit aus, wenn auf Seiten des Arbeitnehmers ebenfalls ein Leistungshindernis (z.B. Krankheit, gesetzliches Arbeitsverbot oder Realisierung des sog. Wegerisikos durch Eisglätte etc.) vorliegt. Die Unmöglichkeit, die gem. § 275 I BGB durch die Nichtleistung eintritt, kann allerdings kein Leistungshindernis i.S.d. §§ 615, 297 BGB darstellen. Ansonsten bliebe § 615 BGB im Arbeitsverhältnis ohne praktische Bedeutung, da der Annahmeverzug regelmäßig an dieser Voraussetzung scheitern müsste. Das „Dogma der Alternativität von Annahmeverzug und Unmöglichkeit" gilt bei § 615 BGB nicht (MünchKomm/Henssler, § 615 BGB Rdnr. 3, 8).

c) Nach § 293 BGB bedarf es eines *Angebots* des Schuldners zur Erbringung der Arbeitsleistung. Grundsätzlich erfordert § 294 BGB ein tatsächliches Angebot. Dieses muss in eigener Person (§ 613 S. 1 BGB), am rechten Ort, zur rechten Zeit und in der rechten Weise erfolgen, d.h. der Arbeitnehmer muss sich an seinen Arbeitsplatz begeben und die vertraglich geschuldete Leistung anbieten. Unter den Voraussetzungen des § 295 BGB genügt ein wörtliches Angebot. Nach ständiger Rechtsprechung des BAG ist im Falle einer Kündigung durch den Arbeitgeber sogar jedwedes Angebot auf Arbeitsleistung nach § 296 BGB entbehrlich (BAG NZA 1985, 119; NZA 2004, 90). Das Bereitstellen eines funktionsfähigen Arbeitsplatzes und die Zuweisung vertragsgemäßer Arbeit sei eine i.S. von § 296, 1 BGB nach dem Kalender bestimmte Mitwirkungshandlung. **385**

Selbst bei einer Unterbrechung des Annahmeverzugs wegen Krankheit des Arbeitnehmers (vgl. § 297 BGB) soll dem BAG (NZA 1995, 263) zufolge nach Wiedergenesung kein gesondertes Angebot erforderlich sein, wenn der Arbeitnehmer durch Erhebung der Kündigungsschutzklage seine fortbestehende Leistungsbereitschaft verdeutlicht hat (kritisch MünchKomm/Henssler, § 615 BGB Rdnr. 31).

d) Der Arbeitgeber darf die Leistung des Arbeitnehmers nicht angenommen haben (§ 293 BGB). *Nichtannahme* ist jedes Verhalten, das den Erfüllungseintritt verhindert. Ein Verschulden des Arbeitgebers ist nicht erforderlich. Bei lediglich vorübergehender Annahmeverhinderung ist § 299 BGB zu beachten. **386**

Ob der Arbeitgeber die Leistung nicht annehmen will (Annahmeunwilligkeit) oder nicht annehmen kann (Annahmeunmöglichkeit) ist unerheblich (MünchKomm/Henssler, § 615 BGB Rdnr. 8). Bei Konstellationen der Annahmeunmöglichkeit greifen oftmals die Grundsätze der Betriebsrisikolehre (Rdnr. 397). Umstritten ist in diesem Zusammenhang das Verhältnis von § 615 zu § 326 II BGB (vgl. HWK/Krause, § 615 BGB Rdnr. 11). Fast alle Fälle werden sich aber über § 615, 1 oder 3 BGB ohne Rückgriff auf § 326 II BGB lösen lassen.

V. Betriebs- und Wirtschaftsrisiko

Schrifttum: Auktor, Die Reichweite der Arbeitskampfrisikolehre bei der Mitverursachung des Arbeitsausfalls durch den Arbeitgeber, RdA 2003, 23; Kalb, Rechtsgrundlage und Reichweite der Betriebsrisikolehre, 1977; Luke, § 615 S. 3 BGB – Neuregelung des Betriebsrisikos, NZA 2004, 244; Picker, Betriebsrisikolehre und Arbeitskampf, JZ 1979, 285; Reichold, Betriebsrisiko als „Substratsgefahrtragung", ZfA 2006, 223; Richardi, Lohn oder Kurzarbeitergeld bei Smogalarm, NJW 1987, 1231.

Fälle:

387 a) Infolge eines Brandes im Betrieb ruht die Arbeit für drei Tage. Der Arbeitgeber verweigert insoweit eine Lohnzahlung. Mit Recht?

b) Im Fall a soll ein Arbeitnehmer sich jedenfalls den Verdienst anrechnen lassen, den er während der drei Tage für Aushilfsarbeiten im Geschäft seines Bruders erzielt hat.

c) Aufgrund einer Überschwemmungskatastrophe muss der Betrieb des Arbeitgebers stillgelegt werden, die Arbeitnehmer hätten aber wegen der Überflutung der Straßen den Betrieb ohnehin nicht erreichen können. Stehen ihnen Lohnansprüche zu?

1. Problematik

388 Es sind Fälle denkbar, in denen die Arbeit aus betrieblich-technischen Gründen nicht erbracht werden kann oder in denen die Arbeitsleistung zwar technisch möglich, aber wirtschaftlich nicht verwertbar und damit sinnlos ist. Im ersten Fall geht es um das Betriebsrisiko, im zweiten um das Wirtschaftsrisiko.

Beispiele für Betriebsrisiko: Maschinenschaden, Ausfall der Stromversorgung, schlechtes Wetter, Naturkatastrophe, Produktionsverbot, Rohstoffknappheit.

Beispiele für Wirtschaftsrisiko: Absatzmangel, Geldmangel, Unwirtschaftlichkeit.

Das *Wirtschaftsrisiko* als das Risiko der Verwendbarkeit der vertraglichen Leistung ist schon nach allgemeinen Grundsätzen eindeutig dem Arbeitgeber zugewiesen. Die Störung liegt außerhalb des Austauschverhältnisses. Wie bei jedem Austauschvertrag muss der Arbeitgeber als Gläubiger der Sach- bzw. Dienstleistung das Verwendungsrisiko tragen.

389 Schwierigkeiten bereitet dagegen die Zuordnung des *Betriebsrisikos*. Nähme man bei einer betrieblichen Störung eine nicht vom Arbeitgeber zu vertretende (vgl. § 326 II BGB) Unmöglichkeit an, dann hätte der Arbeitnehmer nach der Grundregel des § 326 I BGB keinen Anspruch auf den Lohn als Gegenleistung. Stellt man dagegen darauf ab, dass der Arbeitgeber die vom Arbeitnehmer ordnungsgemäß angebotene Arbeitsleistung nicht annimmt, dann käme er in Annahmeverzug, der ein Verschulden des Gläubigers nicht voraussetzt (§§ 293 ff., 615 BGB). Da sich die rechtliche Einordnung der Fälle anhand des allgemeinen Leistungsstörungsrechts nicht eindeutig vornehmen lässt, war lange Zeit umstritten, wie das Betriebs- und Wirtschaftsrisiko zwischen den Parteien des Arbeitsvertrags

sachgerecht zu verteilen ist. Mit dem zum 1. 1. 2002 eingefügten § 615, 3 BGB hat der Gesetzgeber für den Fall des vom Arbeitgeber zu tragenden Betriebsrisikos die entsprechende Anwendung der S. 1 und 2 des § 615 BGB angeordnet.

2. Risikoverteilung

In welchen Konstellationen den Arbeitgeber überhaupt das Betriebsrisiko mit **390**
der Folge seiner Entgeltfortzahlungspflicht trifft, regelt S. 3 allerdings nicht. Hier greifen weiterhin die von der Rspr. in einer langjährigen Entscheidungspraxis entwickelten Grundsätze, die jedenfalls in ihren Kernaussagen im Zuge der gesetzlichen Regelung ausdrücklich gebilligt worden sind (BT-Drucks. 14/6857, S. 48; BT-Drucks. 14/7052, S. 204). Sie bilden somit den Ausgangspunkt, an dem sich die rechtliche Beurteilung auch nach neuem Recht zu orientieren hat.

a) *Grundsätzlich trägt der Arbeitgeber das Betriebsrisiko.* Denn der Arbeitgeber **391**
leitet den Betrieb selbständig, er trägt das wirtschaftliche Risiko, ihm steht auch der erzielte Gewinn zu (BAG AP Nr. 2, 3 zu § 615 BGB Betriebsrisiko). Er muss folglich dafür einstehen, dass der Betriebsorganismus in Funktion bleibt und die Arbeitsmittel zur Verfügung stehen, die dem Arbeitnehmer die Arbeit und damit die Erzielung des Lohnes ermöglichen. Demgemäß trifft den Arbeitgeber das Lohnrisiko vor allem bei technischen und wirtschaftlichen Störungen, wenn der Arbeitnehmer zur Arbeitsleistung fähig und bereit ist.

Im **Fall a** muss der Arbeitgeber für die drei Tage den Lohn zahlen. Allerdings hat der Arbeitnehmer im **Fall b** sich den Verdienst anrechnen zu lassen, den er während der drei Tage für Aushilfsarbeiten erzielt hat; das ergibt sich aus § 615, 2 i.V.m. 3 BGB.

Der Lohnanspruch setzt allerdings voraus, dass die Arbeitnehmer ihre Arbeits- **392**
leistung (Bringschuld!) dem Arbeitgeber überhaupt tatsächlich anbieten können. Können sie den Betrieb – etwa wegen der Überschwemmung (**Fall c**) – gar nicht erreichen, so kann sich aus § 615, 3 BGB auch kein Lohnanspruch ergeben (dazu MünchKomm/Henssler, § 615 BGB Rdnr. 33). Dass der Betrieb stillgelegt ist, spielt dann keine Rolle mehr. Einen Sachgrund, dem Arbeitgeber auch das Risiko der Unpassierbarkeit der Straßen zuzuordnen, gibt es nicht. Vielmehr liegt das Wegerisiko beim Arbeitnehmer, z.B. bei einem Fahrverbot wegen Smogalarms.

b) *Gefährdet* die Entgeltfortzahlung die *Existenz* des Betriebes, müssen die Ar- **393**
beitnehmer das Betriebsrisiko ausnahmsweise (mit) tragen (vgl. BAG AP Nr. 28 zu § 615 BGB Betriebsrisiko). Dabei soll es unerheblich sein, aus wessen Sphäre die Ursache der Störung kommt. Regelmäßig wird der Arbeitgeber allerdings eine Existenzgefährdung schon durch betriebsbedingte (Änderungs-) Kündigungen (Rdnr. 496ff., 556ff.) oder die Einführung von Kurzarbeit (Rdnr. 213ff.) vermeiden können.

Bei Kurzarbeit infolge eines unvermeidbaren vorübergehenden Arbeitsausfalls besteht ein Anspruch auf Kurzarbeitergeld (§§ 169ff. SGB III). Im Fall der Arbeitslosigkeit kommt die Gewährung von Arbeitslosengeld in Betracht (§§ 117ff. SGB III); notfalls greift die Grundsicherung für Arbeitssuchende (SGB II) ein.

394 c) Besonderheiten gelten bei Betriebsstörungen, die auf *Arbeitskämpfe* zurückzuführen sind. Dem BAG zufolge (AP Nr. 70 zu Art. 9 GG Arbeitskampf = RdA 1981, 124 m. Anm. Otto; AP Nr. 71 zu Art. 9 GG Arbeitskampf = RdA 1981, 130 m. Anm. Otto) soll der Grundsatz, dass der Arbeitgeber das Betriebs- und Wirtschaftsrisiko trägt, bei Störungen, die auf einem rechtmäßigen Streik in einem anderen Betrieb beruhen, nur eingeschränkt gelten. Können die Fernwirkungen eines rechtmäßigen Arbeitskampfes das Kräfteverhältnis der kampfführenden Parteien beeinflussen, so sollen beide Seiten das Arbeitskampfrisiko tragen. Für die betroffenen, nicht streikenden Arbeitnehmer bedeutet dies den Verlust der Beschäftigungs- und Vergütungsansprüche für die Dauer der Störung. Maßstab für die Verteilung des Lohnrisikos ist danach der in der Tarifautonomie wurzelnde *Grundsatz der Kampfparität*. Überzeugender ist der Rückgriff auf die unmittelbar einschlägige gesetzliche Wertung des § 146 SGB III (dazu MünchKomm/Henssler, § 615 BGB Rdnr. 119). Nach dem dort verankerten Partizipationsgedanken verlieren die Arbeitnehmer ihren Lohnanspruch nur dann, wenn sie in irgend einer Weise von dem „fremden" Arbeitskampf profitieren, insbesondere also dann, wenn davon auszugehen ist, dass das Ergebnis der den Arbeitskampf beendenden Tarifeinigung auch für den nur mittelbar betroffenen Betrieb Wirkungen entfaltet (Beispiel: Pilottarifvertrag, der anschließend in dem Tarifgebiet, in dem der Betrieb liegt, übernommen wird).

395 d) Einen allgemeinen Sphärengedanken, in dem Sinne, dass die Arbeitnehmer generell das Risiko solcher Störungen zu tragen hätten, die aus ihrer Sphäre kommen, kennt das Arbeitsrecht dagegen nicht. Insbesondere dann, wenn die Betriebsstörung auf dem Verhalten eines einzelnen Arbeitnehmers beruht (Beispiel: Fahrlässige Brandstiftung durch einen Arbeitnehmer), geht dies nicht zu Lasten der anderen Arbeitnehmer. Ein solches Fehlverhalten im Betrieb liegt im Verantwortungsbereich des Arbeitgebers.

396 e) Teilweise kennt die Praxis *besondere Vereinbarungen* über die Verteilung des Betriebs- und Wirtschaftsrisikos. Da die Grundsätze über die Zuordnung dieser Risiken nicht auf unabdingbaren gesetzlichen Vorschriften beruhen, kann jedenfalls kollektivvertraglich etwas anderes vorgesehen werden.

Tarifliche Bestimmungen über witterungsbedingte Betriebsstörungen finden sich vor allem in der Bauwirtschaft.

VI. Gesetzliche Arbeitsfreistellungen

Schrifttum: Bauer/Arnold, EuGH kippt deutsches Urlaubsrecht – Die Schultz-Hoff-Entscheidung und ihre Folgen, NJW 2009, 631; Buchner, Sicherung des Mutterschaftsgeldzuschusses durch das Aufwendungsausgleichsgesetz, NZA 2006, 121; Grobys, Urlaub und Krankheit – die Karten sind neu gemischt!, NJW 2009, 2177; Hickel, Die Durchsetzung des Urlaubsanspruchs, NZA 1990, Beil. 2, 32; Hopfner/Auktor, Die Rechtsprechung zum Bildungsurlaub – keine Besserung in Sicht, NZA-RR 2002, 113; Höpfner, Voraussetzungen und Grenzen richtlinienkonformer Auslegung und Rechtsfortbildung, in: JbJZRWiss 2009, 73; Hohmeister, Aktuelle Rechtsprechung des BAG zum Urlaubsrecht, BB 2006, 2131; Joussen, Elternzeit und Verringerung der Arbeitszeit, NZA 2005, 336; Krieger/Arnold, Urlaub 1. + 2.

Klasse – das BAG folgt der Schultz-Hoff-Entscheidung des EuGH, NZA 2009, 530; Ch. Picker, Urlaubsanspruch trotz Dauererkrankung: Die Schultz-Hoff-Entscheidung des EuGH und ihre Folgen, ZTR 2009, 230; Seiler, Das Elterngeld im Lichte des Grundgesetzes, NVwZ 2007, 129.

Fälle:

a) Maurer N verbringt seinen Jahresurlaub damit, dass er für den Unternehmer U gegen Vergütung Maurerarbeiten durchführt. Als sein Arbeitgeber G davon erfährt, verlangt er von N Unterlassung der Arbeiten. Außerdem soll N das bei Urlaubsantritt gewährte Urlaubsentgelt zurückzahlen. N meint dazu nicht verpflichtet zu sein; jedenfalls stünde ihm dann noch der Urlaub zu. **397**

b) N ist seit Beginn des Jahres 2009 arbeitsunfähig krank. Deshalb kündigt sein Arbeitgeber G zum 31. 3. 2010. N, der bis zum Ablauf der Kündigungsfrist weiter krank war, verlangt Abgeltung des nicht gewährten Urlaubs für 2009 und 2010.

c) Der von N beantragte Jahresurlaub wird vom Arbeitgeber G grundlos nicht genehmigt. Nach Ablauf des Übertragungszeitraums endet das Arbeitsverhältnis. Danach verstirbt N plötzlich. Seine Witwe verlangt von G „Bezahlung des nicht gewährten Urlaubs“.

1. Mutterschutz

Das Mutterschutzrecht sichert der berufstätigen Frau einen besonderen Schutz **398** in der Zeit vor und nach der Niederkunft. Beschäftigungsverbote gewährleisten, dass die Frau während der Schwangerschaft nicht mit Arbeiten befasst wird, die eine Gefährdung für Leben oder Gesundheit von Mutter und Kind nach sich ziehen können (§ 3 I MuSchG). So darf die Frau in den letzten sechs Wochen vor der Entbindung nur mit ihrem ausdrücklichen Einverständnis weiterbeschäftigt werden (§ 3 II MuSchG); in den ersten acht Wochen nach der Entbindung besteht sogar ein absolutes Beschäftigungsverbot (§ 6 I 1 MuSchG). Dieser Zeitraum verlängert sich nach Früh- und Mehrlingsgeburten auf 12 Wochen, bei Frühgeburten zusätzlich um den Zeitraum, der nach § 3 II MuSchG nicht in Anspruch genommen werden konnte (§ 6 I 2 MuSchG). Beim Tode ihres Kindes kann die Mutter auf ihr ausdrückliches Verlangen schon vor Ablauf dieser Fristen wieder beschäftigt werden, vgl. § 6 I 3 MuSchG.

Während der zeitlichen Schutzfristen steht der gesetzlich krankenversicherten **399** Frau ein Anspruch auf Zahlung von Mutterschaftsgeld gegen ihre Krankenkasse zu (§ 13 I MuSchG). Soweit das Mutterschaftsgeld niedriger ist als das zuletzt gezahlte Arbeitsentgelt, soll der Arbeitgeber gem. § 14 MuSchG den Differenzbetrag zahlen. Insbesondere diese Regelung verwandelt das finanzielle Schwangerschaftsrisiko zu einem erheblichen Teil in ein Arbeitgeberrisiko. Objektive Folge ist eine Benachteiligung von Frauen am Arbeitsmarkt, vor allem bei Einstellungsentscheidungen der Unternehmen; es kommt also zu einer mittelbaren Diskriminierung der Frauen aufgrund der finanziellen Belastung des Arbeitgebers. Das BVerfG (NJW 2004, 146 ff.) hat die Regelung aus diesem Grund wegen Verletzung von Art. 12 I i. V. m. Art 3 II GG für verfassungswidrig erklärt (dazu Aubel, RdA 2004, 141). Nunmehr hat der Gesetzgeber durch Erlass des Aufwendungsausgleichsgesetzes (AAG) das zuvor in § 10 EFZG vorgesehene Umlageverfahren auf alle Betriebsgrößen erstreckt (§ 1 AAG; dazu Buchner, NZA 2006, 141 ff.).

400 Außerhalb der genannten zeitlichen Schutzfristen der §§ 3, 6 MuSchG behält die Frau bei allen sonstigen Beschäftigungsverboten (z.B. § 4 MuSchG) ihren vollen Lohnanspruch gegen den Arbeitgeber (§ 11 MuSchG). Ihr darf auch durch die Einhaltung von Stillzeiten kein Verdienstausfall entstehen (§ 7 II 1 MuSchG). Für ärztliche Untersuchungen hat der Arbeitgeber der Frau bezahlte Freizeit zu gewähren (§ 16 MuSchG). Zum mutterschutzrechtlichen Kündigungsverbot vgl. Rdnr. 451, 526.

2. Elternzeit

401 Seit dem 1.1.2007 gilt das Gesetz zum Elterngeld und zur Elternzeit – Bundeselterngeld- und Elternzeitgesetz (BEEG). Es gewährt eine volle oder teilweise Freistellung von der Arbeit, die „Elternzeit“ (§§ 15 ff. BEEG) genannt wird, sowie die Zahlung eines Elterngeldes (§§ 1 ff. BEEG). Arbeitnehmerinnen und Arbeitnehmer haben einen entsprechenden Rechtsanspruch, wenn sie während der Elternzeit ein Kind in ihrem Haushalt unter den Voraussetzungen der §§ 1 I-VII und 15 I-VII BEEG (lesen, weil zugleich ein Musterbeispiel für die Einfachheit und Klarheit moderner deutscher Gesetzgebung!) selbst betreuen und erziehen. Ein Personensorgerecht ist für die Anspruchsinhaber nicht unbedingt erforderlich. Die Elternzeit kann auch anteilig von jedem Elternteil allein oder von beiden gemeinsam genommen werden, und zwar für einen Zeitraum von bis zu drei Jahren für jedes Kind. Beide erwerbstätige Berechtigte können zur selben Zeit für dasselbe Kind die Elternzeit für drei Jahre – nicht also nur für je 1,5 Jahre – in Anspruch nehmen (ErfK/Dörner § 15 BEEG Rdnr. 5). Nach § 15 Ia BEEG haben auch Großeltern Anspruch auf Elternzeit zur Betreuung ihres Enkelkindes, wenn ein Elternteil des Enkelkindes minderjährig ist oder sich im letzten oder vorletzten Jahr einer Ausbildung befindet, die vor Vollendung des 18. Lebensjahres begonnen wurde und die Arbeitskraft des Elternteils im Allgemeinen voll in Anspruch nimmt. Der Anspruch besteht nur für Zeiten, in denen keiner der Elternteile des Kindes selbst Elternzeit beansprucht. Ein Anspruch auf Elterngeld besteht für Großeltern nur, wenn die Eltern ihr Kind wegen einer schweren Krankheit oder Schwerbehinderung nicht selbst betreuen können (§ 1 IV BEEG).

Vor und während der Elternzeit gilt ein besonderer Kündigungsschutz für die Arbeitnehmer, die Elternzeit verlangt haben (§ 18 BEEG). Die gesetzliche Regelung der Elternzeit bezweckt zweierlei: zum einen soll der Bestand des Arbeitsverhältnisses während der Elternzeit gewahrt werden, zum anderen sollen sich die Eltern ihren Kindern zuwenden können (BAG NZA 2006, 678).

3. Urlaub

a) *Erholungsurlaub*

Jeder Arbeitnehmer hat in jedem Kalenderjahr Anspruch auf bezahlten Erholungsurlaub (§ 1 BUrlG). Inhalt des Anspruchs ist die Beseitigung der Arbeitspflicht für die Dauer der Arbeitszeit. **402**

Die gesetzlichen Vorschriften ergeben sich aus dem „Mindesturlaubsgesetz für Arbeitnehmer" (= BUrlG). Abweichungen von diesen Bestimmungen können zugunsten der Arbeitnehmer vereinbart werden (z. B. Verlängerung des gesetzlichen Mindesturlaubs, Gewährung eines zusätzlichen Urlaubsgeldes). Zuungunsten der Arbeitnehmer sind Einzelregelungen des Gesetzes nur in Tarifverträgen abänderbar; eine Beeinträchtigung des gesetzlichen Anspruchs auf bezahlten Mindesturlaub ist jedoch auch durch Tarifvertrag nicht möglich (§ 13 I BUrlG). Über den gesetzlichen Mindesturlaub kann der Arbeitnehmer weder durch Erlassvertrag noch durch negatives Schuldanerkenntnis verfügen (BAG NZA 1990, 935).

(1) Der *Zweck* des Urlaubs liegt in erster Linie darin, dem Arbeitnehmer Gelegenheit zu geben, sich von den Belastungen der Arbeit zu erholen und damit seine Gesundheit zu erhalten. Daneben bekommt der Arbeitnehmer, der durch die Arbeitsleistung normalerweise in seiner Zeiteinteilung eingeschränkt ist, einen Freiraum zur Selbstverwirklichung. Zur Erreichung dieser Ziele muss der Urlaub grundsätzlich im laufenden Kalenderjahr zusammenhängend gewährt und genommen werden (§ 7 II, III 1 BUrlG); eine Abgeltung durch Geldzahlung ist nur ausnahmsweise zulässig (§ 7 IV BUrlG; Rdnr. 410). Erkrankt der Arbeitnehmer während des Urlaubs, so werden die Krankheitstage nicht auf den Urlaub angerechnet (§ 9 BurlG).

(2) *Voraussetzung* des vollen gesetzlichen Urlaubsanspruchs ist allein das sechs- **403**
monatige Bestehen des Arbeitsverhältnisses (§ 4 BUrlG); es kommt nicht darauf an, ob der Arbeitnehmer tatsächlich gearbeitet hat (BAG NZA 1989, 362).

Ist diese Wartezeit nicht erfüllt, kommt anstelle des vollen Urlaubsanspruchs ein Teilurlaub in Betracht; der Anspruch geht auf ein Zwölftel des Jahresurlaubs für jeden vollen Monat des Bestehens des Arbeitsverhältnisses (§ 5 I BUrlG). Abzustellen ist dabei auf den Beschäftigungsmonat, nicht etwa auf den Kalendermonat. Es kommt also darauf an, ob das Arbeitsverhältnis über die Dauer eines vollen Monats (§§ 188 II, 187 I BGB) bestanden hat. Bruchteile von Urlaubstagen, die mindestens einen halben Tag ergeben, sind auf volle Urlaubstage aufzurunden (§ 5 II BUrlG). Bruchteile von weniger als einem halben Tag sind zu gewähren. also nicht auf Null abzurunden (BAG NZA 1989, 756).

(3) Die *Dauer* des Urlaubs beträgt für alle Arbeitnehmer mindestens 24 Werk- **404**
tage (§ 3 BUrlG), also vier Wochen. Dies ist auch durch Art. 7 I der Richtlinie 2003/88/EG vorgegeben. Tarif- und Arbeitsverträge sehen meistens längere Urlaubszeiten vor. Schwerbehinderte und Jugendliche haben Anspruch auf zusätzlichen Urlaub (§ 125 SGB IX, § 19 JArbSchG). Bei Teilzeitbeschäftigten berechnet sich die Urlaubsdauer entsprechend dem Verhältnis zwischen Voll- und Teilzeitarbeit (BAG NZA 1991, 777).

Beispiel (nach HWK/Schinz § 3 BUrlG Rdnr. 28): Arbeitnehmer A arbeitet an einem Wochentag 8 Stunden und an einem weiteren Tag 4 Stunden. Der Urlaub wird tage- und nicht stundenweise berechnet (BAG NZA 1990, 445). Danach ist von einem Verhältnis von 6 Werktagen zu 2 Arbeitstagen auszugehen, so dass A an (24: 6 × 2 =) 8 Arbeitstagen Freistellung verlangen kann. Für A entsprechen 8 Arbeitstage 4 Wochen und damit 24 Werktage.

Auf die Dauer des Urlaubs sind bei einem Arbeitsplatzwechsel die dem Arbeitnehmer bereits vom früheren Arbeitgeber gewährten (oder abgegoltenen) Urlaubstage anzurechnen (§ 6 I BUrlG). Hierüber hat der Arbeitgeber dem Arbeitnehmer auf dessen Verlangen eine Bescheinigung auszustellen (§ 6 II BUrlG).

405 (4) Die *Festlegung des Urlaubszeitpunkts* erfolgt nicht einseitig durch den Arbeitnehmer; dieser hat kein Recht zur Selbstbeurlaubung (vgl. BAG NZA 1994, 548). Vielmehr legt der Arbeitgeber den Urlaubszeitpunkt fest. Hierzu ist er nicht nur berechtigt, sondern auch verpflichtet (BAG AP Nr. 84 zu § 611 BGB Urlaubsrecht). Allerdings sind bei der Festlegung des Urlaubs die Wünsche des Arbeitnehmers zu berücksichtigen (§ 7 I BUrlG). Vielfach liegen Urlaubslisten aus, in welche die Arbeitnehmer rechtzeitig ihre Urlaubswünsche eintragen können. Stellt der Arbeitgeber einen Urlaubsplan auf, hat der Betriebsrat mitzubestimmen (§ 87 I Nr. 5 BetrVG; Rdnr. 914).

406 Ist die Gewährung des Urlaubs im laufenden Kalenderjahr entweder aus dringenden betrieblichen oder aus in der Person des Arbeitnehmers liegenden Gründen nicht möglich, wird der Urlaub in das erste Kalendervierteljahr des Folgejahres übertragen (§ 7 III 2, 3 BUrlG). Hierzu bedarf es keiner (rechtsgeschäftlichen) Übertragungsvereinbarung zwischen Arbeitnehmer und Arbeitgeber. Es genügt vielmehr, wenn die genannten Hinderungsgründe tatsächlich vorliegen (BAG NZA 1988, 245).

Besteht zwischen Arbeitnehmer und Arbeitgeber Streit über den Urlaubsbeginn, so kann der Arbeitnehmer gegen den Arbeitgeber auf Zustimmung klagen oder – in Eilfällen – eine einstweilige Verfügung gegen ihn beantragen. Die Rspr. lässt sowohl Leistungsklagen mit Zeitangaben (Antrag: „Der Beklagte wird verurteilt, den Kläger vom 6. bis 21. 8. 2007 von der Arbeitsleistung zu befreien". Merke: Die Urlauberteilung liegt nicht im Ermessen des Arbeitgebers) als auch Leistungsklagen ohne Zeitangabe zu (BAG AP Nr. 3 zu § 6 BUrlG).

407 (5) Damit der Arbeitnehmer auch während seines Urlaubs seinen Lebensstandard aufrechterhalten kann, ist ihm vor Antritt des Urlaubs das *Urlaubsentgelt* zu zahlen (§ 11 II BUrlG). § 11 BUrlG ist keine Anspruchsgrundlage, sondern nur eine Berechnungsvorschrift für den aus § 611 BGB i.V.m. § 1 BUrlG folgenden Anspruch. Die Höhe des Urlaubsentgelts richtet sich nach dem durchschnittlichen Arbeitsverdienst des Arbeitnehmers in den letzten 13 Wochen (§ 11 I BUrlG; Referenzprinzip), wobei das Entgelt für Überstunden außer Betracht bleibt. Abweichende Regelungen in Tarifverträgen sind möglich (§ 13 I 1 BUrlG).

Unabhängig von der gesetzlichen Regelung im BUrlG zahlen viele Arbeitgeber ein zusätzliches *Urlaubsgeld.* Die Verpflichtung dazu kann sich aus einem Tarifvertrag, einer Betriebsvereinbarung oder aus den Arbeitsverträgen ergeben. Wenn sich das Urlaubsgeld nach der Vergütung bemisst, steht Teilzeitbeschäftigten ein anteiliges Urlaubsgeld zu (vgl. § 4 I 2 TzBfG; BAG NZA 1991, 346; Rdnr. 319). Gewährt der Arbeitgeber ein pauschales Urlaubsgeld, das unabhängig von der Vergütung und damit vom Arbeitsumfang ist, haben Teilzeitbeschäftigte Anspruch auf das volle Urlaubsgeld.

(6) Der Arbeitnehmer ist zwar grundsätzlich in der Gestaltung der Urlaubszeit frei. Ihn trifft insbesondere keine Erholungspflicht. Andererseits ist es ihm jedoch nicht gestattet, während des Urlaubs eine *dem Urlaubszweck widersprechende Erwerbstätigkeit* auszuüben (§ 8 BUrlG). Dieses Verbot dient in erster Linie dem Arbeitnehmer, der sich von der geleisteten Arbeit erholen soll. Es schützt aber auch das Interesse des Arbeitgebers an der Erhaltung der Arbeitskraft des Arbeitnehmers, zumal der Arbeitgeber die Kosten der Freistellung trägt. **408**

Streitig ist, welche Folgen ein Verstoß gegen § 8 BUrlG auslöst. Teilweise wird angenommen, der Vertrag, den der Arbeitnehmer entgegen dem Verbot des § 8 BUrlG mit einem Dritten schließt, sei nach § 134 BGB nichtig (vgl. Neumann/Fenski, BUrlG, § 8 Rdnr. 7). Jedoch legt das Verbot allein dem Arbeitnehmer und nicht seinem Vertragspartner eine Unterlassungspflicht auf. § 8 BUrlG richtet sich nicht gegen den Inhalt des anderen Vertrags. Das Ziel der Vorschrift, urlaubswidrige Erwerbstätigkeiten zu verhindern, kann durch die allgemeinen Rechtsfolgen bei einer Gesetzesverletzung (z.B. Anspruch auf Unterlassung, Schadensersatz) erreicht werden (vgl. auch BAG NZA 1988, 607). Der Arbeitgeber kann also vom Arbeitnehmer Unterlassung der verbotenen Arbeit sowie Ersatz des ihm daraus entstandenen Schadens (z.B. für die Ersatzkraft des wegen der urlaubswidrigen Tätigkeit erkrankten Arbeitnehmers) verlangen. Dagegen soll ihm kein Recht zustehen, den anderweitig erzielten Verdienst auf die Urlaubsvergütung anzurechnen (BAG NZA 2002, 1055) oder die bereits gezahlte Urlaubsvergütung nach Bereicherungsgrundsätzen zurückzufordern (BAG NZA 1988, 607). Der Urlaubsanspruch ist auch bei verbotswidriger Erwerbstätigkeit im Umfange der Gewährung verbraucht. Denn der Arbeitgeber erfüllt seine Pflicht zur Urlaubsgewährung, indem er den Arbeitnehmer für einen bestimmten Zeitraum gegen Fortzahlung des Entgelts von der Arbeitsleistung freistellt.

Im **Fall a** kann G von N also nur Unterlassung der Maurerarbeiten für U, nicht dagegen Rückzahlung des Urlaubsentgelts verlangen. Der Urlaubsanspruch des N ist verbraucht.

(7) Wird der Urlaub weder im laufenden Kalenderjahr noch im Übertragungszeitraum gewährt und genommen, führt das zum *Erlöschen des Urlaubsanspruchs* (BAG AP Nr. 4 zu § 7 BUrlG Übertragung; arg. e § 7 III 1–3 BUrlG). Der Urlaubsanspruch kann nur zeitlich begrenzt erfüllt werden; er besteht *im,* und nicht *für* das Kalenderjahr (BAG NZA 1991, 423). Dadurch soll die tatsächliche Gewährung des Urlaubs sichergestellt und zugleich ein dem Urlaubszweck widersprechendes Aufsparen von Urlaubsansprüchen verhindert werden. **409**

Der Urlaubsanspruch erlischt unabhängig davon, ob der Arbeitnehmer den Urlaub rechtzeitig gegenüber dem Arbeitgeber geltend gemacht hat und dieser den Urlaub (zu Unrecht) nicht gewährt hat mit Ablauf des Kalenderjahres oder des Übertragungszeitraums wegen Unmöglichkeit (§ 275 I BGB, vgl. BAG AP Nr. 4 zu § 7 BUrlG). Nach der früheren Rechtsprechung des BAG galt dies auch, wenn der Arbeitnehmer den Urlaub unverschuldet (z.B. infolge Krankheit) nicht nehmen konnte (BAG NZA 1989, 2129).

Auf Vorlage des LAG Düsseldorf hat der EuGH in dieser Rspr. einen Verstoß gegen Art. 7 der Richtlinie 2003/88/EG gesehen. Hatte ein Arbeitnehmer wegen Arbeitsunfähigkeit nicht die Möglichkeit, den Urlaub tatsächlich zu nehmen, stelle das Erlöschen des Urlaubsanspruches eine unzulässige Einschränkung des durch die Richtlinie verliehenen Anspruchs dar. Nach dem Wortlaut der Richtlinie sei der Anspruch auf bezahlten Jahresurlaub jedem Arbeitnehmer unabhängig von seinem Gesundheitszustand zu gewähren; die EU-Mitgliedstaaten dürften daher ein Erlöschen des Urlaubsanspruches wegen Krankheit nicht vorsehen (EuGH NZA 2009, 135 „Schultz-Hoff"). Das BAG hat daraufhin jüngst seine Rspr. geändert.

Es ließ offen, ob § 7 III, IV BUrlG richtlinienkonform ausgelegt werden könne. Jedenfalls sei die Vorschrift unter Verweis auf BGH EuZW 2009, 155 („Quelle") im Wege der richtlinienkonformen Rechtsfortbildung teleologisch dahingehend zu reduzieren, dass gesetzliche Urlaubsansprüche nicht erlöschen, wenn der Arbeitnehmer bis zum Ende des Urlaubsjahrs und/oder des Übertragungszeitraums arbeitsunfähig erkrankt ist und den Urlaub aus diesem Grund nicht nehmen konnte (BAG NZA 2009, 538). Aus methodologischer Sicht ist diese Entscheidung bedenklich, da allein der Verstoß des nationalen Rechts gegen die Richtlinie keine Lücke im nationalen Recht begründet, die im Wege der richtlinienkonformen Rechtsfortbildung geschlossen werden könnte (Höpfner, JbJZRWiss 2009, 73, 96 f.). Einzel- oder tarifvertraglich begründete Urlaubs- und Urlaubsabgeltungsansprüche, die den von Art. 7 I der Richtlinie 2003/88/EG gewährleisteten und von § 3 I BUrlG begründeten Mindestjahresurlaubsanspruch von vier Wochen übersteigen, können die Arbeitsvertragsparteien weiterhin frei regeln. Es ist also möglich, einzelvertraglich den Verfall des übergesetzlichen Urlaubsanspruchs auch für den Fall zu vereinbaren, dass der Arbeitnehmer den Urlaub aufgrund einer Erkrankung nicht nehmen konnte (BAG NZA 2009, 538).

Ausnahmen vom Prinzip des § 7 III BurlG gelten außerdem für Mutterschutz und Elternzeit. § 17, 2 MuSchG erweitert die in § 7 III BUrlG enthaltene Übertragungsmöglichkeit, indem die dort vorgesehene Begrenzung auf drei Monate entfällt und der Urlaub stattdessen im laufenden Jahr, d. h. dem Urlaubsjahr, in welchem die Mutterschutzfrist endet, oder im darauf folgenden Urlaubsjahr genommen werden kann. Auf diese Weise wird der Arbeitnehmerin der Urlaubsanspruch erhalten, der aufgrund von mutterschutzrechtlichen Beschäftigungsverboten nicht genommen werden konnte. Ähnliches gilt gemäß § 17 II BEEG für Arbeitnehmer, die infolge der Elternzeit keinen Urlaub nehmen konnten. Auch hier hat der Arbeitgeber noch nicht gewährten Urlaub nach der Elternzeit im laufenden oder im nächsten Urlaubsjahr zu gewähren. Kann der Resturlaub nach dem Ende der ersten Elternzeit auf Grund einer weiteren Elternzeit nicht genommen werden, so wird er erneut weiter übertragen (BAG NZA 2008, 1237). Im Falle der vom Arbeitgeber zu vertretenden Unmöglichkeit kann der Arbeitnehmer Schadensersatz nach § 280 I, III i. V. m. § 283 BGB verlangen. Ist der Arbeitgeber mit der Erfüllung des vom Arbeitnehmer geltend gemachten Urlaubsanspruchs in Verzug geraten, so haftet er gem. § 287, 2 auch für die durch Zufall eintretende Unmöglichkeit der Urlaubsgewährung (BAG NZA 1997, 507). Da der Arbeitgeber nach § 249, 1 BGB Naturalrestitution schuldet, tritt an die Stelle des ursprünglichen Urlaubsanspruchs ein (Ersatz-)Urlaubsanspruch in gleicher Höhe (BAG NZA 1986, 392). Nur der Rechtsgrund, nicht der Inhalt des Anspruchs wird damit verändert.

410 (8) Eine *Urlaubsabgeltung,* also eine Vergütung des nicht in Natur gewährten Urlaubs, ist nur zulässig, wenn und soweit der Urlaubsanspruch wegen Beendigung des Arbeitsverhältnisses nicht mehr erfüllt werden kann (§ 7 IV BUrlG). Ein „Abkaufen" des Urlaubs während des Arbeitsverhältnisses ist ausgeschlossen. Dies ist auch durch Art. 7 II der Richtlinie 2003/88/EG („Arbeitszeitrichtlinie") vorgegeben. Versteht man den Abgeltungsanspruch mit der ständigen Rspr. als „Surrogat des Urlaubsanspruchs" (BAG NZA 1998, 816), ist er – bis auf das Bestehen des Arbeitsverhältnisses – an dieselben Voraussetzungen gebunden wie der ursprüngliche Urlaubsanspruch. Ein Abgeltungsanspruch besteht folglich nicht, wenn der Urlaubsanspruch bei fortbestehendem Arbeitsverhältnis erloschen wäre. Nach bisheriger Rspr. des BAG folgte daraus, dass der Arbeitgeber nicht zur Abgeltung des Urlaubs verpflichtet war, wenn der Arbeitnehmer im Zeitpunkt des Ausscheidens und danach über das Ende des Urlaubsjahres oder des Übertragungszeitraums hinaus arbeitsunfähig krank war (BAG NZA 1986, 132). Diese

Konstellation bedarf vor dem Hintergrund der erwähnten Entscheidungen des EuGH (EuGH NZA 2009, 135) einer Neubewertung. Das BAG nimmt nun folgerichtig an, dass der nicht verfallene Urlaub auch dann abzugelten ist, wenn der Arbeitnehmer die Arbeitsfähigkeit nach Beendigung des Arbeitsverhältnisses nicht wieder erlangt hat und ausscheidet (BAG NZA 2009, 538). Endet das Arbeitsverhältnis während der Elternzeit oder wird es im Anschluss an sie nicht fortgesetzt, wandelt sich der nach § 17 II /BEEG übertragene Urlaubsanspruch nach § 17 III BEEG in einen Abgeltungsanspruch um.

Im **Fall b** ist der Urlaubsanspruch für das abgelaufene Jahr 2009 nicht mit Ablauf des Übertragungszeitraums am 31. 03. 2010 erloschen, weil N den Urlaub wegen der Erkrankung weder im Jahr 2009 noch während des Übertragungszeitraums der ersten drei Monate des Jahres 2010 nehmen konnte. Da der Urlaubsanspruch aufgrund der Beendigung des Arbeitsverhältnisses nicht mehr erfüllt werden kann, kann N Abgeltung des Urlaubs für 2009 und des anteiligen Urlaubs für die Zeit vom 1. 1. 2010 bis zum 31. 3. 2010 (§ 5 I c BUrlG) verlangen.

In Arbeits- und Tarifverträgen können für den über den gesetzlichen Mindesturlaub hinausgehenden Urlaub weitergehende Abgeltungsvereinbarungen getroffen werden, etwa die Abgeltung bei fortbestehendem Arbeitsverhältnis (BAG NZA 1993, 29). 411

Der Abgeltungsanspruch ist – ebenso wie der Urlaubsanspruch – nicht vererblich. Andere Regelungen in Arbeits- oder Tarifverträgen sind jedoch zulässig (BAG NZA 1992, 1088). 412

Dagegen soll ein an die Stelle des Urlaubsanspruchs getretener und auf Geldzahlung gerichteter Schadensersatzanspruch vererblich sein (BAG NZA 1987, 879). Im **Fall c** hatte N gegen G gem. §§ 280 I, III, 283, 249, 1 BGB zunächst einen Urlaubsersatzanspruch (Rdnr. 409) erworben, weil sein Urlaubsanspruch aufgrund von G zu vertretender Umstände mit Ablauf des Übertragungszeitraums erloschen ist. Mit Beendigung des Arbeitsverhältnisses wandelte sich der Urlaubsersatzanspruch in einen auf Geld gerichteten Schadensersatzanspruch um (vgl. § 251 I BGB). Dieser Schadensersatzanspruch ist gem. § 1922 I BGB auf seine Erbin übergegangen.

b) *Sonderurlaub*

Erteilt der Arbeitgeber dem Arbeitnehmer auf dessen Wunsch Sonderurlaub (z.B. für ein Fest, für private Besorgungen), so ist er nicht zur Lohnzahlung verpflichtet. Man spricht deshalb auch von einer unbezahlten Freistellung oder von unentgeltlicher Freizeit. 413

Ein Anspruch auf Sonderurlaub besteht nur in Ausnahmefällen, z.B. aufgrund eines Tarifvertrags oder nach besonderen gesetzlichen Vorschriften (Art. 48 I GG; arg. e § 26 I ArbGG).

c) *Bildungsurlaub*

Ein Anspruch auf bezahlten Bildungsurlaub ergibt sich aus Tarifverträgen, aus § 37 VI, VII BetrVG sowie aus den (Arbeitnehmerweiterbildungs-) Gesetzen verschiedener Bundesländer (vgl. Nipperdey, Nr. 137a ff.; Gegenüberstellung bei Stege/Schiefer, NZA 1992, 1061). 414

Die Bundesländer sind befugt, arbeitsrechtliche Regelungen zur Arbeitnehmerweiterbildung zu treffen, da der Bundesgesetzgeber das Recht der Arbeitnehmerweiterbildung nicht abschließend geregelt hat (Art. 70, 72 I, 74 Nr. 12 GG). Die gesetzlichen Bestimmungen zur Freistellung der bildungswilligen Arbeitnehmer und zur Entgeltfortzahlung sind mit dem Grundgesetz vereinbar; sie verstoßen nicht gegen Art. 12 I und 3 I GG (BVerfGE 77, 308, 332; dazu Hopfner/Auktor, NZA-RR 2002, 113ff.).

415 (1) *Anspruchsberechtigt* ist nach den landesgesetzlichen Vorschriften jeder Arbeitnehmer, dessen Beschäftigungsverhältnis mindestens sechs Monate besteht. Die meisten Gesetze setzen ferner voraus, dass das Beschäftigungsverhältnis seinen Schwerpunkt in dem betreffenden Land hat.

(2) Eine Freistellung erfolgt nur zur Teilnahme an einer als förderungswürdig anerkannten und für jedermann zugänglichen *Bildungsveranstaltung,* die der politischen Bildung oder der beruflichen Weiterbildung dient (vgl. BAG NZA 1990, 319). Bestimmte Veranstaltungen gelten kraft Gesetzes als anerkannt; andere bedürfen einer Anerkennung der Eignung durch die zuständige Behörde.

(3) Die *Dauer der Freistellung* ist je nach Bundesland unterschiedlich. Sie beträgt höchstens zehn Arbeitstage in zwei Kalenderjahren (Berlin, Bremen, Hamburg), fünf Arbeitstage im Kalenderjahr (Hessen, Niedersachsen, Nordrhein-Westfalen, Saarland, Schleswig-Holstein). Wenn an mehr oder weniger als fünf Tagen in der Woche gearbeitet wird, erhöht oder verringert sich der Anspruch entsprechend.

416 (4) Das *Freistellungsverfahren* ist in den Landesgesetzen ausführlich geregelt. Erforderlich ist, dass der Arbeitnehmer die Inanspruchnahme und die zeitliche Lage dem Arbeitgeber so frühzeitig wie möglich (zumeist vier Wochen vor Beginn der Veranstaltung) mitteilt. Der Arbeitgeber hat den Bildungsurlaub zu gewähren; er kann ihn für den beantragten Zeitraum nur ablehnen, wenn zwingende betriebliche Belange oder (aus sozialen Gesichtspunkten vorrangige) Urlaubswünsche anderer Arbeitnehmer entgegenstehen.

(5) Dem Arbeitnehmer steht ein *Anspruch auf Fortzahlung des Entgelts* für die Zeit der Weiterbildung zu. Die Höhe richtet sich meist nach dem BUrlG. Der Arbeitnehmer hat den Nachweis zu erbringen, dass er an der Bildungsveranstaltung teilgenommen hat.

4. Sonntage und gesetzliche Feiertage

417 An Sonn- und Feiertagen wird regelmäßig nicht gearbeitet (vgl. §§ 9ff. ArbZG). Welche Tage in den einzelnen Ländern Feiertage sind, richtet sich nach Landesrecht; bundesrechtlich ist nur der 3. Oktober als gesetzlicher Feiertag festgelegt. Bundesweite Feiertage sind daneben Neujahr, Karfreitag, Ostermontag, 1. Mai, Christi Himmelfahrt, Pfingstmontag sowie der 1. und 2. Weihnachtstag (s. BAG NZA 2005, 882, 883; zu den Feiertagen in den Ländern s. HWK/Schliemann, § 2 EFZG Rdnr. 13). An gesetzlichen Feiertagen, die auf einen Werktag fallen, ist den

Arbeitnehmern der Arbeitsverdienst zu zahlen, den sie ohne den Arbeitsausfall erhalten hätten (Einzelh.: § 2 EFZG).

Arbeitnehmern, die an Sonn- oder Feiertagen arbeiten, wird meistens ein kollektiv- oder einzelvertraglich vereinbarter Feiertagszuschlag oder ein arbeitsfreier Werktag gewährt. Fällt ein gesetzlicher Feiertag in den Erholungsurlaub, so gilt er nicht als Urlaubstag (vgl. § 3 II BUrlG).

5. Weitere Einzelfälle

a) *Funktionsträger in der Betriebsverfassung*

Arbeitnehmer, denen betriebsverfassungsrechtliche Aufgaben obliegen (z.B. Betriebsratsmitglieder, Mitglieder des Sprecherausschusses, Vertrauenspersonen der Schwerbehinderten, Sicherheitsbeauftragte), haben Anspruch auf die erforderliche Arbeitsfreistellung, ohne dass ihr Arbeitsentgelt gemindert wird (vgl. § 37 II, III BetrVG; § 14 I SprAuG; § 96 IV SGB IX; § 5 III 2 ASiG). Auch der durch die Beteiligung an Betriebsratswahlen, Betriebsversammlungen, Schulungs- und Bildungsveranstaltungen entstehende Arbeitsausfall berechtigt den Arbeitgeber nicht zu einer Minderung des Arbeitsentgeltes (vgl. §§ 20 III 2, 44 I 2, 37 VI, VII BetrVG; § 8 III 2 SprAuG; § 20 III 2 MitbestG). **418**

b) *Wehrpflichtige und Zivildienstleistende.*

Sie sind für die Dauer ihrer Dienstpflicht durch das „Ruhen" ihres Arbeitsverhältnisses von den Hauptpflichten befreit (§§ 1 I, 10, ArbPlSchG; § 78 ZivildienstG). **419**

c) *Stellensuche und Berufsschule*

Nach der Kündigung des Arbeitsverhältnisses hat der Arbeitgeber dem Arbeitnehmer gem. § 629 BGB eine angemessene Freizeit zur Stellensuche zu gewähren (Rdnr. 616f.); hier richtet sich die Lohnfortzahlungspflicht nach § 616, 1 BGB (Rdnr. 366ff.). § 629 BGB kann bei einem Aufhebungsvertrag mit Auslauffrist analog angewendet werden. Gleiches gilt bei einem noch nicht gekündigten Arbeitsverhältnis, bei dem der Arbeitgeber die Kündigung in Aussicht gestellt hat (ErfK/Müller-Glöge, § 629 BGB Rdnr. 12). Auch zum Besuch der Berufsschule hat der Arbeitgeber den Auszubildenden ohne Verdienstkürzung freizustellen.

Kapitel 7

Die Beendigung des Arbeitsverhältnisses

A. Überblick über die Beendigungsmöglichkeiten

420 Die Beendigung des Arbeitsverhältnisses ist für den Arbeitnehmer in der Regel ein wichtiges Ereignis, weil es seine berufliche und wirtschaftliche Lebensgrundlage betrifft. Das Arbeitsrecht stellt Arbeitgeber und Arbeitnehmer eine Vielzahl von Möglichkeiten zur Verfügung, das von einer oder von beiden Seiten nicht länger gewünschte Arbeitsverhältnis zu beenden. Während die einseitige Lösung durch Kündigung (Rdnr. 421 ff.) den vom Arbeitsrecht geregelten Normalfall darstellt, erlangt die einvernehmliche, also von Arbeitnehmer und Arbeitgeber gewollte Beendigung des Arbeitsverhältnisses zunehmende wirtschaftliche und juristische Bedeutung. Die auf die Beendigung des Beschäftigungsverhältnisses zielende Einigung der Vertragsparteien kann bereits zum Zeitpunkt der Einstellung vorgelegen haben (rechtstechnisch: Befristung des Arbeitsverhältnisses, Rdnr. 583 ff.) oder erst im Nachhinein erzielt worden sein (arbeitsrechtlicher Aufhebungsvertrag, Rdnr. 579 ff.). Weitere Beendigungstatbestände sind die Anfechtung (Rdnr. 582 ff), der Eintritt einer auflösenden Bedingung (Rdnr. 592 f.), vertraglich vereinbarte Altersgrenzen als Sonderform der Befristung (Rdnr. 597), der Tod des Arbeitnehmers (Rdnr. 594), der Verbleib eines Arbeitnehmers als freiwilliger Soldat bei den Streitkräften im Anschluss an eine Eignungsübung (Rdnr. 595) und die Auflösung des Arbeitsverhältnisses durch gerichtliche Entscheidung (§ 9 KSchG, Rdnr. 567 ff., 596). Keine Beendigungsgründe (hierzu Rdnr. 598 ff.) sind der Tod des Arbeitgebers, ein rechtsgeschäftlicher Betriebsübergang (§ 613a BGB), eine Betriebsstilllegung und die Insolvenz des Arbeitgebers.

B. Kündigung

Schrifttum: Ascheid/Preis/Schmidt, Kündigungsrecht, 3. Aufl., 2007; Etzel u. a., Gemeinschaftskommentar zum Kündigungsschutzgesetz, 9. Aufl., 2009; Berkowsky, Kündigungsschutz außerhalb des KSchG – Eine Herausforderung für die Praxis, NJW 2009, 113; Herbert/Oberrath, Rechtsprobleme des Nichtvollzugs eines abgeschlossenen Arbeitsvertrags, NZA 2004, 121; v. Hoyningen-Huene/Linck, Kündigungsschutzgesetz, 14. Aufl., 2007; Joussen, Die Kündigung eines Arbeitsverhältnisses vor Arbeitsantritt, NZA 2002, 1177; Stahlhacke/Preis/Vossen, Kündigung und Kündigungsschutz im Arbeitsverhältnis, 10. Aufl., 2010; Tödtmann/Schauer, Die Kündigung des Arbeitsverhältnisses – Ein Überblick über die Rechtslage in Deutschland, anderen europäischen Ländern und den USA, NZA 2003, 1187; Wilhelm, Verlängerte Probezeit und Kündigungsschutz, NZA 2001, 818.

I. Ordentliche Kündigung

Fälle:

a) Der Arbeitgeber G kündigt nach Anhörung des Betriebsrats dem als Schlosser eingestellten Arbeitnehmer N, sofern dieser nicht zur Zufriedenheit des G arbeitet. N hält die Kündigung für unzulässig. 421

b) Im Fall a wird die Kündigung unter der Bedingung ausgesprochen, dass N nicht die geringer bezahlte Tätigkeit als Pförtner übernimmt.

c) Der Arbeitgeber G kündigt dem Arbeitnehmer N fristgemäß zum nächst zulässigen Termin. N hält die Kündigung für unwirksam, da das Kündigungsschreiben keine Kündigungsgründe enthält.

d) N hat am 1. 10. mit G einen Arbeitsvertrag geschlossen, wonach er am 1. 1. des folgenden Jahres die Arbeit als Buchhalter antreten soll. Da er eine bessere Stelle findet, kündigt N das Arbeitsverhältnis am 30. 11. zum folgenden Monatsende. G meint, vor der Arbeitsaufnahme sei eine Kündigung generell unzulässig. Hilfsweise macht er geltend, der Vertrag sei erst zum 31. 1. kündbar (vgl. § 622 I BGB).

e) Der Arbeitgeber erfährt erst nach der Kündigung von der Schwerbehinderteneigenschaft des gekündigten Arbeitnehmers. Muss er jetzt die Zustimmung des Integrationsamtes (§ 85 SGB IX) einholen und dann noch einmal kündigen?

f) Im Fall c legt N gegen die Kündigung Einspruch beim Betriebsrat ein, der sich um eine Verständigung mit dem Arbeitgeber bemüht. Als die Verhandlungen nach vier Wochen endgültig scheitern, erhebt N Kündigungsschutzklage. Der Richter hält wegen Fristablaufs das Vorbringen des N für unerheblich und die Klage für abweisungsreif. Mit Recht?

Die ordentliche Kündigung als Normalfall der Kündigung kommt in erster Linie bei Arbeitsverhältnissen in Betracht, die auf unbestimmte Zeit eingegangen sind. Sie führt dazu, dass der Arbeitgeber den Anspruch auf die Arbeitsleistung verliert, gleichzeitig aber von seiner Lohnzahlungspflicht entbunden wird. Auf Arbeitnehmerseite entfallen der Vergütungsanspruch sowie die Verpflichtung zur Arbeitsleistung. Während der Arbeitnehmer regelmäßig Kündigungsfreiheit in vollem Umfang genießt, wird diese auf Arbeitgeberseite stark eingeschränkt, da die wirtschaftlichen Folgen der Kündigung den Arbeitnehmer in aller Regel stärker treffen als den Arbeitgeber. Das ordentliche Kündigungsrecht des Arbeitgebers unterliegt daher zahlreichen weiteren Einschränkungen, die sich vor allem aus dem Kündigungsschutzgesetz (KSchG) ergeben, das für die meisten Arbeitnehmer gilt (Rdnr. 469ff.). Daneben bestehen für bestimmte besonders schutzbedürftige Arbeitnehmer noch weitergehende Kündigungsbeschränkungen, die von einer notwendigen behördlichen Mitwirkung bis zu einem völligen Kündigungsausschluss reichen (Rdnr. 444ff.). Schließlich muss in Betrieben mit Betriebsrat dieser nach § 102 BetrVG vor jeder Kündigung gehört werden (Rdnr. 460f., 953ff.). 422

1. Kündigungserklärung

Kündigung ist die empfangsbedürftige Willenserklärung eines Vertragspartners, durch die der Wille zur (einseitigen) Beendigung des Arbeitsverhältnisses zum Ausdruck gebracht wird. Die Wirksamkeit dieser Erklärung richtet sich zunächst nach den allgemeinen Vorschriften über die Wirksamkeit einer Willenserklärung (bspw. §§ 104ff. BGB). Im Einzelnen ist Folgendes zu beachten: 423

424 a) Jede Kündigung eines Arbeitsvertrags bedarf nach § 623 BGB zwingend der Schriftform. Nicht ausreichend ist die signierte E-Mail (§ 623, 2. Hs. BGB) oder ein Telefax. Fehlt die Schriftform, ist die Kündigung nichtig (§§ 126, 125 1 BGB).

Das Schriftformerfordernis erfasst allerdings nur die Kündigungserklärung, nicht jedoch die (ohnehin nicht erforderliche) Angabe von Kündigungsgründen oder die Mitteilung der Kündigungsfrist (MünchKomm/Henssler, § 626 Rdnr. 30).

425 b) Aus der Kündigungserklärung muss für den Empfänger *klar und eindeutig* hervorgehen, dass das Arbeitsverhältnis zu einem bestimmten Zeitpunkt beendet werden soll. Denn der Erklärungsempfänger muss sich auf die hierdurch geschaffene Rechtslage einstellen können. Das Wort Kündigung muss in der Erklärung allerdings nicht vorkommen (BAG AP Nr. 1 zu § 620 Kündigungserklärung). Das Bestimmtheitserfordernis soll im Interesse des Erklärungsempfängers klare Verhältnisse schaffen; deshalb sind Kündigungen bedingungsfeindlich, sofern dadurch der Empfänger über die Beendigung des Arbeitsverhältnisses im Unklaren bleibt (Brox/Walker, AT, Rdnr. 487).

426 Erlaubt ist die Beifügung einer Bedingung aber dann, wenn deren Eintritt oder Nichteintritt ausschließlich vom Willen des Kündigungsempfängers abhängt (Potestativbedingung). Denn hier hat dieser es in der Hand, den Eintritt der Bedingung herbeizuführen; er selbst kann damit die Ungewissheit über die Beendigung des Arbeitsverhältnisses beseitigen.

Im **Fall a** hängt der Eintritt der Bedingung nicht nur von der Arbeitsleistung des N, sondern auch von der Einschätzung durch G ab. Eine derartige bedingte Kündigung ist unzulässig (vgl. BAG AP Nr. 1 zu § 626 BGB Bedingung). Gleiches gilt bei folgender Erklärung eines Arbeitgebers: „Die Kündigung wird gegenstandslos, wenn wir neue Aufträge erhalten." (BAG NZA 2001, 1070).

427 Der Hauptanwendungsfall einer erlaubten bedingten Kündigung ist die sog. *Änderungskündigung* (dazu Rdnr. 556 ff.), mit welcher der Kündigende eine Änderung der Arbeitsbedingungen zu seinen Gunsten erstrebt.

Beispiele: Der Arbeitgeber kündigt für den Fall, dass der Arbeitnehmer sich nicht mit der Übernahme einer anderen als der vereinbarten Arbeit oder einer Herabsetzung des Lohns einverstanden erklärt (**Fall b**). Der Arbeitnehmer kündigt, falls der Arbeitgeber ihm nicht eine Lohnerhöhung gewährt.

428 c) Ein *Grund* für die Kündigung muss in der Kündigungserklärung normalerweise *nicht angegeben* zu werden (Ausnahme: § 22 III BBiG, § 9 III 2 MuSchG). Dass die Angabe des Kündigungsgrundes keine Voraussetzung für die Wirksamkeit der Kündigung ist, ergibt sich nicht nur aus dem Schweigen des Gesetzes, sondern vor allem daraus, dass eine ordentliche Kündigung grundsätzlich keines besonderen Kündigungsgrundes bedarf.

Ist allerdings das KSchG anwendbar (Rdnr. 469 ff.), so hat der Arbeitnehmer ein Interesse daran, den Kündigungsgrund zu erfahren, da er davon seine Rechtsverfolgung abhängig machen wird. Deshalb hat er in analoger Anwendung des § 626 II 3 BGB, der für die außerordentliche Kündigung (vgl. Rdnr. 529) gilt, einen Anspruch auf schriftliche Mitteilung des Kündigungsgrundes.

Genießt also N im **Fall c** Kündigungsschutz, so hat er einen Anspruch auf Mitteilung des Kündigungsgrundes. Die Kündigung ist aber auch ohne Angabe des Kündigungsgrundes wirksam. Nur macht G sich schadensersatzpflichtig, wenn er den Anspruch des N auf Mitteilung des Grundes nicht erfüllt (BAG AP Nr. 24 zu Art. 9 GG). Der Schaden des N kann darin bestehen, dass ihm Prozesskosten durch einen Kündigungsschutzprozess (Rdnr. 563 ff.) entstanden sind, den er bei Kenntnis des Kündigungsgrundes nicht geführt hätte. N ist jedoch nicht so zu stellen, als ob ihm nicht gekündigt worden wäre (BAG AP Nr. 55 zu § 1 KSchG).

Da die Angabe des Kündigungsgrundes keine Wirksamkeitsvoraussetzung ist, **429** kann der Kündigende im Prozess auf Kündigungsgründe zurückgreifen, die er bisher nicht gekannt hat, die aber beim Zugang der Kündigung schon bestanden haben (sog. *Nachschieben von Kündigungsgründen*). Später (nach Zugang der Kündigung) entstandene Gründe können dagegen nur eine neue Kündigung rechtfertigen, weil es für die Wirksamkeit der Kündigung auf den Zeitpunkt des Zugangs der Kündigungserklärung ankommt. Zu Besonderheiten beim Anhörungsrecht eines Betriebsrats s. Rdnr. 461.

Über die gesetzliche Regelung hinausgehend kann die Angabe des Kündigungs- **430** grundes durch Tarifvertrag, Betriebsvereinbarung oder Arbeitsvertrag vorgeschrieben sein.

Durch Auslegung ist festzustellen, ob die Angabe des Kündigungsgrundes Wirksamkeitsvoraussetzung sein oder ob nur ein Anspruch auf Mitteilung des Grundes bestehen soll; regelmäßig wird Letzteres gewollt sein.

d) Die Kündigung wird erst dann wirksam, wenn sie dem Vertragspartner *zugeht* **431** (§§ 130–132 BGB). Die Kündigung (in einem Brief) wird regelmäßig mit der Übergabe an den anwesenden Empfänger und bei der Übersendung dann wirksam, wenn die Erklärung in den Bereich des Empfängers (z.B. Briefkasten) gelangt ist und mit der Möglichkeit der Kenntnisnahme unter normalen Umständen gerechnet werden kann (Brox/Walker, AT, Rdnr. 149.). Der Zugang kann auch unter Inanspruchnahme eines Empfangsboten erfolgen. In diesem Fall wird die Kündigungserklärung wirksam in dem Augenblick, in dem sie dem Empfangsboten ausgehändigt wird (a.A. BAG NZA 1993, 259 = AP Nr. 18 zu § 130 BGB m. ablehnender Anm. Bickel).

Zugangsfiktionen in Formularverträgen verstoßen gegen § 308 Nr. 6 BGB. Unwirksam ist **432** daher eine Klausel, die vorsieht, dass die Erklärung als zugegangen gilt, wenn sie an die letzte bekannte Adresse des Empfängers versandt wurde, auch wenn sie als unzustellbar zurückkommt. – Ist im Tarifvertrag, in einer Betriebsvereinbarung oder im Arbeitsvertrag eine Kündigung durch eingeschriebenen Brief vorgesehen, ist eine dennoch per einfachen Brief erfolgende Kündigung wirksam, sofern der Zugang nachgewiesen werden kann. Nur diesen Nachweis soll die besondere Beförderungsabrede gewährleisten (BAG AP Nr. 8 zu § 125 BGB). Nach § 309 Nr. 13 BGB sind ohnehin Vereinbarungen unwirksam, die eine strengere Zugangsform als die Schriftform oder besondere Zugangsformen formularmäßig vorsehen. Bei Massenkündigungen durch den Arbeitgeber ist ein Aushang am Schwarzen Brett wegen des Schriftformzwanges (§ 623 BGB) problematisch. – Eine Kündigung durch Einschreibebrief mag für einen später erforderlich werdenden Nachweis empfehlenswert sein; jedoch ist diese Art der Kündigung für den Kündigenden nachteilig, da das Einwerfen des Benachrichtigungszettels durch die Post keinen Zugang herbeiführt (vgl. BAG AP Nr. 4 zu § 130 BGB).

Dies kann problematisch sein, wenn ein späterer Zugang eine andere Kündigungsfrist zur Folge hat (s. § 622 II BGB). Holt der Arbeitnehmer den Brief nicht ab, ist ihm die Kündigung nicht zugegangen; musste er allerdings mit einer Kündigung rechnen, liegt eine Zugangsvereitelung vor. Unter der Voraussetzung, dass der Arbeitgeber unverzüglich nach Kenntnis von dem noch nicht erfolgten Zugang erneut eine Zustellung vornimmt, muss der Arbeitnehmer sich in diesem Fall so behandeln lassen, als wäre der Zugang bereits am Tag der Benachrichtigung erfolgt (BAG NZA 1986, 640; Einzelh.: Brox/Walker AT, Rdnr. 157). Ein an die Heimatanschrift gerichtetes Kündigungsschreiben geht dem in Urlaub befindlichen Arbeitnehmer grundsätzlich nach allgemeinen Regeln mit Einwurf in den Hausbriefkasten zu.

433 e) Wird die schriftliche Kündigung durch einen *Vertreter* des Arbeitgebers erklärt, ist sie unwirksam, wenn der Vertreter keine Vollmachtsurkunde vorlegt und der Arbeitnehmer aus diesem Grund die Kündigung unverzüglich (ohne schuldhaftes Zögern, vgl. § 121 I 1 BGB) zurückweist (§ 174 1 BGB). Eine Zurückweisung ist ausgeschlossen, wenn der Vertretene den Erklärungsgegner von der Vollmacht in Kenntnis (bspw. durch Rundschreiben) gesetzt hat (§ 174 2 BGB).

Eine solche Information über die erteilte Vollmacht kann man, wenn sie nicht ausdrücklich erfolgt, auch annehmen, wenn der Vertreter eine Stellung bekleidet, mit der das Kündigungsrecht in der Regel verbunden ist. Dementsprechend ist die Vorlage einer Vollmachtsurkunde nicht erforderlich, wenn die Kündigung durch den Leiter der Personalabteilung erfolgt (BAG AP Nr. 1, 9 zu § 174 BGB), wohl aber wenn ein Sachbearbeiter der Personalabteilung die Kündigung erklärt (BAG AP Nr. 2 zu § 174 BGB).

Der Arbeitnehmer braucht seine schriftliche Kündigung nicht gegenüber dem Arbeitgeber selbst abzugeben; zu ihrer Entgegennahme sind regelmäßig auch Vorgesetzte, Angestellte des Personalbüros, nicht dagegen untergeordnete Hilfspersonen ermächtigt.

2. Kündigungsfristen

434 Unter der Kündigungsfrist ist die Zeitspanne zu verstehen, die mindestens zwischen dem Zugang der Kündigungserklärung und dem Zeitpunkt der in Aussicht genommenen Beendigung des Arbeitsverhältnisses liegen muss. Häufig kann die Kündigung nur zu einem bestimmten Termin (z.B. Quartalsschluss, Monatsende) erklärt werden.

435 a) *Gesetzliche Kündigungsfristen* sind in § 622 BGB geregelt. § 622 I BGB sieht für Arbeitgeber und Arbeitnehmer gleichermaßen eine Kündigungsfrist von vier Wochen zum 15. oder zum Ende eines Kalendermonats vor. § 622 II BGB enthält eine Sonderregelung für Kündigungen, die der Arbeitgeber ausspricht. Die Kündigungsfrist beträgt hier in Abhängigkeit von der Dauer des Arbeitsverhältnisses zwischen einem und sieben Monaten. Nach § 622 II 2 BGB werden bei der Berechnung der Beschäftigungsdauer Zeiten, die vor Vollendung des 25. Lebensjahres liegen, nicht berücksichtigt. Die Vereinbarkeit von § 622 II 2 BGB mit dem Europarecht wurde seit längerem mit gutem Grund bezweifelt (vgl. Annuß, BB 2006, 325; Hamacher/Ulrich, NZA 2007, 657), da sie eine Altersdiskriminierung enthält, für die keine Rechtfertigung erkennbar ist. Der EuGH hat nun eine Vorlagefrage des LAG Düsseldorf dahin beantwortet, dass er § 622 II 2 BGB für unverein-

bar mit der Richtlinie 2000/78/EG erklärte. Das Gesetz bewirke, dass Personen mit gleicher Betriebszugehörigkeit nur wegen ihres Alters unterschiedlich behandelt würden, je nachdem, in welchem Alter sie in den Betrieb eingetreten seien. Diese Ungleichbehandlung sei auch durch kein legitimes Ziel der Beschäftigungspolitik, des Arbeitsmarktes oder der beruflichen Bildung gerechtfertigt. Zwar falle es jüngeren Arbeitnehmern regelmäßig leichter, auf den Verlust ihres Arbeitsplatzes zu reagieren. Jedoch erfasse § 622 II 2 BGB alle Arbeitnehmer, die vor der Vollendung des 25. Lebensjahrs eingetreten sind, unabhängig von ihrem Alter im Kündigungszeitpunkt (EuGH NZA 2010, 85). Die deutschen Gerichte haben als Folge dieses Urteils § 622 II 2 BGB künftig entweder gemeinschaftsrechtskonform auszulegen oder unangewendet zu lassen. Der EuGH hat mit dieser Entscheidung seine viel kritisierte Rechtsfortbildung hin zu einem ungeschriebenen gemeinschaftsprimärrechtlichen Altersdiskriminierungsverbot aus dem Urteil in der Rechtssache Mangold bestätigt (vgl. hierzu Rdnr. 320; zur Kritik an der Rechtsfortbildung des EuGH vgl. Thüsing, ZIP 2005, 2149; Bauer/Arnold, NJW 2006, 6).

b) *Vereinbarte Kündigungsfristen* sind in bestimmten Grenzen zulässig. **436**
(1) Einzelvertraglich können kürzere Kündigungsfristen als die des § 622 II BGB grundsätzlich nicht vereinbart werden. Darüber hinaus dürfen auch keine zusätzlichen Kündigungstermine eingeführt werden. Dies ergibt sich mittelbar aus § 622 V BGB, der einzelvertragliche Verkürzungen der Grundkündigungsfrist nur in zwei Einzelfällen ermöglicht. Nr. 1 betrifft den Sonderfall der vorübergehenden Aushilfen, während Nr. 2 eine Verzichtsmöglichkeit für kleinere Unternehmen enthält. Werden unzulässige Kündigungsfristen vereinbart, so tritt an ihre Stelle die gesetzliche Regelung des § 622 I und II BGB.

(2) Eine Verlängerung der gesetzlichen Kündigungsfristen ist einzelvertraglich **437**
grundsätzlich möglich (vgl. § 622 V 3 BGB). Aus § 624 1 und 2 BGB ergibt sich jedoch, dass eine Höchstbindungsfrist von fünfeinhalb Jahren besteht. Eine einzelvertragliche Bezugnahme auf tarifliche Kündigungsfristen ist nach § 622 IV 2 BGB zulässig. Allerdings sind die Parteien an das Benachteiligungsverbot zu Lasten des Arbeitnehmers gebunden (§ 622 VI BGB). Deshalb dürfen die Kündigungsfristen für den Arbeitnehmer nicht länger sein als die Fristen für die Kündigung durch den Arbeitgeber. Im Falle eines Verstoßes gilt analog § 89 II HGB die jeweils längere Kündigungsfrist (BAG NZA 2005, 1176).

Die arbeitsgerichtliche Rspr. folgert aus § 622 VI BGB auch ein Verbot faktischer Kündigungsbeschränkungen, die zwar nicht unmittelbar auf die Wirksamkeit der Kündigung, wohl aber auf den Kündigungsentschluss des Arbeitnehmers Einfluss zu nehmen suchen, vgl. BAG AP Nr. 12 zu § 622 BGB (Unzulässigkeit einer Vertragsstrafe für den Fall einer fristgemäßen Kündigung) in ausdrücklicher Bestätigung von BAG AP Nr. 9 zu § 622 BGB (Verfall einer vom Arbeitnehmer gestellten Kaution im Fall fristgerechter Kündigung).

(3) Tarifvertraglich können alle Kündigungsfristen des § 622 BGB abgeändert **438**
werden (vgl. § 622 IV 1 BGB). Mit der Formulierung „abweichende Regelung" sind sowohl Verkürzungen als auch Verlängerungen der Kündigungsfristen ge-

meint. Allerdings ist auch hier das Benachteiligungsverbot des § 622 VI BGB zu beachten.

439 c) In *Sonderfällen* ist für die Kündigungsfristen Folgendes zu beachten:

(1) Ist ein Arbeitnehmer *zur vorübergehenden Aushilfe* eingestellt, können kürzere Kündigungsfristen auch einzelvertraglich vereinbart werden; das gilt jedoch nicht, wenn das Arbeitsverhältnis über die Zeit von drei Monaten hinaus fortgesetzt wird (§ 622 V 1 Nr. 1 BGB).

Die Vereinbarung eines Aushilfsarbeitsverhältnisses besagt allein noch nicht, dass die Kündigungsfrist verkürzt sein soll. Vielmehr ist durch Vertragsauslegung zu ermitteln, ob die Vertragsparteien eine Fristverkürzung gewollt haben. Die Parteien können – mit der Einschränkung des § 622 VI BGB – auch verschieden lange Kündigungsfristen vereinbaren.

440 (2) Ist im Arbeitsvertrag eine *Probezeit* vorgesehen, so ist regelmäßig davon auszugehen, dass eine Kündigung in der (gesetzlichen, tariflichen) Mindestfrist zulässig sein soll (BAG AP Nr. 11 zu § 620 BGB Probearbeitsverhältnis). Die gesetzliche Mindestfrist beträgt für beide Seiten nach § 622 III BGB zwei Wochen, soweit die vereinbarte Probezeit sechs Monate nicht übersteigt. Wird eine längere Probezeit vereinbart, gilt nach Ablauf der gesetzlich vorgesehenen sechs Monate die Grundkündigungsfrist des § 622 I BGB.

Zu unterscheiden ist zwischen dem echten befristeten Arbeitsverhältnis, das nach Ablauf der Probezeit endet, und dem unbefristeten Arbeitsverhältnis, das nach Ablauf der Probezeit in ein normales Arbeitsverhältnis übergeht, soweit zuvor nicht gekündigt worden ist. Nur auf das letztere ist § 622 III BGB anwendbar (für das befristete Arbeitsverhältnis s. Rdnr. 583 ff.). Was gewollt ist, muss die Auslegung (§§ 133, 157 BGB) der Parteivereinbarung ergeben.

441 (3) Das Berufsausbildungsverhältnis kann während der Probezeit jederzeit ohne Bindung an eine Kündigungsfrist gekündigt werden (§ 22 I BBiG). Nach der Probezeit kommt nur eine Kündigung aus wichtigem Grund in Betracht (§ 22 II Nr. 1 BBiG).

442 (4) Eine *Kündigung zwischen Vertragsschluss und Arbeitsaufnahme* (**Fall d**) ist nach allgemeiner Ansicht zulässig. Streitig ist nur, ob die Kündigungsfrist bereits mit dem Zugang der Kündigungserklärung oder frühestens mit dem vereinbarten Zeitpunkt der Arbeitsaufnahme zu laufen beginnt; die Rspr. war uneinheitlich (vgl. BAG AP Nr. 1, 2, 3 zu § 620 BGB), tendiert aber inzwischen dazu, die Kündigungsfrist mit dem Zugang der Kündigung beginnen zu lassen (BAG NZA 2006, 1207).

443 Die neue Rechtsprechungslinie ist zu begrüßen. Soweit nichts anderes vereinbart ist, beginnt die Kündigungsfrist schon mit dem Zugang der Erklärung. Ob der Arbeitnehmer die Arbeit aufgenommen hat, spielt keine Rolle (Joussen, NZA 2002, 1177, 1182). Der Erklärungsempfänger braucht nicht geschützt zu werden; denn er weiß, woran er ist.

Im **Fall d** ist die Kündigung wirksam. Der Vertrag ist zum 31. 12. gekündigt worden.

3. Vertragliche und gesetzliche Kündigungsverbote

Schrifttum: Buchner/Becker, Mutterschutzgesetz und Bundeselterngeld- und Elternzeitgesetz, 8. Aufl., 2008; Bröhl, Die außerordentliche Kündigung mit notwendiger Auslauffrist, 2005; Düwell, Neugeregelt: Die Stellung des Schwerbehinderten im Arbeitsrecht, BB 2001, 1527; Eylert/Sänger, Der Sonderkündigungsschutz im 21. Jahrhundert – Zur Entwicklung der Rechtsprechung des Bundesarbeitsgerichts zum Sonderkündigungsschutz, RdA 2010, 24; Neumann/Pahlen/Majerski-Pahlen, SGB IX, 11. Aufl., 2005; Zmarzlik/Zipperer/Viethen/Vieß, Mutterschutzgesetz, 9. Aufl., 2006. **444**

Will der Arbeitgeber eine ordentliche Kündigung aussprechen, muss er zunächst **445**
die Anforderungen, die das Gesetz an eine wirksame Willenserklärung stellt (z.B. Geschäftsfähigkeit, vgl. auch Rdnr. 423), beachten.

Wie § 13 II 1 KSchG klarstellt, kann eine Kündigung auch nach § 138 BGB unwirksam sein, wenn sie dem Anstandsgefühl aller billig und gerecht Denkenden krass widerspricht. Angesichts der in § 1 KSchG getroffenen Regelung (dazu Rdnr. 473ff.) kommt eine sittenwidrige Kündigung nur unter besonderen Umständen in Betracht, bspw. wenn die Kündigung aus besonders verwerflichen Motiven wie Rachsucht oder Vergeltung erfolgt (vgl. BAG NZA 1989, 962). Auch der aus § 242 BGB folgende Grundsatz von Treu und Glauben kann zur Unwirksamkeit einer Kündigung führen. Eine zur Unzeit ausgesprochene Kündigung, die den Arbeitnehmer gerade wegen des Kündigungszeitpunkts besonders belastet, kann treuwidrig und damit rechtsunwirksam sein. Dies setzt jedoch neben der „Unzeit" der Kündigung weitere Umstände voraus, etwa dass der Arbeitgeber absichtlich oder auf Grund einer Missachtung der persönlichen Belange des Arbeitnehmers einen Kündigungszeitpunkt wählt, der den Arbeitnehmer besonders beeinträchtigt (BAG NZA 2001, 890). In Kleinbetrieben, in denen das KSchG unanwendbar ist, vermittelt § 242 BGB einen Mindest-Kündigungsschutz (Rdnr. 470). Zur Berücksichtigung der europäischen Gleichbehandlungsrichtlinien i. R. der zivilrechtlichen Generalklauseln vgl. Rdnr. 514.

Daneben existieren eine Reihe gesetzlicher Kündigungsverbote. Auch die ver- **446**
tragliche Vereinbarung eines Kündigungsverbots kann Rechtswirkungen entfalten.

a) Im Gesetz selbst ist eine Vielzahl von Kündigungsverboten verankert, die z.T. an Sachgründen für die Kündigung, z.T. an der Person des gekündigten Arbeitnehmers anknüpfen.

(1) Zu den sachlichen Ausschlussgründen zählt bspw. das Verbot einer Vergeltungskündigung (§ 612a BGB), einer (ordentlichen) Kündigung eines befristeten Arbeitsverhältnisses (§ 620 II BGB, vgl. auch Rdnr. 591) und einer Kündigung aus Anlass eines Betriebsübergangs (§ 613a IV 1 BGB, Rdnr. 611). Nach § 11 TzBfG ist die Kündigung eines Arbeitsverhältnisses wegen der Weigerung eines Arbeitnehmers, von einem Vollzeit- in ein Teilzeitarbeitsverhältnis oder umgekehrt zu wechseln, unwirksam.

Bis zum Inkrafttreten des AGG enthielt § 611a BGB (a.F.) ein Verbot der geschlechtsbezogenen Benachteiligung, das auch für Kündigungen galt. Nach § 2 IV AGG gelten für Kündigungen „ausschließlich die Bestimmungen zum allgemeinen und besonderen Kündigungsschutz". Diskriminierende Kündigungen sind trotz des missverständlichen Wortlauts selbstverständlich unzulässig: Die Arbeitnehmer werden neben § 1 KSchG insbesondere durch § 612a BGB und § 138 BGB geschützt. Vertiefend zur Bedeutung des AGG bei Kündigungen s. Rdnr. 513.

447 (2) Persönliche Ausschlussgründe können bspw. geltend machen:
- Vertrauenspersonen der Schwerbehinderten, §§ 94, 96 III SGB IX
- Auszubildende nach Ablauf der Probezeit, § 22 II BBiG
- zum Wehrdienst eingezogene Personen (§ 2 ArbPlSchG; § 2 EignungsübungsG) sowie Zivildienstleistende (§ 78 I Nr. 1 ZivildienstG)
- Immissionsschutzbeauftragte, § 58 II BImSchG
- Abgeordnete, Art. 48 II 2 GG
- aufgrund landesrechtlicher Bestimmungen politisch Verfolgte und Inhaber von Bergmannsversorgungsscheinen.

448 Mitglieder des Betriebsrats, der Jugend- und Auszubildendenvertretung genießen ebenfalls einen besonderen Kündigungsschutz. Während ihrer Amtszeit und innerhalb eines Jahres nach Beendigung der Amtszeit ist eine *ordentliche Kündigung* unzulässig (§ 15 I KSchG). Ausnahmen gelten bei Betriebs- oder Betriebsabteilungsstilllegungen, vgl. § 15 IV, V KSchG. Wird ein Betriebsratsmitglied in einer Betriebsabteilung beschäftigt, die stillgelegt wird, so ist der Arbeitgeber nach der Rspr. des BAG (NZA 2001, 321) verpflichtet, die Übernahme des Betriebsratsmitglieds notfalls durch „Freikündigen" (!) eines geeigneten Arbeitsplatzes dort sicherzustellen. Durch § 15 KSchG soll eine pflichtgemäße Wahrung der Arbeitnehmerinteressen gewährleistet werden. Aus diesem Grund genießen Mitglieder des *Wahlvorstands und Wahlbewerber* den gleichen Schutz bis zur Bekanntgabe des Wahlergebnisses (vgl. § 15 III KSchG).

Darüber hinaus wird dem Mitglied der Jugend- und Auszubildendenvertretung eine Weiterbeschäftigung nach Beendigung des Ausbildungsverhältnisses zugesichert (Einzelh.: § 78a BetrVG).

449 Die *Mitglieder der Sprecherausschüsse* (vgl. Rdnr. 1004 ff.) genießen keinen besonderen Kündigungsschutz, da sie nicht in den Kreis der Amtsträger des § 15 KSchG aufgenommen wurden. Eine Kündigung, die gerade wegen der Tätigkeit als Sprecherausschussmitglied erfolgt, kann aber wegen Verstoßes gegen das Benachteiligungsverbot des § 2 III 2 SprAuG nichtig sein (§ 134 BGB).

450 (3) In einer Reihe von Fällen knüpft das Gesetz die Wirksamkeit einer Kündigung an die Zustimmung einer Behörde, ohne ein ausnahmsloses Kündigungsverbot auszusprechen, vgl. § 9 MuSchG (Mutterschutz), § 18 BEEG (Elternzeit), § 85 SGB IX (Schwerbehinderung) sowie § 17 KSchG (Anzeigepflicht bei Massenentlassungen; str., ob nicht nur Vollzugsverbot). Die Zustimmung muss grds. jeweils vor Ausspruch der Kündigung eingeholt werden – bei § 17 KSchG gilt dies aufgrund europarechtskonformer Auslegung, obwohl der Wortlaut von Entlassung spricht (BAG NZA 2006, 971, vgl. auch Rdnr. 456 ff.).

aa) *Mutterschutz und Elternzeit*

451 Die Kündigung gegenüber einer Arbeitnehmerin während der Schwangerschaft oder bis zum Ablauf von vier Monaten nach der Entbindung ist gem. § 9 I 1

MuSchG unzulässig, wenn dem Arbeitgeber die Schwangerschaft bzw. Entbindung bekannt war oder ihm innerhalb einer Frist von zwei Wochen nach Ausspruch der Kündigung mitgeteilt wird. Die zuständige Behörde kann jedoch ausnahmsweise die Kündigung für zulässig erklären (§ 9 III MuSchG).

Die Nichteinhaltung der Frist ist gem. § 9 I 1 2. Hs. MuSchG unschädlich, wenn sie auf einem von der Arbeitnehmerin nicht zu vertretenden Umstand beruht und die Mitteilung unverzüglich nachgeholt wird. Dementsprechend genügt es, dass die Arbeitnehmerin, die im Zeitpunkt der Kündigung von ihrer Schwangerschaft nichts gewusst hat, dem Arbeitgeber ihre Schwangerschaft unverzüglich nach Kenntniserlangung anzeigt (s. auch BVerfGE 32, 273).

Der Kündigungsschutz nach dem MuSchG wird durch § 18 BEEG ergänzt. Danach darf der Arbeitgeber das Arbeitsverhältnis während der Elternzeit nicht kündigen (Einzelh.: § 18 I 1, II BEEG). Die Kündigung kann jedoch auch hier von der zuständigen Behörde für zulässig erklärt werden (§ 18 I 2 BEEG). Der Arbeitnehmer kann das Arbeitsverhältnis zum Ende der Elternzeit nur unter Einhaltung einer Kündigungsfrist von drei Monaten kündigen (§ 19 BEEG). Diese Frist ist auch dann einzuhalten, wenn ansonsten kürzere oder längere gesetzliche, tarifliche oder einzelvertraglich vereinbarte Kündigungsfristen gelten. **452**

bb) *Schwerbehindertenschutz*

Gegenüber einem Schwerbehinderten (s. § 2 SGB IX) oder Gleichgestellten (s. § 2 III SGB IX), dessen Arbeitsverhältnis länger als sechs Monate besteht (vgl. § 90 I Nr. 1 SGB IX), kann eine Kündigung grundsätzlich nur mit vorheriger Zustimmung des Integrationsamtes ausgesprochen werden (§ 85 SGB IX). Die Kündigungsfrist beträgt mindestens vier Wochen (§ 86 SGB IX). **453**

Der Arbeitnehmer kann den Schwerbehindertenschutz allerdings nur geltend machen, wenn zum Zeitpunkt des Zugangs der Kündigung die Schwerbehinderung (vgl. § 2 SGB IX) nach § 69 SGB IX festgestellt ist oder der Arbeitnehmer zumindest einen entsprechenden Antrag gestellt hat (st. Rspr.; BAG AP Nr. 3, 4 zu § 12 SchwbG; NZA 1992, 23; s. auch § 90 IIa SGB IX). Ausnahmsweise kann der Sonderkündigungsschutz bereits vor Antragstellung des Schwerbehinderten beim Versorgungsamt eingreifen, wenn die Schwerbehinderung offensichtlich ist oder der schwerbehinderte Arbeitnehmer den Arbeitgeber vor dem Ausspruch der Kündigung über seine körperlichen Beeinträchtigungen informiert und über die beabsichtigte Antragstellung in Kenntnis gesetzt hat (BAG NZA 2002, 1145). **454**

Nach h.M. ist eine Kündigung selbst dann gem. § 85 SGB IX i.V.m. § 134 BGB nichtig, wenn es der Arbeitgeber aus Unkenntnis der Schwerbehinderteneigenschaft unterlassen hat, vor Ausspruch der Kündigung die Zustimmung des Integrationsamtes einzuholen, sofern ihn der Arbeitnehmer innerhalb einer Regelfrist von drei Wochen entsprechend unterrichtet (vgl. BAG NZA 2006, 1035; **Fall e**). Dem kann nicht gefolgt werden; denn die schutzwürdigen Belange des schwerbehinderten Arbeitnehmers sind gewahrt, wenn der Arbeitgeber nach Kenntniserlangung unverzüglich die erforderliche Zustimmung einholt.

Die ordentliche Kündigung darf erst nach förmlicher Zustellung des Zustimmungsbescheids des Integrationsamtes erklärt werden (BAG NZA 1992, 503), **455** wobei eine Frist von einem Monat für die Kündigung durch den Arbeitgeber zu beachten ist (§ 88 III SGB IX). Gegen die Entscheidung des Integrationsamtes steht der Verwaltungsrechtsweg offen (Einzelh.: BVerwG NZA 1993, 76, 123). Das kann zu einer erheblichen Verzögerung des Kündigungsschutzprozesses führen, wenn die Entscheidung allein noch von der Bestandskraft des Zustimmungsbescheids abhängt. Wegen des berechtigten Interesses beider Arbeitsvertragsparteien an einer schnellen Klärung der Wirksamkeit der Kündigung erscheint dies bedenklich (vgl. zu einem möglichen Lösungsweg BAG NZA 1992, 1073).

cc) *Massenentlassungen*

456 Will ein Arbeitgeber in Betrieben mit in der Regel mehr als 20 Arbeitnehmern innerhalb von 30 Kalendertagen eine größere Zahl von Arbeitnehmern entlassen, muss er dies zuvor der Agentur für Arbeit schriftlich anzeigen. Zugleich muss er den Betriebsrat über die beabsichtigte Entlassung konsultieren und die Stellungnahme des Betriebsrats der Anzeige an die Arbeitsagentur beifügen (Einzelh.: § 17 KSchG). In das Massenentlassungsrecht ist seit der Junk-Entscheidung des EuGH (NJW 2005, 1099) Bewegung gekommen. Danach ist unter „Entlassung" in der Massenentlassungsrichtlinie der EG (98/59/EG) der Ausspruch der Kündigung zu verstehen. Das BAG ging vorher in st. Rspr. (zuletzt BAG NZA 2001, 144) davon aus, Entlassung sei die tatsächliche Beendigung des Arbeitsverhältnisses. Diese Auffassung wurde nunmehr aufgegeben (BAG NZA 2006, 971). Hat der Arbeitgeber Kündigungen ausgesprochen, ohne zuvor die Massenentlassung ordnungsgemäß anzuzeigen, so sind die Kündigungen nach § 134 BGB nichtig (BAG NZA 2008, 425; NZA 2008, 753).

457 Die §§ 17ff. KSchG dienen – unter Berücksichtigung der Wertungen des EuGH – nicht nur arbeitsmarktpolitischen Zwecken (Zeitgewinn für die Agenturen für Arbeit um die in größerer Zahl entlassenen Arbeitnehmer anderweitig zu vermitteln), sondern wollen Massenkündigungen insgesamt vermeiden bzw. zahlenmäßig beschränken.

Der Kündigungsschutz des einzelnen Arbeitnehmers nach § 1 KSchG ist hiervon unabhängig. Eine nach §§ 17ff. KSchG erlaubte Kündigung kann gleichwohl nach § 1 KSchG sozialwidrig sein, umgekehrt kann eine nach § 1 KSchG gerechtfertigte Kündigung gegen §§ 17ff. KSchG verstoßen. Massenentlassung fallen in der Regel mit Betriebsänderungen im Sinne der §§ 111ff. BetrVG zusammen. Neben der Anzeigepflicht nach § 17 KSchG sind daher die Mitwirkungs- und Mitbestimmungsrechte des Betriebsrats bei Betriebsänderungen (Interessenausgleich, Sozialplan, Nachteilsausgleich, Rdnr. 966ff.) zu beachten.

458 Die Bundesagentur für Arbeit kann – abgesehen von der Zustimmung zu Entlassungen während der Sperrfrist – dem Arbeitgeber auch gestatten, für diese Zeit *Kurzarbeit* (Rdnr. 213ff.) einzuführen (§ 19 I KSchG). Eine entsprechende Lohnkürzung ist aber erst von dem Zeitpunkt an wirksam, zu dem das Arbeitsverhältnis nach den (gesetzlichen oder vereinbarten) Bestimmungen enden würde (§ 19 II KSchG). Tarifvertragliche Kurzarbeitsregeln gehen vor (§ 19 III KSchG).

b) *Vereinbarte „Unkündbarkeit"*

In einigen Bereichen ist es üblich, für langzeitig tätige Arbeitnehmer die ordentliche Kündigung vertraglich auszuschließen. Das kann durch Tarifvertrag, Betriebsvereinbarung oder Arbeitsvertrag geschehen. Praktisch bedeutsam sind auch Standortgarantien oder Beschäftigungsgarantien in „Bündnissen für Arbeit", bei denen sich die Arbeitnehmer häufig als Gegenleistung für den Ausschluss der ordentlichen Kündigung verpflichten für das gleiche Entgelt mehr zu arbeiten (etwa 37,5 Stunden statt 35 Stunden). Der einzelvertragliche Ausschluss der ordentlichen Kündigung ist selbst für einen längeren Zeitraum, ggf. bis zum Lebensende des Arbeitgebers, nicht wegen sittenwidriger Knebelung des Arbeitgebers nach § 138 BGB von vornherein unwirksam (BAG AP Nr. 60 zu § 138 BGB = RdA 2005, 306 mit Anm. Bengelsdorf). Kündigungsverboten in tarifvertraglichen Rationalisierungsschutzabkommen sind aber aufgrund des tariffesten Gebotes der Sozialauswahl Grenzen gesetzt. Ein Verbot der Kündigung tarifgebundener Arbeitnehmer ginge zu Lasten der Außenseiter und würde damit gegen die durch Art. 9 III GG geschützte negative Koalitionsfreiheit verstoßen (str.). Auch bei einer Verabschiedung als Betriebsnorm darf die Sozialauswahl nicht beeinträchtigt werden (vgl. BAG NZA 1986, 679). Zur Möglichkeit einer außerordentlichen Kündigung bei ausgeschlossener ordentlicher Kündigung vgl. Rdnr. 542. Zum Verhältnis von tariflichen Kündigungsverboten und dem Grundsatz der Sozialauswahl s. Rdnr. 542. 459

4. Anhörung des Betriebsrats/Sprecherausschusses

Nach § 102 I 1 BetrVG ist der Betriebsrat vor jeder Kündigung durch den Arbeitgeber zu hören. Eine ohne Anhörung des Betriebsrats ausgesprochene Kündigung ist unwirksam (§ 102 I 3 BetrVG; Rdnr. 953 ff.). Entsprechendes gilt für die Anhörung des Sprecherausschusses bei der Kündigung eines leitenden Angestellten (§ 31 II SprAuG; Rdnr. 1041). 460

Will der Arbeitgeber im Kündigungsschutzprozess Kündigungsgründe, die im Zeitpunkt der Kündigung schon vorlagen, nachschieben (vgl. Rdnr. 429), ist zu beachten, dass der Arbeitgeber diese dem Betriebsrat naturgemäß nicht mitgeteilt haben kann (vgl. § 102 I 2 BetrVG). Im Kündigungsschutzprozess dürfen jedoch grds. nur die dem Betriebsrat mitgeteilten Gründe berücksichtigt werden. Dem Arbeitgeber bei Ausspruch der Kündigung bekannte, aber dem Betriebsrat nicht mitgeteilte Gründe können daher nicht nachgeschoben werden, auch wenn der Betriebsrat der Kündigung aufgrund der ihm mitgeteilten Gründe der Kündigung zugestimmt hat (BAG AP Nr. 22 zu 102 BetrVG 1972; sog. subjektive Determination). Möglich bleibt eine Erläuterung bzw. Konkretisierung der ausreichend mitgeteilten Gründe. Sind die Kündigungsgründe, die bei Ausspruch der Kündigung bereits entstanden waren, dem Arbeitgeber erst später bekannt geworden, dürfen sie im Kündigungsschutzprozess nachgeschoben werden, wenn der Arbeitgeber zuvor den Betriebsrat hierzu erneut angehört hat (entspr. Anwendung des § 102 I BetrVG; BAG NZA 1986, 674). 461

II. Individueller Kündigungsschutz nach dem Kündigungsschutzgesetz

Schrifttum: Diller/Krieger/Arnold, Kündigungsschutzgesetz plus Allgemeines Gleichbehandlungsgesetz – Sind Arbeitnehmer in Zukunft doppelt vor Kündigungen geschützt?, NZA 2006, 887; Franzen, Die unternehmerische Entscheidung in der Rechtsprechung des BAG zur betriebsbedingten Kündigung, NZA 2001, 805; Friemel/Walk, Neues zur Kündigung wegen Schlecht- und Minderleistung, NJW 2010, 1557; Hanau/Rüthers/Preis, Arbeitsrecht und „unbegrenzte Auslegung", NJW 1998, 1889; Henssler/Moll, Kündigung und Kündigungsschutz in der betrieblichen Praxis, 2000; Hunold, Die Kündigung wegen mangelhafter Kenntnisse des Mitarbeiters, NZA 2000, 803; Gragert/Wiehe, Das Aus für die freie Auswahl in Kleinbetrieben – § 242 BGB!, NZA 2001, 934; Löwisch, Neuregelungen des Kündigungs- und Befristungsrechts durch das Gesetz zu Reformen am Arbeitsmarkt, BB 2004, 154; Müller, Whistleblowing – Ein Kündigungsgrund?, NZA 2002, 424; Neef/Neef, Die Unmöglichkeit der betriebsbedingten Kündigung, NZA 2006, 1241; Quecke, Die Änderung des Kündigungsschutzgesetzes zum 1. 1. 2004, RdA 2004, 86; Rüthers, Vom Sinn und Unsinn des geltenden Kündigungsschutzrechts, NJW 2002, 1601; ders., Mehr Beschäftigung durch Entrümpelung des Arbeitsrechts?, NJW 2003, 1546; ders./Henssler, Die Kündigung bei kumulativ vorliegenden und gemischten Kündigungssachverhalten, ZfA 1988, 31; Schiefer, Kündigungsschutz und Unternehmerfreiheit – Auswirkungen des Kündigungsschutzes auf die betriebliche Praxis, NZA 2002, 770; Stückmann/Kohlepp, Verhältnismäßigkeitsgrundsatz und „ultima-ratio-Prinzip" im Kündigungsrecht, RdA 2000, 331; Thüsing/Wege, Der Abfindungsanspruch des § 1a KSchG, JuS 2006, 97.

Fälle:

462 a) Der Arbeitgeber G hat durch Aufstellen einer neuen Maschine zehn Arbeitsplätze eingespart. Deshalb kündigt er u.a. dem Arbeitnehmer N „aus dringenden betrieblichen Gründen". N erhebt am nächsten Tag Kündigungsschutzklage und trägt vor, die Rationalisierungsmaßnahme hätte G unterlassen müssen, weil sie nicht die von G erhoffte Kostenersparnis erbringe. Außerdem hätte er (N) nach einer Umschulung in einem anderen Betrieb des Unternehmens weiterbeschäftigt werden können. Abgesehen davon würde eine Reihe von Arbeitskollegen eine Kündigung weniger hart treffen als ihn. Im Prozess streiten sich die Parteien darüber, ob das Vorbringen des N erheblich ist und wer den Beweis zu führen hat.

b) G hat dem N gekündigt, weil dieser mehrmals zu spät gekommen ist. N meint, G habe ihn vor der Kündigung abmahnen müssen. G weist darauf hin, dass er wegen Verstoßes gegen das Rauch- und Alkoholverbot abgemahnt habe.

463 Zwar bedarf die ordentliche Kündigung grundsätzlich keines Kündigungsgrundes (vgl. Rdnr. 428 ff.). Dieser Grundsatz der Kündigungsfreiheit wird jedoch zu Lasten des Arbeitgebers im Anwendungsbereich des KSchG erheblich eingeschränkt. Der Gesetzgeber bezeichnet diesen, im ersten Abschnitt des KSchG gewährten Kündigungsschutz als „allgemeinen Kündigungsschutz", weil jeder Arbeitnehmer unabhängig von der Art seiner Tätigkeit und von den persönlichen Voraussetzungen in den Genuss dieser Regelungen kommen kann. Das KSchG bezweckt in erster Linie den Schutz des einzelnen Arbeitnehmers vor dem Verlust seines Arbeitsplatzes. Aus diesem Grund muss eine ordentliche Kündigung durch den Arbeitgeber, die nach den bisherigen Ausführungen an sich wirksam wäre, zusätzlich „sozial gerechtfertigt" sein (§ 1 KSchG; Rdnr. 473 ff.).

1. Entwicklung und rechtspolitische Bewertung

Kündigungsrecht und Kündigungsschutzrecht im Arbeitsvertragsrecht betreffen verfassungsrechtlich geschützte Positionen beider Vertragspartner. Es entspricht dem Gebot des „sozialen Staates" (Art. 20 I, 28 I GG), dass die Arbeitnehmer vor grundlosen oder willkürlichen Kündigungen des Arbeitgebers geschützt sind. Auch die Berufsfreiheit (Art. 12 I GG) des Arbeitnehmers und der Gleichheitsgrundsatz (Art. 3 I GG) gewähren einen Schutz gegen beliebige Kündigungen i. S. einer unbegrenzten Kündigungsfreiheit der Arbeitgeberseite. Andererseits schließt die Berufsfreiheit des Arbeitgebers wegen der aus ihr folgenden unternehmerischen Entscheidungsfreiheit ein verfassungsrechtlich geschütztes Mindestmaß an Kündigungsfreiheit ein. Dieses wird gewährleistet durch die von Art. 12 I GG geschützte Berufs- und (Arbeits-)Vertragsfreiheit (letztere wird z. T. auch aus Art. 2 I GG hergeleitet) und die Eigentumsgarantie des Art. 14 I GG. Zusätzlich kommt das KSchG auch dem Gebot in Art. 30 der Charta der Grundrechte der EU nach, den Arbeitnehmern einen Schutz vor ungerechtfertigter Entlassung zu gewährleisten. 464

Das Kündigungsschutzrecht hat also die Aufgabe, einen verfassungskonformen Ausgleich zwischen den Arbeitgeber- und Arbeitnehmerinteressen zu verwirklichen (BVerfGE 84, 133). Da der gesetzliche Kündigungsschutz in zahlreichen weit gefassten Generalklauseln geregelt ist, obliegt diese Aufgabe weitgehend der Arbeitsgerichtsbarkeit. Sie ist gehalten, diese Generalklauseln und unbestimmten Rechtsbegriffe mit Rücksicht auf die Schutzpositionen beider Seiten verfassungskonform auszulegen und anzuwenden. Dabei hat sie zu bedenken, dass ihre Judikate auch das Geschehen am Arbeitsmarkt steuern. Die Bundesrepublik Deutschland verzeichnet im Durchschnitt des letzten Jahrzehnts um die 4 Millionen registrierte Arbeitslose.

Das Recht des Kündigungsschutzes ist weit verstreut und kompliziert geregelt. 465
In den beiden prominenten Großkommentaren (Ascheid/Preis/Schmidt, Großkommentar zum Kündigungsrecht; Etzel u. a., Gemeinschaftskommentar zum Kündigungsschutzgesetz) wird die Gesetzesmaterie auf rund 2.500 bzw. fast 3.000 Seiten kommentiert. Die Materie ist, überwuchert von einem Dickicht von Richterrecht des BAG, selbst für Kenner undurchschaubar geworden. Die Rechtsunsicherheit aller Beteiligten und Betroffenen erscheint kaum noch steigerungsfähig, zumal die Rspr. häufigen Schwankungen unterliegt. Vergleicht man Aufwand und Ertrag, so sind sinnvolle Relationen in der Wirtschaft und in der Praxis nicht mehr erkennbar. 2008 wurden in Deutschland um die 190.000 Kündigungsschutzprozesse geführt (vgl. http://www.bmas.de/portal/ 38022/property=pdf/ 2009__09__15__statistik__der__arbeitsgerichtsbarkeit__2008.pdf). Sie stellen die Hauptbelastung der Arbeitsgerichtsbarkeit und die Haupteinnahmequelle der Fachanwälte für Arbeitsrecht dar. Der ganz überwiegende Teil dieser Verfahren endet in der ersten Instanz, ohne streitiges Urteil, mit einer Abfindungszahlung für den Arbeitnehmer. Der Kündigungsschutz ist in ein Abfindungsverfahren verwandelt. Kritiker sprechen vom Abfindungshandel.

Die international vernetzte Wettbewerbswirtschaft ermöglicht den nationalen 466
Wirtschaftsordnungen keinen dauerhaften individuellen Kündigungsschutz auf

unrentabel gewordenen Arbeitsplätzen. Betriebsbedingte Kündigungen lassen sich zwar auf ihre soziale Rechtfertigung (§ 1 KSchG) prüfen und in ihren Folgen für die Arbeitnehmer abmildern. Verhindern lassen sie sich nicht.

467 Die Auswirkungen des derzeitigen Systems auf den Arbeitsmarkt sind heftig umstritten. Aussagekräftige Zahlen, die darlegen, inwieweit das KSchG beschäftigungshemmend wirkt, fehlen bisher. Um unsinnige Prozesse vor dem Arbeitsgericht zu verhindern, erscheint es indes sinnvoll, Abfindungslösungen in größerem Umfang als bisher zuzulassen und zu fördern.

468 Einen zaghaften Schritt in Richtung Abfindungslösung hat der Gesetzgeber mit der Einführung des § 1a KSchG (vgl. Rdnr. 573ff.) getan. Bei einer Kündigung wegen dringender betrieblicher Erfordernisse kann der Arbeitnehmer, wenn er auf eine Kündigungsschutzklage verzichtet, einen Abfindungsanspruch in der Höhe eines halben Monatsgehalts für jedes Jahr der Betriebszugehörigkeit erwerben. Der Anspruch entsteht nur, wenn der Arbeitgeber in der Kündigungserklärung den Arbeitnehmer auf diese Option hinweist (näher Löwisch, BB 2004, 154, 157f.). Die Regelung soll den tatsächlichen Gegebenheiten der Praxis Rechnung tragen. Da das Bestandsschutzprinzip durch das Abfindungsmodell nicht grundsätzlich abgelöst, sondern nur durch eine Option ergänzt worden ist, bleibt die Diskussion um eine Abkehr vom Bestandsschutzprinzip bei betriebsbedingten Kündigungen zugunsten einer echten gesetzlichen Abfindungsregelung aktuell.

2. Geltungsbereich des KSchG

469 a) Die Vorschriften zum allgemeinen Kündigungsschutz (§§ 1–14 KSchG) gelten nach der Neuregelung vom 1. 1. 2004 an erst für Betriebe und Verwaltungen, die in der Regel mehr als zehn Arbeitnehmer beschäftigen, § 23 I 3 KSchG. Es kommt auf die Beschäftigungslage an, die zum Zeitpunkt der Kündigung für den Betrieb kennzeichnend ist. Der gekündigte Arbeitnehmer ist daher bei der Berechnung des Schwellenwerts einzubeziehen (BAG NZA 2004, 479). Teilzeitbeschäftigte sind nur anteilig zu berücksichtigen. Mit der zum 1. 1. 2004 in Kraft getretenen Regelung wird der vor 1998 bestehende Rechtszustand wiederhergestellt. Die Ausklammerung der Kleinstbetriebe aus dem Geltungsbereich des KSchG ist wegen der engen persönlichen Beziehungen zwischen Arbeitgeber und Arbeitnehmern, die in solchen Betrieben bestehen, wegen der geringeren Belastbarkeit dort und wegen des erforderlichen Schutzes des Mittelstandes verfassungsrechtlich (Art. 3 I GG) unbedenklich (BVerfGE 97, 169; BAG NZA 1990, 724). Allerdings ist § 23 I KSchG verfassungskonform dahingehend auszulegen, dass der Anwendungsbereich der Norm auf Fälle beschränkt ist, für die die Benachteiligung der betroffenen Arbeitnehmer sachlich begründet ist (enge Zusammenarbeit zwischen Arbeitgeber und Arbeitnehmer).

Für Arbeitnehmer, deren Arbeitsverhältnis vor dem 1. 1. 2004 begründet worden ist, bleibt es gem. § 23 I 2 KSchG beim alten Schwellenwert von mehr als fünf Beschäftigten. Sie behalten ihren Kündigungsschutz. Erst wenn die Beschäftigtenzahl ihres Betriebs auf fünf oder weniger vor dem 1. 1. 2004 eingestellte Arbeitnehmer sinkt, endet der Kündigungsschutz auch für die „Altarbeitnehmer". Bei Neueinstellungen nach dem Absinken greift der Kündigungsschutz auch für „Altarbeitnehmer" erst wieder, wenn der Schwellenwert von zehn Arbeitnehmern überschritten wird.

Arbeitnehmer in Kleinstbetrieben sind durch die Herausnahme aus dem KSchG nicht rechtlich schutzlos. Der Sonderkündigungsschutz für Funktionsträger der Betriebsverfassung, für Schwerbehinderte, Schwangere und Mütter sowie Eltern, Wehrpflichtige und Zivildienstleistende sowie gesetzliche Kündigungsverbote und allgemeine Benachteiligungsverbote greifen (Rdnr. 444ff.) auch für sie ein. Ferner gelten die Grenzen aus den §§ 242 und 138 BGB, die insbesondere bei willkürlichen, diskriminierenden oder auf sachfremden Motiven beruhenden Kündigungen überschritten sind. Bei der erforderlichen Sozialauswahl ist auch in Kleinstbetrieben ein durch Art. 12 I GG gebotenes Mindestmaß an sozialer Rücksichtnahme zu wahren (BVerfGE 97, 169; BAG NZA 2001, 833 = RdA 2002, 99 mit Anm. Otto; BAG NZA 2003, 717). 470

b) Das Arbeitsverhältnis muss beim Zugang der Kündigungserklärung *in demselben Betrieb oder Unternehmen ohne Unterbrechung länger als sechs Monate bestanden* haben (§ 1 I KSchG). Erst nach Ablauf dieser Frist wird der Arbeitnehmer geschützt; vorher soll es dem Arbeitgeber möglich sein, den Arbeitnehmer zu erproben und sich von ihm wieder zu trennen. 471

Über den Gesetzeswortlaut hinaus sollen Beschäftigungszeiten aus einem früheren Arbeitsverhältnis mit demselben Arbeitgeber auf die Wartezeit angerechnet werden, wenn die Unterbrechung verhältnismäßig kurz war und zwischen beiden Arbeitsverhältnissen ein enger sachlicher Zusammenhang besteht (BAG AP Nr. 2 zu § 1 KSchG 1969 Wartezeit, str.). Dadurch soll verhindert werden, dass durch kürzere Unterbrechungen der Beschäftigungszeit der allgemeine Kündigungsschutz ausgeschaltet wird. Welche Unterbrechungsdauer noch unschädlich ist, hängt von den Umständen des Einzelfalls, insbesondere von Anlass und Dauer der Unterbrechung sowie der Art der Weiterbeschäftigung, ab (BAG NZA 1990, 221 m. w. Nachw.; BAG NZA 2000, 721; 2004, 399).

Auch Angestellte in leitender Stellung (z.B. Betriebsleiter) genießen nach sechs Monaten Kündigungsschutz (vgl. § 14 II KSchG. Allerdings kann sich der Arbeitgeber von leitenden Angestellten in jedem Fall durch Zahlung einer Abfindung „freikaufen", da der Antrag auf Auflösung des Arbeitsverhältnis gegen Abfindung (vgl. § 14 II 2 i.V.m. § 9 I 2 KSchG) auch im Falle der Rechtswidrigkeit der Kündigung keiner Begründung bedarf (dazu Rdnr. 569). 472

Gesetzliche Vertreter von juristischen Personen (z.B. Vorstandsmitglieder einer Aktiengesellschaft, Geschäftsführer einer GmbH) sowie die durch Gesetz, Satzung oder Gesellschaftsvertrag zur Vertretung von rechtsfähigen Personengesellschaften (z.B. OHG, KG) berufenen Personen fallen nicht unter das KSchG (§ 14 I KSchG). Unabhängig von § 14 I KSchG folgt dies bereits aus dem Umstand, dass diesen Personen kein Arbeitnehmerstatus zukommt.

Probleme ergeben sich in der Konstellation des „Aufstiegs zum Ausstieg": Leitende Angestellte werden zum Geschäftsführer einer Tochtergesellschaft befördert und anschließend – ohne Kündigungsschutz – gekündigt. Das BAG geht nur noch in seltenen Ausnahmefällen vom „Ruhen" des bisherigen Anstellungsverhältnisses aus (so noch BAG NZA 1987, 845; nun aber BAG NZA 2000, 1013).

Wegen des Schriftformerfordernisses des § 623 BGB muss das bisherige Arbeitsverhältnis des leitenden Angestellten in eindeutiger Form beendet werden. Nach der auch insoweit verwertbaren Andeutungstheorie genügt allerdings der schriftliche Anstellungsvertrag, wenn in ihm Regelungen enthalten sind, die mit einem fortbestehenden Arbeitsverhältnis unvereinbar sind, z. B. die Vereinbarung eines höheren Gehalts (BAG NZA 2007, 1095; ErfK/Müller-Glöge § 623 BGB Rdnr. 6).

3. Soziale Rechtfertigung der ordentlichen Kündigung

a) *Grundgedanke: Arbeitnehmerschutz vor unbegründeten und willkürlichen Kündigungen*

473 Weil die Arbeitgeberkündigung einen tiefen Einschnitt in die ökonomische und gesellschaftliche Stellung des Arbeitnehmers bedeuten kann, bindet das KSchG ihre Wirksamkeit an strenge Voraussetzungen, die auf Verlangen des Arbeitnehmers (§ 4 KSchG) gerichtlich überprüft werden (dazu Rdnr. 517 ff., 563 ff.). Erforderlich ist die „soziale Rechtfertigung" der Kündigung (§ 1 I KSchG), die nur dann zu bejahen ist, wenn einer der in § 1 II KSchG genannten Gründe vorliegt. Zu unterscheiden ist zwischen personen-, verhaltens- und betriebsbedingten Kündigungen.

b) *Prüfungsverfahren des BAG*

474 Das BAG hat – wozu es durch die unbestimmten Rechtsbegriffe gezwungen war – für diese Prüfung ein mehrstufiges Verfahren entwickelt.

(1) *Objektives Bestehen eines Kündigungsanlasses bei Zugang der Kündigung*

475 Es prüft in einem ersten Schritt, ob in einem konkreten Fall ein Kündigungsgrund nach § 1 II 1 KSchG gegeben ist. Dabei ist zwischen personen-, verhaltens- und betriebsbedingten Gründen zu differenzieren. Voraussetzung ist immer eine Beeinträchtigung des Arbeitsverhältnisses (HWK/Quecke, § 1 KSchG Rdnr. 60), die aber allein noch nicht für die soziale Rechtfertigung der Kündigung ausreicht.

(2) *Das Prognoseprinzip*

476 Als weiteres für alle Arbeitgeberkündigungen gültiges Prinzip verwenden das BAG (z.B. NZA 2002, 1081, 1083) und die h. L. das *„Prognoseprinzip"*. Für die Rechtfertigung einer Kündigung sind die künftigen Auswirkungen vergangener und gegenwärtiger Ereignisse ausschlaggebend. Erforderlich ist daher stets eine Negativprognose dahingehend, dass weitere Störungen der Leistungsbeziehung zu erwarten seien. Dass bei betriebs- und personenbedingten Kündigungen die Frage nach einer möglichen Weiterbeschäftigung eine wichtige Rolle für die soziale Rechtfertigung spielt, ergibt sich bereits aus § 1 II KSchG. Für verhaltensbedingte Kündigungen erscheint es dagegen zweifelhaft, ob aus der Sicht des verständigen Arbeitgebers tatsächlich festgestellt werden kann, dass „Geschehnisse in der Vergangenheit … an sich noch nichts über die Rechtfertigung der Kündigung" besagen (so Preis, Individualarbeitsrecht, S. 696). Vielmehr sind Fälle denkbar, in denen ein einziges vergangenes Ereignis genügt, etwa wenn der Gekündigte den Arbeitgeber angespuckt oder körperlich misshandelt hat (vgl. auch HWK/Quecke, § 1 KSchG Rdnr. 61).

(3) *Die Verhältnismäßigkeit/"Ultima-ratio"-Prinzip*

Die Kündigung muss darüber hinaus *verhältnismäßig* sein. Zu prüfen ist, ob angesichts aller Umstände des konkreten Falls der für den Arbeitnehmer schwerwiegende Eingriff der Kündigung die *geeignete* und *erforderliche* Reaktion des Arbeitgebers darstellt. **477**

Das BAG hat diese Verhältnismäßigkeitsprüfung – über den Wortlaut und den gesetzgeberischen Normzweck des KSchG hinaus – zum generell für alle Kündigungen anzuwendenden „ultima-ratio"-Grundsatz (Grundsatz des „letzten Mittels") erhoben (BAG AP Nr. 70 zu § 626 BGB). Die h.L. ist dem gefolgt (v. Hoyningen-Huene/Linck, KSchG, § 1 Rdnr. 203; Preis, NJW 1998, 1889).

Als (zweifelhafte!) Bestätigung wird auch § 2 II Nr. 2 SGB III angeführt (zur Kritik: Rüthers, Beschäftigungskrise und Arbeitsrecht, 1996; ders., NJW 1998, 1433; Franz/Rüthers, RdA 1999, 32). Festzuhalten ist: Eine Verhältnismäßigkeitsprüfung entspricht dem Normzweck des KSchG, die Anwendung des „ultima-ratio"-Prinzips auf alle Kündigungen ist dagegen dem Gesetz ohne weiteres nicht zu entnehmen. Im Einklang mit § 1 II Nr. 1b KSchG steht es, bei personen- und betriebsbedingten Kündigungen einer Änderungskündigung (§ 2 KSchG, s. Rdnr. 556ff.) den Vorrang vor einer Beendigungskündigung zu geben (BAG NZA 1985, 455). Bestandteil der Verhältnismäßigkeitsprüfung ist an sich auch eine Interessenabwägung (sog. Angemessenheit). Im Rahmen einer Kündigung wird dieses Merkmal aber meist in einem eigenen Schritt geprüft (dazu sogleich Rdnr. 478).

(4) *Interessenabwägung*

Die Entscheidung über die soziale Rechtfertigung einer Kündigung fällt, außer bei § 1 II 2, 3 KSchG (lesen!), in *einer umfassenden Abwägung der Umstände des Einzelfalls*. Deshalb ist als letzter Prüfungspunkt eine Interessenabwägung vorzunehmen. „Absolute" Kündigungsgründe, die eine solche Abwägung erübrigen, gibt es im deutschen Kündigungsrecht nicht. Werden solche vertraglich vereinbart, so sind sie nur als Hinweis zu verstehen, dass die genannten Kriterien nach übereinstimmender Auffassung für den Vollzug (und die Fortsetzung) des Arbeitsverhältnisses besonders wichtig sind. Bei der betriebsbedingten Kündigung bedarf es einer besonderen Interessenabwägung nicht. An ihre Stelle tritt die Sozialauswahl nach § 1 III KSchG. Der Gesetzgeber hat insofern eine eigene Abwägung vorgenommen (vgl. Preis, Individualarbeitsrecht, S. 706). **478**

c) *Die Kündigungsgründe nach § 1 II KSchG*

§ 1 II KSchG unterscheidet personen-, verhaltens- und betriebsbedingte Gründe. Die Abgrenzung der drei Rechtfertigungsgründe lässt sich nach folgender Faustformel vornehmen: **479**

– *Personenbedingte Gründe*: „Der Arbeitnehmer kann nicht vertragstreu sein, selbst wenn er wollte." Dem Arbeitnehmer fehlt also die für die ordnungsgemäße Erfüllung erforderliche persönliche, gesundheitliche oder fachliche Qualifikation.

- *Verhaltensbedingte Gründe*: „Der Arbeitnehmer könnte, will aber nicht vertragstreu sein." Trotz hinreichender grundsätzlicher Eignung verletzt der Arbeitnehmer hier seine vertraglichen Pflichten, obwohl ihm ein anderes Handeln möglich wäre (steuerbares Verhalten).
- *Betriebsbedingte Gründe*: Hier besteht eine Diskrepanz zwischen Personalbedarf und Personalbestand; im Betrieb des Arbeitgebers steht m. a. W. ein Arbeitsplatz zu wenig zur Verfügung.

Die Unterscheidung bereitet Schwierigkeiten, wenn Mischtatbestände oder kumulative Sachverhalte vorliegen (vgl. Rüthers/Henssler, ZfA 1988, 31). Beispiel: Kündigung einer Verkäuferin wegen Tragens eines „islamischen" Kopftuches nach gewandelter religiöser Überzeugung (BAG NZA 2003, 483 = EzA Nr. 58 zu § 1 KSchG Verhaltensbedingte Kündigung mit Anm. Rüthers). Die Entscheidung des BAG, diese Kündigung als sozial ungerechtfertigt anzusehen, wurde durch eine Kammerentscheidung des BVerfG (NZA 2003, 959) bestätigt.

(1) *Gründe in der Person des Arbeitnehmers*

480 Eine personenbedingte Kündigung hat zur Voraussetzung, dass der Arbeitnehmer auf Grund seiner persönlichen Fähigkeiten oder Eigenschaften nicht mehr in der Lage ist, künftig seine arbeitsvertraglichen Pflichten zu erfüllen. Ein Verschulden auf Seiten des Arbeitnehmers ist nicht erforderlich. Gründe in der Person sind z.B. mangelnde körperliche oder geistige Eignung, Wegfall der Arbeitserlaubnis nach § 284 SGB III (für Arbeitnehmer aus den neuen EU-Staaten) oder §§ 4 III, 18 AufenthG für einen ausländischen Arbeitnehmer (BAG NZA 1991, 341), Arbeitsverhinderung wegen Haft (BAG NZA 1995, 119: abhängig von Dauer, Art und Ausmaß der betrieblichen Auswirkungen) oder der Verlust der erforderlichen „Berufsausübungserlaubnis" (Führerschein/Fluglizenz; BAG NZA 1996, 819; 1996, 1201). Sieht sich ein Arbeitnehmer aufgrund eines Gewissenskonflikts außerstande, bestimmte zu seinem Aufgabenbereich gehörende Arbeiten auszuführen, handelt es sich um einen in der Person des Arbeitnehmers liegenden Grund (BAG NZA 1990, 144: Medikamentenforschung für Kriegseinsatz; 2003, 483: islamisches Kopftuch). In diesen Fällen ist aber stets zu prüfen, ob die Möglichkeit einer anderweitigen Beschäftigung im Betrieb besteht oder der zeitweilige Ausfall des Arbeitnehmers durch andere Maßnahmen (z.B. Aushilfskraft) überbrückt werden kann.

481 Sehr strenge Anforderungen sind an die Wirksamkeit einer *Kündigung wegen Erkrankung* des Arbeitnehmers zu stellen. Das gilt vor allem, wenn die Krankheit vom Arbeitnehmer nicht verschuldet und erst recht, wenn sie durch die Arbeitsleistung verursacht worden ist. Besondere Bedeutung kommt der Negativprognose zu, denn nur wenn in Zukunft durch die Erkrankung des Arbeitnehmers noch Störungen des Austauschverhältnisses zu erwarten sind, kann eine Kündigung berechtigt sein. In der Rspr. haben sich folgende Fallgruppen der krankheitsbedingten Kündigung herausgebildet: Kündigung wegen lang andauernder Krankheit (BAG NZA 1985, 357; 2002, 1081), wegen häufiger Kurzerkrankungen (BAG NZA 1990, 434; 2000, 768), wegen dauerhafter Leistungsunfähigkeit (BAG NZA

2006, 486; 2001, 1071; 1999, 152) sowie wegen krankheitsbedingter Minderung der Leistungsfähigkeit (BAG NZA 1992, 1073). Trotz dieser Typisierung ist in jedem Einzelfall eine umfassende Interessenabwägung erforderlich. Eine Kündigung wegen Krankheit ist nur dann sozial gerechtfertigt, wenn dem Arbeitgeber nicht mehr zugemutet werden kann, die von der Krankheit ausgehenden Beeinträchtigungen betrieblicher Interessen (z.B. Störung des Arbeitsablaufs, wirtschaftliche Belastung) noch länger hinzunehmen (BAG NZA 1989, 923).

Nach der Rspr. des BAG sollen Entgeltfortzahlungskosten, die erheblich über dem für ei- **482**
nen Zeitraum von sechs Wochen zu entrichtenden Betrag liegen, eine Kündigung rechtfertigen können (BAG NZA 1989, 923; 2008, 593). Diese Ansicht führt zu der seltsam anmutenden Konsequenz, dass das für den Arbeitnehmer unverzichtbare Recht auf Entgeltfortzahlung im Krankheitsfall zum Verlust seines Arbeitsplatzes führt (vgl. Preis, DB 1988, 1445). – Zu Alkoholabhängigkeit und zu AIDS als Kündigungsgrund vgl. Lepke, DB 2001, 269 und ders., RdA 2000, 87.

Auf betriebliche Störungen kommt es nicht an, wenn der Arbeitnehmer die geschuldete **483**
Arbeitsleistung dauerhaft nicht erbringen kann (BAG NZA 1999, 978, 981); dann fehlt es an der erforderlichen Eignung. Deshalb ist zu prüfen, ob eine anderweitige, dem Gesundheitszustand des Arbeitnehmers zuträgliche Weiterbeschäftigung möglich ist. Auf eine (an sich zumutbare) Umschulungsmaßnahme kann der Arbeitgeber nur verwiesen werden, wenn anschließend eine entsprechende Beschäftigungsmöglichkeit besteht. Zum Wiedereinstellungsanspruch bei nachträglicher Besserung des Gesundheitszustands vgl. Rdnr. 512.

In der Fallbearbeitung empfiehlt sich bei krankheitsbedingten Kündigungen eine dreistufige Wirksamkeitsprüfung (s. Rdnr. 1141, BAG NZA 2008 593).

(2) *Gründe in dem Verhalten des Arbeitnehmers*
aa) *Vertragswidriges Verhalten*

Mit der Einräumung des Rechts zur verhaltensbedingten Kündigung will das **484**
Gesetz dem Arbeitgeber ermöglichen, auf ein vertragswidriges Verhalten des Arbeitnehmers auch dort angemessen zu reagieren, wo die Schwelle des wichtigen Grundes zur außerordentlichen Kündigung (§ 626 BGB, dazu Rdnr. 524ff.) noch nicht erreicht ist. Das BAG (NZA 1987, 776) behilft sich mangels gesetzlicher Vorgaben mit einer – wenig aussagekräftigen – allgemeinen Umschreibung. Danach berechtigen solche im Verhalten des Arbeitnehmers liegende Umstände den Arbeitgeber zur Kündigung, die bei verständiger Würdigung und Abwägung der Interessen der Vertragsparteien die Kündigung als angemessen erscheinen lassen.

Voraussetzung einer verhaltensbedingten Kündigung ist das Vorliegen eines *ver-* **485**
tragswidrigen Verhaltens des Arbeitnehmers, das zu konkreten Störungen des Arbeitsverhältnisses führt. Verhaltensbedingte Kündigungsgründe sind beispielsweise: Schlechtleistung (auch bei dauerhafter erheblicher Minderleistung durch sog. „low performer", wobei die Rspr. strenge Kriterien anlegt, BAG NZA 2004, 784 und 1380), Bummelei, unberechtigte Arbeitsverweigerung, Abwerbung anderer Arbeitnehmer für einen Konkurrenzunternehmer, diskriminierende Handlungen i.S. §§ 1, 3 AGG (z.B. sexuelle Belästigung am Arbeitsplatz), ausschweifende private Nutzung des Internets (BAG NZA 2006 98), Verletzung von Anzeigepflichten im Krankheitsfall (BAG NZA 1990, 433), Verstöße gegen die betriebli-

che Ordnung (z.B. Nichtbeachtung von Alkohol-, Rauchverbot; vgl. BAG NZA 1995, 517), strafbare Handlungen im Zusammenhang mit dem Arbeitsverhältnis (z.B. Diebstahl im Betrieb, Stechkartenbetrug), Störung des Betriebsfriedens durch politische Betätigung mit verfassungsfeindlicher Zielsetzung (BAG NJW 1978, 1874), eigenmächtiger Urlaubsantritt (BAG NZA 1994, 548; 1998, 708), tätliche Auseinandersetzungen (BAG NZA 1995, 96), massive Beleidigungen (NZA 2005, 158), wiederholte Unpünktlichkeit (BAG NZA 1997, 761). Eine Strafanzeige gegen den Arbeitgeber („Whistleblowing") ist nur dann eine zur Kündigung berechtigende arbeitsvertragliche Pflichtverletzung, wenn der Arbeitnehmer über den Arbeitgeber oder einen seiner Repräsentanten wissentlich oder leichtfertig falsche Angaben gemacht hat. Erfüllt der Arbeitnehmer seine staatsbürgerlichen Pflichten (Zeugenaussage bei der Staatsanwaltschaft), so darf ihm dies nicht zum Nachteil gereichen (BVerfG NZA 2001, 888; BAG NZA 2004, 427 sowie Rdnr. 229ff.).

486 Liegt keine Verletzung arbeitsvertraglicher Pflichten vor, scheidet eine verhaltensbedingte Kündigung aus. Allerdings kann auch ein *außerdienstliches Verhalten* (Straftaten, Verkehrsverstöße, rechtsextreme Aktivitäten) eine Kündigung rechtfertigen, wenn es Auswirkungen auf den Betrieb oder das Arbeitsverhältnis hat (BAG AP Nr. 19 zu § 1 KSchG 1969 Verhaltensbedingte Kündigung). Hier muss jedoch unterschieden werden: Liegt in dem außerdienstlichen Verhalten zugleich eine Vertragsverletzung (z.B. Geheimnisverrat; Beleidigung des Arbeitgebers an der Theke), kommt eine verhaltensbedingte Kündigung in Betracht. Stellt das außerdienstliche Verhalten dagegen keinen Vertragsverstoß dar (z.B. Entziehung der Fahrerlaubnis des Berufskraftfahrers; Lohnpfändungen bei einem Bankangestellten infolge unangemessenen Lebensstils), entfällt eine verhaltensbedingte Kündigung; doch ist zu prüfen, ob sich der Arbeitnehmer durch sein außerdienstliches Verhalten als ungeeignet erwiesen hat, so dass eine personenbedingte Kündigung in Betracht kommt (vgl. Rdnr. 480ff.). Hiervon abgesehen gibt es grundsätzlich keine Pflicht, den Lebenswandel dem Unternehmen entsprechend einzurichten (LAG Hamm ArbuR 2003 433: Betreiben eines Swingerclubs durch eine Grundschullehrerin bei 70 km Entfernung von der Schule).

487 Besonderheiten ergeben sich für die Arbeitnehmer in Tendenzbetrieben (vgl. § 118 I BetrVG) und im kirchlichen Dienst aufgrund der hier zu bejahenden, besonderen Loyalitätsobliegenheiten (vgl. BAG AP Nr. 2 zu Art. 140 GG, Dütz, NJW 1990, 2025; Mummenhoff, NZA 1990, 585). Wenn die Arbeitnehmerin eines evangelischen Kindergartens in der Öffentlichkeit für eine andere Glaubensgemeinschaft mit abweichenden religiösen Lehren wirbt, verletzt sie in erheblicher Weise ihre vertraglichen Loyalitätsobliegenheiten. Das kann eine verhaltensbedingte Kündigung rechtfertigen (BAG NZA 2001, 1136).

bb) *Abmahnung*

Schrifttum: Besgen, Kündigung und Abmahnung bei unzulässiger Nutzung von Internet und E-Mail, MDR 2007, 1; Buchner, Abmahnung – Warnfunktion – verhaltensbedingte Kündigung wegen ständigen Zuspätkommens, SAE 2003, 270; Kranz, Die Ermahnung in der arbeitsrechtlichen Praxis, DB 1998, 1464; Tschöpe, Formelle und prozessuale Probleme der

Abmahnung, NZA 1990, Beil. 2, 10; Zuber, Das Abmahnerfordernis vor Ausspruch verhaltensbedingter Kündigungen, NZA 1999, 1142.

(a) Nach dem das Kündigungsschutzrecht beherrschenden Grundsatz der Verhältnismäßigkeit bzw. dem „Ultima-ratio"-Prinzip (Rdnr. 477) ist eine verhaltensbedingte Kündigung grundsätzlich erst dann gerechtfertigt, wenn der vertragswidrig handelnde Arbeitnehmer zuvor abgemahnt worden ist (BAG NZA 2001, 951, **Fall b**). Der Gesetzgeber hat diesen Grundsatz für alle Dauerschuldverhältnisse in § 314 II BGB verankert. Eine Abmahnung liegt vor, wenn der Arbeitgeber ein bestimmtes vertragswidriges Verhalten des Arbeitnehmers beanstandet (Hinweisfunktion), ihn zu einem zukünftigen vertragsgemäßen Verhalten auffordert (Ermahnungsfunktion) und ihm für den Wiederholungsfall arbeitsrechtliche Konsequenzen androht (Warnfunktion). Wird die Abmahnung – was häufig geschieht – schriftlich ausgesprochen und zur Personalakte genommen, kommt ihr auch eine Dokumentationsfunktion zu. **488**

Aus der Hinweis- und Warnfunktion folgt, dass der abgemahnte und der zum Anlass für die Kündigung genommene Verstoß gleichartig sein müssen. Nur der einschlägig gewarnte Arbeitnehmer weiß, dass er mit einer Kündigung rechnen muss, wenn er erneut in gleicher Weise gegen den Arbeitsvertrag verstößt. Dabei braucht keine Identität der Pflichtverletzungen gegeben zu sein; es reicht aus, wenn diese wertungsmäßig auf einer Ebene liegen. **489**

Beispiele: Pflichtverletzungen hinsichtlich der Einhaltung der Arbeitszeit wie Zuspätkommen, vorzeitiges Verlassen des Arbeitsplatzes, unberechtigte Pausen, unentschuldigtes Fehlen; nicht dagegen Zuspätkommen und Verstoß gegen das Rauchverbot (**Fall b**).

Die Abmahnung kann zur Begründung der *Negativprognose* (vgl. Rdnr. 476) herangezogen werden, da ihre Nichtbeachtung für eine Wiederholungsgefahr spricht. Wie viele Abmahnungen einer Kündigung vorausgegangen sein müssen, richtet sich nach dem Einzelfall. Entscheidend sind insbesondere die Schwere der Verstöße und die dazwischen liegende beanstandungsfreie Zeit. **490**

Die Wirksamkeit einer Abmahnung setzt nicht voraus, dass das abgemahnte Verhalten im Wiederholungsfall eine Kündigung rechtfertigen würde (vgl. BAG AP Nr. 7 zu § 611 BGB Abmahnung). Die Abmahnung erfüllt ihre Warnfunktion auch, wenn erst mehrere geringfügige Verstöße (z. B. ständige Verspätungen) erkennen lassen, dass der Arbeitnehmer nicht gewillt ist, sich vertragstreu zu verhalten.

Nach Ansicht des BAG können mehrfache (hier sechs) Abmahnungen des Arbeitsgebers, denen keine unmittelbare Sanktion folgt, die Warnfunktion abschwächen: Will der Arbeitgeber kündigen, müsse die letzte Abmahnung besonders eindringlich auf diese Konsequenz hinweisen (BAG NZA 2002, 968 = SAE 2003, 267 m. krit. Anm. Buchner).

Einer vorherigen Abmahnung bedarf es ausnahmsweise nicht, wenn von vornherein feststeht, dass der mit ihr verfolgte Zweck nicht erreicht werden kann. **491**

Beispiele: Der Arbeitnehmer ist erklärtermaßen nicht willens, sein Verhalten zu ändern; das Vertrauensverhältnis der Vertragsparteien ist durch eine schwere Pflichtverletzung (etwa grobe Beleidigung oder Handgreiflichkeit gegenüber dem Arbeitgeber, sexuelle Belästigung einer Kollegin) derart gestört, dass es nicht wiederhergestellt werden kann (BAG AP Nr. 1 zu

§ 626 BGB Arbeitnehmervertreter im Aufsichtsrat). In solchen Fällen ist eine Abmahnung entbehrlich, weil der Arbeitnehmer mit einer (außerordentlichen) Kündigung rechnen musste (vgl. aber v. Hoyningen-Huene, RdA 1990, 202). Eine Abmahnung erübrigt sich ferner, wenn das Verhalten des Arbeitnehmers erkennen lässt, dass er ein unkalkulierbares Risiko für die Betriebssicherheit darstellt, so etwa, wenn der Zugführer einer U-Bahn mit seinem Pkw in einer Trunkenheitsfahrt mit 2,73 Promille einen Unfall verursacht. Hier muss die Sicherheit der Fahrgäste den Bestandsschutzinteressen des Arbeitnehmers vorgehen (a. A. BAG AP Nr. 137 zu § 626 BGB; vgl. auch Rdnr. 541).

492 (b) Die Abmahnung erfolgt durch eine schriftliche oder mündliche Erklärung gegenüber dem Vertragspartner; sie ist keine Willenserklärung, sondern eine geschäftsähnliche Handlung, auf welche die Bestimmungen über Willenserklärungen entsprechende Anwendung finden (BAG NZA 1985, 124; ErfK/Müller-Glöge, § 626 BGB Rdnr. 31, a. A. KR/Fischermeier, § 626 BGB Rdnr. 269: Willenserklärung). Dabei braucht der Arbeitgeber nicht ausdrücklich eine Kündigung anzudrohen; dem Arbeitnehmer muss aber deutlich werden, dass der Bestand des Arbeitsverhältnisses gefährdet ist.

493 Die Erteilung einer Abmahnung dient dazu, dem Arbeitnehmer einen begangenen Vertragsverstoß deutlich zu machen. Sie unterliegt daher nicht der Mitbestimmung des Betriebsrats (Rdnr. 266ff.). Zum Ausspruch der Abmahnung ist außer dem Arbeitgeber jeder berechtigt, der aufgrund seiner Aufgabe befugt ist, Weisungen hinsichtlich der Art und Weise der Arbeitsleistung zu erteilen (BAG AP Nr. 1 zu § 626 BGB Nachschieben von Kündigungsgründen).

Eine Frist, innerhalb derer die Abmahnung auszusprechen ist, besteht nicht (BAG NZA 1986, 421). Allerdings unterliegt das Abmahnrecht – wie jedes andere Recht – der Verwirkung (Brox/Walker, AS, § 7 Rdnr. 17). Sie ist zu erwägen, wenn der Arbeitnehmer sich längere Zeit bewährt oder der Arbeitgeber ihn in Kenntnis der Pflichtverletzung gar befördert hat.

Abmahnung und Kündigung schließen einander aus. Hat der Arbeitgeber den Arbeitnehmer wegen der Pflichtverletzung bereits abgemahnt, ist eine auf denselben Sachverhalt gestützte Kündigung unwirksam (BAG NZA 1989, 633). Dagegen ist der Arbeitgeber nicht gehindert, eine Abmahnung auszusprechen, nachdem eine auf denselben Sachverhalt gestützte Kündigung für unwirksam erklärt worden ist (BAG NZA 1989, 272).

494 Enthält die Abmahnung unrichtige Tatsachenbehauptungen, die den Arbeitnehmer in seiner Stellung oder seinem beruflichen Fortkommen beeinträchtigen können, hat dieser in entsprechender Anwendung des § 1004 BGB einen Anspruch auf Zurücknahme der Abmahnung und deren Entfernung aus der Personalakte (BAG NZA 1986, 227; 1988, 654). Werden in einem Abmahnschreiben mehrere Pflichtverletzungen abgemahnt und trifft einer der Vorwürfe nicht zu, ist das Schreiben insgesamt aus der Personalakte zu entfernen (BAG NZA 1991, 768); allerdings ist es dem Arbeitgeber dann nicht verwehrt, wegen der berechtigten Vorwürfe eine neue (schriftliche) Abmahnung auszusprechen.

495 cc) In jedem Fall hat der Arbeitgeber vor Ausspruch der verhaltensbedingten Kündigung eine *Interessenabwägung* vorzunehmen. Es müssen die berechtigten Belange des Arbeitgebers an der Beendigung des Arbeitsverhältnisses den Aus-

wirkungen des Arbeitsplatzverlustes auf der Arbeitnehmerseite gegenübergestellt werden (vgl. Rdnr. 478, 536ff.).

(3) *Betriebsbedingte Kündigungen*

aa) Betriebsbedingte Kündigungen bilden die Masse der Kündigungen in der Bundesrepublik und haben deshalb eine besondere Bedeutung für die Entwicklung am Arbeitsmarkt, die seit 20 Jahren durch eine millionenfache Massenarbeitslosigkeit gekennzeichnet ist. **496**

bb) Eine betriebsbedingte Kündigung setzt voraus, dass dringende betriebliche Erfordernisse einer Weiterbeschäftigung des Arbeitnehmers im Betrieb entgegenstehen (§ 1 II 1 KSchG). Das setzt zunächst eine

– unternehmerische Entscheidung voraus, die
– zum Wegfall von Beschäftigungsmöglichkeiten geführt hat.

Den Anlass betriebsbedingter Kündigungen bildet also die Absicht des Arbeitgebers, den Personalbestand des Betriebes oder Unternehmens zu verringern. Es muss ein Überhang an Arbeitskräften vorhanden sein. Bei Ausspruch der Kündigung muss aufgrund einer „vernünftigen betriebswirtschaftlichen Prognose" davon auszugehen sein, dass spätestens zum Zeitpunkt des Ablaufs der Kündigungsfrist keine Beschäftigungsmöglichkeit mehr besteht (BAG NZA 2002, 1205; AP Nr. 123 zu § 1 KSchG 1969 Betriebsbedingte Kündigung). Es ist nicht ausreichend, dass ein Belegschaftsmitglied aus betrieblichen Gründen durch einen leistungsstärkeren, deutlich produktiveren Arbeitnehmer ersetzt werden soll.

Im letztgenannten Fall liegt eine unzulässige sog. Austauschkündigung vor. Der deutsche Bestandsschutz zielt darauf ab, eine solche – im Ausland vielfach erlaubte – Kündigung zu verbieten, selbst wenn sie betrieblich an sich sinnvoll wäre. Von leistungsschwachen Arbeitnehmern kann sich der Arbeitgeber nur über eine personen- oder verhaltensbedingte Kündigung lösen und auch dies nur, wenn der Arbeitnehmer nicht einmal die Mindestanforderungen an den Arbeitsplatz erfüllt. Die Kündigung eines „low performers" ist also – je nachdem, ob der Arbeitnehmer seine Leistungsfähigkeit tatsächlich ausschöpft (Leistungsunfähigkeit) oder nicht (Leistungsunwilligkeit) – personen- oder verhaltensbedingt, in keinem Fall aber betriebsbedingt (vgl. Rdnr. 485). Dabei genügt der Rspr. ein Unterschreiten des durchschnittlichen Leistungsniveaus um 20% nicht (BAG NZA 2004, 784; zum Ganzen Hunold, BB 2003, 2345; Maschmann, NZA 2006, Beil. 1, 13).

(a) Die Gründe für den Arbeitskräfteüberhang können sich aus *innerbetrieblichen* Umständen (z.B. Rationalisierung, Produktionseinschränkung, Mitarbeit des Betriebsinhabers) oder aus *außerbetrieblichen* Gründen (z.B. Absatzschwierigkeiten, Auftrags- oder Rohstoffmangel, Ausbleiben von Krediten) ergeben (BAG NZA 1990, 65). Sie müssen zur Folge haben, dass das Bedürfnis an der Weiterbeschäftigung eines oder mehrerer Arbeitnehmer auf Dauer entfallen ist. **497**

Nicht erforderlich ist, dass gerade der Arbeitsplatz des gekündigten Arbeitnehmers weggefallen ist; vielmehr genügt es, wenn aufgrund bestimmter Umstände ein Überhang an Arbeitskräften entstanden ist (BAG NZA 1986, 155).

(b) Die Auswahl der geeigneten *unternehmerischen Entscheidungen*, mit denen der Unternehmer seinen Geschäftserfolg anstrebt, unterliegt nach der Rspr. nur eingeschränkt einer arbeitsgerichtlichen Kontrolle, auch wenn seine Maßnahmen **498** zum Wegfall von Arbeitsplätzen führen (BAG NZA 1996, 1145; 1999, 1095; dazu Franzen, NZA 2001, 805ff.).

499 Bei *innerbetrieblichen Gründen* (Rdnr. 499) prüft das BAG nicht, ob solche Maßnahmen notwendig, wirtschaftlich vernünftig, rentabel oder langfristig zweckmäßig sind. Es gilt, gestützt auf Art. 12, 14 I GG, die Autonomie der unternehmerischen Entscheidung. Die Unternehmerentscheidung ist insofern „frei" und die Rspr. auf eine *Willkürkontrolle* beschränkt (BAG NZA 1996, 1145; NZA 2008, 878). Im **Fall a** ist demnach das erste Argument des gekündigten N („keine Kostenersparnis") unbeachtlich.

Zur Freiheit der unternehmerischen Entscheidung gehört auch die Freiheit der Wahl des betrieblichen Standorts. Eine Änderungskündigung (dazu Rdnr. 556ff.), die sich aus einer neuen Standortwahl ergibt, ist sozial gerechtfertigt, wenn es dem Arbeitgeber nicht möglich ist, durch andere Maßnahmen zu erreichen, dass ein Vertrieb künftig von einem anderen Standort betrieben werden kann (BAG NZA 2002, 696).

Unternehmerische Organisationsentscheidungen können nach ständiger Rspr. des BAG nur daraufhin überprüft werden, ob sie offensichtlich unsachlich, willkürlich oder missbräuchlich sind. Eine Unternehmerentscheidung, die zu Kündigungen führt, kann missbräuchlich sein, wenn sie den Kündigungsschutz aushebelt und der weiter bestehende Beschäftigungsbedarf – auch in einer voll eingegliederten rechtlich selbständigen Organgesellschaft – mit neu einzustellenden Arbeitnehmern befriedigt werden soll (BAG NZA 2003, 549). Soll mit der Entscheidung eine Hierarchieebene im Unternehmen abgebaut werden, so muss der Arbeitgeber konkretisieren können, dass der fragliche Arbeitsplatz tatsächlich weggefallen und eine zumutbare Weiterbeschäftigung nicht möglich ist (BAG NZA 2008, 819).

Ist die betriebsbedingte Kündigung die Folge einer Betriebsänderung, kann ihre Wirksamkeit nicht mit dem Argument verneint werden, der Betrieb habe in den Jahren zuvor erhebliche Gewinne gemacht (a.A. ArbG Gelsenkirchen NZA 1998, 944). Die Entscheidung über das „Ob" von Betriebsänderungen liegt beim Unternehmer. Bei dem Ausgleich der sozialen Folgen für die Belegschaft bestimmt der Betriebsrat über den erzwingbaren Sozialplan mit (Rdnr. 976). Diese Kompetenzverteilung im BetrVG kann nicht über den Kündigungsschutz richterrechtlich umgebogen werden.

500 Beruft sich der Arbeitgeber dagegen allein auf *außerbetriebliche Gründe*, prüft das Gericht zusätzlich, ob diese (Konjunkturflaute, Auftragsrückgang, Absatzmangel etc.) tatsächlich vorliegen und ob dadurch Beschäftigungsmöglichkeiten weggefallen sind (BAG NZA 1990, 65).

501 Das KSchG gewährleistet also nur einen schwachen Schutz gegen betriebsbedingte Kündigungen, die durch Konjunkturschwächen, Rationalisierungsmaßnahmen, Produktionsumstellungen und Strukturkrisen ausgelöst werden.

(c) Der Arbeitgeber hat im Einzelnen darzulegen und notfalls zu beweisen, welche Gründe (z.B. Arbeitsmangel, Rationalisierung) vorliegen und dass sie die Kündigung bedingen (§ 1 II 4 KSchG; vgl. BAG NZA 2003, 608; **Fall a**).

cc) Die Kündigung muss im Interesse des Betriebs *dringend erforderlich* und *verhältnismäßig* sein. Daran fehlt es, wenn weniger einschneidende aber gleich geeignete Maßnahmen („mildere Mittel“, z.B. Abbau von Überstunden, Arbeitsstreckung, Einführung von Kurzarbeit; nicht dagegen Arbeitszeitverkürzung für alle Mitarbeiter, da damit in die Arbeitsverträge anderer Arbeitnehmer eingegriffen würde) für den Betrieb tragbar sind. **502**

Es *darf keine Möglichkeit einer anderweitigen Beschäftigung* im Betrieb oder im Unternehmen bestehen (vgl. § 1 II 2 Nr. 1b, 2b KSchG). Eine Weiterbeschäftigungsmöglichkeit im Konzern ist dagegen grds. irrelevant (BAG NZA 1992, 644; zu Ausnahmen vgl. BAG NZA 1999, 539; NZA 2008, 939). Die Möglichkeit einer Umsetzung des Arbeitnehmers auf einen anderen freien und vergleichbaren Arbeitsplatz schließt eine Kündigung aus, selbst wenn zur Umsetzung eine zumutbare Umschulung, Fortbildung oder Änderungen der Arbeitsbedingungen erforderlich ist (vgl. § 1 II 3 KSchG). Im **Fall a** ist die Kündigung sozialwidrig, wenn die von N behauptete Beschäftigungsmöglichkeit besteht. Der Arbeitgeber ist nicht verpflichtet, durch Organisationsmaßnahmen einen freien Arbeitsplatz zu schaffen oder einen besetzten Platz „freizukündigen“.

Nach § 1 II 2 KSchG ist neben der Möglichkeit der Weiterbeschäftigung des Arbeitnehmers erforderlich, dass der Betriebsrat aus diesem Grunde der Kündigung widersprochen hat. Über den Wortlaut des Gesetzes hinaus ist die Weiterbeschäftigungsmöglichkeit im Interesse des Arbeitnehmers aber auch zu beachten, wenn ein Betriebsrat gar nicht vorhanden ist oder der Betriebsrat der Kündigung nicht widersprochen hat (vgl. BAG AP Nr. 2 zu § 1 KSchG 1969).

dd) *Soziale Auswahl nach § 1 III KSchG.*

Gem. § 1 III 1 KSchG soll bei betriebsbedingten Kündigungen die Gerechtigkeit im Verhältnis der Arbeitnehmer untereinander gewahrt werden. Diesem Ziel dient die sog. Sozialauswahl, die darüber entscheidet, welche Arbeitnehmer gekündigt werden. Das heißt zugleich, dass der Arbeitgeber bei betriebsbedingten Gründen nicht die Wahl hat, welchen Arbeitnehmer er kündigt. **503**

(a) *Vergleichsgruppe*

Im Rahmen der sozialen Auswahl ist zunächst die Vergleichsgruppe zu bilden. Einzubeziehen sind alle Arbeitnehmer desselben Betriebes *(Betriebsbezogenheit* der Sozialauswahl), deren Funktion auch von dem Arbeitnehmer wahrgenommen werden könnte, dessen Arbeitsplatz weggefallen ist (*sog. horizontale Vergleichbarkeit*). Dies beurteilt sich danach, ob letzterer auf Grundlage seines Arbeitsvertrags auf dem Arbeitsplatz des anderen Arbeitnehmers beschäftigt werden könnte (Direktionsrecht) und ob er dem Anforderungsprofil entspricht. Nicht berücksichtigt werden Arbeitnehmer, die eine niedriger oder höher zu bewertende Tätigkeit im Betrieb ausüben (sog. *vertikale Vergleichbarkeit*). Ergibt sich aus dem Vortrag des Arbeitgebers, dass der Kreis der zu berücksichtigenden Arbeitnehmer zu eng gezogen wurde, so spricht eine tatsächliche Vermutung dafür, dass die Sozialauswahl auch im Ergebnis fehlerhaft ist. Hat der Arbeitgeber aber bei einer Massenentlassung nur in Bezug auf einen Arbeitnehmer die Sozialauswahl falsch durchgeführt, können sich nicht alle Gekündigten, sondern nur der Arbeitnehmer darauf **504** berufen, bei dem der Auswahlfehler für die Kündigung ursächlich war (BAG NZA 2007, 549: kein „Domino-Effekt").

Nicht in die Sozialauswahl einbezogen werden können Arbeitnehmer, deren ordentliche Kündigung gesetzlich (bspw. durch § 15 KSchG) oder durch Tarifvertrag (dazu Rdnr. 542) ausgeschlossen ist.

(b) *Kriterien der Sozialauswahl*

505 Eine betriebsbedingte Kündigung ist trotz eines dringenden betrieblichen Erfordernisses sozial ungerechtfertigt, wenn der Arbeitgeber bei der Auswahl des gekündigten Arbeitnehmers *die Dauer der Betriebszugehörigkeit, das Lebensalter, die Unterhaltspflichten und die Schwerbehinderung* nicht oder nicht ausreichend berücksichtigt hat. Jedes der vier Kriterien ist nach der Gesetzbegründung (BT-Drucks. 15/1204 S. 11) gleichgewichtig. Dies entspricht der Rspr. des BAG, die es abgelehnt hat, eine abstrakte Aussage über die Gewichtigkeit der einzelnen Merkmale vorzunehmen (vgl. dazu Quecke, RdA 2004, 87). Im Rahmen der Bewertung der Kriterien ist lediglich zu berücksichtigen, ob der Arbeitgeber alle Kriterien ausreichend beachtet hat (so auch in **Fall a**). Bei der Gewichtung im Einzelfall steht ihm ein Ermessenspielraum zu (BAG NZA 2007, 549).

Wegen des Verbots der Altersdiskriminierung (vgl. Rdnr. 105) ist die europarechtliche Zulässigkeit der Kriterien Alter (unmittelbare Diskriminierung) und Betriebszugehörigkeit (mittelbare Diskriminierung) umstritten (vgl. Kamanabrou, RdA 2006, 321, 331). Zumindest ihre Kombination, die typischerweise zu einer doppelten Berücksichtigung des Alters führt, ist problematisch. Das BAG sieht gleichwohl in der Berücksichtigung des Lebensalters als Sozialdatum keine Diskriminierung wegen des Alters, sofern sie im Hinblick auf individuelle Arbeitsmarktchancen und etwaige Versorgungsleistungen erfolgt (BAG NZA 2009 361).

Durch die Begrenzung auf vier Merkmale soll ein höheres Maß an Rechtssicherheit erreicht werden. Nach altem Recht war die Sozialauswahl ein steter Quell von Rechtsunsicherheit. Jetzt sieht das BAG die im Gesetz genannten Kriterien als abschließend an (BAG NZA 2008, 33; zur Einbeziehung anderer Kriterien HWK/Quecke, § 1 KSchG Rdnr. 381).

(c) *Leistungsträger*

506 In die Sozialauswahl sind nach § 1 III 2 KSchG Arbeitnehmer nicht einzubeziehen, deren Weiterbeschäftigung, insbesondere wegen ihrer Kenntnisse, Fähigkeiten und Leistungen oder zur Sicherung einer ausgewogenen Personalstruktur des Betriebes, im berechtigten betrieblichen Interesse liegt (dazu Wank, RdA 2006, 238 ff.). Ziel der Vorschrift ist es, die *Leistungsfähigkeit des Betriebes* zu erhalten. Prüfungstechnisch ist zu beachten, dass die Arbeitnehmer erst nach Bildung der sozialen Rangfolge wieder von der Sozialauswahl ausgenommen werden.

((1)) *Persönliche Leistungsfähigkeit*

507 Ein Freibrief für den Arbeitgeber, diejenigen Arbeitnehmer, die er als Leistungsträger ansieht, aus der Auswahl auszunehmen, ist mit § 1 III 2 KSchG nicht verbunden. Die Ausklammerung eines Arbeitnehmers aus der Sozialauswahl kommt nur dann in Betracht, wenn es aus der Sicht eines verständigen Arbeitgebers erforderlich ist, die sich aus den vier genannten Kriterien ergebenden Gesichtspunkte und die daraus resultierende soziale Rangfolge zu durchbrechen (vgl. Löwisch, BB 2004, 155).

Anwendungsbeispiele:
- Arbeitnehmer mit Spezialkenntnissen
- Arbeitnehmer mit besonders guten Kunden- oder Lieferantenkontakten
- Arbeitnehmer, die für Führungsaufgaben vorgesehen sind.

((2)) *Sicherung einer ausgewogenen Personalstruktur*

Nach § 1 III 2 KSchG berechtigen betriebliche Interessen auch dann zu einer Einschränkung der Sozialauswahl, wenn die Ausklammerung eines Arbeitnehmers der Sicherung einer ausgewogenen Personalstruktur dient. Unter der Sicherung der Personalstruktur ist nur der Erhalt derselben zu verstehen, nicht dagegen der erstmalige Aufbau einer solchen ausgewogenen Struktur (vgl. BAG NZA 2001, 601; Quecke, RdA 2004, 88). Der Betrieb soll nicht schlechter stehen, als er vorher stand. **508**

Der Begriff der Personalstruktur umfasst nicht nur die Altersstruktur, sondern auch weitere Merkmale wie Art der Vertragsverhältnisse, Berufe und Geschlecht. Das schutzwürdige Interesse des Arbeitgebers an der Ausgewogenheit seiner Personalstruktur berechtigt diesen beispielsweise, vorab Altersgruppen zu bilden und anschließend innerhalb dieser Gruppen die Sozialauswahl vorzunehmen Das BAG sieht hierin ein legitimes Ziel und geht daher von einer Rechtfertigung nach § 10 AGG aus (NZA 2009, 361).

(d) *Auswahlrichtlinien (§ 1 IV KSchG)*

§ 1 IV KSchG sieht vor, dass in einem Tarifvertrag oder einer Betriebsvereinbarung festgelegt werden kann, wie die einzelnen Gesichtspunkte nach § 1 III 1 KSchG im Verhältnis zueinander zu bewerten sind. Ist dies geschehen, kann die Bewertung anschließend nur noch auf grobe Fehlerhaftigkeit überprüft werden (§ 1 IV 2 KSchG). Hierin liegt die praktische Bedeutung der Auswahlrichtlinien. **509**

(e) *Interessenausgleich mit Namensliste (§ 1 V KSchG)*

Sind bei einer Kündigung wegen einer Betriebsänderung (§ 111 BetrVG, s. Rdnr. 966ff.) die zu kündigenden Arbeitnehmer in einem Interessenausgleich namentlich benannt, so wird das Vorliegen dringender betrieblicher Interessen für die Kündigungen gesetzlich vermutet. Die soziale Auswahl kann in diesen Fällen gerichtlich nur auf grobe Fehlerhaftigkeit überprüft werden, § 1 V KSchG. **510**

ee) Bei einem *Verstoß gegen eine Auswahlrichtlinie* nach § 95 BetrVG und einem deswegen erfolgten form- und fristgerechten *Widerspruch des Betriebsrats* (§ 1 II 2 Nr. 1a KSchG) ist die Kündigung selbst dann unwirksam, wenn sie nach den bisherigen Erörterungen sozial gerechtfertigt wäre. **511**

ff) *Wiedereinstellungsanspruch bei veränderten Umständen* **512**

Die Wirksamkeit einer betriebsbedingten Kündigung kann nachträglich fragwürdig werden, wenn die Gründe, auf die sie gestützt wurde, entfallen. Für die Beurteilung, ob dringende betriebliche Erfordernisse gegeben sind, ist der Zeitpunkt des Zugangs der Kündigungserklärung maßgebend. Es gilt der Grundsatz: „Einmal wirksam, immer wirksam" (Gamillscheg, Arbeitsrecht I, S. 628 f). Das gilt nicht nur für betriebsbedingte Kündigungen (BAG NZA 1999, 1328). So hat ein wegen Krankheit wirksam gekündigter Arbeitnehmer dann keinen Wiedereinstellungsanspruch, wenn die nachträgliche Besserung seines Gesundheitszustandes erst nach Ablauf der Kündigungsfrist eingetreten ist (BAG NZA 2001, 1135). Ergibt sich jedoch durch neue Umstände eine Beschäftigungsmöglichkeit für den Gekündigten noch *vor Ablauf der Kündigungsfrist*, so folgt regelmäßig aus der fortwirkenden Fürsorgepflicht (§ 242 BGB) ein Wiedereinstellungsanspruch (BAG NZA 2000, 1097; Boewer, NZA 1999, 1121 ff. u. 1177 ff.).

4. Kündigungsschutz und AGG

513 Nach § 2 IV AGG gelten für Kündigungen ausschließlich die Bestimmungen zum allgemeinen und besonderen Kündigungsschutz. Damit sind neben den §§ 1 bis 14 KSchG bzw. dem Kündigungsschutz über § 242 BGB in Kleinbetrieben die speziellen Kündigungsbestimmungen z.B. in § 9 MuSchG, § 18 BEEG, § 22 II BBiG oder § 85 SGB IX gemeint (Löwisch, BB 2006, 2189). Diese missglückte gesetzliche Regelung könnte den Eindruck erwecken, diskriminierende Kündigungen seien zulässig. Oftmals wird deshalb an der Richtlinienkonformität von § 2 IV AGG gezweifelt (Annuß, BB 2006, 1630; Sagan, NZA 2006, 1257; so auch ArbG Osnabrück, AiB 2007, 302). Richtig ist, dass die europäischen Richtlinien, deren Umsetzung das AGG dient, auch einen wirksamen Schutz vor diskriminierenden Kündigungen verlangen. Diesen Schutz kann das deutsche Recht allerdings vom Grundsatz her durch den schon bisher bestehenden Kündigungsschutz gewährleisten (s. auch Hamacher/Ulrich, NZA 2007, 657).

514 Die Diskriminierungsverbote des AGG sind im Rahmen der Prüfung der Sozialwidrigkeit von Kündigungen zu beachten (BAG NZA 2009, 361). Sie sind einschließlich der ebenfalls im AGG geregelten Rechtfertigungsgründe bei der Auslegung der unbestimmten Rechtsbegriffe des KSchG in der Weise heranzuziehen, dass sie Konkretisierungen des Begriffes der Sozialwidrigkeit darstellen. Die Regelung des § 2 IV AGG steht dem nicht entgegen. Zweck des § 2 IV AGG ist es lediglich zu verhindern, dass aufgrund des AGG neben das bisherige ein „zweites Kündigungsrecht" tritt, also eine besondere „Diskriminierungsklage" neben die Kündigungsschutzklage (BAG NZA 2009, 361).

515 In Kleinbetrieben kann das Kriterium der Sozialwidrigkeit nicht als Einfallstor für die Diskriminierungsverbote herangezogen werden. Stattdessen greifen die §§ 138, 242, 612 a BGB (vgl. Kamanabrou, RdA 2006, 321). §§ 138, 242 BGB bieten einen Schutz, wenn der Arbeitgeber aufgrund einer bestimmten Eigenschaft kündigt (Homosexualität). § 612a BGB greift, wenn nur wegen eines Verhaltens, das durch eines der in § 1 AGG genannten Merkmale bestimmt ist, gekündigt wird.

Bedeutsam für die richtlinienkonforme Auslegung ist die vom allgemeinen Kündigungsrecht abweichende Beweislastverteilung.

Nach der RL 97/80/EG reicht es bspw. aus, wenn der Arbeitnehmer Tatsachen glaubhaft macht, die das Vorliegen einer unmittelbaren oder mittelbaren Diskriminierung vermuten lassen. Der deutsche Gesetzgeber hat dies in § 22 AGG umgesetzt. Obwohl § 22 AGG für Kündigungen nicht direkt anwendbar ist, muss diese Beweiserleichterung auch bei vermeintlich diskriminierenden Kündigungen zur Anwendung kommen. Hingegen ist ein zusätzlicher Entschädigungsanspruch gem. § 15 II AGG wegen einer diskriminierenden Kündigung durch § 2 IV AGG europarechtskonform ausgeschlossen. Die Unwirksamkeit einer diskriminierenden Kündigung stellt nach richtiger Ansicht eine hinreichende Sanktion i. S. der europarechtlichen Vorgaben dar (vgl. ErfK/Schlachter, § 2 AGG Rdnr. 17).

Schwierigkeiten bleiben bei Kündigungssachverhalten, bei denen der Arbeitgeber zwar einen zulässigen Kündigungsgrund vorweisen kann, er sich aber bspw. parallel auf ein in § 1 AGG genanntes Merkmal beruft oder bei einem mehrere Arbeitnehmer betreffenden Sachverhalt nur demjenigen Arbeitnehmer kündigt, der eines der verpönten Merkmale aufweist (vertiefend Diller/Krieger/Arnold, NZA 2006, 887). Über § 138 BGB oder § 612a BGB wird man auch hier zu überzeugenden Lösungen gelangen. 516

5. Einhaltung der Klagefrist

a) Will der Arbeitnehmer die Unwirksamkeit einer Kündigung geltend machen, ist er nach § 4 KSchG gehalten, *Kündigungsschutzklage* vor dem Arbeitsgericht zu erheben, mit der er beantragt, festzustellen, dass das Arbeitsverhältnis der Parteien durch die (genau zu bezeichnende) Kündigung nicht aufgelöst worden ist (§ 4 1 KSchG; vgl. Rdnr. 563 ff.). 517

Die Klage muss innerhalb von *drei Wochen nach Zugang der Kündigung erhoben werden* (§ 4, 1 KSchG). Wird diese Frist versäumt, gilt die Kündigung als von Anfang an wirksam (§ 7 KSchG). Die Heilungsfolgen des § 7 KSchG erstrecken sich seit dem 1. 1. 2004 auf *alle* Rechtsunwirksamkeitsgründe mit Ausnahme des Schriftformerfordernisses (§ 623 BGB), gehen also über den Anwendungsbereich des KSchG hinaus. Erfasst werden also nicht nur die Sozialwidrigkeit (vgl. Rdnr. 473 ff.) der Kündigung, sondern sonstige Unwirksamkeitsgründe wie die Sittenwidrigkeit der Kündigung, der Verstoß gegen das Anhörungserfordernis des § 102 I BetrVG, den Sonderkündigungsschutz und das Verbot der Kündigung wegen Betriebsübergangs (§ 613a IV 1 BGB, dazu Rdnr. 611). Die damit erreichte größere Rechtssicherheit ist zu begrüßen. Die Nichteinhaltung der Kündigungsfrist kann auch außerhalb der Klagefrist des § 4 KSchG geltend gemacht werden, weil der Arbeitnehmer hier gerade nicht die Sozialwidrigkeit oder die Unwirksamkeit der Kündigung als solche festgestellt wissen will (BAG NZA 2006, 1405; 2006, 791). Ein Verstoß gegen § 17 KSchG (Rdnr. 456) muss ebenfalls innerhalb der Frist des § 4 KSchG vom Arbeitnehmer gerügt werden (ErfK/Kiel § 17 KSchG Rdnr. 36; offen gelassen von BAG NZA 2006, 971).

Bei den allgemeinen rechtsgeschäftlichen Wirksamkeitsvoraussetzungen (Fehlen der Geschäftsfähigkeit, §§ 104 ff. BGB; Mängel der Vertretungsmacht, §§ 164 ff. BGB; Willensmängel, §§ 116 ff. BGB) erscheint die Heilungsfolge des § 7 KSchG zweifelhaft (differenzierend deshalb MünchKomm/Hergenröder, § 4 KSchG Rdnr. 12 ff.).

Erhebt der Arbeitnehmer die Kündigungsschutzklage, muss er in diesem Rechtsstreit *alle Unwirksamkeitsgründe* vorbringen, § 4 I KSchG. Wird seine 518

Klage abgewiesen, so steht fest, dass das Arbeitsverhältnis durch die Kündigung aufgelöst wurde. In einem späteren Prozess kann die Unwirksamkeit der Kündigung nicht mehr geltend gemacht werden. Bei fristgerechter Klageerhebung kann der Arbeitnehmer seine Klage allerdings bis zum Schluss der mündlichen Verhandlung auch auf solche Gründe stützen, die innerhalb der Klagefrist nicht vorgetragen wurden, § 6 KSchG.

519 § 23 I 2, 3 KSchG erstreckt den Anwendungsbereich der §§ 4–7 KSchG auf Arbeitnehmer, die in Kleinbetrieben beschäftigt sind. Aus der allgemeinen Formulierung des § 4 KSchG folgt, dass auch Arbeitnehmer, die die Wartezeit des § 1 I KSchG noch nicht erfüllt haben, die Dreiwochenklagefrist beachten müssen. Ebenso wenig muss das Arbeitsverhältnis sechs Monate bestehen. Seit dem 1. 1. 2004 muss die Kündigungsklagefrist also bei jeder Kündigung eines Arbeitnehmers beachtet werden (zur parallelen Rechtslage bei der außerordentlichen Kündigung Rdnr. 531).

520 Nach § 4, 4 KSchG läuft die Frist zur Anrufung des Arbeitsgerichts bei Kündigungen, die der Zustimmung einer Behörde bedürfen (vgl. § 9 MuSchG, § 18 BEEG, § 85 SGB IX) erst ab der Bekanntgabe der Entscheidung der Behörde an den Arbeitnehmer. Diese Regelung wird durch § 5 I 2 KSchG ergänzt. Danach ist die Klage einer Schwangeren nachträglich zuzulassen, wenn diese von ihrer Schwangerschaft aus einem von ihr nicht zu vertretenden Grund erst nach Ablauf der Dreiwochenfrist Kenntnis erlangt hat. § 5 I 2 KSchG setzt dabei unausgesprochen voraus, dass die Klagefrist des § 4, 1 KSchG auch in den Fällen greift, in denen der Arbeitgeber von der Zustimmungsbedürftigkeit nichts wusste, § 4, 4 KSchG also nicht einschlägig ist. Dass keine entsprechende Regelung für Schwerbehinderte und in Elternzeit befindliche Arbeitnehmer geschaffen wurde, erklärt sich aus der Tatsache, dass diese Eigenschaften nicht unverschuldet unbekannt sein dürften.

521 b) Wie dargestellt führt die nicht rechtzeitige Klageerhebung zur Rechtswirksamkeit der Kündigung (§ 7 KSchG). Aus Sicht des BAG handelt es sich um eine prozessuale Klageerhebungsfrist mit materiell-rechtlichen Wirkungen (BAG NZA 2009, 692). Dem ist nicht zuzustimmen, es handelt sich vielmehr um eine materielle Ausschlussfrist. Hierfür spricht schon der Wortlaut des § 7 KSchG, wonach die Kündigung bei Verstreichen der Klagefrist als wirksam gilt. Die Nichteinhaltung muss der Richter jedenfalls auch dann beachten, wenn der beklagte Arbeitgeber sich nicht darauf beruft (BAG AP Nr. 7 zu § 3 KSchG). Zur Einhaltung der Frist genügt es, dass die Klage innerhalb der Frist bei Gericht eingeht und sie dem Arbeitgeber demnächst zugestellt wird (§ 46 II 1 ArbGG i. V.m. §§ 495, 167 ZPO). Eine verspätete Klage ist auf Antrag des Arbeitnehmers nachträglich zuzulassen, wenn dieser trotz aller ihm nach Lage der Umstände zuzumutenden Sorgfalt (z. B. bei schwerer Erkrankung des allein stehenden Arbeitnehmers) verhindert war, die Klage rechtzeitig zu erheben (§ 5 I KSchG; vgl. auch die alphabetische Übersicht bei KR/Friedrich, § 5 KSchG Rdnr. 24 f.).

522 Die Tatsache, dass der Arbeitnehmer gegen die Kündigung zunächst nach § 3 KSchG Einspruch beim Betriebsrat eingelegt und dieser mit dem Arbeitgeber verhandelt hat, hindert den Fristablauf nicht. Selbst wenn der Arbeitnehmer irrig angenommen hat, die Anrufung des Betriebsrats hemme die Frist, entschuldigt ihn das nicht (**Fall f**: Die Kündigung ist nach § 7 KSchG wirksam und die Klage als unbegründet abzuweisen.). Das Verschulden eines Prozessvertreters (z. B. Rechtsanwalt, Rechtssekretär einer Gewerkschaft) braucht sich der Arbeitnehmer nicht gem. § 85 II ZPO als eigenes Verschulden zurechnen zu lassen. Da es sich bei der Klagefrist des § 4, 1 KSchG um eine materielle und nicht um eine prozessuale Frist handelt, scheitert eine analoge Anwendung von § 85 II ZPO am Fehlen einer planwidrigen Gesetzeslücke. Hätte der Gesetzgeber eine § 85 II ZPO entsprechende Regelung gewollt, hätte es nahe gelegen, diese bei der Novellierung des KSchG im Jahre 1969, als die Streitfrage bekannt war, in das KSchG einzuführen.

Da das BAG demgegenüber davon ausgeht, bei der Klageerhebungsfrist nach § 4 KSchG handele es sich um eine prozessuale Frist, rechnet es dem Arbeitnehmer auch das Verschulden seines Prozessbevollmächtigten nach § 85 II ZPO zu (BAG NZA 2009, 692). Folgt man dieser Ansicht müsste der Arbeitnehmer gemäß § 280 I i. V. m. §§ 611, 675 BGB gegen seinen Prozessbevollmächtigten vorgehen. Die ordentliche Gerichtsbarkeit müsste dann hypothetisch prüfen, ob die Kündigungsschutzklage Erfolg gehabt hätte. Auch wenn dies der Fall sein sollte, ist dieser auf Schadensersatz in Geld gerichtete Anspruch nicht geeignet, den Bestand des Arbeitsverhältnisses zu kompensieren.

Der Antrag auf nachträgliche Klagezulassung ist nur innerhalb von zwei Wochen nach Behebung des Hindernisses zulässig (§ 5 III 1 KSchG); nach Ablauf von sechs Monaten kann der Antrag nicht mehr gestellt werden (§ 5 III 2 KSchG). Bei dieser Frist handelt es sich gleichfalls um eine materielle Ausschlussfrist (str.; vgl. KR/Friedrich, § 5 KSchG Rdnr. 11). Denn bei nicht rechtzeitigem Antrag auf nachträgliche Klagezulassung treten dieselben Folgen ein wie bei verspäteter Kündigungsschutzklage ohne Antrag nach § 5 KSchG (vgl. § 7 1. Hs. KSchG). Deshalb ist auch hier § 85 II ZPO nicht anzuwenden (str.; vgl. KR/Friedrich, § 5 KSchG Rdnr. 99). 523

III. Außerordentliche Kündigung

Schrifttum: Bröhl, Die außerordentliche Kündigung mit notwendiger Auslauffrist, 2005; Diller, Der Wahnsinn hat Methode (Teil II) – Über die Unmöglichkeit, ein Verfahren nach § 103 BetrVG erfolgreich zu beenden, NZA 2004, 579; Fischer, Außerordentliche Kündigung wegen privater Internetnutzung am Arbeitsplatz, ArbuR 2006, 207; Fischermeier, Zulässigkeit und Grenzen der Verdachtskündigung, in: Festschrift ARGE Arbeitsrecht im DAV, 2006, S. 275; Kiel, Die Kündigung unkündbarer Arbeitnehmer, NZA 2005, Beil. 1, 18; Schlachter, Fristlose Kündigung wegen Entwendung geringwertiger Sachen des Arbeitgebers, NZA 2005, 433; Schulte Westenberg, Die außerordentliche Kündigung im Spiegel der neueren Rechtsprechung, NZA-RR 2009, 401; von Steinau-Steinrück/Ziegler, Arbeitsrechtliche „Erheblichkeitsschwelle“ bei Vermögensdelikten?, NJW-Spezial 2009, 274.

Fälle:

a) Eine Arbeitnehmerin entwendet im Betrieb mehrfach Geldbeträge. Zur Rede gestellt, 524
beschimpft sie den Arbeitgeber und zerstört Einrichtungsgegenstände. Als der Arbeitgeber ihr kündigt, erklärt sie ihm, dass sie schwanger sei. Ist die Kündigung wirksam?

b) G hat N fristlos gekündigt, weil dieser mehrmals zu spät gekommen ist. Die fristlose Kündigung sei jedenfalls deshalb berechtigt, weil im Arbeitsvertrag ein dreimaliges Zuspätkommen als wichtiger Grund zur Kündigung vereinbart worden sei. Hilfsweise möge man die fristlose als eine ordentliche Kündigung ansehen.

c) G erfährt von einem einmaligen Spesenbetrug des N und verständigt sofort den Betriebsrat davon, dass er N fristlos zu kündigen gedenke. Als sich der Betriebsrat nach 16 Tagen immer noch nicht geäußert hat, kündigt G fristlos. N hält die Kündigung für unwirksam.

d) Der Arbeitgeber A will dem Betriebsratsmitglied B fristlos kündigen, weil B sein Amt zu politischer Hetze missbraucht. Was ist dem A zu raten?

1. Grundsatz

525 Die außerordentliche Kündigung ist in § 626 BGB geregelt. Unter ihr versteht man die vorzeitige Kündigung aus wichtigem Grund, die jedem Vertragspartner zusteht und bei der eine Kündigungsfrist nicht eingehalten zu werden braucht. Im Gegensatz zur ordentlichen Kündigung ist sie auch bei Arbeitsverhältnissen möglich, die auf bestimmte Zeit eingegangen sind. Sie erfolgt meist, aber nicht notwendig fristlos.

§ 626 BGB garantiert ein unverzichtbares Freiheitsrecht für beide Vertragsteile. Bei extremen Belastungen sind Dauerschuldverhältnisse nach deutschem Recht aus wichtigem Grund immer kündbar, weil die Fortsetzung solcher Dauerrechtsbeziehungen auf vielfältige Weise objektiv unzumutbar werden kann. Kurz gesagt: Niemandem kann zugemutet werden, an Unzumutbarem festzuhalten. Dieser allgemeine Rechtsgedanke findet auch bei anderen Rechtsgeschäften Ausdruck (§§ 723, 554 BGB) und ist nunmehr allgemein in § 314 BGB niedergelegt.

2. Ausschluss und Erschwernis der außerordentlichen Kündigung

526 Anders als bei der ordentlichen Kündigung kann es bei der außerordentlichen Kündigung keinen generellen Ausschlusstatbestand, sondern nur eine Einschränkung durch Zustimmungserfordernisse geben. So ist für Schwangere bis zum 4. Monat nach der Entbindung die außerordentliche Kündigung gem. § 9 I MuSchG ausgeschlossen. § 9 MuSchG verbietet jede (also auch eine außerordentliche) Kündigung und greift selbst dann ein, wenn die Schwangere grob gegen ihre Pflichten als Arbeitnehmerin verstoßen hat (**Fall a**; vgl. auch BAG AP Nr. 5 zu § 9 MuSchG). Dasselbe gilt für die Anspruchsberechtigten der „Elternzeit" nach § 18 I 1 BEEG (Rdnr. 452). Was als Verbot formuliert ist, erweist sich jedoch nur als Kündigungserschwerung: In beiden Fällen können die zuständigen Behörden Ausnahmen zulassen (§ 9 III MuSchG, § 18 I 2 BEEG). Die außerordentliche Kündigung eines Schwerbehinderten bedarf gem. §§ 91, 85 SGB IX der vorherigen Zustimmung des Integrationsamtes (vgl. auch Rdnr. 543).

527 Eine *außerordentliche Kündigung* der in § 15 KSchG genannten Personen (Mitglieder des Betriebsrats, der Jugend- und Auszubildendenvertretung etc.) ist zwar nicht verboten; sie bedarf aber zu ihrer Wirksamkeit der Zustimmung des Betriebsrats (§ 103 I BetrVG). Verweigert der Betriebsrat seine Zustimmung, kann sie auf Antrag des Arbeitgebers vom Arbeitsgericht ersetzt werden (§ 103 II BetrVG).

In ähnlicher Weise wie gegen außerordentliche Kündigungen sind die bezeichneten Funktionsträger der Betriebsverfassung auch gegen Versetzungen geschützt, die zu einem Verlust ihres Amtes oder der Wählbarkeit führen würden und mit denen sie nicht einverstanden sind (§ 103 III BetrVG – lesen!).

Im **Fall d** ist für eine außerordentliche Kündigung die Zustimmung des Betriebsrats oder deren Ersetzung durch das Arbeitsgericht erforderlich. Das wird A wohl kaum erreichen, weil das Verhalten des B gegen seine Amtspflichten als Betriebsratsmitglied, nicht aber gegen seine Pflichten aus dem Arbeitsvertrag verstößt. Betriebsratsmitglieder sollen aus der Übernahme dieses Amtes kein zusätzliches Arbeitsplatzrisiko eingehen. Selbst wenn die Zustimmung zur Kündigung vorliegt, muss A damit rechnen, dass das Gericht im Kündigungsschutzprozess einen wichtigen Grund nach § 626 BGB verneint. Dem A ist also von einer Kündigung abzuraten; ihm bleibt die Möglichkeit, nach § 23 I BetrVG beim Arbeitsgericht den Ausschluss des B aus dem Betriebsrat zu beantragen.

3. Unabdingbarkeit

§ 626 BGB stellt *zwingendes Recht* dar. Das Kündigungsrecht kann deshalb 528
durch Einzel- oder Kollektivvertrag weder ausgeschlossen noch eingeschränkt werden, weil das zu einer unerträglichen Beeinträchtigung der persönlichen Freiheit des betroffenen Vertragspartners führen würde (MünchKomm/Henssler, § 626 BGB Rdnr. 48). Das Recht zur außerordentlichen Kündigung kann vertraglich auch nicht erweitert werden, weil damit die gesetzlichen Mindestkündigungsfristen umgangen würden (BAG AP Nr. 8 zu § 626 BGB; **Fall b**). Kündigungsgründe können also von den Arbeitsvertragsparteien nicht verbindlich vereinbart werden. Die Begründetheit einer Kündigung wird nach objektiven Maßstäben gerichtlich geprüft. Dabei können allerdings vertragliche Abreden Hinweise dafür geben, welche Verhaltenspflichten von den Arbeitsvertragsparteien beim Vertragsschluss als wichtig angesehen werden.

4. Kündigungserklärung

Auch die außerordentliche Kündigung muss von einer Vertragspartei der ande- 529
ren erklärt werden. Im Einzelnen gilt das oben (Rdnr. 423 ff.) zur ordentlichen Kündigung Gesagte (Schriftform, § 623 BGB; Eindeutigkeit) entsprechend.

Die Angabe des Kündigungsgrundes ist auch bei der außerordentlichen Kündigung kein Wirksamkeitserfordernis (Ausnahmen: § 22 III BBiG, 9 III MuSchG, tarifvertragliche Regelungen). Allerdings muss der Kündigende dem anderen Teil auf Verlangen den Kündigungsgrund unverzüglich schriftlich mitteilen (§ 626 II 3 BGB). Er darf in der Kündigungserklärung auch nicht bewusst falsche Kündigungsgründe angeben. Andernfalls kann er sich schadensersatzpflichtig machen. Ersatzfähig sind alle Aufwendungen, die der Gekündigte erspart hätte, wenn ihm die Kündigungsgründe rechtzeitig bzw. wahrheitsgemäß mitgeteilt worden wären (z. B. Erstattung der Kosten eines Kündigungsrechtsstreits; BAG AP Nr. 65 zu § 626 BGB).

5. Anhörung des Betriebsrats/Sprecherausschusses

Wie vor der ordentlichen Kündigung hat der Arbeitgeber auch vor der außeror- 530
dentlichen Kündigung den Betriebsrat/Sprecherausschuss zu hören (§ 102 I, II 3 BetrVG, Rdnr. 953 ff.; § 31 II SprAuG, Rdnr. 1012). Die Frist verkürzt sich in diesem Fall auf drei Tage statt einer Woche bei der ordentlichen Kündigung (**Fall c**).

6. Beachtung der Klagefrist gem. § 4 KSchG

531 Beide Parteien des Arbeitsverhältnisses können die Wirksamkeit einer außerordentlichen Kündigung durch das Arbeitsgericht nachprüfen lassen. Ein Arbeitnehmer kann die Kündigung jedoch nur innerhalb der Dreiwochenfrist des § 4, 1 KSchG angreifen; andernfalls wird sie nach § 7 KSchG wirksam (§ 13 I 2 KSchG). Seit dem 1. 1. 2004 gilt dies, abgesehen von der fehlenden Einhaltung der Schriftform, für alle Unwirksamkeitsgründe (vgl. Rdnr. 517ff.).

7. Kündigungsgrund

532 Nach § 626 I BGB kann jede Vertragspartei aus wichtigem Grund ohne Einhaltung einer Kündigungsfrist kündigen, wenn Tatsachen vorliegen, aufgrund deren dem Kündigenden unter Berücksichtigung aller Umstände des Einzelfalles und unter Abwägung der Interessen beider Vertragsteile die Fortsetzung des Arbeitsverhältnisses bis zum Ablauf der Kündigungsfrist oder bis zur vereinbarten Beendigung des Arbeitsverhältnisses nicht zugemutet werden kann.

a) *Methodik*

533 § 626 I BGB normiert in Form einer Generalklausel die Voraussetzungen für den wichtigen Grund einer außerordentlichen Kündigung. Bei dem Merkmal des wichtigen Grundes handelt es sich um einen unbestimmten Rechtsbegriff. § 626 I BGB dient der Einzelfallgerechtigkeit und steht daher im Spannungsverhältnis zum Postulat der Rechtssicherheit. In Anlehnung an den revisionsrechtlichen Prüfungsmaßstab ist § 626 I BGB zweistufig zu prüfen. Zunächst ist festzustellen, ob der Kündigungsgrund „an sich" geeignet ist, die außerordentliche Kündigung zu rechtfertigen. Sodann ist eine umfassende Interessenabwägung vorzunehmen.

b) *An sich geeignete Kündigungsgründe*

534 Eine außerordentliche Kündigung aus wichtigem Grund kommt vornehmlich bei einer *schwerwiegenden Verletzung vertraglicher Pflichten* durch eine Vertragspartei in Betracht. Dadurch muss das Arbeitsverhältnis objektiv belastet werden. Die Belastung muss sich dabei zukünftig negativ auf das Arbeitsverhältnis auswirken (*Prognoseprinzip*, vgl. dazu Rdnr. 476).

Beispiele: Beharrliche Arbeitsverweigerung; wiederholtes Ausbleiben der Lohnzahlung; Ankündigung, zu einem bestimmten Zeitpunkt in der Zukunft krank zu „feiern" (BAG NZA 2009, 779), schwere Verstöße gegen die betriebliche Ordnung oder den Betriebsfrieden (BAG AP Nr. 73 zu § 626 BGB); Surfen im Internet während der Arbeitszeit zu privaten Zwecken in erheblichem zeitlichen Umfang, wenn dadurch arbeitsvertragliche Pflichten (Hauptleistungs- oder Nebenpflichten) verletzt werden (BAG NZA 2006, 98; 2006, 977); Tragen einer „Anti-Strauß-Plakette", wenn dadurch der Betriebsfrieden konkret gestört oder die Erfüllung der Arbeitspflicht beeinträchtigt wird (BAG AP Nr. 73 zu § 626 BGB); ausländerfeindliche Äußerungen (BAG AP Nr. 26 zu § 626 BGB Verdacht strafbarer Handlung); strafbare Handlungen wie Diebstahl, Unterschlagung, Sachbeschädigung, Betrug, grobe Beleidigung gegenüber dem Vertragspartner.

Dagegen gibt es keine gesetzlich festgelegten (absoluten) Kündigungsgründe (Ausnahme: § 64 I SeemG). 535

Geringfügigere Verfehlungen (z.B. Zuspätkommen; **Fall b**) stellen grundsätzlich keinen wichtigen Grund dar. Bei Vermögensdelikten kommt es für die grundsätzliche Eignung als wichtiger Grund i. S. des § 626 I BGB nicht auf die Höhe des Vermögensschadens an, sondern auf die Eignung, das Vertrauensverhältnis zwischen den Arbeitsvertragsparteien zu zerstören. In jüngerer Zeit wurden aufgrund von in den Medien heftig und kontrovers diskutierten Fällen (Fall: „Emmely" dazu BAG Urteil v. 10.06.2010 – 2 AZR 541/09) in der Literatur und in der öffentlichen Debatte Stimmen laut, die eine fixe Bagatellgrenze für außerordentliche Kündigungen in Anlehnung an § 248a StGB fordern (dafür Klueß, NZA 2009, 337). Diese Ansicht verkennt, dass die Kündigung wegen Vermögensdelikten des Arbeitnehmers gegen den Arbeitgeber keine Sanktion darstellt, sondern der Tatsache Rechnung trägt, dass der Arbeitgeber aufgrund des schwerwiegenden Vertrauensbruches nicht mehr darauf vertrauen kann, dass der Arbeitnehmer sich zukünftig vertragsgemäß verhalten werde. Daher kann nach Ansicht des BAG unter Umständen auch die Entwendung einer geringwertigen Sache (eine Frikadelle, ein Pfandbon oder ein Stück „Bienenstich") eine außerordentliche Kündigung rechtfertigen (BAG NZA 1985, 91). Nach der Rspr. gibt es keinen (ernsthaft diskussionswürdigen) Grund, der schon „an sich" nicht geeignet wäre, einen wichtigen Grund für eine außerordentliche Kündigung darzustellen.

c) *Interessenabwägung*

Aufgrund dieser geringen praktischen Bedeutung der ersten Prüfungsstufe des „an sich" geeigneten Grundes liegt das Hauptproblem bei der Rechtmäßigkeitskontrolle von außerordentlichen Kündigungen in der umfassenden *Interessenabwägung*. Die Interessen des einen Vertragspartners an der sofortigen Beendigung und des anderen Teils an der Fortführung des Arbeitsverhältnisses sind gegeneinander abzuwägen. 536

Bei der Interessenabwägung sind alle Umstände zu berücksichtigen, die einen konkreten Bezug zum Vertragsverhältnis haben. Auf Seiten des Arbeitgebers: Gewicht und Intensität der Vertragsverletzung, Grad des Verschuldens, Störung des Betriebsablaufs, Einmaligkeit oder Wiederholungsgefahr, Ausnutzung einer besonderen Vertrauensstellung, Länge der Kündigungsfrist, wirtschaftliche Lage des Unternehmens. Auf der Seite des Arbeitnehmers: Dauer des ungestörten Bestandes des Arbeitsverhältnisses, Alter, bisher erworbene Verdienste, soziale Lage, Verlust von Ruhegeldansprüchen etc. (jew. bezogen auf eine Kündigung durch den Arbeitgeber). Auf dieser zweiten Stufe der Prüfung kann auch die geringe Höhe eines eingetretenen Vermögensschadens zu Gunsten des gekündigten Arbeitnehmers mitberücksichtigt werden. Insbesondere bei Vermögensdelikten, die einen vergleichsweise geringfügigen wirtschaftlichen Schaden verursachen, muss auch das vom Arbeitnehmer in der Zeit einer langjährigen unbeanstandeten Beschäftigung erworbene „Vertrauenskapital" in die Abwägung einbezogen werden. Nicht jede unmittelbar gegen die Vermögensinteressen des Arbeitgebers gerichtete Vertragspflichtverletzung stellt daher ohne Weiteres einen Kündigungsgrund dar (vgl. BAG v. 10.06.2010, Az. 2 AZR 541/09 zur unberechtigten Einlösung von zwei Pfandbons im Wert von 48 und 82 Cent)

537 Immer kommt es auf die Umstände des Einzelfalls an. Es muss dem Kündigenden *unzumutbar* sein, das Arbeitsverhältnis bis zum Ablauf der ordentlichen Kündigungsfrist oder bis zum vereinbarten Ende fortzusetzen. So wird es im Falle einer kurzen Kündigungsfrist meist zumutbar sein, statt einer fristlosen eine fristgemäße Kündigung auszusprechen. Ist dagegen eine längere Kündigungsfrist einzuhalten oder ist eine ordentliche Kündigung wegen langer Betriebszugehörigkeit des Arbeitnehmers sogar ausgeschlossen, kann sich das im Rahmen der Zumutbarkeitsprüfung auch zu Lasten des Arbeitnehmers auswirken (z.B. bei Wiederholungsgefahr oder andauernden Pflichtverletzungen; BAG NZA 1985, 426). Allerdings darf auf diese Weise nicht der besondere Bestandsschutz umgangen werden, den die längeren Kündigungsfristen und der Ausschluss des Rechts zur ordentlichen Kündigung regelmäßig bezwecken. Auch vor dem Beginn des Arbeitsverhältnisses liegende, dem Arbeitgeber bei der Einstellung unbekannte Umstände können einen wichtigen Grund zur außerordentlichen Kündigung bilden (BAG NZA 2001, 954).

538 Ein wichtiger Grund setzt nicht notwendigerweise ein Verschulden des Vertragspartners voraus. So kann etwa die Tatsache, dass der Arbeitnehmer zur Fortsetzung der Arbeit unfähig wird, sowohl den Arbeitgeber als auch den Arbeitnehmer zur fristlosen Kündigung berechtigen.

Kündigt der Arbeitgeber wegen einer lang andauernden Krankheit des Arbeitnehmers fristlos, so ist ein besonders strenger Maßstab anzulegen, da der Arbeitnehmer in diesen Fällen besonders schutzbedürftig ist (vgl. BAG AP Nr. 6 zu § 1 KSchG 1969 Krankheit); regelmäßig dürfte eine ordentliche Kündigung dem Arbeitgeber zuzumuten sein (BAG NZA 2001, 219: außerordentliche Kündigung unkündbarer Arbeitnehmer wegen Krankheit mit „Auslauffrist"). Auch Alkoholabhängigkeit kann bei unkündbaren Arbeitnehmern eine Kündigung nach § 626 BGB rechtfertigen (BAG NZA 2000, 141).

Kann der Arbeitnehmer die Arbeitsleistung nicht erbringen, weil er eine Freiheitsstrafe verbüßt, hängt es von Art und Ausmaß der betrieblichen Auswirkungen ab, ob eine außerordentliche Kündigung gerechtfertigt ist (BAG NZA 1985, 661). Wird einem Außendienstmitarbeiter anlässlich einer privaten Trunkenheitsfahrt die Fahrerlaubnis entzogen, kommt es darauf an, ob er die Arbeitsleistung trotzdem erbringen kann (z.B. durch Benutzung öffentlicher Verkehrsmittel, Einstellung eines Fahrers auf eigene Kosten).

(1) *Katalogisierung wichtiger Gründe*

539 Versucht man die wichtigen Gründe, die eine außerordentliche Kündigung rechtfertigen können, zu systematisieren, bietet es sich an, in Anlehnung an § 1 KSchG zwischen betriebsbedingter, verhaltensbedingter und personenbedingter Kündigung zu unterscheiden. Der Einteilung kommt allerdings keine rechtliche Bedeutung zu.

Beispiele für die außerordentliche Kündigung durch den Arbeitgeber:

Betriebliche Gründe: Betriebsstilllegung (BAG EzA § 626 nF Nr. 141), wenn eine Versetzung ausgeschlossen und eine ordentliche Kündigung unmöglich ist; dagegen nicht die Betriebsunterbrechung oder die Insolvenz (MünchKomm/Henssler, § 626 BGB Rdnr. 211ff.; vgl. jüngst LAG Niedersachen, NZA-RR 2007, 131).

Verhaltensbedingte Gründe: Beharrliche Arbeitsverweigerung (BAG NZA 2001, 893); unentschuldigtes Fehlen (LAG Hamm LAGE § 611 BGB Persönlichkeitsrecht Nr. 7); Selbstbeurlaubung (BAG AP Nr. 38 zu § 626 BGB Ausschlussfrist); Störungen im Vertrauensbereich wie Schmiergeldannahme, Spesenbetrug (BAG AP Nr. 42 zu § 626 BGB; **Fall c**), strafbare Handlungen wie Beleidigungen (BAG AP Nr. 1 zu § 124a GewO) oder Eigentumsdelikte (BAG NZA 1985, 91), Mobbing (LAG Thüringen NZA-RR 2001, 577), Verstöße gegen die betriebliche Ordnung wie ausländerfeindliche und rechtsextremistische Betätigung (LAG Köln NZA-RR 1996, 128); Surfen auf pornographischen Seiten im Internet während der Arbeitszeit (BAG NZA 2006, 977).

Personenbedingte Gründe: Fehlende Arbeitserlaubnis (BAG AP Nr. 2, 3 zu § 19 AFG), Trunkenheit bei Kraftfahrern (BAG AP Nr. 51 zu § 626 BGB), Haft (BAG NZA 1995, 777).

Übersichten wichtiger Gründe bei MünchKomm/Henssler, § 626 BGB Rdnr. 122 ff.; KR/Fischermeier, § 626 BGB Rdnr. 404 ff.

(2) *Verhältnismäßigkeitsprinzip/"Ultima-Ratio"-Prinzip*

Aus dem Grundsatz der Verhältnismäßigkeit folgt, dass eine außerordentliche **540** Kündigung erst dann zulässig ist, wenn *mildere Mittel* (z.B. Weiterbeschäftigung zu veränderten, auch schlechteren Bedingungen, Versetzung, Abmahnung (hierzu Rdnr. 488), ordentliche Kündigung) nicht zur Verfügung stehen oder dem Kündigungsberechtigten nicht zumutbar sind (BAG AP Nr. 70 zu § 626 BGB). Dieses „ultima-ratio"-Prinzip, das im Gesetz nicht geregelt ist, wird von der Rspr. nicht nur auf betriebs- und personenbedingte Kündigungen, sondern auch auf verhaltensbedingte Kündigungen angewendet.

Die kumulative Anwendung von „ultima-ratio"-Prinzip und Prognoseprinzip hat **541** zu einer erheblichen Steigerung des Kündigungsschutzes besonders bei verhaltensbedingten Kündigungen geführt und ist umstritten (vgl. Rüthers, NJW 1998, 1433 ff.; Hanau/Rüthers/Preis, NJW 1998, 1889 f.). Nicht selten führt sie zu skurrilen Ergebnissen (vgl. Rüthers, Beschäftigungskrise und Arbeitsrecht, Frankfurter Institut, 1996, S. 57 ff.). So ist nach dem BAG auch die Volltrunkenheit eines U-Bahnfahrers im privaten Autoverkehr mit 2,73 Promille Blutalkohol kein wichtiger Grund zu einer außerordentlichen Kündigung (näher Rüthers, NJW 2002, 1601 ff.).

d) *Kündigung unkündbarer Arbeitnehmer*

Auch gegenüber sog. unkündbaren Arbeitnehmern, also Arbeitnehmern, die **542** aufgrund gesetzlicher, arbeitsvertraglicher oder tarifvertraglicher Regelung nicht (ordentlich) kündbar sind, kann eine außerordentliche Kündigung nach § 626 BGB zulässig sein. In der Regel betrifft dies Konstellationen, in denen die ordentliche betriebsbedingte Kündigung durch einen Tarifvertrag ausgeschlossen ist. Die außerordentliche betriebsbedingte Kündigung ist dann allerdings unter Einhaltung der fiktiven ordentlichen Kündigungsfrist und unter Beachtung des für eine ordentliche Kündigung geltenden Anhörungsverfahrens gem. § 102 II 1 BetrVG (Wochenfrist!) zu erklären (sog. Orlando-Kündigung in Anlehnung an die Romanfigur von Virginia Woolf, vgl. Bröhl, in Festschrift Schaub, 1998, S. 55; s. auch BAG NZA 1992, 416). Aufgrund eines tariflichen oder vertraglichen Kündigungsverbotes sinken zugleich die Anforderungen an eine außerordentliche betriebsbedingte Kündigung. Ein wichtiger Grund liegt in diesen Fällen vor, wenn der Arbeitsplatz des Arbeitnehmers weggefallen ist und der Arbeitgeber ihn auch unter Einsatz aller zumutbaren Mittel nicht weiterbeschäftigen kann (so für tarifliche Unkündbarkeit BAG NZA 1998, 771; AP Nr. 4 zu § 55 BAT).

8. Ausschlussfrist

543 Der Kündigungsberechtigte braucht die Kündigung nicht sofort nach Kenntnis des Kündigungsgrundes zu erklären. § 626 II 1 BGB schreibt dafür aber eine Ausschlussfrist von *zwei Wochen* vor.

Die Ausschlussfrist hat den Zweck, dem Kündigungsgegner frühzeitig Gewissheit darüber zu verschaffen, ob das Arbeitsverhältnis fortbesteht oder nicht. Es wäre für diesen eine unzumutbare Unsicherheit, wenn Kündigungsgründe „aufgespart" werden könnten. Zudem besteht nach Ablauf der Ausschlussfrist die Vermutung, dass ein an sich bestehender wichtiger Grund doch nicht so schwer wiegt, um die Fortsetzung des Arbeitsverhältnisses für den Kündigungsberechtigten unzumutbar erscheinen zu lassen.

544 Die Ausschlussfrist beginnt mit dem Zeitpunkt, in dem der Kündigungsberechtigte Kenntnis von den für die Kündigung maßgebenden Tatsachen erhält (§ 626 II 2 BGB).

Entscheidend ist nicht etwa nur die Kenntnis des Arbeitgebers selbst, sondern die Kenntnis der Person, die im konkreten Fall kündigungsbefugt ist (BAG AP Nr. 1 zu § 616 BGB Ausschlussfristen; z. B. Dienststellenleiter). Erforderlich ist aber eine positive und sichere Kenntnis der Tatsachen, die den wichtigen Grund ausmachen.

Der Lauf der Frist nach § 626 II BGB ist gehemmt, solange der Arbeitgeber Maßnahmen durchführt, die zur Aufklärung des Kündigungssachverhalts notwendig sind (z. B. Anhörung des Arbeitnehmers; BAG NZA 1989, 105) oder Ermittlungen einer anderen Stelle abwartet (z. B. Strafverfahren; BAG NZA 1985, 623).

Innerhalb der Frist muss die Kündigungserklärung dem Empfänger zugegangen sein. Nach Ablauf der Frist kann eine außerordentliche Kündigung auf diese Tatsachen nicht mehr gestützt werden; es wird unwiderlegbar vermutet, dass ein möglicherweise bestehender wichtiger Grund nicht mehr geeignet ist, die Kündigung des Arbeitsverhältnisses wegen Unzumutbarkeit der Weiterbeschäftigung zu begründen (BAG AP Nr. 4 zu § 626 BGB Ausschlussfrist).

545 Die Zweiwochenfrist wird nicht dadurch gehemmt, dass der Betriebsrat angehört werden und dieser seine Bedenken gegen die außerordentliche Kündigung innerhalb von drei Tagen mitteilen muss (§ 102 II 3 BetrVG).

Der Arbeitgeber wird deshalb den Betriebsrat so rechtzeitig informieren, dass ihm nach der Stellungnahme des Betriebsrats noch die Möglichkeit bleibt, innerhalb der Zweiwochenfrist zu kündigen. Im **Fall c** ist die außerordentliche Kündigung verspätet; sie kann nicht auf den Spesenbetrug gestützt werden.

546 Vor der außerordentlichen Kündigung eines Schwerbehinderten ist binnen zwei Wochen nach Kenntnis der für die Kündigung maßgebenden Tatsachen die Zustimmung des Integrationsamtes zu beantragen (§§ 85, 91 I SGB IX). Ist das geschehen, wird dadurch die Ausschlussfrist des § 626 II BGB gehemmt. Nach Erteilung der Zustimmung muss die Kündigung unverzüglich (vgl. § 121 I BGB) erklärt werden (§ 91 V SGB).

Zweifelhaft ist, ob die Ausschlussfrist das Nachschieben von Kündigungsgründen ausschließt. Zulässig kann von vornherein nur das Nachschieben solcher Gründe sein, die schon vor der Kündigung entstanden sind (vgl. zum Nachschieben von Gründen Rdnr. 429). Aus § 626 II 1, 2 BGB folgt nicht, dass ein nachgeschobener Kündigungsgrund innerhalb von zwei Wochen nach seinem Bekanntwerden vorgebracht werden muss. Der Zweck der Vorschrift (dem Kündigungsgegner Gewissheit über den Fortbestand des Arbeitsverhältnisses zu verschaffen) erfordert keine Anwendung auf das Nachschieben von Gründen. Die Ausschlussfrist ist schon dann gewahrt, wenn der Kündigende einen Grund nachschiebt, von dem er *nicht länger als zwei Wochen vor der Kündigung* Kenntnis erlangt hat. Gleichartige Verfehlungen (z.B. Verspätung des Arbeitnehmers) können im Übrigen stets zur Unterstützung des bisherigen Vorbringens nachgeschoben werden (vgl. BAG AP Nr. 65 zu § 626 BGB). 547

9. Verzicht und Verzeihung

Die außerordentliche Kündigung ist ausgeschlossen, wenn der Berechtigte auf sein Kündigungsrecht nachträglich verzichtet oder dem anderen Teil seine Verfehlung verzeiht. In beiden Fällen ist Voraussetzung, dass er den wichtigen Grund kennt. Mit dem Ausspruch einer Abmahnung verzichtet der Arbeitgeber in der Regel zugleich auf das Recht zur Kündigung aus den Gründen, wegen derer die Abmahnung erfolgt ist (BAG NZA 2008, 1243). Eine Verzeihung liegt vor, wenn der Berechtigte zum Ausdruck bringt, er wolle die Verfehlung nicht mehr als wichtigen Grund ansehen; das kann auch stillschweigend etwa dadurch geschehen, dass der Berechtigte das Arbeitsverhältnis fortsetzt (vgl. MünchKomm/Henssler, § 626 BGB Rdnr. 50f.). 548

10. Umdeutung

Eine unberechtigte außerordentliche Kündigung kann unter den Voraussetzungen des § 140 BGB in eine ordentliche Kündigung zum nächst zulässigen Termin umgedeutet werden (BAG AP Nr. 13 zu § 140 BGB). Voraussetzung ist, dass die Umdeutung in eine ordentliche Kündigung dem mutmaßlichen Willen des Kündigenden entsprach und dieser Wille dem Gekündigten erkennbar war (BAG NZA 1988, 129). Abzustellen ist dabei auf den Zeitpunkt des Zugangs der Kündigung. Im Regelfall enthält die Erklärung der außerordentlichen Kündigung den erkennbaren Willen, das Arbeitsverhältnis jedenfalls zum nächst zulässigen Termin zu beenden. 549

Das gilt auch dann, wenn der Arbeitgeber ein vertragswidriges Verhalten des Arbeitnehmers überbewertet hat (**Fall b**). Kündigt der Arbeitgeber jedoch etwa wegen Spesenbetrugs dem A und hat er diesen mit dessen Kollegen B verwechselt, musste A nicht davon ausgehen, der Arbeitgeber habe das Arbeitsverhältnis mit ihm auf jeden Fall beenden wollen. Eine Umdeutung scheidet auch dann aus, wenn der Arbeitgeber eine Kündigung ausdrücklich auf unentschuldigtes Fehlen stützt, obwohl der Arbeitnehmer arbeitsunfähig erkrankt war. Der erkrankte Arbeitnehmer fehlte nicht unentschuldigt und musste deshalb nicht annehmen, dass der Arbeitgeber jedenfalls ordentlich gekündigt hätte, wenn ihm der wahre Sachverhalt bekannt gewesen wäre.

550 Auch bei der Umdeutung sind die *Beteiligungsrechte des Betriebsrats* zu beachten. In betriebsverfassten Betrieben ist daher die Umdeutung einer arbeitgeberseitigen Kündigung ausgeschlossen, sofern der Betriebsrat nicht vorsorglich auch zu der im Wege der Umdeutung gewollten ordentlichen Kündigung angehört worden ist (BAG AP Nr. 10, 15 zu § 102 BetrVG). Der Arbeitgeber muss außerdem die längere Äußerungsfrist des § 102 II 1 BetrVG von einer Woche und nicht nur die Dreitagesfrist des § 102 II 3 BetrVG eingehalten haben.

Im **Fall c** ist die in eine ordentliche Kündigung umgedeutete fristlose Kündigung nach § 102 I 3 BetrVG unwirksam. Die Zustimmung zur ordentlichen Kündigung ist auch nicht aufgrund des Schweigens des Betriebsrats gem. § 102 II 2 BetrVG als erteilt anzusehen, weil der Betriebsrat keine Veranlassung hatte, sich mit einer ordentlichen Kündigung zu befassen. Etwas anders gilt nur, wenn der Betriebsrat der Kündigung ausdrücklich und vorbehaltlos zugestimmt hat (BAG AP Nr. 15 zu § 102 BetrVG 1972).

In der betrieblichen Praxis ist es empfehlenswert und üblich, außerordentliche Kündigungen aus wichtigem Grund mit der Erklärung zu verbinden, hilfsweise werde das Arbeitsverhältnis ordentlich und fristgemäß gekündigt.

11. Schadensersatz wegen verschuldeter Kündigung

551 Wird die Kündigung durch ein vertragswidriges Verhalten des Vertragspartners veranlasst, so ist dieser zum Ersatz des durch die Vertragsauflösung entstehenden Schadens verpflichtet (§ 628 II BGB). Ein solcher Schadensersatzanspruch (z.B. Vergütungsausfall!) ist für den Arbeitnehmer als Kläger zeitlich bis zum Ablauf der Kündigungsfrist einer fiktiven ordentlichen Kündigung begrenzt. Daneben kommt im Anwendungsbereich des KSchG eine den Bestandsverlust ausgleichende Entschädigung entsprechend §§ 9, 10 KSchG in Betracht (BAG NZA 2002, 325; MünchKomm/Henssler, § 628 Rdnr. 56ff.).

IV. Sonderfälle

Schrifttum: Berkowsky, Änderungskündigung, 2004; Deinert, Die Druckkündigung im Lichte der Diskriminierungsverbote, RdA 2007, 275; Fischer, Die Anhörung des Arbeitnehmers vor der Verdachtskündigung, BB 2003, 522; Gilberg, Statt Tat- und Verdachtskündigung: Die Vertrauenskündigung, DB 2006, 1555; Hromadka, Möglichkeiten und Grenzen der Änderungskündigung, NZA 1996, 1; Hunold, Die überflüssige Änderungskündigung, NZA 2008, 860; Insam, Ist die Druckkündigung nur als außerordentliche Kündigung zulässig?, DB 2005, 2298; Langner/Witt, Aktuelles zur Verdachtskündigung, DStR 2008, 825; Mennemeyer/Dreymüller, Verzögerungen der Arbeitnehmeranhörung bei der Verdachtskündigung, NZA 2005, 382; Schott, Das Entscheidungsmodell der Änderungskündigung, BB 2009, 1526.

Fälle:

552 a) Der Arbeitgeber G hat den Arbeitnehmer N wegen Verdachts eines Werksdiebstahls entlassen. Dann stellt sich heraus, dass der Verdacht unbegründet war. Rechte des N?

b) Der Arbeitgeber G kündigt dem bei ihm als Außendienstmitarbeiter beschäftigten N fristlos, da diesem der Führerschein entzogen worden ist, und bietet ihm gleichzeitig eine Arbeit im Innendienst an. N möchte am liebsten weiterhin im Außendienst tätig sein; hilfsweise will er auch im Innendienst arbeiten. Auf keinen Fall will er bei G ausscheiden und arbeitslos werden. Was soll er tun?

1. Verdachtskündigung

Einen rechtsdogmatisch schwer einzuordnenden Sonderfall der Kündigung bildet die Verdachtskündigung, die zwar typischerweise als außerordentliche Kündigung ausgesprochen wird, jedoch nicht auf diese Kündigungsform beschränkt ist. Wird ein Arbeitnehmer einer schwerwiegenden Vertragsverletzung, etwa eines Diebstahls zu Lasten seines Arbeitgebers, verdächtigt, ohne dass der wahre Geschehensablauf mit letzter Sicherheit feststeht, kann der Arbeitgeber ein Interesse daran haben, allein wegen dieses Verdachts das Arbeitsverhältnis zu beenden (**Fall a**), denn Arbeitgeber und Arbeitnehmer müssen sich ein – nach Art des Arbeitsverhältnisses unterschiedliches – Mindestmaß an Vertrauen entgegenbringen können. Entfällt diese Vertrauensgrundlage aufgrund der gegen den Arbeitnehmer sprechenden Verdachtsmomente, kommt eine Vertragsauflösung durch Kündigung in Betracht. **553**

Voraussetzung einer solchen *Verdachtskündigung* (der Arbeitgeber muss die Kündigung ausdrücklich auf den Verdacht einer strafbaren oder vertragswidrigen Handlung stützen!) ist, **554**

- dass das Fehlverhalten, dessen der Arbeitnehmer verdächtigt wird, so schwerwiegend ist, dass es als Kündigungsgrund ausreichte, sofern es tatsächlich vorläge,
- ein dringender Verdacht, der durch objektive Tatsachen gestützt sein muss.
- Ferner muss der Arbeitgeber weiterhin alles Erforderliche zur Aufklärung des Verdachts getan haben (BAG NZA 2001, 837); insbesondere muss er dem Arbeitnehmer die Möglichkeit zur Äußerung geben (BAG NZA 2000, 418 = RdA 2001, 49 m. Anm. Ricken; BAG NZA 2001, 837). Der Arbeitnehmer muss nach der Information über die Verdachtsgründe die Möglichkeit haben, diese zu entkräften.

Die den Verdacht stärkenden oder entkräftenden Tatsachen können jedenfalls bis zur letzten mündlichen Verhandlung in der Berufungsinstanz vorgetragen werden. Sie sind grundsätzlich zu berücksichtigen, sofern sie – wenn auch unerkannt – bereits vor Zugang der Kündigung vorlagen (BAG NZA 1995, 269; Enderlein, RdA 2000, 325, 330). Erst nach der Kündigung entstehende Tatsachen bleiben hingegen grundsätzlich unberücksichtigt (BAG NZA 2004, 919). Nach Beendigung des Rechtsstreits kann sich ein Wiedereinstellungsanspruch des Arbeitnehmers ergeben (BAG AP Nr. 13 zu § 626 BGB Verdacht strafbarer Handlung, **Fall a**), wenn sich die Unschuld des Arbeitnehmers erweist. Dieser soll zeitlich sogar über das Ende des Kündigungsschutzprozesses hinausreichen.

Kein Fall der Verdachtskündigung liegt vor, wenn schon die den Verdacht begründenden Umstände eine Pflichtverletzung darstellen. Der dadurch entstandene weitergehende Verdacht verleiht der Pflichtverletzung nur zusätzliches Gewicht.

2. Druckkündigung

555 Bei der Druckkündigung, die ebenfalls überwiegend in der Form der *außerordentlichen Kündigung* in der Praxis vorkommt, wird der Arbeitgeber von dritter Seite (z.B. von Kunden, Belegschaft, Gewerkschaft) unter Druck gesetzt, einen bestimmten Arbeitnehmer sofort zu entlassen. Hier ist zu unterscheiden: Liegt in der Person des Arbeitnehmers ein wichtiger Grund für eine außerordentliche Kündigung vor, bestehen für das Kündigungsrecht des Arbeitgebers keine Einschränkungen. Fehlt dagegen ein wichtiger Grund, ist die dennoch erfolgte Druckkündigung nur wirksam, wenn der Arbeitgeber sich zuvor schützend vor den Arbeitnehmer gestellt, Maßnahmen gegen Diskriminierungen ergriffen und ihm schließlich keine andere Möglichkeit bleibt, einen unzumutbaren eigenen Schaden abzuwenden (vgl. BAG AP Nr. 1, 3, 8, 10 zu § 626 BGB Druckkündigung; NZA 1996, 581; Deinert, RdA 2007, 275, 280).

3. Änderungskündigung

a) *Voraussetzungen*

556 Die *Änderungskündigung* ist auf die Änderung des Vertragsinhalts gerichtet und setzt dazu die Auflösung des Arbeitsverhältnisses als Mittel ein. Praktisch bedeutsam ist die Änderungskündigung bei dem Abbau übertariflicher Zulagen, wenn der Arbeitgeber keinen Widerrufsvorbehalt in die Vereinbarung aufgenommen hat, bei der beabsichtigten Vereinheitlichung der Arbeitsbedingungen im Betrieb und namentlich bei Anpassungen an die angemessene Kostenstruktur im Rahmen der Nachwirkung eines Tarifvertrags gem. § 4 V TVG (dazu Rdnr. 702). Einer Änderungskündigung bedarf es nicht, wenn der Arbeitgeber die Arbeitsbedingungen einseitig ändern kann (z.B. durch sein Direktionsrecht oder einen Änderungsvorbehalt).

557 Die Änderungskündigung kann einmal als Kündigung unter der Bedingung erfolgen, dass der Vertragspartner der vorgeschlagenen Änderung des Vertrags nicht zustimmt (§ 158 BGB), oder aber als unbedingte Kündigung, verbunden mit dem Angebot eines Vertragsschlusses zu den abgeänderten Bedingungen. Da es in vielfältiger Hinsicht auf den ununterbrochenen Bestand eines Arbeitsverhältnisses ankommt und auch unerhebliche Unterbrechungen nicht ausnahmslos rechtlich unbeachtlich sind, ist im Zweifel davon auszugehen, dass eine Änderungskündigung nur als bedingte Kündigung gewollt ist (vgl. MünchKomm/Hesse, Vor §§ 620–630 BGB Rdnr. 68).

Die zwingende Schriftform nach § 623 BGB gilt auch für die Änderungskündigung, und zwar sowohl für den Ausspruch der (bedingten oder unbedingten) Kündigung als auch für das Angebot des veränderten Vertrags (MünchKomm/Henssler, § 623 BGB Rdnr. 30).

Von der Änderungskündigung ist die *Teilkündigung* zu unterscheiden. Mit dieser soll nur ein Teil des Arbeitsvertrags (z. B. die Regelung über Zulagen, Provisionen) aufgehoben werden, während das Arbeitsverhältnis im Übrigen fortbestehen soll. Eine solche Teilkündigung ist unzulässig; denn sie zielt darauf ab, einseitig das Gleichgewicht der vereinbarten wechselseitigen Verpflichtungen aufzuheben (BAG AP Nr. 5 zu § 620 BGB Teilkündigung; NZA 1991, 377). Allerdings bleibt zu prüfen, ob sie in eine Änderungskündigung umgedeutet werden kann. **558**

Auch bei der Änderungskündigung müssen im Anwendungsbereich des KSchG die Voraussetzungen des § 1 KSchG erfüllt sein. Es ist zu prüfen, ob die Änderung der Arbeitsbedingungen (nicht die Beendigung des Arbeitsverhältnisses) sozial gerechtfertigt ist. Die Rspr. (BAG NZA 1999, 471; zum Ganzen Preis, NZA 1995, 241) stellt an Änderungskündigungen, die mit dem Ziel der Reduzierung der Personalkosten erklärt werden (betriebsbedingte Änderungskündigungen), ausgesprochen strenge Anforderungen. Erforderlich ist, dass ohne die Kostenreduzierung eine (Teil-)Stilllegung des Betriebes drohe. Faktisch werden damit an eine Änderungskündigung höhere Anforderungen gestellt als an eine Beendigungskündigung (dazu Henssler/Moll-Henssler, Kündigung und Kündigungsschutz in der betrieblichen Praxis, 2000, S. 108). **559**

Bei der betriebsbedingten Änderungskündigung soll im Rahmen der Sozialauswahl nicht nur auf die bisher ausgeübte, sondern auch auf die Tätigkeit abgestellt werden, die Gegenstand des Änderungsangebots ist. Vergleichbar und damit in die Sozialauswahl einzubeziehen sind demnach nur solche Arbeitnehmer, die sowohl hinsichtlich ihrer bisherigen als auch der neuen Tätigkeit austauschbar sind (BAG NZA 1987, 155; krit. dazu Berkowsky, DB 1990, 834). Ausführlich zu den Rechtmäßigkeitsvoraussetzungen HWK/Molkenbur, § 2 KSchG Rdnr. 43 ff. **560**

Die soziale Rechtfertigung der Änderungskündigung wird zweistufig geprüft: Zunächst ist das Bestehen eines Kündigungsgrundes (§ 1 II KSchG) zu untersuchen. In einem zweiten Schritt wird gefragt, ob der Arbeitnehmer die vorgeschlagenen Arbeitsbedingungen billigerweise hinnehmen muss.

b) *Die Reaktionsmöglichkeiten des Arbeitnehmers*

Hat der Arbeitgeber eine Änderungskündigung ausgesprochen, kann der Arbeitnehmer wählen, ob er das Änderungsangebot vorbehaltlos annimmt oder ob er es ablehnt. Im ersten Fall ist der Arbeitsvertrag einvernehmlich geändert; im zweiten Fall kann der Arbeitnehmer innerhalb der Dreiwochenfrist Kündigungsschutzklage (Rdnr. 563 ff.) erheben. Verliert er den Rechtsstreit, ist durch die Kündigung das Arbeitsverhältnis aufgelöst; der Arbeitnehmer verliert seinen Arbeitsplatz, weil er auf die vom Arbeitgeber vorgeschlagene Änderung des Arbeitsvertrags nicht eingegangen ist. **561**

§ 2 KSchG räumt dem Arbeitnehmer (entgegen der allgemeinen Bestimmung des § 150 II BGB) eine dritte Möglichkeit ein: Dieser kann das neue Angebot des Arbeitgebers unter dem Vorbehalt annehmen, dass die Änderung der Arbeitsbedingungen nicht sozial ungerechtfertigt ist; diesen Vorbehalt muss er innerhalb der Kündigungsfrist, spätestens innerhalb von drei Wochen nach Zugang der Kündigung erklären (§ 2, 2 KSchG). Erhebt der Arbeitnehmer innerhalb der Dreiwo- **562** chenfrist die Feststellungsklage, geht es in diesem Rechtsstreit nicht darum, ob das Arbeitsverhältnis weiterbesteht oder durch die Kündigung aufgelöst worden ist. Entschieden wird nur die Frage, ob die Änderung der Arbeitsbedingungen sozial ungerechtfertigt ist (vgl. § 4, 2 KSchG). Verliert der Arbeitnehmer diesen Prozess, wird sein Vorbehalt wirkungslos; es gelten die neuen Arbeitsbedingungen. Gewinnt er aber, so gilt die Änderungskündigung als von Anfang an unwirksam (§ 8 KSchG); es bleibt bei den alten Arbeitsbedingungen. In beiden Fällen behält der Arbeitnehmer seinen Arbeitsplatz.

Im **Fall b** ist die Änderungskündigung als außerordentliche Kündigung ausgesprochen worden. Obwohl § 13 I 2 KSchG nicht auf § 2, § 4, 2 und § 8 KSchG verweist, sind diese Vorschriften auf die außerordentliche Änderungskündigung entsprechend anzuwenden (BAG NZA 1987, 94). Deshalb ist dem N in **Fall b** zu raten, das Angebot unter Vorbehalt unverzüglich (BAG NZA 1988, 737) anzunehmen und Feststellungsklage nach § 4, 2 KSchG zu erheben.

V. Kündigungsschutzklage

Fälle:

563 a) Arbeitnehmer N, dem verhaltensbedingt gekündigt worden ist, beantragt auch für den Fall, dass seine Kündigungsschutzklage abgewiesen wird, die Auflösung des Arbeitsverhältnisses durch das Gericht und die Zuerkennung einer Abfindung (§§ 9, 10 KSchG).

b) Der Arbeitgeber G kündigt dem Arbeitnehmer N betriebsbedingt. Er unterbreitet ihm ein „Abfindungsangebot gem. § 1a KSchG“, bietet dem N aber nur 0,3 Monatsverdienste pro Jahr an. N lässt deshalb die Frist für die Kündigungsschutzklage verstreichen und verlangt von G Zahlung einer „gesetzlichen“ Abfindung von 0,5 Monatsgehältern pro Jahr.

1. Erfordernis einer Kündigungsschutzklage

564 Will der Arbeitnehmer die Unwirksamkeit einer Kündigung geltend machen, ist er nach § 4 KSchG gehalten, innerhalb von drei Wochen nach Zugang der Kündigungserklärung *Kündigungsschutzklage* vor dem Arbeitsgericht zu erheben, mit der er beantragt, festzustellen, dass das Arbeitsverhältnis der Parteien durch die (genau zu bezeichnende) Kündigung nicht aufgelöst worden ist (§ 4, 1 KSchG; vgl. Rdnr. 517 ff.). § 13 I 2 KSchG verweist auch für die außerordentliche Kündigung auf die §§ 4–7 KSchG (Rdnr. 531).

2. Entscheidung des Arbeitsgerichts

565 Die *Entscheidung des Arbeitsgerichts* richtet sich danach, ob es die Wirksamkeit der Kündigung bejaht oder verneint.

a) *Klageabweisung:* Hält das Gericht die Kündigung für wirksam, weist es die Kündigungsschutzklage des Arbeitnehmers ab. Damit steht das Gegenteil dessen, was der Arbeitnehmer beantragt hat, fest. Das Arbeitsverhältnis wurde also durch die Kündigung aufgelöst.

b) *Stattgeben der Klage:* Bejaht das Gericht die Unwirksamkeit der Kündigung, so spricht es durch Urteil antragsgemäß aus, dass das Arbeitsverhältnis durch die Kündigung nicht aufgelöst wurde. 566

Falls der Arbeitgeber den Arbeitnehmer nicht beschäftigt hat, muss er nach § 615, 1 BGB Annahmeverzugslohn (vgl. Rdnr. 383) zahlen; der Arbeitnehmer ist nicht zur Nachleistung verpflichtet. Auf den Lohn muss er sich jedoch nach § 11 KSchG (= Spezialregel zu § 615, 2 BGB) anrechnen lassen, was er durch anderweitige Arbeit verdient, durch Nichtannahme einer ihm zumutbaren Arbeit zu verdienen böswillig unterlassen und infolge der Arbeitslosigkeit an öffentlich-rechtlichen Leistungen (z. B. aus der Arbeitslosenversicherung) erhalten hat. Annahmeverzug gem. § 615, 1 BGB ist auch dann gegeben, wenn der Arbeitgeber dem gekündigten Arbeitnehmer einen auf die Dauer des Kündigungsschutzstreits begrenzten neuen Arbeitsvertrag angeboten hat; allerdings kann in der Ablehnung dieses Angebots durch den Arbeitnehmer ein böswilliges Unterlassen i. S. § 11, 1 Nr. 2 KSchG liegen (BAG AP Nr. 9 zu § 615 BGB Böswilligkeit).

Wenn der Arbeitnehmer mit seiner Kündigungsschutzklage erfolgreich war, muss er die Arbeit wieder aufnehmen. Ist er inzwischen ein neues Arbeitsverhältnis eingegangen, so kann er binnen einer Woche nach der Rechtskraft des klagestattgebenden Urteils die Fortsetzung des alten Arbeitsverhältnisses durch Erklärung gegenüber dem alten Arbeitgeber verweigern (Einzelh.: § 12 KSchG).

c) *Gestaltungsurteil:* Kommt das Gericht zu dem Ergebnis, dass die Kündigung das Arbeitsverhältnis nicht aufgelöst hat, kann es durch Urteil das Arbeitsverhältnis selbst auflösen und den Arbeitgeber zur Zahlung einer angemessenen Abfindung verurteilen (§ 9 KSchG). Erforderlich ist ein entsprechender Antrag einer der beiden Prozessparteien. Der Arbeitnehmer muss dartun, dass ihm die Fortsetzung des Arbeitsverhältnisses (z. B. wegen des Verhaltens des Arbeitgebers nach der Kündigung) nicht mehr zuzumuten ist (§ 9 I 1 KSchG). Stellt der Arbeitgeber den Antrag, muss er Gründe darlegen und beweisen, die eine den Betriebszwecken dienliche Zusammenarbeit mit dem Arbeitnehmer nicht mehr erwarten lassen (§ 9 I 2 KSchG). 567

Das BAG stellt an den für den Auflösungsantrag des Arbeitgebers erforderlichen „wichtigen Grund" besonders strenge Anforderungen. Als maßgeblichen Zeitpunkt der Beurteilung nimmt es daher auch nicht den Ausspruch der Kündigung, sondern die letzte mündliche Verhandlung in der Tatsacheninstanz. Dadurch soll schließlich auch (nach dem Prognoseprinzip) ein „inzwischen eingetretener Wandel der betrieblichen Verhältnisse" zu berücksichtigen sein (BAG NZA 2003, 261). 568

Im Falle eines leitenden Angestellten, der zur selbständigen Einstellung oder Entlassung von Arbeitnehmern berechtigt ist, bedarf der Antrag des Arbeitgebers auf Auflösung des Arbeitsverhältnisses keiner Begründung (§ 14 II 2 KSchG); das Gesetz geht davon aus, dass nach der Kündigung das Vertrauensverhältnis zwischen dem Arbeitgeber und dem leitenden Angestellten gestört und in der Regel nicht wiederherzustellen ist. Der Arbeitgeber kann sich somit allein durch die Zahlung einer Abfindung aus dem Arbeitsvertrag „freikaufen" (vgl. Rdnr. 472). Diese Möglichkeit des „Freikaufens" besteht aber nur für sozialwidrige, nicht für aus sonstigen Gründen unwirksame Kündigungen. Stellen alle Prozessparteien – wenn auch aus verschiedenen Gründen – einen Auflösungsantrag, ist eine Begründung ebenfalls entbehrlich, weil nach dem Verhalten der Parteien eine gedeihliche Zusammenarbeit nicht zu erwarten ist (vgl. BAG AP Nr. 7 zu § 7 KSchG). 569

570 Im Fall einer (unwirksamen) außerordentlichen Kündigung hat der Arbeitnehmer auch die Möglichkeit, die gerichtliche Auflösung des Arbeitsverhältnisses und die Verurteilung des Arbeitgebers zur Zahlung einer angemessenen Abfindung zu beantragen, sofern ihm die Fortsetzung des Arbeitsverhältnisses nicht zuzumuten ist (§ 13 I 3 KSchG). Dagegen kann der Arbeitgeber keinen Auflösungsantrag stellen (arg. e § 13 I 3 KSchG). Das Gericht hat für die Auflösung des Arbeitsverhältnisses den Zeitpunkt festzulegen, zu dem die außerordentliche Kündigung ausgesprochen wurde (Zugang oder Fristablauf), § 13 I KSchG. Eine Abfindung kommt auch in Betracht, wenn eine Kündigung gegen die guten Sitten verstößt, nicht aber bei anderen Rechtsunwirksamkeitsgründen, § 13 II, III KSchG.

571 Mit der Auflösung des Arbeitsverhältnisses ist vom Gericht eine *Abfindung* festzusetzen, deren Höhe normalerweise zwölf Monatsverdienste nicht übersteigen darf (§ 10 I KSchG). Für ältere Arbeitnehmer, die eine längere Dauer des Arbeitsverhältnisses aufzuweisen haben, kann die Höchstgrenze für die Abfindung 18 Monatsverdienste erreichen (§ 10 II KSchG).

Vielfach werden Kündigungsschutzklagen nur erhoben, um durch einen Vergleich oder durch ein Urteil eine Abfindung zu erreichen. Zur Zahlung einer Abfindung kann das Gericht den Arbeitgeber aber nur dann verurteilen, wenn es zuvor die Unwirksamkeit der Kündigung festgestellt und das Arbeitsverhältnis aufgelöst hat (§ 9 KSchG). Für eine gerichtliche Auflösung des Arbeitsverhältnisses ist kein Raum mehr, wenn dieses schon durch die Kündigung des Arbeitgebers aufgelöst wurde, die Feststellungsklage des Arbeitnehmers also unbegründet ist (**Fall a**).

572 Abfindungen, die der Arbeitgeber anlässlich der Beendigung von Arbeitsverhältnissen zahlt, spielen auch außerhalb der §§ 9, 10 KSchG eine Rolle, etwa bei Vergleichen in Kündigungsschutzprozessen und bei Aufhebungsverträgen, die auf Betreiben des Arbeitgebers geschlossen werden. Ihre praktische Bedeutung hängt von der Anrechenbarkeit der Abfindungszahlungen auf das Arbeitslosengeld (§ 143a SGB III) und von der einkommensteuerrechtlichen Behandlung ab.

3. Abfindungsanspruch des Arbeitnehmers bei Klageverzicht

573 a) Bei einer Kündigung des Arbeitgebers, die er auf dringende betriebliche Erfordernisse stützt, erwirbt der Arbeitnehmer nach § 1a KSchG einen Abfindungsanspruch, wenn er auf die Erhebung einer Kündigungsschutzklage verzichtet. Der Anspruch entsteht nur, wenn der Arbeitgeber in der Kündigungserklärung den Arbeitnehmer (schriftlich) auf diese Option hinweist und der Arbeitnehmer die Klagefrist verstreichen lässt. Die dogmatische Einordnung sowohl des Arbeitgeberhinweises als auch des „Arbeitnehmerschweigens" ist umstritten (vgl. KR/Spilger, § 1a KSchG Rdnr. 34 ff, 72). Vorzugswürdig ist es, den Arbeitgeberhinweis als geschäftsähnliche Handlung (Merkmal: Rechtsfolgen ergeben sich aus dem Gesetz) und das Verstreichenlassen der Klagefrist als Realakt zu qualifizieren (Arg.: Schweigen im Rechtsverkehr ist grds. keine Willenserklärung). Es ist dann nicht erforderlich, dass der Arbeitnehmer die Klagefrist bewusst verstreichen lässt. Für diese Betrachtung spricht auch, dass die Gesetzesbegründung (BT-Drucks. 15/

1204, S. 9) von einem *gesetzlichen Abfindungsanspruch* ausgeht (anders wohl BAG NZA 2005, 997: „dem Charakter nach einzelvertraglich“). Die Wirksamkeit der Kündigung ist für den Anspruch ohne Bedeutung. Die Höhe der Abfindung beträgt für jedes Jahr der Betriebszugehörigkeit 0,5 Monatsverdienste. § 10 III KSchG gilt entsprechend (näher Löwisch, BB 2004, 154, 157f.).

Der Anspruch auf die Abfindung entsteht mit dem Ablauf der Kündigungsfrist. Vor diesem **574** Zeitpunkt kann er – weil nicht entstanden – auch nicht vererbt werden (BAG NZA 2007, 1043). Unklar ist, ob bzw. wann der Anspruch entsteht, wenn der Arbeitnehmer zunächst Kündigungsschutzklage erhoben hat und diese später zurücknimmt. Nach § 269 III 1 ZPO gilt im Fall der Klagerücknahme der Rechtsstreit als nicht anhängig geworden. Der Tatbestand des § 1a KSchG wäre somit erfüllt. Der Abfindungsanspruch soll aber nach der insoweit eindeutigen Regelung in § 1a KSchG nur dann entstehen, wenn der Arbeitnehmer die Klagefrist verstreichen lässt. Dies hat er im Fall einer Klageerhebung nicht getan. Ein Anspruch ist somit abzulehnen (Preis, DB 2004, 75; ebenso LAG Sachsen-Anhalt, LAGE Nr. 2 zu § 1a KSchG). Der Abfindungsanspruch kann auch rückwirkend wieder entfallen, etwa dann, wenn der Arbeitnehmer die Zulassung seiner verspäteten Kündigungsschutzklage nach § 5 KSchG beantragt. Der Antrag selbst entscheidet noch nicht über das Verfahren, Sinn und Zweck des § 1a KSchG führen aber dazu, dass der Anspruch rückwirkend entfallen muss. Die erstrebte zügige außergerichtliche Lösung ist nicht erzielt worden, die Intention des Abfindungsangebotes gem. § 1a KSchG mithin fehlgeschlagen.

b) Ein Abfindungsanspruch kann auch entstehen, wenn die gesetzlichen Voraus- **575** setzungen des § 1a KSchG nicht vorliegen. Bietet bspw. ein Arbeitgeber eine geringere als in § 1a KSchG vorgesehene Abfindung an oder unterbreitet er dieses Angebot im Falle einer personenbedingten Kündigung, so kann der Arbeitnehmer dieses Angebot nach allgemeinen Regeln durch Verstreichenlassen der Klagefrist schlüssig annehmen. In diesem Fall ist indes eine Annahmeerklärung erforderlich, deren Zugang u.U. nach § 151, 1 BGB entbehrlich sein kann (ausführl. zum Abweichen des Hinweises von § 1a KSchG KR/Spilger, § 1a KSchG Rdnr. 46ff.).

Im **Fall b** hat N keinen Anspruch auf Zahlung einer Abfindung von 0,5 Monatsgehältern pro Jahr, da man davon ausgehen muss, dass der Hinweis auf die Abfindung die gesetzliche Höhe umfassen muss, wenn der Hinweis ausdrücklich auf § 1a KSchG Bezug nimmt. Dies bedeutet aber nicht, dass N nun leer ausgeht. G hat ein vertragliches Angebot in Höhe von 0,3 Monatsverdiensten pro Jahr unterbreitet. Das Schweigen des N bei Kenntnis des Angebots in Form der Nichterhebung der Kündigungsschutzklage innerhalb der Klagefrist ist als Annahme des Angebotes i.S.v. § 151 BGB zu werten.

c) Rechtspolitisch überzeugt die Neuregelung nicht. Der Arbeitgeber wird eine Abfindung **576** nach § 1a KSchG nur dann anbieten, wenn er seine prozessualen Aussichten als eher vage einschätzt. In diesem Fall wird ein Arbeitnehmer aber kaum die Abfindung annehmen, sondern versuchen, im Wege der Klage eine Weiterbeschäftigung oder höhere Abfindungssumme zu erzielen. Der gekündigte Arbeitnehmer wird das Abfindungsangebot als Ausdruck der Unsicherheit des Arbeitgebers werten und damit erst recht zur Kündigungsschutzklage greifen, um eine höhere Abfindung zu erstreiten. Stehen seine Chancen gut, wird ein verständiger Arbeitgeber dagegen seinerseits in den meisten Fällen zunächst keine Abfindung anbieten wollen. Nur dann also, wenn die Chancen von beiden Parteien etwa gleich eingeschätzt werden oder beide Parteien an einer zügigen Abwicklung des Arbeitsverhältnisses interessiert sind, wird § 1a KSchG zum Tragen kommen. Diese Fälle können aber schon nach allgemeinen zivilrechtlichen Grundsätzen einvernehmlich geregelt werden. Zu berücksichtigen ist außerdem, dass im Rahmen der Kündigung und des Abfindungsanspruchs häufig noch eine Fülle weiterer Einzelfragen von Urlaub über Überstunden etc. zu klären ist. Diese Folgefragen bedürfen ohnehin einer separaten Regelung.

4. Weiterbeschäftigungsanspruch

577 Ob der Arbeitnehmer während des oft länger dauernden Kündigungsrechtsstreits weiterzubeschäftigen ist, ist gesetzlich nicht abschließend geregelt. § 102 V BetrVG betrifft nur den Spezialfall eines Widerspruchs des Betriebsrats gegen die Kündigung (Rdnr. 962). Der Große Senat des BAG hat einen darüber hinausgehenden allgemeinen Weiterbeschäftigungsanspruch in zwei Fällen bejaht (BAG NZA 1985, 702):

- Zum einen ist ein solcher Anspruch gegeben, wenn die Kündigung offensichtlich unwirksam ist, etwa weil das Anhörungsrecht des Betriebsrats nach § 102 I BetrVG oder das Kündigungsverbot des § 9 I MuSchG vom Arbeitgeber missachtet worden ist.
- Zum anderen kann der Arbeitnehmer Weiterbeschäftigung verlangen, sofern ein – erst- oder zweitinstanzliches – Urteil der Kündigungsschutzklage stattgegeben und dieses Urteil (noch) Bestand hat.

In beiden Fällen überwiegt das Interesse des Arbeitnehmers an der tatsächlichen Beschäftigung gegenüber dem des Arbeitgebers an der Nichtbeschäftigung des Arbeitnehmers. Etwas anderes gilt dann, wenn besondere Umstände hinzutreten, die dem Arbeitgeber die Weiterbeschäftigung unzumutbar machen.

Beispiel: Der Arbeitgeber muss befürchten, dass der Arbeitnehmer weiterhin Betriebsgeheimnisse verrät oder Unterschlagungen begeht (BAG NZA 1988, 465).

C. Sonstige Beendigungsgründe

Schrifttum: Bauer, Neue Spielregeln für Aufhebungs- und Abwicklungsverträge durch das geänderte BGB?, NZA 2002, 169; ders., Ein Stück im Tollhaus: Altersbefristung und der EuGH, NZA 2005, 800; Bruns, Aktuelle Rechtsprechung zu befristeten Arbeitsverhältnissen, NZA-RR 2010, 113; Dörner, Neues aus dem Befristungsrecht, NZA 2007, 57; Giesen, Verbotene Altersdiskriminierung durch befristete Arbeitsverträge mit Arbeitnehmern ab 52 Jahren, SAE 2006, 45; Groeger Haushaltsrecht und Befristung von Arbeitsverträgen, NJW 2008, 465; Hromadka, Befristete und bedingte Arbeitsverhältnisse neu geregelt, BB 2001, 621 ff. u. 674 ff.; Hunold, Aktuelle Fragen des Befristungsrechts unter Berücksichtigung von §§ 14, 16 TzBfG, NZA 2002, 255; Lembke, Die sachgrundlose Befristung von Arbeitsverträgen in der Praxis , NJW 2006, 325; Meinel/Heyn/Herms, TzBfG, 2. Aufl., 2004; Osnabrügge, Die sachgrundlose Befristung von Arbeitsverhältnissen nach § 14 II TzBfG, NZA 2003, 639; Preis, Flexibilität und Rigorismus im Befristungsrecht, NZA 2005, 714; Preis/Greiner, Befristungsrecht – Quo vadis? RdA 2010, 148; Sittard/Ulbrich, Prozessbeschäftigung und TzBfG, RdA 2006, 218.

Zur vertiefenden Fallbearbeitung; Reichold, Original-Referendarexamensklausur – Arbeitsrecht: Befristung eines Arbeitsvertrags, JuS 2004, 318.

Fälle:

a) Der Arbeitgeber G kündigt dem Arbeitnehmer N schriftlich fristlos wegen Diebstahls. Im Verlauf einer Unterredung sagt N dem G, er nehme die Kündigung an und bitte um seine Papiere. Nach drei Tagen überlegt N es sich anders und will nun gegen die Kündigung vorgehen. **578**

b) Der Arbeitgeber G stellt den Arbeitnehmer N für drei Monate ein. Das Arbeitsverhältnis wird nach Prüfung der Auftragslage mehrfach um jeweils drei Monate verlängert. Nach Ablauf von zwei Jahren lehnt G eine nochmalige Verlängerung ab. N will weiterbeschäftigt werden und erhebt Klage beim Arbeitsgericht.

c) Der Vertrag mit einem Lizenzfußballspieler sieht vor, dass das Vertragsverhältnis vorzeitig beendet sein soll, wenn der Verein vom DFB keine neue Lizenz erhält. Wirksam?

Abgesehen von der Kündigung (Rdnr. 421 ff.) kommen folgende Beendigungsgründe in Betracht:

I. Aufhebungsvertrag

Die Parteien können jederzeit vertraglich die Beendigung des Arbeitsverhältnisses vereinbaren (vgl. § 311 I BGB). Das Arbeitsverhältnis endet zu dem vereinbarten Zeitpunkt, ohne dass es einer Kündigung bedarf. In dem Abschluss eines Aufhebungsvertrags liegt keine unzulässige Umgehung des KSchG. Denn dem Arbeitnehmer steht es ebenso frei, eine arbeitgeberseitige Kündigung hinzunehmen. In beiden Fällen verzichtet er auf einen etwaigen Kündigungsschutz. **579**

Ein Aufhebungsvertrag bedarf nach § 623 BGB zwingend der Schriftform. Zur Schriftform gehört nach § 126 BGB die eigenhändige Unterschrift beider Parteien. Fax und E-Mail scheiden also aus. Zur Kontrolle vorformulierter Aufhebungsverträge vgl. HWK/Gotthardt, Anh. §§ 305–310 BGB Rdnr. 3 ff. und Henssler, RdA 2002, 129, 139.

Ein Aufhebungsvertrag hat für den Arbeitnehmer oft missliche Folgen, vor allem dann, wenn er vorschnell und unüberlegt abgeschlossen wurde. Daher sehen einige Tarifverträge für den Aufhebungsvertrag neben der Schriftform die Einräumung einer Bedenkzeit und/oder eines befristeten Widerrufsrechts vor. Bestehen solche Regelungen nicht, bleibt dem Arbeitnehmer nur die Möglichkeit der Anfechtung des Aufhebungsvertrags gem. §§ 119, 123, 142 I BGB (dazu BAG NZA 1987, 91; 1996, 1030; 2002, 731). Die Drohung mit einer außerordentlichen Kündigung ist dabei nur dann widerrechtlich und berechtigt den Arbeitnehmer nur dann zur Anfechtung eines Aufhebungsvertrags gem. § 123 I BGB, wenn ein verständiger Arbeitgeber eine solche Kündigung nicht ernsthaft in Erwägung ziehen durfte. **580**

Selbst wenn ein Anfechtungsgrund vorliegt, gerät der beweispflichtige Arbeitnehmer nicht selten in Beweisschwierigkeiten, wenn etwa das Gespräch allein mit dem Arbeitgeber stattgefunden hat. Sofern der Arbeitgeber den Arbeitnehmer ohne Vorbereitung zu einem Gespräch über die Aufhebung des Arbeitsverhältnisses bestellt und er ihm weder die Hinzuziehung eines neutralen Zeugen (z.B. eines Betriebsratsmitglieds) anbietet noch ihm eine Bedenkzeit oder eine Widerrufsmöglichkeit einräumt, kann darin ein Verstoß gegen die ihm aus dem Arbeitsvertrag obliegende Fürsorgepflicht liegen. Das kann in einem späteren gerichtlichen Verfahren über die Beendigung des Arbeitsverhältnisses jedenfalls zu einer Beweiserleichterung führen.

581 Die §§ 312 I 1, 355 BGB begründen unabhängig von der Frage, ob man mit der BAG-Rspr. den Arbeitnehmer als Verbraucher ansieht (vgl. Rdnr. 177), kein generelles Widerrufsrecht des Arbeitnehmers für arbeitsrechtliche Aufhebungsverträge. Die Vorschriften sind nach ihrem Wortlaut, ihrer Systematik und ihrer Entstehungsgeschichte auf arbeitsrechtliche Aufhebungsverträge nicht anwendbar. Insbesondere fehlt es an einem situationstypischen Überraschungsmoment. Der Arbeitnehmer weiß und rechnet damit, dass die das Arbeitsverhältnis betreffende Fragen im Betrieb – vertraglich – geregelt werden (BAG NZA 2004, 597; Henssler, RdA 2002, 129, 134f.). Rechtspolitisch ist dieser Zustand allerdings bedenklich. Bei einem derart essentiellen Vertrag wie dem Aufhebungsvertrag wäre ein begrenztes Widerrufsrecht des Arbeitnehmers ein sachgerechter Beitrag zum Arbeitnehmerschutz (vgl. auch § 134 III – VI des Diskussionsentwurfs für ein Arbeitsvertragsgesetzbuch, dazu Rdnr. 114). Ausländische Rechtsordnungen, etwa der französische Code du travail (Art. L. 1237–13: 15 Tage), kennen ein entsprechendes Widerrufsrecht.

Im **Fall a** ist aus dem Verhalten des N zwar auf dessen Einverständnis mit der Vertragsbeendigung zu schließen. Wegen der fehlenden Schriftform ist aber kein Aufhebungsvertrag zustande gekommen (§ 623 BGB). N kann gegen die Kündigung gem. §§ 13 I, 4, 1 KSchG vorgehen.

II. Anfechtung

582 Ein Arbeitsvertrag kann gem. §§ 119ff. BGB angefochten werden, wenn die Voraussetzungen dafür vorliegen (Rdnr. 165ff.). Wie bei anderen vollzogenen Dauerschuldverhältnissen können die Rechtsfolgen jedoch unterschiedlich sein (Rdnr. 171ff.).

III. Zeitablauf

1. Teilzeit- und Befristungsgesetz

583 Für Arbeitsverträge, die auf bestimmte Zeit abgeschlossen werden (*Befristung*), gilt nach § 620 III BGB das Teilzeit- und Befristungsgesetz (TzBfG). Befristete Arbeitsverträge sind solche, deren Dauer entweder *kalendermäßig* bestimmt ist oder sich aus *Art, Zweck* oder *Beschaffenheit* der Arbeitsleistung ergibt (§ 3 I 2 TzBfG). Einige Bestimmungen des TzBfG sind auch auf *auflösend bedingte* Arbeitsverhältnisse (dazu Rdnr. 592) anwendbar (§ 21 TzBfG). Abweichungen vom Gesetz zuungunsten der Arbeitnehmer sind weitgehend ausgeschlossen (§ 22 I TzBfG).

Das Gesetz enthält keine abschließende Regelung, sondern lässt andere Vorschriften unberührt (§ 23 TzBfG). Hierzu zählen vor allem § 21 BEEG (Befristung von Arbeitsverträgen wegen Vertretung anderer Arbeitnehmer für die Dauer eines Beschäftigungsverbotes nach dem MuSchG, einer Elternzeit sowie Zeiten einer Arbeitsfreistellung zur Betreuung eines Kindes) sowie das Wissenschaftszeitvertragsgesetz (WissZeitVG) vom 18. 4. 2007 (BGBl. I, 506). Das WissZeitVG hat die Regelungen zur Befristung von wissenschaftlichem Personal in den §§ 57a ff. HRG abgelöst, die vom BVerfG im Zusammenhang mit der Regelung der Juniorprofessur für verfassungswidrig erklärt wurden (BVerfGE 111, 226), aber Ende 2004 wieder in Kraft getreten waren. Das WissZeitVG normiert ein eigenständiges Befristungsrecht für wissenschaftliche und künstlerische Mitarbeiter und Hilfskräfte an Hochschulen und außeruniversitären Forschungseinrichtungen.

2. Zwingende Schriftform

Jede Vereinbarung einer Befristung eines Arbeitsverhältnisses, nicht aber der **584** Arbeitsvertrag selbst (vgl. Rdnr. 155 ff.), bedarf der Schriftform (§ 14 IV TzBfG). Das gilt für kalendermäßige wie für Zweckbefristungen. Fehlt die Schriftform, gilt der befristete Arbeitsvertrag nach § 16, 1 TzBfG als auf unbestimmte Zeit geschlossen.

Dies gilt auch für eine arbeitsvertragliche Vereinbarung über die befristete Weiterbeschäftigung des Arbeitnehmers bis zur rechtskräftigen Entscheidung des Kündigungsrechtsstreits (BAG NZA 2004, 1275; ausführl. Sittard/Ulbrich, RdA 2006, 218).

3. Kalendermäßige Befristung

Durch die wirksame Befristung wird der gesetzliche Kündigungsschutz des Ar- **585** beitnehmers insoweit aufgehoben. Deshalb unterliegt die Vereinbarung kalendermäßiger Befristungen Einschränkungen.

a) Bis zur Dauer von zwei Jahren können Arbeitsverhältnisse wirksam befristet werden, ohne dass dafür ein sachlicher Grund vorliegen muss. Bis zur Gesamtdauer von zwei Jahren ist auch die dreimalige Verlängerung eines kalendermäßig befristeten Vertrags zulässig (§ 14 II 1 TzBfG). Nach der Rspr. des BAG ist Voraussetzung für eine Verlängerung i.S. von § 14 II 1 TzBfG, dass die Verlängerungsvereinbarung vor Ablauf des zu verlängernden Vertrags getroffen wird und dass nur die Vertragslaufzeit, nicht aber die übrigen Arbeitsbedingungen geändert werden. Andernfalls handele es sich um den Neuabschluss eines befristeten Arbeitsvertrags, der ohne Sachgrund nach § 14 II 2 TzBfG unzulässig ist (BAG NZA 2006, 605). Wird etwa anlässlich der Verlängerung des Vertrags eine Erhöhung des Stundenlohnes des Arbeitnehmers vereinbart, so führt dies zu der seltsamen Konsequenz, dass die neue Befristung wegen der Gehaltsverbesserung unzulässig ist, der Arbeitgeber also aufgrund seines Entgegenkommens mit einem unbefristeten Arbeitsvertrag konfrontiert wird.

Wird hingegen schon während der Laufzeit des sachgrundlos befristeten Arbeitsvertrags unter Beibehaltung der Vertragslaufzeit eine Änderung der Arbeitsbedingungen (Beispiel: Lohnerhöhung) vereinbart, steht dies einer später erfolgenden Verlängerung nach Ansicht des BAG nicht entgegen. Eine Vertragsverlängerung nach § 14 II 1 TzBfG setze nicht voraus, dass die Bedingungen des Ausgangsvertrags während der Gesamtdauer der Vertragslaufzeit unverändert beibehalten werden. Die Änderung der Arbeitsbedingungen dürfe nur nicht im Zusammenhang mit der Vertragsverlängerung erfolgen (BAG NZA 2006, 605). Die Rspr. des BAG ist durch extremen Formalismus gekennzeichnet. Sinn und Zweck des § 14 II 1 TzBfG zwingen gerade nicht dazu, bei einer bloßen Verbesserung der Vergütung von dem völligen Neuabschluss einer Befristungsvereinbarung auszugehen.

Im **Fall b** war nur eine dreimalige Verlängerung zulässig (§ 14 II 1 TzBfG). Bei der vierten Verlängerung ist die weitere Befristung unwirksam. Man spricht von unzulässigen „Kettenarbeitsverträgen", die den gesetzlichen Kündigungsschutz aushöhlen.

§ 14 II 2 TzBfG untersagt eine Befristung ohne Sachgrund, wenn mit demselben Arbeitgeber bereits zuvor ein befristetes oder unbefristetes Arbeitsverhältnis bestanden hat. Die h.M. versteht diese Bestimmung als ein „lebenslängliches" Verbot einer Anschlussbefristung (BAG NZA 2005, 218; MünchKomm/Hesse, § 14 TzBfG Rdnr. 79). Die verfehlte Regelung wirkt beschäftigungshemmend: Warum soll die approbierte Ärztin, die vor zehn Jahren als Krankenschwester im gleichen Krankenhaus gearbeitet hat, nicht als Ärztin sachgrundlos befristet eingestellt werden können? Kritisch auch Löwisch, BB 2001, 254.

586 b) Für eine über zwei Jahre hinausgehende Befristungsabrede muss ein sachlicher Grund vorliegen. Eine nicht abschließende („insbesondere") Aufzählung der Sachgründe enthält § 14 I 2 Nr. 1–8 TzBfG. Sachliche Gründe sind nur solche, die verständige Vertragsparteien unter den gegebenen Umständen als Rechtfertigung für einen befristeten Vertragsschluss ansehen konnten. Ein solcher nicht geregelter Sachgrund sind Arbeitsbeschaffungsmaßnahmen (BAG NZA 1996, 87). Im Übrigen gilt: Mit zunehmender Dauer steigen die Anforderungen an den sachlichen Grund für eine Befristung, da der Bedarf für eine Befristung immer erklärungsbedürftiger wird.

Das Schriftformerfordernis des § 14 IV TzBfG (Rdnr. 584) erfasst nur die Befristungsvereinbarung, nicht also den sachlichen Grund, auf dem sie beruht. Der Sachgrund muss auch nicht Gegenstand der vertraglichen Vereinbarung sein; er ist nur objektive Wirksamkeitsvoraussetzung für die Befristung (BAG NZA 2004, 1333).

Wollen die Parteien die Befristung auf einen sachlichen Grund stützen, liegt aber ein solcher in Wirklichkeit nicht vor, kann die Befristung dennoch nach § 14 II 1 TzBfG wirksam sein. Die Vorschrift macht die Befristung nur davon abhängig, dass keine sachlichen Gründe für die Befristung vorliegen, nicht jedoch davon, dass die Parteien die Zulässigkeit der Befristung auch auf diese Bestimmung stützen (so BAG NZA 2002, 1335; NZA 2003, 916 zur Vorgängerregelung des § 1 BeschFG).

587 Arbeitnehmer, die 52 Jahre bzw. 58 Jahre und älter sind, konnten gem. § 14 III TzbfG a.F. generell befristet eingestellt werden, ohne dass es hierfür eines sachlichen Grundes bedurfte. Der EuGH hat diese Regelung wegen Verstoßes gegen das primärrechtliche Altersdiskriminierungsverbot für unanwendbar erklärt (EuGH NJW 2005, 3695 „Mangold"; vgl. Rdnr. 107). Nach der zum 1. 5. 2007 novellierten Fassung des § 14 III TzBfG (BGBl. I, 538) ist die kalendermäßige Befristung eines Arbeitsvertrages nunmehr ohne sachlichen Grund für eine Dauer von bis zu 5 Jahren zulässig, wenn der Arbeitnehmer zu Beginn des Arbeitsverhältnisses das 52. Lebensjahr vollendet hat und unmittelbar davor mindestens 4 Monate beschäftigungslos (§ 119 Abs. 1 Nr. 1 SGB III) war, Transferkurzarbeitergeld bezogen oder an einer Beschäftigungsmaßnahme nach dem SGB II bzw. SGB III teilgenommen hat. Bis zur Gesamtdauer von 5 Jahren ist auch die mehrfache Verlängerung des Arbeitsvertrages zulässig. Durch die zusätzliche Voraussetzung der vorherigen Beschäftigungslosigkeit trägt der Gesetzgeber der Mangold-Entscheidung Rechnung.

Seit dem 1. 1. 2004 ist nach § 14 IIa TzBfG in den ersten vier Jahren nach der Gründung eines Unternehmens die kalendermäßige Befristung eines Arbeitsvertrags ohne Vorliegen eines sachlichen Grundes bis zur Dauer von vier Jahren zulässig; bis zu dieser Gesamtdauer von vier Jahren ist auch die mehrfache Verlängerung eines kalendermäßig befristeten Arbeitsvertrags zulässig. Dies gilt allerdings nicht für Neugründungen im Zusammenhang mit der rechtlichen Umstrukturierung von Unternehmen und für konzernverbundene Unternehmen.

Ist die Befristung an die Zustimmung des Betriebs- oder Personalrats gebunden, **588**
so ist eine ohne diese Zustimmung vereinbarte Befristung unwirksam. Die Zustimmung kann nicht nachträglich erteilt werden (BAG NZA 2002, 811).

4. Zweckbedingte Befristung

Ein zweckbefristeter Arbeitsvertrag soll enden, wenn der Zweck erreicht ist. Der **589**
Arbeitgeber muss dem Arbeitnehmer schriftlich den Zeitpunkt der Zweckerreichung mitteilen. Der Arbeitsvertrag endet zwei Wochen nach dem Zugang dieser Mitteilung (§ 15 II TzBfG). Zweckbedingte Befristungen können sehr unterschiedliche Gründe haben, etwa die Mitarbeit an bestimmten Arbeitsprojekten (Hausbau, wissenschaftliche Untersuchungen) oder die Vertretung erkrankter Mitarbeiter etc.

5. Rechtsfolgen unwirksamer Befristungen

Befristungen, welche die formellen (Schriftform) und materiellen (sachlicher **590**
Grund, Zeitgrenze) Voraussetzungen des § 14 I – IV TzBfG (lesen!) nicht erfüllen, sind unwirksam. Das BAG lehnt bei fehlender Schriftform eine Nachholung des Formerfordernisses ab (BAG NZA 2005, 575). Das unwirksam befristete Arbeitsverhältnis gilt als auf unbestimmte Zeit abgeschlossen (§ 16 TzBfG). Der Arbeitgeber kann frühestens zum (unwirksam) vereinbarten Ende der Befristung ordentlich kündigen. Ist die Befristung nur wegen des Mangels der Schriftform unwirksam, so kann auch der Arbeitgeber vor dem vereinbarten Ende der Befristung ordentlich kündigen (§ 16, 2 TzBfG).

Der Arbeitnehmer muss die Unwirksamkeit einer Befristungsabrede – ähnlich wie bei der Kündigung, § 4 KSchG – innerhalb von drei Wochen nach dem vereinbarten Fristende durch eine Feststellungsklage dahin geltend machen, dass das Arbeitsverhältnis auf Grund der Befristung nicht beendet sei. Die Erhebung einer allgemeinen Feststellungsklage (§ 256 ZPO), mit der ein Arbeitnehmer die Feststellung begehrt, dass das Arbeitsverhältnis der Parteien über den als letzten Arbeitstag vorgesehenen Zeitpunkt hinaus als unbefristetes Arbeitsverhältnis fortbesteht, genügt diesen Anforderungen nicht. Zu den Einzelheiten lies § 17 TzBfG.

6. Das Ende befristeter Arbeitsverhältnisse

Befristete Arbeitsverträge enden mit Fristablauf oder Zweckerreichung. Einer **591**
Kündigung bedarf es nicht (§ 15 I, II TzBfG). Die ordentliche Kündigung eines befristeten Arbeitsverhältnisses ist nur zulässig, wenn dies einzelvertraglich oder im anwendbaren Tarifvertrag vereinbart ist (§ 15 III TzBfG). Das Recht zur außer-

ordentlichen Kündigung (§ 626 BGB) bleibt selbstverständlich unberührt. Arbeitsverträge, die auf Lebenszeit eines Arbeitnehmers oder auf mehr als fünf Jahre geschlossen sind, können vom Arbeitnehmer nach fünf Jahren mit einer Frist von sechs Monaten gekündigt werden (§ 15 IV TzBfG). Wird das Arbeitsverhältnis nach Fristablauf oder Zweckerreichung mit Wissen des Arbeitgebers fortgesetzt, gilt es fortan als unbefristetes, auf unbestimmte Zeit geschlossenes Arbeitsverhältnis, wenn der Arbeitgeber nicht unverzüglich widerspricht oder dem Arbeitnehmer die Zweckerreichung nicht unverzüglich mitteilt (§ 15 V TzBfG; dazu jüngst BAG AP Nr. 12 zu § 57a HRG).

Eine bei Ablauf der wirksamen Befristung bestehende Weiterbeschäftigungsmöglichkeit löst keinen Wiedereinstellungsanspruch aus, da der Arbeitgeber die Freiheit hat, einen zeitlich begrenzten Beschäftigungsbedarf nur teilweise zu überbrücken (BAG NZA 2002, 896).

IV. Eintritt einer auflösenden Bedingung

592 Ein auflösend bedingtes Arbeitsverhältnis endet nach § 158 II BGB ohne Kündigung. Für den Arbeitnehmer bedeutet das, wie bei der wirksamen Befristung, den Wegfall des Kündigungsschutzes. Deshalb unterstellt das TzBfG die Vereinbarung auflösender Bedingungen ähnlich strengen Voraussetzungen, wie sie für Befristungsabreden gelten (lies § 21 TzBfG):

- Die Vereinbarung einer auflösenden Bedingung bedarf der Schriftform (§ 14 IV TzBfG).
- Sie muss durch einen sachlichen Grund gerechtfertigt sein (§ 14 I TzBfG).
- Der Arbeitgeber muss den Eintritt der auflösenden Bedingung dem Arbeitnehmer schriftlich mitteilen. Das Arbeitsverhältnis endet erst zwei Wochen nach dem Zugang dieser Mitteilung (§ 15 II TzBfG).
- Die ordentliche Kündigung eines solchen Arbeitsverhältnisses ist nur zulässig, wenn das vertraglich oder tarifvertraglich vereinbart ist (§ 15 III TzBfG).
- Die *Rechtsfolgen* unwirksam vereinbarter auflösender Bedingungen entsprechen denen bei unwirksamen Befristungen (§§ 21, 16–20 TzBfG, vgl. Rdnr. 590).

593 Die Wirksamkeit einer Vereinbarung über eine auflösende Bedingung wird nach den Grundsätzen und Wertungsmaßstäben der Befristungskontrolle überprüft (BAG NZA 2003, 611). Als Sachgrund kommt bspw. die Erwerbsunfähigkeit des Arbeitnehmers, die Bewilligung einer Versorgungsrente oder einer Rente wegen Berufsunfähigkeit in Betracht (vgl. BAG NZA 2002, 584). Auch das negative Ergebnis einer ärztlichen Einstellungsuntersuchung wird als zulässige auflösende Bedingung akzeptiert (kritisch allerdings APS/Backhaus, § 14 TzBfG Rdnr. 216). Die auflösende Bedingung darf jedoch nicht dazu dienen, das Unternehmerrisiko (Beschäftigungsrisiko) einseitig auf den Arbeitnehmer abzuwälzen. Der Arbeitgeber muss grundsätzlich das Risiko der wirtschaftlichen und rechtlichen Entwicklung tragen.

Die Bedingung, dass die Auftragslage sich verschlechtert oder dass die Lizenz versagt wird (**Fall c**), ist unzulässig, weil sie dem Arbeitnehmer den Bestandsschutz für sein Arbeitsverhältnis nimmt, indem sie anstelle einer außerordentlichen Kündigung das Arbeitsverhältnis mit ihrem Eintritt ohne weiteres beendet. Bei Profisportlern und ihren Trainern kommt allerdings ihr Wunsch als Sachgrund in Betracht, wenn das Arbeitsverhältnis auflösend bedingt mit dem Klassenerhalt der Arbeitgeber-Mannschaft verbunden wird, weil ihr berufliches Ansehen von Leistungen auf einem bestimmten Niveau abhängig ist (BAG NZA 2003, 611).

V. Tod des Arbeitnehmers

Durch den Tod des Arbeitnehmers wird das Arbeitsverhältnis beendet (vgl. die **594** Wertung der §§ 673, 675 BGB). Das folgt schon daraus, dass die Arbeitsleistung im Zweifel in Person zu erbringen ist (§ 613, 1 BGB; vgl. Rdnr. 193f.).

VI. Freiwilliger Dienst des Arbeitnehmers bei der Bundeswehr

Das Arbeitsverhältnis endet, wenn ein Arbeitnehmer im Anschluss an eine Eig- **595** nungsübung, zu der er aufgrund freiwilliger Meldung zwecks Auswahl von freiwilligen Soldaten für die Bundeswehr einberufen ist, bei der Bundeswehr bleibt oder die Übung länger als vier Monate fortsetzt (§ 3 EignungsübungsG).

Dagegen wird das Arbeitsverhältnis durch Einberufung zum Grundwehrdienst oder zu einer Wehrübung nicht beendet; es ruht (§ 1 I ArbPlSchG). Entsprechendes gilt bei einer Einberufung zum zivilen Ersatzdienst (§ 78 I Nr. 1 ZivildienstG).

VII. Gerichtliche Entscheidungen

In besonderen Fällen kommt auch eine Auflösung des Arbeitsverhältnisses **596** durch gerichtliche Entscheidung in Betracht (z.B. § 9 KSchG, Rdnr. 567ff.; vgl. auch § 100 III BetrVG, Rdnr. 952).

VIII. Altersgrenzen

Eine *gesetzliche* Altersgrenze für Arbeitsverhältnisse existiert nicht. Das Entste- **597** hen eines Anspruchs auf eine Altersrente stellt auch keinen personenbedingten Kündigungsgrund dar (§ 41, 1 SGB VI). Allerdings enthalten viele Tarifverträge (vgl. Rdnr. 677), Betriebsvereinbarungen, aber auch Einzelverträge die Regelung, dass das Arbeitsverhältnis mit der Vollendung des 65. Lebensjahres des Arbeitnehmers bzw. mit dessen Eintritt in das Rentenalter endet. Eine solche Vereinbarung stellt keine auflösende Bedingung, sondern eine Höchstbefristung dar (BAG NZA 2008, 1302), für die es eines sachlichen Grundes i.S.d. § 14 I TzBfG bedarf. Ein solcher Grund liegt in den Erfordernissen der betrieblichen Personalplanung und einer vernünftigen Altersstruktur, zumal eine ausreichende Versorgung des Arbeitnehmers durch die gesetzliche Rentenversicherung gewährleistet ist. Auch zeigt die Regelung des § 41, 2 SGB VI, dass jedenfalls auf das gesetzliche Renteneintrittsalter abstellende Altersgrenzen wirksam vereinbart werden können. Nach dieser Bestimmung gilt eine Vereinbarung, die vorsieht, dass das Arbeitsverhältnis zu einem Zeitpunkt enden soll, in dem der Arbeitnehmer eine Rente wegen Alters beantragen kann, dem Arbeitnehmer gegenüber als auf das Erreichen der Regelaltersgrenze abgeschlossen, es sei denn, dass die Vereinbarung innerhalb der letzten drei Jahre vor diesem Zeitpunkt abgeschlossen oder von dem Arbeitnehmer bestätigt worden ist. Problematisch ist die Vereinbarung einer Altersgrenze von 65 Jahren in Arbeitsverträgen, Betriebsvereinbarungen und Tarifverträgen mit Blick auf Anhebung der Altersgrenzen ab 2012. Derartige Vereinbarungen müssen dahingehend ausgelegt werden, dass an die Stelle des „65. Lebensjahres" jeweils das „Erreichen der Altersgrenze" rückt.

Sonderprobleme ergeben sich aus Gründen der Sicherheit im Luftverkehr für individualvertragliche und kollektivvertragliche Regelungen über die Befristung von Arbeitsverträgen beim Bordpersonal (BAG NZA 2003, 812). So sind tarifliche Altersgrenzen für Flugzeugführer, die die Beendigung des Arbeitsverhältnisses mit Ablauf des Monats vorsehen, in dem der Mitarbeiter das 60. Lebensjahr vollendet, nach der bisherigen Rechtsprechung des BAG wirksam (BAG NZA 2004, 1352, vgl. jetzt aber das Vorabentscheidungsersuchen des BAG v. 17.6.2009 – 7 AZR 112/08; Bauer, ArbAktuell 2010, 38).

IX. Keine Beendigungsgründe

Schrifttum: Bepler, Tarifverträge im Betriebsübergang, RdA 2009, 65; Grobys, Neue Entwicklungen beim Betriebsübergang, NJW-Spezial 2006, 513; Hohenstatt/Grau, Betriebsübergang nach Güney Görres –Was geht noch?, NJW 2007, 29; Hunold, Aktuelle Rechtsprechung zu zentralen Fragen des Betriebsübergangsrechts, NZA-RR 2010, 281; Kock, Betriebsübergang bei nicht eigenwirtschaftlicher Nutzung der überlassenen Betriebsmittel, ZIP 2006, 97; Rieble, Widerspruch nach § 613a VI BGB – die (ungeregelte) Rechtsfolge, NZA 2004, 1; Rudkowski, Das „ewige" Widerspruchsrecht des Arbeitnehmers nach § 613a BGB und seine Grenzen, NZA 2010, 739; Schneider/Wißmann, Europa hat gesprochen: Betriebsübergang ohne Erhalt der organisatorischen Einheit!, BB 2009,1126; Willemsen/Hohenstatt u.a., Umstrukturierung und Übertragung von Unternehmen, 3. Aufl., 2008; Willemsen, Erneute Wende im Recht des Betriebsübergangs – ein „Christel Schmidt II"- Urteil des EuGH?, NZA 2009, 289, Willemsen/Sagan, Der Tatbestand des Betriebsübergangs nach „Klarenberg", ZIP 2010, 1205.

Fälle:

598 a) Betriebsinhaber V verkauft und überträgt seinen Betrieb an K. Dieser stellt den ungelernten Arbeiter A und den Ingenieur I ein. Später ficht V den Kaufvertrag wirksam an; K überträgt ihm den Betrieb zurück. V will nur den I, nicht aber den A übernehmen.

b) V will seinen Betrieb an K veräußern. K verlangt von V, dass dieser zuvor den älteren Arbeiter A entlässt; den übertariflichen Angestellten N will er nur mit dem Tarifgehalt übernehmen. V kündigt deshalb dem A und vereinbart mit N, dass dieser nur noch das Tarifgehalt von K erhält. Nach Betriebsübergabe verlangt A von K Weiterbeschäftigung, N von K Zahlung der übertariflichen Vergütung.

1. Tod des Arbeitgebers

599 Stirbt der Arbeitgeber, führt das regelmäßig nicht zur Beendigung des Arbeitsverhältnisses. Vielmehr treten die Erben des Arbeitgebers im Wege der Gesamt-

rechtsnachfolge (§§ 1922, 1967 BGB) in die Rechte und Pflichten aus dem Arbeitsverhältnis ein. § 613, 2 BGB steht dem nicht entgegen; denn diese Vorschrift schließt nur die Übertragbarkeit, nicht aber die Vererblichkeit des Anspruchs auf die Dienste aus. Der Grund für die Vererblichkeit der Arbeitgeberstellung liegt darin, dass für die Arbeitnehmer die Art des Betriebs und ihre Tätigkeit zumeist wichtiger sind als die jeweilige Person des Arbeitgebers.

Lediglich dann, wenn die Arbeitsleistung ausschließlich den persönlichen Bedürfnissen des Arbeitgebers dient (Krankenpfleger, Privatlehrer), wird das Arbeitsverhältnis durch den Tod des Arbeitgebers beendet.

2. Rechtsgeschäftlicher Betriebsübergang

Der rechtsgeschäftliche Betriebsübergang ist ebenfalls kein Beendigungsgrund. **600**
Geht ein Betrieb oder Betriebsteil aufgrund eines Rechtsgeschäfts auf einen neuen Inhaber über, tritt dieser vielmehr im Wege der Einzelrechtsnachfolge nach § 613a I 1 BGB in die bei Betriebsübergang bestehenden Arbeitsverhältnisse ein.

a) Der *Zweck* des § 613a BGB besteht darin, den Bestand der Arbeitsverhältnisse zu schützen, die Mitwirkungsrechte des Betriebsrats über den Betriebsübergang hinaus zu sichern und die Haftung des alten und neuen Arbeitgebers zu regeln (BAG AP Nr. 18, 23 zu § 613a BGB). Dabei steht der Bestandsschutz der Arbeitsverhältnisse im Vordergrund.

b) Der Eintritt des Betriebserwerbers in die bestehenden Arbeitsverhältnisse hat **601**
zur *Voraussetzung, dass* ein *Betrieb* oder ein *Betriebsteil durch Rechtsgeschäft auf einen anderen Inhaber* übergeht.

(1) Ein Betriebsübergang i. S. d. § 613a BGB liegt vor, wenn ein neuer Rechtsträger die *wirtschaftliche Einheit* des Betriebs- oder Betriebsteils unter Wahrung von deren Identität fortführt (BAG NZA 1998, 249; 2003, 93; 2004, 845). Ein bloßer Wechsel im Gesellschafterkreis einer Personen- oder Kapitalgesellschaft (Beispiele: Kauf aller Geschäftsanteile an einer GmbH – sog. share deal – oder Austritt eines Komplementärs aus einer KG) wird von der Norm nicht erfasst. Bei der Überprüfung, ob eine wirtschaftliche Einheit im Sinne eines Betriebs(teils) betroffen ist, sind insbesondere sieben Kriterien zu berücksichtigen: die Art des betreffenden Unternehmens oder Betriebs, der Übergang oder Nichtübergang der materiellen Aktiva (Gebäude, bewegliche Güter), der Wert der immateriellen Aktiva (Patente, Know-how, good will) zum Zeitpunkt des Übergangs, die Übernahme oder Nichtübernahme der Hauptbelegschaft durch den neuen Inhaber, der Übergang oder Nichtübergang der Kundschaft sowie der Grad der Ähnlichkeit zwischen der vor und der nach dem Übergang verrichteten Tätigkeit und die Dauer einer evtl. Unterbrechung dieser Tätigkeit (EuGH NJW 1999, 1697; BAG NZA 1997, 1050; 1998, 249). Zu beachten ist, dass die Kriterien nicht kumulativ erfüllt sein müssen, um einen Betriebsübergang anzunehmen. Es kommt vielmehr auf eine typologische Gesamtbetrachtung der sieben Kriterien an. Ein Erwerber, der lediglich einzelne Betriebsmittel zur Erfüllung einer von ihm bereits ausgeübten Tätigkeit erwirbt, übernimmt damit noch nicht einen Betriebsteil, sondern bedient

sich der Betriebsmittel im Rahmen einer schon vorhandenen Organisation (BAG NZA 1999, 869).

Hinsichtlich des Kriteriums des (Nicht-)Übergangs der materiellen Aktiva hat das BAG früher bei der Fortführung sachmittelintensiver Tätigkeiten durch einen Auftragnehmer mit Betriebsmitteln des Auftraggebers (Beispiel: Kücheneinrichtung eines Kantinenbetreibers; Kontrolleinrichtungen eines im Flughafen tätigen Sicherheitsunternehmens) eine für § 613a BGB relevante Übernahme nur bejaht, wenn der Auftragnehmer über die Betriebsmittel eigenwirtschaftlich, also mit eigenem wirtschaftlichen Nutzen, disponieren konnte (BAG NZA 1998, 552). Diese besondere Anforderung hat das BAG im Jahr 2006 (NZA 2006, 1101) aufgrund einer entgegenstehenden EuGH-Rspr. (NJW 2006, 889 – „Güney Görres") aufgegeben.

Im Hinblick auf das Kriterium der (Nicht-)Übernahme des Hauptbelegschaft ist insbesondere bei Dienstleistungsunternehmen zu beachten, dass die Bedeutung der materiellen, sächlichen Betriebsmittel (Betriebsgrundstücke und Gebäude, Maschinen) häufig in den Hintergrund tritt. Hier kann auch betriebsspezifisches Know-how, über das die Arbeitnehmer verfügen, als das Substrat eines übernommenen Betriebs(teils) zu werten sein. Übernimmt daher ein Erwerber mit einem Auftrag einen Teil der Arbeitnehmer, die diese unternehmerische Aufgabe bislang erfüllt haben und die über dieses Know-how verfügen, so liegt ein Betriebsübergang vor, mit der Folge, dass nunmehr alle Arbeitsverhältnisse auf den Erwerber übergehen.

Beispiel: Fremdvergabe der Betreuung der EDV-Anlagen eines Unternehmens an einen externen Spezialisten unter gleichzeitiger Übernahme eines Teils des bislang mit der EDV-Betreuung befassten Personals.

Aus der ständigen Rechtsprechung des EuGH, wonach der Übergang eine ihre Identität wahrende Einheit im Sinne einer organisierten Zusammenfassung von Ressourcen zur Verfolgung einer wirtschaftlichen Tätigkeit voraussetzt (NZA 1997, 433), wurde bislang geschlossen, dass bei einem Betrieb von einem „identitätswahrenden Übergang" nur die Rede sein könne, wenn beim Erwerber der organisatorische Verbund von personellen, materiellen und immateriellen Betriebsmitteln erhalten bleibe, aus dem sich die jeweilige „Einheit" zusammensetzt. Denn nur in diesem Fall legt sich der Erwerber in ein „gemachtes Bett", was die Rechtsfolgen des § 613a BGB rechtfertigt. Aufgrund dieser Zweckbetrachtung kam die Rechtsprechung zu dem Ergebnis, dass der Erwerber bei der Eingliederung der übernommenen Einheit in eine andere Organisationsstruktur die übernommene Einheit nicht unter Wahrung ihrer Identität fortführt (sog. identitätszerstörende Eingliederung; BAG NZA 2006, 1039). Mangels Wahrung einer wirtschaftlichen Einheit wurde in diesen Konstellationen daher ein Betriebsübergang verneint. Der EuGH hat jetzt jedoch entschieden, dass ein Übergang auch dann vorliegt, wenn der übertragene Unternehmens- oder Betriebsteil seine organisatorische Selbstständigkeit nicht wahrt, sofern die funktionelle Verknüpfung zwischen den übertragenen Produktionsfaktoren beibehalten wird und sie es dem Erwerber erlaubt, diese Faktoren zu nutzen, um derselben oder einer gleichartigen wirtschaftlichen Tätigkeit nachzugehen (EuGH NZA 2009, 251 „Klarenberg"). Diese Entscheidung führt zu weiteren Abgrenzungsschwierigkeiten (Willemsen, NZA 2009, 289).

Geklärt ist, dass die bloße „Funktionsnachfolge" (also die Auftragsübernahme ohne die Übernahme von betriebsspezifischem Know-how) keinen Betriebsübergang darstellt (EuGH NJW 1997, 2039 – „Ayse Süzen"; BAG NZA 1998, 251; 2004, 845; missverständlich noch EuGH NJW 1994, 2343 – „Christel Schmidt"). Die bloße Weiterführung einer gleichartigen Geschäftstätigkeit ist daher kein Betriebsübergang im Sinne von § 613a BGB. **602**

Beispiel: Übernahme eines Auftrags für die Reinigung eines Krankenhauses, das bislang von einer anderen Reinigungsfirma gereinigt wurde, und Erledigung der Reinigung durch beim Auftragnehmer schon bislang beschäftigtes Personal.

Eine *Fortführung* liegt nicht vor, wenn der Betrieb oder Betriebsteil stillgelegt **603** wird. Eine Stilllegung erfordert den ernstlichen und endgültigen Entschluss des Arbeitgebers, die Betriebs- und Produktionsgemeinschaft zwischen ihm und den Arbeitnehmern auf Dauer oder zumindest für einen unbestimmten, aber wirtschaftlich nicht unerheblichen Zeitraum aufzuheben (BAG NZA 1997, 251).

(2) Der Betrieb oder Betriebsteil muss *durch Rechtsgeschäft* übergehen. Damit **604** ist das schuldrechtliche Rechtsgeschäft, nicht die dingliche Übertragung gemeint. Die Vorschrift betrifft vor allem den Verkauf und die Verpachtung eines Betriebs oder Betriebsteils. § 613a BGB setzt nicht voraus, dass der neue Inhaber Eigentum an den Betriebsmitteln, Räumen etc. erwirbt. Er muss nur Nutzungsrechte eingeräumt bekommen und den Betrieb oder Betriebsteil im Sinne der bisherigen arbeitstechnischen Wirtschaftseinheit im eigenen Namen fortführen.

Der Begriff des *Rechtsgeschäfts* ist weit zu verstehen. Da es ein Recht am Betrieb oder an einem Betriebsteil nicht gibt, ist der Betrieb als solcher kein Gegenstand, der durch Rechtsgeschäft übertragen werden kann. Rechtsgeschäftlicher Betriebsinhaberwechsel bedeutet, dass die zum Betrieb gehörenden materiellen oder immateriellen Rechte durch besondere Übertragungsakte – und nicht durch Hoheitsakt oder *Gesamtrechtsnachfolge*, bei der der Bestandsschutz der Arbeitsverhältnisse anderweitig sichergestellt ist – auf den neuen Inhaber übertragen werden und der Erwerber damit neuer Inhaber des Betriebs wird (BAG NZA 2003, 318). Unerheblich ist, ob das Rechtsgeschäft unmittelbar zwischen dem bisherigen und dem neuen Betriebsinhaber geschlossen wird oder zwischen dem Erwerber und einem Dritten (z. B. Verpächter; vgl. BAG NZA 1985, 773). Ferner spielt es keine Rolle, ob der Betrieb aufgrund eines einzigen Rechtsgeschäfts oder einer Vielzahl von Rechtsgeschäften auf den Erwerber übertragen wird (BAG NZA 1985, 773); es reicht aus, wenn der Betriebsübergang überhaupt rechtsgeschäftlich veranlasst wurde. Entscheidend ist nur, ob die unterschiedlichen Rechtsgeschäfte darauf gerichtet sind, eine funktionsfähige betriebliche Einheit zu übernehmen.

Aus dem Schutzzweck des § 613a BGB folgt, dass es auf die *Wirksamkeit des* **605** *Rechtsgeschäfts* nicht ankommt. Denn dieses betrifft nur das Innenverhältnis zwischen Veräußerer und Erwerber. Die Arbeitnehmer, die durch § 613a BGB geschützt werden sollen, haben auf die Wirksamkeit des Rechtsgeschäfts keinen Einfluss und können sie regelmäßig nicht einmal kontrollieren. Deshalb tritt der

Betriebserwerber in die bestehenden Arbeitsverhältnisse auch dann ein, wenn das zugrunde liegende Rechtsgeschäft von vornherein unwirksam ist oder später angefochten wird, sofern er nur tatsächlich die betriebliche Leitungs- und Organisationsmacht übernimmt (vgl. BAG NZA 1985, 735; 1992, 217). Sogar auf die Rückübertragung des Betriebs, die wegen Unwirksamkeit des Rechtsgeschäfts erfolgt, findet § 613a BGB Anwendung. Denn auch dieser Betriebsübergang beruht nicht auf einer Gesamtrechtsnachfolge, sondern auf dem ursprünglichen (unwirksamen) Rechtsgeschäft.

606 Im **Fall a** handelt es sich bei der Rückübertragung von K auf V somit um einen rechtsgeschäftlichen Betriebsübergang i. S. v. § 613a BGB. Deshalb tritt V in die Rechte und Pflichten aus den bei der Rückübertragung bestehenden Arbeitsverhältnissen ein. Er muss demnach die von K neu eingestellten Arbeitnehmer, also auch den A, übernehmen.

Die Veräußerung eines Betriebs durch den Insolvenzverwalter im Insolvenzfall des Arbeitgebers stellt ebenfalls einen rechtsgeschäftlichen Betriebsübergang i. S. d. § 613a BGB dar (BAG NZA 2003, 1027). Der Erwerber haftet jedoch abweichend von § 613a II BGB (vgl. Rdnr. 610) nicht für rückständige Ansprüche der Arbeitnehmer aus den Arbeitsverhältnissen, es sei denn, er hat den Betrieb vor Eröffnung des Insolvenzverfahrens übernommen (BAG NZA 2003, 318). Hier gehen die Verteilungsgrundsätze des Insolvenzverfahrens vor.

607 c) Der rechtsgeschäftliche Betriebsübergang zieht nach § 613a BGB ein ganzes Bündel von *Rechtsfolgen nach sich:*

(1) Der Erwerber *tritt in die Rechte und Pflichten aus den Arbeitsverhältnissen ein,* die im Zeitpunkt des Übergangs bestehen (§ 613a I 1 BGB).

Das gilt nicht nur für die gegenseitigen Hauptpflichten, sondern auch für Nebenabreden, Verpflichtungen aufgrund einer betrieblichen Übung und Gestaltungsrechte. Soweit sich Rechtsfolgen aus der Dauer der Betriebszugehörigkeit ergeben, zählt die Betriebszugehörigkeit unter dem früheren Betriebsinhaber mit.

Dagegen tritt der Erwerber nicht in die nachvertraglichen Rechtsverhältnisse (z. B. betriebliche Ruhegeldsansprüche, Wettbewerbsvereinbarungen) solcher Arbeitnehmer ein, die bei Betriebsübergang bereits ausgeschieden waren. Denn diese Personen stehen nicht mehr in Arbeitsverhältnissen, deren Bestand durch § 613a BGB geschützt werden soll (BAG NZA 1992, 929).

608 (2) Das Arbeitsverhältnis geht jedoch nicht auf den Erwerber über, wenn der Arbeitnehmer dem Übergang widerspricht (§ 613a VI BGB). Der Gesetzgeber geht davon aus, dass es mit der Würde des Menschen, dem Recht auf freie Entfaltung der Persönlichkeit und dem Recht auf freie Arbeitsplatzwahl (Art. 1, 2, 12 GG) unvereinbar sei, den Arbeitnehmer zu verpflichten, für einen Arbeitgeber zu arbeiten, den er nicht frei gewählt hat (BT-Drucks. 14/7760, S. 20). Der Widerspruch muss gem. § 613a VI 1 BGB innerhalb eines Monats erklärt werden, nachdem der Arbeitnehmer nach § 613a V BGB ordnungsgemäß über den Zeitpunkt des Übergangs, den Grund für den Übergang, dessen rechtliche, wirtschaftliche und soziale Folgen für die Arbeitnehmer und die hinsichtlich der Arbeitnehmer in Aussicht genommenen Maßnahmen unterrichtet worden ist. Die aktuelle Rspr. des BAG stellt sehr hohe Anforderungen an eine ordnungsgemäße Unterrichtung (BAG NZA 2006, 1268). Das ist problematisch, da dann der Lauf der Widerspruchsfrist nicht beginnt, mit der Folge, dass der Arbeitnehmer auch nach längerem Zeitablauf noch über die Erklärung des Widerspruchs in sein altes Arbeitsverhältnis beim Veräußerer zurückkehren kann (zu dem Möglichkeiten einer Eingrenzung über das Institut der Verwirkung Dzida, NZA 2009, 641).

Der Widerspruch ist eine einseitige empfangsbedürftige Willenserklärung, die den Übergang des Arbeitsverhältnisses ausschließt. Aufgrund ihres rechtsgestaltenden Charakters kann sie nicht widerrufen werden. Auch eine „Aufhebung" durch Vertrag zwischen Arbeitnehmer und Betriebsveräußerer zu Lasten des Betriebserwerbers ist nicht möglich (BAG NZA 2004, 481).

(3) Die Auswirkung des Betriebsübergangs auf *Betriebsvereinbarungen und Tarifverträge* sind in § 613a I 2–4 BGB geregelt. Danach werden die Rechte und Pflichten, die durch Rechtsnormen eines Tarifvertrags oder einer Betriebsvereinbarung geregelt sind, auf die arbeitsvertragliche Ebene zwischen dem neuen Betriebsinhaber und den Arbeitnehmern transformiert. Sie gelten also nicht normativ weiter. § 613a I 3 BGB erkennt das Interesse des erwerbenden Arbeitgebers an einheitlichen Arbeitsbedingungen an und gibt diesem den Vorrang vor den Bestandschutzinteressen der übernommenen Belegschaft. Die auf die arbeitsvertragliche Ebene überführten kollektivrechtlichen Rechtspositionen werden nach § 613a I 3 BGB auch zuungunsten der Arbeitnehmer durch Tarifverträge verdrängt, die beim Erwerber gelten. Dies gilt nach zutreffender Ansicht auch für Tarifverträge, die erst nach dem Betriebsübergang Geltung erlangen. Zu den (umstrittenen) Einzelheiten vgl. BAG NZA 2001, 1318; 2002, 634; 2003, 442; Henssler, in: Festschrift Schaub, 1998, S. 311, 318 ff.; sowie Rdnr. 709 ff. **609**

(4) Nach § 613a II BGB *haftet der bisherige Arbeitgeber* für Verpflichtungen i. S. v. § 613a I BGB, die vor dem Zeitpunkt des Übergangs entstanden sind und vor Ablauf eines Jahres nach diesem Zeitpunkt fällig werden, neben dem neuen Inhaber als Gesamtschuldner (§ 421 BGB). **610**

(5) Die *Kündigung* des Arbeitsverhältnisses eines Arbeitnehmers durch den bisherigen Arbeitgeber oder durch den neuen Inhaber aus Anlass des Betriebsübergangs ist nach § 613a IV 1 BGB unwirksam. Diese Vorschrift stellt klar, dass allein ein Betriebsübergang kein ausreichender Grund für eine betriebsbedingte Kündigung i. S. v. § 1 KSchG (Rdnr. 496 ff.) ist. Darüber hinaus enthält sie einen selbstständigen Grund für die Unwirksamkeit einer Kündigung (BAG NZA 1985, 593), so dass der erste Abschnitt des KSchG mit Ausnahme der §§ 4–7 keine Anwendung findet (vgl. § 13 III KSchG; Rdnr. 517 ff.). Dadurch wird die Bestandsschutzregelung des § 613a I 1 BGB abgesichert. Da diese auch in der Insolvenz des Arbeitgebers gilt, sind selbst Kündigungen des Insolvenzverwalters, die „wegen" des Betriebsübergangs erfolgen, nach § 613a IV 1 BGB unwirksam (BAG AP Nr. 34 zu § 613a BGB). Der Insolvenzverwalter kann aber, wie jeder Betriebsveräußerer, einen Betriebsübergang zum Anlass nehmen, einen bestehenden Personalüberhang über betriebsbedingte Kündigungen abzubauen. **611**

Im **Fall b** ist die Kündigung des A unwirksam; A muss weiterbeschäftigt werden. N hat gegen E einen Anspruch auf Zahlung der übertariflichen Vergütung; denn § 613a IV 1 BGB erfasst nach seinem Zweck auch Aufhebungs- und Änderungsverträge, sofern diese vom Betriebsveräußerer oder -erwerber veranlasst sind, um das KSchG zu umgehen (vgl. BAG NZA 1985, 593; 1989, 425).

612 Ein Widerspruch des Arbeitnehmers (Rdnr. 608) führt dazu, dass das Arbeitsverhältnis mit dem alten Arbeitgeber fortbesteht. Wird er dann entlassen, sind bei der Prüfung der sozialen Gesichtspunkte die Gründe für den Widerspruch zu berücksichtigen. Je geringer die Unterschiede in der sozialen Schutzbedürftigkeit im Übrigen sind, desto gewichtiger müssen die Gründe des widersprechenden Arbeitnehmers sein. Nur wenn dieser einen baldigen Arbeitsplatzverlust oder eine baldige wesentliche Verschlechterung seiner Arbeitsbedingungen bei dem Erwerber zu befürchten hat, kann er einen Arbeitskollegen, der nicht ganz erheblich weniger schutzbedürftig ist, verdrängen (BAG NZA 1999, 870; 2000, 764). Die Kalkulierbarkeit der Sozialauswahl wird allerdings durch die erforderliche Abwägung erschwert (ErfK/Preis, § 613a BGB Rdnr. 108). Das Kündigungsverbot des § 613a IV 1 BGB gilt nicht zugunsten des widersprechenden Arbeitnehmers, da die Kündigung nicht auf dem Betriebsübergang, sondern auf dem Widerspruch beruht (ErfK/Preis, § 613a BGB Rdnr. 106).

3. Betriebsstilllegung, Insolvenz des Arbeitgebers

613 a) Die *Einstellung oder Auflösung des Betriebs* stellt keinen automatisch wirkenden Beendigungsgrund dar. Jedoch kann je nach Sachlage der Arbeitgeber berechtigt sein, das Arbeitsverhältnis fristlos oder fristgemäß zu kündigen (dazu: BAG NZA 1985, 493; 1991, 891).

Abgrenzungsfragen zum Kündigungsverbot des § 613a IV 1 BGB treten auf, wenn Kündigungen wegen der Stilllegung eines Betriebs ausgesprochen werden, es dann aber später noch zu einer Veräußerung des Betriebs kommt. Das Kündigungsverbot des § 613a IV 1 BGB greift, wenn ein Betriebsübergang zwar bis zum Ablauf der Kündigungsfrist noch nicht vollzogen worden ist, dieser aber bereits beim Ausspruch der Kündigungen vom Arbeitgeber geplant war, schon greifbare Formen angenommen hat und die Kündigung aus der Sicht des Arbeitgebers ausgesprochen wird, um den geplanten Betriebsübergang vorzubereiten und zu ermöglichen (BAG NZA 1989, 461; 1997, 251).

614 b) Die *Insolvenz* eines Arbeitsvertragspartners, auch die des Arbeitgebers, beendet das Arbeitsverhältnis nicht. Die Insolvenz des Arbeitgebers löst jedoch ein besonderes Kündigungsrecht des Insolvenzverwalters aus (§ 113 InsO).

Führt die Insolvenz des Arbeitgebers zu einer geplanten Betriebsänderung (§ 111 BetrVG), gilt § 125 InsO: Wenn Arbeitnehmer, denen gekündigt werden soll, in einem Interessenausgleich (§ 112 I BetrVG) zwischen Insolvenzverwalter und Betriebsrat namentlich bezeichnet sind, so wird vermutet, dass deren Kündigung durch dringende betriebliche Erfordernisse gerechtfertigt ist. Ihre soziale Auswahl kann nur im Hinblick auf Betriebszugehörigkeit, Lebensalter und Unterhaltspflichten und auch insoweit nur auf grobe Fehlerhaftigkeit überprüft werden.

Hat der Betrieb keinen Betriebsrat oder kommt ein Interessenausgleich innerhalb von drei Wochen nach Verhandlungsbeginn nicht zustande, kann der Insolvenzverwalter beim Arbeitsgericht beantragen festzustellen, dass die Kündigung bestimmter, bezeichneter Arbeitnehmer durch dringende betriebliche Erfordernisse gerechtfertigt ist (§ 126 I InsO).

D. Pflichten anlässlich der Beendigung des Arbeitsverhältnisses

Schrifttum: Bauer/Diller, Wettbewerbsverbote, 5. Aufl., 2009; Diller, Nachvertragliche Wettbewerbsverbote und AGB-Recht, NZA 2005, 250; Hunold, Die Rechtsprechung zum Zeugnisrecht, NZA-RR 2001, 113; Löw, Neues vom Arbeitszeugnis, NZA-RR 2008, 561; Schleßmann, Das Arbeitszeugnis, 19. Aufl., 2009; Stiller, Der Zeugnisanspruch in der Insolvenz des Arbeitgebers, NZA 2005, 330; Weuster/Scheer, Arbeitszeugnisse in Textbausteinen, 12. Aufl., 2010.

Fälle:

a) Der Arbeitnehmer N, der sich mit dem Arbeitgeber G auf ein Ende des Arbeitsverhältnisses zum Ende des laufenden Monats geeinigt hat, beantragt bei G Arbeitsbefreiung, um sich bei einem anderen Arbeitgeber vorzustellen. G lehnt das ab, weil § 629 BGB für einen solchen Anspruch eine Kündigung voraussetze. **615**

b) Der Arbeitgeber G schreibt in einem vom Arbeitnehmer N geforderten ausführlichen Zeugnis u.a.: „Er hat drei Werksdiebstähle begangen.“ N verlangt ein neues Zeugnis ohne diesen Satz.

I. Pflichten des Arbeitgebers

1. Informationspflicht und Freizeit zur Stellensuche

Nach § 2 II Nr. 3 SGB III ist der Arbeitgeber verpflichtet, den Arbeitnehmer vor der Beendigung des Arbeitsverhältnisses frühzeitig über die Notwendigkeiten eigener Aktivitäten bei der Suche nach einer anderen Beschäftigung sowie über die Verpflichtung unverzüglicher Meldung bei der Agentur für Arbeit zu informieren, den Arbeitnehmer freizustellen und die Teilnahme an erforderlichen Qualifizierungsmaßnahmen zu ermöglichen. Eine Verletzung der Hinweispflicht begründet allerdings keinen Schadensersatzanspruch des Arbeitnehmers (BAG NZA 2005, 1406). **616**

§ 629 BGB verpflichtet den Arbeitgeber, einem Arbeitnehmer nach Ausspruch einer Kündigung auf Verlangen angemessene Zeit zur Suche eines neuen Arbeitsverhältnisses zu gewähren. Nach dem Zweck der Vorschrift ist deren analoge Anwendung auf Arbeitsverhältnisse gerechtfertigt, die aus anderen Gründen (z.B. durch Zeitablauf) enden (**Fall a**). Jedoch besteht der Freistellungsanspruch nur, wenn eine Beendigung des Arbeitsverhältnisses bevorsteht, und nicht schon dann, wenn es dem Arbeitnehmer einfällt, sich nach einer Möglichkeit zur Veränderung umzuschauen. **617**

Für die Zeit der Beurlaubung steht dem Arbeitnehmer ein Anspruch auf Zahlung der Vergütung zu (§ 616, 1 BGB; Rdnr. 365 ff.).

2. Erteilung eines Zeugnisses

618 a) Bei Beendigung des Arbeitsverhältnisses hat der Arbeitgeber jedem Arbeitnehmer auf dessen Verlangen ein schriftliches Zeugnis auszustellen. Das Zeugnis dient dem beruflichen Fortkommen des Dienstpflichtigen. Es ist Bewerbungsunterlage und gleichsam Visitenkarte eines Arbeitnehmers bei der Stellensuche. Dem neuen, potentiellen Arbeitgeber soll es eine möglichst wahrheitsgemäße Unterrichtung über die fachlichen und persönlichen Qualifikationen des Bewerbers ermöglichen.

Seit dem 1. 1. 2003 wird der Zeugnisanspruch für sämtliche Arbeitnehmer einheitlich in § 109 GewO geregelt (vgl. für Auszubildende jedoch § 16 BBiG). § 630, 4 BGB enthält eine entsprechende Klarstellung. Die Erfüllung des Zeugnisanspruchs kann nach Wahl des Arbeitnehmers in zweifacher Form erfolgen: Das *einfache* Zeugnis enthält nur Angaben über die Art und die Dauer der Tätigkeit (§ 109 I 2 GewO; vgl. auch § 16 II 1 BBiG), also bspw. nicht über den Grund der Beendigung des Arbeitsverhältnisses. Das *qualifizierte* Zeugnis erstreckt sich auch auf die Führung und die Leistungen des Arbeitnehmers (§ 109 I 3 GewO; vgl. auch § 16 II 2 BBiG).

Sofern der Arbeitnehmer ein berechtigtes Interesse (z. B.: Arbeitgeber stellt dem Arbeitnehmer wegen Absatzrückgangs eine Kündigung in Aussicht) vorweisen kann, hat er zudem einen Anspruch auf Erteilung eines Zwischenzeugnisses. Dieser Anspruch folgt nicht aus § 109 GewO, sondern – wenn er nicht tarifvertraglich geregelt ist – aus der Fürsorgepflicht der Arbeitgebers.

Das Zeugnis soll dem beruflichen Fortkommen des Arbeitnehmers dienen; das setzt eine *wohlwollende Beurteilung* durch den Arbeitgeber voraus. Auf der anderen Seite muss das Zeugnis der *Wahrheit* entsprechen. Es darf weder unrichtige oder unbewiesene Tatsachen enthalten noch für die Beurteilung wesentliche Umstände verschweigen. Auch die Formulierung darf beim Leser nicht eine falsche Vorstellung entstehen lassen (vgl. § 109 II GewO). Die häufig anzutreffende Meinung, ein Zeugnis dürfe keine für den Arbeitnehmer ungünstigen Tatsachen enthalten, trifft daher nicht zu.

Fordert der Arbeitnehmer ein qualifiziertes Zeugnis, dann muss er sich auch eine wahrheitsgemäße ungünstige Beurteilung gefallen lassen (**Fall b**). Ein Anspruch des Arbeitnehmers auf eine bestimmte Schlussformel des Zeugnisses („Bedauern, Dank und gute Wünsche") besteht nicht (BAG NZA 2001, 843).

Trotz des Gebots der Klarheit und Eindeutigkeit hat sich in der Praxis eine eigenständige Zeugnissprache entwickelt, deren Feinheiten und Eigentümlichkeiten sich nur dem Eingeweihten erschließen (zum Ganzen MünchKomm/Henssler, § 630 Rdnr. 41 ff., 95 ff.).

619 b) Ist das Zeugnis *unrichtig,* kann der Arbeitnehmer auf Berichtigung klagen. Hinsichtlich der Darlegungs- und Beweislast gilt eine differenzierende Betrachtungsweise: Sofern der Arbeitnehmer eine durchschnittliche Leistung vom Arbeitgeber bescheinigt bekommen hat, muss der Arbeitnehmer Tatsachen darlegen und

beweisen, aus denen sich eine bessere Beurteilung ergeben soll. Hat der Arbeitgeber den Arbeitnehmer dagegen „unterdurchschnittlich" beurteilt, obliegt es dem Arbeitgeber, die seiner Beurteilung zugrunde liegenden Tatsachen vorzutragen und zu beweisen (BAG NZA 2004, 842).

c) Eine schuldhafte Verletzung der Pflicht aus § 109 GewO führt außerdem zu einem *Schadensersatzanspruch* des Arbeitnehmers. Erteilt der Arbeitgeber dem Arbeitnehmer wider besseres Wissen ein zu günstiges Zeugnis, dann läuft er Gefahr, von dem späteren Arbeitgeber dieses Arbeitnehmers auf Schadensersatz in Anspruch genommen zu werden (§ 826 BGB); u. U. soll eine Haftung auch nach vertragsähnlichen Grundsätzen in Betracht kommen (BGH NJW 1979, 1882). **620**

Der Anspruch auf Zeugniserteilung unterliegt, wie jeder schuldrechtliche Anspruch, der Verwirkung (BAG NZA 1988, 427). Die Verwirkung setzt voraus, dass der Arbeitnehmer längere Zeit zuwartet und seinen Anspruch nicht geltend macht und dadurch zeigt, dass er dem Zeugnis keine weitere Bedeutung zumisst und auf seinen Anspruch verzichtet. **621**

3. Auskunftserteilung

Der Arbeitnehmer kann ein Interesse daran haben, dass sein bisheriger Arbeitgeber über das Zeugnis hinaus einem anderen Arbeitgeber, bei dem der Arbeitnehmer sich beworben hat, Auskunft über den Arbeitnehmer erteilt. Der Anspruch des Arbeitnehmers ergibt sich – wenn nicht schon aus einer getroffenen Vereinbarung – jedenfalls aus nachwirkender Schutzpflicht. Der frühere Arbeitgeber ist nach dem BAG (AP Nr. 10 zu § 630 BGB) auch gegen den Willen des Arbeitnehmers berechtigt, einem Dritten eine für den Arbeitnehmer ungünstige wahrheitsgemäße Auskunft zu erteilen, soweit ein berechtigtes Interesse daran besteht. Diese Rspr. vernachlässigt jedoch, dass eine derartige Auskunftserteilung eine Verletzung des allgemeinen Persönlichkeitsrechts des Arbeitnehmers darstellt. Der Arbeitgeber hat die Informationen bei der Durchführung des Arbeitsverhältnisses erlangt und schuldet dementsprechende Verschwiegenheit kraft der ihm zukommenden Fürsorgepflicht (MünchKomm/Henssler, § 630 Rdnr. 80 f.). Etwas anderes kann allenfalls gelten, wenn der Arbeitgeber sogar zum Widerruf des Zeugnisses berechtigt wäre, bspw. wenn ihm nachträglich wesentliche Tatsachen bekannt geworden sind, die eine andere Beurteilung rechtfertigen. **622**

Die Rechtsfolgen einer unrichtigen Auskunft entsprechen denen bei Erteilung eines unrichtigen Zeugnisses.

4. Sonstige Arbeitspapiere

Bei Beendigung des Arbeitsverhältnisses hat der Arbeitnehmer gegen den Arbeitgeber ferner einen Anspruch auf Aushändigung weiterer Arbeitspapiere, bspw. Urlaubsbescheinigung (§ 6 II BUrlG), die für den Anspruch auf Arbeitslosengeld erhebliche Arbeitsbescheinigung nach § 312 SGB III und die Lohnsteuerbescheinigung (§ 41b I 2 EStG). **623**

II. Pflichten des Arbeitnehmers

1. Verschwiegenheitspflicht

624 Nach Beendigung des Arbeitsverhältnisses bleibt der Arbeitnehmer zur Verschwiegenheit über Geschäfts- und Betriebsgeheimnisse verpflichtet, wenn dies z.B. im Tarifvertrag bestimmt oder zwischen Arbeitgeber und Arbeitnehmer vereinbart worden ist. Jedoch darf der Arbeitnehmer nicht übermäßig daran gehindert werden, die im Betrieb des Arbeitgebers erworbenen Kenntnisse und Erfahrungen in seinem weiteren Berufsleben nutzbar zu machen (Art. 12 GG). Eine Spezialnorm stellt die Strafvorschrift des § 17 II UWG dar. Sie untersagt es dem ausgeschiedenen Arbeitnehmer, sich zu Zwecken des Wettbewerbs, aus Eigennutz, zugunsten eines Dritten oder mit Schädigungsabsicht ein Geschäfts- oder Betriebsgeheimnis unbefugt zu verschaffen oder zu sichern (Nr. 1). Das Gleiche gilt für die Verwertung von Geheimnissen, die ihm im Rahmen des Dienstverhältnisses anvertraut oder zugänglich gemacht worden sind (Nr. 2).

Ob es darüber hinaus eine Pflicht zum Stillschweigen über Betriebs- und Geschäftsgeheimnisse gibt, ist streitig (bejahend: BGH NJW 1960, 207; vgl. auch BAG NZA 1988, 502). U.E. ist danach zu unterscheiden, ob der Arbeitnehmer sich das Wissen aufgrund eigener Leistung angeeignet hat (dann verwertbar) oder ob es sich um besondere Umstände des betreffenden Betriebs (z.B. chemische Zusammensetzung) handelt (dann nicht verwertbar).

2. Einhaltung von Wettbewerbsverboten

625 Die Parteien des Arbeitsvertrags können für die Zeit nach Beendigung des Arbeitsverhältnisses Wettbewerbsverbote vereinbaren. Solche Konkurrenzklauseln dürfen zu keiner unbilligen Belastung des Arbeitnehmers in der Verwertung seiner Arbeitskraft führen. Die für die kaufmännischen Angestellten geschaffenen handelsrechtlichen Regelungen der §§ 74ff. HGB werden für alle Arbeitnehmer angewandt (§§ 110, 6 II GewO). Danach bedarf die Vereinbarung der Schriftform und der Aushändigung einer vom Arbeitgeber unterzeichneten, die vereinbarten Bestimmungen enthaltenden Urkunde an den Arbeitnehmer (§ 74 I HGB). Außerdem ist das Wettbewerbsverbot nur verbindlich, wenn es einen Zeitraum von zwei Jahren nicht überschreitet (§ 74a I 3 HGB) und der Arbeitgeber sich verpflichtet, für die Dauer des Verbots eine Entschädigung zu zahlen, die für jedes Jahr des Verbots mindestens die Hälfte der bisherigen Bezüge betragen muss (Karenzentschädigung gem. § 74 II HGB; BAG NZA 1995, 72).

Wettbewerbsverbote für minderjährige Arbeitnehmer und für Auszubildende sind nicht zulässig (§ 110 GewO i.V.m. 74a II 1 HGB; § 12 BBiG).

Kapitel 8

Das Koalitionsrecht

Schrifttum: Bauer/Arnold, Differenzierungsklauseln, Entscheidung des Großen Senats auf der Kippe?, NZA 2009, 1169; Buchner, Tarifverträge im Wettbewerb? Tarifpluralität, Tarifeinheit, Allgemeinverbindlichkeit, ZfA 2004, 229; ders., Bestätigung der OT-Mitgliedschaft durch das BAG, NZA 2006, 1377; Dumke, Aufdrängen gewerkschaftlicher Informationen auf elektronischem Wege, Ansprüche der Gewerkschaften auf Nutzung betrieblicher E-Mail Adressen und Intranetseiten, RdA 2009, 77; Greiner, Rechtsfragen der Koalitions-, Tarif- und Arbeitskampfpluralität, 2010; Greiner/Suhre, Tarifvertragliche Differenzierungsklauseln für Gewerkschaftsmitglieder nach der Rechtsprechungsänderung des BAG, NJW 2010, 131; Hanau, Ungleichstellungsklauseln, in: Festschrift Hromadka 2008, S. 115 ff.; Franzen, Vorteilsregelungen für Gewerkschaftsmitglieder, RdA 2006, 1; Henssler, Firmentarifverträge und unternehmensbezogene Verbandstarifverträge als Instrumente einer „flexiblen“, betriebsnahen Verbandspolitik, ZfA 1998, 517; ders., Tarifautonomie und Gesetzgebung, ZfA 1998, 1; Hromadka, Gesetzliche Tariföffnungsklauseln – Unzulässige Einschränkung der Koalitionsfreiheit oder Funktionsbedingung der Berufsfreiheit?, NJW 2003, 1273; Meyer, Das Regelungsverhältnis von Verbands- und firmenbezogenem Verbandstarifvertrag im Vergleich zum Haustarifvertrag, NZA 2004, 366; Neumann, Der Schutz der negativen Koalitionsfreiheit, RdA 1989, 243; Reuter, Können verbandsangehörige Arbeitgeber zum Abschluss von Haustarifverträgen gezwungen werden?, NZA 2001, 1097; Richardi, Der Beschluß des BVerfG zur Aussperrung und seine Folgen für das Arbeitskampfrecht, JZ 1996, 27; ders. Das Grundrecht der Koalitionsfreiheit im Wandel der Zeit, in: Festschrift Scholz 2007, S. 337 ff.; Thüsing, Verbandsmitgliedschaft und Tarifgebundenheit, ZfA 2005, 527.

Fälle:

a) Die bei den Gewerkschaften A, B und C beschäftigten – diesen Gewerkschaften zugleich angehörigen – Arbeitnehmer gründen eine „Gewerkschaft der Arbeitnehmer der A, B und C Gewerkschaft“. Die Gewerkschaft B erklärt daraufhin die Mitgliedschaft bei ihr mit der in der neu gegründeten Gewerkschaft für unvereinbar und droht den betroffenen Beschäftigten mit fristloser Kündigung. Zu Recht? **626**

b) Die im Betrieb der X-GmbH beschäftigten Arbeitnehmer möchten für ihren Betrieb eine eigene Gewerkschaft gründen, da nach ihrer Ansicht ihre Interessen von der vorhandenen Gewerkschaft nicht nachhaltig genug vertreten werden. Ist das zulässig?

c) Die Gewerkschaft G möchte im Betrieb des B durch gewerkschaftlich organisierte Betriebsangehörige während der Pausen und außerhalb der Arbeitszeit Werbe- und Informationsmaterial sowie die Gewerkschaftszeitung verteilen lassen. Außerdem gibt G Aufkleber mit dem Gewerkschaftsemblem heraus, die von den Arbeitnehmern auf die von B zur Verfügung gestellten Schutzhelme aufgeklebt werden sollen. B ist mit allem nicht einverstanden.

d) Arbeitgeber A vereinbart in Absprache mit dem Betriebsrat mit sämtlichen Beschäftigten aufgrund arbeitsvertraglicher Einheitsregelung eine Unterschreitung des mit der Gewerkschaft B vereinbarten tariflichen Entgeltniveaus um 5% gegen Zusicherung einer 3-jährigen Beschäftigungsgarantie. Die Gewerkschaft will sich hiergegen wehren.

e) Die Gewerkschaft G will den R, der sich öffentlich zur Anwendung von Gewalt zur Veränderung des politischen Systems bekannt hat, aus der Gewerkschaft ausschließen. R beruft sich auf die durch Art. 9 GG geschützte Koalitionsfreiheit.

I. Bedeutung und Begriff der Koalition

1. Bedeutung

627 Gewerkschaften und Arbeitgeberverbände, herkömmlich als Koalitionen bezeichnet, wirken in vielfältiger Weise an der Gestaltung der Arbeitsbedingungen mit. Sie haben das Recht, Tarifverträge zu schließen (Rdnr. 665) und Arbeitskämpfe zu führen (Rdnr. 755). Koalitionen werden durch Art. 9 III GG verfassungsrechtlich geschützt und in einer Vielzahl von Gesetzen ist ihre Mitwirkung vorgesehen.

Erwähnt sei nur die Beteiligung der Gewerkschaften im Bereich des Betriebsverfassungs- und des Personalvertretungsrechts (vgl. etwa §§ 2 I, II, 16 II 1, 17 III, 19 II 1, 23 I 1 BetrVG; § 2 I BPersVG) und die Beteiligung der Koalitionen bei der Berufung von ehrenamtlichen Richtern der Arbeits- und Sozialgerichtsbarkeit (§§ 20, 37 II, 43 I ArbGG; §§ 14 I, III, 35 I, 46 III SGG). Vgl. auch § 48 I SGB IV; § 5 I, V TVG; §§ 4f., 22 III HAG. Ende 2007 waren allerdings nur ca. 18% der Arbeitnehmer in den alten Bundesländern und 17% in den neuen Bundesländern organisiert (vgl. Biebler/Lesch, IW-Trends 1/2009). 1980 waren in der Bundesrepublik noch rund ein Drittel der Arbeitnehmer Mitglieder in Gewerkschaften. Jedoch sind für die Arbeitsverhältnisse von rund 84% aller Arbeitnehmer Tarifverträge teilweise oder insgesamt maßgeblich (vgl. BMWA, Tarifvertragliche Arbeitsbedingungen 2004). Häufig greifen nämlich auch die nicht organisierten Arbeitgeber auf die tariflichen Arbeitsbedingungen zurück; außerdem gewähren die organisierten Arbeitgeber regelmäßig die Tarifbedingungen freiwillig auch den nicht organisierten Arbeitnehmern (z.B. über Bezugnahmeklauseln, vgl. Rdnr. 717).

Darüber hinaus wirken die Koalitionen als mächtige Interessengruppen auf die gesamte Wirtschafts- und Sozialpolitik ein; sie beeinflussen Gesetzgebung, Verwaltung und Wirtschaft.

2. Begriff

628 Unter einer Koalition versteht man einen Zusammenschluss von Arbeitgebern oder Arbeitnehmern zur Wahrung und Förderung ihrer Interessen bei der Gestaltung von Arbeits- und Wirtschaftsbedingungen. Von Rspr. und Lehre sind folgende Voraussetzungen für die Anerkennung einer Vereinigung als Koalition entwickelt worden (vgl. Schaub, Arbeitsrechts-Handbuch, § 187; HWK/Hergenröder, Art. 9 GG Rdnr. 31 ff.):

629 a) Es muss sich um einen *freiwilligen Zusammenschluss von Arbeitgebern oder Arbeitnehmern auf privatrechtlicher Grundlage* handeln.

Öffentlich-rechtliche (Zwangs-)Verbände wie z.B. Ärztekammern, Industrie- und Handelskammern sowie Handwerksinnungen sind keine Koalitionen. Den Handwerksinnungen hat das Gesetz allerdings die Tariffähigkeit verliehen (vgl. §§ 54 III Nr. 1, 82 Nr. 3, 85 II 1 HandwO).

630 b) Die Vereinigung muss *auf Dauer angelegt* sein; nur dann kann die der Koalition eingeräumte Autonomie und Normsetzungsbefugnis sinnvoll ausgeübt werden. Zur Gewährleistung der Kontinuität ist eine *körperschaftliche Organisation* erforderlich. Deshalb muss der Bestand der Koalition vom Wechsel ihrer Mitglie-

der unabhängig, die Bildung eines einheitlichen Willens möglich und die Handlungsfähigkeit nach außen durch Organe gesichert sein. Rechtsfähigkeit ist dagegen nicht erforderlich.

Vereinigungen, die nur auf kurze Dauer angelegt sind (sog. ad-hoc-Koalitionen), haben danach keine Koalitionseigenschaft (h.M.; vgl. Schaub, Arbeitsrechts-Handbuch, § 187 Rdnr. 6). Ein spontaner Arbeitskampf, der durch eine solche ad-hoc-Koalition geführt wird, ist schon deshalb rechtswidrig.

c) Hauptzweck der Vereinigung muss die *Wahrung und Förderung der Arbeits- und Wirtschaftsbedingungen* sein. 631

Diese Begriffe sind nicht eng auszulegen. Gemeint ist die Gesamtheit der Bedingungen, unter denen abhängige Arbeit geleistet wird und eine sinnvolle Ordnung des Arbeitslebens ermöglicht wird (ErfK/Dieterich, Art. 9 GG Rdnr. 23); zu den Wirtschaftsbedingungen sind alle Umstände zu zählen, die für die wirtschaftliche und soziale Lage der Arbeitsvertragsparteien von Bedeutung sind.

d) Es müssen *Gegnerfreiheit* und *Gegnerunabhängigkeit* in personeller, finanzieller und organisatorischer Hinsicht gewährleistet sein (BVerfGE 4, 96; 18, 18; st. Rspr.). 632

Ein Verband, in dem sich Arbeitgeber und Arbeitnehmer mit den gleichen Rechten zusammengeschlossen haben (sog. Harmonieverband), ist keine Koalition. Er könnte weder die Interessen der Arbeitnehmer noch die der Arbeitgeber mit Nachdruck vertreten.

An der finanziellen Unabhängigkeit fehlt es, wenn eine Vereinigung materiell in erheblichem Umfang von der Gegenseite unterstützt wird. Bedenken gegen die organisatorische Unabhängigkeit können sich ergeben, wenn der sozialpolitische Gegenspieler auf die Gründung des Verbandes und die Ausgestaltung der Satzung Einfluss genommen hat.

e) Umstritten ist, ob eine Koalition *überbetrieblich bzw. unternehmensübergreifend organisiert sein muss*. Da die erforderliche Unabhängigkeit von der Gegenseite und die verfestigte Struktur auch bei einem Zusammenschluss auf der Ebene eines Unternehmens bestehen kann, ist eine unternehmensübergreifende Struktur als Voraussetzung abzulehnen. So wurden in der Vergangenheit eigenständige Gewerkschaften für Bahn und Post als zulässig angesehen. Dagegen ist bei einer lediglich betrieblichen Organisation die Dauerhaftigkeit der Koalition durch die jederzeit mögliche Stilllegung des Betriebes gefährdet. Eine nur betriebliche Vereinigung ist daher regelmäßig ein Indiz gegen die Koalitionseigenschaft. Im Einzelfall ist darauf abzustellen, ob der Verband hinreichend unabhängig ist, um die Interessen seiner Mitglieder wirkungsvoll vertreten zu können (**Fall b**; vgl. zum Meinungsstand auch Schaub, Arbeitsrechts-Handbuch, § 187 Rdnr. 15).

f) Die Vereinigung muss *vom Staat oder von sonstigen gesellschaftlichen Gruppen unabhängig* sein (*Weisungsfreiheit*). 633

Gemeint ist damit, dass keine organisatorischen, wirtschaftlichen oder sonstigen Verflechtungen bestehen dürfen, die zu einer Weisungsgebundenheit führen. Eine Neutralität wird dagegen nicht gefordert; eine bestimmte parteipolitische oder konfessionelle Ausrichtung begründet noch keine Abhängigkeit.

g) Eine *demokratische Willensbildung* muss gewährleistet sein. 634

Der Grundsatz demokratischer Willensbildung verlangt eine wirksame Einbeziehung der Mitglieder in den innerverbandlichen Entscheidungsprozess (etwa beim Abschluss von Tarifverträgen, BAG NZA 2008, 1244). Er lässt sich zwar nicht aus dem Gesetz ableiten, folgt jedoch aus dem Umstand, dass die Koalitionen über eine große Verbandsmacht verfügen und ihnen vom Staat erhebliche Gestaltungsmöglichkeiten im Bereich der Arbeits- und Wirtschaftsbedingungen eingeräumt sind.

635 h) Für den Koalitionsschutz nach Art. 9 III GG ist nicht erforderlich, dass die Vereinigung über eine gewisse soziale Macht zur Durchsetzung ihrer Ziele verfügt (vgl. ErfK/Dieterich, Art. 9 GG Rdnr. 26). Die *soziale Mächtigkeit* ist nur bei der Prüfung bedeutsam, ob die Organisation tariffähig ist (Rdnr. 668). Die Frage der Koalitionseigenschaft ist aber strikt von der Frage der Tariffähigkeit (dazu Rdnr. 666) zu trennen. Nicht jede Koalition ist tariffähig, wohl aber genießt jeder tariffähige Verband grundsätzlich Koalitionsschutz. Nach allerdings bestrittener Ansicht sind auch die *Tarifwilligkeit* und *Arbeitskampfbereitschaft* keine notwendigen Merkmale der Koalition (zum Streitstand Schaub, Arbeitsrechts-Handbuch, § 187 Rdnr. 19ff.). Art. 9 III GG überlässt den Koalitionen die Wahl, mit welchen Mitteln sie ihre Ziele verfolgen (BVerfGE 18, 18, 32).

II. Verfassungsrechtlicher Schutz der Koalitionsfreiheit

636 Art. 9 III GG enthält eine umfassende Gewährleistung der Koalitionsfreiheit. Dieses Grundrecht schützt nicht nur vor Eingriffen des Staates, sondern entfaltet – anders als die übrigen Grundrechte – auch unmittelbare Drittwirkung im Bereich des Privatrechts. Art. 9 III GG garantiert sowohl die individuelle als auch die kollektive Koalitionsfreiheit. Dabei ist einerseits zwischen positiver und negativer Koalitionsfreiheit (individuelle Koalitionsfreiheit), andererseits zwischen der Bestands- und der Betätigungsgarantie (kollektive Koalitionsfreiheit) zu unterscheiden.

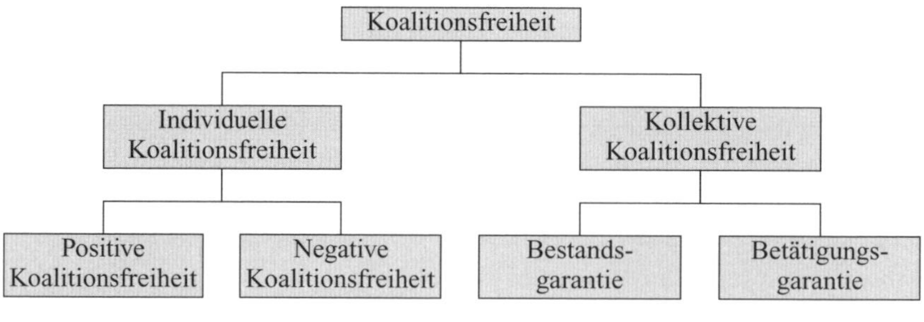

1. Individuelle Koalitionsfreiheit

637 Das Einzelgrundrecht des Art. 9 III GG umfasst die positive und die negative Koalitionsfreiheit.

Das Grundrecht gilt für „jedermann“ – Angehörige aller Berufsgruppen, Deutsche wie Ausländer können sich also darauf berufen.

a) Unter der *positiven Koalitionsfreiheit* ist das Recht des Einzelnen zu verstehen, Koalitionen zu gründen, einer bestehenden Koalition beizutreten und in ihr Mitglied zu bleiben. Geschützt ist ferner auch die Teilnahme des einzelnen Mitglieds an der spezifischen Tätigkeit der Koalition, soweit diese Tätigkeit ihrerseits in den Gewährleistungsbereich des Art. 9 III GG fällt (BVerfGE 19, 303, 312).

Nach Art. 9 III 2 GG sind Abreden, die das Koalitionsrecht einschränken oder zu behindern suchen, nichtig, hierauf gerichtete Maßnahmen rechtswidrig. Daher darf der Arbeitgeber die Einstellung eines Bewerbers nicht von dessen Austritt aus einer Gewerkschaft abhängig machen (BAG NZA 1988, 64). Auch die gezielte Aussperrung nur der organisierten Arbeitnehmer eines Betriebes verstößt gegen deren positive Koalitionsfreiheit (BAG AP Nr. 66 zu Art. 9 GG Arbeitskampf). Demgegenüber wird durch den gegen einen verbandsangehörigen Arbeitgeber um einen Firmentarifvertrag geführten Streik dessen individuelle Vereinigungsfreiheit – jedenfalls nicht generell – verletzt. Seine Freiheit, in dem Verband zu verbleiben oder aus ihm auszutreten, wird nur dann beeinträchtigt, wenn der Arbeitskampf gerade darauf gerichtet ist, den Arbeitgeber zum Verlassen des Verbands zu veranlassen. In einem solchen Fall kann der Streik eine mit Art. 9 III 2 GG nicht zu vereinbarende Verletzung der positiven Koalitionsfreiheit des einzelnen Arbeitgebers (und zugleich einen unzulässigen Angriff auf den Mitgliederbestand des Arbeitgeberverbands) darstellen (BAG NZA 2003, 734; vgl. Rdnr. 642, 729, 767).

Auch die Arbeitnehmer einer Gewerkschaft können zur Wahrung ihrer Interes- 638
sen, etwa zum Zweck einer tarifvertraglichen Regelung ihrer Arbeitsbedingungen, einen eigenen Verband gründen („*Gewerkschaft in der Gewerkschaft*“). Sie sind daran durch ihre Loyalitätsobliegenheiten in einem Tendenzunternehmen nicht gehindert.

Daher bedeutet die Drohung mit der fristlosen Kündigung im **Fall a** eine unzulässige Beeinträchtigung der positiven Koalitionsfreiheit der Arbeitnehmer der B. Kampfmaßnahmen können allerdings durch arbeitsvertragliche und mitgliedschaftsrechtliche Loyalitätspflichten eingeschränkt sein (BAG NZA 1998, 754).

b) Auch die *negative Koalitionsfreiheit* wird durch Art. 9 III GG gesichert 639
(h.M.; BVerfGE 50, 290, 370; BAG AP Nr. 13 zu Art. 9 GG; die Gegenmeinung bezieht sich auf Art. 2 I bzw. 9 I GG, vgl. Gamillscheg, Kollektives Arbeitsrecht I, S. 385f.). Darunter ist nach h.M. das Recht des Einzelnen zu verstehen, einer Koalition fernzubleiben oder aus ihr auszutreten, ohne deswegen Nachteile in Kauf nehmen zu müssen.

Die gesetzlich bewirkte Erstreckung von Tarifnormen auf Außenseiter durch Allgemeinverbindlicherklärung (§ 5 TVG – vgl. Rdnr. 714), bei Fortwirkung und Nachwirkung von Tarifverträgen (§§ 3 III, 4 V TVG – vgl. Rdnr. 702, 707f.), bei Betriebs- und Betriebsverfassungsnormen (§ 3 II TVG – vgl. Rdnr. 677f., 713), bei einer auf § 7 AEntG beruhenden VO sowie bei sog. Tariftreueregelungen wird von BVerfG und BAG jeweils nicht als Eingriff, zumindest aber nicht als Verstoß gegen die negative Koalitionsfreiheit gewertet (BVerfGE 44, 322; BVerfG NZA 2000, 947; 2007, 42; BAG NZA 1987, 779; 2000, 948).

Nicht jede Beeinträchtigung der negativen Koalitionsfreiheit führt allerdings zu 640
einer Verletzung von Art. 9 III GG. Wann ein unzulässiger Druck auf die Ent-

schließungsfreiheit des Einzelnen ausgeübt wird, ist nicht immer leicht feststellbar. Die negative Koalitionsfreiheit schließt nicht aus, dass die Koalitionen Mitglieder werben und dabei auf die Vorteile eines Beitritts verweisen sowie auch ansonsten versuchen, ihren Mitgliedern möglichst viele Vorteile zu verschaffen. Soweit es dabei um innerverbandliche Vorteile geht oder allgemein um die Vorteile der Tarifpolitik, an der kraft Gesetzes (vgl. § 3 I TVG; Rdnr. 705 f.) grundsätzlich nur Verbandsmitglieder teilhaben, bestehen im Hinblick auf die negative Koalitionsfreiheit keine Bedenken. Anders ist es jedoch, wenn z.B. Gewerkschaften die Arbeitgeberseite zu tariflichen Klauseln zwingen, wonach den Außenseitern Vorteile vorenthalten oder Nachteile zugefügt werden.

641 Die – wenn auch nur mittelbare – Beeinträchtigung der Koalitionsfreiheit der Außenseiter durch sog. *Organisationsklauseln*, nach denen der Arbeitgeber nur Gewerkschaftsmitglieder einstellen darf, ist nach allgemeiner Meinung unzulässig. Ebenso verhält es sich bei qualifizierten *Differenzierungsklauseln,* über die gewerkschaftsangehörigen Arbeitnehmern zusätzliche tarifliche Leistungen gewährt werden sollen, die den nicht oder anders organisierten Arbeitnehmern verwehrt bleiben (BAG AP Nr. 13 zu Art. 9 GG). In Form von *Tarifausschlussklauseln* sollen sie verhindern, dass die Außenseiter an tarifvertraglichen Vergünstigungen partizipieren. Als *Spannenklauseln* verpflichten sie den Arbeitgeber, die allgemein gewährten Leistungen (Entgelt, Urlaub) jeweils für die der vertragsschließenden Gewerkschaft angehörenden Arbeitnehmer aufzustocken und ihnen dadurch einen bestimmten Vorsprung zu erhalten. Jedoch werden aufgrund des Erosionsprozesses der Gewerkschaften die Stimmen lauter, die begrenzte Vorteilsregelungen (z.B. in Höhe des Mitgliedsbeitrags) für zulässig halten (vgl. Däubler, BB 2002, 1643; Franzen, RdA 2006, 1). Einfache Differenzierungsklauseln, die die Zugehörigkeit zur tarifschließenden Gewerkschaft lediglich zum Tatbestandsmerkmal eines Anspruches machen, sind nach aktueller Rechtsprechung des BAG verfassungsrechtlich unbedenklich (BAG NZA 2009, 1028). Sie hindern den Arbeitgeber nicht daran, Außenseitern die gleichen Arbeitsbedingungen individualvertraglich zu gewähren. Das zentrale Problem ergibt sich bei solchen tariflichen Regelungen aus den Bezugnahmeklauseln in den Arbeitsverträgen der Außenseiter, die an sich eine Gleichstellung der Außenseiter mit den organisierten Arbeitnehmern bewirken sollen. Das BAG geht davon aus, dass die arbeitsvertragliche Bezugnahme auf den Tarifvertrag das Erfordernis der Gewerkschaftszugehörigkeit nicht ersetzt, die Außenseiter also auch über diese individualarbeitsrechtliche Verweisung keinen Anspruch erwerben.

Die durch Art. 9 III GG garantierte Freiheit, eine Koalition zu verlassen, darf auch nicht unangemessen durch zeitliche Austrittshindernisse erschwert werden. Daher ist dem Mitglied einer Koalition nach h.M. lediglich eine „mäßige" Kündigungsfrist von maximal sechs Monaten zuzumuten (BGH AP Nr. 25, 33 zu Art. 9 GG).

Die ausdrückliche Verpflichtung des Arbeitgebers in einem Firmentarifvertrag, die Aufrechterhaltung der Mitgliedschaft in einem bestimmten Arbeitgeberverband zu garantieren, verstößt gegen Art. 9 III 2 i.V.m. S. 1 GG (BAG NZA 2003, 734). Zulässig ist nach dem BAG dagegen ein Streik gegen einen nicht verbandsangehörigen Arbeitgeber trotz eines bestehenden, ungekündigten Firmentarifs, wenn dieser ohne eigenständige Regelungen lediglich auf die jeweils geltenden Verbandstarife verweist. Es sei kein Verstoß gegen das „ultima-ratio"-Prinzip oder die negative Koalitionsfreiheit, wenn dieser Arbeitgeber mit identischen Forderungen in einen Verbandsarbeitskampf einbezogen werde (BAG NZA 2003, 866).

2. Kollektive Koalitionsfreiheit

Das Individualrecht, Koalitionen zu gründen und ihnen beizutreten, würde in weiten Teilen entwertet, wenn nicht auch die Koalition selbst in ihrem Bestand und ihrer Betätigung verfassungsrechtlich geschützt würde. Die h. M. versteht deshalb Art. 9 III GG als ein Doppelgrundrecht. **642**

a) Die Koalition genießt einerseits *Bestandsschutz.* Weder vom Staat noch von anderer Seite darf in die Existenz der Koalition eingegriffen werden.

Ein staatliches Gewerkschaftsverbot wäre daher verfassungswidrig. Wegen des damit verbundenen Eingriffs in die Bestandsgarantie kann sich eine Gewerkschaft aber auch dagegen wehren, wenn ein Arbeitgeber die Einstellung ihrer Mitglieder verweigert (BAG NZA 1988, 64).

Der Bestandsschutz des Verbandes umfasst auch den Erhalt der Mitgliedschaft und deren Zugehörigkeit zum Geltungsbereich der Verbandstarife.

Deswegen kann ein gegen einen verbandsangehörigen Arbeitgeber auf den Abschluss eines Firmentarifvertrags gerichteter Streik dann gegen die kollektive Koalitionsfreiheit verstoßen, wenn der einzelne Arbeitgeber hierdurch aus der Verbandssolidarität gelöst werden soll. Dies ist allerdings dann nicht denkbar, wenn der Verband seine Betätigungsfreiheit weder durch den Abschluss einschlägiger Tarifverträge wahrgenommen hat noch wahrzunehmen beabsichtigt (BAG NZA 2003, 734 = RdA 2003, 356 m. Anm. Buchner; vgl. Rdnr. 637, 729, 767).

b) Geschützt ist auch die *Koalitionsbetätigungsfreiheit.* Der Umfang dieser Gewährleistung ist im Einzelnen noch ungeklärt. Im Allgemeinen wird angenommen, dass jedenfalls die Tarifautonomie, das Recht zum Arbeitskampf sowie die Interessenwahrnehmung im Gesetzgebungs- und Gerichtsverfahren, in der Verwaltung und innerhalb der Betriebsverfassung (vgl. Rdnr. 627) garantiert sind. Die Betätigungsgarantie ist nicht auf einen Kernbereich beschränkt (so noch BAG NZA 1992, 690), sondern schützt jede koalitionsspezifische Verhaltensweise (BVerfGE 93, 352). Nicht geschützt ist dagegen politische Wahlwerbung durch die Koalitionen; es greift Art. 2 I GG (Schaub, Arbeitsrechts-Handbuch, § 188 Rdnr. 18). **643**

aa) Tarifautonomie der Koalitionen bedeutet, dass der Staat die *Kernelemente eines Tarifvertragssystems* zur Verfügung stellen muss. Die Koalitionen müssen die ihnen übertragene Aufgabe erfüllen können, in dem von staatlicher Rechtssetzung freien Raum das Arbeitsleben durch Tarifverträge zu ordnen (BAG AP Nr. 24 zu § 2 TVG). Damit einher geht ein Verbot der staatlichen (insbesondere gerichtlichen) Zweckmäßigkeits- und Angemessenheitskontrolle von Tarifverträgen *(Verbot der Tarifzensur).* Nach § 310 IV 1 BGB sind Tarifverträge keiner AGB-Kontrolle unterworfen. **644**

Tarifverträge stehen Rechtsnormen i. S. v. § 307 III BGB gleich (§ 310 IV 3 BGB). Das bedeutet, dass solche arbeitsvertraglichen Klauseln, die – sei es durch Bezugnahme, sei es durch unmittelbare Übernahme – Tarifnormen zum Inhalt des Arbeitsvertrags erheben, keiner Kontrolle unterworfen sind. Dies gilt unstreitig bei einer Globalverweisung, d. h. der Inbezugnahme eines kompletten fachlich einschlägigen Tarifvertrags (BAG NZA 2005, 475; ErfK/

Preis, §§ 305–310 BGB Rdnr. 13 f.). Aber auch in sich geschlossene Teile von Tarifverträgen sollten kontrollfrei in vorformulierte Arbeitsverträge übernommen werden können (BAG NZA-RR 2009, 593; HWK/Henssler, § 3 TVG Rdnr. 18 m. w. N.). Reine Einzelverweisungen auf isolierte Tarifklauseln bleiben dagegen der Inhaltskontrolle unterworfen (vgl. Rdnr. 179 f.).

645 bb) Dass auch die *einzelnen Koalitionsmittel,* insbesondere die *Arbeitskampfmittel,* durch Art. 9 III GG geschützt sind, ist schon seit vielen Jahren kaum noch streitig (Rüthers, Streik und Verfassung, 1960). Die kollektive Koalitionsfreiheit gewährleistet Streik und Aussperrung als Angriffs- wie auch als Verteidigungsmittel (BVerfGE 84, 212; 88, 103; vgl. Rdnr. 736 ff.).

646 cc) Schließlich wird aus der Betätigungsgarantie der Koalitionen auch ihr Recht abgeleitet, durch *Mitgliederwerbung* ihren Fortbestand zu sichern und ihre Verhandlungsstärke zu erhöhen (BVerfGE 93, 352).

Daher dürfen die Gewerkschaften vor Betriebs- bzw. Personalratswahlen Wahlpropaganda betreiben und – außerhalb der Arbeitszeiten – Werbe- und Informationsmaterial verbreiten. Nach Auffassung des BAG muss der Arbeitgeber auch den unaufgeforderten Versand von Gewerkschaftswerbung an die betrieblichen E-Mail-Adressen der Arbeitnehmer dulden (BAG NZA 2009, 615). Soweit die Gewerkschaft ihre Werbung auch an die privaten E-Mail-Adressen der Arbeitnehmer adressieren kann, bedarf es allerdings dieser Beeinträchtigung des Eigentumsrechts des Arbeitgebers und seines Rechts am eingerichteten und ausgeübten Gewerbebetrieb nicht (zutreffend Dumke, RdA 2009, 77). Ein Zutrittsrecht zum Betrieb steht auch betriebsfremden Beauftragten der Gewerkschaft zu (BAG NZA 2006, 798 = RdA 2007, 110 m. Anm. Dieterich). Es findet seine Schranke in den schutzwürdigen Interessen des Arbeitgebers (störungsfreier Arbeitsablauf, Betriebsfrieden, Geheimhaltung, Vertrauen in die Neutralität einer Arbeitnehmervertretung, s. hierzu BVerfG NZA 2007, 394, etc.). Das Eigentum des Arbeitgebers darf durch Werbemaßnahmen nicht ohne weiteres in Anspruch genommen werden (**Fall c**; nach BAG AP Nr. 30 zu Art. 9 GG sind Gewerkschaftsaufkleber auf vom Arbeitgeber gestellten Arbeitshelmen nur mit dessen Zustimmung zulässig).

646a c) Das kollektive Koalitionsrecht schützt die Koalitionspluralität, also den Wettbewerb von mehreren Gewerkschaften. Das wird besonders im Fall der Tarifpluralität bedeutsam (Rn. 726). Es gibt kein Koalitions- oder Tarifmonopol für Großgewerkschaften. Aus diesem Grunde bestehen verfassungsrechtliche Bedenken an dem gemeinsam von DGB und BDA vorgelegten Gesetzesentwurf zur Wahrung der Tarifeinheit.

3. Schranken der Koalitionsfreiheit

647 Art. 9 III GG enthält keinen ausdrücklichen Gesetzesvorbehalt. Schranken der Koalitionsfreiheit ergeben sich jedoch aus dem Grundgesetz. Zunächst folgt eine grundrechtsimmanente Schranke schon aus der in Art. 9 III 1 GG enthaltenen Zweckbestimmung („zur Wahrung und Förderung der Arbeits- und Wirtschaftsbedingungen“). Darüber hinausgehend ist nach ganz h. M. die Betätigungsfreiheit der Koalitionen im Sinne praktischer Konkordanz durch die Grundrechte anderer und sonstige Güter von Verfassungsrang begrenzt (HWK/Hergenröder, Art. 9 GG Rdnr. 81 ff.; vgl. auch **Fall c**). Der Staat ist ferner nicht gehindert, Arbeits- und

Wirtschaftsbedingungen zur Verwirklichung von Gemeinwohlinteressen durch Gesetz zu regeln, auch wenn er dabei die Tarifautonomie zurückdrängt (BVerfGE 92, 365, 393; Henssler, ZfA 1998, 1). Der Gesetzgeber hat dabei allerdings das Verhältnismäßigkeitsprinzip zu beachten.

Das BVerfG hat 1999 die Verfassungsmäßigkeit von Lohnabstandsklauseln nach §§ 275 II, 265 I SGB III bejaht. Gesetzliche Regelungen, die befristet Zuschüsse für Arbeitsbeschaffungsmaßnahmen an die Vereinbarung von untertariflichen Entgelten knüpften, griffen zwar in die Tarifautonomie der Arbeitnehmerkoalitionen ein, könnten aber zur Schaffung zusätzlicher Arbeitsplätze in Zeiten hoher Arbeitslosigkeit gerechtfertigt sein (BVerfGE 100, 271).

Ob auch eine Gemeinwohlbindung zumindest bei der Tarifautonomie anzunehmen ist, bleibt dagegen strittig (vgl. ErfK/Dieterich, Art. 9 GG Rdnr. 80f.). Die praktische Bedeutung dieses Meinungsstreites ist gering, da es kaum denkbar ist, dass ein Tarifvertrag wegen Verletzung der Gemeinwohlbindung der Tarifvertragsparteien für nichtig erklärt wird.

4. Rechtsschutz

Eine Koalition kann sich gegen rechtswidrige Eingriffe in ihre von Art. 9 III GG **648**
gewährleistete kollektive Koalitionsfreiheit mit Hilfe von Unterlassungsklagen wehren. Der Grundrechtsschutz richtet sich nach Art. 9 III 2 GG auch gegen privatrechtliche Beschränkungen, hat also (unmittelbare) Drittwirkung.

Eine Beeinträchtigung der Koalitionsfreiheit der Gewerkschaften kann insbesondere durch sog. „Betriebliche Bündnisse für Arbeit" erfolgen, welche die Verschlechterung einzelner Arbeitsbedingungen gegenüber dem Tarifniveau zur Sicherung der Arbeitsplätze vorsehen. Von einem Eingriff in die Tarifautonomie kann allerdings nur dann gesprochen werden, wenn eine Tarifnorm als kollektive Ordnung verdrängt und damit ihrer zentralen Funktion beraubt werden soll. Das setzt eine betriebliche Regelung voraus, die einheitlich wirken und an die Stelle der Tarifnorm treten soll. Dies kann bei tarifnormwidrigen Betriebsvereinbarungen oder auch bei vertraglichen Einheitsregelungen der Fall sein, wenn diese auf einer Regelungsabrede beruhen oder vom Betriebsrat unterstützt werden. Hiergegen steht der Koalition ein Unterlassungsanspruch analog §§ 1004, 823 BGB i.V.m. Art. 9 III GG zu (BAG NZA 1999, 887 – „Burda").

Die in Absprache mit dem Betriebsrat getroffene, auf Unterlaufen der Tarifbedingungen gerichtete vertragliche Einheitsregelung in **Fall d** verletzt die Gewerkschaft B in ihrer Koalitionsfreiheit, da sie auch die kongruent tarifgebundenen Arbeitnehmer erfasst, die einen unabdingbaren Anspruch (§ 4 I, III TVG) auf den Tariflohn haben. Die Gewerkschaft kann daher nach der Rspr. des BAG gegen A einen Unterlassungsanspruch analog §§ 1004, 823 BGB i.V.m. Art. 9 III GG geltend machen. Daran kann auch die Tatsache nichts ändern, dass die vertraglichen Abreden nach Art. 9 III 2 GG nichtig sind, also die tarifliche Ordnung nicht in rechtlich erzwingbarer Weise ersetzen. Die Beeinträchtigung der Koalitionsfreiheit wird vielmehr schon darin gesehen, dass solche Absprachen faktisch geeignet sind, aufgrund ihres erklärten Geltungsanspruchs an die Stelle der tariflichen Regelung zu treten. Zulässig bleibt es dagegen, solche „Bündnisse für Arbeit" nur mit den nicht tarifgebundenen Außenseitern zu vereinbaren.

III. Das Verbandsrecht der Koalitionen

1. Gewerkschaften

649 a) Die Gewerkschaften sind die koalitionsmäßigen Zusammenschlüsse der Arbeitnehmer und heute als sog. *Einheitsgewerkschaften* weltanschaulich und parteipolitisch weitgehend neutral konzipiert. Grundsätzlich steht es den Koalitionen frei, ihren tariflichen Zuständigkeitsbereich selbst zu bestimmen. In der Bundesrepublik Deutschland sind die Gewerkschaften ganz überwiegend nach dem *Industrieverbandsprinzip* organisiert. Danach gehören z.B. alle Arbeitnehmer der metallverarbeitenden Industrie einer einzigen Gewerkschaft an, gleichgültig, ob sie als Schlosser, Elektriker, Kfz-Mechaniker, kaufmännischer Angestellter oder aber als Koch in der Kantine tätig sind. Dies hat den Vorteil, dass für *einen Betrieb* (z.B. der Metallindustrie) regelmäßig nur *eine Gewerkschaft* (die IG Metall) zuständig ist und diese dadurch einen stärkeren Verhandlungsdruck aufbauen kann. Ein von der Gewerkschaft geschlossener Tarifvertrag gilt dann für alle organisierten Beschäftigten des Betriebes.

„Neben den DGB-Gewerkschaften gibt es eine Anzahl von selbständigen Spartengewerkschaften (Gewerkschaft der Flugsicherung (GdF), Gewerkschaft der Lockführer (GdL), Marburger Bund, Unabhänige Flugbegleiter Organisation (UFO), Verband angestellter Akademiker und leitender Angestellter der chemischen Industrie (VAA), Vereinigung Cockpit (VC)) sowie Gewerkschaften, die sich im Christlichen Gewerkschaftsbund zusammengeschlossen haben. Auch sie sind durch Art. 9 III GG in ihrem Daseins- und Betätigungsrecht geschützt.“

650 Der Deutsche Gewerkschaftsverbund (DGB), der ca. 6,5 Mio. Arbeitnehmer in Deutschland repräsentiert, ist die größte deutsche Spitzenorganisation auf Gewerkschaftsseite. Im DGB waren seit seiner Gründung 1949 zwischenzeitlich bis zu 17 Einzelgewerkschaften verbunden. Seit Mitte der 90er Jahre kam es – nicht zuletzt aufgrund des allgemeinen Mitgliederschwunds – zu immer neuen Fusionen von Gewerkschaften. Heute sind noch acht Gewerkschaften im DGB zusammengeschlossen. Sämtliche DGB-Gewerkschaften sind – wie sich schon an ihren jeweiligen Namen erkennen lässt – nach dem Industrieverbandsprinzip organisiert (MünchArbR/Löwisch/Rieble, § 159, Rdnr. 26).

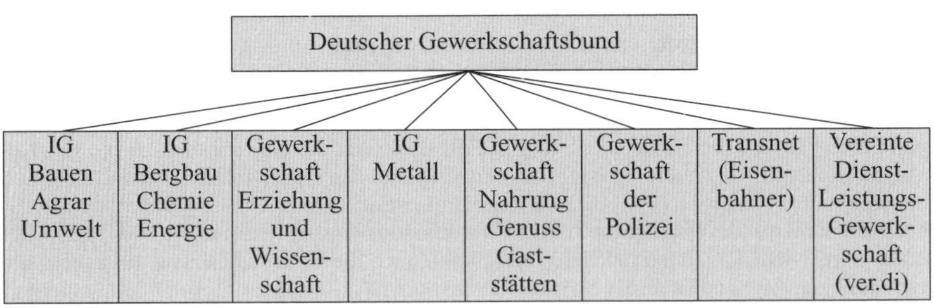

651 Nach dem historisch älteren *Berufsverbandsprinzip*, welches den Zusammenschluss von Arbeitnehmern einer bestimmten Berufsgruppe unabhängig von der Branchenzugehörigkeit kennzeichnet, sind dagegen heute nur wenige Gewerk-

schaften organisiert (bspw. der Marburger Bund als Gewerkschaft der angestellten Ärzte). Allerdings haben neu gegründete Gewerkschaften, die hochqualifizierte Fachkräfte vertreten (beispielsweise die Pilotenvereinigung Cockpit oder die Gewerkschaft der Lokomotivführer [GdL]), aktuelle Aufmerksamkeit erfahren, da sie nach Abschluss des Tarifvertrags für eine bestimmte Branche mit der jeweiligen DGB-Gewerkschaft versuchen, für ihre Mitglieder zusätzliche Vergünstigungen über Arbeitskämpfe durchzusetzen.

b) Die Gewerkschaften haben traditionell die *Rechtsstellung* eines *nichtrechtsfähigen Vereins* (nur kurzfristig war die *Vereinte Dienstleistungsgewerkschaft e.V.* [*ver.di*] eine Ausnahme). **652**

Der Verzicht der Gewerkschaften auf die Eintragung in das Vereinsregister ist nur historisch zu verstehen. Nach dem früheren § 61 II BGB hatte die Verwaltungsbehörde die Möglichkeit, die Eintragung eines Vereins, der sozialpolitische Zwecke verfolgte, abzulehnen. Deshalb stellten die Gewerkschaften keinen Antrag auf Eintragung. Dabei blieb es auch nach Aufhebung der alten Vorschrift.

Nach § 54 BGB sind die Vorschriften über die bürgerlich-rechtliche Gesellschaft (§§ 705 ff. BGB) auf Gewerkschaften anzuwenden. Aufgrund ihrer körperschaftlichen Struktur behandelt die h. M. die Gewerkschaften schon seit langem weitgehend wie rechtsfähige Vereine. Ihre aktive und passive Parteifähigkeit im arbeitsgerichtlichen Verfahren ist aufgrund § 10 ArbGG gewährleistet. Entgegen § 50 I ZPO hatte der BGH den Gewerkschaften aktive Parteifähigkeit auch für das zivilgerichtliche Verfahren zuerkannt (BGHZ 50, 325). Nach der Anerkennung der Rechtsfähigkeit der Außen-GbR (BGHZ 146, 341) dürfte insoweit auch hinsichtlich der Gewerkschaften keine Ausnahme mehr notwendig sein (HWK/Hergenröder, Art. 9 GG Rdnr. 94). Zur Vermögensverwaltung haben die meisten Gewerkschaften Vermögens- und Treuhandgesellschaften in der Rechtsform der AG oder der GmbH gegründet. Die Gewerkschaften haften für ihre verfassungsmäßig berufenen Vertreter und Repräsentanten (zB Mitglieder der örtlichen Streikleitung) deliktisch analog § 31 BGB. Eine Entlastungsmöglichkeit wie im Falle der Haftung aus § 831 BGB besteht nicht; allerdings ist die Haftung auf das Vereinsvermögen beschränkt.

c) Das allgemeine verbandliche, nur an die Satzung gebundene *Ausschließungsrecht* des Vereins ist in Monopolverbänden und Vereinen mit überragender Machtstellung im wirtschaftlichen und sozialen Bereich modifiziert. Eine Gewerkschaft darf ein missliebiges Mitglied daher grundsätzlich nur dann ausschließen, wenn dieses von grundsätzlicher Gegnerschaft getragene, gewerkschaftsfeindliche Angriffe unternommen oder ein prinzipiell anders geartetes Verständnis von der Rolle der Gewerkschaften im demokratischen Staat hat. Allerdings hat das Bundesverfassungsgericht (BVerfGE 100, 214 = RdA 2000, 99 m. Anm. Reuter) unter teilweiser Korrektur der Rspr. des BGH betont, dass das Selbstbestimmungsrecht der Koalitionen wesentlicher Bestandteil der verfassungsrechtlich geschützten Koalitionsfreiheit sei. Für die Koalitionen sei die Solidarität ihrer Mitglieder und ein geschlossenes Auftreten nach außen von besonderer Bedeutung. Das Auftreten eigener Mitglieder auf konkurrierenden Listen – etwa für die Wahl zum Betriebsrat oder für die Wahl der Arbeitnehmervertreter in die Aufsichtsräte der mitbe- **653** stimmten Kapitalgesellschaften – würde diesen Eindruck der Geschlossenheit des Verbandes und damit auch die Glaubwürdigkeit der Wahlaussagen der Koalitionen beeinträchtigen. Ein Ausschluss solcher Mitglieder aus der Gewerkschaft sei daher zulässig.

Eine Gewerkschaft kann sich mit satzungsmäßigen Mitteln gegen Störungen und Gefährdungen ihrer Zielsetzung und inneren Ordnung durch Extremisten wehren (**Fall e**; BGH NJW 1973, 35; zum Ausschluss wegen Mitgliedschaft bei den Republikanern siehe BGH NJW 1994, 43).

2. Arbeitgeberverbände

654 a) Die Arbeitgeberverbände sind ebenfalls in der Regel nach dem Industrieverbandsprinzip organisiert; in Ausnahmefällen erfassen sie aber auch verschiedene Branchen (MünchArbR/Löwisch/Rieble, § 159, Rdnr. 49 ff.).

Auf der untersten Stufe der Organisation steht meist der regionale Fachverband eines bestimmten Wirtschaftszweiges. Dieser regionale Fachverband ist häufig Mitglied eines Landesverbandes, in dem noch weitere Branchen zusammengefasst sind. Regional- und Landesverbände können auf Bundesebene zu einem Spitzenfachverband zusammengeschlossen sein (z.B. Gesamtverband der metallindustriellen Arbeitgeberverbände e. V.). Die einzelnen Spitzenfachverbände und die Landesvereinigungen der Arbeitgeberverbände haben sich auf Bundesebene zur Bundesvereinigung der Deutschen Arbeitgeberverbände e. V. (BDA) zusammengeschlossen.

b) Die Arbeitgeberverbände haben regelmäßig die *Rechtsstellung* eines *rechtsfähigen Vereins.*

654a 3. Sozialpartner im europäischen Arbeitsrecht

Als Sozialpartner auf europäischer Ebene haben sich der Europäische Gewerkschaftsbund (EGB), die Union des Confédération de l'Industrie et des Employeurs d'Europe (UNICE) als europäischer Dachverband der Arbeitgeberverbände und das Centre Européen de l'Entreprise Public (CEEP) als Interessenvereinigung der öffentlichen Arbeitgeber herausgebildet. Der AEUV gesteht ihnen Mitwirkungsrechte im Bereich der europäischen Sozialgesetzgebung zu. Nach Art. 154 II-IV AEUV sind sie vor der Unterbreitung von Vorschlägen im Bereich der Sozialpolitik von der Kommission anzuhören. Art. 153 III AEUV sieht darüber hinaus vor, dass ein Mitgliedstaat den nationalen Sozialpartnern die Umsetzung von Richtlinien auf dem Gebiet des Arbeits- und Sozialrechts (die Regelungsmaterien sind in Art. 153 Abs. 1 AEUV näher aufgeführt) überlassen kann. Bislang hat der deutsche Gesetzgeber von dieser Vorschrift allerdings noch keinen Gebrauch gemacht.

Kapitel 9

Das Tarifvertragsrecht

Schrifttum: Dieterich, Die grundrechtsdogmatischen Grenzen der Tarifautonomie, in: Festschrift Wiedemann, 2002, S. 229; ders./Hanau/Henssler/Oetker/Wank/Wiedemann, Empfehlungen zur Entwicklung des Tarifrechts, RdA 2004, 65; Henssler, Tarifautonomie und Gesetzgebung, ZfA 1998, 1; *Picker,* Tarifautonomie, Betriebsautonomie, Privatautonomie, NZA 2002, 761; *Rieble,* Tarifvertrag und Beschäftigung, ZfA 2004, 1; Rüthers (Hrsg.), Der Konflikt zwischen Kollektivautonomie und Privatautonomie im Arbeitsleben, 2002; Wiedemann, Die Gestaltungsaufgabe der Tarifvertragsparteien, RdA 1997, 297.

Fälle:

a) 20 Fließbandarbeiter in der Automobilindustrie treten aus der IG Metall aus und gründen **655**
eine neue „Gewerkschaft“. Kann sie einen Tarifvertrag abschließen?

b) Der Arbeitgeber möchte mit der Gewerkschaft einen Tarifvertrag schließen, obwohl er Mitglied eines Arbeitgeberverbandes ist, dessen Satzung dem einzelnen Mitglied den Abschluss von Tarifverträgen verbietet.

c) Im Arbeitsvertrag sind 30 Tage Urlaub und 10,– € Urlaubsgeld pro Tag (= 300,– €) vereinbart. Der Tarifvertrag sieht 25 Tage Urlaub und Urlaubsgeld in Höhe von 13,– €/Tag (= 325,– €) vor. Der Arbeitnehmer verlangt 30 Tage Urlaub und 13,– €/Tag (= 390,– €) Urlaubsgeld.

d) Der organisierte Arbeitnehmer N klagt ein Jahr nach seinem Ausscheiden aus dem Betrieb des organisierten Arbeitgebers G für den letzten Monat, in dem er bei G gearbeitet hat, den Tariflohn ein. G macht geltend, bei seinem Ausscheiden habe N eine Quittung unterschrieben, wonach ihm keine Ansprüche gegen G mehr zustünden. Außerdem sei im Arbeitsvertrag vereinbart worden, dass Ansprüche spätestens zwei Wochen nach Beendigung des Arbeitsvertrags geltend zu machen seien.

e) Im Verbandstarifvertrag sind u.a. Bestimmungen über die Löhne und genaue Regeln über eine Torkontrolle festgelegt. Der Arbeitgeber G, der dem Arbeitgeberverband angehört, verlangt von dem nichtorganisierten Arbeitnehmer N, dass dieser die tariflichen Regeln über die Torkontrolle beachtet. N, der untertariflich entlohnt wird, möchte wissen, wie er einen Anspruch auf den Tariflohn – möglichst auch für die Vergangenheit – erlangen kann.

f) Der Arbeitgeber G tritt – verärgert über den hohen Lohnabschluss – unmittelbar nach dem Tarifabschluss aus dem Arbeitgeberverband aus. Deshalb will er den organisierten Arbeitnehmern die neuen Tariflöhne nicht zahlen. Mit Recht?

g) Trotz des Bestehens eines Lohntarifvertrags ruft die Gewerkschaft zum Streik um höhere Löhne auf. Der Arbeitgeberverband möchte wissen, was er tun soll. Die Mitglieder des Arbeitgeberverbandes verlangen von der Gewerkschaft Ersatz des Schadens, der ihnen durch den Arbeitsausfall entstanden ist.

h) Der Arbeitgeber G kümmert sich nicht um den Lohntarifvertrag, den sein Arbeitgeberverband abgeschlossen hat; er zahlt untertarifliche Löhne an die Gewerkschaftsmitglieder, die sich damit abfinden, um ihren Arbeitsplatz nicht zu verlieren. Was kann die Gewerkschaft tun?

656 Der Tarifvertrag ist ein Vertrag (Rdnr. 660ff.) zwischen tariffähigen Parteien (Rdnr. 665ff.) zur Regelung von schuldrechtlichen Rechten und Pflichten der Vertragsparteien (Rdnr. 727ff.) und zur Festsetzung von Rechtsnormen (Rdnr. 673ff.; vgl. §§ 1 I, 2 I, III TVG). Der Tarifvertrag dient zum einen dem Schutz des Arbeitnehmers, der als Einzelner nahezu machtlos ist (Schutzfunktion wegen struktureller Unterlegenheit, vgl. auch Rdnr. 18f.) und trägt dazu bei, Lohngerechtigkeit in seinem Geltungsbereich zu erzielen (Verteilungsfunktion). Zum anderen bewirkt er eine Typisierung der Arbeitsverträge, die als Massenverträge aus Vereinfachungsgründen eine gleichmäßige Regelung der Arbeitsbedingungen erforderlich machen (Ordnungsfunktion). Außerdem soll durch den Tarifvertrag erreicht werden, dass während seiner Laufzeit um die in ihm geregelten Fragen kein Arbeitskampf geführt wird (Friedensfunktion). Schließlich tragen Tarifverträge nicht selten zu einer Fortbildung des Arbeitsrechts bei.

657 Der Tarifvertrag ist als Instrument der staatsfreien Preisbildung am Arbeitsmarkt der mit Abstand wichtigste Ordnungsfaktor des Arbeitsrechts. Über 84% aller Arbeitsverhältnisse werden in Deutschland bis heute durch Tarifverträge bestimmt. Derzeit existieren ca. 70.600 gültige Tarifverträge, wobei den Firmentarifverträgen wachsende Bedeutung zukommt. Zum 1. 7. 2009 waren 463 Tarifverträge für allgemeinverbindlich erklärt (dazu Rdnr. 714ff.), mit der Folge, dass auch die Arbeitsverträge der sog. *Außenseiter* (Arbeitnehmer und Arbeitgeber, die nicht Mitglied der tarifvertragsschließenden Koalitionen sind) von den Tarifverträgen normativ erfasst waren (§ 5 IV TVG). Der Tarifvertrag regelt wegen des Günstigkeitsprinzips (§ 4 III TVG) nur Mindestarbeitsbedingungen. Er soll die auf der einzelvertraglichen Ebene funktionsschwache Privatautonomie auf der kollektiven Ebene wiederherstellen.

Diese Funktion kann er nur erfüllen, wenn unter den Tarifparteien ein Mindestmaß an *Verhandlungs- und Kampfgleichgewicht (Waffengleichheit* oder *Kampfparität)* besteht (BAG (GS) AP Nr. 1 zu Art. 9 GG Arbeitskampf). Keine Seite darf der anderen wegen eines dauerhaften Übergewichts ihren Willen aufzwingen können. Nur dann besteht die Vermutung einer „materiellen Richtigkeitsgewähr" der erzielten Tarifabschlüsse, d.h. eines angemessenen Ausgleichs der widerstreitenden Interessen auf Arbeitgeber- und Arbeitnehmerseite (BAG AP Nr. 64 zu Art. 9 GG Arbeitskampf).

658 Tarifverträge sind ein Teil der Rechtsordnung. Die Regelungsmacht der Tarifparteien ist in doppelter Weise eingeschränkt. Nach Art. 9 III GG gilt sie zum einen nur für die Arbeits- und Wirtschaftsbedingungen ihrer Mitglieder, die sich durch ihren Beitritt der Regelungsmacht unterwerfen. Rechtssetzungsmacht gegenüber Außenseitern haben die Tarifparteien aus sich heraus nicht (BVerfGE 44, 322, 347). Zum anderen sind die Tarifparteien an das höherrangige (nicht tarifdispositive) Recht gebunden (HWK/Henssler, Einl. TVG Rdnr. 24).

659 Eine unmittelbare Grundrechtsbindung der Tarifvertragsparteien ist demgegenüber abzulehnen. Die Tarifautonomie ist als kollektiv ausgeübte Privatautonomie zu verstehen. Tarifverträge sind also das Ergebnis autonomer Rechtsgestaltung durch Private (ErfK/Dieterich, Einl. GG Rdnr. 47), so dass für die Vertragspartner nur eine mittelbare Grundrechtsbindung greifen kann (HWK/Henssler, Einl. TVG

Rdnr. 15f.; lehrreich BAG NZA 2004, 1339 = RdA 2005, 177 mit Anm. Dieterich).

Seit 1982 verzeichnet die Bundesrepublik eine erhebliche Zunahme der Arbeitslosigkeit von anfangs 2 Mio., zeitweise ca. 5 Mio. und im Frühling 2010 ca. 3,5 Mio. registrierten Arbeitslosen. Die Ursachen liegen gewiss nicht allein im Arbeitsrecht bzw. Tarifrecht, doch stellt sich die Frage nach Reformen (vgl. Dieterich/Hanau/Henssler u.a., RdA 2004, 65).

I. Vertragsschluss

1. Willenseinigung

a) Wie jeder Vertrag kommt auch der Tarifvertrag durch inhaltlich *übereinstimmende Willenserklärungen* von mindestens zwei Parteien zustande (§§ 145f. BGB; Brox/Walker, AT, Rdnr. 77ff., 165ff.). Das Besondere des Tarifvertrags besteht darin, dass Vertragsparteien auf der einen Seite nur Vereinigungen von Arbeitgebern oder einzelne Arbeitgeber und auf der anderen Seite nur Vereinigungen von Arbeitnehmern (Gewerkschaften) sein können; nur tariffähige Parteien (§ 2 TVG; Rdnr. 666ff.) sind in der Lage, einen Tarifvertrag abzuschließen. Selbst wenn durch den Schiedsspruch einer (vereinbarten oder staatlichen) Schlichtungsstelle ein Tarifvertrag festgelegt wird, so ist dieser nur nach Zustimmung der Parteien bindend. **660**

Aufgrund der normativen Wirkung des Tarifvertrags (§ 4 I TVG) lassen sich die Vorschriften des Allgemeinen Teils des BGB sowie des Allgemeinen Teils des Schuldrechts nicht unbesehen übernehmen. Der Schutz des Vertrauens der Verbandsmitglieder auf die Wirksamkeit der Tarifnormen verbietet einen Rückgriff auf die Dissensregeln der §§ 154, 155 BGB; gleiches gilt für die Leistungsstörungen nach den §§ 275ff. BGB. Die Auslegung des schuldrechtlichen Teils des Tarifvertrags richtet sich nach dem verobjektivierten Empfängerhorizont gem. §§ 133, 157 BGB; im Bereich der Tarifnormen gelten die Grundsätze der Gesetzesauslegung (str.).

b) Auch wenn es umstritten ist, ob bei *Willensmängeln* die §§ 116, 119, 123 BGB (dafür: Löwisch/Rieble, § 1 TVG Rdnr. 494; Gamillscheg, Kollektives Arbeitsrecht I, S. 513; dagegen: Wiedemann/Thüsing, § 1 TVG Rdnr. 245) und die Grundsätze über die Störung der Geschäftsgrundlage (§ 313 BGB) überhaupt anwendbar sind (vgl. Löwisch/Rieble, § 1 TVG Rdnr. 522ff.), so besteht doch Einigkeit, dass es jedenfalls zu keiner rückwirkenden Nichtigkeit nach § 142 I BGB kommen darf. Eine rückwirkende Vernichtung des Tarifvertrags verbietet sich wegen der Rechtsnormen des Tarifvertrags, die in der Vergangenheit schon auf die Arbeitsverhältnisse eingewirkt haben. Das Vertrauen in Tarifverträge müsste unter einer solchen Rückwirkung leiden. **661**

c) Bei *Teilnichtigkeit* des Tarifvertrags (z.B. Verstoß einer Vertragsbestimmung gegen ein gesetzliches Verbot) ist die Regel des § 139 BGB unanwendbar. Vielmehr bleibt im Interesse des Arbeitnehmerschutzes und zur Vermeidung einer Rechtsunsicherheit der übrige Teil des Tarifvertrags wirksam. **662**

Nur ausnahmsweise ist der ganze Tarifvertrag nichtig, nämlich dann, wenn der verbleibende gültige Teil des Vertrags allein keine sinnvolle Regelung mehr darstellt (Wiedemann/Thüsing, TVG, § 1 Rdnr. 245, 332 m. w. Nachw.).

2. Form des Vertrags

663 Der Tarifvertrag bedarf der *Schriftform* (§ 1 II TVG). Die Form dient der Klarstellung seines Inhalts. Bei mehrgliedrigen Vereinbarungen (etwa bei dreigliedrigen Standortvereinbarungen zwischen Arbeitgeber, Gewerkschaften und Betriebsrat) soll sie zudem deutlich machen, wer Urheber der einzelnen Regelungskomplexe ist und um welche Rechtsquellen es sich handelt (BAG NZA 2008, 1074). Die Schriftform richtet sich nach § 126 BGB; bei ihrer Nichteinhaltung ist der Tarifvertrag nichtig (§ 125, 1 BGB). Die Form ist auch bei einer Änderung des Tarifvertrags sowie bei der Vereinbarung einer Vertragsverlängerung zu beachten.

Obwohl der Tarifvertrag Rechtsnormen enthält, ist eine Verkündung zur Wirksamkeit des Vertrags nicht erforderlich. Zwar sind Tarifverträge in das beim Bundesministerium für Arbeit und Soziales geführte Tarifregister einzutragen (vgl. §§ 6, 7 TVG) und vom Arbeitgeber an geeigneter Stelle im Betrieb auszulegen (§ 8 TVG); eine Verletzung der genannten Ordnungsvorschriften hat aber keinen Einfluss auf die Gültigkeit des Tarifvertrags (HWK/Henssler, § 6 TVG Rdnr. 7).

3. Stellvertretung

664 Die Tarifvertragspartei kann beim Vertragsschluss durch ihr Organ oder durch einen Bevollmächtigten vertreten werden. Oft sieht die Satzung dafür eine besondere (Tarif-)Kommission vor.

Die Regeln der §§ 164 ff. BGB sind anwendbar (Brox/Walker, AT, Rdnr. 508 ff.). Ergänzend gelten die Grundsätze der Duldungs- und Anscheinsvollmacht (BAG NZA 2008, 892). Obwohl der Tarifvertrag der Schriftform bedarf, ist diese Form für die Bevollmächtigung nicht erforderlich (§ 167 II BGB). Zur Vertretung durch eine Spitzenorganisation: Rdnr. 671.

II. Tarifvertragsparteien

Schrifttum: Henssler, Soziale Mächtigkeit und organisatorische Leistungsfähigkeit als Voraussetzung der Tariffähigkeit von Gewerkschaften, 2006; Junker, Die Tarifzuständigkeit als Wirksamkeitserfordernis des Tarifvertrages, ZfA 2007, 229; Richardi, Koalitionsfreiheit und Tariffähigkeit, in: Festschrift Wissmann, 2005, S. 159; Schrader, Arbeitgeberverbände und soziale Mächtigkeit, NZA 2001, 1337; Wank/Schmidt, Neues zur sozialen Mächtigkeit und organisatorischen Leistungsfähigkeit einer Arbeitnehmervereinigung – Die Entwicklungslinien der BAG-Rechtsprechung und konkrete Folgerungen, RdA 2008, 257.

665 Partei eines Tarifvertrags kann nur sein, wer tariffähig (Rdnr. 666 ff.) und tarifzuständig (Rdnr. 672) ist. Dabei können auf jeder Seite des Tarifvertrags auch mehrere Tarifvertragsparteien stehen (mehrgliedriger Tarifvertrag). Tariffähigkeit und Tarifzuständigkeit der Vertragsparteien sind *Wirksamkeitsvoraussetzungen*

des Tarifvertrags. Fehlen sie zum Zeitpunkt des Vertragsschlusses bei nur einer der Vertragsparteien, so ist der Tarifvertrag unwirksam.

1. Tariffähigkeit

Tariffähigkeit ist die *Fähigkeit, Partei eines Tarifvertrags zu sein.* Sie ist in § 2 TVG geregelt. **666**

Die Tariffähigkeit ist von der Rechtsfähigkeit (= Fähigkeit, Träger von Rechten und Pflichten zu sein) zu unterscheiden. So kann z.B. eine als nicht rechtsfähiger Verein organisierte Gewerkschaft zwar nicht rechtsfähig, wohl aber tariffähig sein (§ 2 I TVG).

Über die Tariffähigkeit – wie auch über die Tarifzuständigkeit – entscheidet das Arbeitsgericht im Beschlussverfahren (§§ 2a I Nr. 4, 97 ArbGG; Rdnr. 1087ff.).

a) *Tariffähigkeit der Koalitionen*

Nach § 2 I TVG sind *Gewerkschaften* und *Vereinigungen von Arbeitgebern* tariffähig. Voraussetzung ist, dass sie alle Begriffsmerkmale einer Koalition (Rdnr. 628ff.) erfüllen. **667**

Innungen und Innungsverbände sind keine arbeitsrechtlichen Koalitionen, sondern öffentlich-rechtliche Berufsorganisationen der Handwerker. Dennoch kann der Abschluss von Tarifverträgen zu ihren Aufgaben gehören (§§ 54 III Nr. 1, 82 Nr. 3, 85 II 1 HandwO); das ist verfassungsrechtlich nicht zu beanstanden (BVerfGE 20, 312).

Darüber hinaus müssen weitere Merkmale erfüllt sein:

Erforderlich ist die *Tarifwilligkeit* der Koalition (h.M., HWK/Henssler, § 2 TVG Rdnr. 15). Nach der Satzung des Verbandes muss der Abschluss von Tarifverträgen zu den Aufgaben des Verbandes gehören. Denn für die Mitglieder muss erkennbar sein, dass der Verband Tarifverträge schließen kann, deren Wirkungen auch sie treffen würden.

Für die Tariffähigkeit von Arbeitnehmerkoalitionen wird zusätzlich eine gewisse *soziale Mächtigkeit* gefordert (BAG NZA 2001, 160; NZA 2006, 1112). Es muss erwartet werden, dass der Arbeitnehmerverband vom Gegner ernst genommen wird, so dass die Regelung der Arbeitsbedingungen nicht einem Diktat der anderen Seite entspringt. Deshalb wird eine Durchsetzungskraft gegenüber dem sozialen Gegenspieler verlangt, die sicherstellt, dass dieser wenigstens Verhandlungsangebote nicht übersehen kann (BVerfGE 58, 233; BAG AP Nr. 25, 30 zu § 2 TVG). Überzogene Anforderungen haben dazu geführt, dass nicht im DGB organisierten Gewerkschaften in der Vergangenheit vielfach die Tariffähigkeit abgesprochen wurde (vgl. nur die problematische Entscheidung des ArbG Stuttgart, NZA-RR 2004, 540, dessen Sicht allerdings zu Recht von BAG NZA 2006, 1112 nicht geteilt wurde; dazu Rieble, BB 2004, 885 und Henssler, Soziale Mächtigkeit von Gewerkschaften, S. 25ff.). Vor dem Hintergrund der kollektiven und individuellen Koalitionsfreiheit bestehen Zweifel an der Verhältnismäßigkeit der mit der „Mächtigkeitslehre" des BAG verbundenen Eingriffe. Sobald eine Tarifpartei erfolgreich auftritt, sollte ihre Tariffähigkeit grundsätzlich nicht in Zweifel gezogen werden. Eine Missbrauchskontrolle erscheint ausreichend. **668**

Im **Fall a** ist die neue Arbeitnehmerkoalition mangels ausreichender sozialer Mächtigkeit (noch) keine Gewerkschaft i. S. d. § 2 I TVG, so dass sie keinen Tarifvertrag abschließen kann.

669 Die Tariffähigkeit setzt *keine Arbeitskampfbereitschaft* voraus (vgl. BVerfGE 18, 18; MünchArbR/Löwisch/Rieble, § 164 Rdnr. 23). Ein Verband, dessen Satzung den Arbeitskampf als letztes Kampfmittel ausschließt, kann ebenso wie ein zum Arbeitskampf bereiter Verband in der Lage sein, der Gegenseite gleichgewichtig gegenüberzutreten und die Interessen seiner Mitglieder beim Aushandeln eines Tarifvertrags mit hinreichendem Druck zu vertreten.

b) *Tariffähigkeit des einzelnen Arbeitgebers*

670 Der einzelne Arbeitgeber ist tariffähig (§ 2 I TVG). Das ermöglicht auch nicht organisierten Arbeitgebern den Abschluss von Firmentarifverträgen. Durch Fernbleiben vom Verband kann sich der Arbeitgeber somit dem Wunsch der Gewerkschaft nach Abschluss eines Tarifvertrags nicht entziehen. Selbst der in einem Arbeitgeberverband organisierte Arbeitgeber bleibt selbst tariffähig (BAG NZA 2001, 1085). Daran ändert sich auch dann nichts, wenn die Satzung des Verbandes den Mitgliedern Tarifabschlüsse verbietet (**Fall b**).

In **Fall b** verstößt der Arbeitgeber durch den Tarifabschluss zwar gegen seine Mitgliedspflichten; es können gegen ihn vereinsrechtliche (Straf-)Maßnahmen verhängt werden. Die Gültigkeit des Tarifvertrags scheitert daran aber nicht. Wenn außer diesem (Firmen-, Werks-, Betriebs- oder Haus-)Tarifvertrag noch ein vom Arbeitgeberverband abgeschlossener (Verbands-)Tarifvertrag besteht, so geht bei einer Tarifkonkurrenz im einzelnen Arbeitsverhältnis der Firmentarif als die sach- und betriebsnähere, speziellere Regelung dem Verbandstarif als der allgemeinen Regelung vor (BAG NZA 2001, 788 = AP Nr. 173 zu § 1 TVG Tarifverträge: Metallindustrie m. Anm. Wieland; vgl. auch Rdnr. 725).

c) *Tariffähigkeit der Spitzenorganisationen*

671 Als Spitzenorganisationen bezeichnet § 2 II TVG *Zusammenschlüsse von Gewerkschaften oder von Vereinigungen von Arbeitgebern.* Sie sind, sofern der Abschluss von Tarifverträgen zu ihren satzungsgemäßen Aufgaben gehört, selbst tariffähig (§ 2 III TVG), können also im eigenen Namen Tarifverträge schließen, obwohl nicht die einzelnen Arbeitnehmer bzw. Arbeitgeber, sondern die Gewerkschaften bzw. Arbeitgeberverbände ihre Mitglieder sind. Der Tarifabschluss einer Spitzenorganisation hat keinen Einfluss auf die Tariffähigkeit der angeschlossenen Verbände.

Der DGB nimmt allerdings seine Möglichkeiten als tariffähige Spitzenorganisation nach seiner Satzung (§ 2 Nr. 4 f und g der Satzung des DGB) nicht wahr.

Die Spitzenorganisation kann auch im Namen der angeschlossenen Verbände Tarifverträge abschließen (§ 2 II TVG); in diesem Fall braucht sie selbst nicht tariffähig zu sein, da sie nicht Partei des Tarifvertrags werden soll. Erfüllt sein müssen jedoch die Voraussetzungen des § 164 BGB (Rdnr. 664); die Spitzenorganisation muss also im Namen der angeschlossenen Verbände handeln und von diesen bevollmächtigt sein.

In beiden Fällen – Abschluss im eigenen Namen oder in Vertretung der angeschlossenen Verbände – haften für die Erfüllung der gegenseitigen Vertragspflichten gesamtschuldnerisch sowohl die Spitzenorganisation selbst (§ 2 IV TVG) als auch die angeschlossenen Verbände (§ 2 IV TVG und bei Vertretung § 164 BGB).

Darüber hinaus können auf Arbeitgeber- wie auf Arbeitnehmerseite Tarifgemeinschaften auftreten (vgl. MünchArbR/Löwisch/Rieble, § 164 Rdnr. 72 ff.). Die Terminologie ist uneinheitlich, teilweise wird davon ausgegangen, die Tarifgemeinschaft werde selbst Vertragspartner, teilweise wird sie nur als Koordinationsstelle selbständiger Arbeitgeber(verbände) eingestuft.

2. Tarifzuständigkeit

Die Partei eines Tarifvertrags muss nicht nur tariffähig, sondern auch tarifzu- 672
ständig sein. Unter der Tarifzuständigkeit ist die aus der Kollektivautonomie der Koalition oder der Privatautonomie des Arbeitgebers folgende Befugnis zu verstehen, Tarifverträge mit einem bestimmten räumlichen, zeitlichen, betrieblich-fachlichen und persönlichen Geltungsbereich abzuschließen. Während der einzelne Arbeitgeber nur für sein Unternehmen tarifzuständig ist, richtet sich die Tarifzuständigkeit der Verbände jeweils nach dem in ihrer Satzung festgelegten Geschäftsbereich. Nur innerhalb dieses Zuständigkeitsbereiches kann der Verband wirksame Tarifverträge schließen (BAG AP Nr. 1 zu § 2 TVG Tarifzuständigkeit).

Das Erfordernis der Tarifzuständigkeit soll helfen, Kompetenzstreitigkeiten zwischen gleichrangigen Verbänden und Tarifkonkurrenzen in den Betrieben zu vermeiden. Hierfür ist allerdings eine Abstimmung der Zuständigkeitsbereiche erforderlich, die weitgehend dadurch garantiert wird, dass Gewerkschaften und Arbeitgeberverbände regelmäßig nach dem Industrieverbandsprinzip organisiert sind (Rdnr. 649, 654). Dementsprechend haben die im DGB zusammengeschlossenen Gewerkschaften nach § 16 der DGB-Satzung bei Abgrenzungsstreitigkeiten ein Schiedsverfahren durchzuführen, über das innerhalb des DGB eine eindeutige Zuständigkeitsverteilung erreicht werden soll (Grundsatz: „Ein Betrieb, eine Gewerkschaft“). Der Schiedsspruch ist gegenüber dem sozialen Gegenspieler verbindlich.

Ist ein Verband nach dem Berufsverbandsprinzip organisiert und ein konkurrierender anderer Verband nach dem Industrieverbandsprinzip, so kann es zu Zuständigkeitsüberschneidungen und damit auch zu Tarifkonkurrenzen (Rdnr. 725) im einzelnen Betrieb kommen.

III. Normativer Teil des Tarifvertrags

Schrifttum: Bayreuther, Tarifpluralitäten und -konkurrenzen im Betrieb, NZA 2007, 187; Bepler, Tarifverträge im Betriebsübergang, RdA 2009, 65; Dieterich, Flexibilisiertes Tarifrecht und Grundgesetz, RdA 2002, 1; ders./Hanau/Henssler/Oetker/Wank/Wiedemann, Empfehlungen zur Entwicklung des Tarifrechts, RdA 2004, 65; Franzen, Das Ende der Tarifeinheit und die Folgen, RdA 2008, 193; Henssler, Unternehmensumstrukturierung und Tarifvertrag, in: Festschrift Schaub, 1998, S. 311; Höpfner, Blitzaustritt und Blitzwechsel in die OT-Mitgliedschaft, ZfA 2009, 541; ders., Die unbegrenzte Nachbindung an Tarifverträge, NJW 2010, 2173; ders., Nochmals: Vertrauensschutz bei Änderung der Rechtsprechung zu arbeitsvertraglichen Bezugnahmeklauseln, NZA 2009, 420; Hromadka, Tarifeinheit bei Tarifpluralität, Gedächtnisschrift Heinze, 2005, S. 383; Hromadka/Schmitt-Rolfes, Am Ziel? – Senat will Grundsatz der Tarifeinheit bei Tarifpluralität kippen, NZA 2010, 687; Jacobs, Tarifpluralität statt Tarifeinheit, Aufgeschoben ist nicht aufgehoben!, NZA 2008, 325; Kempen, Aktuelles zur Tarifpluralität und zur Tarifkonkurrenz, NZA 2003, 415; Möschel, Tarifvertragsreform zwischen Ökonomie und Verfassung, BB 2005, 490; Rieble, „Blitzaustritt" und tarifliche Vorbindung, RdA 2009, 280; Robert, Vereinbarkeit betrieblicher Bündnisse für Arbeit mit dem Günstigkeitsprinzip, 2003; Schliemann, Tarifliches Günstigkeitsprinzip und Bindung der Rechtsprechung, NZA 2003, 122; Sittard, Neue Mindestlohngesetze in Deutschland, NZA 2009, 346; ders./Ulbrich, Rechtsprechungsänderung bei der Auslegung von Bezugnahmeklauseln, ZTR 2006, 458; Willemsen/Hohenstatt u.a., Umstrukturierung und Übertragung von Unternehmen, 2. Aufl., 2003.

673 Eine Besonderheit des Tarifvertrags besteht darin, dass die Tarifvertragsparteien im Vertrag Rechtsnormen schaffen können, die unmittelbar und zwingend (Rdnr. 680ff.) auf die zwischen den tarifgebundenen Personen (Rdnr. 705ff.) bestehenden Arbeitsverhältnisse einwirken (normativer Teil).

1. Arten der Normen

674 Das Gesetz unterscheidet zwischen folgenden Arten von Rechtsnormen (§§ 1 I, 4 I TVG):

a) *Inhaltsnormen regeln den Inhalt der einzelnen Arbeitsverhältnisse.*

Beispiele: Regelungen über Haupt-, Neben- und Schutzpflichten der Arbeitsvertragsparteien wie Entgelt (Zeit- oder Akkordlohn, Höhe, Bemessungsgrundlagen), Zulagen, Weihnachtsgeld, Arbeitszeit (Dauer, Lage), Wettbewerbsverbote, Urlaub und Urlaubsgeld.

b) *Abschlussnormen betreffen die Begründung von Arbeitsverhältnissen.*

675 Beispiele: Formvorschriften (etwa Schriftform) für den Abschluss des Arbeitsvertrags, Abschlussverbote (Zahl der Auszubildenden darf nur einen bestimmten Prozentsatz aller Beschäftigten ausmachen), Abschlussgebote (für ältere Arbeitnehmer, Auszubildende, Wiedereinstellung nach Arbeitskampf), Befristungsregeln (str.).

c) *Beendigungsnormen regeln das „Ob" und „Wie" der Beendigung von Arbeitsverhältnissen.*

676 Beispiele: Ende des Arbeitsverhältnisses bei Erreichen eines bestimmten Alters (Rdnr. 597), über § 623 BGB hinausgehende Form- oder Begründungserfordernisse, Einschränkung des Rechts zur ordentlichen Kündigung, verlängerte Kündigungsfristen.

677 d) *Betriebsnormen* behandeln Fragen des Betriebes. Nach dem BAG ist dies der Fall, wenn eine Regelung auf der Ebene des Individualarbeitsvertrags evident sachlogisch unzweckmäßig wäre und deshalb eine einheitliche Regelung auf betrieblicher Ebene für alle Arbeitnehmer – ob organisiert oder nicht – erforderlich ist. Dazu zählen Fragen, die unmittelbar die Organisation und Gestaltung des Betriebes, also der Betriebsmittel und der Belegschaft, betreffen (BAG NZA 1998, 213) Die Einordnung einer tariflichen Regelung als Betriebsnorm ist wegen der damit verbundenen Erstreckung auf Außenseiter (§ 3 II TVG; vgl. Rdnr. 713) wichtig. Im Schrifttum ist die Abgrenzung bis heute umstritten (vgl. Dieterich/Hanau/Henssler u.a., RdA 2004, 65, 72).

Als Betriebsnormen hat das BAG eingeordnet: Lehrlingsskalen, qualitative Besetzungsregeln, technische Überwachungseinrichtungen, Torkontrollen, Rauchverbote, Kleiderordnungen und sonstige Maßnahmen zur Ordnung des Betriebes, Auswahlrichtlinien nach § 1 IV KSchG, Regelungen zur betrieblichen Altersversorgung. Auch Kurzarbeitsklauseln werden von der h. M. als Betriebsnormen mit der Folge der Geltung auch für Außenseiter eingestuft.

e) *Betriebsverfassungsrechtliche Normen* behandeln die Rechtsstellung der Arbeitnehmerschaft im Betrieb und deren Organe. Sie ergänzen das BetrVG. **678**

In einigen Fällen (z. B. §§ 3, 38 I 5, 47 IV, 55 IV, 72 IV, 76 VIII, 86, 117 II BetrVG) lässt das Gesetz ausdrücklich eine tarifvertragliche Regelung zu. Darüber hinaus sind Abweichungen in Bezug auf die Organisation der Betriebsverfassung unzulässig. Ebenso unzulässig ist eine Beschränkung der gesetzlichen Mitwirkungs- und Mitbestimmungsrechte des Betriebsrats (vgl. HWK/Henssler, § 1 TVG Rdnr. 53 f.). Umstritten ist, inwiefern die Mitbestimmungsrechte des Betriebsrats erweitert werden dürfen. Eine von der gesetzlichen Regelung abweichende Zusammensetzung des Aufsichtsrats kann im Tarifvertrag nicht wirksam vereinbart werden, weil durch einen Tarifvertrag nicht in die Organisation der Gesellschaft eingegriffen werden kann.

f) *Normen über gemeinsame Einrichtungen der Tarifvertragsparteien* sind die Regeln über die Errichtung, Erhaltung und Benutzung einer solchen Einrichtung sowie über die Rechte und Pflichten der Arbeitgeber und der Arbeitnehmer gegenüber der Einrichtung (§ 4 II TVG). Dies ist eine Besonderheit, da Tarifverträge ansonsten nur auf das Arbeitsverhältnis selbst und nicht auf Beziehungen zu Dritten einwirken. **679**

Gemeinsame Einrichtungen sollen Aufgaben wahrnehmen, zu deren Erfüllung der einzelne Arbeitgeber finanziell und organisatorisch nicht in der Lage wäre. Beispiele für gemeinsame Einrichtungen: Lohnausgleichs-, Urlaubs-, Versorgungskassen, Wohlfahrtseinrichtungen, Fortbildungsstätten; praktisch bedeutsam ist die Soka-Bau, die Urlaubskasse der Bauindustrie, die auf für allgemeinverbindlich erklärten Tarifverträgen beruht.

Beispiele für normative Regelungen: Verpflichtung der einzelnen Mitglieder des Arbeitgeberverbandes zur Finanzierung einer Lehrwerkstatt, Ordnung der Benutzung eines Erholungsheimes, Festlegung der Satzung einer Pensionskasse.

2. Wirkungen der Normen

a) *Unmittelbare und zwingende Wirkung*

Aus § 4 I 1 TVG ergibt sich die grundsätzlich unmittelbare und zwingende Wirkung von tarifvertraglichen Normen. **680**

(1) Die *unmittelbare Wirkung* bedeutet, dass die Norm automatisch das einzelne Arbeitsverhältnis erfasst. Die Tarifnorm wirkt – wie andere Rechtsnormen auch – auf den Arbeitsvertrag ein, ohne dass es auf die Kenntnis oder gar auf die Billigung der jeweiligen Norm durch die Parteien des Arbeitsvertrags ankommt.

Beispiel: Der Arbeitsvertrag enthält keine Bestimmung über die Zahlung eines Weihnachtsgeldes. Der später abgeschlossene Tarifvertrag sieht ein Weihnachtsgeld vor. Er wirkt wie ein Gesetz unmittelbar auf den Arbeitsvertrag ein, so dass ein Weihnachtsgeldanspruch besteht, selbst wenn der tarifgebundene Arbeitgeber und der tarifgebundene Arbeitnehmer vom Inhalt des Tarifvertrags nichts wissen.

681 (2) Die *zwingende Wirkung* bedeutet, dass die Norm nicht durch eine Vereinbarung im Arbeitsvertrag zum Nachteil des Arbeitnehmers abbedungen werden kann (§ 4 I, III TVG). Eine solche Vereinbarung ist unanwendbar; nur ausnahmsweise ist eine entgegenstehende Vereinbarung nichtig (§ 134 BGB). Ob Nichtigkeit eintritt, muss durch Auslegung des Tarifvertrags ermittelt werden.

Beispiel: Der Arbeitsvertrag enthält eine Bestimmung über ein Konkurrenzverbot des Arbeitnehmers; der Tarifvertrag verbietet Konkurrenzklauseln. Da die Konkurrenzklausel des Arbeitsvertrags gegen die zwingende Norm des Tarifvertrags verstößt, ist sie unwirksam. Dabei ist es gleichgültig, ob der Arbeitsvertrag vor oder nach Beginn der Tarifwirkung abgeschlossen wurde. Sobald die von den Tarifvertragsparteien festgelegte Tarifwirkung eintritt, entfällt die dem Tarifvertrag widersprechende Bestimmung des Arbeitsvertrags.

Regelmäßig treten die unmittelbare und die zwingende Wirkung einer Tarifnorm zusammen ein.

Beispiel: Der tarifgebundene Arbeitgeber vereinbart mit dem tarifgebundenen Arbeitnehmer im Arbeitsvertrag einen untertariflichen Lohn. Die arbeitsvertragliche Lohnvereinbarung ist wegen Verstoßes gegen die Tarifnorm unanwendbar (= zwingende Wirkung), und die tarifliche Lohnvereinbarung tritt an die Stelle der arbeitsvertraglichen Vereinbarung (= unmittelbare Wirkung).

Einschränkungen für die Normsetzungsbefugnis der Tarifparteien und für die Wirkung tariflicher Normen können sich aus dem Tendenzschutz eines Betriebes oder Unternehmens ergeben (etwa für Parteien, Presseverlage oder Wissenschaftsbetriebe, vgl. Löwisch/Rieble, § 1 TVG Rdnr. 282).

b) *Nachgiebigkeit*

682 § 4 III TVG räumt die Möglichkeit nachgiebiger Tarifnormen ein. Vom Tarifvertrag abweichende Abmachungen zuungunsten des Arbeitnehmers sind zulässig, „*soweit sie durch den Tarifvertrag gestattet sind*“. Erforderlich ist also eine entsprechende (ausdrückliche oder konkludente) Vereinbarung im Tarifvertrag (sog. Zulassungs- oder Öffnungsklausel).

Beispiele: Bei bestimmten Gruppen von minderleistungsfähigen Arbeitnehmern ist nach dem Tarifvertrag eine arbeitsvertragliche Vereinbarung untertariflicher Entlohnung zulässig. – Ergibt die Auslegung des Tarifvertrags, dass die festgelegte Arbeitszeit als Höchstarbeitszeit gemeint ist, ist damit eine arbeitsvertragliche Vereinbarung über eine geringere Arbeitszeit mit entsprechend geringerem Lohn möglich.

c) *Günstigkeitsprinzip*

(1) *Grundlagen*

683 Nach dem Sinn des Tarifrechts, die Arbeitnehmer zu schützen, haben die Tarifnormen nur eine einseitig zwingende Wirkung. Eine Beschränkung der Privatautonomie der Arbeitnehmer durch tarifvertragliche Bestimmungen ist dann nicht gerechtfertigt, wenn die kollektive Regelung für sie ungünstiger ist als die individualvertraglich ausgehandelte. Deshalb bleiben einzelvertragliche Abmachungen, die für den Arbeitnehmer günstiger als die Tarifnorm sind, vom Tarifvertrag un-

berührt (§ 4 III TVG), auch wenn der Tarifvertrag eine Abweichung nicht vorsieht.

Beispiel: Die arbeitsvertragliche Vereinbarung eines übertariflichen Lohnes wird durch die tarifvertragliche Regelung nicht berührt; Tariflöhne sind Mindestlöhne.

Das Günstigkeitsprinzip greift ein, wenn die Regelung im Arbeitsvertrag für den Arbeitnehmer objektiv günstiger ist als die des Tarifvertrags. Die Frage, wann eine „Änderung der Regelungen *zugunsten* des Arbeitnehmers" vorliegt (§ 4 III TVG), ist im Gesetz nicht geregelt. Es handelt sich um einen auslegungsbedürftigen unbestimmten Rechtsbegriff. Angesichts der Forderung der Wirtschaft nach mehr Flexibilität im Arbeitsverhältnis und einer Öffnung des Tarifvertrags für abweichende Regelungen wird vielfach eine Ausweitung oder zumindest Präzisierung des Günstigkeitsvergleichs – auch durch den Gesetzgeber – gefordert (vgl. den Gesetzesentwurf der CDU/CSU-Fraktion v. 18. 6. 2003, BT-Drucks. 15/1182; Dieterich/Hanau/Henssler u. a., RdA 2004, 65 ff.). **684**

Unstreitig sind die meisten Inhalts- und Beendigungsnormen einem Günstigkeitsvergleich zugänglich. Für Abschlussnormen soll dies nach verbreiteter Ansicht nicht gelten. Auf Betriebsnormen und betriebsverfassungsrechtliche Normen lässt sich das Günstigkeitsprinzip i. d. R. nicht anwenden (Wiedemann/Wank, § 4 TVG Rdnr. 415).

Die Problematik des Günstigkeitsprinzips lässt sich nur dann präzise erfassen, wenn deutlich zwischen dem *Vergleichsgegenstand* (Welche Bestimmungen des Tarifvertrags und des Arbeitsvertrags werden miteinander verglichen?) einerseits und dem *Vergleichsmaßstab* (subjektiver oder objektiver, individueller oder kollektiver Vorteil?) andererseits unterschieden wird (vgl. HWK/Henssler, § 4 TVG Rdnr. 29 ff.). **685**

(2) *Vergleichsgegenstand*

In Bezug auf den Vergleichsgegenstand geht das BAG vom sog. *Sachgruppenvergleich* aus. Dieser bezieht sich allein auf die verschiedenen Normen, nicht auf die Lebensumstände, wie sie ohne die Abmachung bestünden. Weder sollen ausschließlich einzelne Bestimmungen des Tarif- und des Arbeitsvertrags miteinander verglichen werden, noch soll ein undifferenzierter Gesamtvergleich – etwa aller materiellen Arbeitsbedingungen – stattfinden. Ausgehend vom Maßstab eines verständigen Arbeitnehmers sind vielmehr solche Regelungen einander gegenüberzustellen, die in einem inneren „sachlichen" Zusammenhang stehen (BAG NZA 1999, 887). Unzulässig ist es danach, sachlich zusammengehörende Regelungen auseinander zu reißen, um eine Sammlung günstiger Arbeitsbedingungen zu erreichen, die über den in Tarif- und Arbeitsvertrag vorgesehenen – ausgewogenen – Regelungszusammenhang hinausgeht („Rosinenpicken"). Im Zweifel ist die abweichende Abmachung schon dann nicht günstiger für den Arbeitnehmer, wenn sie in nur einem Punkt zu einer Verschlechterung gegenüber dem Tarifvertrag führt. **686**

Im **Fall c** stehen die Regelung zur Dauer des Urlaubs und zur Höhe des Urlaubsgeldes in einem Sachzusammenhang. Deshalb darf der Arbeitnehmer aus Tarif- und Arbeitsvertrag nicht jeweils die für ihn günstigere Regelung wählen. Das Gesamtpaket der arbeitsvertraglichen Urlaubsregelung (30 Tage bezahlter Urlaub und 300,– € Urlaubsgeld) ist für den Arbeitnehmer objektiv günstiger als die des Tarifvertrags (25 Tage bezahlter Urlaub und 325,– € Urlaubsgeld). Das geringfügig höhere Urlaubsgeld wird durch die höhere Anzahl der Urlaubstage überkompensiert. Deshalb geht erstere vor, so dass dem Arbeitnehmer nur ein tägliches Urlaubsgeld von 10, – € zusteht. – Sieht derselbe Tarifvertrag dagegen bei der Geburt eines Kindes eine höhere Beihilfe als der Arbeitsvertrag vor, so kann der Arbeitnehmer die tarifliche Beihilfe verlangen, da zwischen der Urlaubsregelung und der Beihilfe kein innerer Zusammenhang besteht. Die Frage nach dem Vergleichsgegenstand betrifft unmittelbar das Konzept des Sachgruppenvergleichs.

687 Im Schrifttum wird der Vergleichsgegenstand zum Teil auf die vertraglichen Einzelregelungen (Linnenkohl/Rauschenberg/Reh, BB 1990, 628) beschränkt, zum Teil seine Ausweitung auf das gesamte vertragliche Synallagma gefordert (Schliemann, NZA 2003, 122, 124f.). Auch wenn man sich der letztgenannten Erweiterung nicht generell anschließen will, so ist doch zu bedenken, dass die Tarifvertragsparteien frei bestimmen können, welche der vertraglichen Regelungen im Austauschverhältnis und damit im Sachzusammenhang stehen. Ausgangspunkt des Günstigkeitsvergleichs sind die nach dem erkennbaren Willen der Vertragsparteien miteinander verbundenen Regelungen. Den Tarifvertragsparteien steht es danach frei, sogar das ganze arbeitsvertragliche Synallagma als Vergleichsgegenstand zu vereinbaren.

688 Im Zentrum der aktuellen Diskussion steht die Frage, ob es zulässig ist, Verschlechterungen etwa beim Arbeitsentgelt oder der Wochenstundenzahl gegen eine Garantie des Fortbestehens des Arbeitsverhältnisses für einen gewissen Zeitraum aufzuwiegen. Solche, oft auf Betriebsebene getroffenen *„Bündnisse für Arbeit“* sollen durch Senkung der Personalkosten den Fortbestand der Arbeitsplätze sichern. In Unternehmen, die aufgrund der wirtschaftlich angespannten Situation die tariflichen Arbeitsbedingungen nicht mehr verkraften können, werden solche Beschäftigungspakte im Einvernehmen von Arbeitgeber, Arbeitnehmern und regelmäßig auch Betriebsrat auf Ebene des Arbeitsvertrags, durch Einheitsregelungen (Rdnr. 132ff.), aufgrund von Regelungsabreden (Rdnr. 995ff.) oder – soweit nach § 77 III BetrVG zulässig (Öffnungsklausel) – durch Betriebsvereinbarung (Rdnr. 988ff.) geschlossen. Das BAG hat in einer vielbeachteten Entscheidung (BAG NZA 1999, 887 „Burda“) in konsequenter Fortführung seiner Sachgruppen-Rspr. die Verschlechterung tariflicher Entgelt- und Arbeitszeitbestimmungen durch vertragliche Einheitsregelung gegen eine Beschäftigungsgarantie als nicht durch das Günstigkeitsprinzip gerechtfertigt angesehen. Es sei methodisch unmöglich, die thematisch unterschiedliche Gegenstände betreffenden Regelungen (sicherer Arbeitsplatz versus unbezahlte Mehrarbeit) zu vergleichen („Äpfel mit Birnen“).

689 Die vollständige Ausklammerung von Überlegungen der Arbeitsplatzsicherheit aus dem Günstigkeitsvergleich berücksichtigt jedoch die Interessen der Arbeitnehmer nur unzureichend und geht zudem an den wirtschaftlichen Realitäten des Arbeitsmarktes vorbei (Buchner, NZA 1999, 897, 901f.; a.A. Dieterich, RdA 2002, 1). Aus dem Günstigkeitsvergleich dürfen jedenfalls nicht sämtliche individuellen Vereinbarungen ausgeklammert werden, die bei Unterschreitung bestimmter tariflich garantierter Mindestarbeitsbedingungen dem einzelnen Arbeitnehmer einen konkreten individuellen, die Arbeitsplatzsicherheit betreffenden Vorteil zusichern (Beispiel: Ausschluss einer individuell drohenden betriebsbedingten Kündigung). Anderenfalls kommt es zu einer Bevormundung der Arbeitnehmer durch den Tarifvertrag auch dort, wo die Arbeitnehmer gar keines Schutzes bedürfen.

(3) *Vergleichsmethode (objektiv-individueller Maßstab)*

Die Vergleichsmethode betrifft im Rahmen des § 4 III TVG vornehmlich die 690
Frage, ob die Günstigkeit für den Arbeitnehmer subjektiv oder nach einem objektiven Maßstab zu bestimmen ist. Gegen eine streng subjektive Vergleichsmethode spricht, dass damit jede – freiwillige – individualvertragliche Abrede zu einer Durchbrechung der Tarifbindung führen müsste. Jede untertarifliche Bezahlung eines neu eingestellten, zuvor arbeitslosen Arbeitnehmers müsste für zulässig erklärt werden. Damit würden das durch Art. 9 III GG geschützte Recht der Tarifparteien, durch Tarifvertrag Mindestarbeitsbedingungen festzulegen, wie auch der durch § 4 III TVG bezweckte Arbeitnehmerschutz unterlaufen. Nur wenn bei *objektiver Betrachtung* der vom Tarifvertrag abweichenden Vereinbarung diese für den Arbeitnehmer vorteilhaft ist, kann davon ausgegangen werden, dass kein Druck der Arbeitgeberseite für die Vereinbarung bestimmend war, sie vielmehr eine autonome Entscheidung des Arbeitnehmers widerspiegelt (vgl. HWK/Henssler, § 4 TVG Rdnr. 32f.). Mit der h.M. ist danach zu fragen, ob sich die abweichende Vertragsklausel aus Sicht eines verständigen Arbeitnehmers bei objektiver Betrachtung günstiger darstellt als die tarifvertragliche Bestimmung (vgl. Wiedemann/Wank, TVG, § 4 Rdnr. 451ff.). Eröffnet die vertragliche Vereinbarung dem Arbeitnehmer eine Wahlmöglichkeit hinsichtlich der zu vergleichenden Arbeitsbedingungen, so ist sie als die dem Arbeitnehmer günstigere Regelung anzusehen (BAG NZA 1990, 816).

Im Rahmen des Vergleichsmaßstabes stellt sich die weitere Frage, ob für die Be- 691
urteilung der Günstigkeit auf die Interessen des einzelnen Arbeitnehmers oder auf diejenigen der gesamten Belegschaft oder bestimmter Arbeitnehmergruppen abzustellen ist. Geht es um die Abweichung von tariflichen Bestimmungen, die Individualrechte des Arbeitnehmers begründen, muss allein auf sein Interesse abgestellt werden, auch wenn die abweichende Abmachung in einer kollektiven Regelung getroffen wird. Geht es dagegen um (etwa in Betriebsnormen enthaltene) kollektive Rechte, ist das Kollektivinteresse entscheidend (vgl. Däubler/Deinert, TVG, § 4 Rdnr. 667ff.).

Maßgeblicher Zeitpunkt für die Beurteilung der Günstigkeit ist der Moment, in dem sich die zu vergleichenden Regelungen erstmals gegenüberstehen, da ein ständig fortzusetzender Günstigkeitsvergleich zu einer permanenten Rechtsunsicherheit führen würde.

d) *Verhältnis von Tarifvertrag und übertariflichen Leistungen*

692 Sollen übertarifliche Leistungen bei einer Verbesserung der tariflichen Leistungen durch einen neuen Tarifvertrag angerechnet werden (sog. *Anrechnungsklausel),* so verstößt diese Klausel gegen das zwingende Günstigkeitsprinzip; der Tarifvertrag soll Mindest-, nicht aber Höchstbedingungen festlegen (vgl. BAG AP Nr. 8 zu § 4 TVG Effektivklausel).

Es ist Sache der Parteien des Arbeitsvertrags, eine Vereinbarung darüber zu treffen, ob übertarifliche Leistungen von einem Tarifvertrag „aufgesogen“ werden sollen (BAG AP Nr. 13 zu § 4 TVG Übertarifliche Lohn- und Tariflohnerhöhung). Sofern das bei der Auslegung unklar bleibt, kann eine tarifliche Anrechnungsklausel als Auslegungsregel helfen.

693 Praktisch bedeutsamer ist der umgekehrte Fall, da von Gewerkschaftsseite bei Abschluss eines neuen Tarifvertrags häufig Wert darauf gelegt wird, dass die Tariflohnerhöhung auch auf die arbeitsvertraglich vereinbarte übertarifliche Entlohnung „durchschlägt“. Der übertariflich gezahlte Lohn soll durch den neuen Tariflohn nicht aufgesogen werden; vielmehr soll der effektiv gezahlte Lohn um die Differenz zwischen dem bisherigen und dem neuen Tariflohn aufgestockt werden. Deshalb wird im neuen Tarifvertrag etwa vereinbart: „Die Arbeitnehmer erhalten die Differenz zwischen altem und neuem Tariflohn zu ihrem Effektivlohn“ (sog. *Effektivklausel*).

Sofern mit der Effektivklausel gemeint ist, dass der (aufgestockte) Effektivlohn jetzt als (unabdingbarer) Tariflohn zu zahlen ist, ist eine solche *allgemeine Effektivklausel* oder *Effektivgarantieklausel* unzulässig (BAG AP Nr. 2 zu § 4 TVG Effektivklausel). Es liegt nicht in der Macht der Tarifparteien, die verschieden hohen, in den Arbeitsverträgen individuell vereinbarten Löhne als tarifliche Mindestlöhne festzulegen. Wenn mit der Klausel zwar eine Aufstockung gemeint ist, es den Parteien des Arbeitsvertrags aber überlassen bleiben soll, den übertariflichen Lohn bis auf den tariflichen wieder abzubauen, spricht man von einer *begrenzten Effektivklausel.* Auch diese wird von der Rspr. im Ergebnis zu Recht als unwirksam angesehen (BAG AP Nr. 7, 15 zu § 4 TVG Effektivklausel m. Anm. Brox/Müller), denn die Tarifparteien greifen dadurch unzulässigerweise in die Gestaltungsmacht der Arbeitsvertragsparteien ein.

694 Als zulässig angesehen werden dagegen *Besitzstandsklauseln*, die dem Arbeitgeber die Ausübung eines eventuell bestehenden Widerrufsrechts hinsichtlich einer übertariflichen Leistung aus Anlass der Tariflohnerhöhung untersagen sowie *Verdienstsicherungsklauseln*, die bezwecken, dem auf einen geringer bezahlten Arbeitsplatz umgesetzten leistungsgeminderten Arbeitnehmer das bisherige Einkommen zu sichern (BAG AP Nr. 9, 15 zu § 4 TVG Effektivklausel). Auch insoweit gilt indes, dass die Tarifparteien keine Befugnis haben, in die einzelvertragliche Regelungskompetenz von Arbeitgeber und Arbeitnehmer einzugreifen (HWK/Henssler, § 1 TVG Rdnr. 111). Die genannten Klauseln sind daher ebenso wie die Effektivklauseln als unzulässig anzusehen.

e) *Unverbrüchlichkeit*

695 Zum Schutz des Arbeitnehmers können entstandene tarifliche Rechte ohne Beteiligung der Tarifvertragsparteien nicht (etwa durch Verzicht, Verwirkung) einge-

schränkt oder ausgeschlossen werden; sie sind unverbrüchlich (§ 4 IV TVG). Dadurch wird die zwingende Wirkung der Tarifnormen verstärkt. Entgegen dem Wortlaut der Vorschrift folgt aus dem Schutzzweck der Norm, dass sie nur den Arbeitnehmer, nicht dagegen den Arbeitgeber vor einem Verlust tariflicher Rechte schützt (HWK/Henssler, § 4 TVG Rdnr. 52).

(1) Ein *Verzicht* auf entstandene tarifliche Rechte ist nur in einem von den Tarif- **696**
parteien gebilligten Vergleich zulässig (§ 4 IV 1 TVG). Der in einem ohne Einwilligung der Tarifparteien geschlossenen Vergleich enthaltene Verzicht ist – unabhängig vom Zeitpunkt des Zustandekommens des Vergleichs – unwirksam (§ 134 BGB).

Auch ein gerichtlicher Vergleich, in dem der Arbeitnehmer etwa auf einen Teil seines Tariflohns verzichtet, bedarf zur Wirksamkeit der Zustimmung der Tarifparteien. Streiten Arbeitnehmer und Arbeitgeber aber in einem Rechtsstreit auf Zahlung rückständigen Lohns nur über tatsächliche Fragen (z.B. über die Zahl der geleisteten Überstunden), so ist ein Vergleich auch ohne Zustimmung wirksam; denn hätte der Arbeitnehmer im Rechtsstreit die vom Arbeitgeber aufgestellte Behauptung (z.B. über eine nur geringere Zahl von Überstunden) nicht bestritten, wäre das gleiche Ergebnis im Urteil erzielt worden, ohne dass die Tarifparteien zugestimmt hätten.

Ein Verzicht auf tarifliche Lohnansprüche in einer Ausgleichsquittung (**Fall d**) ist ebenfalls nichtig.

Die Nichtigkeitsfolge des § 4 IV TVG trifft jede Verfügung des Arbeitnehmers, **697**
die zu einem Verlust der tarifvertraglichen Rechte oder – wegen der im Ergebnis gleichen Wirkung – zum Verlust ihrer Durchsetzbarkeit führt. Unzulässig sind daher auch Erlassvertrag, negatives Schuldanerkenntnis, Stundung oder eine Vereinbarung der fehlenden Einklagbarkeit der tariflichen Rechte (Wiedemann/Wank, § 4 TVG Rdnr. 655).

(2) Der Schutz der Arbeitnehmer vor dem Verlust tariflicher Rechte wird durch **698**
§ 4 IV 2 TVG ergänzt, der die *Verwirkung* von tariflichen Rechten ausschließt.

Bei übertariflichem Lohn kommt also eine Verwirkung nur hinsichtlich des über dem Tariflohn liegenden Betrages, nicht aber hinsichtlich des Tariflohns in Betracht.

(3) Im Arbeitsleben besteht insbesondere für den Arbeitgeber ein starkes Be- **699**
dürfnis, bereits vor Eintritt der regelmäßigen Verjährung tariflicher Ansprüche seiner Arbeitnehmer Sicherheit darüber zu erlangen, ob er mit deren Geltendmachung rechnen muss oder nicht. Da ihm der Einwand der Verwirkung verwehrt ist (Rdnr. 698), kommen den sog. *Ausschlussfristen* in der Praxis große Bedeutung zu. Sie knüpfen den Fortbestand tariflicher Ansprüche an ihre Geltendmachung innerhalb – regelmäßig recht kurzer – Zeiträume nach ihrer Fälligkeit, führen also zum Erlöschen des Anspruchs und sind vom Gericht von Amts wegen zu beachten (so die h.L.: vgl. Wiedemann/Wank, TVG, § 4 Rdnr. 718ff.; unklar ist die dogmatische Einordnung in BAG NZA 2002, 746).

Ausschlussfristen sind für Arbeitnehmer gefährlich, da sie häufig nur unzureichend über deren Existenz und Bedeutung informiert sind. Auch § 2 I NachwG bewirkt nur einen unzureichenden Schutz, da diese Vorschrift zwar einen Hinweis auf einen schuldrechtlich oder normativ geltenden Tarifvertrag verlangt, nicht jedoch eine Information über eine einzelne gefährliche Klausel wie etwa eine tarifliche Ausschlussfrist. Unterbleibt sogar die nach § 2 I NachwG erforderliche Basisinformation, so greift die Ausschlussfrist gleichwohl (BAG NZA 2002, 800). Der Arbeitgeber ist jedoch nach § 280 I BGB wegen Verletzung einer vertraglichen Nebenpflicht zum Ersatz des hieraus entstehenden Schadens verpflichtet, wobei dem Arbeitnehmer die „Vermutung des aufklärungsrichtigen Verhaltens“ (dazu Palandt/Heinrichs, BGB, § 280 Rdnr. 39) hilft.

700 Tarifliche Ausschlussfristen unterliegen nach § 310 IV 1 BGB keiner AGB-rechtlichen Inhaltskontrolle. In vorformulierten Arbeitsverträgen enthaltene Ausschlussklauseln sind dagegen an den Maßstäben des AGB-Rechtes zu messen (vgl. dazu Rdnr. 184). Wegen § 4 IV 3 TVG können arbeitsvertraglich vereinbarte Ausschlussfristen allerdings keine tariflichen Ansprüche erfassen.

Im **Fall d** ist die arbeitsvertragliche Ausschlussfrist wegen Verstoßes gegen § 4 IV 3 TVG unwirksam, soweit sie sich auf tarifliche Ansprüche bezieht.

701 (4) Da einer – nach § 202 BGB grundsätzlich möglichen – vertraglichen *Abkürzung der Verjährungsfrist* wirtschaftlich die Wirkung einer Ausschlussfrist zukommt (zur dogmatischen Abgrenzung Wiedemann/Wank, TVG, § 4 Rdnr. 726f.), ist auch sie analog § 4 IV 3 TVG ausgeschlossen. Zulässig sind nur tarifliche, nicht aber arbeitsvertragliche Vereinbarungen über die vorzeitige Verjährung tariflicher Ansprüche.

f) *Nachwirkung*

702 Ist der Tarifvertrag (durch Zeitablauf, Kündigung oder Aufhebungsvertrag) abgelaufen, gelten seine Rechtsnormen weiter, bis sie durch eine andere Abmachung ersetzt werden (§ 4 V TVG). Der Tarifvertrag behält weiterhin seine unmittelbare, verliert aber seine zwingende Wirkung. Zulässig sind jetzt also kollektiv- oder individualvertragliche Abmachungen, die zuungunsten des Arbeitnehmers vom Tarifvertrag abweichen. Der nachwirkende Tarifvertrag bildet keinen Mindeststandard mehr. Entgegen dem Wortlaut („Abmachung“) ist auch eine Änderungskündigung möglich, sofern im Falle der Anwendbarkeit des KSchG die Voraussetzungen der §§ 1, 2 KSchG erfüllt sind. § 4 IV TVG (Rdnr. 695) ist nicht mehr anwendbar.

Zweck der Norm ist es zu verhindern, dass das Arbeitsverhältnis durch den Wegfall der tariflich bestimmten Arbeitsbedingungen inhaltsleer bzw. durch die dispositiven Gesetzesbestimmungen oder einseitige Arbeitgeberweisungen ausgefüllt wird. Zum Schutz des Arbeitnehmers werden daher die bisherigen tariflichen Regelungen für eine Übergangszeit dispositiv erhalten (Überbrückungsfunktion). Streitig ist, ob die Nachwirkung ihre Grundlage im Tarifvertrag selbst oder in einer gesetzlichen Anordnung hat (vgl. HWK/Henssler, § 4 TVG Rdnr. 7).

Die Nachwirkung erfasst grundsätzlich alle tariflichen Bestimmungen. Daher können nicht nur Inhaltsnormen, sondern auch Normen über betriebliche und betriebsverfassungsrechtliche Fragen und gemeinsame Einrichtungen nachwirken (HWK/Henssler, § 4 TVG Rdnr. 10).

703 Nach h. M. kommt es auch bei einem Verbandsaustritt nach Ablauf der Nachbindungsfrist des § 3 III TVG (Rdnr. 707) und bei für allgemeinverbindlich erklärten (Rdnr. 714ff.), aber beendeten Tarifverträge zur Nachwirkung (BAG NZA 2001,

1146; vgl. Wiedemann/Wank, TVG, § 4 Rdnr. 337ff.). Verlieren Tarifverträge ihre Wirkung nicht durch Ablauf, sondern durch sonstige Umstände (etwa durch Herauswachsen des Betriebes oder Unternehmens aus dem Geltungsbereich des Tarifvertrags oder Auflösung einer Tarifvertragspartei; dazu BAG AP TVG § 3 Nr. 36 m. krit. Anm. Höpfner), wird die Vorschrift analog angewandt (BAG NZA 1998, 484).

Nach ständiger Rspr. des BAG erstreckt sich die Nachwirkung nach § 4 V TVG nicht auf erst im Nachwirkungszeitraum begründete Arbeitsverhältnisse, denn eine „Überbrückung" sei in diesem Fall nicht erforderlich (zuletzt BAG NZA 2008, 886; a.A. die wohl h.L. – vgl. Wiedemann/Wank, TVG, § 4 Rdnr. 330 m.w.N.).

3. Tarifgebundenheit

Tarifverträge können unabdingbare Wirkung nur gegenüber Tarifgebundenen **704** entfalten. Wer tarifgebunden ist, kann nicht von den Tarifvertragsparteien festgelegt werden, sondern ergibt sich aus dem Gesetz (§§ 3, 4 II, 5 IV TVG).

a) *Tarifgebundenheit kraft beiderseitiger Verbandszugehörigkeit*

Nach § 4 I 1 TVG gelten Tarifnormen zwischen *beiderseits Tarifgebundenen.* **705**

(1) Beim *Verbandstarif* sind diejenigen Arbeitgeber und Arbeitnehmer tarifgebunden, die *Mitglieder der Tarifvertragsparteien* sind (§ 3 I TVG); der Arbeitgeber muss dem vertragsschließenden Arbeitgeberverband, der Arbeitnehmer der betreffenden Gewerkschaft angehören. Es genügt folglich nicht, dass der Arbeitnehmer Mitglied irgendeiner Gewerkschaft ist; vielmehr muss er Mitglied gerade jener Gewerkschaft sein, die einen Tarifvertrag entweder direkt mit dem Arbeitgeber (Firmentarif) geschlossen hat oder mit dem Arbeitgeberverband (Verbandstarif), dem der Arbeitgeber angehört (sog. kongruente Tarifbindung).

Im **Fall e** steht dem N mangels Gewerkschaftszugehörigkeit ein Anspruch auf den Tariflohn nicht zu. Das Gleiche gilt, wenn N etwa bei einer anderen Gewerkschaft, die diesen Tarifvertrag nicht abgeschlossen hat, organisiert ist (Beispiel: Der Koch in der Kantine der Zentrale der Daimler-Chrysler AG ist Mitglied der Gewerkschaft NGG, während Daimler-Chrysler (nur) im Arbeitgeberverband Metall organisiert ist, der keinen Tarifvertrag mit der NGG geschlossen hat. Hier greift für das Arbeitsverhältnis normativ überhaupt kein Tarifvertrag.). Tritt N der Gewerkschaft, die Tarifvertragspartei ist, bei, so hat er vom Zeitpunkt des Beitritts an Anspruch auf den Tariflohn.

Die Tarifgebundenheit *beginnt* mit dem Erwerb der Mitgliedschaft bei der Tarifvertragspartei. Eine im Einverständnis des Verbandes erfolgte Rückdatierung des Eintritts auf einen früheren Zeitpunkt hat nur eine verbandsrechtliche, aber keine tarifrechtliche Bedeutung. Die gesetzlich festgelegte Tarifgebundenheit kann nicht durch eine private Vereinbarung erweitert werden.

Die Verbandssatzung kann dem Arbeitgeber gestatten, auch während laufender Tarifverhandlungen mit sofortiger Wirkung aus dem Arbeitgeberverband auszutreten (sog. *Blitzaustritt*), sofern dadurch das Verhandlungsergebnis der Tarifvertragsparteien nicht verfälscht wird (BAG NZA 2008, 946; krit. Höpfner, ZfA 2009, 541).

706 Umstritten war lange Zeit die Zulässigkeit sog. „OT-Mitgliedschaften" (*o*hne *Ta*rifbindung). Hier werden einzelne Arbeitgeber Mitglied des zuständigen Arbeitgeberverbandes, ohne sich jedoch der Tarifbindung zu unterwerfen. Die OT-Mitgliedschaft ist für Arbeitgeber interessant, die zwar die Vorteile der Verbandsmitgliedschaft in Anspruch nehmen, aber nicht an den Verbandstarifvertrag gebunden sein wollen. Die verfassungskonforme Auslegung des § 3 I TVG im Lichte der negativen Koalitionsfreiheit gebietet, als „Mitglied" im Sinne dieser Vorschrift nur diejenigen Arbeitgeber anzusehen, die sich mit dem Beitritt freiwillig der Tarifbindung unterwerfen wollen (vgl. HWK/Henssler, § 3 TVG Rdnr. 5). Das BAG hat die OT-Mitgliedschaft nunmehr gebilligt. Ein Arbeitgeberverband könne in seiner Satzung die Möglichkeit einer Mitgliedschaft ohne Tarifgebundenheit vorsehen. Arbeitgeber, die von dieser Möglichkeit Gebrauch machen, seien keine Mitglieder gem. § 3 I TVG (NZA 2006, 1225; Deinert, RdA 2007, 83). Bei ihnen fehle es an der Legitimation für die Erstreckung der Tarifnormen auf die von ihnen geschlossenen Arbeitsverträge. Die Verbandssatzung muss jedoch gewährleisten, dass nicht tarifgebundene Mitglieder keinen maßgebenden Einfluss auf tarifpolitische Entscheidungen haben (BAG NZA 2010, 105; Höpfner, ZfA 2009, 541).

707 Die Tarifgebundenheit *endet* erst mit dem Ende des Tarifvertrags (§ 3 III TVG), also nicht schon dann, wenn der einzelne Arbeitgeber oder Arbeitnehmer aus seinem Verband austritt. In der Fortgeltung nach § 3 III TVG gilt der Tarifvertrag unverändert weiter. Eine Konsequenz hieraus ist, dass ein beim ausgetretenen Arbeitgeber beschäftigter Arbeitnehmer auch während des Zeitraumes zwischen Austritt und Beendigung des Tarifvertrags der den Tarifvertrag abschließenden Gewerkschaft mit der Wirkung einer beidseitigen Tarifbindung beitreten kann (BAG NZA 1994, 34). Die Vorschrift will Missbräuche sowie praktische Schwierigkeiten verhindern und der Rechtssicherheit dienen. Ein erst nach dem Ausscheiden geschlossener neuer Tarifvertrag bindet das ausgeschiedene Mitglied dagegen nicht.

Im **Fall e** kann N also einen Tariflohnanspruch für die Vergangenheit nicht dadurch erreichen, dass er rückwirkend der Gewerkschaft beitritt. – Im **Fall f** muss G auch nach seinem Austritt aus dem Arbeitgeberverband die neuen Tariflöhne an die organisierten Arbeitnehmer zahlen.

708 Die Kombination der Nachwirkung des Tarifvertrags (§ 4 V TVG, vgl. Rdnr. 702f.) mit seiner Fortgeltung auch bei Verbandsaustritt des Arbeitgebers (§ 3 III TVG) bewirkt, dass dem Arbeitgeber ein Ausscheiden aus seiner einmal eingegangenen Tarifbindung sehr erschwert ist. Er kann das Ende seiner Tarifgebundenheit nach seinem Austritt oftmals weder beeinflussen noch absehen. Das Bundesverfassungsgericht sieht in der so weitgehenden Fortgeltung des Tarifvertrags für ausgeschiedene Verbandsmitglieder keine Verletzung der negativen Koalitionsfreiheit (BVerfG NZA 2000, 947). Da die Nachbindung insbesondere bei Manteltarifverträgen mit langer Laufzeit für den Arbeitgeber mitunter sehr belastend wirken kann, mehren sich die Stimmen im Schrifttum, die eine zeitliche Begrenzung fordern (Löwisch/Rieble, TVG, § 3 Rdnr. 93: analog § 613 a I 2 BGB auf ein Jahr; Wiedemann/Oetker, TVG, § 3 Rdnr. 94: analog § 39 II BGB auf zwei Jahre; Höpfner, NJW 2010, 2371: in Anlehnung an §§ 736 II BGB, 160 HGB auf

fünf Jahre). Das BAG hat dem jüngst eine Absage erteilt (BAG NZA 2010, 53; krit. Willemsen/Mehrens, NZA 2010, 307).

(2) *Tarifrechtliche Folgen eines Betriebsübergangs*

Einen Weg, um eine unerwünschte Tarifbindung abzustreifen und zugleich die **709** langen Weitergeltungszeiträume der §§ 3 III, 4 V TVG zu vermeiden, bietet § 613a I 3 BGB. Die tarifrechtlichen Folgen eines Betriebsübergangs (vgl. Rdnr. 600 ff.) richten sich allerdings nur dann nach § 613a I 2–4 BGB, wenn es zu keiner normativen Weitergeltung der bestehenden Tarifregelungen gekommen ist (BAG NZA 2002, 517). Dies ist bspw. der Fall, wenn der Betriebserwerber aufgrund Mitgliedschaft in demselben Arbeitgeberverband ebenfalls an den beim Veräußerer geltenden Tarifvertrag gebunden ist.

Zu beachten ist, dass der Betriebserwerber aufgrund eines Betriebsübergangs nicht automatisch in die mitgliedschaftliche Stellung des Veräußerers eintritt. Ein solcher Automatismus kommt wegen der verfassungsrechtlich verbürgten negativen Koalitionsfreiheit (Art. 9 III GG) und der höchstpersönlichen Natur der Vereinsmitgliedschaft (§ 38 BGB) weder bei einer Einzel- noch bei einer Gesamtrechtsnachfolge in Betracht (Willemsen/Hohenstatt/Schweibert/Seibt, Teil E Rdnr. 84).

Kommt es zu keiner unmittelbar kollektivrechtlichen Fortgeltung der Tarifnor- **710** men, sind die Regeln des § 613a I 2–4 BGB anwendbar. § 613a I 2 BGB schützt das Bestandschutzinteresse der Arbeitnehmer, indem er die Fortwirkung der tarifvertraglichen Rechte und Pflichten als „Inhalt des Arbeitsverhältnisses" anordnet, und sie einer einjährigen Änderungssperre unterwirft, welche nur nach Maßgabe des S. 4 durchbrochen werden kann.

Um einen Ausgleich der Bestandschutzinteressen der Arbeitnehmer mit dem In- **711** teresse des Arbeitgebers an einheitlichen Arbeitsbedingungen in seinem Unternehmen zu gewährleisten, tritt diese Folge nach § 613a I 3 BGB jedoch nicht ein, wenn die tarifvertraglichen Rechte und Pflichten beim Erwerber durch andere Kollektivnormen geregelt sind. Nach h. M. ist für diese „Ablösung" der bisherigen Tarifnormen eine *kongruente Tarifbindung* von Erwerber und übernommenen Arbeitnehmern erforderlich, d. h. der Erwerber bzw. sein Arbeitgeberverband muss einen Tarifvertrag mit der Gewerkschaft abgeschlossen haben, deren Mitglieder auch die übernommenen Arbeitnehmer bereits sind oder durch Beitritt werden (st. Rspr., vgl. BAG NZA 2001, 1318).

Konkurriert nach einem Betriebsübergang ein individualvertraglich in Bezug genommener Tarifvertrag mit einem normativ geltenden Tarifvertrag, so ist dieses Verhältnis nach Maßgabe des Günstigkeitsprinzips aufzulösen (BAG NZA 2008, 364).

b) *Tarifbindung beim Firmentarifvertrag*

Bei einem *Firmen- oder Haustarifvertrag* schließt ein *einzelner Arbeitgeber* mit **712** der zuständigen Gewerkschaft einen Vertrag (§ 2 I TVG). Hier sind dieser Arbeitgeber und seine bei der Gewerkschaft organisierten Arbeitnehmer tarifgebunden (§ 3 I TVG).

Bei einem Betriebsübergang infolge Gesamtrechtsnachfolge (etwa einer Verschmelzung nach dem UmwG) kommt es zu einer unmittelbaren kollektivrechtlichen Fortgeltung eines beim Veräußerer bestehenden Firmentarifvertrags. Dies ist bei einer Einzelrechtsnachfolge nicht der Fall, so dass hier grundsätzlich § 613a BGB anwendbar ist (vgl. BAG NZA 2002, 517).

c) *Betriebliche und betriebsverfassungsrechtliche Normen*

713 Bei tariflichen Normen über *betriebliche* oder *betriebsverfassungsrechtliche Fragen* (Rdnr. 677f.) genügt die *Tarifgebundenheit des Arbeitgebers;* ist sie gegeben, gelten diese Normen für den Betrieb dieses Arbeitgebers (§ 3 II TVG), also auch für die dort beschäftigten nichtorganisierten Arbeitnehmer. Sinn und Zweck der Normen ließen sich nicht erreichen, wenn ihre Geltung nur auf die organisierten Arbeitnehmer beschränkt bliebe.

Die Regeln über die Torkontrolle gelten im **Fall e** also auch für den nicht organisierten N.

d) *Gemeinsame Einrichtungen*

Auch *gemeinsame Einrichtungen* der Tarifvertragsparteien (Rdnr. 679) sind im Verhältnis zu den tarifgebundenen Arbeitgebern und Arbeitnehmern selbst tarifgebunden (§ 4 II TVG). So darf etwa ihre Satzung nicht zuungunsten der Arbeitnehmer vom Tarifvertrag abweichen.

e) *Allgemeinverbindlicherklärung*

714 Durch die *Allgemeinverbindlicherklärung* erfassen die Normen des Tarifvertrags in dessen Geltungsbereich auch die bisher *nicht tarifgebundenen Arbeitgeber und Arbeitnehmer* (§ 5 IV TVG). Dadurch sollen die tarifungebundenen Arbeitnehmer geschützt und in Zeiten nachlassender Konjunktur verhindert werden, dass der tarifgebundene Arbeitgeber bei der Einstellung nichtorganisierte Arbeitnehmer den organisierten vorzieht, um untertarifliche Arbeitsbedingungen vereinbaren zu können. In der Praxis spielt die letztgenannte Befürchtung allerdings eine geringe Rolle, da der Arbeitgeber bei der Einstellung nicht nach der Gewerkschaftszugehörigkeit fragen darf (dazu BAG NZA 2002, 634; 2003, 1207). Durch die Allgemeinverbindlicherklärung werden die Außenseiter nach der umstrittenen Rspr. des BVerfG nicht in ihren Grundrechten (insbesondere positive und negative Koalitionsfreiheit) verletzt (BVerfGE 44, 322 allgemein und 55, 7 für Tarifverträge, die gemeinsame Einrichtungen der Tarifvertragsparteien regeln).

Die Rechtsnatur der Allgemeinverbindlicherklärung war lange Zeit umstritten (vgl. Schaub, Arbeitsrechts-Handbuch, § 207 Rdnr. 17). Das BAG geht heute von der Doppelnatur der Allgemeinverbindlicherklärung aus. Gegenüber den Tarifparteien sei sie Verwaltungsakt, gegenüber den Außenseitern staatliche Mitwirkungshandlung an der Rechtssetzung der Verbände (BAG NZA 1990, 781).

715 Zuständig für die Allgemeinverbindlicherklärung ist das Bundesministerium für Arbeit und Soziales. Voraussetzung ist, dass die bereits tarifgebundenen Arbeitgeber mindestens 50% der unter den Geltungsbereich des Tarifvertrags fallenden Arbeitnehmer beschäftigen und die Allgemeinverbindlicherklärung im öffentli-

chen Interesse geboten erscheint. Außerdem bedarf es des Einvernehmens des Tarifausschusses, eines paritätisch mit Vertretern der Spitzenorganisationen der Arbeitgeber und Arbeitnehmer besetzten Ausschusses (§ 5 I 1 TVG; zu den Einzelh. des Verfahrens: § 5 TVG nebst DVO). Gegen den Willen der Bundesvereinigung der Arbeitsgeberverbände (BDA) als der Spitzenorganisation der Arbeitgeber kann es somit einen allgemeinverbindlich erklärten Tarifvertrag nicht geben. Ein aktuelles Verzeichnis der jeweils für allgemeinverbindlich erklärten Tarifverträge findet sich auf der Internet-Seite des BMAS.

Im **Fall e** hätte N Anspruch auf den Tariflohn, wenn der Tarifvertrag für allgemeinverbindlich erklärt würde.

Die Funktion der Allgemeinverbindlicherklärung, tarifliche Mindeststandards von Ar- 716
beitsbedingungen auch für nicht tarifgebundene Arbeitsvertragsparteien verbindlich festzulegen, wird nach dem Arbeitnehmerentsendegesetz dazu benutzt, den Einsatz niedrig entlohnter ausländischer Arbeitnehmer durch ausländische Arbeitgeber einzuschränken (vgl. Rdnr. 147). Das Gesetz hat die Entsenderichtlinie der EU (96/71/EG) vom 16. 12. 1996 verschärft umgesetzt (vgl. Rdnr. 109). Nach § 7 AEntG kann auch eine Rechtsverordnung des BMAS (nicht nur eine Allgemeinverbindlicherklärung) die erweiterte Verbindlichkeit von Tarifverträgen für Nicht- und Andersorganisierte anordnen (vgl. Löwisch, BB 1999, 102, 107 m. w. Nachw.). Das ist wegen des staatlichen Eingriffs in die Tarifautonomie verfassungsrechtlich bedenklich (vgl. aber BVerfG NZA 2000, 948).

4. Schuldrechtliche Bindung kraft arbeitsvertraglicher Bezugnahme

In vielen Arbeitsverträgen finden sich heute unterschiedlich ausgestaltete Ver- 717
weisungen auf Tarifverträge. Diese bewirken keine normative Geltung der Tarifnormen für das Arbeitsverhältnis, sondern führen lediglich zu ihrer Einbeziehung auf arbeitsvertraglicher Ebene (h.M., vgl. HWK/Henssler, § 3 TVG Rdnr. 27 m.w.N.). Sowohl bei den organisierten als auch bei den nichtorganisierten Arbeitnehmern entfalten sie konstitutive, d.h. anspruchsbegründende Wirkung (BAG NZA 2003, 1207). Unterscheiden lassen sich: (1) Bezugnahmeklauseln, die statisch auf einen bestimmten Tarifvertrag in einer bestimmten Fassung verweisen (statische Bezugnahme; Beispiel: Es gelten die Bedingungen des Tarifvertrags der Metall- und Elektroindustrie NRW in der Fassung vom 2.5.2010), (2) Bezugnahmeklauseln, die rein zeitlich dynamisch auf einen bestimmten Tarifvertrag in seiner jeweils geltenden Fassung verweisen („kleine dynamische" Bezugnahme; Beispiel: Es gelten die Bedingungen des Tarifvertrags der Metall- und Elektroindustrie NRW in seiner jeweils gültigen Fassung) und (3) Verweisungsklauseln, die auf den jeweils für den Betrieb geltenden bzw. für den Arbeitgeber bindenden Tarifvertrag in seiner zeitlich jeweils aktuellen Fassung Bezug nehmen („große dynamische" Bezugnahme; Beispiel: Es gelten die Bedingungen des jeweils für den Betrieb einschlägigen Tarifvertrags in seiner jeweils gültigen Fassung). Der tarifgebundene Arbeitgeber will nicht nur mit einer großen dynamischen, sondern auch mit einer kleinen dynamischen Bezugnahmeklausel typischerweise einheitliche Arbeitsbedingungen für organisierte und nichtorganisierte Arbeitnehmer im Betrieb bzw. Unternehmen sichern (Gleichstellungszweck).

718 Umstritten sind die Folgen von kleinen dynamischen Bezugnahmeklauseln, wenn sich die Tarifbindung des Arbeitgebers nachträglich ändert oder wegfällt. Lange Zeit folgerte das BAG aus dem Gleichstellungszweck im Fall des Verbandsaustritts des Arbeitgebers, dass die Klauseln entsprechend der tarifrechtlichen Lage (vgl. §§ 3 III, 4 V TVG), aber entgegen ihrem Wortlaut nur noch statisch auf die zur Zeit des Verbandsaustritts geltenden Tarifverträge verweisen (BAG NZA 2003, 1207). Tariflohnerhöhungen, die in später abgeschlossenen Tarifverträgen vereinbart wurden, mussten damit vom Arbeitgeber nicht mehr gewährt werden. Ebenso sollte die Verweisung im Falle eines Betriebsübergangs nur statisch auf die beim Veräußerer geltenden Tarifverträge gehen, wenn nicht der Erwerber an dieselben Tarifverträge gebunden war (BAG NZA 2002, 513). Das BAG hat diese arbeitgeberfreundliche Rechtsprechung für Arbeitsverträge, die ab dem 1.1.2002 (Einbeziehung des Arbeitsrechts in die AGB-Kontrolle) geschlossen wurden, aufgegeben (BAG NZA 2006, 607; NZA 2007, 965; krit. zur Wahl des Stichtags Höpfner, NZA 2008, 91; ders., NZA 2009, 420). Die Unklarheitenregel des § 305c II BGB verbiete es vorformulierte Bezugnahmeklauseln entgegen ihrem Wortlaut als Gleichstellungsabreden auszulegen. Gleichstellungsabreden bleiben danach zwar möglich; der Gleichstellungszweck muss aber in oder außerhalb der Vertragsurkunde deutlich zum Ausdruck kommen (vgl. Sittard/Ulbrich, ZTR 2006, 458; Hanau, RdA 2007, 180). Folge dieser Rechtsprechungsänderung ist es, dass bisher ganz übliche Klauseln („es gilt der Tarifvertrag der Metall- und Elektroindustrie NRW in seiner jeweils gültigen Fassung") im Falle eines Verbandsaustritts des Arbeitgebers zu einer fortdauernden dynamischen Bindung an den bisherigen Tarifvertrag führen. Das BAG hat die Anwendung der Unklarheitenregel des § 305c II BGB jedoch wenig später stark eingeschränkt, weil eine fortdauernde dynamische Bindung in der Regel zu Schwierigkeiten bei der Durchführung des Günstigkeitsvergleichs führe (BAG NZA 2009, 154).

5. Geltungsbereich der Normen

719 Die Rechtsnormen des Tarifvertrags gelten zwischen „den beiderseits *Tarifgebundenen*, die unter den *Geltungsbereich* des Tarifvertrags fallen" (§ 4 I 1 TVG). Wer tarifgebunden ist, bestimmt das TVG abschließend. Tarifgebunden sind beim Verbandstarif die Mitglieder der den Tarifvertrag schließenden Verbände. Beim Firmentarifvertrag (Rdnr. 712) gehört der Arbeitgeber keinem Verband an, ist aber durch den Tarifvertragsschluss unmittelbar selbst tarifgebunden. Eine von Mitgliedschaft (Verbandstarif) bzw. Vertragsschluss (Firmentarif) unabhängige Tarifbindung existiert nur in den Fällen der staatlichen Tarifnormerstreckung (§ 5 TVG und §§ 1, 3 AEntG). Der Geltungsbereich definiert den konkreten Anwendungsbereich eines Tarifvertrags und richtet sich nach den Vereinbarungen der Tarifvertragsparteien. Diese können bestimmen, dass tarifliche Normen einen bestimmten räumlichen, zeitlichen, betrieblichen, fachlichen oder persönlichen Geltungsbereich haben sollen.

720 a) Der *räumliche* Geltungsbereich legt fest, in welchem Raum (Tarifgebiet) die Normen gelten.

Beispiele: Soll ein Tarifvertrag, der zwischen einem Arbeitgeberverband für NRW und einer Gewerkschaft für NRW abgeschlossen worden ist, nach der ausdrücklichen Vereinbarung der Tarifvertragsparteien nur für Westfalen gelten, so kann der Arbeitnehmer nicht das tarifliche Weihnachtsgeld verlangen, wenn er bei einem Arbeitgeber in Köln arbeitet. Denn Köln gehört nicht zum räumlichen Geltungsbereich dieses Tarifvertrags. Daran ändert sich auch dann nichts, wenn der Tarifvertrag für allgemeinverbindlich erklärt worden ist; denn dadurch wird die Tarifgebundenheit erweitert (Erstreckung auf Außenseiter), nicht aber der (räumliche) Geltungsbereich (vgl. § 5 IV TVG). Schließen die genannten Landesverbände einen Tarifvertrag, der keine Bestimmung über den räumlichen Geltungsbereich enthält, so ist davon auszugehen, dass der räumliche Geltungsbereich sich auf das Land NRW erstreckt.

b) Der *zeitliche* Geltungsbereich sagt aus, in welchen zeitlichen Grenzen die **721**
Normen des Tarifvertrags auf die Arbeitsverhältnisse einwirken. Er deckt sich, sofern nichts Besonderes vereinbart ist, mit der Dauer des Tarifvertrags. Auch eine Rückwirkung von Tarifverträgen ist – in den Grenzen des aus dem öffentlichen Recht bekannten Rückwirkungsverbots – zulässig (HWK/Henssler, § 1 TVG Rdnr. 127 ff.). Zudem kann vorgesehen werden, dass bestimmte normative Vorschriften erst später auf den Arbeitsvertrag einwirken oder schon vor Ablauf des Tarifvertrags außer Kraft treten sollen.

Beispiel: Eine Lohnerhöhung von 4% soll sofort, eine weitere von 1% erst am 1. Januar des nächsten Jahres eintreten.

c) Da die Koalitionen regelmäßig nach dem Industrieverbandsprinzip **722**
(Rdnr. 649, 654) organisiert sind, werden die Tarifverträge normalerweise für alle Betriebe des von der Koalition vertretenen Wirtschaftszweiges (Branche) abgeschlossen. Die Tarifvertragsparteien können jedoch den *betrieblichen* Geltungsbereich auch enger bestimmen.

Beispiel: Die Gewerkschaft Nahrung, Genuss, Gaststätten schließt mit dem Arbeitgeberverband für Brauereien und Handelsmälzereien einen Tarifvertrag nur für die Brauereien.

Bei sog. Mischbetrieben kommt es für die Tarifgeltung auf den Hauptzweck des Betriebs an. Dieser richtet sich danach, mit welchen Tätigkeiten die Arbeitnehmer überwiegend befasst sind (BAG NZA 1988, 317).

d) Der *fachliche* Geltungsbereich bestimmt, für welche Tätigkeiten bestimmte **723**
Normen gelten sollen. Regelmäßig sehen Tarifverträge Lohn- und Gehaltsgruppenkataloge je nach dem Schwierigkeitsgrad der Arbeit vor. Ist der fachliche Geltungsbereich nicht geregelt, gilt der Tarifvertrag für alle organisierten Arbeitnehmer, die in den der Branche unterfallenden Betrieben beschäftigt sind.

Beispiele: Tarifvertrag für Arbeiter, Tarifvertrag für (kaufmännische oder technische) Angestellte.

e) Der *persönliche* Geltungsbereich stellt auf bestimmte persönliche Eigen- **724**
schaften ab.

Beispiele: Lebensalter, Familienstand, Minderleistungsfähigkeit. Teilweise geht der persönliche Geltungsbereich in dem fachlichen Geltungsbereich auf, so etwa, wenn eine bestimmte Ausbildung oder Prüfung vorausgesetzt wird.

6. Tarifkonkurrenz und Tarifpluralität

725 a) Eine *Tarifkonkurrenz* liegt vor, wenn *ein Arbeitsverhältnis* von den Normen mehrerer Tarifverträge erfasst wird, die wenigstens teilweise dieselben Sachbereiche regeln (letzteres str.).

Beispiele: Regelung desselben Sachbereichs in einem Firmen- und einem Verbandstarifvertrag; doppelte Gewerkschaftsangehörigkeit; nicht jedoch das Zusammentreffen eines kraft Verbandsmitgliedschaft oder Allgemeinverbindlichkeit und eines aufgrund arbeitsvertraglicher Bezugnahme geltenden Tarifvertrags (so BAG NZA 1994, 667 u. die h.L., vgl. Wiedemann/Wank, TVG, § 4 Rdnr. 276; anders BAG NZA 1991, 736; 2005, 1003). Da die Bezugnahme nur schuldrechtliche Wirkungen hat, kann sie keine Normenkonkurrenz begründen. Vielmehr ist das Günstigkeitsprinzip anzuwenden.

Das BAG löst solche Tarifkonkurrenzen über den *Grundsatz der Tarifeinheit*, demzufolge nur *ein Tarifvertrag im Betrieb* gelten soll. Haben die Tarifpartner den vorrangig anzuwendenden Tarifvertrag nicht festgelegt, löst das BAG die Tarifkonkurrenz nach dem Prinzip der Spezialität. Gültigkeit kann danach nur derjenige Tarifvertrag beanspruchen, der dem Betrieb räumlich, betrieblich, fachlich und persönlich am sachnächsten steht und deshalb den Erfordernissen und Eigenarten des Betriebs und der darin tätigen Arbeitnehmer am besten gerecht wird (BAG NZA 2003, 632). Sind beide betroffenen Tarifverträge fachlich und räumlich in gleicher Weise einschlägig, kommt es auf die Anzahl der unmittelbar kongruent tarifgebundenen Arbeitnehmer an. Der Grundsatz der Tarifeinheit soll verhindern, dass mehrere sich eventuell widersprechende Regelungen in einem Arbeitsverhältnis gleichzeitig zur Anwendung kommen.

Beispiele: Nach dem Spezialitätsprinzip verdrängt etwa ein Firmentarifvertrag einen Verbandstarifvertrag, der Tarifvertrag eines untergeordneten Verbandes denjenigen eines übergeordneten Verbandes oder ein räumlich engerer Tarifvertrag den räumlich weiteren.

726 b) Eine *Tarifpluralität* liegt vor, wenn der *Betrieb* des Arbeitgebers vom Geltungsbereich verschiedener Tarifverträge erfasst wird, an die der Arbeitgeber gebunden ist, während auf die einzelnen Arbeitnehmer je nach Tarifbindung nur einer der Tarifverträge anzuwenden ist.

Beispiel: Der Arbeitgeber schließt mit zwei verschiedenen Gewerkschaften Tarifverträge. Denkbar sind solche Konstellationen bei einem betrieblichen Nebeneinander einer DGB-Gewerkschaft (z.B. IG Metall) und einer Christlichen Gewerkschaft (z.B. CGM) sowie dort, wo eine nach dem Industrieverbandsprinzip organisierte Gewerkschaft auf eine nach dem Berufsverbandsprinzip organisierte Koalition trifft. Die Bedeutung der letztgenannten Fallgruppe wächst, da berufsverbandlich ausgerichtete Gewerkschaften (Beispiele: Marburger Bund, Pilotenvereinigung „Cockpit“ oder Gewerkschaft der Lokomotivführer, dazu LAG Hessen BB 2003, 1229; instruktiv Bayreuther, NZA 2007, 187), verstärkt auf günstigere Arbeitsbedingungen für ihre besonders durchsetzungsfähigen Mitglieder pochen. Kommt es zu einem Nebeneinander von allgemeinverbindlichem und kraft Verbandszugehörigkeit geltendem Tarifvertrag, so können sowohl Tarifpluralität im Betrieb als auch Tarifkonkurrenzen in einzelnen Arbeitsverhältnissen entstehen.

Nach der bisherigen Rspr. des BAG sollte auch der Fall der Tarifpluralität über das Prinzip der Tarifeinheit gelöst werden. Nach dem Spezialitätsprinzip wurde einheitlich nur derjenige Tarifvertrag angewendet, der dem Betrieb räumlich, fachlich und persönlich am sachnächsten stand (BAG AP Nr. 28 zu § 4 TVG Tarifkonkurrenz = NZA 2003, 632). Mitglieder kleinerer Gewerkschaften verloren danach regelmäßig jeden tariflichen Schutz, da für sie ja – mangels kongruenter Tarifbindung – auch der speziellere Tarifvertrag keine Wirkungen entfaltete. Diese Rspr. war wegen des damit verbundenen Eingriffs in die Tarifautonomie und die individuelle Koalitionsfreiheit der betroffenen Arbeitnehmer bedenklich (vgl. Jacobs, NZA 2008, 325; Wiedemann/Wank, TVG, § 4 Rdnr. 287). Im Schrifttum wurde kritisiert, der Gedanke der Tarifeinheit verzerre den Wettbewerb zwischen den Gewerkschaften, da sich die Tarifverträge der Berufs- und Spartengewerkschaften gegenüber den Branchentarifverträgen nicht durchsetzen könnten. Dadurch würden sie auch in ihrem Koalitionsrecht aus Art. 9 III GG verletzt. Demgegenüber rechtfertigte das BAG seine Rspr. mit eher pragmatischen Überlegungen. Da der Arbeitgeber nicht nach der Gewerkschaftszugehörigkeit fragen dürfe, führe ein Nebeneinander mehrerer Tarifverträge zu erheblichen praktischen Schwierigkeiten. Ferner sei es für den Arbeitgeber unzumutbar, wenn der Arbeitnehmer durch einen Gewerkschaftswechsel jederzeit seine Arbeitsbedingungen verändern könne. Praktische Schwierigkeiten können indes die Eingriffe in Art. 9 III GG nicht rechtfertigen. Aktuell hat der 10. Senat (BAG NZA 2010, 778) auf eine entsprechende Divergenzanfrage des 4. Senats (BAG NZA 2010, 645) den Weg für eine Änderung dieser Rspr. frei gemacht. Eine unterschiedliche Behandlung der Arbeitnehmer je nach Gewerkschaftszugehörigkeit dürfte dem Arbeitgeber zumindest bei Inhalts-, Abschluss- und Beendigungsnormen zumutbar und von ihm organisatorisch zu bewältigen sein. Betriebliche und betriebsverfassungsrechtliche Normen werden demgegenüber weiterhin betriebseinheitlich gelten müssen. Hier bietet es sich an, denjenigen Tarifvertrag betriebseinheitlich anzuwenden, der nach seinem originären Geltungsbereich die größere Anzahl von Belegschaftsmitgliedern erfasst (Repräsentativitätsprinzip).

IV. Schuldrechtlicher Teil des Tarifvertrags

Schrifttum: Feudner, Durchsetzung von Tarifverträgen durch die Gewerkschaften, BB 2007, 266; Rieble/Klebeck, Tarifvertragliche Meistbegünstigung, RdA 2006, 65.

Der Tarifvertrag enthält nicht nur Rechtsnormen; er regelt zudem – wie jeder **727** andere schuldrechtliche Vertrag auch – Rechte und Pflichten der (Tarif-)Vertragsparteien (§ 1 I TVG). Durch die schuldrechtlichen Abreden werden nur die Tarifvertragsparteien verpflichtet und nicht auch deren Mitglieder, da es sich insoweit um einen unzulässigen Vertrag zu Lasten Dritter handeln würde. Demgegenüber können die Mitglieder einer Tarifvertragspartei aus den schuldrechtlichen Bestimmungen berechtigt sein, wenn insoweit ein Vertrag zugunsten Dritter (§ 328 BGB) vorliegt; ihnen kann ein vertraglicher Schadensersatzanspruch zustehen, wenn ein Vertrag mit Schutzwirkung für Dritte zu bejahen ist.

Die wichtigsten schuldrechtlichen Pflichten der Tarifvertragsparteien sind die Friedens- und die Durchführungspflicht. Aktuelle Aufmerksamkeit fanden in den jüngsten tariflichen Auseinandersetzungen im öffentlichen Dienst sog. Meistbegünstigungsklauseln, in denen sich eine Vertragspartei verpflichtet Tarifinhalte, die sie in künftigen Tarifverträgen akzeptiert, auch in den vorher abgeschlossenen Vertrag aufzunehmen. Gegen derartige Klauseln werden verfassungsrechtliche Bedenken geltend gemacht (Rieble/Klebeck, RdA 2006, 65).

1. Friedenspflicht

728 Der Tarifvertrag soll einen Arbeitskampf beenden oder verhindern. Aus dem Sinn des Tarifvertrags als „Friedensvertrag" folgt für die Tarifvertragsparteien eine Friedenspflicht auch dann, wenn diese im Tarifvertrag nicht ausdrücklich vereinbart worden ist (BAG NZA 2007, 1055). Unter der Friedenspflicht versteht man die Pflicht der Tarifvertragsparteien, während der Laufzeit des Tarifvertrags von Kampfmaßnahmen keinen Gebrauch zu machen (Rdnr. 760).

729 a) Der *Umfang des Kampfverbots* richtet sich danach, ob nur die jedem Tarifvertrag immanente relative Friedenspflicht besteht oder eine absolute Friedenspflicht vereinbart worden ist.

(1) Die *relative* Friedenspflicht soll den Inhalt des Tarifvertrags schützen; deshalb sind während der Laufzeit des Vertrags Arbeitskämpfe zur Änderung der im Tarifvertrag festgelegten Arbeitsbedingungen verboten. Allerdings können Sachmaterien in einem Tarifvertrag auch negativ in dem Sinne festgelegt sein, dass der Tarifvertrag bewusst auf eine Regelung verzichtet (Löwisch/Rieble, § 1 TVG Rdnr. 383).

Bei Bestehen eines Lohntarifvertrags verstößt die Gewerkschaft gegen die relative Friedenspflicht, wenn sie zum Streik um höhere Löhne aufruft (**Fall g**). Zulässig wäre dagegen ein Streik, mit dem etwa die tarifliche Regelung eines Bildungsurlaubs angestrebt wird, den der Tarifvertrag bislang nicht vorsieht.

730 (2) Die *absolute* Friedenspflicht verbietet während der Laufzeit des Tarifvertrags jegliche Arbeitskämpfe, also auch solche, die um nicht tariflich geregelte Ziele geführt werden. Diese Friedenspflicht ergibt sich nicht schon aus dem Sinn des Tarifvertrags, sondern setzt eine entsprechende Vereinbarung voraus, die nur selten getroffen wird.

731 b) Der *Inhalt der Friedenspflicht* besteht einmal in einer Pflicht der Tarifparteien zu einem *Unterlassen;* ihnen ist es verboten, einen Arbeitskampf anzudrohen oder zu veranstalten, die Mitglieder dazu anzustiften oder dabei zu unterstützen. Zum anderen enthält die Friedenspflicht eine Pflicht der Tarifvertragsparteien zu positivem *Tun,* nämlich auf die Mitglieder einzuwirken, einen Arbeitskampf nicht zu beginnen bzw. einen gleichwohl geführten zu beenden.

Diese arbeitskampfbezogene Einwirkungspflicht ist eine Handlungspflicht. Sie wird erfüllt, wenn die Tarifvertragspartei auf ihre Mitglieder mit den Mitteln des Verbandsrechts einwirkt; die zu treffenden Maßnahmen ergeben sich aus der Satzung des Verbandes (z.B. Mahnung, Verweis, Ausschluss). Der Verband haftet der Gegenseite nur, wenn er seiner Einwirkungspflicht schuldhaft zuwiderhandelt; er garantiert aber nicht für den Erfolg seines

Handelns, wenn dies nicht ausnahmsweise im Tarifvertrag ausdrücklich vereinbart worden ist.

Im **Fall g** kann der Arbeitgeberverband von der Gewerkschaft Erfüllung der Friedenspflicht (also Unterlassen der Streikaufrufe und der Durchführung des Arbeitskampfes) verlangen. Sofern ihm durch den Arbeitskampf ein Schaden entstanden ist, steht dem Verband ein Schadensersatzanspruch aus § 280 I BGB wegen schuldhafter Vertragsverletzung zu. Schließlich kommt eine Kündigung des Tarifvertrags aus wichtigem Grund (Verletzung der Friedenspflicht) in Betracht. Auch die Arbeitgeber als Mitglieder der Tarifvertragspartei haben einen vertraglichen Schadensersatzanspruch gegen die Gewerkschaft, weil die schuldrechtlichen Bestimmungen des Tarifvertrags, insbesondere über die Friedenspflicht, zugleich einen Vertrag zugunsten Dritter, nämlich zugunsten der Mitglieder der Vertragsparteien, enthalten (BAG AP Nr. 2 zu § 1 TVG Friedenspflicht); zumindest handelt es sich hinsichtlich der Friedenspflicht um einen Vertrag mit Schutzwirkung für Dritte.

2. Durchführungspflicht

Aus dem Sinn des Tarifvertrags folgt die Pflicht einer jeden Partei, für die tat- **732**
sächliche Durchführung der Tarifvertragsbestimmungen zu sorgen. Während es bei der Friedenspflicht um ein Kampfverbot geht, umfasst die Durchführungspflicht das Gebot alles für die Umsetzung des Tarifvertrages zu tun (BAG AP Internationales Privatrecht, Arbeitsrecht Nr. 29). Der *Inhalt dieser Pflicht* besteht einmal darin, alles zu *unterlassen,* was die Vertragserfüllung gefährden würde, und zum anderen beim Verbandstarif darin, auf die Mitglieder *einzuwirken,* sich tarifkonform zu verhalten (vgl. BAG NZA 1992, 321). Beim *Haustarifvertrag* ist der Arbeitgeber der Gewerkschaft gegenüber direkt verpflichtet, die Tarifnormen einzuhalten.

Beim Verbandstarif ist die Tarifvertragspartei gegenüber der anderen Vertragspartei nicht verpflichtet, in jedem Einzelfall der Verletzung tariflich gestalteter Arbeitsverhältnisse einzuschreiten, sondern nur dann, wenn kollektive Interessen berührt werden.

Beispiele: Bei einer einmaligen untertariflichen Entlohnung eines tarifgebundenen Arbeitnehmers kann die Gewerkschaft vom Arbeitgeberverband nicht verlangen, dass dieser auf sein Mitglied einwirkt, den Tariflohn zu zahlen. Wenn der Arbeitgeber die Gewerkschaftsmitglieder aber regelmäßig untertariflich bezahlt (**Fall h**), dann ist wegen dieser Störung der tariflichen Ordnung der Arbeitgeberverband zum Einschreiten verpflichtet; er muss mit Mitteln des Verbandsrechts gegen das Mitglied vorgehen, schuldet jedoch nicht den Erfolg seiner Einwirkung.

Zur Durchsetzung des Einwirkungsanspruchs hat das BAG zunächst nur eine Feststellungsklage, später dann auch die *Leistungsklage* zugelassen (BAG NZA 1992, 846), obwohl dem Verband die Mittel der Einwirkung nicht vorgeschrieben werden können.

V. Beendigung des Tarifvertrags

Schrifttum: Bender, Der Wegfall der Geschäftsgrundlage bei arbeitsrechtlichen Kollektivverträgen am Beispiel des Tarifvertrags und des Sozialplans, 2005; Kast/Freihube, Die fristlose Kündigung von (Haus-) Tarifverträgen, BB 2003, 956; Wank, Kündigung und Wegfall der Geschäftsgrundlage bei Tarifverträgen, in: Festschrift Schaub, 1998, S. 761.

733 Tarifverträge werden in der Regel befristet oder mit einer Mindestlaufzeit geschlossen. Wie alle befristeten Verträge sind sie während der Frist nur aus wichtigem Grund (§ 314 BGB) kündbar (BAG AP Nr. 4 zu § 1 TVG Friedenspflicht). Selbstverständlich steht es den Tarifparteien frei, auch einen befristeten Tarifvertrag während seiner Laufzeit einvernehmlich aufzuheben oder zu verändern (§ 311 I BGB). Unbefristet abgeschlossene Tarifverträge, die keine ausdrückliche Möglichkeit zur ordentlichen Kündigung vorsehen, sind analog zu § 77 V BetrVG mit einer Frist von drei Monaten kündbar (BAG NZA 1997, 1234).

734 An die Wirksamkeit einer außerordentlichen Kündigung werden von der Rspr. sehr hohe Anforderungen gestellt (vgl. BAG NZA 1998, 1008). Versuche, im Falle von Konjunkturschwankungen außerordentliche Kündigungen durchzusetzen, waren bislang nicht erfolgreich. Wegen des für solche Kündigungen geltenden „ultima-ratio"-Gedankens muss die kündigungswillige Partei zunächst alle in Betracht kommenden milderen Mittel ausgeschöpft haben. Sie hat daher ggf. eine Nachverhandlungsobliegenheit (BAG NZA 1997, 830). Eine Kündigung wegen Pflichtverletzung setzt eine vorherige Abmahnung voraus (§ 314 II BGB). Diese Grundsätze dürfen nicht durch den Rückgriff auf das Institut der Störung der Geschäftsgrundlage (§ 313 BGB) umgangen werden.

Kapitel 10

Das Arbeitskampfrecht

Schrifttum: Auktor, Die Reichweite der Arbeitskampfrisikolehre bei Mitverursachung des Arbeitsausfalls durch den Arbeitgeber, RdA 2003, 23; Birk/Konzen/Löwisch/Raiser/Seiter, Gesetz zur Regelung kollektiver Arbeitskonflikte, 1988; Brox/Rüthers, Arbeitskampfrecht, 2. Auflage, 1982; Heinze, Der Warnstreik und die „Neue Beweglichkeit", NJW 1983, 2409; Henssler, „Der Arbeitgeber in der Zange" – Rechtsfragen der Firmentarifsozialpläne, in: Festschrift Richardi, 2007, S. 553; Kissel, Arbeitskampfrecht, 2002; Kittner, Arbeitskampf – Geschichte, Recht, Gegenwart, 2005; Lieb, Warnstreik und kein Ende?, ZfA 1990, 357; Löwisch (Hrsg.), Schlichtungs- und Arbeitskampfrecht, 1996; Otto, Arbeitskampf- und Schlichtungsrecht, 2005; Picker, Arbeitskampfrecht und Gesamtrechtsordnung, DB 1989, Beil. 16; Reuter, Die Grenzen des Streikrechts, ZfA 1990, 535; Ricken, Der Sozialplantarifvertrag als zulässiges Arbeitskampfziel, ZfA 2008, 283; Rieble, Arbeitsniederlegung zur Standorterhaltung, RdA 2005, 200; ders., Flash-Mob – Ein neues Arbeitskampfmittel?, NZA 2008, 796; Rüthers, Der Abbau des „ultima ratio"-Gebotes im Arbeitskampfrecht durch das Bundesarbeitsgericht, DB 1990, 113; ders. Arbeitskampf in einer veränderten Wirtschafts- und Arbeitswelt, NZA 2010, 6; Rüthers/Höpfner, Flashmob-Aktionen im Arbeitkampf, JZ 2010, 261; Schiefer/Worzalla, Unzulässige Streiks um Tarifsozialpläne, DB 2006, 46; Schneider/Sittard, Unverhältnismäßigkeit des Ärztestreiks, Eine Auseinandersetzung mit den Grenzen des Streikrechts, DÖD 2006, 244; Scholz, Verfassungsrechtliche Grundlagen des Arbeitskampfrechts, ZfA 1990, 377; Schubert, Europäische Grundfreiheiten und nationales Arbeitskampfrecht im Konflikt, zugleich eine Besprechung der Entscheidungen des EuGH vom 11.12.2007 Rs. C-438/05-Viking und vom 18.12.2007 Rs. C-341/05-Laval, RdA 2008, 289.

Fälle:

a) Die Belegschaft möchte die Entlassung eines unbeliebten Vorgesetzten durchsetzen **735**
und verlangt zu diesem Zweck vom Betriebsrat die Ausrufung eines Streiks.

b) Eine Gewerkschaft beabsichtigt, die Forderung nach einem „besseren Betriebsverfassungsgesetz" durch Arbeitsniederlegung in den Betrieben nachdrücklich geltend zu machen.

c) Die Beamten wollen während der Arbeitszeit eine halbe Stunde lang gegen eine geplante Kürzung ihrer Besoldung demonstrieren; eine Gewerkschaft ruft zum Streik gegen die Erhöhung des Renteneintrittsalters auf 67 auf.

d) Das Unternehmen A kündigt an, seine Produktion ins Ausland zu verlagern. Daraufhin ruft die Gewerkschaft G zu Streiks auf, um den Standort in Deutschland zu halten; alternativ will sie verlängerte Kündigungsfristen und Abfindungen erstreiken.

e) Infolge Konjunkturrückgangs hält ein Arbeitgeberverband eine Senkung der Tariflöhne für gerechtfertigt. Als die Gewerkschaft sich darauf nicht einlassen will und auf einem normalen Auslaufen des Tarifvertrags beharrt, droht der Arbeitgeberverband mit einer Aussperrung zur Durchsetzung der erstrebten Tarifänderung.

f) In einem Tarifgebiet werden von der Gewerkschaft Schwerpunktstreiks durchgeführt, die 25% aller Arbeitnehmer erfassen. Der Arbeitgeberverband erklärt daraufhin eine bundesweite Aussperrung aller Arbeitnehmer, weil eine teilweise Aussperrung zu Wettbewerbsverzerrungen führe.

g) Trotz eines vertraglich vereinbarten Wettbewerbsverbots führt ein Arbeitnehmer während eines Streiks, an dem er teilnimmt, Arbeiten in der Branche seines Arbeitgebers aus. Er meint, dazu sei er berechtigt, weil während des Arbeitskampfes der ganze Arbeitsvertrag ruhe.

h) Vor Beginn eines Stahlstreiks vereinbaren Arbeitgeberverband und Gewerkschaft einen Notdienst, um eine Stilllegung der Hochöfen zu vermeiden. Der Arbeitnehmer A wird danach zum Notdienst eingeteilt. Er aber möchte viel lieber streiken.

i) Im Fall a haben die Arbeitnehmer des Betriebes die Arbeit niedergelegt. Der Arbeitgeber klagt den ihm dadurch entstandenen Schaden von 100000,– € gegen drei Arbeitnehmer, die den Streik organisiert haben, ein. Außerdem kündigt er ihre Arbeitsverträge.

j) Der Arbeitgeber G, dessen Betrieb teilweise bestreikt wird, sperrt arbeitswillige Arbeitnehmer rechtmäßig aus. Dadurch kann er seinen Lieferverpflichtungen gegenüber seinem Kunden K nicht nachkommen. Dieser verlangt Vertragserfüllung, hilfsweise Schadensersatz wegen Nichterfüllung.

736 Das Arbeitskampfrecht ist eng mit dem Tarifvertragsrecht verknüpft. Der Tarifvertrag ist das wichtigste Gestaltungsinstrument zur Regelung der kollektiven Arbeitsbedingungen. Die Tarifautonomie kann ihre Aufgabe nur erfüllen, wenn ein Lösungsinstrument für solche Konfliktlagen vorhanden ist, in denen die Tarifparteien sich nicht einigen können. Dieses Instrument ist der Arbeitskampf. Arbeitskampf ist „Preiskampf“ am Arbeitsmarkt. Als solcher ist er auch verfassungsrechtlich geschützt.

737 Diese Grundsätze hat das BVerfG in den Beschlüssen vom 26. 6. 1991 (BVerfGE 84, 212) und vom 2. 3. 1993 (BVerfGE 88, 103) ausdrücklich anerkannt. Mit dem im Rahmen der Notstandsverfassung neugeschaffenen Art. 9 III 3 GG hatte der Arbeitskampf schon 1968 Eingang in das Grundgesetz gefunden. Die Reichweite dieser Verfassungsänderung ist jedoch umstritten geblieben (vgl. Rüthers, Arbeitskampf und Notstandsverfassung, DB 1968, 1948).

738 Der in der Verfassung grundsätzlich gewährleisteten Arbeitskampffreiheit der Sozialpartner entspricht ein Verbot staatlicher Zwangsschlichtung. Der Staat hat sich aller hoheitlichen Eingriffe in laufende, rechtmäßig geführte Arbeitskämpfe zu enthalten (Brox/Rüthers, Arbeitskampfrecht, Rdnr. 706; Otto, § 20 Rdnr. 10). Eine Ausnahme gilt nach überwiegender Auffassung dort, wo die Fortführung des Arbeitskampfes überragend wichtige Gemeinschaftsgüter konkret gefährden würde (Nachweise bei Otto, § 20 Rdnr. 10, 14).

739 Der Arbeitskampf wird als Mittel zum Abschluss von Tarifverträgen geschützt. Diese funktionale Verknüpfung zwischen Tarifautonomie und Arbeitskampf ist für das zutreffende Verständnis der Arbeitskampfgarantie entscheidend. Die tarifautonome Gestaltung der Arbeits- und Wirtschaftsbedingungen kann nur funktionieren, wenn die Tarifpartner notfalls durch Arbeitskampfmaßnahmen Druck und Gegendruck ausüben können, um die andere Seite zu einer Einigung zu zwingen.

740 Der von gewerkschaftsnaher Seite häufig vorgetragenen Argumentation, bei Art. 9 III GG handele es sich um ein Grundrecht, das allein der „Emanzipation“ der Arbeitnehmer diene und somit ein Recht auf Aussperrung nicht enthalten könne, wurde vom BVerfG (BVerfGE 88, 103; 92, 365) eine Absage erteilt. An der verfassungsrechtlichen Gewährleistung der Abwehraussperrung kann seither kein Zweifel bestehen (inwieweit auch andere Formen der Aussperrung geschützt sind, hat das BVerfG ausdrücklich offen gelassen). Sowohl Arbeitgeber als auch Arbeitnehmer können sich auf Art. 9 III GG berufen.

I. Begriff und Arten des Arbeitskampfes

1. Begriff

Der Begriff des Arbeitskampfes ist gesetzlich nicht definiert. Nach übereinstimmender Auffassung spricht man von einem Arbeitskampf, wenn von der Arbeitgeber- oder Arbeitnehmerseite kollektive Maßnahmen zur Störung der Arbeitsbeziehungen ergriffen werden, um ein bestimmtes Ziel zu erreichen. 741

a) *Kampfparteien* eines Arbeitskampfes sind *Arbeitgeberverbände* und *Arbeitgeber* einerseits sowie *Gewerkschaften* und *Arbeitnehmer* andererseits. 742

Deshalb liegt kein Arbeitskampf vor z.B. beim Schulstreik (Kampf der Eltern gegen die Schulverwaltung), beim Vorlesungsstreik (Kampf der Studenten gegen Universitätsverwaltung oder Landesregierung), beim Ärztestreik (Kampf der niedergelassenen (!) Ärzte gegen die Krankenkassen).

(1) In der Regel stehen sich im Arbeitskampf *Arbeitgeberverbände* und *Gewerkschaften* gegenüber, weil sie tariffähig sind (§ 2 TVG; Rdnr. 665ff.) und es beim Arbeitskampf meist darum geht, günstigere Tarifvertragsbestimmungen zu erreichen. 743

Selbst wenn auf der Arbeitnehmerseite keine Gewerkschaft steht, sondern etwa die Belegschaft oder ein Teil der Belegschaft die Arbeit niederlegt („wilder Streik“), so liegt gleichwohl ein Arbeitskampf vor. Denn für den Begriff des Arbeitskampfes ist es unerheblich, ob der Kampf im Einzelfall rechtmäßig oder rechtswidrig ist.

(2) Auch ein *einzelner Arbeitgeber* kann Partei eines Arbeitskampfes sein. Der kollektive Charakter der Kampfmaßnahme folgt daraus, dass auf der Gegenseite mehrere Arbeitnehmer beteiligt sind. Häufig wird der Kampf um den Abschluss eines Tarifvertrags gehen, dessen Partei ein einzelner Arbeitgeber sein soll (§ 2 I TVG; Firmentarifvertrag; Rdnr. 712). 744

Dagegen kann ein einzelner Arbeitnehmer nicht Partei eines Arbeitskampfes sein, weil es an einer kollektiven Kampfmaßnahme fehlt. Allerdings handelt es sich dann um einen Arbeitskampf, wenn etwa ein Arbeitnehmer in einer Schlüsselposition aufgrund eines kollektiven Kampfbeschlusses (z.B. der Gewerkschaft) die Arbeit niederlegt.

b) *Kampfmittel* ist *jede kollektive Maßnahme zur Störung der Arbeitsbeziehungen.* Zu den Kampfmaßnahmen gehören vor allem die Nicht- oder Schlechtleistung der Arbeitnehmer und die Nichtannahme der Leistung durch den oder die Arbeitgeber. Auch ein bloß wirtschaftlicher oder nur psychologischer Druck wird als Kampfmittel angesehen, sofern dadurch die Arbeitsbeziehungen gestört werden. 745

c) *Kampfziel* ist in der Regel das Erreichen einer Tarifvereinbarung. Das braucht aber nicht so zu sein. Von einem Arbeitskampf spricht man auch, wenn ein anderes (z.B. politisches) Ziel angestrebt wird. Auf die Art des Kampfziels kommt es 746 also bei der Begriffsbestimmung nicht an. Damit ist jedoch über die Rechtmäßigkeit des Kampfes nichts ausgesagt.

2. Arten

747 Wichtigste Formen des Arbeitskampfes sind Streik und Aussperrung sowie die kollektive Ausübung von Individualrechten (ausführlich Otto, Rdnr. 9ff.).

a) Auf Seiten der Arbeitnehmer ist der *Streik* (von „to strike work") die von einer Mehrzahl von Arbeitnehmern planmäßig und gemeinsam durchgeführte Arbeitseinstellung zur Erreichung eines Zieles; die Arbeitseinstellung erfolgt ohne Einverständnis des Arbeitgebers und ohne vorherige Kündigung.

Beispiele: Fernbleiben von der Arbeitsstelle, Sitzstreik, Bummelstreik, verabredete Krankmeldungen, „Dienst nach Vorschrift" (= bewusst übertriebene Beachtung von Ordnungs- oder Sicherheitsvorschriften).

Wichtige Arten des Streiks sind: der (gewerkschaftlich) organisierte Streik, der wilde Streik (= nicht von der Gewerkschaft geleitet), der Warnstreik (= von vornherein auf eine kurze Dauer beschränkt), der Wechselstreik (Gewerkschaft tauscht betroffene Unternehmen häufig aus), der Wellenstreik (= flexibler Streik, bei dem der Arbeitgeber vorher nicht weiß, wann wie viele Arbeitnehmer streiken werden. Ziel ist es, eine schnelle Reaktion des Arbeitgebers auf die Kampfmaßnahme zu erschweren); der Flächenstreik (= sämtliche Arbeitnehmer eines Tarifgebietes legen die Arbeit nieder); der Schwerpunktstreik (= nur die Arbeitnehmer einzelner Unternehmen, Betriebe oder Abteilungen legen die Arbeit nieder); der Demonstrationsstreik (= zur Demonstration und nicht zur Erzwingung einer bestimmten Maßnahme), der Unterstützungsstreik (= zur Unterstützung eines anderen, des Hauptstreiks), der politische Streik (= wegen einer politischen Forderung).

748 b) Auf Seiten der Arbeitgeber ist die Aussperrung (von „lock out") die von einem oder mehreren Arbeitgebern planmäßig erfolgte Arbeitsausschließung zur Erreichung eines Zieles; die Arbeitsausschließung erfolgt ohne Einverständnis der Arbeitnehmer und ohne vorherige Kündigung.

Beispiele: Absperrung vom Arbeitsplatz, Verhinderung der Erbringung der Arbeitsleistung etwa durch Abschalten des Stromes.

Nach der Rspr. des BAG (BAG NZA 1994, 1097; 1995, 958; 1999, 550; 1999, 552) verfügt der Arbeitgeber über verschiedene Möglichkeiten, um auf einen Streik zu reagieren:

749 (1) Echte Kampfmaßnahme ist die Aussperrung. Sie bedarf einer ausdrücklichen Erklärung. Für sie gelten besondere Voraussetzungen (dazu Rdnr. 769ff.).

(2) Jedem bestreikten Arbeitgeber ist ferner die Stilllegung des gesamten Betriebes erlaubt. Die Stilllegungsentscheidung bedarf keiner Begründung und ist an keine besondere Voraussetzung gekoppelt. Als Folge entfallen die Entgeltansprüche auch der arbeitsbereiten Arbeitnehmer, selbst wenn deren Beschäftigung möglich wäre (BAG NZA 1994, 1097; vgl. auch Rdnr. 794).

(3) Schließlich kann sich der Arbeitgeber auf die Grundsätze des Arbeitskampfrisikos (Rdnr. 394) berufen und die Beschäftigung nur solcher Arbeitnehmer ablehnen, hinsichtlich derer die Beschäftigungsmöglichkeit aufgrund des Streiks

entfallen ist. Diese Arbeitnehmer verlieren nach § 326 I BGB ihren Lohnanspruch; sie tragen mit anderen Worten das Entgeltrisiko.

Heute dürfte schon aus ökonomischen Gründen nur die Variante (3) überhaupt noch praktikabel sein. Die Varianten (1) und (2) sind als „Druckausübung durch Selbstschädigung" – insbesondere für Arbeitgeber, die in einer scharfen Wettbewerbssituation stehen – unternehmerisch unsinnig und allenfalls in Extremfällen ein zu erwägendes Mittel.

c) Unter der *kollektiven Ausübung von Individualrechten* versteht man die *Massenkündigung* und die *kollektive Ausübung eines Zurückbehaltungsrechts.* Dadurch kann die Gegenseite ebenso unter Druck gesetzt werden wie durch Streik oder Aussperrung. Deshalb sind kollektive Kündigungen und die gemeinsame Ausübung von Zurückbehaltungsrechten zum Arbeitskampf zu rechnen (str.; BAG AP Nr. 1 zu § 1 TVG Friedenspflicht). **750**

d) Als weitere Formen des Arbeitskampfes sind erprobt worden:

(1) *Betriebsbesetzungen*

Die Arbeitnehmer begnügen sich nicht mit der kollektiven Verweigerung der Arbeit, sondern halten gegen den Willen des Arbeitgebers die Betriebsgebäude und die Arbeitsplätze („Sitzstreik") besetzt. Das Ziel kann die Verhinderung der Produktion sein, aber auch darin bestehen, die Veräußerung, die Übernahme durch einen Erwerber oder den Abbau von Betriebsmitteln zu verhindern. **751**

(2) *Absperrungen (Betriebsblockaden)*

Die Arbeitnehmer verhindern durch die Blockade der Ein- und Ausgänge von Betrieben den Zu- und Abtransport von Rohstoffen, Fertigprodukten oder den Zugang von „Streikbrechern". **752**

Aufgrund der Radikalisierung des Arbeitskampfes, die als Folge dieser einschneidenden Kampfmaßnahmen eintritt, werden sie heute kaum praktiziert (vgl. unter Rdnr. 789 zur Unzulässigkeit).

(3) *Flash-Mob*

Gewerkschaften rufen Dritte dazu auf, in öffentlich zugänglichen Betrieben durch gleichgeschaltete Handlungen kurzfristig betriebliche Abläufe zu stören (etwa durch Befüllen von Einkaufswagen ohne Kaufabsicht oder durch gleichzeitigen Kauf von Cent-Artikeln; dazu Rüthers/Höpfner, JZ 2010, 261; vgl. Rdnr. 789). **752a**

II. Rechtmäßigkeit des Arbeitskampfes

Eine gesetzliche Regelung des Arbeitskampfrechts existiert nicht. Die Rechtmäßigkeit eines Arbeitskampfes richtet sich nach den von der Rspr. und der Wissenschaft auf der Grundlage des Verfassungsrechts und weiterer (mittelbarer) einfachgesetzlicher Vorgaben entwickelten Grundsätzen. **753**

1. Verfassungsrechtliche und tarifrechtliche Grenzen des Arbeitskampfes

754 Arbeitskämpfe sind nach allgemeinen zivilrechtlichen Grundprinzipen als vorsätzliche Schädigung des Vertragspartners durch vorsätzlichen Vertragsbruch zu qualifizieren und damit an sich rechtswidrig. Ihre Zulässigkeit muss sich folglich im Einzelfall aus höherrangigen bzw. spezielleren Wertungen ergeben, wobei mangels unmittelbarer gesetzlicher Regelung im Wesentlichen nur die Verfassung in Betracht kommt. Ausgangspunkt für die an Streik und Aussperrung zu stellenden Voraussetzungen ist somit die Regelung in Art. 9 III GG. Ungeachtet des sehr allgemein gehaltenen Wortlauts dieser Verfassungsnorm („arbeitsrechtliche Wundertüte"), lassen sich aus ihr in einer kaskadenartigen Argumentation doch recht präzise Grundsätze herleiten: Aus der in Art. 9 III GG unmittelbar garantierten Freiheit der Bildung bzw. Gründung von Koalitionen ist zunächst in einem ersten Schritt (1) eine Garantie der Betätigungsmöglichkeiten der Koalitionen herzuleiten. Gewährleistet ist damit zugleich als Kernbereich (2) die Tarifautonomie als staatsfreie Regelung der Arbeits- und Wirtschaftsbedingungen durch die Verbände. Zieht sich aber der Staat aus diesem zentralen Bereich der Arbeitsrechtsordnung zurück, so muss er den Tarifpartnern für den Fall gescheiterter Verhandlungen (3) ein geeignetes Konfliktlösungsinstrument zur Verfügung stellen, den Arbeitskampf. Damit sind sowohl Streik als auch Aussperrung grundsätzlich verfassungsrechtlich abgesichert (Kampfmittelgarantie). Dieses Konfliktlösungsinstrument muss zugleich so beschaffen sein, dass ausgewogene „faire" Ergebnisse sichergestellt sind, im Interesse der Richtigkeitsgewähr des Tarifvertrages also keine Seite hilflos dem übermäßigen Druck des Verhandlungspartners ausgesetzt ist. Daraus ergibt sich, dass (4) die Wahrung der Kampfparität (Rdnr. 762) zentrale Vorgabe für die Rechtmäßigkeit einer Kampfmaßnahme sein muss. Aus der mit (1 – 4) verbundenen Dienstfunktion des Arbeitskampfes als Hilfsinstrument der Tarifautonomie folgt zugleich, dass (5) das Kampfziel zwingend der Abschluss eines Tarifvertrags sein muss. Deshalb darf (6) ein Arbeitskampf nur zwischen tariffähigen Parteien um ein tariflich regelbares Ziel geführt werden (Rdnr. 755 ff.). Andernfalls ist der Arbeitskampf *tarifgesetzwidrig.* Abgesehen davon kann der Arbeitskampf auch *tarifvertragswidrig* sein; das ist dann der Fall, wenn der Kampf gegen einen bestehenden Tarifvertrag, besonders gegen die Friedenspflicht, verstößt.

755 a) Nur *tariffähige Parteien* dürfen Arbeitskämpfe führen. Tariffähig sind Gewerkschaften, einzelne Arbeitgeber und Arbeitgebervereinigungen sowie Spitzenorganisationen (§ 2 TVG; Rdnr. 666 ff.). Ein Streik kann also nur dann rechtmäßig sein, wenn er von einer Gewerkschaft geführt wird. Allerdings brauchen die streikenden Arbeitnehmer der Gewerkschaft nicht anzugehören. Es gilt der arbeitskampfrechtliche Grundsatz der Einheit der Belegschaft.

Der nicht von einer Gewerkschaft getragene (= wilde) Streik ist rechtswidrig, weil der Angreifer nicht Partei eines Tarifvertrags sein kann (BAG AP Nr. 32 zu Art. 9 GG Arbeitskampf; a. A. Däubler, ZfA 1973, 201, 219 f.; Zachert, AuR 2001, 401). Übernimmt die Gewerkschaft einen wilden Streik durch Erklärung gegenüber dem Kampfgegner, so wird er nach Auffassung des BAG (a. a. O.) rückwirkend rechtmäßig, sofern die anderen Rechtmäßigkeitsvoraussetzungen vorliegen. Der vom Betriebsrat ausgerufene Streik im **Fall a** ist schon mangels Tariffähigkeit des Betriebsrats rechtswidrig.

Die Beschränkung auf tariffähige Parteien ist nicht unumstritten, da Art. 6 Nr. 4 der Europäischen Sozialcharta eine vergleichbare Rechtmäßigkeitsvoraussetzung nicht kennt; die Auswirkungen sind bislang nicht geklärt (vgl. ErfK/Dieterich, Art. 9 GG Rdnr. 105; Bepler, in Festschrift Wissmann, 2005, S. 97 ff.).

b) Nur um *tariflich regelbare Ziele* darf ein Arbeitskampf geführt werden. **756**

(1) Kampfziel muss der *Abschluss eines Tarifvertrags* sein. Deshalb sind folgende Arbeitskämpfe nicht rechtmäßig:

(a) Mit einem *politischen Arbeitskampf* wird eine Forderung an eine staatliche Instanz (Parlament, Regierung, Gericht) gestellt und keine tarifvertragliche Regelung erstrebt (**Fall b**).

(b) Bei einem *Demonstrationsarbeitskampf* soll eine bestimmte Ansicht zu einer aktuellen Frage (z.B. zu einem politischen Ereignis, zu einer Maßnahme der Gegenseite) besonders eindringlich zum Ausdruck gebracht und nicht ein Tarifvertrag erkämpft werden (beide Arbeitskämpfe in **Fall c** sind deshalb rechtswidrig).

(c) Der *Unterstützungsarbeitskampf* wird zur Unterstützung eines anderen Arbeitskampfes, des Hauptarbeitskampfes, geführt. Die Kämpfenden erstreben kein eigenes tarifliches Kampfziel, sondern wollen nur ihre Solidarität mit der kämpfenden Partei des Hauptkampfes bekunden. Richtiger Ansicht nach ist schon deshalb ein Unterstützungsarbeitskampf grundsätzlich rechtswidrig; außerdem kann der Kampfbetroffene das nicht gewähren, was die Kämpfenden des Hauptkampfes von ihrem Gegner fordern (Einzelh.: Brox/Rüthers, Arbeitskampfrecht, Rdnr. 142 ff.; ebenso noch BAG NZA 1985, 504; 1988, 474). Ausnahmeweise kann sich die Rechtmäßigkeit eines Unterstützungsstreiks in Konzernkonstellationen ergeben, wenn die Belegschaften einzelner Konzerngesellschaften für sich genommen keine hinreichende Durchsetzungskraft gegenüber der wirtschaftlichen Einheit des Gesamtkonzerns haben. Das BAG hat nunmehr in Abkehr von seiner früheren Rechtsprechung den Unterstützungsarbeitskampf generell als koalitionsspezifische Betätigung i. S. d. Art. 9 III GG anerkannt (BAG NZA 2007, 1055 m. Anm. Wank). Die Verhältnismäßigkeit eines Unterstützungsstreiks könne nicht grundsätzlich verneint werden. Sie richte sich vielmehr nach der räumlichen oder wirtschaftlichen Nähe zum Hauptarbeitskampf und der rechtlichen oder wirtschaftlichen Verflechtung zwischen dem mit dem Sympathiearbeitskampf überzogenen Arbeitgeber und dem Adressaten des Hauptarbeitskampfes. Der entschiedene Fall (Konzernkonstellation) bot für eine solche Korrektur keinen Anlass, wohl eher eine willkommene Gelegenheit zu richterlicher Rechtspolitik. Es hätte mit demselben Ergebnis bereits nach der früheren Rspr. entschieden werden können.

Beim Unterstützungsstreik wird der Streikgegner mit Kampfschäden überzogen, auf deren Abwendung er keinen Einfluss hat. Damit wird der *„ultima ratio"*-Grundsatz verletzt (vgl. dazu Rdnr. 774). Solche Schäden sind nur gerechtfertigt, wenn der tarifbezogene Arbeitskampf zwischen den beiden kämpfenden Tarifparteien nach Ausschöpfung aller Verhandlungsmöglichkeiten und einem Schlichtungsversuch als letztes Mittel unvermeidbar ist. Die Tarifgrenzen bilden daher in der Regel sinnvoll die Schranken zulässiger Arbeitskämpfe. Wird dieser Grundsatz aufgegeben, besteht die Gefahr, dass punktuelle oder regionale Arbeitskämpfe nach den strategischen Überlegungen einer Tarifpartei über Tarifgrenzen hinweg und unter Verstoß gegen bestehende Friedenspflichten zur bundesweiten „Sozialschlacht“ ausgedehnt werden können (Rüthers, NZA 2010, 6, 12).

(d) Ein (befristeter) *Warnarbeitskampf* soll der Gegenseite die Entschlossenheit zeigen, für bestimmte Forderungen notfalls auch einen unbefristeten Arbeitskampf zu führen. Sofern mit dem Kampf kein Tarifvertrag erreicht werden soll, fehlt es schon deshalb an der Rechtmäßigkeit (im Übrigen: Rdnr. 776ff.).

757 (2) Ist Kampfziel der Abschluss eines Tarifvertrags, so muss weiter geprüft werden, ob die von der Kampfpartei erhobene Forderung überhaupt *in einem Tarifvertrag zulässigerweise geregelt werden kann.* Die Grenzen der Regelungsmacht der Tarifvertragsparteien werden vornehmlich durch die Verfassung und das Tarifvertragsgesetz gezogen.

758 (a) Der erstrebte Inhalt des Tarifvertrags darf nicht gegen höherrangiges Recht verstoßen, ansonsten ist der deshalb geführte Arbeitskampf rechtswidrig. Dabei ist die mittelbare Wirkung der Grundrechte zu beachten (vgl. Rdnr. 659).

Beispiele: Im Tarifvertrag sollen für Männer und Frauen unterschiedliche Löhne bei gleicher Arbeit festgelegt werden (Art. 3 II GG; vgl. BAG AP Nr. 111 zu Art. 3 GG); Kinderzulagen sollen nach ehelicher und nichtehelicher Geburt differenziert werden (Art. 6 V GG; vgl. BAG AP Nr. 77 zu Art 3 GG); Organisationsklauseln und Tarifausschlussklauseln im Tarifvertrag verstoßen gegen die negative Koalitionsfreiheit (Art. 9 III GG; Rdnr. 639ff.); Lohnverwendungsabreden (wonach die Arbeitnehmer etwa einen Teil des Lohnes zu sparen haben) sind unzulässig. Gleiches gilt für Rationalisierungsverbote in einem Verbandstarifvertrag, die in die unternehmerische Entscheidungsfreiheit eingreifen. Ein Streik darf nicht das Ziel verfolgen, das „Ob“ einer unternehmerischen Entscheidung (z.B. Standortverlagerung ins Ausland) zu verhindern. Dies wäre mit Art. 12, 14 GG nicht zu vereinbaren. Der in **Fall d** zur Verhinderung der Standortverlagerung geführte Streik ist daher rechtswidrig; tariflich regelbar sind hingegen Regelungen zur sozialen Abfederung einer Standortverlagerung. Solange die unternehmerische Entscheidung nicht faktisch blockiert wird, sind entsprechende Streiks zulässig. Die §§ 111ff. BetrVG stehen nach Auffassung des BAG einer Regelungsbefugnis der Tarifvertragsparteien für Abfindungen und Kompensationsleistungen bei Betriebsänderungen nicht entgegen. Auch ein bereits bestehender, mit dem Betriebsrat verhandelter Sozialplan soll Arbeitskampfmaßnahmen nicht ausschließen (BAG NZA 2007, 987, vgl. hierzu Henssler, in: Festschrift Richardi, 2007, S. 553; Rieble, RdA 2005, 200; Schiefer/Worzalla, DB 2006, 46).

759 (b) Schranken der Vereinbarungsbefugnis der Tarifparteien und damit Schranken der Arbeitskampffreiheit können sich auch aus dem *Tarifvertragsgesetz* und sonstigen *zwingenden Gesetzen* ergeben.

Beispiele: Die Anrechnungsklausel (Rdnr. 692) im Tarifvertrag verstößt gegen das Günstigkeitsprinzip (§ 4 III TVG). – Es liegt nicht in der Macht der Tarifparteien, Effektivgarantieklauseln zu vereinbaren (Rdnr. 693). – Dagegen verstößt eine tarifliche Regelung der Arbeitszeit im Einzelhandel nicht gegen wettbewerbsrechtliche Normen (BAG NZA 1989, 969).

Neben normativen sind auch schuldrechtliche Regelungen des Tarifvertrags erkämpfbar, allerdings nur, soweit eine Regelung der „Arbeits- und Wirtschaftsbedingungen" angestrebt wird (str., vgl. Säcker, RdA 1969, 291, 297). Ist das nicht der Fall, sind Gewerkschaften und Arbeitgeber zwar berechtigt, freiwillige Vereinbarungen zu treffen; einen Arbeitskampf dürfen sie deshalb aber nicht führen.

c) Der Arbeitskampf ist tarifvertragswidrig, wenn er gegen die *Friedenspflicht* (Rdnr. 728 ff.) verstößt. Es ist der Sinn des Tarifvertrags, Arbeitskämpfe um die im Vertrag geregelten Fragen zu verhindern. Wegen der Friedensfunktion des Tarifvertrags sind die Tarifparteien verpflichtet, während der Geltungsdauer des Tarifvertrags jede Kampfmaßnahme zur Änderung des Vertragsinhalts zu unterlassen (**Fall e**). 760

Welche Kampfmaßnahmen wegen der Friedenspflicht verboten sind, ist aus der getroffenen Vereinbarung zu entnehmen. Sofern vertraglich nichts Besonderes geregelt ist, verstoßen bloße Vorbereitungshandlungen (z.B. verbandsinterne Willensbildung wie Urabstimmung) nicht gegen die Friedenspflicht, wenn dadurch der Arbeitsvollzug nicht gestört wird (str., a.A. BAG AP Nr. 2 zu § 1 TVG Friedenspflicht).

2. Allgemeine Grundsätze rechtmäßiger Kampfführung und Staatsneutralität

Der Arbeitskampf tariffähiger Parteien um den Abschluss eines neuen Tarifvertrags mit zulässigem Inhalt ist nur dann rechtmäßig, wenn auch das Gebot der Kampfparität und das Verhältnismäßigkeitsgebot eingehalten werden (vgl. HWK/Hergenröder, Art. 9 GG Rdnr. 165 ff.). 761

a) *Gebot der Kampfparität und Staatsneutralität*

Das Gebot der Kampfparität (Waffengleichheit) soll zwischen den Tarifparteien ein hinreichendes Verhandlungs- und Kampfgleichgewicht gewährleisten. Nur wenn sich annähernd gleichstarke Parteien gegenüberstehen, die in etwa die gleiche Chance haben, auf den Vertragsinhalt Einfluss zu nehmen, ist ein angemessener Interessenausgleich möglich. 762

(1) Dem Staat ist es wegen der durch Art. 9 III GG gewährleisteten Tarifautonomie untersagt, eine Kampfpartei zu begünstigen. Der Grundsatz staatlicher Neutralität im Arbeitskampf (§§ 146 I 1; 174 SGB III; Rdnr. 798, 827) ergänzt das Gebot der Kampfparität. 763

Kein Verstoß gegen die Neutralitätspflicht des Staates liegt in der Erfüllung von Ansprüchen auf Sozialhilfe, auch wenn deren Voraussetzungen durch Arbeitskampffolgen (Entgeltausfälle) entstehen.

Der Einsatz von Beamten durch einen nicht am Arbeitskampf beteiligten Dienstherrn auf den Arbeitsplätzen rechtmäßig streikender Arbeitnehmer (praktiziert bei einem Streik der Postgewerkschaft) bedarf nach dem BVerfG (BVerfGE 88, 103) einer speziellen gesetzlichen Grundlage, die bisher fehlt. Der Staat, der für die nicht beamteten Postbediensteten die Tarifautonomie gewährleistet, darf 764 deren Parität und Funktionsfähigkeit nicht durch einen massierten Beamteneinsatz im Streik beseitigen (Rüthers, AuR 1987, 37ff.). Dienstbereite Beamte dürfen aber eingesetzt werden (HWK/Hergenröder, Art. 9 GG Rdnr. 321). In der Privatwirtschaft ist der Einsatz von Ersatzarbeitnehmern zulässig (vgl. Otto, § 12 Rdnr. 29ff.).

765 Der *Paritätsbegriff* ist gesetzlich nicht festgelegt. Nach h.M. ist das reale (materielle) Kräfteverhältnis der Kampfparteien entscheidend (vgl. BAG AP Nr. 64, 65 zu Art. 9 GG Arbeitskampf). Dabei kommt es nicht auf alle Einzelheiten und näheren Umstände des konkreten Arbeitskampfes an. Maßgeblich ist eine längerfristige, typisierende Beurteilung im Sinne eines abstrakt materiellen Gleichgewichts.

766 Die Kampfparität ist vor allem im Bereich des *öffentlichen Dienstes* zweifelhaft, da hier ein reales, der Privatwirtschaft vergleichbares Arbeitsplatzrisiko streikender Arbeitnehmer nicht besteht. Erfahrungsgemäß ist die öffentliche Hand als Arbeitgeber bereits nach kurzen Streikeinsätzen zum Nachgeben gezwungen, also beliebig erpressbar, weil es auf der Arbeitnehmerseite an Grenzrisiken fehlt. Hinzu kommt, dass bei solchen Streiks Kampfgegner nicht die Arbeitgeber, sondern die Bürger, sei es als Steuerzahler oder als Nutzer staatlicher Leistungen (Krankenhaus, Müllabfuhr), sind. Der Arbeitskampf ist hier kein geeignetes Konfliktlösungsmittel. Denkbar erscheint eine Lösung durch ein neutrales Schiedsgremium (Rüthers, RdA 2003, 317).

767 Nach der sehr umstrittenen Auffassung des BAG (NZA 2003, 734 m. w. Nachw. auch zur Gegenauffassung) ist ein Streik nicht allein deshalb rechtswidrig, weil gegenüber einem verbandsangehörigen Arbeitgeber ein Firmentarifvertrag erzwungen werden soll. Dies soll sogar dann gelten, wenn der Arbeitgeber gegenüber seinem Verband satzungsmäßig verpflichtet ist, keinen Firmentarifvertrag abzuschließen. Erkennbar abschließende verbandstarifliche Bestimmungen stehen aber während der tarifvertraglichen Laufzeit grundsätzlich der streikweisen Durchsetzung eines weitergehenden Schutzes in einem Firmentarifvertrag mit einem verbandsangehörigen Arbeitgeber entgegen. Der verbandsangehörige Arbeitgeber ist nämlich durch die sich aus den Verbandstarifverträgen ergebende Friedenspflicht gegen einen Streik geschützt, der auf den Abschluss von Firmentarifverträgen über dieselbe Regelungsmaterie gerichtet ist.

768 (2) Für den *Streik* ist die Kampfparität im Übrigen wenig bedeutsam. Da das BAG (AP Nr. 65 zu Art. 9 GG Arbeitskampf) von einer in der Regel anzunehmenden Unterlegenheit der Gewerkschaften bei Tarifverhandlungen ausgeht, wird dem Streik zur Erzwingung zulässiger Kampfziele durch das Paritätsgebot keine besondere Grenze gesetzt.

769 (3) Bei der *Aussperrung* ist zu differenzieren:

(a) Eine *Angriffsaussperrung* (Beginn des Arbeitskampfes durch die Aussperrung) ist nach richtiger Ansicht vom Paritätsgrundsatz her nicht schlechthin als unzulässig anzusehen (BAG (GS) AP Nr. 43 zu Art. 9 GG Arbeitskampf). Bei einschneidenden Rezessionen darf es der Arbeitgeberseite nicht verwehrt sein, durch Angriffsaussperrungen den Abbau tariflicher Leistungen zu erreichen. Ohne dieses Kampfmittel wäre es den Arbeitgebern kaum möglich, die Gewerkschaften zu entsprechenden Tarifvereinbarungen zu bewegen. Nach der „Quoten-Rechtsprechung" des BAG (Rdnr. 780 f.) zur Abwehraussperrung erscheint allerdings zweifelhaft, ob das BAG auch heute noch eine Angriffsaussperrung zulassen würde. Solche Arbeitskämpfe werden ohnehin nicht praktiziert, da sie einer Selbstschädigung der Arbeitgeber gleichkommen. Regelmäßig wird der Arbeitskampf von der Arbeitnehmerseite eröffnet.

(b) Eine *Abwehraussperrung* (Aussperrung als Reaktion auf Arbeitskampfmaß- **770**
nahmen der Arbeitnehmer) ist immer dann rechtmäßig, wenn ohne ihren Einsatz das Kräftegleichgewicht der Tarifparteien gefährdet oder gar beseitigt würde. Ein Ungleichgewicht kann durch eine besondere Kampftaktik der Gewerkschaft entstehen. So könnten die im Arbeitgeberverband organisierten Arbeitgeber, gegen welche Teil- oder Schwerpunktstreiks geführt werden, wegen ihrer Konkurrenz zu anderen Verbandsmitgliedern genötigt sein, den Streikforderungen schnell nachzugeben. Deshalb muss es dem Arbeitgeberverband gestattet sein, zur Erhaltung der Arbeitgebersolidarität und des Kräftegleichgewichts zum Mittel der Abwehraussperrung zu greifen (BVerfGE 84, 212; BAG AP Nr. 64, 65 zu Art. 9 GG Arbeitskampf; **Fall f**). Nichtig ist gem. Art. 31 GG das Aussperrungsverbot des Art. 29 V der Hessischen Verfassung, weil es dem Tarifrecht des Bundes widerspricht (BAG NZA 1988, 775). – Zum Umfang der Abwehraussperrung: Rdnr. 780.

(4) Der Grundsatz der Kampfparität ist auch bei der sachgerechten *Verteilung* **771**
des Arbeitskampfrisikos zu beachten. Das wirkt sich nach der Rechtsprechung insbesondere auf den Lohnzahlungsanspruch der Arbeitnehmer (Rdnr. 394, 851 ff.) und die Beteiligungsrechte des Betriebsrats während des Arbeitskampfes (Rdnr. 825) aus.

b) *Gebot der Verhältnismäßigkeit*

Ein Arbeitskampf greift nicht nur in die Rechte der unmittelbaren Gegenspieler **772**
ein, sondern belastet unter Umständen auch Dritte und die Allgemeinheit. Deshalb sind solche Kampfmaßnahmen verboten, die zur Erreichung des Kampfzieles nicht geeignet bzw. nicht erforderlich sind oder außer Verhältnis zum erstrebten Ziel stehen. Jeder Arbeitskampf steht mit dem Gebot der Verhältnismäßigkeit unter dem verfassungsrechtlichen Übermaßverbot.

(1) Ist das Kampfziel auf dem *Rechtsweg* zu erreichen, hat der Gerichtsschutz **773**
Vorrang vor der Selbsthilfe durch Arbeitskampf.

Beispiele: Der Streit um die Auslegung einer Bestimmung des Tarifvertrags ist durch die Gerichte, nicht durch einen Arbeitskampf zu entscheiden. – Im **Fall a** hätte der Betriebsrat den in § 104 BetrVG vorgesehenen Weg einschlagen können. Eine Abwehraussperrung gegen einen rechtswidrigen Angriffsstreik ist nicht durch Notwehr gerechtfertigt; die Arbeitgeberseite hat die Möglichkeit, auf Unterlassung zu klagen und vor allem den Erlass einer einstweiligen Verfügung zu beantragen (Brox, JA 1982, 221, 225; a. A. BAG AP Nr. 43 zu Art. 9 GG Arbeitskampf).

(2) Nach dem *„ultima-ratio"-Grundsatz* ist ein Arbeitskampf erst dann zulässig, **774**
wenn zuvor alle zumutbaren Möglichkeiten einer friedlichen Einigung ausge-

schöpft worden sind. Ein Mittel zur friedlichen Streitbeilegung sind Schlichtungsverfahren. Diese bestehen in Deutschland für alle Wirtschaftszweige, und zwar entweder aufgrund von gesetzlichen (Nachweise bei Otto, § 7 Rdnr. 11ff.) oder tariflich vereinbarten, verbandlichen Schlichtungsregelungen.

775 Auch nach dem Scheitern der Tarifverhandlungen darf nach diesen vom Großen Senat des BAG entwickelten Grundsätzen ein Arbeitskampf nicht begonnen werden, wenn die Anrufung einer Schlichtungsstelle möglich ist. Eine Anrufungspflicht besteht auch dann, wenn sie nicht von den Tarifparteien vereinbart worden ist (BAG (GS) AP Nr. 43 zu Art. 9 GG Arbeitskampf; Brox/Rüthers, Arbeitskampfrecht, Rdnr. 202). Diese vom Großen Senat geforderte Zulässigkeitsvoraussetzung für einen Arbeitskampf hat der 1. Senat des BAG im Rahmen seiner „Warnstreikrechtsprechung“ (BAG NZA 1984, 393; 1988, 846) ohne eine sachliche Auseinandersetzung aufgegeben. Zwar trifft es zu, dass der Warnstreik im Vergleich zum Erzwingungsstreik ein milderes Mittel sein kann. Schlichtungsversuche sind aber im Vergleich zu jeder Form des Arbeitskampfes mildere Mittel (vgl. Otto, § 7 Rdnr. 12ff.).

776 Kurzfristige Warnstreiks können nach Auffassung des BAG als milder Druck auf die Arbeitgeberseite dazu beitragen, den Tarifabschluss zu beschleunigen (AP Nr. 51 zu Art. 9 GG Arbeitskampf mit krit. Anm. Rüthers). Das soll auch dann gelten, wenn nach einem bestimmten Plan täglich wechselnde Unternehmen kurzfristig bestreikt werden („Neue Beweglichkeit“; BAG NZA 1984, 393; 1988, 846; AP Nr. 83 zu Art. 9 GG Arbeitskampf). Auch wenn kurzfristige Warnstreiks während laufender, offiziell noch nicht gescheiterter Tarifverhandlungen durchgeführt werden, soll dies nicht gegen den „ultima-ratio“-Grundsatz verstoßen. In der Einleitung von Arbeitskampfmaßnahmen liege die freie und nicht nachprüfbare Entscheidung der Tarifvertragspartei, dass sie die Verhandlungsmöglichkeiten ohne begleitende Arbeitskampfmaßnahmen als ausgeschöpft ansieht (BAG NZA 1988, 846). Auf die früher erforderliche ausdrückliche Erklärung des „Scheiterns der Verhandlungen“ wird damit verzichtet. Sie soll in der Eröffnung der Streiks – konkludent – liegen. Der Übergang vom Verhandeln zum Kämpfen ist fließend. Beides kann (soll?) parallel laufen. Der Kampfgegner kann nicht mehr erkennen, wann frühestens rechtmäßige Kampfmaßnahmen beginnen. In der Praxis hat die Rspr. dazu geführt, dass die Arbeitgeberseite gegenüber Warnstreiks rechtlos gestellt ist, da eine gerichtliche Überprüfung der Entscheidung über die Einleitung der Kampfmaßnahme nicht in Betracht kommt.

777 Die Entscheidungspraxis beruht auf einer Fehlinterpretation des „ultima-ratio“-Gebotes (vgl. Rüthers, DB 1990, 113). Der Grund für die Notwendigkeit der formellen Erklärung des Scheiterns der Verhandlungen besteht gerade darin, dass die Verhandlungsbereitschaft sich als innere Tatsache einer Überprüfung entzieht, die überdies in der Tat zu einer Tarifzensur führen könnte. Die formelle Erklärung macht vielmehr eine derartige Überprüfung überflüssig, indem sie das Ende der kampffreien Verhandlungsphase deutlich markiert, so dass zugleich der Beginn von Arbeitskampfmaßnahmen für den Gegner vorhersehbar wird.

Die Entscheidung des 1. Senats begegnet auch aus einem anderen wichtigen Gesichtspunkt erheblichen Bedenken. Wegen des oben gezeigten weitgehenden Abbaus des „ultima-ratio“-Gebotes divergiert diese Entscheidung in erheblichem Maße von der Entscheidung des Großen Senats des BAG v. 21. 4. 1971 (AP Nr. 43 zu Art. 9 GG Arbeitskampf), in der das „ultima-ratio“-Prinzip seine Präzisierung erfahren hatte. Demnach wäre der 1. Senat nach § 45 II ArbGG verpflichtet gewesen, seine Entscheidung dem Großen Senat vorzulegen. Indem der 1. Senat sich in unzutreffender Weise auf die Übereinstimmung mit der zitierten Entscheidung des Großen Senats berief, verletzte er das Recht der Prozessparteien auf den gesetzlichen Richter nach Art. 101 I 2 GG.

Wird dagegen ein Arbeitskampf ohne eine in der Verbandssatzung (den Arbeitskampfrichtlinien) vorgeschriebene Urabstimmung durchgeführt, so ist der „ultima-ratio"-Grundsatz nicht verletzt. Denn die Verpflichtung zur Urabstimmung besteht gegenüber dem eigenen Verband nach Verbandsrecht und nicht gegenüber dem Kampfgegner. 778

(3) Kampfmaßnahmen dürfen nicht außer Verhältnis zum erstrebten Ziel stehen 779
(Verhältnismäßigkeit im engeren Sinne).

Stets unverhältnismäßig ist die Existenzvernichtung des Gegners. Der Grundsatz der Verhältnismäßigkeit ist ferner für den Umfang der Abwehraussperrung von Bedeutung (vgl. BAG NZA 1993, 39). Nach Ansicht des BAG (zuletzt BAG NZA 1985, 537) ist die Aussperrung auf das umkämpfte Tarifgebiet zu begrenzen; eine bundesweite und unbefristete Abwehraussperrung ist unzulässig.

Darüber hinaus sind nach Meinung des BAG für die Aussperrung (AP Nr. 64 zu 780
Art. 9 GG Arbeitskampf; kritisch dazu Brox/Rüthers, Arbeitskampfrecht, Rdnr. 208ff.) folgende quantitative Schranken (die Quoten beziehen sich jeweils auf die Arbeitnehmer des umkämpften Tarifgebietes; mittelbar betroffene Arbeitnehmer zählen nicht) einzuhalten:

	Streik	**Aussperrung**
I. Stufe	Weniger als 25% der Arbeitnehmer	Bis maximal weitere 25% dürfen ausgesperrt werden
II. Stufe	Mehr als 25%	Bis maximal 50%
III. Stufe	Mehr als 50%	Keine Aussperrung zulässig

Hinter dieser Quotenrspr. steht der Gedanke, dass eine Begrenzung des Streiks das Kräfteverhältnis zugunsten der Arbeitnehmer verschieben kann, da die Gewerkschaften bei Teilstreiks (z.B. begrenzt auf wenige wichtige Unternehmen) nur geringere Streikgelder (Rdnr. 792) zahlen müssen, die Arbeitgeberseite aber stark treffen können.

Im **Fall f** ist nach der Quotenrspr. die bundesweite Aussperrung aller Arbeitnehmer rechtswidrig.

Die pauschale Quotenregelung des BAG ist problematisch. Sie verkennt ökonomisch nicht teilbare Marktzusammenhänge. So kann etwa die Magazin- oder Illustriertenpresse in der Bundesrepublik nicht teilweise (zu 25%) ausgesperrt werden, ohne dass wettbewerbsbezogene Marktanteile erheblich und nachhaltig verändert werden. Die Rspr. hat die Kampfparität beeinträchtigt. Die Abwehraussperrung der Arbeitgeber ist als Kampfmittel seither kaum noch einsetzbar. Das BAG hat allerdings – wenige Jahre nach dieser Grundsatzentscheidung – das Verhältnis von streikenden und von der Aussperrung betroffenen Arbeitnehmern nur noch als ein Indiz für die Beurteilung der Erforderlichkeit einer Abwehraussperrung herangezogen (BAG NZA 1985, 537) und auch in späteren Entscheidungen Zweifel geäußert, ob an den von ihm entwickelten Grundsätzen festzuhalten ist (BAG NZA 1988, 890). Weitergehenden Anlass seine Rspr. zu überprüfen hatte es mangels 781 zur Entscheidung vorgelegter Fälle bislang nicht. Bei Arbeitskämpfen, die auf den Abschluss eines Firmentarifvertrages gerichtet sind, gilt die Quotenrspr. nicht.

782 (4) Die Kampfparteien müssen das *Gebot fairer Kampfführung* beachten. Es gilt für die gesamte Durchführung des Arbeitskampfes.

Beispiele: Eine „verdeckte Kampfführung" durch unberechtigtes Krankmelden („sick out") verhindert, dass der Kampfgegner entsprechende Gegenmaßnahmen treffen kann (vgl. BGHZ 70, 277); deshalb ist das Gebot fairer Kampfführung verletzt. Gegen dieses Gebot wird auch verstoßen, wenn eine Kampfpartei es ablehnt, die erforderlichen Erhaltungsarbeiten zu organisieren. Ferner muss die Gegenseite erkennen können, ob sie es mit einer zulässigen oder unzulässigen Arbeitskampfmaßnahme zu tun hat. So muss für sie zum Beispiel der von der Rspr. geforderte Streik- oder Aussperrungsbeschluss erkennbar sein (BAG NZA 1996, 389).

783 Arbeitskämpfe betreffen in einer verflochtenen Industriegesellschaft mit ihren Schadensfolgen nicht nur die Kampfgegner, sondern auch Dritte und die Allgemeinheit. Die Kampfparteien sind verpflichtet, darauf zu achten, dass die von ihnen verursachten Schäden nicht außer Verhältnis zur Hilfsfunktion des Arbeitskampfrechts in der Tarifautonomie (Rdnr. 754) stehen (BAG (GS) AP Nr. 43 zu Art. 9 GG Arbeitskampf; BVerfGE 84, 212). Sie haben also vorhersehbare Übermaßschäden zu vermeiden (Brox/Rüthers, Arbeitskampfrecht, Rdnr. 163ff., 194). Das gilt sowohl im Verhältnis der Kampfparteien untereinander wie auch gegenüber Dritten und der Allgemeinheit.

784 Deshalb sind Arbeitskämpfe in Bereichen, die der notwendigen Daseinsvorsorge dienen (sog. lebensnotwendige Betriebe), an besonders strenge Rechtmäßigkeitsmerkmale gebunden (z.B. Energie- und Wasserversorgung, Krankenhäuser etc.). Hier können Arbeitskämpfe wegen des hohen Rangs der kollidierenden Rechtsgüter generell unzulässig oder nur sehr eingeschränkt rechtmäßig sein (zum Ärztestreik im Jahr 2006 vgl. Schneider/Sittard, DÖD 2006, 244).

3. Besondere gesetzliche Kampfverbote

785 Der Einsatz der Kampfmittel und die Art der Kampfführung dürfen nicht gegen gesetzliche Vorschriften verstoßen.

a) Gegen die *Verfassung* verstößt ein Arbeitskampf, der auf staatliche Organe oder auf Abgeordnete einzuwirken versucht (vgl. Art. 20 II, III, 38 I 2 GG); sie sollen ihre Entscheidungen unabhängig von äußerem Druck treffen.

Deshalb sind die Kampfmaßnahmen in den **Fällen b** und **c** auch aus diesem Grunde rechtswidrig.

Die selektive Aussperrung nur von Gewerkschaftsmitgliedern ist wegen Verstoßes gegen den durch Art. 9 III 2 GG garantierten Koalitionsbestandsschutz (Rdnr. 642) rechtswidrig (vgl. BAG AP Nr. 66 zu Art. 9 GG Arbeitskampf).

Ließe man eine Differenzierung nach der Gewerkschaftszugehörigkeit zu, könnten dadurch Arbeitnehmer veranlasst werden, aus der Gewerkschaft auszutreten oder erst gar nicht in sie einzutreten.

b) Das *öffentliche Dienstrecht* verbietet Beamten, Richtern und Soldaten jeden Arbeitskampf; ein Streikrecht widerspräche den hergebrachten Grundsätzen des Berufsbeamtentums (vgl. Art. 33 V GG). Dementsprechend ist auch eine Aussperrung dieser Personen durch den öffentlich-rechtlichen Dienstherrn unzulässig. Die Dienstverhältnisse werden durch Gesetz und Verwaltungsakt, nicht durch Tarif- und Arbeitsvertrag gestaltet. Streiks beamteter Lehrer sind daher rechtswidrig. **786**

Das Kampfverbot gilt für alle Formen der Arbeitsverweigerung, also auch für jeden Warn- und Demonstrationsstreik (**Fall c**). Eine kollektive Leistungsminderung (z. B. Dienst nach Vorschrift) ist demgemäß ebenfalls rechtswidrig.

c) Das *Betriebsverfassungsrecht* erklärt Maßnahmen des Arbeitskampfes zwischen Arbeitgeber und Betriebsrat für unzulässig (§ 74 II 1 BetrVG; Rdnr. 984). Dieses betriebliche Kampfverbot gilt für Tarifparteien nicht. **787**

Auf betrieblicher Ebene ist der Einsatz von Kampfmitteln nicht erforderlich. Die Betriebspartner können sich bei Konflikten an die Einigungsstelle (z. B. §§ 87 II, 91, 94 I, 112 IV BetrVG; Rdnr. 1000 ff.) oder an das Arbeitsgericht (z. B. §§ 98 V, 103 II, 104 BetrVG) wenden. Der im **Fall a** geplante Streik wäre aus verschiedenen Gründen rechtswidrig: Der Betriebsrat ist nicht tariffähig; es geht nicht um ein tariflich regelbares Ziel; Kämpfe zwischen Betriebsrat und Arbeitgeber verstoßen gegen § 74 II 1 BetrVG; der Rechtsweg steht zur Durchsetzung des Zieles offen (§ 104 BetrVG).

d) Gegen das *Strafrecht* verstoßen z. B. Nötigungen und Körperverletzungen der Arbeitswilligen durch Streikposten. Sofern solche strafbaren Handlungen in den Kampfplan der Kampfleitung aufgenommen worden sind, machen sie den – sonst rechtmäßigen – Arbeitskampf zu einem rechtswidrigen. Dagegen berühren Exzesshandlungen einzelner Arbeitnehmer anlässlich des Arbeitskampfes dessen Rechtmäßigkeit nicht. **788**

e) Unzulässig ist die vereinzelt praktizierte Arbeitskampfform der „Betriebsbesetzung" (Rdnr. 751). Sie verletzt das Eigentums- und Hausrecht des Arbeitgebers (§ 123 StGB). Soweit sie die Fortsetzung der betrieblichen Tätigkeit durch arbeitswillige Arbeitnehmer verhindern soll, greift sie unzulässig in die Entscheidungsfreiheit Dritter ein, sich nicht am Arbeitskampf zu beteiligen (vgl. BAG NZA 1988, 846; Schaub, Arbeitsrechts-Handbuch, § 193 Rdnr. 36). Ebenfalls unzulässig sind Betriebsblockaden (Rdnr. 752), die Personen oder Fahrzeuge am Betreten oder Verlassen des Betriebsgeländes hindern sollen (BAG NZA 1988, 884; Löwisch/Rieble, Arbeitskampf- und Schlichtungsrecht, 1997, S. 142 f. m. Nachw.). Sie stellen i. d. Regel eine strafbare Nötigung (§ 240 StGB), immer aber eine Besitzstörung des Arbeitgebers und verbotene Eigenmacht (§§ 858 ff. BGB) dar. **789**

f) Das BAG hat jüngst sog. Flash-Mob-Aktionen gebilligt (BAG NZA 2009, 1347, abl. Anm. Rüthers/Höpfner, JZ 2010, 261; s. Rdnr. 752). Zwar handele es sich hierbei um einen Eingriff in den eingerichteten und ausgeübten Gewerbebetrieb, dieser sei jedoch durch Art. 9 III GG gerechtfertigt, weil dem Arbeitgeber wirksame Verteidigungsmittel, wie etwa die vorübergehende Betriebsschließung, zur Verfügung stünden. Damit hat das BAG die paritätische Ausgestaltung der Tarifautonomie beseitigt. Die Teilnehmer von Flash-Mob-Aktionen sind für den **789a**

Arbeitgeber eine anonyme, nicht identifizierbare Volksmenge. Der Begriff des Kampfgegners (Tarifpartei) wird dadurch aufgelöst. Anders als die bisher durch das BVerfG anerkannten Arbeitskampfmittel greift der Flash-Mob unabhängig von der eigenen Stärke der Koalition und kommt ohne das Element der Selbstschädigung aus. Die Betriebsstilllegung ist demgegenüber kein komplementäres Gegenmittel, weil sich der Arbeitgeber damit nur dem Druck der Gewerkschaften beugt.

789b g) Bei grenzüberschreitenden Arbeitskämpfen sind zudem Vorschriften des Europarechts zu beachten. In den Urteilen *Viking Line* und *Laval* hat der EuGH erstmals eine Bindung der Gewerkschaften an die Niederlassungs- bzw. Dienstleistungsfreiheit (Art. 49 und 56 AEUV) angenommen (EuGH NZA 2008, 124 bzw. 159). Im Rahmen einer Verhältnismäßigkeitsprüfung sind die Grundfreiheiten und das Grundrecht der Arbeitnehmer auf kollektive Maßnahmen (Arbeitskampf) gegeneinander abzuwägen.

III. Folgen des Arbeitskampfes

790 Streik und Aussperrung haben Folgen für den kampfbeteiligten Arbeitgeber und Arbeitnehmer (Rdnr. 791 ff.), für die kämpfenden Verbände (Rdnr. 810 ff.) sowie für Drittbetroffene (Rdnr. 820 ff.).

1. Folgen des Arbeitskampfes für die kampfbeteiligten Arbeitgeber und Arbeitnehmer

791 Welche Folgen sich aus einem Arbeitskampf für die kampfbeteiligten Arbeitgeber und Arbeitnehmer ergeben, hängt davon ab, ob der Arbeitskampf selbst rechtmäßig oder rechtswidrig ist.

a) *Folgen des rechtmäßigen Arbeitskampfes*

792 (1) Die Teilnahme des Arbeitnehmers an einem *rechtmäßigen Streik* bewirkt eine Suspendierung der Arbeitspflicht (Otto, § 14 Rdnr. 2 ff.; Brox, JA 1980, 628). Alle Arbeitnehmer (auch die Außenseiter) sind wegen der verfassungsrechtlichen Garantie des rechtmäßigen Arbeitskampfes ohne vorherige Kündigung des Arbeitsvertrags zur Streikteilnahme berechtigt. Die Nichtarbeit der Arbeitnehmer begründet deshalb weder einen vertraglichen noch einen deliktischen Anspruch des Arbeitgebers. Andererseits hat der Arbeitnehmer, der seine Arbeitsleistung nicht erbringt, auch keinen Anspruch auf die Vergütung (vgl. § 326 I 1 BGB). Die gewerkschaftsangehörigen Arbeitnehmer erhalten für diese Zeit von der Gewerkschaft nach Maßgabe der jeweiligen Satzung ein sog. Streikgeld, das zumeist nur ca. 2/3, teilweise aber auch ein volles Nettomonatseinkommen ersetzt – bei einigen Gewerkschaften wird eine derartige Unterstützung auch bei Aussperrungen gewährt.

793 Der Arbeitgeber ist nicht berechtigt, das Arbeitsverhältnis allein wegen der Streikteilnahme zu kündigen. Ist aber der Arbeitsplatz des Streikenden etwa infolge einer Betriebsumstellung oder einer Rationalisierungsmaßnahme weggefallen, ist eine Kündigung unter Beachtung des KSchG (Rdnr. 462 ff.) möglich.

Nach der Rspr. des BAG (NZA 1994, 1097; 1995, 958) ist der Arbeitgeber berechtigt, einen teilweise bestreikten Betrieb oder Betriebsteil für die Dauer des Streiks ganz stillzulegen (Rdnr. 748). Dort tätige, arbeitswillige Arbeitnehmer verlieren dadurch ihren Lohnanspruch. Die Stilllegung wird vom BAG nicht als Arbeitskampfmittel eingestuft, da der Arbeitgeber sich dem Arbeitskampf nur beuge. Eines besonderen Beschlusses (analog zum Aussperrungsbeschluss) bedürfe es deshalb nicht (dazu Fischer/Rüthers, Anm. zu BAG EzA Art. 9 GG Arbeitskampf Nr. 115). Von ihren Wirkungen ähnelt die Betriebsstilllegung stark der Abwehraussperrung (vgl. Otto, § 11 Rdnr. 13). 794

Aus der „Wellenstreik"- (Rdnr. 747) und Stilllegungsrechtsprechung des BAG haben sich Rechtsfragen bei der Beurteilung des Lohnrisikos und der Grenzen des neuen Kampfmittels der Arbeitgeberseite ergeben. Problematisch ist insbesondere die Frage, ob der Arbeitgeber bei einem Wellenstreik die Arbeitnehmer sofort wieder beschäftigen muss, wenn sie ihre Arbeitsleistung wieder anbieten, der Arbeitgeber aber mit einer Ersatzmannschaft die Produktion gesichert hat. Das BAG hat dies zu Recht abgelehnt (vgl. BAG NZA 1999, 550 = RdA 1999, 404 ff. mit Anm. Fischer). Abwehrmaßnahmen des Arbeitgebers müssen bei Wellenstreiks nicht auf die für ihn unvorhersehbare Dauer der Streiks beschränkt werden. Können also Arbeitnehmer im Schichtbetrieb für den Rest einer Schicht nicht mehr beschäftigt werden, so verlieren sie insoweit ihren Lohnanspruch.

Da der Streik nicht zu einer Beendigung (Lösung) des Arbeitsverhältnisses führt 795
und nur die arbeitsvertraglichen Hauptpflichten ruhen, bleiben die sonstigen Ansprüche und Pflichten der Arbeitsvertragsparteien bestehen.

So hat der Arbeitgeber weiterhin z. B. die Pflicht, Sorge für die Sachen des Arbeitnehmers zu tragen, die sich üblicherweise an der Arbeitsstätte befinden. Der Arbeitnehmer ist trotz des Streiks z. B. zur Unterlassung von unwahren und schädigenden Behauptungen sowie zur Einhaltung eines Wettbewerbsverbots verpflichtet (**Fall g**).

Trotz der Rechtmäßigkeit des Streiks und der Suspendierung der Arbeitspflicht 796
sind die Arbeitnehmer verpflichtet, notwendige *Erhaltungsarbeiten* durchzuführen; denn es liegt im Interesse aller Beteiligten, dass die Produktionsmittel nicht endgültig vernichtet werden (vgl. BAG AP Nr. 74 zu Art. 9 GG Arbeitskampf). Der zu Erhaltungsarbeiten eingeteilte Arbeitnehmer muss diese wegen seiner aus dem Arbeitsvertrag folgenden Pflicht zur Rücksichtnahme auf den Vertragspartner verrichten (Rdnr. 218 ff.). Die Pflicht wird durch einen rechtmäßigen Streik nicht suspendiert.

Im **Fall h** ist der zum Notdienst eingeteilte (Rdnr. 812) A zur Arbeitsleistung verpflichtet; er hat Anspruch auf den Lohn. Erbringt er die Arbeitsleistung nicht, verletzt er den Arbeitsvertrag.

Mit dem Ende des Arbeitskampfes leben die ruhenden vertraglichen Haupt- 797
pflichten wieder auf. Der Arbeitnehmer hat also einen Anspruch auf Weiterbeschäftigung, ohne dass ein neuer Arbeitsvertrag abgeschlossen werden muss.

Während der Teilnahme an einem Streik ruht der Anspruch des Arbeitnehmers auf Zahlung 798
von Arbeitslosengeld bis zur Beendigung des Arbeitskampfes (§ 146 II SGB III). Dadurch soll verhindert werden, dass die Kampfparität zwischen den Tarifvertragsparteien

(Rdnr. 762ff.) durch Gewährung von Lohnersatzleistungen zugunsten der Arbeitnehmer verändert wird. Die Vorschrift ist Ausprägung der staatlichen Neutralität, war verfassungsrechtlich aber umstritten (vgl. BVerfGE 92, 365 zur Vorgängernorm § 116 AFG).

799 (2) Die *rechtmäßige Aussperrung* führt – wie der rechtmäßige Streik – zur Suspendierung der Hauptleistungspflichten. Eine (die Arbeitsverhältnisse) lösende Aussperrung ist ausgeschlossen (a.A. BAG AP Nr. 1, 43 zu Art. 9 GG Arbeitskampf). Die kampfweise Lösung der Arbeitsverhältnisse widerspricht dem Zweck des Arbeitskampfes, durch einen Tarifvertrag auf den Inhalt der (fortbestehenden) Arbeitsverträge einzuwirken.

Auch bei einer (Angriffs-)Aussperrung besteht eine Pflicht zu notwendigen Erhaltungsarbeiten. Ein Anspruch auf Arbeitslosengeld ist ebenfalls nicht gegeben.

b) *Folgen des rechtswidrigen Arbeitskampfes*

800 (1) Die Teilnahme des Arbeitnehmers an einem *rechtswidrigen Streik* führt nicht zur Suspendierung der Arbeitspflicht. Rechtswidrige Kampfmaßnahmen werden von der Rechtsordnung nicht privilegiert. Der streikende Arbeitnehmer verletzt seine Arbeitspflicht.

801 (a) Der Arbeitgeber hat gegen den Arbeitnehmer den vertraglichen *Anspruch auf die Arbeitsleistung,* der mit einer Leistungsklage und einem Antrag auf Erlass einer einstweiligen Verfügung (§§ 935, 940 ZPO) durchgesetzt werden kann (vgl. aber Rdnr. 235f.). Dem streikenden Arbeitnehmer steht kein Lohnanspruch zu (§ 326 I 1 BGB).

802 (b) Ein *Schadensersatzanspruch* des Arbeitgebers gegen den Arbeitnehmer kann wegen Vertragsverletzung und wegen unerlaubter Handlung begründet sein (ausführl. Zielke, BB 2005, 1274).

Schadensersatzpflichtig wegen *vertraglicher Pflichtverletzung* ist der Arbeitnehmer nach §§ 280ff. BGB, wenn er seiner Arbeitspflicht schuldhaft (vorsätzlich oder fahrlässig) nicht nachgekommen ist. War der Arbeitnehmer der irrigen Ansicht, die Arbeitsverweigerung sei gerechtfertigt, so kommt es darauf an, ob dieser Rechtsirrtum unverschuldet war oder auf Fahrlässigkeit beruhte. Regelmäßig ist vom Arbeitnehmer zu verlangen, dass er sich hinreichend über die Rechtmäßigkeit des Streiks informiert, bevor er die Arbeit niederlegt (BAG AP Nr. 32 zu Art. 9 GG Arbeitskampf). Bei einem wilden Streik wird man eher einen fahrlässigen Rechtsirrtum des daran teilnehmenden Arbeitnehmers annehmen können (**Fall i**) als bei der Teilnahme an einem gewerkschaftlich organisierten Streik (vgl. BAG AP Nr. 47 zu Art. 9 GG Arbeitskampf).

Nach h.M. haften alle streikenden Arbeitnehmer wegen Vertragsverletzung gesamtschuldnerisch für den durch den Streik entstandenen Schaden (vgl. BAG AP Nr. 3 zu § 1 TVG Friedenspflicht; **Fall i**).

803 Eine Schadensersatzpflicht wegen *unerlaubter Handlung* ergibt sich im Falle einer Eigentumsverletzung oder einer Verletzung des Rechts am eingerichteten und ausgeübten Gewerbebetrieb der h.M. zufolge aus § 823 I BGB (BAG AP Nr. 2 zu

Art. 9 GG Arbeitskampf; BGHZ 59, 30, 35; Brox, JA 1980, 628, 632). Außerdem kommen Schadensersatzansprüche aus §§ 823 II, 826 BGB in Betracht.

(c) Der rechtswidrige Streik des Arbeitnehmers kann den Arbeitgeber zu einer außerordentlichen *Kündigung* aus wichtigem Grund (§ 626 BGB; Rdnr. 524ff.) oder zu einer ordentlichen Kündigung (vgl. § 1 II 1 KSchG) in Form der verhaltensbedingten Kündigung (Rdnr. 484ff.) berechtigen (BAG NZA 1984, 34 m. w. Nachw.). Vor Ausübung des Kündigungsrechts muss der Arbeitgeber eine Abmahnung aussprechen (BAG NJW 1977, 918; Rdnr. 488ff.). Dem Arbeitnehmer muss auf diese Weise sein arbeitsvertragswidriges Verhalten vor Augen geführt werden, um ihn zur Arbeitsaufnahme zu bewegen. **804**

Grundsätzlich ist der Arbeitgeber auch berechtigt, nicht allen, sondern nur einzelnen der am rechtswidrigen Streik beteiligten Arbeitnehmer zu kündigen (selektive Kampfkündigung; vgl. BAG AP Nr. 41 zu Art. 9 GG Arbeitskampf; Rdnr. 326). Sonst würde der Arbeitgeber vor die Alternative gestellt, allen Arbeitnehmern, bei denen die Kündigungsvoraussetzungen vorliegen, oder gar keinem zu kündigen. Außerdem gilt der Gleichbehandlungsgrundsatz bei den stets individuell gelagerten Kündigungen allgemein nicht (Rdnr. 326). Die Auswahl der zu Kündigenden darf allerdings nicht willkürlich erfolgen. Als sachlicher Grund für eine Differenzierung ist etwa die herausgehobene Kampfbeteiligung eines Arbeitnehmers (z. B. Anstiftung oder Organisation des Streiks) anzuerkennen (**Fall i**). **805**

(2) Durch eine *rechtswidrige Aussperrung* werden – wie bei einem rechtswidrigen Streik – die Hauptleistungspflichten aus dem Arbeitsvertrag nicht suspendiert. **806**

(a) Der ausgesperrte Arbeitnehmer hat *Anspruch auf den Arbeitslohn,* da der Arbeitgeber sich im Annahmeverzug befindet (§§ 615 1, 293ff. BGB), ohne dass der Arbeitnehmer noch ein – tatsächliches oder wörtliches – Arbeitsangebot abgeben müsste. **807**

(b) Der *Anspruch auf vertragsgemäße Beschäftigung* fällt bei einer rechtswidrigen Aussperrung nicht weg.

(c) Ein *Schadensersatzanspruch* kann sich aus Vertrag (§§ 280ff. BGB) und aus Delikt ergeben. In der Praxis spielen diese Ansprüche nur eine geringe Rolle, da es regelmäßig an einem Schaden fehlt; zur Zahlung des Lohnes ist der Arbeitgeber bereits aufgrund des § 615 BGB verpflichtet. **808**

(d) Neben einer ordentlichen kommt eine außerordentliche *Kündigung* durch den Arbeitnehmer gem. § 626 BGB in Betracht. Die rechtswidrige Aussperrung stellt eine schwere Vertragsverletzung des Arbeitgebers dar, die für den Arbeitnehmer in der Regel die Fortsetzung des Arbeitsverhältnisses unzumutbar macht. **809**

Bei einer außerordentlichen Kündigung hat der rechtswidrig ausgesperrte Arbeitnehmer nach § 628 II BGB einen Anspruch auf Ersatz des durch die Aufhebung des Arbeitsvertrags entstandenen Schadens.

2. Folgen des Arbeitskampfes für die kämpfenden Verbände

Die Folgen des Streiks und der Aussperrung für die kämpfenden Verbände richten sich ebenfalls danach, ob der Arbeitskampf rechtmäßig oder rechtswidrig ist. **810**

a) *Folgen des rechtmäßigen Arbeitskampfes*

811 Bei einem rechtmäßigen Streik und einer rechtmäßigen Aussperrung bestehen für beide Kampfparteien Organisations- und Unterstützungspflichten. Außerdem hat jede Partei darauf zu achten, dass sie selbst und ihre kämpfenden Mitglieder die allgemeinen Kampfgrenzen nicht überschreiten (vgl. Brox, JA 1981, 74).

812 (1) Die *Pflicht zur Organisation von Erhaltungsarbeiten* ergibt sich für die Kampfparteien aus dem Grundsatz der Verhältnismäßigkeit (Rdnr. 772ff.). Der Umfang der Erhaltungsarbeiten und die Auswahl der Arbeitnehmer sind von den Kampfparteien gemeinsam festzulegen (BAG NZA 1995, 958). Regelmäßig arbeiten Arbeitgeber und Betriebsrat einen Einsatzplan aus, der von den Kampfparteien gebilligt wird.

813 (2) Jeden Verband trifft die aus dem Gebot der Verhältnismäßigkeit folgende *Pflicht zur Beachtung der allgemeinen Kampfgrenzen.* Diese hat nicht nur der Verband selbst einzuhalten. Er muss vielmehr auch das Kampfverhalten seiner Mitglieder beobachten und gegebenenfalls mäßigend auf diese einwirken. Notfalls hat der Verband durch verbandsinterne Sanktionen (z.B. Entziehung der Unterstützung, Verbandsstrafen bis zum Ausschluss) darauf hinzuwirken, dass die Kampfgrenzen eingehalten werden.

814 (3) Als *Unterstützungspflicht* bezeichnet man die aufgrund der Satzung bestehende Pflicht des Verbandes gegenüber seinen Mitgliedern, diese beim Arbeitskampf finanziell zu unterstützen. Die Gewerkschaften zahlen ihren Mitgliedern zum Ausgleich des Einkommensverlustes Streik- und Aussperrungsunterstützung (Rdnr. 792). Die Arbeitgeberverbände unterstützen ihre Mitglieder bei kurzfristigen Zahlungsschwierigkeiten durch finanzielle Zuwendungen. Einzelheiten ergeben sich aus der Satzung und den Arbeitskampfrichtlinien des jeweiligen Verbandes.

b) *Folgen des rechtswidrigen Arbeitskampfes*

815 (1) Ist der *Streik* rechtswidrig, weil die Gewerkschaft damit gegen den Tarifvertrag verstößt, kommen für die andere Tarifvertragspartei ein Anspruch auf Erfüllung des Tarifvertrags und ein Schadensersatzanspruch wegen Verletzung des Tarifvertrags in Betracht. Außerdem kann der Vertragspartei ein Leistungsverweigerungsrecht und ein Recht zur fristlosen Kündigung des Tarifvertrags zustehen.

Auch wenn ein Tarifvertrag fehlt, kann gegen die Gewerkschaft ein Schadensersatz- sowie ein Unterlassungs- und Beseitigungsanspruch bestehen (vgl. Brox, JA 1981, 74, 76).

816 (a) Ein *Anspruch auf Erfüllung des Tarifvertrags* ist gegeben, wenn die Kampfmaßnahme der Gewerkschaft gegen einen bestehenden Tarifvertrag verstößt. Die Tarifvertragspartei kann von der Gewerkschaft die Einhaltung der tariflichen Friedenspflicht (Rdnr. 728ff.) verlangen.

Bei einer Kampfbeteiligung der Gewerkschaft steht dem Tarifpartner ein Unterlassungsanspruch zu. Der Gewerkschaft kann ferner verboten werden, die rechtswidrige Kampfmaßnahme (z.B. durch Auszahlung von Streikgeldern) zu unterstützen. Ist die Gewerkschaft nicht am Streik beteiligt, ist sie dennoch verpflichtet, mit allen zumutbaren Mitteln auf ihre Mitglieder einzuwirken, dass diese ihre Arbeitspflicht erfüllen.

(b) *Schadensersatzansprüche* gegen die Gewerkschaft können sich aus §§ 280ff. **817** BGB und aus §§ 823ff. BGB ergeben.

Nach §§ 280ff. BGB ist die Gewerkschaft dem gegnerischen Arbeitgeberverband zum Schadensersatz verpflichtet, wenn sie gegen die tarifliche Friedenspflicht verstoßen hat. Gläubiger des Schadensersatzanspruchs können auch die Mitglieder des Arbeitgeberverbandes sein, da es sich bei der Friedenspflicht um eine vertragliche Verpflichtung mit Schutzwirkung für die Verbandsmitglieder handelt (Rdnr. 731).

Eine Haftung aus *unerlaubter Handlung* ist besonders dann bedeutsam, wenn **818** kein Tarifvertrag besteht. Ein Anspruch des einzelnen Arbeitgebers wird sich häufig aus § 823 I BGB wegen Eingriffs in das Recht am eingerichteten und ausgeübten Gewerbebetrieb (Brox/Walker, BS, § 41 Rdnr. 15ff.) herleiten lassen (z.B. bei einer gewerkschaftlich veranlassten Betriebsblockade; BAG NZA 1988, 884; 1989, 475). Ein eigener deliktischer Anspruch des Arbeitgeberverbandes kommt dann in Betracht, wenn man ein Recht der Koalition auf Dasein und Betätigung als sonstiges Recht anerkennt; regelmäßig scheidet aber eine solche Rechtsgutverletzung aus, weil sich der Kampf der Gewerkschaft nicht gegen die Existenz oder die Betätigung der Koalition richtet.

Für eine Haftung aus § 823 II BGB kommen als Schutzgesetze z.B. § 74 II 1 **819** BetrVG sowie die Straftatbestände der Nötigung und Erpressung (§§ 240, 253 StGB) in Betracht.

Die Gewerkschaft hat für deliktische Handlungen ihrer Organe (§ 31 BGB; Brox/Walker, AT, Rdnr. 746, 774) und ihrer Verrichtungsgehilfen, z.B. Streikposten (§ 831 BGB; Brox/Walker, BS, § 42 Rdnr. 3ff.) einzustehen.

(2) Bei einer rechtswidrigen *Aussperrung* entsprechen die Rechtsfolgen für die kämpfenden Verbände denen beim rechtswidrigen Streik.

3. Folgen des Arbeitskampfes für Drittbetroffene

Auch kampfunbeteiligte Dritte können durch Arbeitskampfmaßnahmen betroffen werden und Ansprüche gegen die Kampfbeteiligten haben (vgl. Otto, § 16). **820**

a) *Ansprüche des kampfunbeteiligten Unternehmers gegen seinen kämpfenden Vertragspartner*

Streik und Aussperrung führen oftmals zu Leistungsstörungen in den Verträgen, die ein kampfbeteiligter Arbeitgeber als Unternehmer mit anderen Unternehmen geschlossen hat. Die geschuldete Leistung kann infolge der Kampfteilnahme nicht rechtzeitig oder überhaupt nicht erbracht werden.

(1) Bei der Beteiligung an einem *rechtmäßigen* Arbeitskampf darf der Unter- **821** nehmer keinem Schadensersatzanspruch wegen Verzuges oder Nichterfüllung ausgesetzt sein, wenn das Ausbleiben der Leistung auf der Kampfbeteiligung be-

ruht. Würde man anders entscheiden, so widerspräche das dem in Art. 9 III GG garantierten Recht, die Arbeits- und Wirtschaftsbedingungen im Rahmen der Tarifautonomie auch durch Teilnahme an einem rechtmäßigen Arbeitskampf zu gestalten. Deshalb ist die bestehende Kollision zwischen der Pflicht zur Erfüllung des einzelnen Vertrags einerseits und dem Recht zur Gestaltung der Arbeits- und Wirtschaftsbedingungen durch Arbeitskampf andererseits zugunsten des kollektiven Arbeitsrechts zu entscheiden (Einzelh.: Brox/Rüthers, Arbeitskampfrecht, Rdnr. 383f.; zu **Fall j**).

Wegen der Rechtmäßigkeit des Arbeitskampfes scheiden auch deliktische Ansprüche aus.

822 (2) Beteiligt sich ein Vertragspartner selbst an einem *rechtswidrigen* Arbeitskampf, so haftet er nach allgemeinen Grundsätzen wegen von ihm zu vertretender Vertragsverletzung (§§ 280ff. BGB). Privilegiert ist nur der rechtmäßige Arbeitskampf.

Beruht eine Leistungsstörung darauf, dass die Arbeitnehmer des Vertragspartners diesen rechtswidrig bestreiken, so muss der Vertragspartner sich dieses schuldhafte Verhalten seiner Arbeitnehmer nach h.M. nicht gem. § 278 BGB zurechnen lassen (vgl. Löwisch, AcP 174 (1974), 202, 251).

b) *Ansprüche des kampfunbeteiligten Unternehmers gegen kampfführende Verbände und sonstige Dritte*

823 Ein kampfunbeteiligter Unternehmer kann dadurch Schäden erleiden, dass er nicht produzieren kann, weil z.B. sein Zulieferer bestreikt wird. Schadensersatzansprüche gegen die den Streik führende Gewerkschaft und gegen die Streikenden sind mangels vertraglicher Beziehungen nur aus §§ 823ff. BGB herzuleiten. Sie setzen die Rechtswidrigkeit des Arbeitskampfes voraus. Als sonstiges Recht nach § 823 I BGB kommt das Recht am eingerichteten und ausgeübten Gewerbebetrieb (Recht am Unternehmen) in Betracht.

Regelmäßig wird es jedoch an einem unmittelbaren, betriebsbezogenen Eingriff in den Gewerbebetrieb des kampfunbeteiligten Unternehmers fehlen. Die Kämpfenden wollen den Kampfgegner treffen, nicht aber die gewerbliche Tätigkeit des Unbeteiligten einschränken.

c) *Ansprüche des kampfunbeteiligten Arbeitnehmers gegen kämpfende Verbände oder sonstige Dritte*

824 Ein kampfunbeteiligter Arbeitnehmer kann seinen Arbeitsplatz verlieren, weil sein Arbeitgeber – etwa wegen eines Arbeitskampfes im Zuliefererbetrieb – in Schwierigkeiten geraten ist und seinen Betrieb einschränken oder stilllegen muss.

Da der Arbeitnehmer zu den Kämpfenden nicht in Vertragsbeziehungen steht, bleibt auch hier nur ein deliktischer Anspruch. Bei § 823 I BGB käme eine Verletzung des Rechts am Arbeitsplatz in Betracht.

Aber auch hier wird § 823 I BGB regelmäßig ausscheiden, weil die Kämpfenden nicht darauf abzielen, Arbeitsplätze unbeteiligter Arbeitnehmer zu vernichten.

d) *Lohnansprüche des kampfunbeteiligten Arbeitnehmers gegen seinen Arbeitgeber*

Durch einen Arbeitskampf können auch unbeteiligte Arbeitnehmer beschäftigungslos werden. Es fragt sich, ob bei einem solchen arbeitskampfbedingten Arbeitsausfall der Lohnanspruch bestehen bleibt. **825**

(1) Das *Lohnrisiko* bei *streikbedingten* Arbeitsausfällen ist wie folgt zu verteilen (vgl. Brox/Rüthers, Arbeitskampfrecht, Rdnr. 169ff.): **826**
Keinen Lohnanspruch erhalten die nicht streikenden Arbeitnehmer, die durch den Streik beschäftigungslos sind und dem bestreikten Betrieb oder einem anderen Betrieb innerhalb des umkämpften Tarifgebiets angehören.

Dieses Ergebnis ist meist mit der Betriebsrisikolehre (HWK/Hergenröder, Art. 9 GG Rdnr. 215ff.; Rdnr. 387ff.) und mit Sphärengesichtspunkten begründet worden (vgl. RGZ 106, 272). Der streikbedingte Arbeitsausfall sollte zu Lasten der Arbeitnehmer gehen, weil beim Streik die Ursache der Leistungsstörung in der Sphäre der Arbeitnehmerschaft liege. In der neueren Rspr. des BAG (AP Nr. 70 zu Art. 9 GG Arbeitskampf) wird nunmehr maßgebend der Paritätsgrundsatz herangezogen. Die Kampfstellung der bestreikten Arbeitgeber würde vor allem beim Teil- oder Schwerpunktstreik erheblich geschwächt, wenn die Arbeitgeber zur Lohnzahlung an die beschäftigungslos gewordenen Arbeitnehmer verpflichtet wären (vgl. zur Entwicklung der Rspr. über das Betriebsrisiko im Arbeitskampf Fischer/Rüthers, Anm. zu EzA Art. 9 GG Arbeitskampf Nr. 115).
Der Rspr. des BAG zufolge soll der Arbeitgeber einen bestreikten Betrieb oder Betriebsteil im Umfang des gewerkschaftlichen Streikbeschlusses stets stilllegen können. Dies habe zur Folge, dass die Rechte und Pflichten aus dem Arbeitsverhältnis suspendiert werden und arbeitswillige Arbeitnehmer ihren Lohnanspruch auch dann verlieren, wenn ihre Beschäftigung möglich und zumutbar ist (vgl. BAG NZA 1994, 1097; 1996, 214; zum Stilllegungsrecht Fischer/Rüthers, Anm. zu EzA Art. 9 GG Arbeitskampf Nr. 115; HWK/Hergenröder, Art. 9 GG Rdnr. 211ff.). Dies geht über die allgemeinen Grundsätze des Arbeitskampfrisikos hinaus, wonach bei einer Beschäftigungsmöglichkeit arbeitsbereiter Arbeitnehmer deren Entgeltanspruch nicht entfallen würde (vgl. BAG NZA 1994, 1097). Der Arbeitgeber kann sich aber, wenn er den Betrieb nicht stilllegt, dann auf das Arbeitskampfrisiko berufen, wenn sich zum Beispiel bei sog. Wellenstreiks seine Abwehrmaßnahmen (z.B. Produktionskürzungen, Einsatz von Aushilfskräften und Fremdvergabe von Arbeiten) nicht ohne Weiteres so begrenzen lassen, dass sie sich nur während der Dauer der einzelnen Kurzstreiks auswirken. Können Arbeitnehmer aus diesem Grunde für den Rest einer laufenden Schicht nicht mehr beschäftigt werden, so verlieren sie insoweit nach den Grundsätzen des Arbeitskampfrisikos ihren Lohnanspruch, wenn dem Arbeitgeber eine andere Planung unmöglich oder unzumutbar war (BAG NZA 1997, 393; vgl. Rdnr. 794).

Nach wie vor nicht abschließend geklärt ist, ob bei streikbedingten Arbeitsausfällen in fremden, außerhalb des Tarifgebiets liegenden Betrieben die Arbeitnehmer ebenfalls das Lohnrisiko zu tragen haben (bejahend z.B. Seiter, DB 1981, 578, 580f.; verneinend z.B. Dütz, DB 1979, Beil. 14, 11). Das BAG (AP Nr. 70 zu Art. 9 GG Arbeitskampf) meint, das Lohnrisiko sei von diesen Arbeitnehmern nur dann zu tragen, wenn die Fernwirkungen des Arbeitskampfes sonst zu einer Störung des Kräftegleichgewichts führen könnten. **827**

§ 146 III 1 SGB III nennt die Voraussetzungen, unter denen der Anspruch eines mittelbar betroffenen, am Arbeitskampf nicht beteiligten Arbeitnehmers auf Arbeitslosengeld ausgeschlossen ist (vgl. Rdnr. 798). Ausschlaggebend ist danach, ob der Arbeitnehmer zumindest mittelbar von dem Ergebnis des fremden Arbeitskampfes profitiert (Beispiel: Arbeitskampf um einen Pilottarifvertrag). Die Vorschrift enthält mit dem Partizipationsgedanken eine überzeugende gesetzliche Wertentscheidung, die auch bei der Verteilung des Lohnrisikos berücksichtigt werden sollte (MünchKomm/Henssler, § 615 BGB Rdnr. 118f.). Danach verlieren die Arbeitnehmer nur dann ihren Lohnanspruch, wenn damit zu rechnen ist, dass der in dem fremden Tarifgebiet erstreikte Tarifvertrag auch in dem Tarifgebiet, in dem der Arbeitnehmer tätig ist, übernommen wird.

828 (2) Die wegen einer rechtmäßigen *Abwehraussperrung* beschäftigungslosen Arbeitnehmer haben keinen Lohnanspruch. Das folgt aus dem Grundsatz der Kampfparität, wonach eine Abwehraussperrung nur zulässig ist, wenn durch die Kampfführung von der Gewerkschaft ein Kräfteungleichgewicht hervorgerufen worden ist. Wegen der Störung der Kampfparität durch die Arbeitnehmerseite hat diese auch das Lohnrisiko zu tragen.

Bei einer *Angriffsaussperrung* behalten die kampfbedingt beschäftigungslosen, aber nicht ausgesperrten Arbeitnehmer desselben Betriebes und anderer Betriebe im selben Tarifgebiet ihre Lohnansprüche.

Spezielle Probleme der Verteilung des Entgeltrisikos im Arbeitskampf können aus dem Recht des Arbeitgebers zur Stilllegung nicht bestreikter Betriebe oder Betriebsteile entstehen (BAG NZA 1997, 393; 1998, 896; 1999, 550; Auktor, RdA 2003, 23).

4. Arbeitskampf und Mitbestimmung des Betriebsrats

829 Der Arbeitskampf bedeutet für die „vertrauensvolle Zusammenarbeit" (§ 2 I BetrVG) zwischen dem Arbeitgeber und dem (meist gewerkschaftlich organisierten) Betriebsrat eine besondere Herausforderung. Beide tragen Verantwortung dafür, dass die betriebliche Tätigkeit nach dem Ende des Arbeitskampfes möglichst ungestört fortgesetzt werden kann.

Das Betriebsratsamt mit seinen Rechten und Pflichten besteht auch im Arbeitskampf fort. Das gilt auch für diejenigen Mitglieder des Betriebsrats, die sich am Arbeitskampf aktiv beteiligen. Der Betriebsrat selbst darf sich am Arbeitskampf allerdings nicht beteiligen (s. Rdnr. 984).

830 Auch die Mitbestimmungsrechte des Betriebsrats bestehen im Grundsatz fort, soweit ihre Ausübung keinen Einfluss auf den Verlauf des Arbeitskampfes hat (BAG AP Nr. 70 zu Art. 9 GG Arbeitskampf; NZA 1988, 549; 2004, 223 st. Rspr.). Das gilt zwar im Grundsatz auch für Unterrichtungsansprüche aus § 80 II 1 BetrVG (BAG NZA 2004, 223), allerdings nur, soweit dadurch das Kampfgleichgewicht nicht gefährdet wird. Der Arbeitskampf kann sogar zusätzliche kollektive Regelungen erforderlich machen, an deren Zustandekommen der Betriebsrat mitzuwirken hat, etwa bei der Vorbereitung und Durchführung eines „Notdienstes" für Erhaltungsarbeiten, Sicherung des Betriebsgeländes, Notdienstausweise, Auswahl des Notdienstpersonals etc. (vgl. Gaumann, NZA 2001, 245 mit zweifelhaftem Ergebnis).

831 Keine Mitbestimmungsrechte des Betriebsrats bestehen bei Maßnahmen, die der Arbeitgeber zur Abwendung von Arbeitskampffolgen ergreift und bei denen die Beteiligung des Betriebsrats eine Beeinträchtigung der Kampfparität (BAG NZA 1988, 620) oder eine Verletzung der Neutralitätspflicht durch den Betriebsrat bedeuten würde. So ist etwa die Anordnung von Kurzarbeit oder Überstunden (BAG AP Nr. 63 zu Art. 9 GG Arbeitskampf) im Arbeitskampf, die Ausgabe besonderer Werksausweise (BAG NZA 1987, 817 = AP Nr. 89 zu Art. 9 GG Arbeitskampf m. Anm. Rüthers/Henssler) oder die Einstellung von arbeitswilligen Ersatzkräften mitbestimmungsfrei. Bei der *Ausgestaltung* der Kurzarbeit kann das anders sein (BAG AP Nr. 70, 71 zu Art. 9 GG Arbeitskampf).

Kapitel 11

Das Recht der Mitbestimmung

832 Die gesetzlichen Regelungen über eine Mitwirkung und Mitbestimmung der Arbeitnehmer in Betrieb und Unternehmen sind als Verwirklichung des verfassungsrechtlichen Bekenntnisses zum sozialen Rechtsstaat zu verstehen (Art. 20 I, 28 I 1 GG). Sie stellen daher keine Enteignung, sondern eine inhaltliche Schranke des Eigentums dar (Art. 14 I 2 GG; vgl. BVerfGE 50, 290). Von besonderer Bedeutung sind das Betriebsverfassungsgesetz (BetrVG), das Sprecherausschussgesetz (SprAuG), das Mitbestimmungsgesetz (MitbestG), das Drittelbeteiligungsgesetz (DrittelbG) sowie das Montan-Mitbestimmungsgesetz (Montan-MitbestG). Das BetrVG regelt die Verfassung des Betriebs mit der Organisation der verschiedenen Arbeitnehmervertretungen und ihren vielfältigen Aufgaben, Rechten und Pflichten. Den Arbeitnehmern wird so die Möglichkeit eingeräumt, auf Betriebsebene soziale, personelle und wirtschaftliche Angelegenheiten mitzugestalten. Die Mitbestimmungsgesetze enthalten dagegen Vorschriften zur Unternehmensverfassung; sie regeln die Beteiligung der Arbeitnehmer in Organen von Kapitalgesellschaften.

833 Die gesetzlichen Mitbestimmungsregelungen in Deutschland haben nach Umfang und Intensität in den vergleichbaren Industrieländern kaum Parallelen. Es gibt zwar ausgeprägte Mitbestimmungsmodelle in den Niederlanden, in Dänemark, in Österreich, in Schweden sowie in Polen und in Tschechien, nirgends aber in vergleichbarer Intensität auf mehreren Ebenen. Das deutsche Modell ist in erster Linie ein Ergebnis der deutschen National- und Sozialgeschichte im 20. Jahrhundert. Seine Entstehung und sein Ausbau gehen auf die Epochen jeweils nach den beiden verlorenen Weltkriegen zurück.

834 In Ausführung des Art. 165 der Weimarer Reichsverfassung ergingen 1920 das Betriebsrätegesetz und 1922 das Gesetz über die Entsendung von Betriebsratsmitgliedern in den Aufsichtsrat. 1946 führte die britische Besatzungsmacht neben dem Kontrollratsgesetz zur Betriebsverfassung ein voll paritätisches Mitbestimmungsmodell in den Aufsichtsräten für die Kohle- und Stahlindustrie ein. Diese war damals der Schwerpunkt der industriellen Produktion. Zusätzlich wurde der Personalvorstand („Arbeitsdirektor“) maßgeblich von den Gewerkschaftsvertretern im Aufsichtsrat bestellt. Zweck dieser Regelung der Besatzungsmacht war es, eine Wiederholung der Rüstungspolitik in Deutschland, wie sie nach 1933 gerade im Bereich der Schwerindustrie stattgefunden hatte, für die Zukunft durch die Mitsprache der Gewerkschaften und der Arbeitnehmer zu verhindern.

Diese „Montan-Mitbestimmung“ wurde vom Deutschen Bundestag am 21. Mai 1951 – nach heftigen innenpolitischen Auseinandersetzungen und bei akuter Androhung eines Generalstreiks für den Fall der Ablehnung – im „Montan-Mitbestimmungsgesetz“ für die Bundesrepublik verankert.

1952 folgte dann das erste Betriebsverfassungsgesetz für die Bundesrepublik, ebenfalls nach heftigen innenpolitischen Debatten über den Umfang der Mitbestimmungsrechte der Arbeitnehmer im Aufsichtsrat, die dort für die Nichtmontangesellschaften nur in der geminderten Form der sog. Drittelparität im Aufsichtsrat der Kapitalgesellschaften verankert wurde.

Die Mitbestimmung in Deutschland ist also aus den katastrophalen Notsituatio- **835** nen nach den beiden Systemwechseln, Wirtschafts- und Währungszusammenbrüchen 1918 und 1945 entstanden. Sie war die Antwort der Gesetzgebung auf die Erfahrungen aus den gescheiterten Systemen. Daneben spielte die gemeinsame Überzeugung der Arbeitnehmer- und Arbeitgeberverbände eine Rolle, dass ein Aufstieg Deutschlands aus dem wirtschaftlichen und sozialen Elend nach den Zusammenbrüchen nur durch gemeinsame Anstrengungen und nur unter Vermeidung großer Interessenkonflikte im Arbeitsleben möglich sei. Schließlich bedeutete die Einführung weitgehender Mitbestimmungsbefugnisse und die daraus folgende Zusammenarbeit der Arbeitnehmer, Betriebsräte und Gewerkschaften mit der Arbeitgeberseite auch eine Absage an die Klassenkampftheorie des Marxismus-Leninismus, also eine Abwehrstrategie gegenüber kommunistischen Revolutionshoffnungen.

Das deutsche Mitbestimmungssystem ist mehrgliedrig zusammengesetzt. Mit- **836** wirkung und Mitbestimmung der Arbeitnehmer finden auf verschiedenen Ebenen statt:

- in der Betriebsverfassung durch zahlreiche, teils erzwingbare und damit „paritätische“ Mitbestimmungsrechte des Betriebsrats;
- auf der Unternehmensebene
  (1) durch Gesamt- und Konzernbetriebsräte,
  (2) durch Arbeitnehmervertreter in den Aufsichtsräten der Kapitalgesellschaften mit mehr als 500 Beschäftigten (s. dazu unten Rdnr. 1032 ff.);
- auf der Tarifebene durch den gleichberechtigten („paritätischen“) Einfluss der Gewerkschaften auf die tarifvertragliche Regelung der kollektiven Mindestarbeitsbedingungen (s. Rdnr. 655 ff.);
- auf der gesamtwirtschaftlichen Ebene durch die Mitwirkung an der Gesetzgebung (regelmäßige Anhörungsverfahren bei allen relevanten Gesetzgebungsvorhaben), in der Arbeits- und Sozialgerichtsbarkeit, in der Sozialversicherung sowie in zahlreichen Beiräten, Aufsichts- und Beratungsgremien aller Art (z.B. Rundfunkräten).

Diese mehrschichtigen Mitbestimmungsebenen sind gesetzlich verschieden or- **837** ganisiert, wirken aber in der realen Funktionsweise ähnlich wie ein System kommunizierender Röhren zusammen. Das gilt vor allem für das Zusammenspiel von Mitbestimmungsrechten des Betriebsrats einerseits und der Mitbestimmung durch Arbeitnehmervertreter im Aufsichtsrat andererseits. Diese Mitbestimmungsrechte können „konzertiert“ auf bestimmte Materien eingesetzt werden. Ihre konzertierte Nutzung kann zu Kumulationseffekten führen. Dasselbe gilt, wenn die betriebs- und unternehmensverfassungsrechtlichen Mitbestimmungsrechte durch Tarifverträge ergänzt oder erweitert werden. Die Bedeutung der Mitbestimmung in der

Wirtschaftsverfassung wird zutreffend nur erfasst, wenn das funktionale Zusammenwirken der verschiedenen Mitbestimmungsebenen berücksichtigt wird.

838 Die gesetzlich gewährleistete Verankerung der betrieblichen, unternehmensbezogenen und tarifvertraglichen Beteiligung der Belegschaften und der Gewerkschaften an den unternehmerischen Entscheidungen hat in Deutschland das Verhältnis der Arbeitsmarktparteien zueinander auf allen Ebenen verändert. Neben den herkömmlich dominanten Interessengegensätzen (Klassenkampftheorie) kamen zunehmend Interessengemeinsamkeiten der Arbeitnehmer mit „ihrem" Betrieb und Unternehmen (speziell bei zunehmendem internationalem Wettbewerb) zur Geltung. Die in der betrieblichen und unternehmerischen Mitbestimmung praktizierte Zusammenarbeit wirkte sich sehr bald auch auf die übrigen Beziehungsebenen (Tarifautonomie, gesamtwirtschaftliche Ebene) aus. So ist es zu erklären, dass die Bundesrepublik ein Land mit im Vergleich geringen Produktivitätseinbußen durch Arbeitskämpfe ist. Streik und Aussperrungen haben zudem über Jahrzehnte hin erwähnenswert nur noch in wenigen Bereichen (Metall, Druck, Öffentlicher Dienst) stattgefunden.

Die Beteiligung der Arbeitnehmer an den Entscheidungsprozessen durch die verschiedenen Mitbestimmungsregelungen hat Vor- und Nachteile, ist zeit- und kostenaufwendig, hat aber erheblich zur sozialen Befriedung und zur Integration der Arbeitnehmer in die arbeitsteilige moderne Industriegesellschaft beigetragen.

A. Betriebsverfassung

839 Die Betriebsverfassung ist die grundlegende Ordnung der betrieblichen Zusammenarbeit von Arbeitgeber und Arbeitnehmern. Die Arbeitnehmer des Betriebs handeln durch verschiedene Organe, insbesondere durch den Betriebsrat, der die Belegschaft repräsentiert. Der Betriebsrat ist an bestimmten Entscheidungen des Arbeitgebers zu beteiligen.

840 Die „Betriebsverfassung" ist nach dem verlorenen 1. Weltkrieg in Deutschland erstmals durch das Betriebsrätegesetz von 1920 geregelt worden. Sie war und ist im häufigen Wechsel der politischen Systeme ein wichtiger Bestandteil der jeweiligen „Wirtschaftsverfassung" (Rdnr. 9f.) und zugleich ein Reflex der jeweiligen Staatsverfassung (Rdnr. 8). So hatten die Weimarer Republik (Betriebsrätegesetz v. 1920), der NS-Staat (Gesetz zur Ordnung der nationalen Arbeit – AOG – v. 1934), die Bundesrepublik (BetrVG 1952, 1972 und 2001) und die DDR (z.B. Arbeitsgesetzbuch 1977) ihre je eigene, systemkonforme Ordnung der Arbeitsbeziehungen in den Betrieben und Unternehmen. Die leitenden Grundsätze und Zielvorgaben („Grundwerte") der Staatsverfassung strahlen notwendig auch auf die Wirtschafts- und die Betriebsverfassung aus.

841 Die gesetzliche Regelung der betriebsverfassungsrechtlichen Mitbestimmung kann daher vom einfachen Gesetzgeber nicht nach Belieben völlig beseitigt oder grundlegend eingeschränkt werden (BVerfGE 19, 303, 313f.; 50, 290, 373). Wie bei der Tarifautonomie ist davon auszugehen, dass ein Grundbestand dieser Mitbestimmung der Arbeitnehmer in ihren Betrieben und an ihren Arbeitsplätzen durch Art. 9 III GG und das Sozialstaatsprinzip (Art. 20 I, 28 I GG) gewährleistet ist. Selbstverständlich hat der einfache Gesetzgeber aber innerhalb dieses Grundbestandes ein weites Gestaltungsermessen. Dadurch wird die notwendige Anpassungsmöglichkeit an gewandelte technische, wirtschaftliche und gesellschaftliche Verhältnisse gesichert.

Mit der Novellierung des Betriebsverfassungsgesetzes im Jahre 2001 (vgl. dazu **842** Hanau, RdA 2001, 65; Konzen, RdA 2001, 76; Richardi, DB 2001, 41) hat Deutschland seine Spitzenstellung in der betriebsverfassungsrechtlichen Mitbestimmung weiter ausgebaut. Wir sind damit „Europameister" und „Weltmeister" auf diesem Gebiet. Freilich bringt die Betriebsverfassung auch erhebliche Kosten mit sich. Hierin dürfte der Hauptgrund dafür liegen, dass die deutsche Betriebsverfassung auch in der Europäischen Union kein Exportschlager geworden ist (dazu eingehend Stoffels, in Festschrift Heinze, 2005, S. 885ff.; Junker, ZfA 2001, 225 sowie die kritische Analyse von Picker, RdA 2001, Beil. 4, 259ff.). Für eine Gesamtwürdigung gilt es jedoch zweierlei zu bedenken. Bezogen auf die Reform von 2001 ist festzustellen, dass der Gesetzgeber bei aller Stärkung der Arbeitnehmerrechte der unternehmerischen Entscheidung den Vorrang einräumt. Dies zeigt sich insbesondere im neu eingefügten § 87 I Nr. 13 BetrVG. Nur die Durchführung der Gruppenarbeit unterliegt der Mitbestimmung, ihre Einführung bleibt dagegen allein Sache des Unternehmers. Zum zweiten hat die betriebliche Mitbestimmung maßgeblich dazu beigetragen, sowohl innerbetriebliche als auch tarifliche Konfliktpotentiale friedlich auszuräumen. Der gesetzlich vorgeschriebene enge Kontakt zwischen Betriebsräten und Arbeitgebern dient als ein Frühwarnsystem für sich abzeichnende Konflikte und ermöglicht deren Beilegung im Wege beiderseits akzeptierter Kompromisse. Dies hat sich gerade in der jüngsten Krise bewährt, in der sich der deutsche Arbeitsmarkt dank des verantwortungsbewussten Zusammenspiels von Betriebspartnern und Sozialpartnern als erstaunlich robust erwiesen hat.

I. Geltungsbereich des BetrVG

Schrifttum: Bauschke, Tendenzbetriebe – allgemeine Problematik und brisante Themenbereiche, ZTR 2006, 69; Dzida/Hohenstatt, Tendenzschutz nur gegenüber Tendenzträgern?, NZA 2004, 1084; Franzen, Ethikregeln für Redakteure einer Wirtschaftszeitung, Jura 2005, 715; Henssler, Der leitende Angestellte in Beratungsgesellschaften, FS Hromadka, 2008, S. 131; Richter, Beteiligungsrechte des Betriebsrats in Tendenzbetrieben, DB 1991, 2661; Rüthers, Tendenzschutz und Kirchenautonomie im Arbeitsrecht, NJW 1978, 2066.

Fälle:

a) Das Städtische Krankenhaus wird von einer GmbH betrieben, deren alleinige Gesell- **843** schafterin die Stadt ist. Die 200 Arbeitnehmer des Krankenhauses sollen bei der Personalratswahl der Stadtverwaltung mitwirken.

b) Ein Handwerksmeister beschäftigt sechs Arbeitnehmer, von denen zwei noch minderjährig sind, und von Zeit zu Zeit weitere Aushilfskräfte. Die Arbeitnehmer wollen einen Betriebsrat wählen.

c) Ein Krankenhaus wird von einem kirchlichen Krankenpflegeorden übernommen. Ein Krankenpfleger beantragt zusammen mit zwei Kollegen unter Hinweis auf § 17 III BetrVG beim Arbeitsgericht die Bestellung eines Wahlvorstandes zur Vorbereitung der Betriebsratswahl.

1. Räumlicher Geltungsbereich

844 Das BetrVG gilt – unabhängig von der Staatsangehörigkeit des Arbeitgebers oder der Arbeitnehmer – für alle *inländischen* Betriebe, sog. *Territorialitätsprinzip* (BAG NZA 2005, 1006, 1009). Soweit Arbeitnehmer kurzfristig in deutschen Unternehmen im Ausland arbeiten, behalten sie ihre betriebsverfassungsrechtlichen Rechte im Inlandsbetrieb.

2. Sachlicher Geltungsbereich

845 Das BetrVG erfasst Betriebe (Rdnr. 64ff.) eines Trägers *privaten Rechts* mit in der Regel mindestens fünf ständigen wahlberechtigten Arbeitnehmern, von denen mindestens drei wählbar sind (§ 1 BetrVG). Aktives und passives Wahlrecht bestimmen sich nach den §§ 7f. BetrVG.

a) *Ausgeschlossen ist die Anwendbarkeit des BetrVG in folgenden Fällen:*

(1) Für Verwaltungen und Betriebe eines *Trägers des öffentlichen Rechts* (§ 130 BetrVG) gelten die Personalvertretungsgesetze des Bundes und der Länder (vgl. Rdnr. 1015). Ob eines dieser Gesetze oder das BetrVG eingreift, richtet sich also nicht etwa nach dem verfolgten Zweck, sondern allein nach der Rechtsform des Trägers.

Die GmbH ist eine juristische Person des Privatrechts. Im **Fall a** ist also das BetrVG anzuwenden. Der Umstand, dass eine öffentlich-rechtliche Körperschaft alleinige Gesellschafterin ist und die Gesellschaft dem Gemeinwohl dient, ändert hieran nichts.

846 (2) *Kleinbetriebe* sind nicht betriebsratsfähig (vgl. § 1 BetrVG). In ihnen kann zwar z.B. ein Vertrauensmann gewählt werden; das richtet sich aber nicht nach dem BetrVG, sondern etwa nach den Bestimmungen eines Tarifvertrags. Besteht der Kleinbetrieb jedoch neben einem Hauptbetrieb, ist er trotz seiner organisatorischen Selbständigkeit dem Hauptbetrieb zuzuordnen (§ 4 II BetrVG). Dies zeigt den Willen des Gesetzgebers, die Bildung von Betriebsräten möglichst nicht am Fehlen der Mindestarbeitnehmerzahl scheitern zu lassen. Als Hauptbetrieb gilt derjenige Betrieb, der den Kleinbetrieb in personellen und sozialen Angelegenheiten beratend unterstützt (BAG NZA 2007, 703).

Im **Fall b** ist kein Betriebsrat zu wählen, da der Betrieb aus nur vier ständigen wahlberechtigten Arbeitnehmern besteht (vgl. § 1 BetrVG). Die Aushilfskräfte sind keine ständigen Arbeitnehmer; die beiden Minderjährigen sind nicht wahlberechtigt (vgl. § 7 BetrVG). Dagegen sind die Vorschriften über das Mitwirkungs- und Beschwerderecht des Arbeitnehmers (§§ 81ff. BetrVG) anwendbar, da sie das Bestehen eines Betriebsrats nicht voraussetzen.

847 (3) *Religionsgemeinschaften* sowie ihre karitativen und erzieherischen Einrichtungen fallen unbeschadet ihrer Rechtsform nicht unter das BetrVG. Dies ergibt

sich für die öffentlich-rechtlich verfassten Kirchen aus § 130 BetrVG, für privatrechtlich organisierte Religionsgemeinschaften aus § 118 II BetrVG. Die Vorschriften sind Ausfluss der verfassungsrechtlich garantierten Autonomie der Kirchen (Art. 140 GG i.V.m. Art. 137 III 1 WRV; vgl. BVerfGE 46, 73; 70, 138, 164).

Auch das von einem kirchlichen Krankenpflegeorden geführte Krankenhaus (**Fall c**) ist eine karitative Einrichtung der Kirche, so dass kein Betriebsrat zu wählen ist (vgl. BAG NZA 2002, 1409). Anders wäre es, wenn etwa eine Klosterbrauerei betrieben würde.

Die Religionsgemeinschaften haben nach dem Grundgesetz (Art. 140 GG, 137 III 1 WRV) das Recht, sich für ihre kirchlichen Bediensteten eigene arbeitsrechtliche Grundordnungen zu geben. Die Evangelische und die Katholische Kirche haben eigene Mitarbeitervertretungsordnungen geschaffen (vgl. Schaub/Linck, Arbeitsrechts-Handbuch, § 185 Rdnr. 12, 38ff.), die sich jedoch weitgehend an den Regelungen des BetrVG orientieren. An die Einhaltung dieser Grundordnungen ist der kirchliche Dienstgeber gebunden (dazu BAG NZA 2000, 208 zum Fall einer unwirksamen Kündigung).

b) *Eingeschränkt anwendbar ist das Gesetz in folgenden Fällen:*

(1) Auf *Tendenzbetriebe* finden die Vorschriften des BetrVG insoweit keine Anwendung, als dem die Eigenart des Betriebs oder Unternehmens entgegensteht (§ 118 I BetrVG). Damit soll den Grundrechten des Arbeitgebers (z.B. aus Art. 4, 5 GG) Rechnung getragen werden. **848**

Für das Verständnis der systematischen Bedeutung und Reichweite des § 118 BetrVG ist zu beachten, dass die Vorschrift die darin genannten Grundrechte nicht einschränkt, sondern, wie das BVerfG erneut bestätigt hat, „gegen Beeinträchtigungen durch betriebliche Mitbestimmungsrechte abschirmt“. Soweit dabei für die Auslegung arbeitsrechtlicher Vorschriften auch das Sozialstaatsprinzip herangezogen wird, „darf das nicht in eine Einschränkung der Presse- oder Rundfunkfreiheit umschlagen“ (BVerfG NZA 2000, 217 mit Bezug auf BVerfGE 46, 73, 95 und zahlr. Nachw.).

(a) *Tendenzbetriebe* sind solche Betriebe, die unmittelbar und überwiegend politischen, koalitionspolitischen, konfessionellen, karitativen, erzieherischen, wissenschaftlichen oder künstlerischen Bestimmungen oder Zwecken der Berichterstattung oder Meinungsäußerung dienen (vgl. § 118 I BetrVG). **849**

Beispiele: Politische Partei, Gewerkschaft, Kolpingverein, Rotes Kreuz, Privatschule, Forschungsinstitut, Theater, Zeitungsverlag.

Bei sog. *Mischbetrieben* (z.B. Verlag und Druckerei) kommt es auf die überwiegende Zielsetzung an; dabei sind allein quantitative Gesichtspunkte (z.B. Umsatz-, Beschäftigtenzahl) maßgebend (BAG NZA 2006, 1422).

(b) Tendenzbetriebe sind von der Unternehmensmitbestimmung und im Wesentlichen von der betrieblichen Mitbestimmung in wirtschaftlichen Angelegenheiten (Rdnr. 964ff.) ausgeschlossen. Eingeschränkt anwendbar sind die Vorschriften über die Mitbestimmung in sozialen und vor allem in personellen Angelegenhei- **850** ten, soweit die Maßnahmen Arbeitnehmer betreffen, für deren Tätigkeit die verfolgte Tendenz prägend ist (sog. Tendenzträger; BAG NZA 1990, 693; dazu Dzida/Hohenstatt, NZA 2004, 1084).

Eine Begrenzung der Mitbestimmungsrechte in sozialen Angelegenheiten kommt wegen des zumeist wertneutralen Arbeitsablaufs nur ausnahmsweise in Betracht, z.B. bei der Festlegung des Arbeitsbeginns oder -endes von Redakteuren in Tageszeitungen (§ 87 I Nr. 2 BetrVG; vgl. BAG NZA 1992, 512). Dagegen ist ein Einfluss auf die Tendenzverwirklichung bei Maßnahmen im personellen Bereich häufiger. Will beispielsweise der Zeitungsverleger einen Redakteur einstellen, entlassen oder versetzen, schließt der Tendenzschutz die Mitbestimmungsrechte des Betriebsrats (z.B. gem. §§ 99 II, 103 BetrVG) aus; dagegen bleiben bloße Unterrichtungs- und Anhörungsrechte des Betriebsrats bestehen (BAG NZA 2004, 501). Die individualrechtliche Einführung von Standesregeln für Wirtschaftsredakteure fällt nicht unter § 87 I Nr. 1 BetrVG (BAG NZA 2003, 166). In Presseunternehmen können zwischen dem Arbeitgeber und den Redakteuren Redaktionsstatute vereinbart werden, die den Redakteuren oder ihrer gewählten Vertretung Mitbestimmungsrechte in tendenzbezogenen Angelegenheiten einräumen. Nach Meinung des BAG kann ein solches Redaktionsstatut, auch wenn es durch vertragliche Bezugnahme Bestandteil der Arbeitsverhältnisse aller Redakteure geworden ist, nur mit individualvertraglichen Mitteln (Widerrufsvorbehalt, Änderungsvertrag, Änderungskündigung aller Einzelverträge) abgelöst werden (BAG NZA 2002, 397; kritisch dazu Rüthers, RdA 2002, 360).

(2) Für *Seeschifffahrts- und Luftfahrtunternehmen* sind §§ 114–117 BetrVG zu beachten.

3. Persönlicher Geltungsbereich

851 Das BetrVG regelt die Vertretung der *Arbeitnehmer* einschließlich der zu ihrer Berufsausbildung Beschäftigten (§ 5 I BetrVG). Es knüpft dabei an den im Arbeitsrecht entwickelten Arbeitnehmerbegriff an (Rdnr. 57ff.).

a) *Keine Arbeitnehmer* im Sinne des BetrVG sind die in § 5 II BetrVG genannten Personen. Diese werden meist nicht aufgrund eines Arbeitsvertrags tätig (z.B. Vorstandsmitglieder einer AG, Geschäftsführer einer GmbH, Gesellschafter einer OHG, Ordensschwestern, Diakonissen, Körperbehinderte, Süchtige, Landstreicher, Fürsorgezöglinge; vgl. Rdnr. 47, 61).

Ehegatten, Verwandte und Verschwägerte ersten Grades, die in häuslicher Gemeinschaft mit dem Arbeitgeber leben, sind selbst dann keine Arbeitnehmer im Sinne des BetrVG, wenn ein Arbeitsverhältnis besteht (§ 5 II Nr. 5 BetrVG).

852 b) Auf *leitende Angestellte* (Rdnr. 60f.) ist das BetrVG nicht anwendbar, soweit in diesem Gesetz nicht ausdrücklich etwas anderes bestimmt ist (§ 5 III 1 BetrVG; so z.B. §§ 105, 107 I 2 BetrVG). Sie nehmen im Betrieb typischerweise Unternehmeraufgaben mit zum Teil erheblichen eigenen Entscheidungsspielräumen wahr und sind deshalb im Verhältnis zum Betriebsrat eher der Arbeitgeberseite zuzuordnen. Ihre Interessen werden vom Sprecherausschuss wahrgenommen. Regelungen zu diesem Organ finden sich im SprAuG (vgl. dazu unten Rdnr. 1004ff.), das sich teilweise an die Bestimmungen des BetrVG für den Betriebsrat anlehnt, ohne indes vergleichbar starke Mitspracherechte zu begründen.

(1) Da der *Begriff des leitenden Angestellten* früher zu erheblichen Auslegungsstreitigkeiten geführt hat, ist er in § 5 III, IV BetrVG präzisiert worden. § 5 III 2 BetrVG enthält drei verschiedene Beschreibungen des leitenden Angestellten: **853**

Nach *§ 5 III 2 Nr. 1 BetrVG* zählen solche Beschäftigte zu den leitenden Angestellten, die berechtigt sind, Arbeitnehmer des Betriebs oder einer Betriebsabteilung selbständig einzustellen und zu entlassen. Die Personalkompetenz muss sich auf ein entsprechend bedeutsames Aufgabengebiet beziehen (BAG NZA 2003, 56; BAG NZA 2008, 664).

Gem. *§ 5 III 2 Nr. 2 BetrVG* gehören zu den leitenden Angestellten die Arbeitnehmer mit Generalvollmacht und solche Prokuristen, die auch im Innenverhältnis zum Arbeitgeber einen nicht nur unbedeutenden Aufgabenbereich wahrnehmen. Erfasst sind daher nur Prokuristen, die von ihrer Prokura in nicht unbedeutendem Umfang Gebrauch machen dürfen, nicht hingegen sog. „Titularprokuristen" (BAG NZA 1995, 747, 749).

Nach der Auffangvorschrift des *§ 5 III 2 Nr. 3 BetrVG* ist es erforderlich, dass der Angestellte „regelmäßig sonstige Aufgaben wahrnimmt, die für den Bestand und die Entwicklung des Unternehmens oder eines Betriebs von Bedeutung sind und deren Erfüllung besondere Erfahrungen und Kenntnisse voraussetzt". Die Befugnisse dürfen sich nicht in Aufsichts- oder Überwachungsfunktionen erschöpfen. Wesentlich ist die Eigenverantwortlichkeit der Tätigkeit: der Angestellte muss also bei der Aufgabenwahrung Entscheidungen entweder im Wesentlichen frei von Weisungen treffen oder zumindest maßgeblich beeinflussen können. Diese Voraussetzung kann auch dann erfüllt sein, wenn der Angestellte insbesondere Rechtsvorschriften, Pläne oder Richtlinien zu beachten oder mit anderen leitenden Angestellten zusammenzuarbeiten hat (zum Ganzen Henssler, FS Hromadka, S. 131, 136 ff.). **854**

Bei der Subsumtion unter § 5 III 2 Nr. 3 BetrVG empfiehlt sich ein vierstufiges Prüfungsschema:

1. Wahrnehmung von Aufgaben, die für den Bestand und die Entwicklung des Unternehmens oder eines Betriebs von Bedeutung sind,
2. diese Aufgaben müssen besondere Kenntnisse voraussetzen,
3. sie müssen regelmäßig wahrgenommen werden und
4. bei der Aufgabenerfüllung müssen die Entscheidungen im Wesentlichen frei von Weisungen getroffen oder maßgeblich beeinflusst werden können.

Beispiele: Chefredakteur einer Zeitschrift, Chefpilot, qualifizierte Berater einer Unternehmensberatungsgesellschaft, nicht dagegen jeder Abteilungsleiter.

Da bei der Auslegung des § 5 III 2 Nr. 3 BetrVG wegen dessen generalklauselartiger Umschreibung des Begriffs des leitenden Angestellten Zweifel auftauchen können, gibt § 5 IV BetrVG ergänzende Auslegungsregeln an die Hand; diese sind nur dann heranzuziehen, wenn die Anwendung des § 5 III 2 Nr. 3 BetrVG nicht zu eindeutigen Ergebnissen führt. **855**

Nach § 5 IV BetrVG ist im Zweifel leitender Angestellter, wer anlässlich der letzten Wahlen (z. B. des Betriebsrats, Sprecherausschusses) oder durch rechtskräftige gerichtliche Entscheidung den leitenden Angestellten zugeordnet worden ist (Nr. 1), einer Leitungsebene angehört, auf der im Unternehmen überwiegend (= mehr als 50%) leitende Angestellte vertreten sind (Nr. 2), ein regelmäßiges Jahresarbeitsentgelt erhält, das für leitende Angestellte üblich ist (Nr. 3) oder wer in dem Fall, dass bei Anwendung des Auswahlkriteriums Nr. 3 noch Zweifel geblieben sind, ein regelmäßiges Jahresarbeitsentgelt erhält, welches das Dreifache der Bezugsgröße nach § 18 SGB IV überschreitet (Nr. 4).

856 (2) Die *Zuordnung der leitenden Angestellten* ist insbesondere bei Wahlen zum Sprecherausschuss (Rdnr. 1007f.) und zum Aufsichtsrat (§ 15 II MitbestG) bedeutsam. Die Feststellung, ob jemand leitender Angestellter ist, muss in einem einfachen Verfahren schnell und ohne große Kosten sowie für die Wahl zum Betriebsrat und zum Sprecherausschuss einheitlich getroffen werden (vgl. § 18a BetrVG).

Im Regelfall sind die Wahlen zum Betriebsrat und zum Sprecherausschuss zeitgleich einzuleiten (§ 13 I BetrVG, § 5 I SprAuG). Beide Wahlvorstände haben sich gegenseitig darüber zu unterrichten, welche Personen sie den leitenden Angestellten zugeordnet haben (§ 18a I 1 BetrVG). Soweit zwischen den Wahlvorständen kein Einvernehmen über die Zuordnung besteht, haben sie in gemeinsamer Sitzung eine Einigung zu versuchen (§ 18a I 2 BetrVG). Kommt eine Einigung nicht zustande, wird ein Vermittler eingeschaltet (§ 18a II 1 BetrVG). Wenn eine Einigung auf die Person des Vermittlers nicht gelingt, schlagen die Wahlvorstände je eine Person als Vermittler vor; durch Los wird entschieden, wer als Vermittler tätig wird (§ 18a III 3 BetrVG). Bei erfolglosem Verständigungsversuch entscheidet der Vermittler nach Beratung mit dem Arbeitgeber (§ 18a II 3 BetrVG). Gem. § 18a V 1 BetrVG wird durch die Zuordnung der Rechtsweg nicht ausgeschlossen. Im Beschlussverfahren (Rdnr. 1087) kann gem. §§ 2a I Nr. 1, 80ff. ArbGG über den Status als leitender Angestellter entschieden werden.

857 c) *Heimarbeiter* (§ 2 HAG) sind keine Arbeitnehmer; sie gelten aber als Arbeitnehmer i. S. d. BetrVG, wenn sie in der Hauptsache für den Betrieb arbeiten (§ 5 I 2 BetrVG). Alle anderen arbeitnehmerähnlichen Personen (Rdnr. 88ff.) sind dagegen keine Arbeitnehmer i. S. d. BetrVG.

858 d) *Leiharbeitnehmer* sind zwar wahlberechtigt, wenn sie länger als drei Monate im Betrieb des Entleihers eingesetzt sind (§ 7, 2 BetrVG). Sie bleiben im Übrigen aber Arbeitnehmer des Verleihers, zählen also etwa nicht mit bei der Berechnung der Schwellenwerte für die Anwendbarkeit des BetrVG im Entleiherbetrieb (§ 1 I BetrVG) oder für die Anzahl der beim Entleiher zu wählenden Betriebsratsmitglieder (§ 9 BetrVG). Es gilt der Grundsatz „Wählen ohne zu zählen“ (BAG NZA 2004, 1052; dazu Dewender, RdA 2003, 274).

II. Träger der Betriebsverfassung

Die wichtigsten Träger der Betriebsverfassung sind neben dem Arbeitgeber (Rdnr. 66) der Betriebsrat (Rdnr. 860ff.) und die Betriebsversammlung (Rdnr. 882ff.) sowie die Koalitionen (Rdnr. 891ff.).

1. Betriebsrat

Schrifttum: Anuschek, Betriebsratswahl, 2. Aufl. 2007; Besgen, BlackBerry und Homepage für den Betriebsrat?, NZA 2006, 959; Boemke-Albrecht, Die Versetzung von Betriebsratsmitgliedern, BB 1991, 541; Diller, Über die Unmöglichkeit, ein Verfahren nach § 103 BetrVG erfolgreich zu beenden, NZA 2004, 579; Fischer, Das Ehrenamtsprinzip in der Betriebsverfassung „post Hartzem", NZA 2007, 484; Henssler, Mitbestimmungsrechtliche Folgen grenzüberschreitender Beherrschungsverträge, ZfA 2005, 289; Gragert, Übers Ziel hinaus? – Das Übergangsmandat nach § 21a BetrVG, NZA 2004, 289; Gramm, Rechtsnatur und Haftung des Betriebsrats, AR-Blattei, D, Betriebsverfassung VII; Loritz, Die Erforderlichkeit und Geeignetheit von Betriebsräte- Schulungs- und Bildungsveranstaltungen, NZA 1993, 2; Rieble, Delegation an den Gesamt- oder Konzernbetriebsrat, RdA 2005, 26; ders. Die Betriebsratsvergütung, NZA 2008, 276.

Fälle:

a) Ein Betriebsratsmitglied hat die Belegschaft zur Arbeitsniederlegung aufgefordert, um vom Arbeitgeber die Herausgabe bestimmter Unterlagen zu erzwingen. Der Arbeitgeber, der unter diesem Druck die Unterlagen dem Betriebsrat ausgehändigt hat, beantragt beim Arbeitsgericht, den Betriebsrat zu verurteilen, Schadensersatz zu leisten und die Unterlagen wieder herauszugeben. **859**

b) Der Betriebsrat will für sein Büro eine Computer-Anlage anschaffen und verlangt deshalb vom Arbeitgeber einen Vorschuss von 4500,– €. Mit Recht?

c) Weil der Betriebsrat die gegen ihn in der Betriebsversammlung geäußerte Kritik als unbegründet abtut, beschließt die Betriebsversammlung mit großer Mehrheit, der Betriebsrat sei abgesetzt und eine Neuwahl habe stattzufinden.

d) Ein Betriebsratsmitglied beantragt Urlaub, um an einer einwöchigen Schulung der Gewerkschaft über Versammlungspraxis und Versammlungsleitung teilzunehmen. Mit Recht?

a) *Rechtsstellung des Betriebsrats*

Der Betriebsrat ist der gesetzliche Repräsentant der Arbeitnehmer des Betriebs. **860**
Mit der Wahrnehmung der Beteiligungsrechte der Arbeitnehmer übt der Betriebsrat ein ihm gesetzlich übertragenes privatrechtliches Ehrenamt aus (vgl. § 37 I BetrVG). Er handelt also nicht als Vertreter im Namen der Arbeitnehmer des Betriebs, sondern im eigenen Namen. An Weisungen einzelner Arbeitnehmer oder der Betriebsversammlung ist er nicht gebunden.

Der Betriebsrat ist nach verbreiteter Ansicht weder rechtsfähig noch vermö- **861**
gensfähig. Das Gesetz erkennt ihm jedoch eine betriebsverfassungsrechtliche Teilrechtsfähigkeit zu. So kann er Partei im arbeitsgerichtlichen Beschlussverfahren sein (§§ 10, 80ff. ArbGG; Rdnr. 1087ff.) und selbst seine Rechte aus § 80 II BetrVG wahrnehmen oder unter den Voraussetzungen des § 111, 2 BetrVG zu seiner Unterstützung einen Berater hinzuziehen. Partielle Vermögensfähigkeit besitzt er nur, soweit das BetrVG für ihn vermögensrechtliche Ansprüche vorsieht (z.B. § 40 I BetrVG; BAG NZA 2005, 123, 124).

Im **Fall a** ist der Betriebsrat nicht schadensersatzpflichtig, da er grundsätzlich keine Rechtsfähigkeit und kein Vermögen besitzt. Allerdings sind gegen den Betriebsrat solche Zwangsvollstreckungen (vgl. § 85 I ArbGG) möglich, die keine Vermögensfähigkeit voraussetzen (z.B. die Herausgabe einer Sache oder die Unterlassung unwahrer ehrenrühriger Behauptungen).

Entsprechendes gilt für die Rechtsstellung der Arbeitnehmervertretungen, die **862**
vom Gesetz neben dem Betriebsrat für besondere Fälle vorgesehen sind.

Besteht ein Unternehmen aus mehreren Betrieben mit Betriebsräten, so vertritt der zwingend einzurichtende *Gesamtbetriebsrat* die Belegschaftsinteressen im Unternehmensbereich (§§ 47–53 BetrVG). Er ist zuständig, wenn er von mind. einem Betriebsrat beauftragt wurde oder aber eine überbetriebliche Angelegenheit vorliegt, die nicht durch einzelne Betriebsräte geregelt werden kann (§ 50 BetrVG). Die Zuständigkeit erstreckt sich gem. § 50 I 1 2. HS. BetrVG auf betriebsratslose Betriebe des Unternehmens. Ist er zuständig, was jeweils im Einzelfall festzustellen ist, hat er die gleichen Rechte und Pflichten wie der Betriebsrat.

Für einen Konzern (§ 18 I AktG) kann durch Beschlüsse der einzelnen Gesamtbetriebsräte ein *Konzernbetriebsrat* errichtet werden (vgl. §§ 54–59 BetrVG). Dies gilt auch für einen ausländischen Konzern, sofern das herrschende Unternehmen über eine im Inland ansässige Konzernteilspitze verfügt (BAG NZA 2007, 999). Der Konzernbetriebsrat ist zuständig, wenn er von mind. einem Gesamtbetriebsrat beauftragt wurde oder aber eine Angelegenheit zu regeln ist, die den Konzern bzw. mehrere Konzernunternehmen betrifft und nicht durch die einzelnen Gesamtbetriebsräte innerhalb ihrer Unternehmen geregelt werden kann (§ 58 I, II 1 BetrVG). Seine Zuständigkeit nach § 58 I BetrVG erstreckt sich auf betriebsrats- und vertretungslose Betriebe oder Unternehmen (Zur Bildung von Gesamt- und Konzernbetriebsräten in internationalen Unternehmen: Röder/Powietzka, DB 2004, 542).

863 Schließlich kann für gemeinschaftsweit operierende Unternehmen ein *Europäischer Betriebsrat* eingerichtet werden (vgl. dazu unten Rdnr. 1016ff.).

Ein Redaktionsstatut für einen Zeitungsverlag, das Mitbestimmungsrechte eines von den Redakteuren gewählten Redaktionsrats nur in tendenzbezogenen Angelegenheiten vorsieht, verstößt nicht gegen das betriebsverfassungsrechtliche Repräsentationsmonopol des Betriebsrats, weil dieser nach § 118 BetrVG insoweit keine Mitbestimmungsrechte hat. Gewährt das zwischen dem Arbeitgeber und den Redakteuren vereinbarte Statut dem Redaktionsrat Mitbestimmungsrechte bei der Bestellung und Abberufung des Chefredakteurs, so ist dies mit Art. 5 I GG vereinbar (BAG NZA 2002, 397; dazu Rüthers, RdA 2002, 360).

b) *Errichtung des Betriebsrats*

864 In jedem betriebsratsfähigen Betrieb (vgl. Rdnr. 845ff.) kann ein Betriebsrat errichtet werden. Der Arbeitgeber ist nicht verpflichtet, für die Durchführung einer Wahl zum Betriebsrat zu sorgen (vgl. BAG AP Nr. 84 zu § 611 BGB Urlaubsrecht = RdA 1962, 44).

Die Vorbereitung und Durchführung der Wahl obliegt dem Wahlvorstand (§ 18 I 1 BetrVG). Dieser wird vom Betriebsrat bestellt (§ 16 I 1 BetrVG). Soweit ein Betriebsrat noch nicht besteht, bestellt der Gesamt- oder der Konzernbetriebsrat den Wahlvorstand (§ 17 I BetrVG). Existieren auch diese Vertretungsorgane nicht oder bleiben sie untätig, so wählen die Arbeitnehmer den Wahlvorstand auf einer Betriebsversammlung (§ 17 II, III BetrVG), oder er wird auf Antrag vom Arbeitsgericht bestellt (§§ 16 II, 17 IV BetrVG; zur Bestellung eines Wahlvorstands gegen den Willen der deutlichen Mehrheit der Betriebsangehörigen s. Löwisch, BB 2006, 664). Niemand darf die Wahl behindern oder beeinflussen (§§ 20 I, II, 119 I Nr. 1 BetrVG).

Einzelheiten zur Wahlberechtigung und zur Wählbarkeit, zum Wahlsystem und Wahlverfahren ergeben sich aus §§ 7, 8, 14, 14a BetrVG und den Wahlordnungen. Auch jede im Betrieb vertretene Gewerkschaft kann eigene Wahlvorschläge machen, wozu die Unterzeichnung durch zwei Beauftragte der Gewerkschaft nötig ist; auf diese Weise werden die kleinen Gewerkschaften begünstigt. Eine Tarifzuständigkeit der Gewerkschaft für den Betrieb muss nach Ansicht des BAG nicht bestehen (BAG NZA 2005, 426).

Bei fehlerhaften Wahlen kommt eine Berichtigung, eine Anfechtung oder die Nichtigkeit der Wahl in Betracht. Die Wahl kann innerhalb von zwei Wochen nach Bekanntgabe des Wahlergebnisses im Beschlussverfahren angefochten werden. Die Anfechtung hat Erfolg, wenn gegen wesentliche Vorschriften über das Wahlrecht, die Wählbarkeit oder das Wahlverfahren verstoßen worden ist und eine Berichtigung nicht erfolgt ist, es sei denn, dass durch den Verstoß das Wahlergebnis nicht geändert oder beeinflusst werden konnte (§ 19 BetrVG; § 2a I Nr. 1 ArbGG). Wird der Anfechtung stattgegeben, endet das Amt des Betriebsrats für die Zukunft. Bis dahin vorgenommene Betriebsratshandlungen bleiben wirksam. Ausnahmsweise ist eine Betriebsratswahl sogar nichtig, wenn ein grober und offensichtlicher Verstoß gegen wesentliche gesetzliche Wahlregelungen vorliegt (vgl. BAG NZA 2000, 1119; Beispiele für Nichtigkeit und Anfechtbarkeit bei HWK/Reichold, § 19 BetrVG Rdnr. 11, 24. Zum einstweiligen Rechtsschutz: Veit/Wichert, DB 2006, 390). Der in nichtiger Wahl gewählte Betriebsrat hat rechtlich nicht existiert. Seine Handlungen entfalten daher keine Wirksamkeit. **865**

Für *Kleinbetriebe* (5–50 wahlberechtigte Arbeitnehmer) gilt ein vereinfachtes Wahlverfahren, das zwei Betriebsversammlungen (*zweistufiges Verfahren*) erfordert (§ 14a BetrVG). Auf der ersten Betriebsversammlung, die auf Antrag von drei wahlberechtigten Arbeitnehmern oder einer im Betrieb vertretenen Gewerkschaft zustande kommt (§ 17 III BetrVG), wird der Wahlvorstand gewählt (§ 17a BetrVG). Auf der zweiten Betriebsversammlung, die eine Woche nach der ersten stattfinden soll, wird dann der Betriebsrat in geheimer unmittelbarer Wahl gewählt. Für Wahlvorschläge der Arbeitnehmer, die erst in der ersten Betriebsversammlung gemacht werden, ist keine Schriftform erforderlich (§ 14a II BetrVG). Unter den Voraussetzungen des § 14a III BetrVG ist auch eine *einstufige* Betriebsratswahl möglich.

c) *Zusammensetzung des Betriebsrats*

Die jeweils ungerade, durch die Reform 2001 erhöhte Zahl der Mitglieder des Betriebsrats richtet sich zwingend nach der Zahl der Arbeitnehmer des Betriebs (§ 9 BetrVG). Auf den ersten beiden Größenstufen ist nur die Zahl der wahlberechtigten Arbeitnehmer, auf der dritten Stufe teils die Zahl der wahlberechtigten, teils die Zahl der betriebsangehörigen Arbeitnehmer zugrunde zu legen. Ab der vierten Stufe kommt es nur noch auf die Betriebszugehörigkeit an. Leiharbeitnehmer sind weder im Rahmen des § 9 BetrVG noch des § 38 BetrVG zu berücksichtigen (Rdnr. 858). **866**

Bei der Zusammensetzung des Betriebsrats sollen die Geschlechter sowie Arbeitnehmer der verschiedenen Organisationsbereiche und Beschäftigungsarten entsprechend ihrem zahlenmäßigen Verhältnis berücksichtigt werden (vgl. § 15 BetrVG). Das in der Belegschaft in der Minderheit vertretene Geschlecht muss „mindestens entsprechend seinem zahlenmäßigen Verhältnis im Betriebsrat vertreten sein, wenn dieser aus mehr als drei Mitgliedern besteht" (§ 15 BetrVG; § 5 WahlO). Fehlt es an Kandidaten des in der Minderheit stehenden Geschlechts, so geht der Sitz an das andere Geschlecht (§ 15 V Nr. 5 WahlO). Die Vorschrift ist verfassungsrechtlich problematisch (vgl. Weller, NZA 2005, 1228). Sie schränkt das passive Wahlrecht ein, da eine Proporzsicherung nur zu Lasten des Mehrheitsgeschlechts erfolgt. Der Wert der Stimmen ist ungleich, so dass es auch zu einer **867**

Verletzung des aktiven Wahlrechtes kommt. Schließlich führt die Regelung zwangsläufig zu einer Missachtung der Wahlentscheidung des Minderheitengeschlechts. So wird etwa die Wahlentscheidung der Frauen, die einen männlichen Kollegen wählen, schlicht ignoriert, wenn die weiblichen Arbeitnehmerinnen die Minderheit im Betrieb stellen. Das LAG Köln hat deshalb mit guten Gründen Zweifel an der Verfassungsmäßigkeit geäußert und die Sache dem BVerfG zur Entscheidung vorgelegt (NZA-RR 2004, 247). Das BAG sieht dagegen den Eingriff in den durch Art. 3 I GG gewährleisteten Grundsatz der Wahlrechtsgleichheit aufgrund von Art. 3 II GG als gerechtfertigt an (BAG NZA 2005, 1252 = RdA 2006, 186 m. Anm. Kamanabrou).

d) *Geschäftsführung des Betriebsrats*

868 (1) Der Betriebsrat wählt aus seiner Mitte den *Vorsitzenden* und dessen Stellvertreter (vgl. § 26 BetrVG; dazu BAG NZA 1992, 944). Der Vorsitzende beruft die Sitzungen des Betriebsrats ein, setzt die Tagesordnung fest und leitet die Verhandlung (§ 29 II 1–3 BetrVG). Er vertritt den Betriebsrat im Rahmen der von diesem gefassten Beschlüsse (dazu BAG NZA 2005, 870, 872) und ist zur Entgegennahme von Erklärungen, die dem Betriebsrat gegenüber abzugeben sind, berechtigt (§ 26 II 2 BetrVG). Es handelt sich bei dieser Form der Stellvertretung um eine Vertretung in der Erklärung – im Gegensatz zu einer Vertretung im Willen (BAG NJW 1982, 69).

Dementsprechend laufen auch die Fristen für die Anhörung des Betriebsrats zu einer Kündigung (§ 102 II BetrVG) erst ab der Zustellung der Unterlagen an den Vorsitzenden bzw. im Falle dessen Verhinderung an den Stellvertreter (vgl. Rdnr. 957). Sind allerdings sowohl der Vorsitzende als auch der Stellvertreter verhindert und hat der Betriebsrat keine Vorkehrungen für diesen Fall getroffen, so darf der Arbeitgeber grundsätzlich jedem Betriebsratsmitglied gegenüber Erklärungen an den Betriebsrat abgeben (BAG AP Nr. 37 zu § 102 BetrVG 1972).

869 (2) Ein Betriebsrat, der aus neun oder mehr Mitgliedern besteht, hat einen *Betriebsausschuss* zu bilden (§ 27 I BetrVG). Dieser führt die laufenden Geschäfte des Betriebsrats; ihm können vom Betriebsrat auch Aufgaben zur selbstständigen Erledigung – mit Ausnahme des Abschlusses von Betriebsvereinbarungen – übertragen werden (§ 27 II BetrVG).

870 Der Betriebsausschuss besteht aus dem Betriebsratsvorsitzenden und dessen Stellvertreter sowie weiteren Mitgliedern, deren Zahl sich nach der Größe des Betriebsrats bestimmt (§ 27 BetrVG). Diese werden vom Betriebsrat in geheimer Wahl nach den Grundsätzen der Verhältniswahl gewählt (§ 27 I 3 BetrVG); dadurch soll verhindert werden, dass eine nur knappe Mehrheit im Betriebsrat in der Lage ist, Vertreter von Minderheiten weitgehend oder ganz von der Ausschussarbeit auszuschließen (BT-Drucks. 11/2503, S. 24; BAG NZA 1992, 989). Wird nur ein Wahlvorschlag gemacht, so gelten die Grundsätze der Mehrheitswahl. Der Betriebsrat kann weitere Ausschüsse zur Erledigung bestimmter Aufgaben bilden (§ 28 BetrVG).

871 (3) Die *Betriebsratssitzungen* sind nicht öffentlich und finden in der Regel während der Arbeitszeit statt (§ 30 BetrVG).

Der Arbeitgeber ist vom Zeitpunkt der Sitzung vorher zu verständigen (§ 30, 3 BetrVG). Ein Teilnahmerecht hat er nur in Ausnahmefällen (vgl. § 29 IV 1 BetrVG); dann kann er auch einen Vertreter seines Arbeitgeberverbandes hinzuziehen (§ 29 IV 2 BetrVG). Der Beauftragte einer im Betriebsrat vertretenen Gewerkschaft darf an der Sitzung beratend teilnehmen, wenn ein Viertel der Mitglieder oder der Mehrheit einer Gruppe des Betriebsrats das beantragt (§ 31 BetrVG). Der Beauftragte einer im Betrieb, aber nicht im Betriebsrat vertretenen Gewerkschaft hat dagegen kein Teilnahmerecht (BAG NZA 1990, 660).

Die Willensbildung des Betriebsrats erfolgt durch *Beschluss* (§ 33 BetrVG). Der Betriebsrat ist nur beschlussfähig, wenn mindestens die Hälfte der Mitglieder an der Beschlussfassung teilnimmt (§ 33 II BetrVG); zeitweilig verhinderte Betriebsratsmitglieder werden durch die gem. § 25 II BetrVG zu bestimmenden Ersatzmitglieder vertreten (§ 25 I 2 BetrVG). Die Beschlüsse werden in der Regel mit der Mehrheit der Stimmen der anwesenden Mitglieder gefasst (§ 33 I 1 BetrVG). Sie sind nur dann wirksam, wenn die Mitglieder des Betriebsrats (oder im Verhinderungsfall deren Ersatzmitglieder, § 29 II 6 BetrVG) vom Vorsitzenden rechtzeitig unter Mitteilung der Tagesordnung geladen worden sind (§ 29 II 3 BetrVG; BAG NZA 1989, 223).

Ein Beschluss des Betriebsrats kann im Beschlussverfahren (Rdnr. 1087 ff.) oder als Vorfrage im Urteilsverfahren (Rdnr. 1068 ff.) auf seine Rechtswirksamkeit, nicht aber auf seine Zweckmäßigkeit (BAG AP Nr. 1 zu § 13 BetrVG 1972) überprüft werden.

(4) Die durch die Betriebsratstätigkeit entstehenden *Kosten* trägt allein der Arbeitgeber (§§ 40, 51 I 1, 59 I BetrVG). Beiträge und freiwillige Leistungen Dritter (z.B. einer Gewerkschaft, einer politischen Partei) für Zwecke des Betriebsrats sind verboten (sog. Umlageverbot, § 41 BetrVG). **872**

Nach § 40 II BetrVG ist der Arbeitgeber namentlich zur Bereitstellung der erforderlichen Räume, der sachlichen Mittel (z.B. Aktenschrank, Fachliteratur, Personalcomputer, Informations- und Kommunikationstechnik, wozu nach BAG NZA 2007, 337 grundsätzlich auch die Einrichtung eines Internetanschlusses gehört) sowie des Büropersonals verpflichtet (BAG NZA 2005, 1010). Darüber hinaus hat er alle Kosten zu ersetzen, die der Betriebsrat unter Beachtung des Grundsatzes der Verhältnismäßigkeit zur Durchführung seiner Arbeit für erforderlich halten durfte (BAG NZA 2005, 1010).

Dazu gehören auch Aufwendungen, die der gerichtlichen Durchsetzung von Rechten des Betriebsrats und seiner Mitglieder dienen. Soweit der Betriebsrat bei verständiger Würdigung der konkreten Umstände des Einzelfalles die Hinzuziehung eines Rechtsanwalts für notwendig erachten durfte, muss der Arbeitgeber die entstehenden Kosten tragen (BAG NZA 2005, 168).

Der Betriebsrat ist berechtigt, für die ihm entstehenden Aufwendungen vom Arbeitgeber einen angemessenen Vorschuss zu verlangen (vgl. § 669 BGB; Richardi/Thüsing, BetrVG, § 40 Rdnr. 43; **Fall b**). Er kann auch die Freistellung von eingegangenen Verbindlichkeiten beanspruchen (BAG NZA 1990, 233). Die „intellektuelle Waffengleichheit" zwischen Betriebsrat und Arbeitgeber soll gewährleistet werden.

e) *Amtszeit des Betriebsrats*

873 Die *regelmäßige* Amtszeit des Betriebsrats beträgt vier Jahre (§ 21, 1 BetrVG). Ausnahmsweise kann es zu einer vorzeitigen Beendigung kommen, z.B. durch *Rücktritt des Betriebsrats* (vgl. § 13 II Nr. 3 BetrVG), erfolgreiche Anfechtung *der Betriebsratswahl* (vgl. § 13 II Nr. 4, § 19 BetrVG), *Auflösung des Betriebsrats* oder *Ausschluss einzelner Mitglieder* (vgl. § 13 II Nr. 5, § 23 I BetrVG).

Die Auflösung des Betriebsrats kann nur durch das Arbeitsgericht und nicht etwa durch Abwahl oder Absetzung seitens der Arbeitnehmer des Betriebs oder der Betriebsversammlung erfolgen (**Fall c**). Antragsberechtigt sind ein Viertel der wahlberechtigten Arbeitnehmer, der Arbeitgeber oder eine im Betrieb vertretene Gewerkschaft (§ 23 I 1 BetrVG). Die Auflösung setzt eine grobe Verletzung von gesetzlichen Pflichten des Betriebsrats voraus. Beispiele: Nichtbestellung eines Vorsitzenden, Nichteinberufung einer notwendigen Betriebsversammlung, Verstöße gegen das Gebot vertrauensvoller Zusammenarbeit zwischen Arbeitgeber und Betriebsrat; u.U. auch der Abschluss einer tarifwidrigen Betriebsvereinbarung (s. BAG NZA 1994, 184; vgl. in diesem Zusammenhang auch ArbG Marburg NZA 1996, 1331 – „Fall Viessmann").

874 Für die Spaltung oder Zusammenlegung von Betrieben sieht § 21a BetrVG Übergangsmandate vor, bis ein neuer Betriebsrat gewählt worden ist. Das gilt auch, wenn die Spaltung oder Zusammenlegung Folge einer Betriebsveräußerung oder Umwandlung nach dem Umwandlungsgesetz ist (§ 21a III BetrVG). Wird ein Betrieb durch Stilllegung, Spaltung oder Zusammenlegung aufgelöst, so bleibt der Betriebsrat solange im Amt, wie es die Wahrnehmung der Mitwirkungs- und Mitbestimmungsrechte bei der Betriebsauflösung erfordert („Restmandat" nach § 21b BetrVG). So will der Gesetzgeber bei Umstrukturierungen betriebsratslose Zeiten verhindern. Die Abgrenzung beider Mandate (d.h. Rest- und Übergangsmandat) sowohl zueinander als auch zum regulären Mandat des § 21 BetrVG kann schwierig sein. So kann es bspw. bei der Eingliederung eines Betriebs in einen größeren Betrieb zu einem Nebeneinander von Restmandat (des Betriebsrats des eingegliederten kleineren Betriebs) und Übergangsmandat (des Betriebsrats des größeren Betriebs) kommen (str.). Behält der größere Betrieb seine Identität, ist auch der Fortbestand des regulären Mandats denkbar.

f) *Rechtsstellung des Betriebsratsmitglieds*

875 (1) Das Amt des Betriebsratsmitglieds ist ein *unentgeltliches Ehrenamt* (§ 37 I BetrVG).

Das Betriebsratsmitglied soll aus seiner Amtstätigkeit weder Vorteile (z.B. verdeckte Zusatzvergütungen) noch Nachteile (z.B. geringeres Arbeitsentgelt, Beschäftigung mit einer unterwertigen Tätigkeit; § 37 IV, V BetrVG) haben (§ 78, 2 BetrVG). Bei freigestellten Mitgliedern richtet sich die Gehaltsentwicklung nach derjenigen von Vergleichspersonen (§ 37 IV BetrVG). Das Bevorzugungsverbot schließt es aus, einem Betriebsratsvorsitzenden für besonderes Engagement einen Bonus zu gewähren. Wohl aber kann und muss der Betriebsrat von einem Bonusprogramm profitieren, dass den Vergleichspersonen zu Gute kommt.

Das Betriebsratsmitglied ist von seiner beruflichen Tätigkeit ohne Minderung des Arbeitsentgelts zur ordnungsgemäßen Durchführung seiner Aufgaben zu befreien (§ 37 II BetrVG); für Betriebsratstätigkeit außerhalb der Arbeitszeit ist ihm eine entsprechende Arbeitsbefreiung zu gewähren (§ 37 III BetrVG; dazu BAG NZA 2005, 936). In Betrieben mit mindestens 200 Arbeitnehmern hat eine nach der Beschäftigtenzahl gestaffelte (Teil-) Freistellung einzelner Betriebsratsmitglieder von der beruflichen Tätigkeit zu erfolgen (§ 38 BetrVG).

Auch in Betrieben mit weniger als 200 Arbeitnehmern kann ausnahmsweise eine (Teil-) Freistellung in Betracht kommen, wenn dies zur ordnungsgemäßen Durchführung der Betriebsratsaufgaben erforderlich ist (BAG NZA 1992, 414).

(2) Das Betriebsratsmitglied hat einen Anspruch auf *Freistellung zur Teilnahme an Schulungs- und Bildungsveranstaltungen (§ 37 VI und VII BetrVG).* Zwei verschiedene Fälle sind zu unterscheiden: **876**

(a) § 37 VI BetrVG setzt eine Veranstaltung voraus, welche die *für die Betriebsratsarbeit erforderlichen Kenntnisse* vermittelt (dazu Wank/Maties, NZA 2005, 1033). Diese müssen unter Berücksichtigung der konkreten Situation im Betrieb und des vorhandenen Wissensstandes der Betriebsratsmitglieder benötigt werden, damit der Betriebsrat seine derzeitigen und künftigen Aufgaben sachgerecht wahrnehmen kann (BAG NZA 1990, 149). **877**

Die Erforderlichkeit bestimmt im Einzelfall auch den zulässigen Inhalt (z.B. nähere Kenntnisse im Betriebsverfassungs-, nicht im Steuerrecht) und die Dauer der Schulung (Einzelh.: Fitting/Engels/Schmidt/Trebinger/Linsenmaier, BetrVG, § 37 Rdnr. 138ff., 171ff.).

Liegen die Voraussetzungen des § 37 VI BetrVG vor, hat der Betriebsrat als Träger des Freistellungsanspruchs einen Beschluss darüber zu fassen, welches Betriebsratsmitglied an der Schulungsveranstaltung teilnimmt. An dieses Betriebsratsmitglied hat der Arbeitgeber gem. § 37 II, III BetrVG das Arbeitsentgelt fortzuzahlen. Alle übrigen Kosten der Teilnahme (z.B. Fahrt, Verpflegung und Übernachtungskosten sowie Lehrgangsgebühren) sind vom Arbeitgeber gem. § 40 I BetrVG zu tragen, sofern sie erforderlich waren (BAG AP Nr. 2 zu § 40 BetrVG 1972 = RdA 1973, 129; aus neuerer Zeit BAG AP Nr. 89 zu § 40 BetrVG 1972). Der Anspruch auf Freizeitausgleich gem. §§ 37 VI 2 i.V.m. 37 III 1 BetrVG umfasst nicht nur die reinen Schulungszeiten, sondern auch die anfallenden Pausen und Reisezeiten (BAG NZA 2005, 936, 938).

(b) Nach § 37 VII BetrVG kann jedes einzelne Betriebsratsmitglied während seiner regelmäßig vierjährigen Amtszeit die Gewährung eines bezahlten *Bildungsurlaubs* von insgesamt drei (bei neuen Mitgliedern vier) Wochen zur *Teilnahme an einer* von der obersten Arbeitsbehörde des Landes *als geeignet anerkannten* (Schulungs- und Bildungs-)*Veranstaltung* verlangen. Anders als bei § 37 VI BetrVG handelt es sich bei § 37 VII BetrVG um einen Individualanspruch des einzelnen Betriebsratsmitglieds. **878**

Im Unterschied zu § 37 VI BetrVG, der einen unmittelbaren Zusammenhang der Schulung mit der Betriebsratstätigkeit voraussetzt, reicht es bei § 37 VII BetrVG, dass die vermittelten Kenntnisse der Betriebsratstätigkeit im weiten Sinne dienlich und förderlich sind (vgl. BAG NZA 1994, 517, 520). Das ist im **Fall d** zu bejahen.

Der Arbeitgeber hat auch hier das Arbeitsentgelt fortzuzahlen (§ 37 VII 1 BetrVG: „bezahlte“ Freistellung); er muss aber – anders als bei § 37 VI BetrVG –

nicht die sonstigen Kosten gem. § 40 I BetrVG erstatten (BAG AP Nr. 46 zu § 37 BetrVG 1972).

879 (3) Verschiedene *Schutzbestimmungen* sollen der beeinträchtigungsfreien Tätigkeit der Betriebsratsmitglieder dienen. Diese dürfen in ihrer Tätigkeit nicht gestört oder behindert und wegen ihrer Tätigkeit nicht benachteiligt oder begünstigt werden (§ 78 BetrVG; zur Strafbarkeit: § 119 I Nr. 2, 3 BetrVG). Vor allem genießen die Mitglieder des Betriebsrats einen besonderen Versetzungs- und Kündigungsschutz (vgl. § 103 BetrVG; § 78a I, II BetrVG; Rdnr. 448, 526).

880 (4) Die Mitglieder und Ersatzmitglieder des Betriebsrats unterliegen (auch nach ihrem Ausscheiden) einer besonderen *Geheimhaltungspflicht* (§§ 79 I 1, 2, 99 I 3 BetrVG). Betriebs- oder Geschäftsgeheimnisse, die ihnen wegen ihrer Zugehörigkeit zum Betriebsrat bekannt geworden sind, dürfen sie nicht offenbaren und nicht verwerten. Gegenüber anderen Mitgliedern des Betriebsrats besteht diese Verpflichtung nicht (§ 79 I 3 BetrVG).

Geheimhaltungsbedürftig sind alle nicht offenkundigen, nur einem begrenzten Personenkreis bekannten Tatsachen, die nach dem Willen des Betriebsinhabers aufgrund eines berechtigten wirtschaftlichen Interesses geheim gehalten werden sollen (BAG NZA 1988, 63).

881 (5) Die *Mitgliedschaft* im Betriebsrat *erlischt* u. a. durch Niederlegung des Amtes, Beendigung des Arbeitsverhältnisses und Ausschluss aus dem Betriebsrat (§ 24 I Nr. 2, 3, 5 BetrVG). In diesen Fällen rückt ein Ersatzmitglied nach (§ 25 I 1, II BetrVG).

2. Betriebsversammlung

Schrifttum: Brötzmann, Probleme der Betriebsversammlung, BB 1990, 1055; Hunold, Betriebsversammlung, Abteilungsversammlung, AR-Blattei SD 530.11; Löwisch, Betriebsauftritt von Politikern, DB 1976, 676; Rüthers, Rechtsprobleme der Organisation und der Thematik von Betriebsversammlungen, ZfA 1974, 207.

Fälle:

882 a) Während des Wahlkampfes soll ein Minister auf Wunsch des Betriebsrats in der Betriebsversammlung über Fragen der Sozialpolitik sprechen. Der Arbeitgeber widerspricht dem Plan.

b) Der Arbeitnehmer N macht während einer Betriebsversammlung Weihnachtseinkäufe und verlangt später für die Zeit der Versammlung seinen Stundenlohn.

Die Betriebsversammlung besteht aus den Arbeitnehmern des Betriebs (§ 42 I 1 BetrVG). Teilnahmeberechtigt sind ferner der Arbeitgeber (§ 43 II BetrVG), Beauftragte der im Betrieb vertretenen Gewerkschaften und ein Beauftragter des Arbeitgeberverbandes, dem der Arbeitgeber angehört (§ 46 I BetrVG).

Die Betriebsversammlung ist nicht öffentlich (§ 42 I 2 BetrVG). Die Zulassung außenstehender Personen ist deshalb nur im Ausnahmefall erlaubt, wenn ein sachlicher Grund vorliegt.

a) *Zweck der Betriebsversammlung*

Die Betriebsversammlung dient vor allem der *Information der Arbeitnehmer*. **883**
Deshalb hat der Betriebsrat auf den regelmäßigen Betriebsversammlungen einen Tätigkeitsbericht zu erstatten (§ 43 I 1 BetrVG). Der Arbeitgeber (oder sein Vertreter) hat mindestens einmal in jedem Jahr über das Personal- und Sozialwesen, über die Förderung der Gleichstellung der Geschlechter im Betrieb, die Vereinbarkeit von Familie und Erwerbstätigkeit, die Integration der ausländischen Arbeitnehmer sowie über die wirtschaftliche Lage und Entwicklung des Betriebs zu berichten (§ 43 II 3 BetrVG).

Zum zulässigen *Themenbereich* gehören Angelegenheiten, die den konkreten Betrieb oder seine Arbeitnehmer unmittelbar betreffen; darunter fallen auch Angelegenheiten tarifpolitischer, sozialpolitischer, umweltpolitischer und wirtschaftlicher Art, sofern sie unmittelbar betriebsbezogen sind (§ 45, 1 BetrVG). Durch den Hinweis auf § 74 II BetrVG wird klargestellt, dass keine Fragen behandelt werden dürfen, die den Betriebsfrieden beeinträchtigen oder parteipolitischer Art sind.

Selbst wenn das Thema eines eingeladenen Referenten an sich zulässig wäre und den Betriebsfrieden nicht beeinträchtigte, so liegt doch eine unzulässige parteipolitische Betätigung vor, wenn ein Politiker während des Wahlkampfes in einer Betriebsversammlung spricht (**Fall a**; vgl. BAG AP Nr. 1 zu § 42 BetrVG 1972). Das trifft bei Auftritten von Regierungsmitgliedern in Wahlkampfzeiten regelmäßig zu. Im Streitfall kann der Arbeitgeber das Arbeitsgericht anrufen, das im Beschlussverfahren über die Zulässigkeit des Referats entscheidet (§ 2a I Nr. 1, II ArbGG).

Die Betriebsversammlung kann dem Betriebsrat Anträge unterbreiten und zu dessen Beschlüssen Stellung nehmen (§ 45, 2 BetrVG). Sie ist dem Betriebsrat nicht übergeordnet; insbesondere ist sie nicht befugt, ihm bindende Weisungen zu erteilen; sie kann nur Anregungen geben.

b) *Arten der Betriebsversammlung und Vergütungspflicht*

(1) Die *ordentliche* Betriebsversammlung ist in jedem Kalendervierteljahr vom **884**
Betriebsrat einzuberufen (Einzelh.: § 43 I BetrVG). Sie findet regelmäßig während der Arbeitszeit statt. Die Teilnahme ist in jedem Fall wie Arbeitszeit zu vergüten, also auch dann, wenn die Betriebsversammlung ausnahmsweise außerhalb der üblichen Arbeitszeit stattfindet (§ 44 I 2, 3 BetrVG).

Nach der Rspr. des BAG besteht die Pflicht zur Vergütung unabhängig davon, ob der Arbeitnehmer für die Zeit der Teilnahme schon Urlaubsentgelt, Kurzarbeiter- oder Erziehungsgeld (heute: Elterngeld) bezieht (BAG NZA 1990, 449). Auch bei ordnungsgemäßer Abhaltung einer Betriebsversammlung während eines Streiks sollen die teilnehmenden Arbeitnehmer einen Vergütungsanspruch haben (BAG NZA 1987, 853); dieser Anspruch besteht aber jedenfalls dann nicht, wenn auf der Betriebsversammlung Streikthemen behandelt werden.

Im **Fall b** hat N keinen Lohnanspruch für die Zeit der Betriebsversammlung, da er weder gearbeitet noch an der Versammlung teilgenommen hat. Selbst wenn er während der Zeit der Versammlung hätte arbeiten wollen, so hätte er dennoch keinen Lohnanspruch. Denn der Arbeitgeber befindet sich nicht im Annahmeverzug (§ 615 BGB), wenn er wegen der gesetzlichen Pflicht, eine Betriebsversammlung während der Arbeitszeit abhalten zu lassen, den Arbeitnehmer nicht beschäftigen kann (str.; a.A. Fitting/Engels/Schmidt/Trebinger/Linsenmaier, BetrVG, § 44 Rdnr. 35).

885 (2) Eine *außerordentliche* Betriebsversammlung kann vom Betriebsrat einberufen werden, wenn dieser es für erforderlich hält. Sie ist auf Wunsch des Arbeitgebers oder von mindestens einem Viertel der wahlberechtigten Arbeitnehmer einzuberufen (§ 43 III 1 BetrVG). Sie findet grundsätzlich außerhalb der Arbeitszeit statt (§ 44 II 1 BetrVG). Ein Anspruch auf Vergütung besteht nicht.

Wird die Betriebsversammlung allerdings im Einvernehmen mit dem Arbeitgeber während der Arbeitszeit abgehalten, besteht ein Vergütungsanspruch (§ 44 II 2 BetrVG). Das gilt auch, wenn die Betriebsversammlung auf Wunsch des Arbeitgebers stattfindet (§ 44 I 1,2 BetrVG).

886 (3) Auf *Antrag einer im Betrieb vertretenen Gewerkschaft* muss der Betriebsrat eine ordentliche Betriebsversammlung einberufen, wenn im vergangenen Kalenderhalbjahr keine Versammlung stattgefunden hat (§ 43 IV BetrVG).

3. Sonstige Träger

887 In Unternehmen mit in der Regel mehr als 100 ständig beschäftigten Arbeitnehmern muss vom Betriebsrat oder Gesamtbetriebsrat ein *Wirtschaftsausschuss* eingesetzt werden (vgl. §§ 106ff. BetrVG; Rdnr. 965ff.).

888 In Betrieben mit mehr als 100 Arbeitnehmern kann der Betriebsrat mit der Mehrheit seiner Mitglieder bestimmte Aufgaben auf *Arbeitsgruppen* (vgl. dazu Blanke, RdA 2003, 140ff.) der Belegschaft übertragen, sofern diese Aufgaben im Zusammenhang mit der Tätigkeit der Gruppenmitglieder stehen (§ 28a BetrVG). Die Arbeitsgruppe kann im Rahmen der ihr übertragenen Aufgaben Vereinbarungen mit dem Arbeitgeber treffen.

889 Die *Jugend- und Auszubildendenvertretung* (§§ 60–71 BetrVG), die *Gesamt-Jugend- und Auszubildenden-Vertretung* (§§ 72f. BetrVG), die *Schwerbehindertenvertretung* (§ 32 BetrVG, § 94 SGB IX) und die *Gesamtschwerbehindertenvertretung* (§ 52 BetrVG, § 94 I SGB IX) nehmen die Belange dieser besonderen Arbeitnehmergruppen wahr. Die Schwerbehindertenvertretung kann an allen Sitzungen des Betriebsrats und der Ausschüsse nach §§ 27, 28, 106 BetrVG, sowie an den Sitzungen des Arbeitsschutzausschusses beratend teilnehmen (§ 32 BetrVG, § 95 IV 1 SGB IX).

890 § 3 I Nr. 1–3 BetrVG bietet weitere Optionen bei der Gestaltung der Arbeitnehmervertretungen. Durch Tarifvertrag, unter Beachtung des Tarifvorrangs auch durch Betriebsvereinbarung (vgl. § 3 II BetrVG, kritisch Reichold, NZA 2001, 857, 859f.), können unternehmenseinheitliche Betriebsräte bzw. ein Betriebsrat für mehrere Betriebe oder Spartenbetriebsräte (vgl. Friese, RdA 2003, 92) gebildet werden. § 3 I Nr. 3 BetrVG erlaubt unter Anknüpfung an besondere Betriebs-, Unternehmens- oder Konzernorganisationen weitere Vertretungsstrukturen. § 3 I Nr. 4, 5 BetrVG ermöglicht die zusätzliche Einrichtung von Gremien und Arbeitnehmervertretungen, die im Gegensatz zu den nach Nr. 1–3 gebildeten aber keine Mitbestimmungsorgane, sondern lediglich „Hilfselemente“ zur Optimierung der Betriebsratsarbeit sind. Die in § 3 I BetrVG aufgeführten Tatbestände sind abschließend (BAG NZA 2005, 895).

4. Koalitionen in der Betriebsverfassung

Schrifttum: Dütz, Die gewerkschaftliche Befugnis zur Benutzung von betrieblichen Anschlagbrettern, 1988; Edenfeld, Das Zutrittsrecht betriebsfremder Gewerkschaftsvertreter zwecks Mitgliederwerbung im Betrieb, SAE 2007, 97; Hopfner/Schrock, Die Gewerkschaften im elektronischen Netzwerk des Arbeitgebers, DB 2004, 1558; Klebe/Wedde, Gewerkschaftsrechte auch per E-Mail und Intranet?, AuR 2000, 401; Klosterkemper, Das Zugangsrecht der Gewerkschaften zum Betrieb, 1980; Sowka/Krichel, Politische und gewerkschaftliche Betätigung im Betrieb, DB 1989, Beil. 11.

Fälle:

a) Die Gewerkschaft will einen Beauftragten in den Betrieb des Arbeitgebers G schicken, **891** weil sie Anhaltspunkte dafür hat, dass ein Betriebsratsmitglied seine Pflichten verletzt hat. G verweigert den Zutritt.

b) Die Gewerkschaft möchte im Betrieb des G durch Betriebsangehörige und ihren nicht dort beschäftigten Beauftragten Flugblätter zur Betriebsratswahl verteilen lassen. Der Arbeitgeber lehnt das ab.

Die Koalitionen (Rdnr. 626ff.) können auch im Betrieb bestimmte Funktionen übernehmen und dabei insbesondere ihre Mitglieder vertreten. Die rechtliche Grundlage für eine solche innerbetriebliche Tätigkeit der Gewerkschaften ist eine zweifache. Sie ergibt sich zum einen aus den im BetrVG den Gewerkschaften eingeräumten Rechten, zum anderen aus der Wahrnehmung der in Art. 9 III GG verbrieften Koalitionsrechte. Damit nehmen zwei Instanzen im Betrieb die Repräsentation von Arbeitnehmerinteressen war. Dies kann zu Spannungen führen, wenn diese Interessen vom Betriebsrat anders definiert werden als von der Gewerkschaft.

Nach der Vorstellung des BetrVG sollen die im Betrieb vertretenen Gewerk- **892** schaften und Arbeitgebervereinigungen mit Arbeitgeber und Betriebsrat aber *zusammenwirken* (§ 2 I BetrVG).

Eine Gewerkschaft ist dann im Betrieb vertreten, wenn mindestens ein Arbeitnehmer des Betriebs dieser Gewerkschaft angehört, der nicht zu den leitenden Angestellten i. S. des § 5 III BetrVG zählt (BAG NZA 1993, 134).

Zur Wahrnehmung ihrer Aufgaben und Rechte, die vornehmlich der *Unterstützung* und *Kontrolle* der Organe der Betriebsverfassung dienen, räumt das BetrVG den im Betrieb vertretenen Gewerkschaften die Möglichkeit ein, einen Beauftragten nach Unterrichtung des Arbeitgebers in den Betrieb zu schicken (§ 2 II BetrVG).

Beispiele für Rechte der Gewerkschaften: Erzwingung einer Betriebsratswahl (§§ 16 II, 17 II, III BetrVG) oder einer Betriebsversammlung (§ 43 IV BetrVG); Wahlvorschläge zur Betriebsratswahl (§ 14 V, VIII BetrVG); Wahlanfechtung (§ 19 II 1 BetrVG); Teilnahme an Sitzungen (§§ 31, 46 I 1 BetrVG); Antrag auf Ausschluss eines Mitglieds aus dem Betriebsrat oder auf Auflösung des Betriebsrats (§ 23 I 1 BetrVG); Antrag, dem Arbeitgeber aufzugeben, eine Handlung zu unterlassen, zu dulden oder vorzunehmen (§ 23 III BetrVG). Den *Arbeitgeberverbänden* stehen hingegen im Wesentlichen nur Rechte auf Teilnahme an Sitzungen der Organe der Betriebsverfassung zu.

893 Dieses *Zugangsrecht* der Gewerkschaften begrenzt in verfassungsrechtlich zulässiger Weise das Hausrecht des Arbeitgebers (BVerfG AP Nr. 3 zu § 2 BetrVG 1972); ausnahmsweise kann der Zutritt zum Betrieb verweigert werden, wenn ihm unumgängliche Notwendigkeiten des Betriebsablaufs, zwingende Sicherheitsvorschriften oder der Schutz von Betriebsgeheimnissen entgegenstehen (§ 2 II BetrVG).

Im **Fall a** ist ein Zugangsrecht der Gewerkschaft zu bejahen, wenn sie konkrete Anhaltspunkte für Verfehlungen des Betriebsratsmitglieds hat, die zu einem Ausschlussantrag nach § 23 I 1 BetrVG führen können (str.; wie hier: Richardi/Richardi, BetrVG, § 2 Rdnr. 109 m. Nachw. auch zur Gegenansicht). Dagegen kann das Verlangen der Gewerkschaft, einer bestimmten Person den Zutritt zu gestatten, rechtsmissbräuchlich sein, wenn diese Person den Arbeitgeber bei einem früheren Besuch grob beleidigt hat.

894 Die betriebsverfassungsrechtlichen Befugnisse der Gewerkschaften sind nicht abschließend. Nach § 2 III BetrVG bleiben die allgemeinen Aufgaben der Koalitionen ausdrücklich unberührt. Da eine einfach-gesetzliche Regelung der Koalitionsaufgaben fehlt, ist Art. 9 III GG in seiner Konkretisierung durch die Rspr. maßgebend. Es geht dabei vor allem um Mitglieder- und Wahlwerbung sowie Information und Betreuung von Mitgliedern im Betrieb.

895 Das BVerfG hat über den nur die Koalitions*bildung* im Sinne einer Gründungsfreiheit betreffenden Wortlaut des Art. 9 III GG hinaus auch diese koalitionsspezifischen *Betätigungen* der Gewerkschaften unter den Grundrechtsschutz des Art. 9 III GG gestellt (BVerfGE 93, 352). Im Gegensatz zur Gründungsfreiheit ist die Betätigungsfreiheit allerdings – wie auch die Materialien über die Beratungen über das GG bestätigen – nicht schrankenlos gewährleistet. Vielmehr bedarf es der parallelen Entwicklung einer „Schrankendogmatik" für Art. 9 III GG (dazu Henssler, ZfA 1998, 1 ff.). Während das BVerfG früher die Betätigungsgarantie nur in einem „Kernbereich" anerkannte, wendet es nunmehr den Verhältnismäßigkeitsgrundsatz an. Das bedeutet, dass der Schutz nicht für alle Koalitionstätigkeiten von gleicher Intensität ist. Je „koalitionsspezifischer", d.h. wichtiger eine Betätigung für die verfassungsrechtlichen Aufgaben der Gewerkschaft ist, umso stärker ist der Grundrechtsschutz (BVerfGE 93, 352).

896 Auch die Betätigungsfreiheit der Gewerkschaften im Betrieb ist somit nicht schrankenlos gewährleistet. Der einfache Gesetzgeber hat – wie bei der Tarifautonomie, der Unternehmensmitbestimmung und dem Arbeitskampfrecht – ein weites Gestaltungsermessen. Einschränkungen sind zulässig, wenn sie zum Schutz anderer Rechtsgüter geboten sind (BVerfGE 93, 352; BAG NZA 2005, 592). Anerkannt ist das Recht der Gewerkschaften, durch im Betrieb tätige Mitglieder zu werben und zu informieren (vgl. Rdnr. 642 ff.). Es folgt unmittelbar aus Art. 9 III GG (BVerfGE 93, 352).

Zulässig ist nach diesen Grundsätzen das Anbringen von Werbeplakaten am „Schwarzen Brett". Zweifelhaft ist der Anspruch auf die Nutzung eines betriebsinternen Post- oder Informationssystems (BAG NZA 1987, 164). Erforderlich ist jeweils eine Abwägung mit entgegenstehenden Arbeitgeberrechten, also dem Eigentum (Art. 14 GG) und seinem Hausrecht. Bedeutsam ist insoweit auch der Grundsatz der Gegnerunabhängigkeit (Rdnr. 632) sowie die Beachtung der Koalitionsfreiheit nicht- oder anders organisierter Arbeitnehmer.

Von aktueller Relevanz ist die Frage nach dem Anspruch der Gewerkschaften auf Nutzung des betrieblichen Intranets oder der E-Mail-Accounts der Arbeitnehmer als Ausformung ihres Zugangsrechts (vgl. HWK/Gaul, § 2 BetrVG Rdnr. 14; Hopfner/Schrock, DB 2004, 1558 m. w. Nachw.).

Zweifelhaft erscheint auch nach der Aufgabe der „Kernbereichstheorie" ein allgemeines Zugangsrecht betriebsfremder Gewerkschaftsbeauftragter zum Zweck der Mitgliederwerbung (Richardi/Richardi, BetrVG, § 2 Rdnr. 151 ff.; befürwortend BAG NZA 2006, 798). Unzulässig sind jede Werbetätigkeit und Information während der Arbeitszeit. Sie würden über die Entlohnungspflicht unmittelbar vom Arbeitgeber finanziert werden. Das ist mit dem Grundsatz der Gegnerunabhängigkeit unvereinbar (Rdnr. 632). Zu berücksichtigende Belange des Arbeitgebers sind dessen Interesse an einem störungsfreien Arbeitsablauf sowie die Wahrung des Betriebsfriedens (im Einzelnen dazu BAG NZA 2006, 798, 802). **897**

Häufig werden gewerkschaftliche Vertrauensleute im Betrieb tätig. Sie genießen den Schutz des Art. 9 III GG; jedoch besteht kein Anspruch gegen den Arbeitgeber, die Wahl der Vertrauensleute im Betrieb abhalten zu lassen (BAG AP Nr. 28 zu Art. 9 GG).

5. Arbeitnehmer in der Betriebsverfassung

Individuelle Rechte der Arbeitnehmer in der Betriebsverfassung sind in den §§ 81–86a BetrVG geregelt. Vorgesehen sind Informationsrechte (§ 81; vgl. auch §§ 43 II 3; 110 BetrVG), Anhörungs- und Erörterungsrechte (§§ 81, 82), Einsichtsrechte in die über ihn geführten Personalakten (§ 83) und ein Beschwerderecht sowie das dazugehörige Beschwerdeverfahren (§§ 84–86) und Vorschlagsrechte (§ 86a BetrVG) der Arbeitnehmer. **898**

Die Rechtsstellung des Einzelarbeitnehmers in der Betriebsverfassung ist eher schwach ausgebaut. Das ist unter mehreren Aspekten problematisch. Die starke Stellung der Betriebsverfassungsorgane (Arbeitgeber und Betriebsrat) gibt ihnen bei Interessenkonflikten, die gegenüber einzelnen Arbeitnehmern entstehen können, eine Übermachtposition. Diese wird durch die individuellen Rechte der einzelnen Arbeitnehmer nicht ausbalanciert. **899**

Jeder Arbeitnehmer hat ein elementares Interesse an allen Fragen und Maßnahmen, welche die Ausgestaltung seines Arbeitsplatzes, seiner Arbeitsumgebung und der künftigen Entwicklung dieses Arbeitsbereichs betreffen. Der Wandel der Betriebsorganisation und der Produktionsformen hat in vielen Betrieben zu einer Dezentralisierung der Hierarchie geführt. Die Eigenverantwortung und das Autonomiebewusstsein der Einzelnen und kleinerer Einheiten (Arbeitsgruppen, Produktionsteams etc.) sind gestiegen. Eine zeitgemäße Ordnung der betrieblichen Mitbestimmung muss den aktuellen betrieblichen Organisations- und Verantwortungsstrukturen Rechnung tragen. Das entspricht auch den Grundsätzen der Subsidiarität, der Selbstbestimmung und der freien Entfaltung der Arbeitnehmerpersönlichkeiten, die in § 75 II BetrVG als ein Leitprinzip der Betriebsverfassung verankert sind.

Der Gesetzgeber hat dieses Anliegen bei der Reform des BetrVG 2001 durch die **900**
Verankerung eines Vorschlagsrechtes der Arbeitnehmer in § 86a BetrVG nur zag-

haft aufgegriffen (vgl. Wiese, NZA 2006, 1, 3). Danach kann jeder Arbeitnehmer dem Betriebsrat Themen zur Beratung vorschlagen. Wird ein solcher Vorschlag von 5% der Belegschaft unterstützt, so muss der Betriebsrat diesen innerhalb von zwei Monaten auf die Tagesordnung seiner Sitzung setzen. Allerdings steht die weitere Behandlung des Vorschlags im Belieben des Betriebsrats.

III. Beteiligungsrechte des Betriebsrats

901 Die Beteiligungsrechte des Betriebsrats sind verschieden stark ausgestaltet. Sie sind in sozialen (Rdnr. 908ff.), personellen (Rdnr. 934ff.) und wirtschaftlichen (Rdnr. 964ff.) Angelegenheiten bedeutsam.

1. Stufen der Beteiligungsrechte

902 Die Beteiligungsrechte des Betriebsrats sind abgestuft geregelt:

a) Auf der untersten Stufe steht das *Informationsrecht* (vgl. z.B. §§ 80 II 1, 85 III 1, 89 IV, V, 90, 92 I, 99 II, 100 II, 105, 108 V, 110 BetrVG). Über die gesetzlich geregelten Fälle hinaus können sich aus dem Gebot vertrauensvoller Zusammenarbeit (§§ 2 I, 74 I, II BetrVG) auch in anderen Fällen Unterrichtungsansprüche ergeben.

Zur Informationsbefugnis gehören ein Fragerecht des Betriebsrats und eine entsprechende Erläuterungspflicht des Arbeitgebers. Das Informationsrecht ist häufig die Vorstufe für eine weitergehende Mitwirkung des Betriebsrats (vgl. z.B. §§ 92 I, 111, 1 BetrVG).

903 b) Die nächst höhere Art der Beteiligung ist das *Mitspracherecht.* Den Arbeitgeber trifft danach die Verpflichtung, den Betriebsrat anzuhören (z.B. § 102 I BetrVG) oder die Angelegenheit mit ihm zu beraten (z.B. §§ 89, 90, 92 I 2, 92a II 1, 96 I, 97, 111, 1 BetrVG). Dem Betriebsrat kann auch ein Vorschlagsrecht zustehen (z.B. §§ 92 II, 96 I 3 BetrVG).

In diesen Fällen wirkt der Betriebsrat zwar an der zu treffenden Entscheidung mit, er kann den Arbeitgeber überzeugen, aber nicht „überstimmen“. Die Entscheidungsfreiheit des Arbeitgebers bleibt unberührt (vgl. jedoch § 23 III, 119 I Nr. 2 BetrVG).

904 c) Die stärkste Form der Beteiligung des Betriebsrats besteht im *Mitbestimmungsrecht.* In mitbestimmungspflichtigen Angelegenheiten (vgl. z.B. §§ 87, 91, 1 BetrVG) steht dem Betriebsrat grundsätzlich das Recht zu, die Einführung einer bestimmten Regelung zu verlangen (sog. Initiativrecht; vgl. Rdnr. 908). Arbeitgeber und Betriebsrat können die Entscheidung nur gemeinsam treffen; es besteht also ein Einigungszwang.

Kommt es zu keiner Einigung, hat die in Rede stehende Maßnahme zu unterbleiben. Jedoch kann der Arbeitgeber oder der Betriebsrat die Einigungsstelle anrufen (§ 76 BetrVG), deren Spruch die Einigung ersetzt (vgl. § 87 II BetrVG; Rdnr. 1000ff.).

Durch das Mitbestimmungsrecht des Betriebsrats werden Grundrechte des Arbeitgebers (z.B. aus Art. 12, 14 GG) nicht verletzt (BVerfG NJW 1986, 1601; dazu

Scholz, NJW 1986, 1587). Die Betriebsparteien können Mitbestimmungsrechte des Betriebsrats durch formlose Betriebsabsprachen, sog. Regelungsabreden, erweitern (Beispiel: Mitbestimmungsrecht bei der Anrechnung von Tariferhöhungen auf übertarifliche Zulagen). Durch eine solche Abrede wird die rechtliche Gestaltungsmacht des Arbeitgebers im Verhältnis zu den Arbeitnehmern nicht begrenzt (BAG NZA 2002, 342).

2. Beteiligung in sozialen Angelegenheiten

Schrifttum: Gutzeit, Theorie der notwendigen Mitbestimmung, NZA 2008, 255; Hunold, Fotohandys im Betrieb und die Reichweite von § 87 I BetrVG, NZA 2004, 1206; Joussen, Der Verzicht des Betriebsrats auf seine Mitbestimmungsrechte, RdA 2005, 31; Otto, Mitbestimmung des Betriebsrats bei der Regelung von Dauer und Lage der Arbeitszeit, NZA 1992, 97; Pohl, Mitbestimmung des Betriebsrats gemäß § 87 I Nr. 1 BetrVG, 2006; Richardi, Die Mitbestimmung des Betriebsrats bei flexibler Arbeitszeitgestaltung, NZA 1994, 593; Säcker/Oetker, Alleinentscheidungsbefugnisse des Arbeitgebers in mitbestimmungspflichtigen Angelegenheiten aufgrund kollektivrechtlicher Dauerregelungen, RdA 1992, 16; Schlachter, Mitbestimmung bei der Einführung von „Ethikrichtlinien" in transnationalen Wirtschaftseinheiten, in: Festschrift Richardi 2007, S. 1067; Wiese, Individuum und Kollektiv im Betriebsverfassungsrecht, NZA 2006, 1; ders., Zur notwendigen Mitbestimmung des Betriebsrats in sozialen Angelegenheiten – Brüche in der Rechtsprechung des Bundesarbeitsgerichts, Festschrift Adomeit 2008, S. 839; Wolter, Die Wirksamkeit der Theorie der Wirksamkeitsvoraussetzung – Zu den Schwierigkeiten der Harmonisierung von Kollektiv- und Individualarbeitsrecht, RdA 2006, 137.

Fälle:

a) Der Arbeitgeber G führt, ohne den Betriebsrat zu fragen, bargeldlose Lohnzahlung ein. **905**
Der Arbeitnehmer N, der dem G seine Kontonummer mitgeteilt hat, verlangt nochmalige Zahlung des Januarlohnes, weil seine Frau den überwiesenen Lohn abgehoben hat und damit verschwunden ist.

b) Der Betriebsrat verlangt die Errichtung einer Werkskantine, was der Arbeitgeber ablehnt. Kann der Betriebsrat die Errichtung erzwingen?

c) Der Arbeitgeber hat eine Werksbibliothek eingerichtet. Der Betriebsrat will bei der Aufstellung einer Benutzungsordnung mitbestimmen.

d) Der Tarifvertrag sieht die Zahlung eines Erschwerniszuschlags vor; die Festlegung der zuschlagspflichtigen Arbeiten soll den Betriebspartnern überlassen bleiben. Der Betriebsrat fordert den Abschluss einer Betriebsvereinbarung über einen Staubzuschlag.

In sozialen Angelegenheiten enthält § 87 BetrVG eine Reihe von Tatbeständen, für die eine zwingende (notwendige, obligatorische) Mitbestimmung vorgeschrieben wird; in diesen Fällen ist eine Einigung zwischen Arbeitgeber und Betriebsrat oder ihre Ersetzung durch einen Spruch der Einigungsstelle (§ 87 II BetrVG) erforderlich, damit die betreffende Maßnahme durchgeführt werden darf (vgl. Rdnr. 926ff.). Darüber hinaus gibt das Gesetz die Möglichkeit einer freiwilligen Mitbestimmung (vgl. § 88 BetrVG; Rdnr. 933).

a) *Zwingende Mitbestimmung*

906 (1) Negative Voraussetzung der zwingenden Mitbestimmung ist, dass *„eine gesetzliche oder tarifliche Regelung nicht besteht“* (§ 87 I BetrVG). Soweit eine zwingende gesetzliche oder eine tarifvertragliche Regelung gegeben ist, hat der Arbeitgeber keinen Regelungsspielraum, so dass auch ein Mitbestimmungsrecht ausscheidet. Bei einer nachgiebigen Norm wie z.B. § 107 GewO ist Raum für eine Mitbestimmung (**Fall a**).

Gesetzesbestimmungen, die eine Mitbestimmung ausschließen, finden sich vor allem im Recht des Arbeitsschutzes und der Berufsausbildung. Viele gesetzliche Vorschriften (z.B. ArbZG, MuSchG) enthalten allerdings nur Mindestarbeitsbedingungen und können daher zugunsten der Arbeitnehmer auch durch eine Betriebsvereinbarung abbedungen werden.

Tarifliche Bestimmungen über Angelegenheiten, die der Mitbestimmung unterliegen, sind häufiger. So enthalten Tarifverträge oft Regelungen etwa über Kurzarbeit, Überstunden, Lohngestaltung, Sozialeinrichtungen. Allerdings schließt eine Tarifnorm das Mitbestimmungsrecht nur dann aus, wenn sie selbst die Angelegenheit abschließend und zwingend regelt (BAG NZA 1992, 749). Wird dem Arbeitgeber tarifvertraglich lediglich ein einseitiges Bestimmungsrecht eingeräumt, hat der Betriebsrat bei der Umsetzung mitzubestimmen, da nach dem Zweck des § 87 BetrVG die Arbeitnehmer an den sie betreffenden Entscheidungen gleichberechtigt teilhaben sollen (BAG NZA 1989, 887). Die tarifliche Regelung muss m.a.W. die Schutzfunktion des § 87 BetrVG erfüllen, um das zwingende Mitbestimmungsrecht verdrängen zu können.

907 Selbst wenn wegen einer tariflichen Regelung ein (erzwingbares) Mitbestimmungsrecht ausscheidet, so besteht doch die Möglichkeit, eine (freiwillige) Betriebsvereinbarung gem. § 88 BetrVG abzuschließen (Richardi/Richardi, BetrVG, § 87 Rdnr. 169f.); allerdings ist diese unzulässig, wenn sie „Arbeitsentgelte oder sonstige Arbeitsbedingungen“ i.S.d. § 77 III 1 BetrVG betrifft, die durch Tarifvertrag geregelt sind oder üblicherweise geregelt werden (vgl. BAG NZA 1996, 948 = RdA 1996, 319; Rdnr. 992).

Nach der herrschenden Meinung gilt die Regelungssperre des § 77 III BetrVG auch für nicht tarifgebundene Arbeitgeber (BAG NZA 2006, 383 = RdA 2006, 312 m. Anm. Waas). Der Tarifvorrang wirkt also absolut gegenüber jeder Betriebsvereinbarung. Er wird in der Praxis allerdings häufig durch formlose betriebliche Regelungsabreden und arbeitsvertragliche Einheitsregelungen unterlaufen.

908 (2) Grundsätzlich besteht in allen Fällen des § 87 BetrVG ein *Initiativrecht des Betriebsrats* (vgl. BAG AP Nr. 1 zu § 87 BetrVG 1972 = RdA 1975, 143; s. aber Rdnr. 915ff.). Dieser kann also selbst eine erstrebte Regelung herbeiführen, sie notfalls durch Anrufung der Einigungsstelle erzwingen.

Beispiel: So kann der Betriebsrat die Einführung von Kurzarbeit (§ 87 I Nr. 3 BetrVG) initiieren, um den Ausspruch betriebsbedingter Kündigungen durch den Arbeitgeber zu vermeiden. In Ausnahmefällen ist die Initiativbefugnis bei einzelnen Mitbestimmungstatbeständen aus systematischen und teleologischen Gründen zu beschränken (so bei § 87 I Nr. 6 oder Nr. 10 BetrVG, str., s. hierzu BAG NZA 1990, 322 sowie eingehend Rüthers/Ruoff, Anm. zu LAG Niedersachsen, LAGE § 87 I BetrVG 1972 Initiativrecht Nr. 4).

(3) Die in § 87 I Nr. 1–13 BetrVG aufgeführten *Tatbestände* enthalten Regelungen über die betriebliche Ordnung, die Arbeitszeit, die Vergütung sowie Bestimmungen über Gesundheitsschutz, Sozialeinrichtungen und das betriebliche Vorschlagswesen. Im Einzelnen geht es um folgende Angelegenheiten: **909**

– *Nr. 1: Fragen der Ordnung des Betriebs und des Verhaltens der Arbeitnehmer im Betrieb.* Damit ist die Gestaltung des Zusammenlebens und Zusammenwirkens der Arbeitnehmer im Betrieb gemeint, nicht dagegen die Weisung im Einzelfall. Was in Zeiten ohne Mitbestimmung allein vom Arbeitgeber in einer Arbeits- oder Betriebsordnung bestimmt wurde, bedarf jetzt der Zustimmung des Betriebsrats; dadurch soll eine gleichberechtigte Teilhabe der Arbeitnehmerschaft an der Ausgestaltung der innerbetrieblichen Ordnung sichergestellt werden. Zu unterscheiden ist dabei zwischen dem mitbestimmungsfreien Arbeitsverhalten einerseits und dem mitbestimmungspflichtigen Ordnungsverhalten andererseits (BAG NZA 2004, 556). **910**

Beispiele zum Ordnungsverhalten: Vorschriften über An-, Ab- und Krankmeldung; Einführung von Stechuhren, Torkontrollen, Leibesvisitationen; Regeln über Kleiderablage und Tragen von Dienstbekleidung (BAG NZA 1990, 320); Abstellen von Fahrzeugen und Aufbewahrung mitgebrachter Sachen; Rauch- und Alkoholverbot; Anordnungen über die Telefonbenutzung (bei Dienst-, Privatgesprächen); das Radiohören im Betrieb (BAG NZA 1986, 435).

Auch die Einführung sog. Ethikrichtlinien kann mitbestimmungspflichtig sein (Rdnr. 222). Dies lässt sich jedoch nicht einheitlich für das gesamte Regelwerk beurteilen. Vielmehr muss für jeden einzelnen Bestandteil überprüft werden, ob § 87 I BetrVG einschlägig ist (BAG NZA 2008, 1248).

Mitbestimmungsfrei sind dagegen solche Anordnungen des Arbeitgebers, welche die arbeitsvertraglich begründete Pflicht zur ordnungsgemäßen Arbeitsleistung nur wiederholen oder aber näher konkretisieren.

Beispiele zum Arbeitsverhalten: Rauchverbot für Tankwarte (vgl. Henssler, SAE 1990, 343, 344); Pflicht zum Tragen einer Kopfbedeckung für Arbeitnehmer, die bei der Herstellung von Margarine beschäftigt sind (anders: bei Versand bereits verpackter Margarine; vgl. BAG AP Nr. 3 zu § 56 BetrVG Ordnung des Betriebes).

– *Nr. 2: Beginn und Ende der täglichen Arbeitszeit einschließlich der Pausen sowie Verteilung der Arbeitszeit auf die einzelnen Wochentage.* Während die *Dauer* der Arbeitszeit sich aus Gesetz, Tarifvertrag oder Einzelarbeitsvertrag ergibt, ist die *Lage* der Arbeitszeit mitbestimmungspflichtig. Dadurch soll den Arbeitnehmern ermöglicht werden, ihre Interessen bei der Lage der Arbeitszeit zur Geltung zu bringen; denn durch den Beginn und das Ende der täglichen Arbeitszeit wird festgelegt, welche Zeiten den Arbeitnehmern für die Gestaltung des Privatlebens zur Verfügung stehen. Das Mitbestimmungsrecht gilt für eine dauernde Regelung, aber auch für die Regelung eines vorübergehenden Zustandes, nicht dagegen für die Festlegung der Arbeitszeit eines einzelnen Arbeitnehmers. **911**

Beispiele: Einführung und Abbau von Schichtarbeit – einschließlich der Erstellung des Schicht- und Dienstplans (BAG NZA 1987, 248), der Umstellung etwa von einem Drei- auf ein Zweischichtsystem sowie der Umsetzung betroffener Arbeitnehmer von einer Schicht in eine andere (BAG NZA 1990, 35) – und von gleitender Arbeitszeit (einschließlich der Festlegung der Kernarbeitszeit und der Gleitspannen); Bestimmung der Rahmenbedingungen bei KAPOVAZ (Rdnr. 85); Gewährung von Freizeitausgleich (BAG NZA 2005, 884); Verteilung der wöchentlichen Arbeitszeit von Teilzeitbeschäftigten auf die einzelnen Wochentage (BAG NZA 1989, 184) und Verteilung der wöchentlichen Arbeitszeit von Vollzeitbeschäftigten auf eine Fünf-Tage-Woche in einem an sechs Wochentagen geöffneten Betrieb (BAG NZA 1989, 979); Entscheidung, ob an einem Karnevalsdienstag gearbeitet werden soll (BAG NZA 2005, 538). Die Festlegung von Reisezeiten ohne Arbeitsleistung unterliegt dagegen nicht der Mitbestimmung (NZA 2007, 458).

Ein problematisches Beispiel ist die Kaufhausentscheidung des BAG (AP Nr. 8 zu § 87 BetrVG 1972 Arbeitszeit = RdA 1983, 189 m. Anm. Martens). Das BAG hat darin gegen die Normzwecke des BetrVG dem Betriebsrat und der Einigungsstelle das Recht eingeräumt, den Arbeitgeber zu zwingen, die gesetzlichen Ladenöffnungszeiten zu unterschreiten. Damit wird massiv in die unternehmerische Entscheidungsfreiheit eingegriffen.

912 – *Nr. 3: Vorübergehende Verkürzung oder Verlängerung der betriebsüblichen Arbeitszeit.* Hier geht es um die Dauer der Arbeitszeit. Der Arbeitgeber soll befugt sein, die Arbeitszeit vorübergehend aus besonderem Anlass unter Abweichung vom Tarif- oder Arbeitsvertrag für einen kollektiven Teil der Belegschaft zu ändern. Dazu bedarf er zwecks Wahrung der Interessen der Arbeitnehmer der Zustimmung des Betriebsrats; diese kann wegen zu erwartender Eilfälle sogar im Voraus erteilt werden (BAG AP Nr. 6 zu § 87 BetrVG 1972 Arbeitszeit = RdA 1982, 321).

Betriebsübliche Arbeitszeit ist der vom einzelnen Arbeitnehmer regelmäßig geschuldete zeitliche Umfang der Arbeitsleistung (BAG NZA 2007, 818). Obwohl die Anwendbarkeit des § 87 I Nr. 3 BetrVG einen kollektiven Tatbestand voraussetzt, greift das Mitbestimmungsrecht auch bei einer Veränderung der individuellen Arbeitszeit ein, sofern sie betrieblich veranlasst ist. Beispiele: Einführung von Kurzarbeit (z. B. wegen Auftragsmangels, Reparaturarbeiten; BAG AP Nr. 1 zu § 87 BetrVG 1972 Kurzarbeit; Rdnr. 213 ff.) und von Überstunden (z. B. wegen vermehrten Auftragseingangs, Reparaturarbeiten; BAGE 36, 26; Rdnr. 212). Dagegen sind die Aufhebung der Kurzarbeit und die Rückkehr zur betrieblichen Arbeitszeit nicht mitbestimmungspflichtig (BAG AP Nr. 2 zu § 87 BetrVG 1972 Arbeitszeit; a. A. GK-BetrVG/Wiese, § 87 Rdnr. 388). Zu den Besonderheiten der Mitbestimmung bei der Einführung von Kurzarbeit aufgrund von arbeitskampfbedingten Betriebsstörungen vgl. Brox/Rüthers, Arbeitskampfrecht, Rdnr. 452 ff. sowie BAG NZA 2004, 223. Eine tariflich festgelegte Jahresarbeitszeit ist nicht notwendig gleichbedeutend mit der „betriebsüblichen Arbeitszeit" nach § 87 I Nr. 3 BetrVG. Das Überschreiten der Jahresarbeitszeit löst also nicht das Mitbestimmungsrecht nach dieser Vorschrift aus (BAG AP Nr. 93 zu § 87 BetrVG 1972 Arbeitszeit).

913 – *Nr. 4: Zeit, Ort und Art der Auszahlung der Arbeitsentgelte.* Zum Arbeitsentgelt zählen alle vom Arbeitgeber im Rahmen des Arbeitsverhältnisses zu erbringenden Vergütungsleistungen. Die Zeit der Auszahlung betrifft den Zeitpunkt der Auszahlung (Tag, Stunde), aber auch den Zeitabschnitt (Woche, Monat), in dem gezahlt wird, bzw., ob vor oder nach Erbringung der Arbeitsleistung bezahlt wird. Beim Ort der Zahlung geht es insbesondere darum, ob die Auszahlung innerhalb oder außerhalb des Betriebs erfolgt. Die Art der Zahlung spielt bei der bargeldlosen Zahlung (durch Scheck, Überweisung auf ein Konto) eine Rolle.

Im **Fall a** bedarf der Arbeitgeber zur Einführung der bargeldlosen Lohnzahlung der Zustimmung des Betriebsrats. Meist wird eine Betriebsvereinbarung geschlossen, die auch regelt, wer die Kosten für die Überweisung sowie der Kontenführung zu zahlen hat. Verlangt werden kann vom Arbeitgeber aber nur, den Arbeitnehmer so zu stellen, wie er bei Barzahlung stehen würde. Dann muss der Arbeitgeber die Kosten für die Überweisung und für die einmalige Abhebung sowie einen entsprechenden Anteil an den Kontoführungsgebühren zahlen (vgl. BAG AP Nr. 2 zu § 87 BetrVG 1972 Auszahlung).

– *Nr. 5: Aufstellung allgemeiner Urlaubsgrundsätze und des Urlaubsplans sowie die Festsetzung der zeitlichen Lage des Urlaubs für einzelne Arbeitnehmer, wenn zwischen dem Arbeitgeber und den beteiligten Arbeitnehmern kein Einverständnis erzielt wird.* Dadurch soll sichergestellt werden, dass die Urlaubswünsche der einzelnen Arbeitnehmer und die betrieblichen Interessen an der Aufrechterhaltung eines geordneten Arbeitsablaufs sinnvoll aufeinander abgestimmt werden. § 87 I Nr. 5 BetrVG erfasst nicht nur den Erholungsurlaub, sondern jede Art von (bezahlter oder unbezahlter) Freistellung. Das Mitbestimmungsrecht erstreckt sich daher auch auf die Gewährung von Bildungsurlaub nach den Weiterbildungsgesetzen der Länder (BAG NZA 2003, 171). Dagegen sind die Dauer des Urlaubs und die Zahlung des Urlaubsentgelts nicht mitbestimmungspflichtig; sie ergeben sich aus dem BUrlG, Tarif- oder Arbeitsvertrag. **914**

Die allgemeinen Urlaubsgrundsätze betreffen generelle Regeln, z. B. über Betriebsferien, Rücksichtnahme auf schulpflichtige Kinder und den berufstätigen Ehegatten sowie über die Urlaubsvertretung.

Der Urlaubsplan verteilt den Urlaub der Arbeitnehmer auf das jeweilige Kalenderjahr.

Während die Urlaubsgrundsätze und der Urlaubsplan kollektive Regelungen enthalten, betrifft die Urlaubsfestsetzung für den einzelnen Arbeitnehmer die Bestimmung der zeitlichen Lage des Urlaubs im konkreten Einzelfall. Voraussetzung dafür ist, dass der Arbeitgeber und der Arbeitnehmer darüber kein Einverständnis erzielen, weil z. B. der Arbeitgeber die Gewährung des Urlaubs zu der gewünschten Zeit aus betrieblichen Gründen ablehnt oder mehrere Arbeitnehmer zur selben Zeit Urlaub haben wollen und damit ein ordnungsgemäßer Arbeitsablauf nicht gewährleistet ist. § 87 I Nr. 5 BetrVG stellt daher – ebenso wie Nr. 9 – eine Ausnahme zu dem Grundsatz dar, dass ein Mitbestimmungsrecht nach § 87 I BetrVG einen kollektiven Tatbestand voraussetzt (HWK/Clemenz, § 87 BetrVG Rdnr. 3).

– *Nr. 6: Einführung und Anwendung technischer Einrichtungen, die dazu bestimmt sind, das Verhalten oder die Leistung der Arbeitnehmer zu überwachen.* Dadurch soll der Arbeitnehmer davor geschützt werden, dass durch Verwendung anonymer Kontrolleinrichtungen in seinen Persönlichkeitsbereich eingegriffen wird. Deshalb ist die Vorschrift nicht nur dann anwendbar, wenn der Arbeitgeber die Überwachung (ausschließlich oder überwiegend) bezweckt, sondern schon dann, wenn – wie etwa bei einem Fahrtenschreiber (BAG AP Nr. 3 zu § 87 BetrVG 1972 Überwachung) – die technische Einrichtung zur Überwachung objektiv und unmittelbar geeignet ist. **915**

Weitere Beispiele: Filmkamera (BAG NZA 2008, 1187), Multimomentkamera (= Kamera, die in Abständen Bilder von Arbeitsplätzen macht; BAG AP Nr. 1 zu § 87 BetrVG 1972 Überwachung), Telefonabhöranlage, Telefondatenerfassung (BAG NZA 1986, 643), Produktograph (= Schreiber über die Maschinenausnutzung). Bildschirmarbeitsplätze, die an einer EDV-Anlage angeschlossen sind, fallen unter die Mitbestimmung, wenn Werte über die Leistung oder das Verhalten der Arbeitnehmer tatsächlich gespeichert werden (BAG AP Nr. 7 zu § 87 BetrVG 1972 Überwachung).

Mitbestimmungspflichtig ist auch die Erhebung von Leistungsdaten einer überschaubaren Gruppe, wenn der so ausgeübte Überwachungsdruck auf den einzelnen Arbeitnehmer durchschlägt (BAG NZA 1986, 488). Schließlich besteht ein Mitbestimmungsrecht, wenn in einem Personalinformationssystem auf einzelne Arbeitnehmer bezogene Aussagen über krankheitsbedingte Fehlzeiten, attestfreie Krankheitszeiten und unentschuldigte Fehlzeiten erarbeitet werden; denn es handelt sich um Aussagen über ein mögliches Verhalten des Arbeitnehmers (BAG NZA 1986, 526). Bei der Speicherung personenbezogener Daten sind die Datenschutzgesetze zu beachten (vgl. § 32a BDSG).

916 Nicht unter § 87 I Nr. 6 BetrVG fallen einmal solche Maßnahmen, die gesetzlich vorgeschrieben sind (§ 87 I Eingangssatz BetrVG), zum anderen solche Einrichtungen, die nicht über das Verhalten der Arbeitnehmer, sondern nur über die Maschine Auskunft geben, und schließlich solche Maßnahmen, die nicht als technisch bezeichnet werden können.

Beispiele: Der Fahrtenschreiber ist für Lastwagen und Omnibusse gesetzlich vorgeschrieben (§ 57a StVZO; vgl. BAG AP Nr. 3 zu § 87 BetrVG 1972 Überwachung). Warnlampen, Druckmesser, Drehzahlmesser kontrollieren nur die Maschine. Berichte der Arbeitnehmer über ihre Tätigkeit oder Arbeitszeit, schriftliche Aufzeichnungen über Telefongespräche fallen nicht unter eine selbsttätige Überwachung.

Da sich das Mitbestimmungsrecht des Betriebsrats in den Fällen des § 87 I Nr. 6 BetrVG auf eine Abwehrfunktion gegenüber der Einführung bestimmter technischer Kontrolleinrichtungen beschränkt, kann der Betriebsrat nicht selbst die Einführung solcher Anlagen verlangen (str.); er muss auch nicht zustimmen, wenn eine Überwachungseinrichtung wieder abgeschafft werden soll (BAG NZA 1990, 406).

917 – *Nr. 7: Regelungen über die Verhütung von Arbeitsunfällen und Berufskrankheiten sowie über den Gesundheitsschutz im Rahmen der gesetzlichen Vorschriften oder der Unfallverhütungsvorschriften.* Sofern die gesetzlichen Vorschriften (einschl. Rechtsverordnungen) zur Verhütung von Arbeitsunfällen (vgl. § 8 SGB VII) und Berufskrankheiten (vgl. § 9 SGB VII i. V. m. der Berufskrankheiten-Verordnung) sowie über den Gesundheitsschutz bestimmte Maßnahmen zwingend anordnen, besteht kein Mitbestimmungsrecht (§ 87 I Eingangssatz BetrVG). Raum für die Mitbestimmung ist dort, wo es um die Art und Weise der Durchführung öffentlich-rechtlicher Vorschriften geht; es müssen also ausfüllungsbedürftige Rahmenvorschriften vorhanden sein (BAG NZA 2004, 1175). Auch Generalklauseln können nach der Rspr. Rahmenvorschriften i. S. des § 87 I Nr. 7 BetrVG sein (BAG NZA 1996, 998 = RdA 1996, 325). Zu beachten ist insoweit das Arbeitsschutzgesetz, welches eine Reihe von weit gefassten Vorschriften enthält (s. insbesondere §§ 3, 9 ff. ArbSchG).

Außer den gesetzlichen Normen kommen für den Bereich der Unfallversicherung die zahlreichen Unfallverhütungsvorschriften in Betracht, die von den Berufsgenossenschaften aufgrund des § 15 SGB VII erlassen werden.

Mitbestimmungsrechte ergeben sich auch aus anderen Gesetzen. So enthält das Gesetz über Betriebsärzte, Sicherheitsingenieure und andere Fachkräfte für Arbeitssicherheit (ASiG) eine Vorschrift über die Mitbestimmung bei Bestellung und Abberufung von Betriebsärzten und Fachkräften für Arbeitssicherheit (§ 9 III ASiG; dazu BAG NZA 1989, 60). **918**

Außerdem sieht § 89 BetrVG freiwillige Betriebsvereinbarungen über zusätzliche Maßnahmen zur Verhütung von Arbeitsunfällen und Gesundheitsschädigungen vor. Dem Arbeits- und Gesundheitsschutz dienen auch die Beteiligungsrechte des Betriebsrats bei der Gestaltung von Arbeitsplatz, Arbeitsablauf und Arbeitsumgebung (§§ 90f. BetrVG).

– *Nr. 8: Form, Ausgestaltung und Verwaltung von Sozialeinrichtungen, deren Wirkungsbereich auf den Betrieb, das Unternehmen oder den Konzern beschränkt ist.* Dieses Mitbestimmungsrecht soll – ähnlich wie das Mitbestimmungsrecht nach § 87 I Nr. 10 BetrVG – die innerbetriebliche Verteilungsgerechtigkeit sichern. Die Sozialeinrichtungen bezwecken, den Arbeitnehmern und ihren Angehörigen zusätzliche soziale Vorteile zu gewähren. Es muss sich dabei um ein zweckgebundenes Sondervermögen von bestimmter Dauer handeln, das einer Verwaltung bedarf (BAG AP Nr. 5 zu § 87 BetrVG 1972 Lohngestaltung). **919**

Beispiele: Kantine (BAG NZA 2001, 462; **Fall b**; bei Regelungen der Nutzung einer Kantine kommt zudem ein Mitbestimmungsrecht aus § 87 I Nr. 1 BetrVG in Betracht), Sportanlage, Bücherei (**Fall c**), Lehrlingsheim, Erholungsheim, Kindertagesstätte (NZA 2009, 562), Unterstützungskasse (BAG NZA 1992, 949).

Nicht unter § 87 I Nr. 8 BetrVG fallen dagegen z. B. Selbsthilfeeinrichtungen der Arbeitnehmer, da dafür keine Leistungen des Arbeitgebers erbracht werden. Unanwendbar ist die Vorschrift auch bei der Unterhaltung einer Werkbuslinie, wenn der Arbeitgeber sie nicht mit eigenen Fahrzeugen und eigenem Personal betreibt, sondern sie Dritten gegen Zahlung eines Entgelts überlässt. Keine Sozialeinrichtung liegt auch bei der Vergabe von Arbeitgeberdarlehen vor, weil es an einer Institutionalisierung fehlt und eine Verwaltung nicht erforderlich ist; jedoch kann ein Mitbestimmungsrecht gem. § 87 I Nr. 10 BetrVG bestehen.

Mitbestimmungspflichtig sind die Form (z. B. GmbH, Stiftung, nichtrechtsfähiger Verein), die Ausgestaltung (z. B. Regelung des Benutzerkreises, Aufstellung einer Benutzungsordnung; **Fall c**) und die Verwaltung (z. B. Geschäftsführung und innerbetriebliche Organisation).

Dagegen ist die „Dotierung“ mitbestimmungsfrei. Der Arbeitgeber entscheidet also allein über die Errichtung und über die Beendigung der Sozialeinrichtungen (BAG AP Nr. 1 zu § 87 BetrVG 1972 Werkmietwohnungen; **Fall b**).

Der Arbeitgeber ist in seiner Entscheidung auch frei darin, in welcher Höhe er Zuschüsse zur Sozialeinrichtung erbringen will. Deshalb steht dem Betriebsrat nicht das Recht zu, für die Einrichtung etwa eine Ausgestaltung zu verlangen, die den Dotierungsrahmen übersteigt.

– *Nr. 9: Zuweisung und Kündigung von Wohnräumen, die den Arbeitnehmern mit Rücksicht auf das Bestehen eines Arbeitsverhältnisses vermietet werden, sowie die allgemeine Festlegung der Nutzungsbedingungen.* Dadurch soll dem gesteigerten Schutzbedürfnis des einzelnen Arbeitnehmers Rechnung getragen werden, welcher über die normalen arbeitsrechtlichen Bindungen hinaus bei der Gestaltung eines wesentlichen Teils seines außerdienstlichen Lebensbereichs vom Ar- **920** beitgeber abhängig ist; daneben soll sichergestellt werden, dass die kollektiven Interessen der Belegschaft an einer gerechten Auswahl der Mieter und an einer sachgerechten Gestaltung der Mietbedingungen gebührend berücksichtigt werden.

§ 87 I Nr. 9 BetrVG erfasst nur die Werkmietwohnung (vgl. §§ 576f. BGB). Darunter versteht man eine Wohnung, die vom Arbeitgeber an den Arbeitnehmer mit Rücksicht auf das Arbeitsverhältnis (entgeltlich oder unentgeltlich) überlassen wird; es reicht ein einzelner Raum aus, sofern er zum Wohnen (Schlafen) bestimmt und geeignet ist (auch Zweibettzimmer in einem möblierten Wohnheim; vgl. BAG AP Nr. 3 zu § 87 BetrVG 1972 Werkmietwohnungen). Nicht unter die Vorschrift fällt eine Werkwohnung (= Werkdienstwohnung i.S. des § 576b BGB) z.B. für Pförtner oder Hausmeister; sie wird dem Arbeitnehmer ohne Abschluss eines Mietvertrags zu dienstlichen Zwecken im Rahmen des Arbeitsverhältnisses überlassen.

921 Mitbestimmungspflichtig ist einmal die allgemeine Festlegung der Nutzungsbedingungen. Dazu gehören etwa die Hausordnung, der Mustermietvertrag, aber auch die Grundsätze für die Mietzinsbildung (BAG AP Nr. 1 zu § 87 BetrVG 1972 Werkmietwohnungen). Allerdings darf dabei der Dotierungsrahmen nicht überschritten werden; denn die Dotierung ist auch hier allein Sache des Arbeitgebers. Bei der Zuweisung und Kündigung von Wohnraum handelt es sich um die Mitbestimmung im konkreten Einzelfall. Die Zuweisung betrifft die Auswahl des Begünstigten, nicht jedoch den Abschluss des Mietvertrags; deshalb ist der Mietvertrag auch ohne Zustimmung des Betriebsrats bei der Zuweisung wirksam (str.; ebenso: GK-BetrVG/Wiese, § 87 Rdnr. 781; a.A. Fitting/Engels/Schmidt/Trebinger/Linsenmaier, BetrVG, § 87 Rdnr. 393). Dagegen ist die Kündigung des Mietvertrags ohne Zustimmung des Betriebsrats unwirksam.

Von der Kündigung des Mietvertrags ist die Kündigung des Arbeitsvertrags zu unterscheiden. Ist das Arbeitsverhältnis durch Kündigung oder aus einem anderen Grunde beendet worden, muss der Betriebsrat die Möglichkeit haben, im Interesse anderer Arbeitnehmer die Beendigung des Mietverhältnisses durchzusetzen; deshalb ist auch nach Beendigung des Arbeitsverhältnisses ein Mitbestimmungs- und Initiativrecht bei der Kündigung des Mietverhältnisses zu bejahen (str.; vgl. w. Nachweise bei Richardi/Richardi, BetrVG, § 87 Rdnr. 705).

922 – *Nr. 10: Fragen der betrieblichen Lohngestaltung, insbesondere die Aufstellung von Entlohnungsgrundsätzen und die Einführung und Anwendung von neuen Entlohnungsmethoden sowie deren Änderung.* Dadurch soll der Arbeitnehmer vor einer einseitig an den Interessen des Arbeitgebers orientierten oder gar willkürlichen Lohngestaltung geschützt sowie die Angemessenheit und Durchsichtigkeit des innerbetrieblichen Lohngefüges gewährleistet werden (BAG NZA 2009, 502). Die betriebliche Lohngestaltung betrifft nicht die Höhe des Lohnes; diese ergibt sich regelmäßig aus dem einschlägigen Tarifvertrag, dessen Vorrang zu beachten ist (vgl. § 87 I Eingangssatz, § 77 III 1 BetrVG). Nur soweit der Tarifvertrag eine ergänzende Betriebsvereinbarung zulässt (**Fall d**) oder der Tarifvertrag gar nicht eingreift, weil es sich um übertarifliche Zulagen oder um außertarifliche Angestellte (sog. AT-Angestellte) handelt, kommt eine Mitbestimmung in Betracht. Ausgeklammert vom Mitbestimmungsrecht bleibt außerdem die individuelle

Lohngestaltung, also eine Regelung, die mit Rücksicht auf ein konkretes Arbeitsverhältnis getroffen wird. § 87 I Nr. 10 BetrVG setzt m.a.W. einen kollektiven Tatbestand voraus.

Der Arbeitgeber entscheidet zunächst allein darüber, ob und welchem Personenkreis er etwa außertarifliche Zulagen gewährt. Der Mitbestimmung unterliegt dann die Abgrenzung des Personenkreises nach generellen Merkmalen, um die innerbetriebliche Lohngerechtigkeit sicherzustellen. Mitbestimmungspflichtig sind somit nur die Aufstellung und die Veränderung der Verteilungsgrundsätze. Bei einer Kürzung des Zulagevolumens durch den Arbeitgeber besteht kein Mitbestimmungsrecht. Nach Ansicht des Großen Senats des BAG hat der Betriebsrat aber mitzubestimmen, wenn die beabsichtigte Kürzung der Zulagen zu einer Änderung der Verteilungsgrundsätze führt und für eine anderweitige Regelung ein Spielraum verbleibt; dieser besteht jedoch nicht, wenn das Zulagevolumen völlig aufgezehrt wird oder eine vollständige und gleichmäßige Kürzung erfolgt (BAG NZA 1992, 749; dazu kritisch: Richardi, NZA 1992, 961).

Zum Lohn gehören nicht nur die eigentlichen Arbeitsentgelte, sondern alle Leistungen des Arbeitgebers mit Entgeltcharakter, also z.B. auch Sachleistungen. Selbst Ruhegeldansprüche, die sich gegen den Arbeitgeber richten, fallen als „Soziallohn" unter § 87 I Nr. 10 BetrVG (BAG AP Nr. 1–3 zu § 87 BetrVG 1972 Altersversorgung); denn auch sie haben Entgelt- und keinen reinen Fürsorgecharakter. Dagegen gehört eine Aufwandsentschädigung (z.B. Reisekosten, Kosten der Benutzung eines privaten Pkw für Dienstfahrten) nicht zum Lohn (BAG NZA 1987, 30).

Unter Entlohnungsgrundsätzen versteht man das System, nach dem das Arbeitsentgelt bemessen werden soll (vgl. BAG AP Nr. 1 zu § 87 BetrVG 1972 Provision). Beispiele: Zeitlohn (Rdnr. 275), Akkordlohn (Rdnr. 276; BAG NZA 1988, 320), Provisionen (Rdnr. 280, 285; BAG NZA 1989, 109), Prämien (Rdnr. 280; BAG NZA 1987, 568), Zulagen. Ein Mitbestimmungsrecht besteht auch bei der Festlegung des Verhältnisses der genannten Entgeltbestandteile zueinander (z.B. Grundgehalt, Provision und Prämie; BAG NZA 1989, 479). Entlohnungsmethoden sind die technischen Verfahren, mit denen das gewählte Entlohnungssystem durchgeführt wird (BAG AP Nr. 1 zu § 87 BetrVG 1972 Provision). Beispiele: Arbeitsbewertungsmethoden wie Refa, Bédaux- oder MTM-System (Rdnr. 277). Auch die Einführung der heute beliebten Zielvereinbarungen fällt unter § 87 I Nr. 10 BetrVG. Zwar kann der Arbeitgeber frei den Dotierungsrahmen und auch die verfolgten Ziele festlegen. Das Beteiligungsrecht des Betriebsrates umfasst aber die Frage, ob überhaupt ein variables Vergütungssystem eingeführt werden soll sowie das Verhältnis der Entgeltbestandteile Grundgehalt und Bonus zueinander.

Verletzt der Arbeitgeber dieses Mitbestimmungsrecht bei der Änderung einer im Betrieb geltenden Vergütungsordnung, so gilt die alte Regelung weiter. Das kann bei Neueinstellungen zu höheren als den vertraglich vereinbarten Vergütungsansprüchen führen (BAG NZA 2003, 570).

– Nr. 11: Festsetzung der Akkord- und Prämiensätze und vergleichbarer leistungsbezogener Entgelte, einschließlich der Geldfaktoren. § 87 I Nr. 11 BetrVG dient dem Schutz der Arbeitnehmer vor Belastungen, die bei leistungsbezogenen Tätigkeiten entstehen können. Gewährleistet werden soll, dass die vom Arbeitnehmer erwartete Zusatzleistung sachgerecht bewertet wird und in einem angemessenen Verhältnis zum erzielbaren Mehrverdienst steht (HWK/Clemenz, § 87 BetrVG 923

Rdnr. 200). Unter die leistungsbezogenen Entgelte fallen alle Regelungen, bei denen zwischen Leistung und Entgelt eine unmittelbare Beziehung besteht, so dass der Arbeitnehmer in der Lage ist, das Leistungsergebnis zu beeinflussen. Erfasst werden neben Akkord- und Prämienlöhnen all jene Vergütungsformen, bei denen eine Leistung des Arbeitnehmers mit einer Bezugs- oder Normalleistung verglichen wird und bei denen sich die Höhe der Vergütung unmittelbar nach dem Verhältnis der Leistung des Arbeitnehmers zur Bezugsleistung bemisst (BAG v. 15. 5. 2001, AP Nr. 17 zu § 87 BetrVG 1972 Prämie). Provisionszahlungen und Gratifikationen, die zwar zur Mitarbeitermotivation, aber ohne einen konkreten Bezug zur individuellen Arbeitsleistung ausgezahlt werden, fallen somit nicht unter § 87 Abs. 1 Nr. 11 BetrVG. Gleiches gilt für Gewinn- und Ergebnisbeteiligungen, die nicht auf der Arbeitsleistung des Arbeitnehmers, sondern auf der Leistung des ganzen Unternehmens beruhen. Bei der Provision wird man richtigerweise unterscheiden müssen: Leitungs-, Anteils- und Gebietsprovisionen sind keine leistungsbezogenen Entgelte; jedoch besteht bei der Abschluss- und Vermittlungsprovision ein Zusammenhang zwischen persönlicher Leistung und Entgelt (str.; vgl. einerseits BAG AP Nr. 1 zu § 87 BetrVG 1972 Provision und andererseits BAG NZA 1984, 296). Auch bei Zielvereinbarungen kommt nach BAG NZA 2004, 936 ein Mitbestimmungsrecht nach § 87 I Nr. 11 BetrVG in Betracht (dazu Rieble/Distel BB 2004, 2462, 2463). Sachgerecht erscheint es, zu differenzieren zwischen Zielvereinbarungen, die ausschließlich auf quantitativ messbaren Parametern beruhen (Nr. 11 einschlägig) und solchen, die eine qualitative Bewertung des Arbeitgebers voraussetzen (kein Mitbestimmungsrecht nach Nr. 11).

Bei dem Akkordlohn unterliegen der Zeit- und der Geldfaktor (Rdnr. 275 f.) der Mitbestimmung. Zur Bestimmung des Zeitfaktors sind verschiedene Maßnahmen wie etwa Zeitaufnahmen und Auswahl von Versuchspersonen erforderlich. Bei dem Geldfaktor geht es um die Festsetzung des Akkordrichtsatzes (Rdnr. 278). Das BAG (vgl. BAG AP Nr. 3 zu § 87 BetrVG 1972 Prämie; AP Nr. 8 zu § 87 BetrVG 1972 Prämie) interpretiert die Erwähnung der Geldfaktoren im Mitbestimmungstatbestand der Nr. 11 dahingehend, dass der Betriebsrat auch über die Lohnhöhe mitbestimmen könne. Damit geht das Mitbestimmungsrecht aus Nr. 11 deutlich über Nr. 10 hinaus.

Beim Prämienlohn wird – im Gegensatz zum Akkordlohn – nicht nur auf die Leistungsmengen, sondern auch auf andere Bezugsgrößen abgestellt (z. B. Prämie für Güte, Nutzung von Maschine und Material; Rdnr. 280). Mitbestimmungspflichtig sind z. B. die Prämienart, die Bezugsgröße, der Verteilungsschlüssel.

924 – *Nr. 12: Grundsätze über das betriebliche Vorschlagswesen.* Zweck des Mitbestimmungsrechts ist es, das Verfahren zur Behandlung betrieblicher Verbesserungsvorschläge für den Arbeitnehmer durchschaubar zu machen. Damit dient es zugleich der Entfaltung der Persönlichkeit des Arbeitnehmers (§ 75 II BetrVG), indem dieser zur Gestaltung der Arbeit und der Fortentwicklung des betrieblichen Ablaufs motiviert wird. Darunter fallen alle Methoden der Anregung, Sammlung und Bewertung von Vorschlägen der Arbeitnehmer zur Vereinfachung oder Verbesserung der betrieblichen Arbeit. Die Vorschläge brauchen nicht technischer Art zu sein; sie können den Betriebsablauf auch in sozialer, kaufmännischer oder organisatorischer Hinsicht verbessern.

Die Mitbestimmung erfasst etwa die Organisation (z.B. Bildung von Prüfungsausschüssen, BAG NZA 2004, 994; Festlegung der teilnahmeberechtigten Personen) und Aufstellung der Grundsätze für die Bewertung und Prämierung. Nicht mitbestimmungspflichtig sind jedoch die Bewertung und Prämierung im Einzelfall sowie die Höhe der Prämie und die Durchführung des Vorschlags.

Das Gesagte gilt nicht für Erfindungen, die unter das ArbNErfG (Rdnr. 332) fallen; dieses Gesetz lässt keinen Raum für eine Mitbestimmung (§ 87 I Eingangssatz BetrVG).

– *Nr. 13: Gruppenarbeit.* Mitbestimmungspflichtig als „soziale Angelegenheit" sind auch „Grundsätze über die Durchführung von Gruppenarbeit". Gruppenarbeit ist gegeben, wenn eine Gruppe von Arbeitnehmern ihr übertragene Aufgaben „im Wesentlichen eigenverantwortlich erledigt" (§ 87 I Nr. 13 BetrVG); d.h. es muss sich um „teilautonome Gruppenarbeit" handeln. Das Mitbestimmungsrecht soll die Selbständigkeit der Arbeitnehmer bei der Ausgestaltung der Gruppenarbeit fördern sowie der Überforderung und Ausgrenzung leistungsschwächerer Arbeitnehmer entgegen wirken (Schaub/Koch, Arbeitsrechts-Handbuch, § 236 Rn. 119). Die Einführung oder Beendigung von Gruppenarbeit ist ebenso wenig mitbestimmungspflichtig, wie die Ausgestaltung als teilautonome Gruppenarbeit. Zudem ist die Mitbestimmung auf die Grundsätze beschränkt; Einzelmaßnahmen werden also nicht erfasst (Blanke, RdA 2003, 140ff.). **925**

(4) Führt der Arbeitgeber eine mitbestimmungspflichtige Maßnahme durch, obwohl es zwischen ihm und dem Betriebsrat zu keiner Einigung gekommen und diese auch nicht durch den Spruch der Einigungsstelle ersetzt worden ist (§ 87 II BetrVG), so stellt sich die vom Gesetz nicht beantwortete Frage nach den *Rechtsfolgen.* **926**

Die von der h. M. befürwortete Theorie der Wirksamkeitsvoraussetzung geht davon aus, dass belastende Maßnahmen des Arbeitgebers ohne Zustimmung des Betriebsrats unwirksam sind (BAG NZA 2004, 852, 856; Fitting/Engels/Schmidt/Trebinger/Linsenmaier, BetrVG, § 87 Rdnr. 599ff.; Wolter, RdA 2006, 137ff.) Nach der von einer Mindermeinung vertretenen Theorie der erzwingbaren Mitbestimmung soll dagegen die Mitbestimmung nicht notwendige Wirksamkeitsvoraussetzung, sondern nur erzwingbar sein (vgl. Hess/Schlochauer/Worzalla/Glock, BetrVG, § 87 Rdnr. 83ff.). Die Theorie der Wirksamkeitsvoraussetzung führt vielfach zu vernünftigen Ergebnissen. Verlegt etwa der Arbeitgeber einseitig den Arbeitsbeginn von 7 Uhr auf 6.30 Uhr, so verletzen die Arbeitnehmer ihre Arbeitspflicht nicht, wenn sie erst ab 7 Uhr arbeiten. **927**

Ändert der Arbeitgeber ohne vorherige Beteiligung des Betriebsrats die Verteilungsgrundsätze für die Gewährung über- oder außertariflicher Zulagen, indem er anlässlich einer Tariflohnerhöhung die bislang gezahlten Zulagen nur bei bestimmten Arbeitnehmergruppen kürzt, sind Anrechnung oder Widerruf der Zulagen gegenüber diesen Arbeitnehmern unwirksam (BAG NZA 1992, 749). Konnten allerdings bestimmte Arbeitnehmer bislang keine Zahlung von Zulagen verlangen, kann sich für sie aus der Verletzung des Mitbestimmungsrechts gem. § 87 I Nr. 10 BetrVG kein individualrechtlicher Anspruch auf Gewährung einer Zulage ergeben (BAG NZA 1992, 225).

928 Die Unwirksamkeit der Maßnahme ist aber dann nicht interessengerecht, wenn Belange dritter Personen oder Belange des Arbeitnehmers entgegenstehen; ausnahmsweise können auch überwiegende Belange des Arbeitgebers für die Wirksamkeit sprechen. Insoweit wird die Theorie der Wirksamkeitsvoraussetzung ergänzt durch eine „Theorie der relativen Unwirksamkeit" (vgl. BAG (GS) NZA 1987, 168).

Beispiele: Schließt der Arbeitgeber mit einem Dritten einen Pachtvertrag über die Werkskantine, muss dieser Vertrag auch dann wirksam sein, wenn der Betriebsrat nicht beteiligt worden ist. Haben Arbeitnehmer Überstunden geleistet, darf der Arbeitgeber die Bezahlung nicht deshalb ablehnen, weil der Betriebsrat nicht zugestimmt hat. Im **Fall a** hat der Arbeitgeber zwar das Mitbestimmungsrecht des Betriebsrats missachtet, als er die bargeldlose Lohnzahlung einführte; er hat aber den Lohnanspruch des Arbeitnehmers erfüllt, da er mit dessen Einverständnis den Lohn überwies. Deshalb braucht er nicht noch einmal zu leisten.

929 Verletzt der Arbeitgeber die Rechte des Betriebsrats im Rahmen des § 87 BetrVG, so stehen dem Betriebsrat verschiedene Möglichkeiten zur Durchsetzung seiner Rechtsposition zur Verfügung. Er hat zunächst die Möglichkeit, nach allgemeinen Grundsätzen ein Beschlussverfahren (Rdnr. 1087ff.) einzuleiten. Rechtskräftige Beschlüsse eines Arbeitsgerichts sind über § 85 I ArbGG vollstreckbar und auch der Erlass einstweiliger Verfügungen ist gem. § 85 II ArbGG möglich. Weiterhin hat der Betriebsrat nach § 23 III BetrVG einen eigenständigen Unterlassungsanspruch bei schweren Verstößen des Arbeitgebers gegen das Betriebsverfassungsgesetz.

930 Ob daneben auch noch ein allgemeiner betriebsverfassungsrechtlicher Unterlassungsanspruch besteht, ist – nach einer längeren Phase der Rechtsunsicherheit – heute weitgehend geklärt. Der 1. Senat des BAG vertrat lange die Auffassung, § 23 III BetrVG enthalte eine abschließende Regelung (vgl. AP Nr. 2 zu § 23 BetrVG 1972 = EzA § 23 BetrVG 1972 Nr. 9 mit zust. Anm. Rüthers/Henssler). Somit bestehe keine generelle Verpflichtung des Arbeitgebers, Handlungen zu unterlassen, die gegen Mitbestimmungs- oder Mitwirkungsrechte des Betriebsrats verstoßen. Der 6. Senat des BAG erkannte dagegen zumindest bei Verstößen gegen § 87 I BetrVG einen Unterlassungsanspruch an (BAG NZA 1985, 783 = RdA 1986, 60). Inzwischen hat sich auch der 1. Senat dieser Ansicht angeschlossen. § 23 III BetrVG enthalte keine abschließende Regelung, vielmehr sei bei Verstößen gegen § 87 I BetrVG ein – unmittelbar dieser Norm zu entnehmender – Unterlassungsanspruch des Betriebsrats zu bejahen (vgl. auch Rdnr. 1002). Bei Verstößen gegen andere Normen des Betriebsverfassungsgesetzes hänge ein solcher Anspruch vom Einzelfall ab (BAG NZA 1995, 40). Eine selbständige Anspruchsgrundlage nennt das BAG nicht. Es verweist darauf, dass aus § 2 BetrVG eine dem vertraglich begründeten Schuldverhältnis vergleichbare Lage folge. Insoweit scheint das BAG als Anspruchsgrundlage das „Betriebsverhältnis" in Verbindung mit dem Mitbestimmungsrecht des § 87 I BetrVG anzusehen (BAG NZA 2005, 1372, 1374; zu Recht kritisch Richardi, NZA 1995, 8).

b) *Arbeits- und betriebsrechtlicher Umweltschutz*

Die Pflicht des Betriebsrats, sich dafür einzusetzen, dass die Vorschriften über **931** den Arbeitsschutz und die Unfallverhütung im Betrieb sowie über den betrieblichen Umweltschutz durchgeführt werden, ist durch die Neufassung des § 89 BetrVG besonders hervorgehoben worden (dazu Reichel/Meyer, RdA 2003, 101 ff.). Der Betriebsrat hat gegenüber dem Arbeitgeber in diesen Fragen umfassende Informations-, Beratungs- und Beteiligungsrechte. Zu beachten ist dabei, dass es nur um betrieblichen Umweltschutz geht (vgl. Wiese, BB 2002, 674 ff.). Der Betriebsrat hat also kein „generelles umweltpolitisches Mandat zugunsten Dritter oder der Allgemeinheit" (BT-Drucks. 14/5741, S. 64).

c) *Beschäftigungssicherung*

Zum erweiterten Aufgabenbereich des Betriebsrats gehört auch die Sicherung **932** und Förderung der Beschäftigung *im* Betrieb (§ 92a BetrVG). Er kann dazu dem Arbeitgeber Vorschläge machen (flexible Gestaltung der Arbeitszeit, Teilzeitarbeit, Altersteilzeit, veränderte Arbeitsorganisation, Qualifizierung der Arbeitnehmer u. Ä.). Der Arbeitgeber ist verpflichtet, darüber mit dem Betriebsrat zu beraten und eine Ablehnung zu begründen. Unmittelbare Rechtswirkungen für das Arbeitsverhältnis entfaltet § 92a BetrVG hingegen nicht (BAG NZA 2007, 552).

d) *Freiwillige Mitbestimmung*

In sozialen Angelegenheiten besteht eine umfassende Regelungszuständigkeit **933** des Betriebsrats, der in allen einschlägigen Fragen Betriebsvereinbarungen mit dem Arbeitgeber treffen kann. Die in § 88 BetrVG aufgeführten Fälle sind nur beispielhaft genannt („insbesondere"), also nicht abschließend. Da eine Anrufung der Einigungsstelle außerhalb von § 87 BetrVG nur im beiderseitigen Einvernehmen möglich ist (§ 76 VI BetrVG), kann der Abschluss solcher Betriebsvereinbarungen nicht erzwungen werden.

Für die Betriebsvereinbarung ist auch hier die von § 77 III BetrVG gezogene Grenze zu beachten (Rdnr. 130, 992).

3. Beteiligung in personellen Angelegenheiten

Schrifttum: Besgen, Die Auswirkungen des AGG auf das Betriebsverfassungsrecht, BB 2007, 213; Däubler, Betriebliche Weiterbildung als Mitbestimmungsproblem, BB 2000, 1190; Dütz, Mitbestimmungssicherung bei Eingruppierungen, AuR 1993, 33; Hamm, Mitbestimmung und Berufsbildung, AuR 1992, 326; v. Hoyningen-Huene, Grundlagen und Auswirkungen einer Versetzung, NZA 1993, 145; Reiserer, Der Umfang der Unterrichtung des Betriebsrats bei Einstellungen, BB 1992, 2499; Rieble, Erweiterte Mitbestimmung in personellen Angelegenheiten, NZA Sonderheft 2001, 46; Sandmann/Schmitt-Rolfes, Arbeitsrechtliche Probleme der Arbeitnehmerweiterbildung, ZfA 2002, 295.

Fälle:

934 a) Der Arbeitgeber G will den X einstellen. Der Betriebsrat widerspricht sofort schriftlich, weil X als unverträglicher Schläger bekannt sei. Was kann G tun?

b) Im Fall a hat G dennoch X eingestellt. Der Betriebsrat will die Beschäftigung des X verhindern.

c) Im Fall a ist G auf X als hochqualifizierte Fachkraft sofort und dringend angewiesen. Welche Möglichkeit hat er?

d) Der Arbeitgeber G kündigt dem Arbeitnehmer N wegen Auftragsmangels fristgemäß. Um Auseinandersetzungen aus dem Wege zu gehen, informiert er den Betriebsrat vor der Kündigung nicht. Ist die Kündigung wirksam?

e) Im Fall d macht der vor der Kündigung informierte Betriebsrat geltend, statt des alten Familienvaters N solle G lieber einen jungen Mann entlassen; im Übrigen könne N auch auf einem bestimmten freien Arbeitsplatz in einer anderen Abteilung eingesetzt werden. G kündigt dennoch dem N. Folgen?

Bei den personellen Angelegenheiten unterscheidet das Gesetz zwischen den allgemeinen personellen Angelegenheiten (Rdnr. 934ff.), der Berufsbildung (Rdnr. 928) und den personellen Einzelmaßnahmen, zu denen insbesondere die Einstellung (Rdnr. 940ff.) und die Kündigung (Rdnr. 953ff.) zählen.

a) *Beteiligung bei allgemeinen personellen Angelegenheiten*

935 Im Vorfeld personeller Entscheidungen hat der Arbeitgeber den Betriebsrat über die *Personalplanung* zu unterrichten und mit ihm zu beraten; dieser kann selbst Vorschläge machen (§ 92 BetrVG). Der Betriebsrat kann verlangen, dass zu besetzende *Arbeitsplätze innerhalb des Betriebs ausgeschrieben* werden (§ 93 BetrVG). Dabei kann schon eine nicht unerhebliche Erhöhung der Arbeitszeit die Ausschreibungspflicht auslösen (BAG NZA-RR 2009, 260).

Hat der Arbeitgeber die verlangte betriebsinterne Ausschreibung unterlassen oder in ihr höhere als die letztlich verlangten Anforderungen an mögliche Bewerber gestellt (BAG NZA 1988, 551), kann der Betriebsrat die Zustimmung zur Einstellung verweigern (§ 99 II Nr. 5 BetrVG; Rdnr. 947).

936 Ein Mitbestimmungsrecht hat der Betriebsrat bei der Aufstellung von *Personalfragebögen* und von *allgemeinen Beurteilungsgrundsätzen* (§ 94 BetrVG). Die Entscheidung, ob solche Fragebögen verwandt oder Grundsätze aufgestellt werden, ist selbst nicht mitbestimmungspflichtig; erst wenn der Arbeitgeber sich dazu entschlossen hat, setzt das Mitbestimmungsrecht ein. Dadurch soll die Persönlichkeitssphäre des Bewerbers geschützt bzw. eine objektive Beurteilung der Leistungsfähigkeit erreicht werden. Damit das Mitbestimmungsrecht nicht umgangen werden kann, hat der Betriebsrat auch mitzubestimmen, wenn in Formulararbeitsverträgen persönliche Angaben verlangt werden (§ 94 II BetrVG). Bei fehlender Einigung entscheidet die Einigungsstelle (§ 94 I 2 BetrVG).

Immer ist darauf zu achten, dass die gestellten Fragen auch zulässig sind (vgl. Rdnr. 166ff.). Überschreitet die Einigungsstelle die Grenzen ihres Ermessens (z.B. durch Billigung unzulässiger Fragen), kann binnen zwei Wochen das Arbeitsgericht angerufen werden (§ 76 V 4 BetrVG).

Ein Mitbestimmungsrecht steht dem Betriebsrat auch bei den Richtlinien über die personelle Auswahl bei Einstellungen, Versetzungen, Umgruppierungen und Kündigungen zu *(Auswahlrichtlinien;* § 95 BetrVG; vgl. Rdnr. 940ff.). Diese Richtlinien sollen nicht die Entscheidung des Arbeitgebers ersetzen, sondern diese an objektive Kriterien binden. **937**

Kein Mitbestimmungsrecht besteht also bei der Auswahl unter mehreren Bewerbern; mitbestimmungspflichtig sind nur die Kriterien (z.B. Maßstäbe und Methoden der Auswahl, Intelligenztests, psychologische Tests).

b) *Beteiligung bei der Berufsbildung*

Arbeitgeber und Betriebsrat haben die Berufsbildung (Ausbildung, Fortbildung, Umschulung) zu fördern (§ 96 BetrVG) und über Einrichtungen und Maßnahmen der Berufsbildung zu beraten (§ 97 I BetrVG). Führen Maßnahmen des Arbeitgebers zu Änderungen der Tätigkeit von Arbeitnehmern und reichen in der Folge deren Kenntnisse und Fähigkeiten zur Erfüllung ihrer Aufgaben nicht mehr aus, so hat der Betriebsrat bei Maßnahmen der betrieblichen Berufsbildung, die deshalb eingeführt werden, ein erzwingbares Mitbestimmungsrecht. Kommt es zu keiner Einigung, so entscheidet die Einigungsstelle verbindlich (§ 97 II BetrVG). **938**

Bei der Durchführung von betrieblichen Bildungsmaßnahmen steht dem Betriebsrat ein Mitbestimmungsrecht zu (§ 98 I BetrVG). Er kann Vorschläge machen, wer daran teilnehmen soll (§ 98 III BetrVG). Kommt darüber keine Einigung mit dem Arbeitgeber zustande, entscheidet die Einigungsstelle (§ 98 IV BetrVG); sie hat Auswahlkriterien aufzustellen und danach die vorgeschlagenen Teilnehmer zu berufen (BAG NZA 1988, 401).

Da das Gelingen einer Bildungsmaßnahme maßgeblich von den Ausbildern abhängt, kann der Betriebsrat der Bestellung einer solchen Person widersprechen oder deren Abberufung verlangen, wenn die Person nicht geeignet ist oder ihre Aufgaben vernachlässigt (§ 98 II BetrVG). Beim Streit zwischen Arbeitgeber und Betriebsrat entscheidet das Arbeitsgericht (§ 98 V BetrVG). **939**

c) *Beteiligung bei Einstellung, Eingruppierung, Umgruppierung und Versetzung*

(1) *Voraussetzungen:* In Unternehmen mit in der Regel mehr als zwanzig wahlberechtigten Arbeitnehmern ist der Betriebsrat vor jeder Einstellung, Eingruppierung, Umgruppierung und Versetzung zu beteiligen (§ 99 BetrVG). **940**

Unter einer *Einstellung* ist die tatsächliche Beschäftigung von Personen im Betrieb zu verstehen. Denn erst die Eingliederung berührt die durch den Betriebsrat zu schützenden Interessen der schon Beschäftigten. Soweit jedoch mit Abschluss des Arbeitsvertrags alle wesentlichen Arbeitgeberentscheidungen bereits gefallen sind, kann eine nach dem Abschluss des Vertrags erbetene Zustimmung des Arbeitgebers zu spät sein. Der Betriebsrat ist in diesen Fällen zwar rechtlich nicht gehindert, seine Zustimmung zur geplanten Beschäftigung zu verweigern. Er wird jedoch mit Rücksicht auf das von ihm zu wahrende Wohl des Betriebs und des einzustellenden, bereits vertraglich gebundenen Arbeitnehmers von einem gegebenen Zustimmungsverweigerungsrecht häufig keinen Gebrauch machen. Damit würde die Effektivität des Beteiligungsrechts aber erheblich geschwächt, so dass grundsätzlich schon bei Abschluss des Vertrags eine entsprechende Zustimmung des Betriebsrats einzuholen ist (vgl. BAG NZA 1992, 1141; Rdnr. 162).

941 Keine Einstellung liegt vor, wenn eine Kündigung zurückgenommen und die Beschäftigung ohne Unterbrechung fortgesetzt wird. Als Einstellung ist aber grundsätzlich die Verlängerung eines befristeten oder bedingten Arbeitsverhältnisses anzusehen, weil der betroffene Arbeitnehmer in diesen Fällen länger als zunächst vorgesehen im Betrieb verbleiben soll und gerade damit besondere Folgen für die Belegschaft verbunden sein können (BAG NZA 1991, 150). Gleiches gilt für die Umwandlung einer Teilzeitstelle in eine Vollzeitstelle (BAG NZA 2005, 945; dazu Hunold, NZA 2005, 910ff.; BAG NZA 2007, 1240). Die Übernahme erwerbsfähiger Hilfsbedürftiger im Sinne des § 16 d SGB II (sog. „Ein-Euro-Jobber“) erfüllt in der Regel ebenfalls die Voraussetzungen einer Einstellung (BAG NZA 2008, 244).

Ob im Einsatz von Arbeitnehmern fremder Firmen eine Einstellung zu sehen ist, hängt von den Umständen des Einzelfalls ab. Fällt der Personaleinsatz in den Anwendungsbereich des AÜG (Rdnr. 74f.), bestimmt § 14 III 1 AÜG, dass der Betriebsrat des aufnehmenden Betriebs nach § 99 BetrVG zu beteiligen ist. Dies gilt jedoch erst für den konkreten Einsatz des Leiharbeitnehmers im Entleiherbetrieb, die Aufnahme in einen Stellenpool stellt eine Einstellung nur in Aussicht und begründet daher noch kein Mitbestimmungsrecht (BAG NZA 2008, 603). Allerdings können Arbeitnehmer fremder Firmen auch aufgrund von Dienst- oder Werkverträgen (z.B. Bewachung, Reinigung, Wartung und Reparatur von Maschinen) im Betrieb tätig werden. Erbringen sie eine bestimmte von sonstigen betrieblichen Funktionen trennbare Leistung und trifft der entsendende Unternehmer weiterhin die für ein Arbeitsverhältnis typischen Entscheidungen über den Arbeitseinsatz nach Zeit und Ort, liegt keine Einstellung in den Betrieb des Werkbestellers vor (BAG NZA 1992, 275, 1044).

942 *Eingruppierung* ist die erstmalige (meist bei der Einstellung erfolgende) Festsetzung der für die Arbeitnehmer geltenden Lohn- oder Gehaltsgruppe.

Das Entgeltschema kann auf einem Tarifvertrag, einer Betriebsvereinbarung oder einer betrieblichen Übung, aber auch auf einer vom Arbeitgeber einseitig geschaffenen betrieblichen Vergütungsordnung beruhen (vgl. BAG NZA 1986, 536). Dagegen besteht bei einer Bestimmung der Vergütung in einem Individualarbeitsvertrag kein Beteiligungsrecht des Betriebsrats (vgl. BAG NZA 1989, 518).

Widerspricht der Betriebsrat der Eingruppierung eines Arbeitnehmers, so hindert das nicht dessen Einstellung; allerdings kann der Betriebsrat vom Arbeitgeber eine gebotene, bislang unterlassene Eingruppierung verlangen (dazu BAG NZA 1989, 518).

943 Bei einer *Umgruppierung* handelt es sich um die Überführung des Arbeitnehmers in eine andere Lohn- oder Gehaltsgruppe.

Beispiele: Höher- oder Herabstufung wegen Änderung der Tätigkeit oder der Vergütungsgruppen, aber auch die Berichtigung einer falschen Eingruppierung (BAG NZA 1990, 699). Bei einer „Ausgruppierung“ aus einer betrieblichen Vergütungsordnung besteht ein Mitbestimmungsrecht nur dann, wenn ein weiteres Vergütungssystem vorhanden ist, in das der Arbeitnehmer eingruppiert wird (BAG NZA 2005, 367).

Ein- und Umgruppierung sind keine Maßnahmen der Rechtsgestaltung, sondern der Rechtsanwendung. Das Mitbestimmungsrecht des Betriebsrats beschränkt sich daher auf eine Rechtmäßigkeitskontrolle, für Zweckmäßigkeitserwägungen bleibt kein Raum (s. hierzu BAG NZA 2007, 47).

Versetzung im Sinne des BetrVG ist die Zuweisung eines anderen Arbeitsbe- 944
reichs (kennzeichnende Gesichtspunkte finden sich in § 81 I 1 BetrVG), die voraussichtlich die Dauer von einem Monat übersteigt oder die – bei kürzerer Dauer – mit einer erheblichen Änderung der Umstände verbunden ist, unter denen die Arbeit zu leisten ist (Beachte die Legaldefinition in § 95 III 1 BetrVG!). Die Zuweisung eines anderen Arbeitsplatzes liegt dann vor, wenn der Arbeitnehmer einen neuen Arbeitsplatz erhält und sich dadurch der Inhalt oder das Gesamtbild seiner Tätigkeit ändert (BAG NZA-RR 2007, 581). Selbst wenn der Arbeitgeber sich individualrechtlich im Rahmen seines Weisungsrechts (Rdnr. 139ff.) hält (z.B. bei der Zuweisung eines anderen Arbeitsortes), kann darin eine Versetzung i.S. des § 95 III BetrVG liegen (BAG NZA 1989, 438; BAG NZA-RR 2008, 353).

Dass gerade die Zuweisung eines anderen Arbeitsortes bei Arbeitnehmern, die bislang 945
ständig an einem bestimmten Arbeitsplatz beschäftigt waren, betriebsverfassungsrechtlich als Versetzung anzusehen ist, ergibt sich aus § 95 III 2 BetrVG. Wenn danach z.B. für Monteure und Außendienstmitarbeiter wegen der ständig wechselnden Einsatzorte jede Neubestimmung des konkreten Arbeitsplatzes nicht als Versetzung anzusehen ist, folgt daraus im Umkehrschluss, dass im Übrigen bei Änderungen des Arbeitsortes meist von einer Versetzung i.S.d. § 95 III 1 BetrVG auszugehen ist.

Auch bei erheblichen Veränderungen der Arbeitsaufgabe und Verantwortung sowie der Art der Tätigkeit und ihrer Einordnung in den betrieblichen Ablauf (vgl. § 81 I 1 BetrVG) kann betriebsverfassungsrechtlich eine Versetzung gegeben sein (vgl. BAG NZA 1989, 438).

Hingegen stellt die Veränderung der Lage und Dauer der Arbeitszeit keine Versetzung dar, weil damit keine Änderung des Inhalts der Arbeitsaufgabe verbunden ist; im Übrigen können die Interessen der betroffenen Arbeitnehmer im Rahmen des § 87 I Nr. 2 u. 3 BetrVG hinreichend geltend gemacht werden (BAG NZA 1991, 601: Umsetzung von Normal- in Wechselschicht; BAG NZA 1992, 180: Veränderung der Wochenarbeitszeit Teilzeitbeschäftigter mit variabler Arbeitszeit).

Für die Versetzung von betriebsverfassungsrechtlichen Funktionsträgern gilt § 103 III BetrVG (vgl. Rdnr. 526).

(2) *Unterrichtungspflicht des Arbeitgebers:* Vor jeder der genannten Maßnah- 946
men hat der Arbeitgeber den Betriebsrat mündlich oder schriftlich umfassend zu unterrichten (§ 99 I 1 BetrVG). Er muss ihm vor allem die Personalien und Bewerbungsunterlagen sämtlicher (also auch der für die beabsichtigte Einstellung, Ein-, Umgruppierung oder Versetzung nicht vorgesehenen) Bewerber zugänglich machen (vgl. BAG NZA 2006, 111 u. NZA 2005, 827); hierzu zählen auch vom Arbeitgeber selbst erstellte Unterlagen, wie Aufzeichnungen über Testergebnisse und Einstellungsprüfungen (BAG NZA 2008, 1139). Bei Einschaltung eines Personalberatungsunternehmens zwecks Vorschlags geeigneter Bewerber soll sich der Anspruch allerdings auf die von diesem Unternehmen genannten Bewerber beschränken (BAG NZA 1991, 482).

Der Arbeitgeber hat den Betriebsrat bei Einstellungen oder Versetzungen auch über den vorgesehenen Arbeitsplatz und die Eingruppierung sowie über die sonstigen Auswirkungen der geplanten Maßnahme zu informieren (vgl. § 99 I 2 BetrVG). Jedoch braucht der Arbeitgeber den Betriebsrat anlässlich einer Einstellung nicht über die Einzelheiten des Arbeitsvertrags in Kenntnis zu setzen (BAG NZA 1989, 355); der Betriebsrat muss aber darüber unterrichtet werden, ob die Einstellung befristet oder unbefristet erfolgen soll (BAG NZA 1989, 518).

Eine Frist für die Unterrichtung besteht nicht; jedoch wird der Arbeitgeber gut daran tun, mindestens eine Woche vor der Maßnahme den Betriebsrat zu unterrichten, da dieser innerhalb einer Woche widersprechen kann (§ 99 III BetrVG; Rdnr. 947).

947 (3) *Zustimmungsbedürftigkeit der Maßnahme:* Der Arbeitgeber hat die Zustimmung des Betriebsrats zu der geplanten Maßnahme einzuholen (§ 99 I 1 BetrVG).

(a) Teilt der Betriebsrat nicht innerhalb einer Woche nach Unterrichtung durch den Arbeitgeber diesem schriftlich (ein rechtzeitig eingehendes Telefax reicht aus; BAG NZA 2003, 226) die Verweigerung der Zustimmung mit, so gilt die Zustimmung als erteilt (§ 99 III 2 BetrVG).

Entscheidend für den Beginn der Wochenfrist ist der Zugang der Unterrichtung beim Betriebsrat; dieser Tag wird dabei nicht mitgerechnet (§ 187 I BGB). Allerdings beginnt die Wochenfrist erst dann zu laufen, wenn der Arbeitgeber den Betriebsrat vollständig gem. § 99 I 1, 2 BetrVG informiert hat (BAG NZA 1986, 490). Betriebsrat und Arbeitgeber können die Frist des § 99 III BetrVG einvernehmlich verlängern, nicht aber verkürzen (BAG NZA 2005, 775). Hält der Betriebsrat die Unterrichtung für unzulänglich, muss er den Arbeitgeber darauf hinweisen, wenn er die Zustimmungsfiktion vermeiden will (BAG NZA 1989, 639).

(b) Will der Betriebsrat die Zustimmung verweigern, muss er dies innerhalb einer Woche nach der (ordnungsgemäßen) Unterrichtung durch den Arbeitgeber diesem schriftlich unter Angabe von Gründen mitteilen (§ 99 III 1 BetrVG). An die Begründung sind keine hohen Anforderungen zu stellen; allerdings muss das Vorbringen des Betriebsrats es als möglich erscheinen lassen, dass einer der in § 99 II BetrVG genannten Tatbestände vorliegt (BAG NZA 1988, 476).

948 Die *Zustimmung* kann nur *aus bestimmten Gründen verweigert* werden (vgl. § 99 II BetrVG):

Nr. 1: Einstellung unter Verstoß gegen eine Rechtsnorm (z.B. Abschlussverbot in Gesetz, Tarifvertrag oder Betriebsvereinbarung; s. hierzu BAG NZA 2008, 832; vgl. Rdnr. 154), eine gerichtliche Entscheidung (z.B. Berufsverbot) oder eine behördliche Anordnung (z.B. Verbot der Einstellung durch das Gewerbeaufsichtsamt).

Nr. 2: Verletzung einer Auswahlrichtlinie i.S. des § 95 BetrVG (z.B. Fehlen einer durch die Einstellungsrichtlinien geforderten Voraussetzung; Rdnr. 937).

Nr. 3: Besorgnis der Benachteiligung anderer im Betrieb beschäftigter Arbeitnehmer durch Kündigung (vgl. BAG NZA 1988, 625) oder durch sonstige Beeinträchtigungen ihrer rechtlichen oder tatsächlichen Stellung (BAG NZA 1989, 937).

Nr. 4: Benachteiligung des von der personellen Maßnahme unmittelbar betroffenen Arbeitnehmers (z.B. Versetzung auf einen Arbeitsplatz mit schlechteren Arbeitsbedingungen).

Nr. 5: Unterlassung einer betrieblichen Ausschreibung nach § 93 BetrVG (Rdnr. 936).

Nr. 6: Besorgnis der Störung des Betriebsfriedens durch gesetzwidriges Verhalten (z.B. Straftaten gegenüber Arbeitskollegen; **Fall a**) oder durch grobe Verletzung der in § 75 I BetrVG enthaltenen Grundsätze (Rdnr. 985; vgl. BAG NZA 2005, 775).

(4) *Folgen der ordnungsgemäßen Verweigerung der Zustimmung:* Der Arbeitgeber hat die geplante Maßnahme einstweilen zu unterlassen (Ausnahme: § 100 BetrVG; Rdnr. 952). Bei verweigerter Zustimmung zu einer Einstellung besteht ein Beschäftigungsverbot, selbst wenn der Arbeitsvertrag bereits geschlossen wurde (vgl. Rdnr. 951). **949**

(a) Will der Arbeitgeber trotz Widerspruchs die Maßnahme durchführen, so muss er beim Arbeitsgericht beantragen, die Zustimmung zu ersetzen (§ 99 IV BetrVG; **Fall a**). Der Betriebsrat kann in diesem sog. Zustimmungsersetzungsverfahren keine neuen Zustimmungsverweigerungsgründe mehr nachschieben (BAG AP Nr. 90 zu § 1 TVG Tarifverträge: Einzelhandel).

(b) Nimmt der Arbeitgeber trotz Widerspruchs des Betriebsrats und ohne Ersetzung der Zustimmung durch das Arbeitsgericht die geplante Maßnahme vor, so kann der Betriebsrat beim Arbeitsgericht beantragen, dem Arbeitgeber aufzugeben, die Maßnahme aufzuheben (§ 101, 1 BetrVG; **Fall b**). **950**

Hebt dann der Arbeitgeber trotz einer rechtskräftigen gerichtlichen Entscheidung die personelle Maßnahme nicht auf, wird er dazu auf Antrag des Betriebsrats durch die gerichtliche Festsetzung von Zwangsgeld angehalten (§ 101, 2, 3 BetrVG).

(c) Gesetzlich nicht geregelt ist der *Einfluss der mangelnden Zustimmung auf den Einzelarbeitsvertrag*. Nach früher h.M. ist ein gegen den Widerspruch des Betriebsrats abgeschlossener Arbeitsvertrag unwirksam (Fitting/Engels/Schmidt/Trebinger/Linsenmaier, BetrVG, § 99 Rdnr. 226f. m. w. Nachw.; **Fall b**); der Arbeitgeber soll dem Arbeitnehmer schadensersatzpflichtig sein, wenn er ihn nicht über die mangelnde Zustimmung unterrichtet hat. Damit ist der Arbeitnehmer aber zu wenig geschützt. Deshalb ist der Arbeitsvertrag auch dann wirksam, wenn die Rechte des Betriebsrats verletzt sind (BAG AP Nr. 5 zu § 101 BetrVG 1972). Ein Durchschlagen auf die individualrechtliche Ebene wird man nur dann annehmen können, wenn der Schutzzweck des verletzten Mitbestimmungsrechts die individualrechtliche Unwirksamkeit zwingend erfordert (BAG NZA 2001, 893). Der Arbeitgeber, der den Arbeitnehmer mangels Zustimmung nicht beschäftigen kann, ist berechtigt, dem Arbeitnehmer aus betriebsbedingten Gründen fristgerecht zu kündigen. Außerdem kommen Schadensersatzansprüche aus § 311 II BGB in Betracht (Ersatz des Vertrauensschadens), wenn der Arbeitgeber beim Vertragsschluss nicht auf die fehlende Zustimmung hingewiesen hat. **951**

Ebenso ist auch eine Ein- und Umgruppierung ohne Zustimmung des Betriebsrats gegenüber dem Arbeitnehmer nicht unwirksam; dieser kann durch das Arbeitsgericht klären lassen, zu welcher Vergütungsgruppe er gehört. Einer Versetzung braucht der Arbeitnehmer nicht Folge zu leisten, wenn der Betriebsrat widersprochen hat; § 99 II Nr. 4 BetrVG dient auch dem Schutz des betroffenen Arbeitnehmers. Dieser Zweck verlangt bei einer Versetzung des Arbeitnehmers durch Weisung des Arbeitgebers somit grds. die Unwirksamkeit der Einzelmaßnahme (vgl. ErfK/Kania, § 99 BetrVG Rdnr. 46). Allerdings darf der Arbeitgeber sich nicht auf die mangelnde Zustimmung des Betriebsrats berufen, wenn durch die Versetzung die Stellung des Arbeitnehmers verbessert worden ist. Hier ist der Schutzzweck nicht betroffen.

952 (5) *Vorläufige Maßnahme:* Wenn es aus sachlichen Gründen dringend erforderlich ist („Eilfall"), kann der Arbeitgeber die Maßnahme vorläufig durchführen, bevor der Betriebsrat sich geäußert oder wenn er die Zustimmung verweigert hat (§ 100 I 1 BetrVG; **Fall c**). Der Arbeitgeber hat den Betriebsrat unverzüglich von der vorläufigen Maßnahme zu unterrichten (§ 100 II 1 BetrVG).

Der Betriebsrat muss, sofern er einen Eilfall bestreitet, den Arbeitgeber hiervon unverzüglich in Kenntnis setzen. Will dieser die vorläufige Maßnahme aufrechterhalten, hat er dann innerhalb von drei Kalendertagen das Arbeitsgericht anzurufen (§ 100 II 2, 3 BetrVG).

In dem Beschlussverfahren geht es einmal um die Ersetzung der Zustimmung des Betriebsrats und zum anderen um die Feststellung, dass die Maßnahme aus sachlichen Gründen dringend erforderlich war. Wird die Zustimmung durch eine rechtskräftige Entscheidung ersetzt, kann der Arbeitgeber die personelle Maßnahme durchführen; über den Feststellungsantrag braucht dann nicht mehr entschieden zu werden (BAG NZA 1989, 183). Wird die Zustimmung des Betriebsrats dagegen nicht ersetzt oder wird der Feststellungsantrag zurückgewiesen, endet die vorläufige Maßnahme mit Ablauf von zwei Wochen nach Rechtskraft der Entscheidung; sie darf dann nicht mehr aufrechterhalten werden (§ 100 III BetrVG). Die Beschäftigung eines gleichwohl eingestellten Arbeitnehmers ist dann rechtlich unmöglich (vgl. Rdnr. 951).

d) *Beteiligung bei der Kündigung*

953 (1) Vor jeder (ordentlichen, außerordentlichen, Änderungs-) Kündigung durch den Arbeitgeber ist der Betriebsrat zu hören; ihm sind die Kündigungsgründe mitzuteilen. Eine *ohne Anhörung des Betriebsrats ausgesprochene Kündigung* ist *unwirksam* (§ 102 I BetrVG). Ziel der Vorschrift ist ein präventiver Kündigungsschutz.

Im **Fall d** ist die Kündigung unwirksam. Unabhängig davon, ob das KSchG eingreift, muss N seit dem 1. 1. 2004 in jedem Fall die in § 4, 1 KSchG bestimmte Dreiwochenfrist beachten (Rdnr. 517f.).

954 Auch eine zwar erfolgte, aber *mangelhafte Anhörung* des Betriebsrats führt zur Unwirksamkeit der Kündigung. Das ist der Fall, wenn der Arbeitgeber den Betriebsrat nicht vollständig über alle für die Kündigung bedeutsamen Umstände unterrichtet hat. Erforderlich sind (schriftliche oder mündliche) Angaben über die Person des Arbeitnehmers (z.B. Alter, Betriebszugehörigkeit, Familienstand), die Art der Kündigung, den Kündigungstermin sowie die Kündigungsgründe (BAG AP Nr. 2 zu § 102 BetrVG 1972). Dabei darf sich der Arbeitgeber grundsätzlich nicht auf bloße Werturteile oder stichwortartige Angaben beschränken.

Ausnahmsweise reicht eine pauschale Umschreibung der Kündigungsgründe aus, wenn der Arbeitgeber eine ordentliche Kündigung in den ersten sechs Monaten des Bestehens des Arbeitsverhältnisses (vgl. § 1 I KSchG; vgl. Rdnr. 471) nicht mit konkreten Tatsachen belegen kann (BAG NZA 1989, 852).

Der Arbeitgeber muss, soweit nicht der Betriebsrat bereits über die erforderliche Kenntnis verfügt, alle konkreten Umstände des Einzelfalls darlegen, die ihn veranlasst haben, eine Kündigung auszusprechen. Die Angaben müssen so genau und umfassend sein, dass sich der Betriebsrat ohne zusätzliche eigene Nachforschungen ein Bild machen und sich über eine Stellungnahme zur beabsichtigten Kündigung schlüssig werden kann. Maßgeblich sind dabei diejenigen Gründe, die nach der subjektiven Sicht des Arbeitgebers die Kündigung rechtfertigen und für seinen Kündigungsentschluss entscheidend waren (sog. *Grundsatz der subjektiven Determinierung,* BAG NZA 2005, 523). 955

Beispiele: Bei einer Kündigung wegen häufiger Kurzerkrankungen (Rdnr. 481) hat der Arbeitgeber u. a. Angaben über die bisherigen Fehlzeiten, die angestellte Zukunftsprognose und die erhebliche Beeinträchtigung der betrieblichen Interessen zu machen.

Bei einer verhaltensbedingten Kündigung (Rdnr. 484 ff.) hat er alle Vorfälle, die er zum Anlass für die Kündigung nehmen will, genau zu umschreiben und gegebenenfalls auch mitzuteilen, dass und wie oft er den Arbeitnehmer in der Vergangenheit bereits wegen vergleichbarer Vorwürfe abgemahnt hat. Will der Arbeitgeber die Kündigung in erster Linie oder vorsorglich auf den Verdacht einer Verfehlung stützen (Verdachtskündigung; Rdnr. 553 ff.), muss er das dem Betriebsrat ausdrücklich mitteilen und die Umstände benennen, aus denen er nach Anhörung des betroffenen Arbeitnehmers den dringenden Tatverdacht herleitet.

Bei einer betriebsbedingten Kündigung (Rdnr. 496 ff.) hat der Arbeitgeber die außer- oder innerbetrieblichen Gründe mit ihren Auswirkungen auf den Arbeitsplatz des einzelnen Arbeitnehmers näher zu erläutern. Ferner müssen dem Betriebsrat auch ohne ein entsprechendes Verlangen die Gründe für die soziale Auswahl des betroffenen Arbeitnehmers mitgeteilt werden (BAG AP Nr. 31 zu § 102 BetrVG 1972; dagegen: Hamann, JA 1987, 542). Angaben zur fehlenden Weiterbeschäftigungsmöglichkeit muss der Arbeitgeber hingegen nur machen, wenn der Betriebsrat ihm zuvor einen konkreten Arbeitsplatz für eine Weiterbeschäftigung benannt hat (BAG NZA 2000, 761).

Zur Anhörung beim Nachschieben von Gründen: Rdnr. 429, 461, 547.

Ob *Mängel bei der Beschlussfassung* des Betriebsrats auch die Anhörung mangelhaft machen, ist zweifelhaft. Jedenfalls braucht der Arbeitgeber sich solche Mängel nicht entgegenhalten zu lassen, die in der Sphäre des Betriebsrats liegen und dem Arbeitgeber nicht bekannt sind (BAG NZA 2003, 927; KR/Etzel, § 102 BetrVG Rdnr. 107 ff.). Nach der zutreffenden Ansicht des BAG führt auch die Kenntnis des Arbeitgebers von Verfahrensfehlern nicht zur Unwirksamkeit der Anhörung, weil der Arbeitgeber keine wirksamen rechtlichen Einwirkungsmöglichkeiten auf die Beschlussfassung des Betriebsrats hat (BAG NZA 2003, 927). 956

(2) *Rechte des Betriebsrats:* 957

(a) Der Betriebsrat kann dem Arbeitgeber seine *Bedenken mitteilen.* Die Frist beträgt bei einer geplanten ordentlichen Kündigung eine Woche; äußert der Betriebsrat sich in dieser Frist nicht, gilt seine Zustimmung zur Kündigung als erteilt (§ 102 II 1, 2 BetrVG).

Da die außerordentliche Kündigung des Arbeitgebers fristgebunden ist (§ 626 II BGB; vgl. Rdnr. 528), beträgt die Äußerungsfrist für den Betriebsrat in einem solchen Falle nur drei Tage (§ 102 II 3 BetrVG).

Die genannten Fristen laufen erst ab dem Zeitpunkt der Zuleitung der erforderlichen Unterlagen an den Vorsitzenden des Betriebsrats (vgl. § 26 II 2 BetrVG, dazu Rdnr. 868). Andere Betriebsratsmitglieder, denen der Arbeitgeber Unterlagen aushändigt, treten lediglich als Erklärungsbote auf, so dass der Zugang erst zum Zeitpunkt der Weiterleitung an den empfangszuständigen Vorsitzenden erfolgt.

Eine vor Ablauf der genannten Fristen ausgesprochene Kündigung ist nur dann wirksam, wenn der Betriebsrat sich vorher abschließend geäußert hat; er muss eindeutig zu erkennen gegeben haben, dass er keine weitere Erörterung des Falles wünscht (BAG NZA 1988, 137).

958 (b) Ein *Widerspruchsrecht* steht dem Betriebsrat bei der ordentlichen Kündigung innerhalb der Wochenfrist zu. Der Widerspruch kann nur auf bestimmte, in § 102 III BetrVG abschließend aufgeführte Gründe gestützt werden:
- Keine oder unzureichende Berücksichtigung sozialer Gesichtspunkte bei der Auswahl des zu kündigenden Arbeitnehmers (Rdnr. 503 ff.; **Fall e**).
- Verstoß gegen bestehende Auswahlrichtlinien für Kündigungen (z. B. keine Berücksichtigung der Dauer der Betriebszugehörigkeit und des Lebensalters; Rdnr. 935).
- Möglichkeit der Weiterbeschäftigung auf einem anderen freien Arbeitsplatz im selben Betrieb oder in einem anderen Betrieb des Unternehmens (**Fall e**), nach zumutbaren Umschulungs- oder Fortbildungsmaßnahmen (Rdnr. 938) oder unter geänderten Arbeitsbedingungen, mit denen der Arbeitnehmer einverstanden ist.

959 (c) Betriebliche oder tarifvertragliche Erweiterung der Mitbestimmung

Nach § 102 VI BetrVG können Arbeitgeber und Betriebsrat vereinbaren, dass Kündigungen der *Zustimmung* des Betriebsrats bedürfen. Eine *tarifvertragliche* Erweiterung der Mitbestimmung des Betriebsrats ist im Betriebsverfassungsgesetz nicht vorgesehen (§ 3 BetrVG). Gleichwohl hält das BAG solche Regelungen auch im Tarifvertrag für zulässig (BAG NZA 2001, 271, 273). Es sieht darin auch keinen Verstoß gegen Art. 12 oder 14 I GG zu Lasten des Arbeitgebers. Wegen der Einheit der Betriebsverfassung ist § 3 BetrVG entgegen dem BAG eng auszulegen. In jedem Fall wäre ein durch Arbeitskampf erzwungener Tarifvertrag mit dem Grundgesetz unvereinbar.

960 (3) *Recht des Arbeitgebers:* Trotz des Widerspruchs des Betriebsrats kann der Arbeitgeber dem Arbeitnehmer die Kündigung aussprechen; in diesem Fall hat er eine Abschrift der Stellungnahme des Betriebsrats dem Arbeitnehmer zuzuleiten (§ 102 IV BetrVG).

Zu beachten ist, dass bei einer außerordentlichen Kündigung eines Betriebsratsmitglieds oder eines anderen betriebsverfassungsrechtlichen Funktionsträgers die Zustimmung des Betriebsrats erforderlich ist (§ 103 I BetrVG; Rdnr. 526).

961 (4) *Rechte des Arbeitnehmers:*

(a) Der gekündigte Arbeitnehmer hat die Möglichkeit, binnen drei Wochen *Kündigungsschutzklage* zu erheben; diese kann auf die in § 1 II 1 KSchG genannten Gründe und zusätzlich darauf gestützt werden, dass die Kündigung sozial ungerechtfertigt sei, weil einer der in § 102 III BetrVG genannten Widerspruchsgründe vorliege und der Betriebsrat deshalb fristgerecht widersprochen habe (§ 1 II 2 KSchG; Rdnr. 502).

(b) Der Arbeitnehmer hat ein *Recht auf Weiterbeschäftigung,* wenn der Betriebsrat der Kündigung ordnungsgemäß widersprochen und der Arbeitnehmer Kündigungsschutzklage erhoben hat (§ 102 V 1 BetrVG; dazu Schrader/Straube, RdA 2006, 98ff.). In bestimmten Fällen kann der Arbeitgeber den Erlass einer einstweiligen Verfügung des Inhalts beantragen, von der Weiterbeschäftigungspflicht entbunden zu werden (§ 102 V 2 BetrVG). Zum Weiterbeschäftigungsanspruch in betriebsratslosen Betrieben vgl. Rdnr. 502. **962**

(c) Eine besondere Art der Beteiligung des Betriebsrats sieht § 104 BetrVG vor. **963** Während regelmäßig personelle Einzelmaßnahmen auf einer Initiative des Arbeitgebers beruhen, kann der Betriebsrat nach § 104 BetrVG die Versetzung oder Entlassung eines Arbeitnehmers verlangen, wenn dieser den Betriebsfrieden wiederholt und ernstlich gestört hat. Wegen § 5 II BetrVG gilt dies nicht für leitende Angestellte (LAG Nürnberg NZA-RR 2002, 524).

4. Beteiligung in wirtschaftlichen Angelegenheiten

Schrifttum: Fauser/Nacken, Die Sicherung des Unterrichtungs- und Beratungsanspruchs des Betriebsrats aus §§ 111, 112 BetrVG, NZA 2006, 1136; Franzen, Massenentlassung und Betriebsänderung unter dem Einfluss des europäischen Gemeinschaftsrechts, ZfA 2006, 437; Göpfert/Krieger, Wann ist die Anrufung der Einigungsstelle bei Interessenausgleichs- und Sozialplanverhandlungen zulässig?, NZA 2005, 254; Moll, Betriebsübergang und Betriebsänderung, RdA 2003, 129; Schubert, Der Unternehmensbegriff im Rahmen der Mitbestimmung in wirtschaftlichen Angelegenheiten, ZfA 2004, 253; Thüsing, Beteiligungsrechte von Wirtschaftsausschuss und Betriebsrat bei Unternehmensübernahme, ZIP 2008, 106.

Fälle:

a) Der Arbeitgeber G und der Betriebsrat haben sich über das Ausmaß und den Zeitpunkt **964** einer Betriebsänderung schriftlich geeinigt. Als G dem Arbeitnehmer N kündigt, macht dieser geltend, nach der getroffenen Absprache solle sein Arbeitsplatz erst ein halbes Jahr später wegfallen.

b) Im Fall a wartet G das halbe Jahr ab und meint nun, das Arbeitsverhältnis sei ohne Kündigung beendet, weil das im Sozialplan so festgelegt sei.

c) Der Arbeitgeber G hat ohne Mitwirkung des Betriebsrats einen wesentlichen Betriebsteil verlegt und deswegen dem N gekündigt. Dieser verlangt von G eine Abfindung (§ 113 BetrVG).

In wirtschaftlichen Angelegenheiten gibt es – abgesehen von der Mitbestimmung der Arbeitnehmer in den Gesellschaftsorganen des Unternehmens (Rdnr. 1030ff.) – die Beteiligung des Wirtschaftsausschusses (Rdnr. 965) und die Beteiligung des Betriebsrats bei Betriebsänderungen (Rdnr. 966ff.).

a) *Beteiligung des Wirtschaftsausschusses*

Im Interesse einer vertrauensvollen Zusammenarbeit zwischen Unternehmer **965** und Betriebsrat in wirtschaftlichen Angelegenheiten ist in allen Unternehmen mit in der Regel mehr als 100 ständig beschäftigten Arbeitnehmern ein Wirtschaftsausschuss zu bilden (§ 106 I 1 BetrVG; Ausnahme: § 118 I 2, II BetrVG).

Diesen Ausschuss hat der Unternehmer unter Vorlage der erforderlichen Unterlagen rechtzeitig und umfassend über die wirtschaftlichen Angelegenheiten zu *unterrichten* sowie diese mit dem Ausschuss zu *beraten* (§ 106 I 2, II BetrVG). Den Jahresabschluss muss er dem Wirtschaftsausschuss unter Beteiligung des Betriebsrats erläutern (§ 108 V BetrVG). Zusammen mit dem Wirtschaftsausschuss und dem Betriebsrat hat der Unternehmer in Unternehmen mit in der Regel mehr als 1000 Arbeitnehmern vierteljährlich die Belegschaft über die wirtschaftliche Lage und Entwicklung des Unternehmens zu unterrichten (§ 110 BetrVG). Wegen der Unterrichtungspflicht des Wirtschaftsausschusses nach § 108 IV BetrVG im Verhältnis zum Betriebsrat ist er ein „Hilfsorgan des Betriebsrats" (BAG NZA 2005, 311, 312). Daraus erklärt sich auch die gesetzlich vorgesehene Möglichkeit, die Aufgaben des Wirtschaftsausschusses auf einen besonderen Ausschuss des Betriebsrats (§ 28 BetrVG) oder des Gesamtbetriebsrats (§ 51 I BetrVG) zu übertragen.

Was zu den wirtschaftlichen Angelegenheiten gehört, wird in § 106 III BetrVG beispielhaft aufgeführt. Streitigkeiten über das Vorliegen einer wirtschaftlichen Angelegenheit betreffen die Zuständigkeit des Wirtschaftsausschusses und sind durch das Arbeitsgericht zu entscheiden (§ 2a I Nr. 1 ArbGG). Bei Meinungsverschiedenheiten über Art, Umfang und Zeitpunkt der Auskunftserteilung hat die Einigungsstelle zu entscheiden, deren gerichtlich nur begrenzt nachprüfbarer (BAG NZA 1990, 150) Spruch die Einigung zwischen Arbeitgeber und Betriebsrat ersetzt (§ 109 BetrVG).

b) *Beteiligung des Betriebsrats bei Betriebsänderungen*

966 (1) Zur Sicherung der sozialen Stellung der Arbeitnehmer hat der Betriebsrat in Unternehmen (ohne Rücksicht auf die Betriebsgröße) mit in der Regel mehr als 20 wahlberechtigten Arbeitnehmern Beteiligungsrechte bei geplanten *Betriebsänderungen,* die wesentliche Nachteile für die Belegschaft oder erhebliche Teile dieser haben können (§§ 111–113 BetrVG). Als Betriebsänderung gelten die in § 111, 3 BetrVG genannten fünf Fallgruppen:

Umstritten ist, ob diese Aufzählung abschließend ist und ob in den genannten Fallgruppen das Vorliegen wesentlicher Nachteile geprüft werden muss oder unwiderleglich vermutet wird (so BAG AP Nr. 11 zu § 111 BetrVG 1972).

967 (a) Der Betriebsrat ist bei der Stilllegung und Einschränkung des ganzen Betriebs oder wesentlicher Betriebsteile zu beteiligen (§ 111, 3 Nr. 1 BetrVG). Unter Stilllegung versteht man die auf einem ernstlichen und endgültigen Entschluss des Arbeitgebers beruhende Aufgabe des Betriebszwecks unter gleichzeitiger Auflösung der Betriebsorganisation (BAG AP Nr. 27 zu § 111 BetrVG 1972). Dabei kommt es auf die Gründe für eine solche Unternehmerentscheidung nicht an.

Bei einer Einschränkung wird der Betriebszweck zwar weiterverfolgt, die Leistung der Betriebsanlagen aber herabgesetzt (z.B. durch die Abschaffung bestimmter Maschinen).

Will der Arbeitgeber in beträchtlichem Umfang Arbeitnehmer entlassen, geht das BAG von einer Betriebseinschränkung aus, auch wenn die sächlichen Betriebsmittel beibehalten worden sind. Ob ein erheblicher Personalabbau vorliegt, soll sich nach den in § 17 I KSchG genannten Zahlen richten; in Großbetrieben mit mehr als 600 Beschäftigten müssen jedoch mindestens 5% der Gesamtbelegschaft betroffen sein (vgl. BAG NZA 1991, 113; BAG NZA 2006, 932 sowie die Übersicht bei HWK/Hohenstatt/Willemsen, § 111 BetrVG Rdnr. 29).

(b) Eine beteiligungspflichtige Verlegung des ganzen Betriebs oder wesentlicher Betriebsteile (§ 111, 3 Nr. 2 BetrVG) liegt bei jeder nicht unwesentlichen Veränderung der örtlichen Lage vor, z.B. bei einer Verlagerung vom Zentrum an den Stadtrand oder in eine andere Ortschaft. **968**

(c) Eine Betriebsänderung in Form des Zusammenschlusses mit anderen Betrieben (§ 111, 3 Nr. 3 BetrVG) kann in der Weise erfolgen, dass aus bislang mehreren Betrieben ein neuer Betrieb gebildet wird oder ein existierender Betrieb einen anderen unter Aufgabe von dessen arbeitstechnischer Selbständigkeit aufnimmt. Die von derselben Vorschrift erfasste Spaltung führt zum Verlust der Betriebsidentität. Es entstehen mehrere betriebliche Einheiten. **969**

(d) Grundlegende Änderungen der Betriebsorganisation, des Betriebszwecks oder der Betriebsanlagen (§ 111, 3 Nr. 4 BetrVG) lösen ebenfalls Beteiligungsrechte des Betriebsrats aus. **970**

Beispiele: Bestimmte Abteilungen werden in ihrer Anzahl oder ihrem Aufbau verändert (z.B. Umwandlung der Zuständigkeiten und Verantwortung; BAG NZA 2008, 957), wesentliche Betriebsteile organisatorisch ausgegliedert.

Die Produktion wird umgestellt, der Gegenstand der Betriebstätigkeit wird ein anderer (etwa Übergang von der Motorrad- zur Fahrradherstellung).

Völlig neue Maschinen werden eingesetzt oder neue technische Produktionsverfahren eingeführt; darunter kann auch der Einsatz von Datensichtgeräten fallen (BAG AP Nr. 10 zu § 111 BetrVG 1972; dazu Däubler, DB 1985, 2297).

(e) Die Einführung grundlegend neuer Arbeitsmethoden oder Fertigungsverfahren (§ 111, 3 Nr. 5 BetrVG) ist z.B. gegeben, wenn der Arbeitgeber von der Einzel- zur Serienanfertigung oder von der Fließband- zur Gruppenarbeit übergeht. **971**

(2) Wegen der Komplexität der Materien kann der Betriebsrat in Unternehmen mit mehr als 300 Arbeitnehmern zu seiner Unterstützung auf Kosten des Arbeitgebers (§ 40 I BetrVG) sachverständige Berater hinzuziehen (§ 111, 2 BetrVG). Anders als im Fall des § 80 III BetrVG bedarf es für die Beauftragung des sachverständigen Beraters keines vorherigen Einvernehmens mit dem Arbeitgeber. **972**

(3) In allen diesen Fällen sind die *Beteiligungsrechte* des Betriebsrats verschieden stark ausgestaltet: **973**

(a) *Unterrichtungs- und Beratungsrechte:* Der Unternehmer hat den Betriebsrat über die vorgesehenen Maßnahmen rechtzeitig und umfassend zu unterrichten und mit ihm die geplanten Betriebsänderungen zu beraten (§ 111, 1 BetrVG). Die Unterrichtung muss zum frühestmöglichen Zeitpunkt erfolgen, so dass die Entscheidungsmöglichkeiten noch gegeben sind und der Betriebsrat sich mit den Problemen eingehend befassen kann (vgl. BAG AP Nr. 1 zu § 113 BetrVG 1972). Der Unternehmer muss den Betriebsrat aber nicht an sämtlichen Vorüberlegungen partizipieren lassen. Ziel der Beratungen ist der Abschluss eines Interessenausgleichs (Rdnr. 974) und eines Sozialplans (Rdnr. 976).

974 (b) *Mitwirkungsrechte beim Interessenausgleich:* Unternehmer und Betriebsrat haben zu versuchen, einen Interessenausgleich (§ 112 I 1 BetrVG) zu erreichen. Dabei geht es darum, ob, wann und wie die Betriebsänderung durchgeführt wird. Kommt es zu einem solchen Interessenausgleich, so ist das Vereinbarte schriftlich niederzulegen sowie vom Unternehmer und vom Betriebsrat zu unterschreiben (§ 112 I 1 BetrVG).

Der Interessenausgleich hat nicht die Wirkung einer Betriebsvereinbarung. Der einzelne Arbeitnehmer kann daraus keine Rechte herleiten; er hat aber die Möglichkeit, nach § 113 I BetrVG (Rdnr. 978) Ansprüche gegenüber dem Arbeitgeber geltend zu machen (**Fall a**).

975 Kommt ein Interessenausgleich nicht zustande, kann der Unternehmer oder der Betriebsrat den Vorstand (bzw. den beauftragten Bediensteten) der Bundesagentur für Arbeit um Vermittlung ersuchen (§ 112 II 1 BetrVG). Geschieht das nicht oder bleibt der Vermittlungsversuch ergebnislos, besteht die Möglichkeit, die Einigungsstelle anzurufen (§ 112 II 2 BetrVG). Die Einigungsstelle kann hinsichtlich eines Interessenausgleichs nur auf eine Einigung hinwirken; ihr Spruch ist nicht verbindlich. Für den Betriebsrat besteht somit nur ein Mitwirkungs- und kein echtes Mitbestimmungsrecht.

Da im Gesetz keine Höchstdauer bestimmt ist, ist die Dauer des Interessenausgleichsverfahrens unsicher. Der Arbeitgeber muss den Betriebsrat zu Beratungen über den Interessenausgleich auffordern und ihm eine der geplanten Betriebsänderung entsprechende angemessene Frist setzen. Lässt dieser die Frist verstreichen, ohne die Einigungsstelle anzurufen, so hat der Arbeitgeber seine Pflicht nach §§ 112 II, 113 III BetrVG erfüllt (Löwisch, BB 1999, 102, 106).

976 (c) *Mitbestimmungsrecht beim Sozialplan:* Die Entscheidung über das „Ob" einer Betriebsänderung liegt nach dem Betriebsverfassungsgesetz wegen ihrer Zugehörigkeit zur Unternehmensorganisation allein beim Arbeitgeber. Sie fällt also nicht unter die Mitbestimmung des Betriebsrats. Bezüglich der sozialen Auswirkungen dieser Entscheidung steht dem Betriebsrat dagegen ein erzwingbares Mitbestimmungsrecht zu. Unternehmer und Betriebsrat haben sich zwecks Ausgleichs oder Milderung der wirtschaftlichen Nachteile der Betriebsänderung für die Arbeitnehmer darum zu bemühen, einen Sozialplan aufzustellen, in dem etwa Abfindungszahlungen bei einem Ausscheiden oder ein Lohnausgleich bei Versetzungen festgelegt werden (vgl. BAG NZA 2005, 997).

Einigen sich Arbeitgeber und Betriebsrat, so ist der Sozialplan schriftlich niederzulegen und zu unterschreiben (§ 112 I 2, 1 BetrVG). Der Sozialplan hat die Wirkung einer Betriebsvereinbarung (§ 112 I 3 BetrVG), ohne dass der Tarifvorbehalt des § 77 III BetrVG gilt (§ 112 I 4 BetrVG).

Der Sozialplan ersetzt aber nicht die Kündigung der Arbeitsverhältnisse; der Kündigungsschutz kann dem einzelnen Arbeitnehmer (auch durch eine Abfindungsregelung) nicht genommen werden (**Fall b**). Von aktuellem Interesse ist die Frage, inwiefern Sozialpläne eine nach Lebensalter und Betriebszugehörigkeit gestaffelte Abfindungsregelung enthalten dürfen. Nach Auffassung des BAG ist eine solche Altersdifferenzierung von § 10 Satz 3 Nr. 6 AGG gedeckt (BAG NZA 2009, 849).

Kommt eine Einigung über den Sozialplan nicht zustande, so entscheidet die Einigungsstelle. Dabei hat sie einerseits die sozialen Belange der betroffenen Arbeitnehmer und andererseits die wirtschaftliche Vertretbarkeit für das Unternehmen zu beachten (§ 112 V BetrVG). Der Spruch der Einigungsstelle über den Sozialplan ersetzt – anders als beim Interessenausgleich – die Einigung (§ 112 IV BetrVG). Insoweit besteht also ein erzwingbares Mitbestimmungsrecht des Betriebsrats (zur Zulässigkeit von sog. Firmentarifsozialplänen s. Rdnr. 758). **977**

Die genannten Regelungen über die Erzwingbarkeit eines Sozialplans finden bei einer Betriebsänderung, die allein in der Entlassung von Arbeitnehmern besteht, nur unter den besonderen Voraussetzungen des § 112a I BetrVG Anwendung. Auf Betriebe eines Unternehmens in den ersten vier Jahren nach der Gründung des Unternehmens (BAG NZA 2007, 106) sind § 112 IV, V BetrVG grundsätzlich unanwendbar (§ 112a II BetrVG); dadurch soll der Arbeitgeber in der schwierigen Aufbauphase von dem Risiko befreit werden, im Falle des Scheiterns mit Sozialplanverpflichtungen belastet zu werden.

(4) Einen *Nachteilsausgleich* kann der einzelne Arbeitnehmer verlangen, wenn der Unternehmer von einem vereinbarten Interessenausgleich ohne zwingenden Grund abweicht (§ 113 I, II BetrVG). Ist ein Arbeitnehmer infolgedessen entlassen worden, steht ihm ein Abfindungsanspruch zu, dessen Höhe sich nach § 10 KSchG richtet (§ 113 I BetrVG). Unter Entlassungen fallen nicht nur Kündigungen durch den Arbeitgeber, sondern auch von diesem veranlasste Eigenkündigungen des Arbeitnehmers bzw. Aufhebungsverträge (BAG NZA 2004, 440). Einem Arbeitnehmer, der zwar nicht entlassen worden ist, der aber (etwa durch Versetzung oder Umsetzung) wirtschaftliche Nachteile erleidet, hat der Unternehmer diese Nachteile bis zu einem Zeitraum von zwölf Monaten auszugleichen (§ 113 II BetrVG). **978**

Schließlich besteht ein Anspruch auf Nachteilsausgleich, wenn der Arbeitgeber eine Betriebsänderung durchführt, ohne einen Interessenausgleich mit dem Betriebsrat ausreichend versucht zu haben (vgl. BAG NZA 2002, 992), sofern infolgedessen Arbeitnehmer entlassen werden oder andere wirtschaftliche Nachteile erleiden (§ 113 III 1 BetrVG; **Fall c**). **979**

Auf einen so schon entstandenen Nachteilsausgleichsanspruch kann der Arbeitnehmer auch ohne Zustimmung des Betriebsrats wirksam verzichten (BAG NZA 2004, 440).

Alle genannten Ausgleichsansprüche greifen nur, wenn ein Interessenausgleich in Frage steht. Erfüllt der Arbeitgeber die Verpflichtungen aus einem Sozialplan nicht, kann jeder betroffene Arbeitnehmer (nicht aber der Betriebsrat für diesen, BAG NZA 1990, 441) seine Rechte gerichtlich geltend machen. Sein Rechtsanspruch auf die dort vereinbarten Leistungen ergibt sich aus §§ 112 I 3, 77 IV BetrVG. Wurde ein Sozialplan überhaupt noch nicht vereinbart, kann der Betriebsrat – auch im Nachhinein – dessen Aufstellung verlangen und gegebenenfalls über die Anrufung der Einigungsstelle erzwingen (Rdnr. 976). **980**

Stehen einem Arbeitnehmer sowohl aus einem Sozialplan als auch aus einem Nachteilsausgleich Abfindungsleistungen zu, sind die Forderungen aus dem Sozialplan auf die Nachteilsausgleichsforderung anzurechnen (BAG NZA 2007, 1269).

IV. Allgemeine Grundsätze und die Formen der Zusammenarbeit

1. Allgemeine Grundsätze

Schrifttum: Franzen, Die Freiheit der Arbeitnehmer zur Selbstbestimmung nach dem neuen BetrVG, ZfA 2001, 423; Freckmann/Koller-van Delden, Vertrauensvolle Zusammenarbeit zwischen Arbeitgeber und Betriebsrat – hehres Ziel oder zu praktizierende Wirklichkeit?, BB 2006, 490; Kempen, Das Rechtsverhältnis zwischen den Belegschaftsvertretern und den Gewerkschaften im Arbeitskampf, NZA 2005, 185; R. Weber, Der Anwendungsbereich des Grundsatzes der vertrauensvollen Zusammenarbeit gemäß § 2 Abs. 1 BetrVG, ZfA 1991, 187.

Fälle:

981 a) Die Gewerkschaft beantragt nach § 23 I BetrVG beim Arbeitsgericht den Ausschluss des Betriebsratsmitglieds X, weil mit diesem im Betriebsrat eine vertrauensvolle Zusammenarbeit nicht möglich sei, da X nicht organisiert sei und immer „querschieße".

b) Während eines Streiks will der Arbeitgeber den Betriebsrat, dessen Mitglieder überwiegend der streikenden Gewerkschaft angehören, nicht an den Entscheidungen beteiligen.

c) Auf Vorschlag einiger Arbeitnehmer, die an den Essgewohnheiten ausländischer Kollegen Anstoß nehmen, will der Arbeitgeber eine besondere Ausländerkantine einrichten. Der Betriebsrat hat dagegen Bedenken.

d) Der Arbeitgeber will eine neue Flaschenfüllanlage anschaffen. Wegen der zu befürchtenden Lärmbelästigung möchte der Betriebsrat einen Sachverständigen dazu hören.

a) *Grundsatz der vertrauensvollen Zusammenarbeit*

982 Nach § 2 I BetrVG haben Arbeitgeber und Betriebsrat vertrauensvoll zum Wohl der Arbeitnehmer und des Betriebs zusammenzuarbeiten; die Zusammenarbeit soll sich in gegenseitiger Ehrlichkeit und Offenheit vollziehen (BAG AP Nr. 3 zu § 23 BetrVG). Diese Generalklausel wird durch etliche Vorschriften konkretisiert (z.B. §§ 74, 80 BetrVG). Auch die Einhaltung der Geheimhaltungsvorschriften (§§ 79, 99 I 3 BetrVG) gehört dazu. Die Betriebspartner müssen den ernsten Willen zu einer Einigung über strittige Fragen haben; deshalb sollen sie mindestens einmal im Monat zu einer Besprechung zusammentreten (§ 74 I BetrVG). Ausnahmsweise kann das Gebot vertrauensvoller Zusammenarbeit zu einer Verwirkung der Mitbestimmungsrechte des Betriebsrats führen (zu den Voraussetzungen s. BAG NZA-RR 2008, 469).

Das Gebot vertrauensvoller Zusammenarbeit gilt nicht im Verhältnis der Betriebsratsmitglieder zueinander (BAG AP Nr. 8 zu § 23 BetrVG; **Fall a**); andernfalls gäbe es keinen Minderheitenschutz im Betriebsrat.

b) *Grundsatz der betriebsverfassungsrechtlichen Friedenspflicht*

983 Die Betriebspartner haben die Pflicht zur Wahrung des Betriebsfriedens (§ 74 II 2 BetrVG). Daraus folgt:

(1) Jede *parteipolitische Betätigung* im Betrieb ist zu *unterlassen* (§ 74 II 3 BetrVG).

Beispiele: Werbung für oder gegen eine politische Partei oder Gruppierung durch Flugblätter, Aufkleber, Rede eines Politikers in der Betriebsversammlung (Rdnr. 883), Unterschriftensammlung. Zulässig ist dagegen die Behandlung von Angelegenheiten tarif-, sozial- oder wirtschaftspolitischer Art, die den Betrieb oder seine Arbeitnehmer unmittelbar betreffen (§ 74 II 3 BetrVG).

(2) *Maßnahmen des Arbeitskampfes* zwischen Arbeitgeber und Betriebsrat sind **984** *unzulässig* (§ 74 II 1 BetrVG). Zwischen den Betriebspartnern bestehende Streitigkeiten sind in dem dafür vorgesehenen Verfahren (Rdnr. 1000ff.) und nicht mit Mitteln des Arbeitskampfes auszutragen. Allerdings werden Arbeitskämpfe tariffähiger Parteien (Rdnr. 755ff.) von dem Verbot nicht berührt. Jedoch darf der Betriebsrat als Organ der Betriebsverfassung sich in keiner Weise an tariflichen Arbeitskämpfen beteiligen. Das einzelne Betriebsratsmitglied darf also nur in seiner Rolle als Arbeitnehmer in gleicher Weise wie andere Belegschaftsmitglieder am Arbeitskampf teilnehmen (Einzelh.: Brox/Rüthers, Arbeitskampfrecht, Rdnr. 406ff.).

Der Verstoß gegen das betriebliche Kampfverbot stellt eine grobe Pflichtverletzung im Sinne des § 23 I 1 BetrVG dar.

Obwohl bei einem rechtmäßigen Arbeitskampf die Arbeitspflicht der Arbeitnehmer suspendiert ist (Rdnr. 792), bleibt das Betriebsratsamt bestehen (**Fall b**). Auch im Arbeitskampf ist eine Zusammenarbeit von Arbeitgeber und Betriebsrat notwendig. Allerdings können sich aus dem Grundsatz der Kampfparität (Rdnr. 762) im Einzelfall Einschränkungen der Rechte des Betriebsrats bei arbeitskampfbedingten Maßnahmen des Arbeitgebers (z.B. bei der Einführung von Kurzarbeit) ergeben (vgl. Rdnr. 829ff.; vgl. BAG NZA 2004, 223; Brox/Rüthers, Arbeitskampfrecht, Rdnr. 437ff.).

c) *Grundsätze für die Behandlung der Betriebsangehörigen*

Der Betriebsrat hat darüber zu wachen, dass alle im Betrieb tätigen Personen – **985** also nicht nur die Arbeitnehmer – nach den Grundsätzen von Recht und Billigkeit behandelt werden; insbesondere hat er jeder Ungleichbehandlung und Diskriminierung entgegenzuwirken (§ 75 I BetrVG; **Fall c**). Mit Inkrafttreten des AGG wurden die Diskriminierungstatbestände an die Terminologie des § 1 AGG angepasst.

Nach § 75 II BetrVG haben die Betriebspartner die freie Entfaltung der Persönlichkeit der Beschäftigten zu schützen und zu fördern. Dieser Grundsatz verbietet es dem Arbeitgeber und dem Betriebsrat, von den Arbeitnehmern Verhaltensweisen zu verlangen, die als Eingriff in ihre Persönlichkeitsrechte oder als Hindernis für ihre Persönlichkeitsentwicklung anzusehen sind (vgl. BAG NZA 2004, 1278).

Problematisch erscheint es daher, wenn in bestimmten Branchen oder Unternehmensgruppen den Arbeitnehmern das generelle „Du“ als betriebsinterne Anredeform vorgeschrieben werden soll, sei es durch Weisung des Arbeitgebers, durch Betriebsvereinbarung oder durch eine arbeitsvertragliche Einheitsregelung (vgl. aber LAG Hamm NZA-RR 1998, 481; dazu Roellecke, NJW 1999, 999). Ein Betriebsrat, der solche Bestrebungen des Arbeitgebers unterstützt, verstößt gegen seine Amtspflichten.

d) *Allgemeine Aufgaben des Betriebsrats*

986 Nach dem durch die Reform 2001 erweiterten § 80 I BetrVG hat der Betriebsrat umfangreiche allgemeine Aufgaben wahrzunehmen. Dazu gehören u.a. die Überwachung der Durchführung aller zugunsten der Arbeitnehmer geltenden Normen (z.B. des Bundesdatenschutzgesetzes; BAG NZA 1987, 747 oder der §§ 305ff. BGB in Bezug auf die Vereinbarkeit von Arbeitsverträgen mit dem AGB-Recht; BAG NZA 2006, 553), die Beantragung und Erörterung der dem Betrieb und der Belegschaft dienenden Maßnahmen beim Arbeitgeber sowie die Förderung besonders schutzwürdiger Personen wie Schwerbehinderter, älterer Arbeitnehmer und Ausländer (**Fall c**).

Sofern kein spezielles Beteiligungsrecht besteht, ist der Betriebsrat gem. § 80 II 1 BetrVG zur Durchführung aller ihm nach dem BetrVG obliegenden Aufgaben vom Arbeitgeber rechtzeitig und umfassend zu unterrichten. Dadurch soll der Betriebsrat in die Lage versetzt werden, selbst zu prüfen, ob sich für ihn weitere Aufgaben ergeben, die sein Tätigwerden erfordern (BAG NZA 1989, 932). Auf Verlangen sind ihm alle erforderlichen Unterlagen zur Verfügung zu stellen (§ 80 II 2, 1. Hs. BetrVG). Im Rahmen dieses umfassenden Informationsrechts ist der Betriebsausschuss (§ 27 BetrVG) oder ein nach § 28 BetrVG gebildeter Ausschuss berechtigt, in die Bruttolohn- und Gehaltslisten Einblick zu nehmen (§ 80 II 2, 2. Hs. BetrVG); in kleineren Betrieben ohne die genannten Ausschüsse steht das Recht auf Einsichtnahme dem Betriebsratsvorsitzenden oder einem von ihm beauftragten anderen Betriebsratsmitglied zu (BAG AP Nr. 2, 3 zu § 80 BetrVG 1972).

Zur Durchführung seiner Aufgaben kann der Betriebsrat nach näherer Vereinbarung mit dem Arbeitgeber (dazu BAG NZA 1989, 936) auf dessen Kosten auch Sachverständige hinzuziehen (§§ 80 III, 40 I BetrVG; **Fall d**). Dazu zählen insbesondere Rechtsanwälte als juristische Berater.

2. Formen der Zusammenarbeit

Schrifttum: Fischer, Die tarifwidrige Betriebsvereinbarung, 1998; Franzen, Betriebsvereinbarung: Alternative zu Tarifvertrag und Arbeitsvertrag, NZA Beilage zu Heft 3, 2006, 107; Hänlein, Die Legitimation betrieblicher Rechtsetzung, RdA 2003, 26; Hanau/Preis, Die Kündigung von Betriebsvereinbarungen, NZA 1991, 81; Heinze, Verfahren und Entscheidung der Einigungsstelle, RdA 1990, 262; Henssler, Die Entscheidungskompetenz der betriebsverfassungsrechtlichen Einigungsstelle in Rechtsfragen, RdA 1991, 268; Leinemann, Wirkungen von Tarifverträgen und Betriebsvereinbarungen auf das Arbeitsverhältnis, DB 1990, 732; Linsenmaier, Normsetzung der Betriebsparteien und Individualrechte der Arbeitnehmer, RdA 2008, 1; Richardi, Die Betriebsvereinbarung als Rechtsquelle des Arbeitsverhältnisses, ZfA 1992, 307; Tschöpe, Die Bestellung der Einigungsstelle – Rechtliche und taktische Fragen, NZA 2004, 945; Waltermann, „Umfassende Regelungskompetenz" der Betriebsparteien zur Gestaltung durch Betriebsvereinbarung? RdA 2007, 257.

Fälle:

987 a) Arbeitgeber und Betriebsrat planen eine Betriebsvereinbarung, in der auch die Ruhegehaltsbezüge der leitenden Angestellten festgelegt und Bezüge der bereits im Ruhestand be-

findlichen Betriebsangehörigen gekürzt werden sollen. Außerdem sollen künftig abzuschließende Arbeitsverträge der Schriftform bedürfen.

b) Arbeitgeber G und der Betriebsrat vereinbaren für die Betriebsangehörigen eine betriebliche Lohnordnung, die höhere Löhne als der Tarifvertrag vorsieht. G will nur Tariflöhne zahlen.

c) Die Abfindung ausscheidender Arbeitnehmer ist in einem Sozialplan geregelt, obwohl ein Tarifvertrag solche Abfindungsregelungen enthält. Gültig?

d) Wegen eines Fußballspiels vereinbaren Arbeitgeber G und der Betriebsrat mündlich die Verkürzung der Arbeitszeit an dem betreffenden Tag um eine Stunde unter Weitergewährung des Lohnes. G will sich nicht daran halten, weil die Betriebsvereinbarung formungültig sei.

e) Wegen Fahrplanänderung bei der Bahn möchte der Betriebsrat den Beginn der Arbeit von 7 auf 7.15 Uhr verlegt wissen. Weil der Arbeitgeber sich auf nichts einlässt, ruft der Betriebsrat das Arbeitsgericht an.

Die Zusammenarbeit zwischen Arbeitgeber und Betriebsrat soll möglichst zu einer Einigung führen. Dabei kann es sich um eine Betriebsvereinbarung (Rdnr. 988ff.) oder um eine Regelungsabrede (Betriebsabsprache; Rdnr. 995ff.) handeln. Bei Meinungsverschiedenheiten kommt eine Entscheidung der betrieblichen Einigungsstelle oder des Arbeitsgerichts in Betracht (Rdnr. 1000ff.).

a) *Betriebsvereinbarung*

Die Betriebsvereinbarung wird zwischen Arbeitgeber und Betriebsrat schriftlich **988**
für den Betrieb getroffen und enthält Normen, die auf die Arbeitsverhältnisse einwirken (vgl. § 77 II, IV BetrVG). Es besteht eine Reihe von Parallelen zum Tarifvertrag (Rdnr. 673ff.):

(1) Die Betriebsvereinbarung entsteht – wie der Tarifvertrag – durch *übereinstimmende Erklärungen,* die der *Schriftform* bedürfen (§ 77 II BetrVG). *Parteien* **989**
der Betriebsvereinbarung sind *Arbeitgeber und Betriebsrat* (anders beim Tarifvertrag: Rdnr. 665ff.).

(2) Es handelt sich um einen Normenvertrag. Die Betriebsvereinbarung wirkt **990**
unmittelbar und zwingend auf die Arbeitsverhältnisse ein (§ 77 IV 1 BetrVG; zum Tarifvertrag: Rdnr. 680ff.). Während die Normen des Tarifvertrags grundsätzlich nur zwischen den beiderseits Tarifgebundenen gelten (Rdnr. 705ff.), werden durch die Normen der Betriebsvereinbarung alle Arbeitsverhältnisse zwischen dem Arbeitgeber und den Arbeitnehmern des Betriebs erfasst. Jedoch sind die Regelungsbefugnisse der Betriebsparteien begrenzt (vgl. BAG NZA 2001, 462). So kann z.B. das außerbetriebliche Verhalten der Arbeitnehmer nicht Gegenstand einer Betriebsvereinbarung sein (BAG NZA 2007, 462).

Die Normen der Betriebsvereinbarung gelten nicht für leitende Angestellte, da diese durch den Betriebsrat nicht repräsentiert werden (§ 5 III, IV BetrVG; **Fall a**); für sie können Richtlinien gem. § 28 I SprAuG vereinbart werden (Rdnr. 1013). Bereits im Ruhestand befindliche Mitarbeiter sind keine Arbeitnehmer des Betriebs mehr; deshalb können ihre Ruhegelder, die der Arbeitgeber aufgrund einer Betriebsvereinbarung gewährt, nicht durch eine spätere Betriebsvereinbarung gekürzt werden (BAG NZA 1989, 522).

Wie der Tarifvertrag (Rdnr. 674 ff.) kann die Betriebsvereinbarung Inhaltsnormen, Betriebsnormen und betriebsverfassungsrechtliche Normen enthalten.

Dagegen können Abschlussnormen (z. B. Formvorschrift; **Fall a**) nicht unmittelbar auf die Begründung des Arbeitsverhältnisses einwirken, weil der Vertragspartner des Arbeitgebers noch nicht Betriebsangehöriger ist.

991 (3) Das *Günstigkeitsprinzip* (Rdnr. 683 ff.) und das *Unverbrüchlichkeitsprinzip* (Rdnr. 695 ff.) gelten auch bei der Betriebsvereinbarung (§ 4 III TVG analog; § 77 IV 2–4 BetrVG).

Beispiele: Der in einer Betriebsvereinbarung enthaltenen Zulagenregelung geht die Regelung im Arbeitsvertrag vor, wenn sie ein höheres Entgelt festlegt. Ein Verzicht auf Rechte, die in einer Betriebsvereinbarung enthalten sind, ist nur mit Zustimmung des Betriebsrats wirksam (§ 77 IV 2 BetrVG).

Besondere Probleme entstehen bei sog. *ablösenden* Betriebsvereinbarungen, wenn diese Ansprüche, die durch Einzelvertrag, arbeitsvertragliche Einheitsregelung oder Gesamtzusage begründet worden sind, schmälern oder beseitigen sollen. Nach der Rspr. des BAG ([GS] NZA 1987, 168) können solche Ansprüche, die auf einer vom Arbeitgeber in Kraft gesetzten Einheitsregelung oder auf Gesamtzusagen beruhen, in Einzelheiten geschmälert werden, wenn die Neuregelung insgesamt unter kollektiver Beurteilung nicht ungünstiger ist.

Eine insgesamt ungünstigere Betriebsvereinbarung ist nur möglich, wenn ein Widerrufsvorbehalt besteht oder der Arbeitgeber einen Wegfall der Geschäftsgrundlage i. S. v. § 313 BGB nachweisen kann. Einzelvertraglich erworbene Ansprüche können durch Betriebsvereinbarungen überhaupt nicht geschmälert werden (BAG NZA 2001, 49 = RdA 2001, 404 m. Anm. Wiese).

Beruht die alte Regelung auf einer Betriebsvereinbarung, so kann sie auch zuungunsten der Arbeitnehmer durch eine neue Betriebsvereinbarung verändert werden. Es gilt insofern das Ablösungsprinzip, wonach die jüngere Vereinbarung die ältere ersetzt (BAG NZA 2002, 276). Die Veränderung unterliegt der Billigkeitskontrolle und dem Grundsatz des Vertrauensschutzes (BAG NZA 2001, 900; Hermann, ZfA 1989, 577).

992 (4) Besonderheiten gelten für das *Verhältnis zwischen Betriebsvereinbarung und Tarifvertrag* (Rdnr. 130; eingehend hierzu Fischer, Die tarifwidrigen Betriebsvereinbarungen, 1998). Nach § 77 III 1 BetrVG können Arbeitsbedingungen, die durch Tarifvertrag geregelt sind oder üblicherweise geregelt werden, nicht Gegenstand einer Betriebsvereinbarung sein. Diese absolute Sperrwirkung der Vorschrift soll den Vorrang der Tarifautonomie sicherstellen. Deshalb gilt im Verhältnis von Betriebsvereinbarung zum Tarifvertrag auch nicht das Günstigkeitsprinzip (**Fall b**).

Zu den Arbeitsbedingungen gehören alle Angelegenheiten, die Inhalt eines Arbeitsvertrags sein können. Selbst wenn zurzeit kein Lohntarifvertrag besteht, scheidet eine Betriebsvereinbarung über Löhne aus, wenn der Lohn üblicherweise durch Tarifvertrag geregelt wird. Sind aber z. B. Schmutzzulagen bisher nie im Tarifvertrag vereinbart worden, bleibt insoweit Raum für eine Betriebsvereinbarung. Das gilt auch dann, wenn die Tarifvertragsparteien trotz tariflicher Regelung den Betriebspartnern gem. § 77 III 2 BetrVG die Regelungsbefugnis einräumen (z.B. hinsichtlich der individuellen wöchentlichen Arbeitszeit der Arbeitnehmer und ihrer zeitlichen Lage; BAG NZA 1987, 779 = RdA 1988, 49); in solchen Fällen geht eine günstigere Betriebsvereinbarung dem Tarifvertrag vor (Rdnr. 130). Zur Sperrwirkung eines Tarifvertrages s. BAG NZA 2006, 383 = RdA 2006, 312 m. Anm. Waas.

Der Sozialplan (Rdnr. 976) hat zwar die Wirkung einer Betriebsvereinbarung; jedoch ist § 77 III BetrVG auf ihn nicht anwendbar (§ 112 I 3, 4 BetrVG). Deshalb ist im **Fall c** der Sozialplan gültig, sofern er die Tarifregelung nicht unterschreitet.

Für die in § 87 I BetrVG geregelten Tatbestände (Rdnr. 908ff.) ergibt sich eine Begrenzung der Regelungsbefugnis der Betriebspartner allein aus dem Eingangssatz des § 87 I BetrVG, also nur dann, wenn in dem Bereich tatsächlich ein Tarifvertrag besteht. Eine lediglich übliche tarifliche Regelung i.S.d. § 77 III 1 BetrVG schließt dagegen (wegen des Vorrangs des § 87 I Eingangssatz BetrVG) den Abschluss einer Betriebsvereinbarung nicht aus (sog. Vorrangtheorie, BAG (GS) NZA 1992, 749; a.A. sog. Zwei-Schranken-Theorie, z.B. GK-BetrVG/Wiese, § 87 Rdnr. 48ff.). § 87 I BetrVG ist also die gegenüber § 77 III BetrVG vorrangige Spezialnorm.

(5) Betriebsvereinbarungen können, wenn nichts anderes vereinbart ist, mit ei- **993**
ner Frist von drei Monaten ohne Angabe von Gründen (BAG NZA 2005, 128) gekündigt werden (§ 77 V BetrVG). Das gilt auch für solche über eine betriebliche Altersversorgung. Hier können jedoch die Grundsätze des Vertrauensschutzes und der Verhältnismäßigkeit die Kündigungswirkungen begrenzen (BAG NZA 2000, 498).

Soll die Kündbarkeit einer Betriebsvereinbarung ausgeschlossen oder eine gesetzlich nicht vorgesehene Nachwirkung vereinbart werden, so muss dies deutlich zum Ausdruck kommen (BAG NZA 2002, 575).

Ist eine Betriebsvereinbarung z.B. durch Zeitablauf, Aufhebungsvertrag oder durch Kündigung abgelaufen, so stellt sich – wie beim Tarifvertrag (Rdnr. 702f.) – die Frage der *Nachwirkung.* Hier ist zwischen der erzwingbaren und der freiwilligen Betriebsvereinbarung zu unterscheiden.

(a) Eine *erzwingbare* Betriebsvereinbarung regelt eine Angelegenheit, in der ein **994**
Spruch der Einigungsstelle die Einigung zwischen Arbeitgeber und Betriebsrat ersetzen kann (Hauptbeispiele: Fälle des § 87 BetrVG). In diesen Fällen wirkt die Betriebsvereinbarung – wie der Tarifvertrag (Rdnr. 702) – weiter, bis sie durch eine andere Abmachung ersetzt wird (§ 77 VI BetrVG).

(b) Eine *freiwillige,* also eine nicht durch einen Spruch der Einigungsstelle ersetzbare Betriebsvereinbarung entfaltet nach ihrem Ablauf keine Nachwirkung (BAG NZA 2008, 774). Ebenso wie bei der erzwingbaren Betriebsvereinbarung die Nachwirkung abdingbar ist, kann bei der freiwilligen Betriebsvereinbarung die Nachwirkung vereinbart werden (BAG NZA 1998, 1348).

Beispiele: Übertarifliches Weihnachts-, Urlaubsgeld, übertarifliche Jahressonderzahlung sowie die Fälle des § 88 BetrVG.

(c) Schwierigkeiten ergeben sich bei der rechtlichen Beurteilung von teilmitbestimmten Betriebsvereinbarungen, die also sowohl mitbestimmungspflichtige als auch sonstige Regelungen enthalten. Betriebsvereinbarungen mit teils erzwingbaren, teils freiwilligen Regelungen wirken grundsätzlich nur hinsichtlich der Gegenstände nach, die der zwingenden Mitbestimmung unterfallen (BAGE 70, 356). Dies setzt voraus, dass sich die Betriebsvereinbarung sinnvoll in einen nachwirkenden und einen nachwirkungslosen Teil aufspalten lässt. Andernfalls entfaltet zur Sicherung der Mitbestimmung die gesamte Betriebsvereinbarung Nachwirkung. Im Falle der Kündigung „teilmitbestimmter“ Betriebsvereinbarungen über freiwillige Leistungen des Arbeitgebers hängt die Nachwirkung nach § 77 Abs. 6 BetrVG davon ab, ob durch die Kündigung die freiwilligen Leistungen vollständig und ersatzlos beseitigt werden sollen (BAG NZA 2008, 1426). In einem solchen Fall entfaltet die gekündigte Betriebsvereinbarung keine Nachwirkung, da keine Mittel verbleiben, bei deren Verteilung der Betriebsrat nach § 87 Abs. 1 Nr. 10 BetrVG mitzubestimmen hätte. Sinn der Nachwirkung nach § 77 Abs. 6 BetrVG ist – zumindest auch – die kontinuierliche Wahrung betriebsverfassungsrechtlicher Mitbestimmungsrechte (*BAG*, NZA 1995, 1010). Sind solche nicht betroffen, bedarf es der Nachwirkung nicht.

b) *Regelungsabrede*

995 Viele Vereinbarungen zwischen Arbeitgeber und Betriebsrat werden mündlich getroffen; sie können schon deshalb keine Betriebsvereinbarung im Sinne von § 77 BetrVG sein. Man bezeichnet sie als betriebliche *Einigungen, Regelungsabreden oder Betriebsabsprachen*. Die Regelungsabrede wirkt – im Unterschied zur Betriebsvereinbarung – nicht normativ auf die Arbeitsverträge ein; im Einzelvertrag kann also etwas anderes vereinbart werden. Durch die Regelungsabrede entstehen nur schuldrechtliche Pflichten der Betriebspartner. Regelungsabreden kommen in verschiedenen Erscheinungsformen vor:

996 So können Vereinbarungen über organisatorische Fragen der Betriebsverfassung (z.B. über Zeit und Ort der Sprechstunde) getroffen werden; hier bedarf es keiner Betriebsvereinbarung, da nur der Arbeitgeber und der Betriebsrat – nicht aber die Arbeitnehmer des Betriebs – verpflichtet werden sollen.

Einigen sich Arbeitgeber und Betriebsrat über eine mitbestimmungspflichtige Maßnahme, die nur einen Einzelfall betrifft (z.B. Zuweisung einer Werkmietwohnung), ist keine Betriebsvereinbarung erforderlich, da durch die Einigung in die Rechte anderer Betriebsangehöriger nicht eingegriffen wird.

997 Bei freiwilligen Einigungen in sozialen Angelegenheiten ist eine Betriebsvereinbarung nicht zwingend vorgeschrieben (vgl. § 88 BetrVG). Arbeitgeber und Betriebsrat sind deshalb z.B. befugt, Ruhegehaltsregelungen durch formlose Vereinbarung zu treffen. In die Arbeitsverhältnisse darf aber mangels normativer Wirkung der Regelungsabrede nicht zum Nachteil der Arbeitnehmer eingegriffen werden.

998 Betrifft die Regelungsabrede Gegenstände, für die eine zwingende Mitbestimmung vorgeschrieben ist (z.B. Arbeitszeit, § 87 I Nr. 2, 3 BetrVG), kommt es nach h.M. darauf an, ob sich die allgemeine Maßnahme im Rahmen des Direktionsrechts hält oder nicht. Ist das zu bejahen, bedarf es keiner normativen Gestaltung der Arbeitsverhältnisse durch eine Betriebsvereinbarung, da bereits eine individualvertragliche Befugnis des Arbeitgebers besteht. Dann ist aber zu prüfen, ob der Betriebsrat das zwingende Mitbestimmungsrecht im Wege formloser Einigung ausüben durfte.

Im **Fall d** ist die formlose Vereinbarung nicht Inhalt der Arbeitsverträge geworden. Es fehlt insofern an einer individualvertraglichen Umsetzung. Der Arbeitgeber ist aber gegenüber dem Betriebsrat verpflichtet, die getroffene Abmachung einzuhalten.

Schließlich kommt eine Regelungsabrede in Betracht, wenn wegen des Tarifvorrangs nach § 77 III BetrVG (Rdnr. 992) eine Betriebsvereinbarung unzulässig ist (BAG NZA 1999, 887; a. A. Lieb/Jacobs, Arbeitsrecht, Rdnr. 774). Eine solche Regelungsabrede oder eine arbeitsvertragliche Einheitsregelung verstößt nicht gegen § 77 III BetrVG. Wegen der fehlenden normativen Wirkung kann sie die Arbeitsverhältnisse nicht unmittelbar gestalten. Eine Konkurrenz zum Vorrang des Tarifvertrags, wie sie § 77 III BetrVG voraussetzt, besteht daher nicht. Bei einer unwirksamen Betriebsvereinbarung ist zu prüfen, ob eine Umdeutung (§ 140 BGB; Brox/Walker, AT, Rdnr. 365 ff.) in eine Regelungsabrede in Betracht kommt (zu **Fall b**; vgl. BAG EzA § 77 BetrVG 1972 Nr. 55 mit insoweit ablehnender Anm. von Fischer). **999**

c) *Spruch der Einigungsstelle*

Kommt es in den Fällen der erzwingbaren Mitbestimmung nicht zu einer Einigung (Rdnr. 993; **Fall e**), kann die betriebliche Einigungsstelle von jeder der Betriebsparteien angerufen werden. Deren Spruch ersetzt die Einigung (vgl. § 87 II BetrVG). Es handelt sich also um eine Zwangsschlichtung. **1000**

Die Einigungsstelle ist eine (ständige oder für den Einzelfall gebildete) Einrichtung des Betriebs (§ 76 I BetrVG). Sie ist von der Arbeitgeber- und von der Betriebsratsseite paritätisch mit in der Regel jeweils zwei Beisitzern besetzt und hat einen unparteiischen Vorsitzenden, auf dessen Person sich beide Seiten einigen; andernfalls bestellt ihn das Arbeitsgericht, das im Streitfall auch über die Zahl der Beisitzer entscheidet (§ 76 II 2, 3 BetrVG, § 98 ArbGG). Die Beschlüsse der Einigungsstelle werden nach vorangegangener mündlicher Beratung mit Stimmenmehrheit gefasst, wobei der Vorsitzende sich bei der ersten Abstimmung der Stimme zu enthalten hat (§ 76 III 2, 3 BetrVG). Die Beschlüsse sind schriftlich niederzulegen, vom Vorsitzenden zu unterschreiben und den Betriebspartnern zuzuleiten (§ 76 III 4 BetrVG). Die Kosten der Einigungsstelle trägt der Arbeitgeber. Betriebsangehörige Beisitzer erhalten für ihre Tätigkeit keine Vergütung, wohl aber Ersatz von Auslagen und Verdienstausfall. Die anderen Beisitzer und der Vorsitzende haben einen Vergütungsanspruch gegen den Arbeitgeber (Einzelh.: § 76a BetrVG). Kommt zwischen dem Vorsitzenden und dem Arbeitgeber keine Einigung über die Höhe des Vergütungsanspruchs zustande, bestimmt sie der Vorsitzende nach billigem Ermessen selbst (§§ 315 I, 316 BGB).

Die Zuständigkeit der Einigungsstelle ist in vielen Einzelvorschriften festgelegt (Aufzählung bei Fitting/Engels/Schmidt/Trebinger/Linsenmaier, BetrVG, § 76 Rdnr. 68). Bei der Einigungsstelle geht es grundsätzlich um Regelungsstreitigkeiten (Ausnahmen: bspw. § 109 BetrVG), also um Ermessensentscheidungen, und nicht um Rechtsfragen (bspw. der Streit über das (Nicht-)Bestehen eines Mitbestimmungsrechts), über die das Arbeitsgericht zu entscheiden hat (Ausnahmen: bspw. § 76 II 2, 3 BetrVG; zum Ganzen Henssler RdA 1992, 268). **1001**

Im **Fall e** ist die betriebliche Einigungsstelle zur Entscheidung anzurufen (§ 87 I Nr. 2, II BetrVG; Rdnr. 911). Das Arbeitsgericht ist nicht in der Lage, die gewünschte Ermessensentscheidung zu fällen. Jedoch ist die Rechtmäßigkeit des Spruchs der Einigungsstelle gerichtlich überprüfbar; die Überschreitung der Grenzen des Ermessens kann vom Arbeitgeber oder Betriebsrat binnen einer Frist von zwei Wochen (nach Zuleitung des Spruchs) beim Arbeitsgericht geltend gemacht werden, das im Beschlussverfahren entscheidet (§ 76 V 4 BetrVG, § 2a I Nr. 1 ArbGG).

1002 Gestritten wird über die Frage, ob ein ungeschriebener Anspruch des Betriebsrats gegen den Arbeitgeber besteht, der diesen verpflichtet, mitbestimmungspflichtige Maßnahmen zu unterlassen, bis ein Mitbestimmungsverfahren durchgeführt wurde (dazu Rdnr. 930). Im Bereich des § 87 I BetrVG wird das bejaht (BAG NZA 1997, 274; GK-BetrVG/Oetker, § 23 Rdnr. 130ff. m. w. Nachw.), während das BAG im Rahmen der personellen und wirtschaftlichen Angelegenheiten diese Frage bislang offen lässt. Führt der Arbeitgeber dennoch die Maßnahme durch, ist an einen Beseitigungsanspruch des Betriebsrats zu denken.

3. Sanktionen

1003 Verletzt der Betriebsrat oder eines seiner Mitglieder grob eine gesetzliche Pflicht, kann durch arbeitsgerichtlichen Beschluss der Betriebsrat aufgelöst, bzw. das Mitglied aus dem Betriebsrat ausgeschlossen werden (§ 23 I BetrVG). Verletzt der Arbeitgeber eine betriebsverfassungsrechtliche Pflicht, kann der Betriebsrat oder eine im Betrieb vertretene Gewerkschaft beim Arbeitsgericht beantragen, dem Arbeitgeber aufzugeben, eine Handlung vorzunehmen, zu unterlassen, bzw. zu dulden (§ 23 III 1 BetrVG). Verstößt der Arbeitgeber gegen eine ihm so aufgegebene Verpflichtung, so kann das arbeitsgerichtliche Vollstreckungsverfahren eingeleitet werden (§ 23 III 2–5 BetrVG). Darüber hinaus sanktionieren die §§ 119ff. BetrVG die Verletzung betriebsverfassungsrechtlicher Pflichten.

V. Betriebsverfassungsrechtliche Mitbestimmung außerhalb des BetrVG

1. Sprecherausschussgesetz

Schrifttum: Kronisch/Deich, Mitwirkungsrechte des Sprecherausschusses, AR-Blattei SD 1490.3; Löwisch, Taschenkommentar zum Sprecherausschußgesetz, 2. Aufl., 1994; Medla, Befugnisse und Rechte von Sprecherausschüssen im Rahmen des § 613a BGB, in: Festschrift Leinemann, 2006, S. 243ff.; Sieg, Leiten ohne zu leiden – Das Sprecherausschussgesetz in der betrieblichen Praxis, in: Festschrift Richardi, 2007, S. 777ff.

Fälle:

1004 a) Eine im Betrieb vertretene Gewerkschaft beantragt beim Sprecherausschuss unter Hinweis auf § 43 IV BetrVG, der analog anzuwenden sei, die Einberufung einer Versammlung der leitenden Angestellten. Der Sprecherausschuss lehnt den Antrag ab. Mit Recht?

b) Der Arbeitgeber G kündigt dem leitenden Arbeitnehmer X und stellt statt dessen den Y ein. Den Sprecherausschuss informiert er bewusst nicht. Wer kann etwas dagegen unternehmen?

c) Der Arbeitgeber G hat mit dem Sprecherausschuss eine Richtlinie über Erfolgsbeteiligungen der leitenden Angestellten im Betrieb schriftlich vereinbart. Später möchte er in Arbeitsverträgen mit einzelnen leitenden Angestellten von der Richtlinie zuungunsten der Arbeitnehmer abweichen. Möglich?

Das Gesetz über Sprecherausschüsse der leitenden Angestellten (Sprecherausschussgesetz – SprAuG) gibt den leitenden Angestellten (Rdnr. 60, 851) im Betrieb eine eigene gesetzliche Interessenvertretung; damit soll der besonderen Rolle der leitenden Angestellten im Betrieb und der Tatsache Rechnung getragen werden, dass sich in der Vergangenheit schon viele solcher Ausschüsse auf freiwilliger Grundlage gebildet haben. Vorbild waren in vielfacher Hinsicht die Bestimmungen des BetrVG. Gem. § 1 III SprAuG gilt das Gesetz nur für Betriebe der Privatwirtschaft. Auf Religionsgemeinschaften und deren karitative und erzieherische Einrichtungen findet es keine Anwendung.

a) *Funktion des Sprecherausschusses*

1005 Der Sprecherausschuss ist der gesetzliche Repräsentant der leitenden Angestellten des Betriebs; er vertritt deren Belange (§ 25 I 1 SprAuG). Er ist zwar nicht rechtsfähig, kann aber Partei im arbeitsgerichtlichen Beschlussverfahren sein (§§ 10, 80 ff. ArbGG; Rdnr. 1088).

Auf Unternehmensebene ist bei Bestehen mehrerer Sprecherausschüsse ein Gesamtsprecherausschuss zu errichten (§§ 16 ff. SprAuG), während für einen Konzern ein Konzernsprecherausschuss gebildet werden kann (§§ 21 ff. SprAuG).

1006 Die Zusammenarbeit mit dem Betriebsrat soll durch die Einräumung eines gegenseitigen Teilnahmerechts an den jeweiligen Sitzungen sowie durch eine jährlich stattfindende gemeinsame Sitzung gestärkt werden (§ 2 II SprAuG). Berühren Vereinbarungen zwischen Betriebsrat und Arbeitgeber Interessen der leitenden Angestellten (bspw. die Aufstellung eines Urlaubsplans), ist der Sprecherausschuss zu der Angelegenheit rechtzeitig anzuhören (§ 2 I SprAuG).

b) *Errichtung und Zusammensetzung des Sprecherausschusses*

1007 (1) *Errichtung:* In Betrieben mit in der Regel mindestens zehn leitenden Angestellten werden (Betriebs-)Sprecherausschüsse gewählt (§ 1 I SprAuG). Wenn zu einem Unternehmen wenigstens ein Betrieb mit zehn leitenden Angestellten gehört, wählen die leitenden Angestellten aus Betrieben mit weniger als zehn leitenden Angestellten dessen Sprecherausschuss mit. Hat ein Unternehmen mehrere Betriebe mit zehn leitenden Angestellten, werden die leitenden Angestellten aus Betrieben mit weniger als zehn leitenden Angestellten dem räumlich nächstgelegenen sprecherausschussfähigen Betrieb für die Wahl zugeordnet (§ 1 II SprAuG). Die Sprecherausschüsse vertreten dann auch die Interessen der leitenden Angestellten, die sie mitgewählt haben (§ 25 I 1 SprAuG). Durch diese Regelung soll erreicht werden, dass kein leitender Angestellter des Unternehmens ohne Vertretung bleibt.

Der Sprecherausschuss wird in geheimer und unmittelbarer Wahl gewählt. Die regelmäßigen Wahlen sollen zeitgleich mit den regelmäßigen Betriebsratswahlen alle vier Jahre stattfinden (§ 5 I SprAuG). In einer Versammlung der leitenden Angestellten wird von der Mehrheit ein Wahlvorstand gewählt; sofern ein Sprecherausschuss besteht, bestellt er vor Ablauf seiner Amtszeit einen Wahlvorstand (§ 7 I, II SprAuG). Dieser hat die Wahl unverzüglich einzuleiten, durchzuführen, das Ergebnis festzustellen und bekannt zu geben (§ 7 IV SprAuG).

1008 (2) *Zusammensetzung:* Die – jeweils ungerade – Zahl der Mitglieder des Sprecherausschusses richtet sich nach der Zahl der im jeweiligen Betrieb tätigen leitenden Angestellten; dabei sollen Männer und Frauen entsprechend ihrem zahlenmäßigen Verhältnis vertreten sein (§ 4 II SprAuG).

c) *Geschäftsführung, Aufgaben und Beteiligungsrechte des Sprecherausschusses*

1009 (1) Die Regeln über die *Geschäftsführung* des Sprecherausschusses (§§ 11–14 SprAuG) sind den Bestimmungen des BetrVG nachgebildet (vgl. Rdnr. 868 ff.).

An den Sitzungen des Sprecherausschusses nimmt der Arbeitgeber teil, sofern sie auf sein Verlangen anberaumt sind oder er zu ihnen ausdrücklich eingeladen ist (§ 12 IV SprAuG). Für die Geschäftsführung hat der Arbeitgeber die erforderlichen Mittel zur Verfügung zu stellen.

1010 (2) Der Sprecherausschuss hat vor allem folgende *Aufgaben:*

(a) Er soll einmal im Kalenderjahr eine *Versammlung der leitenden Angestellten einberufen und* in ihr einen *Tätigkeitsbericht erstatten* (§ 15 I 1 SprAuG). Er muss eine solche Versammlung einberufen, wenn der Arbeitgeber oder ein Viertel der leitenden Angestellten es beantragen; eine im Betrieb vertretene Gewerkschaft ist nicht antragsbefugt (vgl. § 15 I 2 SprAuG; zu **Fall a**).

1011 (b) Der Sprecherausschuss hat mit dem Arbeitgeber *vertrauensvoll zusammenzuarbeiten* (§ 2 I 1 SprAuG); ihn trifft eine *Friedenspflicht* (§ 2 IV SprAuG). § 2 I SprAuG entspricht im Wesentlichen der Vorschrift des § 2 I BetrVG, weshalb die zu dieser Norm entwickelten Grundsätze entsprechend herangezogen werden können.

(c) Der Sprecherausschuss hat mit dem Arbeitgeber *darüber zu wachen, dass alle leitenden Angestellten nach Recht und Billigkeit behandelt werden* (§ 27 I SprAuG). § 27 I SprAuG wurde mit der Einführung des AGG – ebenso wie § 75 II BetrVG – an die Benachteiligungsmerkmale des AGG angepasst.

1012 (3) *Beteiligungsrechte* des Sprecherausschusses

(a) Echte Mitbestimmungsrechte (Rdnr. 904) gewährt das Gesetz dem Sprecherausschuss nicht, jedoch stehen ihm eine Reihe von *Unterrichtungs- und Beratungsrechten* zu. Das gilt vor allem für die Änderung allgemeiner Arbeitsbedingungen, die Einführung oder Änderung allgemeiner Beurteilungsgrundsätze sowie für die wirtschaftlichen Angelegenheiten des Betriebs und Unternehmens (§§ 30, 32 SprAuG).

Auch bei personellen Maßnahmen ist der Sprecherausschuss zu beteiligen. So ist ihm eine beabsichtigte Einstellung oder personelle Veränderung eines leitenden Angestellten rechtzeitig mitzuteilen (§ 31 SprAuG). Vor jeder Kündigung eines leitenden Angestellten ist der Sprecherausschuss zu hören (§ 31 II 1 SprAuG). Ein Widerspruchsrecht des Sprecherausschusses, das das Entstehen eines Weiterbeschäftigungsanspruches zur Folge hätte, kennt das SprAuG im Gegensatz zum BetrVG nicht.

Im **Fall b** kann gegen die Einstellung des Y nichts unternommen werden, weil § 31 I SprAuG keine Rechtsfolge bei Verletzung der Mitteilungspflicht vorsieht. G hat ordnungswidrig gehandelt, weshalb eine Geldbuße verhängt werden kann (§ 36 SprAuG). Dagegen ist die Kündigung des X ohne Anhörung des Sprecherausschusses unwirksam (§ 31 II 3 SprAuG); das kann X im Kündigungsrechtsstreit mit G geltend machen.

(b) Mit dem Arbeitgeber kann der Sprecherausschuss *Richtlinien schriftlich vereinbaren,* die den Inhalt, den Abschluss oder die Beendigung von Arbeitsverhältnissen der leitenden Angestellten betreffen (§ 28 I SprAuG). Sie sind nicht zwingend, so dass im Einzelarbeitsvertrag mit einem leitenden Angestellten auch zu dessen Ungunsten davon abgewichen werden kann. Allerdings gilt der Inhalt der Richtlinie – wie eine Betriebsvereinbarung (Rdnr. 129, 988ff.) – unmittelbar und zwingend, soweit dies zwischen Arbeitgeber und Sprecherausschuss vereinbart ist (§ 28 II 1 SprAuG). In diesem Fall sind abweichende Regelungen nur zugunsten des leitenden Angestellten zulässig (§ 28 II 2 SprAuG); das Günstigkeitsprinzip (Rdnr. 683ff.; Rdnr. 128, 130) ist hier also – anders als bei der Betriebsvereinbarung – ausdrücklich geregelt. **1013**

Im **Fall c** kann G von der Richtlinie abweichen, sofern keine unmittelbare und zwingende Wirkung vereinbart worden ist. Selbst wenn eine solche Vereinbarung getroffen worden sein sollte, wäre ein Verzicht mit Zustimmung des Sprecherausschusses zulässig (§ 28 II 3 SprAuG). Jedenfalls kommt eine Kündigung mit einer Frist von drei Monaten in Betracht, sofern nichts anderes vereinbart ist (§ 28 II 4 SprAuG).

d) *Rechtsstellung der Mitglieder des Sprecherausschusses*

Die Mitglieder des Sprecherausschusses dürfen *in der Ausübung ihrer Tätigkeit nicht gestört oder behindert* und wegen ihrer Tätigkeit weder benachteiligt noch begünstigt werden (§ 2 III SprAuG). Sie sind von ihrer beruflichen Tätigkeit ohne Minderung des Arbeitsentgelts zu befreien, wenn und soweit es zur Durchführung ihrer Aufgaben erforderlich ist (§ 14 I SprAuG). Anders als Betriebsratsmitglieder (§ 15 KSchG; § 103 BetrVG) genießen sie keinen besonderen Kündigungsschutz. Ihre *Pflicht zur Geheimhaltung von Betriebs- oder Geschäftsgeheimnissen,* die ihnen wegen ihrer Zugehörigkeit zum Sprecherausschuss bekannt geworden sind, entspricht derjenigen der Betriebsratsmitglieder; sie dürfen diese Geheimnisse ebenfalls weder offenbaren noch verwerten (§ 29 SprAuG). Die *Mitgliedschaft im Sprecherausschuss erlischt,* wenn das Arbeitsverhältnis des leitenden Angestellten endet oder dieser aus dem Sprecherausschuss ausgeschlossen wird (§ 9 SprAuG). **1014**

2. Personalvertretungsrecht

Schrifttum: Müller/F. Preis, Arbeitsrecht im öffentlichen Dienst, 6. Aufl., 2006, Rdnr. 192ff.; Richardi/Dörner/Weber, Personalvertretungsrecht, 3. Aufl. 2008; von Roetteken, Rechtsprechung zum Personalvertretungsrecht zwischen 2001 und 2005, NZA-RR 2006, 225; Schulte, Personalvertretungsrecht geht anders – wichtige Unterschiede zum Mitbestimmungsverfahren im BetrVG, ArbRB 2006, 48.

Für Beschäftigte im öffentlichen Dienst gilt das BetrVG nicht (§ 130 BetrVG). Deren Beteiligungsrechte richten sich nach den Personalvertretungsgesetzen des Bundes (BPersVG) und der Länder. Nach der bundesgesetzlichen Regelung kann die Personalvertretung (Personalräte, Bezirkspersonalräte, Gesamtpersonalräte, §§ 12, 53, 55 BPersVG) im Rahmen ihrer Aufgaben (§ 68 BPersVG) schriftliche Dienstvereinbarungen (§ 73 BPersVG) oder aber Dienstabsprachen treffen. Sie entsprechen in ihrer Wirkung der Betriebsvereinbarung bzw. der Regelungsab- **1015** rede. Die Beteiligungsrechte, die denen des BetrVG ähneln, lassen sich qualitativ in Mitwirkungs- und Mitbestimmungsrechte unterteilen (§§ 75ff. BPersVG). Zur Durchsetzung der Mitbestimmungsrechte bei nicht erfolgter Einigung in einer Angelegenheit, die der Mitbestimmung unterliegt, kennt auch das BPersVG den Gang zur Einigungsstelle (§§ 69 IV, 71 BPersVG).

B. Europäische Betriebsverfassung

Schrifttum: Blanke, Europäisches Betriebsräte-Gesetz, 2. Aufl., 2006; Buchmann/Melot de Beauregard, Die neue Richtlinie über Europäische Betriebsräte, BB 2009, 1417; Franzen, EU-Erweiterung und Europäische Betriebsräte, BB 2004, 938; Giesen, Merkwürdiges Übergangsrecht bei der Reform des Europäischen Betriebsrats, NZA 2009, 1174; Junker, Neues zum Europäischen Betriebsrat, RdA 2002, 32; Krimphove, Europäisches Arbeitsrecht, 2. Aufl., 2001, S. 396ff.; Rose/Blanke, Die zeitliche Koordinierung der Informations- und Konsultationsansprüche Europäischer Betriebsräte und nationaler Interessenvertretungen bei grenzübergreifenden Umstrukturierungsmaßnahmen, RdA 2008, 65; Sadowski/Kühne, Der Europäische Betriebsrat, Festschrift Birk, 2008, S. 771; Thüsing/Forst, Europäische Betriebsräte-Richtlinie: Neuerungen und Umsetzungserfordernisse, NZA 2009, 408.

1016 **Fall:** Das Unternehmen A beschäftigt am Stammsitz in Konstanz 850 Arbeitnehmer. Es betreibt in Frankreich Vertriebs- und Serviceeinheiten mit 145 Arbeitnehmern. In Liechtenstein sitzt das Finanzzentrum, in dem 6 Arbeitnehmer arbeiten. Kann ein Europäischer Betriebsrat gebildet werden?

Neben die nationale Betriebsverfassung des BetrVG stellt das Europäische Betriebsräte-Gesetz (EBRG) zusätzlich ein grenzüberschreitendes Unterrichtungs- und Anhörungsverfahren für gemeinschaftsweit operierende Unternehmen und Unternehmensgruppen.

I. Entstehungsgeschichte und Zweck des EBRG

1017 Durch das Europäische Betriebsräte-Gesetz vom 28. 10. 1996 (BGBl. I, 1548 u. 2022) wurde die Richtlinie 94/45/EG vom 22. 9. 1994 über die Errichtung eines Europäischen Betriebsrats (EBR) oder die Schaffung eines Verfahrens zur Unterrichtung und Anhörung der Arbeitnehmer ins deutsche Recht umgesetzt. Das EBRG soll die Durchsetzung des Rechts der Arbeitnehmer auf grenzüberschreitende Anhörung und Unterrichtung in gemeinschaftsweit operierenden Unternehmen und Unternehmensgruppen verbessern. Der EBR stellt keine eigenständige vierte Ebene über den Einzel-, Gesamt- und Konzernbetriebsräten des BetrVG dar. Er soll nur die Interessenvertretung auf nationaler Ebene für grenzüberschreitende Angelegenheiten effektiver gestalten. Er ist somit lediglich ein Hilfsorgan der nationalen Betriebsverfassung (vgl. Oetker, DB 1996, Beil. 10, 6).

Allerdings schreibt das EBRG die Einrichtung eines gemeinschaftsweiten Unterrichtungs- und Anhörungsverfahrens nicht zwingend vor. Es liegt in der Autonomie von Unternehmensleitung und Arbeitnehmern, die Initiative zur Einsetzung und Ausgestaltung eines Unterrichtungs- und Anhörungsverfahrens zu ergreifen. Sofern weder Arbeitnehmer- noch Arbeitgeberseite initiativ werden oder die Arbeitnehmer qualifiziert auf die Nutzung der Möglichkeiten des EBRG verzichten, gibt es trotz des apodiktischen Wortlautes des § 1 I EBRG keinen Europäischen Betriebsrat. Unabhängig von der Bildung eines europäischen Betriebsrats wird europarechtlich ein Rahmen für Anhörungs- und Informationsrechte der Arbeitnehmer durch die neue Richtlinie 2002/14/EG festgelegt (vgl. dazu Reichold, NZA 2003, 289ff.). Da am 6. 5. 2009 eine neue Richtlinie 2009/38/EG über die Europäischen Betriebsräte erlassen worden ist, stehen bis zum Ablauf der Umsetzungsfrist (5. 6. 2011) erhebliche Änderungen im Recht des EBR bevor. Die Richtlinie sieht zahlreiche Neuerungen vor, die insbesondere die Konstituierung des EBR, das Verfahren und die einzelnen Rechte der Betriebsratsmitglieder betreffen (vgl. etwa Rdnr. 1025). Insgesamt weitet die Richtlinie diese Rechte aus (Buchmann/Melot de Beauregard, BB 2009, 1417).

II. Geltungsbereich des EBRG

1. Räumlicher Anwendungsbereich

Das Gesetz gilt nur für gemeinschaftsweit tätige Unternehmen (§§ 2 I, 3 I EBRG) **1018**
und Unternehmensgruppen (§§ 2 I, 3 II i.V.m. § 6 EBRG) mit (Haupt-) Sitz in Deutschland, wobei sich mindestens zwei Betriebe bzw. Unternehmen in unterschiedlichen Staaten befinden müssen. Relevante Mitgliedstaaten sind nach § 2 III des Gesetzes nicht nur die Staaten der EU, sondern auch die anderen Vertragsstaaten des Europäischen Wirtschaftsraums (Island, Liechtenstein und Norwegen).

Im obigen **Fall** ist daher das EBRG insoweit anwendbar. Das Unternehmen A ist durch die Betriebe in Deutschland, Frankreich und Liechtenstein gemeinschaftsweit tätig i.S. des § 2 I EBRG. Weitere Voraussetzung ist, dass A unter den sachlichen und persönlichen Anwendungsbereich des EBRG fällt.

Unternehmen oder Unternehmensgruppen mit einem Hauptsitz außerhalb des EWR werden vom EBRG unter den Voraussetzungen des § 2 II EBRG erfasst (zu Informationsrechten innerhalb der Unternehmensgruppe vgl. den interessanten Fall „Kühne & Nagel" EuGH NZA 2004, 160 = RdA 2004, 307 m. Anm. Giesen).

2. Sachlicher und persönlicher Anwendungsbereich

Das Gesetz ist auf Unternehmen und Unternehmensgruppen aller Rechtsformen **1019**
anwendbar, die in den Mitgliedstaaten mindestens 1000 Arbeitnehmer beschäftigen, davon in mindestens zwei Mitgliedstaaten jeweils mindestens 150 Arbeitnehmer (vgl. § 3 EBRG). Die Berechnung der durchschnittlichen Arbeitnehmerzahlen ergibt sich nach § 4 EBRG aus § 5 I BetrVG (vgl. Rdnr. 851 ff.). Grundsätzlich gilt das Gesetz auch für Tendenzunternehmen, für die die Anhörungs- und Unterrichtungsrechte jedoch eingeschränkt sind (§ 34 EBRG).

Im **Einführungsfall** ist daher im Ergebnis das EBRG nicht anwendbar. Zwar hat das Unternehmen mit 1001 Beschäftigten die erste Voraussetzung des § 3 I EBRG erfüllt, jedoch wird die zweite Beschäftigtenschwelle des § 3 I EBRG von mindestens 150 Arbeitnehmern nur vom Stammsitz in Konstanz, und damit entgegen § 3 I EBRG nur in einem Mitgliedstaat überschritten.

1020 Auf der Arbeitgeberseite ist die sog. „zentrale Leitung“ Gesprächs- und Verhandlungspartner der Arbeitnehmer. Gemeint ist das Organ, dem die Vertretung und die Geschäftsführung zusteht, also beispielsweise der Vorstand bei einer Aktiengesellschaft oder die Geschäftsführung bei einer GmbH. Auf der Arbeitnehmerseite ist nach dem EBRG ein besonderes Verhandlungsgremium zu bilden, das die Verhandlungen über den Abschluss einer Vereinbarung zur Unterrichtung und Anhörung führt. Wenn die Vereinbarung die Einrichtung eines EBR vorsieht, wird dieser Träger der Europäischen Betriebsverfassung.

III. Bildung des Europäischen Betriebsrats

1. Der EBR kraft Vereinbarung

1021 Grundsätzlich sind freiwillige Vereinbarungen im Sinne der §§ 17ff. EBRG über die Einrichtung eines EBR bzw. über ein Verfahren zur Unterrichtung und Anhörung zwischen der zentralen Leitung und dem zu bildenden besonderen Verhandlungsgremium abzuschließen. Um beurteilen zu können, ob die Voraussetzungen für die Anwendbarkeit des Gesetzes in ihrem Unternehmen oder in ihrer Unternehmensgruppe gegeben sind, steht der Arbeitnehmerseite gem. § 5 EBRG ein Auskunftsanspruch gegen die „zentrale Leitung“ zu (vgl. zur Reichweite dieses Anspruchs EuGH NZA 2004, 160 = RdA 2004, 307 m. Anm. Giesen).

Das besondere Verhandlungsgremium wird auf Antrag von mindestens 100 Arbeitnehmern oder ihrer Vertreter aus mindestens zwei Betrieben oder Unternehmen aus verschiedenen Mitgliedstaaten oder auf Initiative der zentralen Leitung gebildet (§ 9 EBRG). Wird keine Seite aktiv, gibt es keinen EBR und kein alternatives Verfahren. Dem besonderen Verhandlungsgremium gehört mindestens ein Arbeitnehmervertreter aus jedem Mitgliedstaat an (Einzelh.: § 10 EBRG). Die Bestellung der deutschen Vertreter obliegt grundsätzlich dem Gesamt- oder Konzernbetriebsrat, subsidiär dem einzelnen Betriebsrat (§ 11 EBRG). Besteht keine Arbeitnehmervertretung, so muss zunächst ein Betriebsrat gewählt werden, damit die betroffenen Arbeitnehmer an den EBR-Verhandlungen teilnehmen dürfen.

1022 Zentrale Leitung und besonderes Verhandlungsgremium haben bei ihrer freiwilligen Vereinbarung über die grenzüberschreitende Unterrichtung und Anhörung der Arbeitnehmer nach § 17 EBRG einen sehr weiten Gestaltungsspielraum. Die für den gesetzlichen EBR geltenden Vorschriften (§§ 21ff. EBRG) sind für sie nicht verbindlich. Sie sind insbesondere frei, zu entscheiden, ob sie eine grenzüberschreitende Unterrichtung und Anhörung durch die Errichtung eines zentralen EBR oder mehrerer Europäischer Betriebsräte (§ 18 EBRG) oder aber durch ein dezentrales Verfahrenssystem (§ 19 EBRG) verwirklichen wollen. In jedem Fall muss die Vereinbarung alle in den Mitgliedstaaten beschäftigten Arbeitnehmer erfassen. EBR, die bereits vor dem Inkrafttreten des Gesetzes am 22. 9. 1996 aufgrund der Richtlinie eingeführt wurden, bleiben nach der Übergangsvorschrift des § 41 EBRG aufrecht erhalten.

2. Der EBR kraft Gesetzes

Ein einziger, zentraler Europäischer Betriebsrat kraft Gesetzes ist nach dem gesetzlichen Modell zu errichten, wenn die zentrale Leitung die Aufnahme von Verhandlungen innerhalb von sechs Monaten nach Antragstellung der Arbeitnehmer verweigert, wenn es innerhalb von drei Jahren nach Beginn der Verhandlungen zu keinem Abschluss einer freiwilligen Vereinbarung gekommen ist oder wenn die zentrale Leitung und das gemeinsame Verhandlungsgremium gemeinsam das vorzeitige Scheitern der Verhandlungen erklären (§ 21 I 2 EBRG). Es handelt sich um eine Auffangregelung für den rechtspolitisch an sich unerwünschten Fall, dass die Verhandlungslösung zu keiner Einigung führt. **1023**

Die Arbeitnehmervertreter im besonderen Verhandlungsgremium können sich auch gegen jede Vereinbarung eines grenzüberschreitenden Unterrichtungs- und Anhörungsverfahrens aussprechen. Beschließen sie mit zwei Drittel der Stimmen, die Verhandlungen mit der zentralen Leitung nicht zu eröffnen oder die bereits laufenden Verhandlungen abzubrechen, verhindert ein solcher Beschluss einen EBR oder ein alternatives Verfahren und zieht regelmäßig eine Wartefrist nach sich (vgl. § 15 EBRG).

IV. Struktur und Aufgaben des gesetzlichen Europäischen Betriebsrats

1. Zusammensetzung und innere Ordnung

Die Zusammensetzung des gesetzlichen EBR ähnelt derjenigen des besonderen Verhandlungsgremiums: **1024**

§ 22 EBRG schreibt zunächst eine Repräsentation jedes Mitgliedstaats vor. Proportional gestaffelt nach der Größe des Betriebs oder Unternehmens werden darüber hinaus weitere Vertreter entsandt. Insgesamt dürfen allerdings nicht mehr als 30 Europäische Betriebsräte bestellt werden. Die zentrale Leitung muss alle zwei Jahre prüfen, ob der EBR noch diesen Grundsätzen entsprechend zusammengesetzt ist. Die Bestellung der Arbeitnehmervertreter erfolgt durch betriebsverfassungsrechtliche Gremien, die auch für die Wahl der Mitglieder des besonderen Verhandlungsgremiums zuständig sind (§ 23 EBRG). Der EBR ist eine Dauereinrichtung und hat daher keine Amtszeit. Die Dauer der Mitgliedschaft im EBR beträgt nach § 36 I EBRG vier Jahre, wenn sie nicht durch Abberufung oder aus anderen Gründen, z.B. Beendigung des Arbeitsverhältnisses oder Aufgabe des Amtes, vorzeitig endet. Für die Überprüfung der ordnungsgemäßen Wahl der inländischen Vertreter des EBR sind die Arbeitsgerichte auch dann zuständig, wenn der EBR außerhalb der Bundesrepublik Deutschland ansässig ist (BAG NZA 2007, 1375).

Die innere Ordnung des EBR ist in den §§ 25ff. EBRG geregelt:

In der konstituierenden Sitzung wählt der EBR aus seiner Mitte einen Vorsitzenden und dessen Stellvertreter. Ihnen obliegt die Vertretung des EBR nach außen (§ 25 EBRG). Die durch die Bildung und Tätigkeit des EBR entstehenden Kosten – auch für einen Sachverständigen – hat die zentrale Leitung zu tragen (§§ 29, 30 EBRG).

2. Zuständigkeit und Mitwirkungsrechte

1025 Gem. § 31 EBRG ist der EBR nur in Angelegenheiten zuständig, die mindestens zwei Betriebe oder zwei Unternehmen in verschiedenen Mitgliedstaaten betreffen. Dabei hat er nur das Recht auf rechtzeitige Unterrichtung und Anhörung. Die in § 1 IV EBRG legaldefinierte Anhörung geht über das Anhörungsrecht nach dem BetrVG hinaus und ähnelt eher der betriebsverfassungsrechtlichen Beratung (dazu Rdnr. 931, 973 ff.). Nach der am 6.6.2009 in Kraft getretetenen und bis zum 5.6.2011 umzusetzenden Richtlinie 2009/38/EG (Rdnr. 1017) muss die Anhörung so frühzeitig erfolgen, dass die Arbeitnehmervertreter auf die Beschlussfassung der zentralen Leitung wirksam Einfluss nehmen können (Thüsing/Forst, NZA 2009, 408 ff.).

Gleichwohl bleibt die zentrale Leitung – nach der Beteiligung des EBR – in ihrer Entscheidung frei; die Rechte des EBR sind also lediglich als Beratungs- und Mitwirkungsrechte, nicht als Mitbestimmungsrechte ausgestaltet.

a) *Jährliche Unterrichtung und Anhörung*

1026 Nach § 32 EBRG ist die zentrale Leitung verpflichtet, den EBR einmal im Kalenderjahr über die Entwicklung der Geschäftslage und die Perspektiven des gemeinschaftsweit tätigen Unternehmens oder der Unternehmensgruppe zu unterrichten und anzuhören. Die in einem Katalog zusammengefassten Aufgaben umfassen in etwa die wirtschaftlichen Angelegenheiten des Wirtschaftsausschusses (§ 106 III BetrVG), Betriebsänderungen i.S.v. § 111, 2 BetrVG und Massenentlassungen (§ 17 I KSchG).

b) *Unterrichtung und Anhörung bei außergewöhnlichen Umständen*

1027 Nach § 33 EBRG ist die zentrale Leitung zusätzlich verpflichtet, bei außergewöhnlichen Umständen, die erhebliche Auswirkungen auf die Interessen der Arbeitnehmer haben, den EBR *rechtzeitig* zu unterrichten und ihn auf Verlangen auch anzuhören.

c) *Unterrichtung der örtlichen Arbeitnehmervertreter*

1028 Der Europäische Betriebsrat oder der ihn vertretende Ausschuss haben gem. § 35 EBRG die Pflicht, im Anschluss an die Unterrichtung bzw. Anhörung der zentralen Leitung den örtlichen Arbeitnehmervertretern, oder, wenn es diese nicht gibt, den Arbeitnehmern der Betriebe und Unternehmen darüber zu berichten.

V. Grundsätze der Zusammenarbeit und Schutzbestimmungen

1029 In den §§ 38 ff. EBRG werden in enger Anlehnung an das BetrVG die Grundsätze der Zusammenarbeit und der Schutz der Arbeitnehmervertreter in den Gremien des EBRG geregelt. Dabei gelten die Normen für jede Art von länderübergreifender Unterrichtung und Anhörung, unabhängig davon, ob das Verfahren freiwillig oder kraft Gesetzes eingerichtet worden ist.

Zentrale Leitung und EBR oder die Träger alternativer Verfahren werden in § 38 EBRG verpflichtet, zum Wohle der Arbeitnehmer und des Unternehmens oder der Unternehmensgruppe vertrauensvoll zusammenzuarbeiten. Keine Unterrichtungspflicht besteht in solchen Angelegenheiten, durch deren Offenlegung Betriebs- und Geschäftsgeheimnisse gefährdet werden (§ 39 I EBRG). Solche Geheimnisse, die im Rahmen der Mitwirkung nach dem EBRG bekannt geworden und zusätzlich von der zentralen Leitung ausdrücklich als geheimhaltungsbedürftig bezeichnet worden sind, unterliegen einem Offenbarungs- und Verwertungsverbot (§ 39 II 1 EBRG).

Die inländischen Arbeitnehmervertreter, die auf der Grundlage des EBRG tätig werden, genießen nach § 40 EBRG Entgelt- und Tätigkeitsschutz, Schutz vor Behinderungen und Benachteiligungen sowie Kündigungsschutz. Auf bezahlte Freistellung für Schulungs- und Bildungsveranstaltungen haben die Europäischen Betriebsräte dagegen anders als ein Betriebsrat keinen Anspruch. Die Schutzbestimmungen werden durch die Straf- und Bußgeldvorschriften der §§ 42 ff. EBRG flankiert.

C. Unternehmensmitbestimmung

Schrifttum: Franzen, Niederlassungsfreiheit, internationales Gesellschaftsrecht und Unternehmensmitbestimmung, RdA 2004, 257; Henssler, Arbeitnehmermitbestimmung im deutschen Gesellschaftsrecht, in: Baums/Ulmer (Hrsg.), Unternehmensmitbestimmung der Arbeitnehmer im Recht der EU-Mitgliedstaaten, 2004, S. 133 ff.; ders., Die Unternehmensmitbestimmung, in: Festschrift 50 Jahre BGH, 2000, S. 387 ff.; ders., Bewegung in der deutschen Unternehmensmitbestimmung, RdA 2005, 330; ders., Mitbestimmungsrechtliche Konsequenzen der Sitzverlegung innerhalb der Europäischen Union, in: Gedächtnisschrift Heinze, 2005, S. 333 ff.; ders., Erfahrungen und Reformbedarf bei der SE – Mitbestimmungsrechtliche Reformvorschläge, ZHR 173 (2009), 222; Junker, Unternehmensmitbestimmung in Deutschland, ZfA 2005, 1; Krause, Die Mitbestimmung der Arbeitnehmer in der Europäischen Gesellschaft (SE), BB 2005, 1221; Oetker, Unternehmensmitbestimmung in der rechtspolitischen Diskussion – Ein Zwischenbericht, RdA 2005, 338; ders., Unternehmerische Mitbestimmung kraft Vereinbarung in der Europäischen Gesellschaft (SE), in: Festschrift Konzen, 2006, S. 635 ff.; Schubert, Die Mitbestimmung der Arbeitnehmer bei grenzüberschreitender Verschmelzung, RdA 2007, 9; Ulmer/Habersack/Henssler, Mitbestimmungsrecht, 2. Aufl., 2006; Walk/Burger, Konzernmitbestimmung ohne Konzern? Zur Reichweite des § 5 Abs. 3 MitbestG, RdA 2009, 373.

I. Begriff und Entwicklung

Die Mitbestimmung in der Unternehmensverfassung bedeutet eine Beteiligung 1030
der Arbeitnehmer an der Leitung des Unternehmens, indem dessen Organe auch mit Arbeitnehmervertretern besetzt werden. Sie hat ihre historischen Wurzeln im Betriebsräterecht der Weimarer Republik (vgl. bereits Rdnr. 833 ff.). Damals erhielten in den Kapitalgesellschaften die Betriebsräte das Recht, ein bis zwei Vertreter in die Aufsichtsräte zu entsenden. Die Arbeitnehmer waren so erstmals durch umfassende Informations-, Anhörungs- und Mitspracherechte an den Leitungsentscheidungen größerer Unternehmen beteiligt. Dieser Ansatz der Unternehmensmitbestimmung wurde in der Bundesrepublik in differenzierter Form er-

heblich weiterentwickelt, und zwar für kleinere Kapitalgesellschaften nach dem – zum 1. 7. 2004 durch das DrittelbG abgelösten – BetrVG 1952 (1/3 Arbeitnehmervertreter im Aufsichtsrat), für den sog. Montan-Bereich (Kohle und Stahl) nach dem Montan-MitbestG von 1951 mit vielfachen späteren Modifikationen (volle paritätische Mitbestimmung) und für alle Kapitalgesellschaften mit mehr als 2000 Arbeitnehmern nach dem Mitbestimmungsgesetz von 1976. Daneben enthält auch das Aktiengesetz, welches die eigentlichen Regelungen über den Aufsichtsrat enthält, mitbestimmungsrelevante Vorschriften (vgl. bspw. § 96 AktG).

II. Betroffene Unternehmen

1031 Die Unternehmensmitbestimmung ist nicht zwingend für alle Unternehmen vorgeschrieben. Vielmehr hängt die Anwendbarkeit der einzelnen Gesetze von der Rechtsform und der Größe der Unternehmen ab (vgl. Rdnr. 1032ff.). Ausgenommen von der Mitbestimmung sind sog. Tendenzbetriebe (vgl. § 1 II DrittelbG, § 1 IV MitbestG), grundsätzlich auch ausländische Gesellschaften. Ausländische Gesellschaften, die in Deutschland lediglich rechtlich unselbständige Betriebe bzw. Zweigniederlassungen unterhalten, werden von den deutschen Mitbestimmungsgesetzen anerkanntermaßen nicht erfasst (Territorialitätsprinzip!). Dagegen ist heftig umstritten, ob ausländische Gesellschaften, die ihren tatsächlichen Verwaltungssitz nach Deutschland verlegen, dem MitbestG unterfallen. Dies wurde mit dem Argument verneint, dass nach der vorherrschenden Sitztheorie eine solche Gesellschaft nicht als juristische Person anerkannt wurde. Eine nicht anerkannte juristische Person könne aber nicht mitbestimmungspflichtig sein. Seit der Übernahme der Gründungstheorie in das deutsche internationale Gesellschaftsrecht als Reaktion auf die „Überseering"-Entscheidung des EuGH (NJW 2002, 3614; vgl. nachfolgend BGHZ 154, 185 und EuGH NJW 2003, 3331 „Inspire Art") ist diese Argumentation überholt. Überwiegend wird gleichwohl eine Unanwendbarkeit bejaht (vgl. nur Raiser, § 1 MitbestG Rdnr. 14). Bei europäischen Unternehmen dürfte aufgrund des unverhältnismäßigen Eingriffs des MitbestG in die Organisation der Gesellschaft die Anwendbarkeit an Art. 49, 54 AEUV scheitern (dazu Henssler, in: Gedächtnisschrift Heinze, 2005, S. 333, 347ff.). Zur Sicherung der Arbeitnehmer-Mitbestimmungsrechte bei einer grenzüberschreitenden Verschmelzung gilt nun das Gesetz über die Mitbestimmung der Arbeitnehmer bei einer grenzüberschreitenden Verschmelzung (MgVG) vom 21.12.2006 (vgl. dazu Nagel, NZG 2007, 57ff.).

Fälle:

a) Der Angestellte einer Aktiengesellschaft, die ein Warenhaus betreibt, verlangt, dass ein Betriebsratsmitglied in den Vorstand berufen wird. Spielt es eine Rolle, ob 501, mehr als 1000 oder mehr als 2000 Arbeitnehmer beschäftigt werden?

b) Im Fall a betreibt die Aktiengesellschaft eine Zeche.

III. Mitbestimmung nach dem Drittelbeteiligungsgesetz

Seit dem 1. 7. 2004 werden alle Aktiengesellschaften, Kommanditgesellschaften auf Aktien und Gesellschaften mit beschränkter Haftung von der Mitbestimmung nach dem DrittelbG (BGBl. I, S. 974ff.) erfasst, wenn sie mehr als 500 Arbeitnehmer beschäftigen. Das DrittelbG hat die §§ 76–87a BetrVG 1952 abgelöst, die lange Zeit noch fortgalten, obwohl dieses Gesetz an sich längst durch das BetrVG 1972 ersetzt worden war. Inhaltlich hat das DrittelbG allerdings die Regelung der §§ 76ff. BetrVG 1952 weitgehend übernommen und nur einige Unstimmigkeiten der Vorgängerregelung beseitigt. **1032**

Der Aufsichtsrat einer Kapitalgesellschaft muss nach dem DrittelbG zu einem Drittel aus Arbeitnehmervertretern bestehen, die von den Arbeitnehmern gewählt und dann ohne Mitwirkung des Wahlorgans der Gesellschaft in den Aufsichtsrat entsandt werden. Die Arbeitnehmer haben demgemäß keine wirkliche Machtstellung im Aufsichtsrat, da sie in der Minderheit sind. Eine Vertretung der Arbeitnehmer in der Unternehmensleitung (Vorstand, Geschäftsführer) sieht das DrittelbG nicht vor (**Fall a**: Warenhaus mit 501 Arbeitnehmern).

IV. Mitbestimmung in der Montanindustrie

Nach dem Montan-MitbestG von 1951 haben die Arbeitnehmer ein Mitbestimmungsrecht in Aktiengesellschaften und Gesellschaften mit beschränkter Haftung, wenn es sich um Unternehmen der Montanindustrie mit in der Regel mehr als 1000 Arbeitnehmern handelt. Der überwiegende Unternehmenszweck muss in der Förderung von Kohle oder Eisenerz, in der Aufbereitung der Kohle (Verkokung, Verschwelung oder Brikettierung) oder in der Eisen- und Stahlerzeugung liegen (Einzelh.: § 1 I Montan-MitbestG). **1033**

Neben dem Montan-MitbestG von 1951 erließ der Gesetzgeber für solche („Holding"-) Gesellschaften, die selbst keine Montanunternehmen waren, aber einen Konzern beherrschten, zu dem Montanunternehmen gehörten, 1956 ein Montan-Mitbestimmungsergänzungsgesetz. Mit diesem Gesetz und seinen zahlreichen, auf Drängen des DGB erlassenen Neufassungen wollte der Gesetzgeber – dem Rückgang der Montanindustrie in Deutschland Rechnung tragend – die Montan-Mitbestimmung in den Holdinggesellschaften sichern. Die letzte Neufassung von 1988 wurde vom BVerfG (BVerfGE 99, 367 = RdA 1999, 389 m. Anm. Raiser) teilweise für verfassungswidrig erklärt, so dass es eine Montanholding nicht mehr gibt. Ob die Änderung des Montan-Mitbestimmungsergänzungsgesetzes – insbesondere dessen § 3 – vom 1.7.2004 zur Verfassungsmäßigkeit führte, wird bezweifelt (Huke/Prinz, BB 2004, 2633, 2638). Eine praktische Bedeutung kommt dem Gesetz heute nicht mehr zu. **1034**

In der Montanindustrie sind die Aufsichtsräte paritätisch zusammengesetzt. Sie haben 11, 15 oder 21 Mitglieder (§§ 4 I 1, 9 Montan-MitbestG). Davon entfallen je fünf, sieben bzw. zehn Aufsichtsratsmitglieder auf die Anteilseigner und die Arbeitnehmerschaft (§ 4 I 2 Montan-MitbestG). Zur Vermeidung von Pattsituationen bei der Beschlussfassung gehört dem Aufsichtsrat ein neutrales Mitglied, der sog. **1035**

11., 15. oder 21. Mann, an (§ 4 Ic Montan-MitbestG). Die Wahl der Arbeitnehmervertreter für den Aufsichtsrat erfolgt nach einem komplizierten Verfahren (§ 6 Montan-MitbestG).

1036 Anders als das DrittelbG sieht das Montan-MitbestG auch eine Vertretung der Arbeitnehmer im Vorstand bzw. in der Geschäftsführung durch den sog. Arbeitsdirektor vor (§ 13 Montan-MitbestG). Er ist gleichberechtigtes Mitglied des zur gesetzlichen Vertretung berufenen Gesellschaftsorgans und hat insbesondere die wirtschaftlichen und sozialen Interessen der Belegschaft zu wahren. Die Bestellung des Arbeitsdirektors durch den Aufsichtsrat kann nicht gegen die Stimmen der Mehrheit der Arbeitnehmer im Aufsichtsrat erfolgen (anders nach dem MitbestG 1976, vgl. Rdnr. 1037 ff.).

Im **Fall b** ist nur dann ein Arbeitsdirektor zu wählen, wenn in der Regel mehr als 1000 Arbeitnehmer beschäftigt werden (§ 1 II Montan-MitbestG).

V. Mitbestimmung nach dem Mitbestimmungsgesetz 1976

1037 Für jede Aktiengesellschaft, Kommanditgesellschaft auf Aktien und GmbH, die regelmäßig mehr als 2000 Arbeitnehmer beschäftigt, gilt das MitbestG 1976 (§ 1 I MitbestG; **Fall a**: Warenhaus mit über 2000 Arbeitnehmern). Sonderregelungen gelten für die GmbH und Co. KG, bei der die von der KG beschäftigten Arbeitnehmer der Komplementär-GmbH für die Berechnung des Schwellenwertes und die Durchführung des Wahlverfahrens zugerechnet werden (§ 4 MitbestG). Die in konzernverbundenen Unternehmen (Tochtergesellschaften) beschäftigten Arbeitnehmer werden nach § 5 MitbestG dem herrschenden Konzernunternehmen zugerechnet, wählen also die Arbeitnehmervertreter im Aufsichtsrat der Konzernholding mit. Die Regelung verhindert zugleich, dass die Anwendung des MitbestG durch Aufspaltung eines Unternehmens in Gesellschaften mit jeweils weniger als 2001 Arbeitnehmer vermieden wird. Die Mitbestimmungsregelungen des DrittelbG, des Montan-MitbestG und des MitbestErgG werden durch das MitbestG nicht berührt (§ 1 II, III MitbestG).

Ist die Konzernspitze nicht in einer der in § 1 I MitbestG genannten Rechtsformen verfasst oder befindet sich ihr Sitz im Ausland, so muss der Aufsichtsrat nach § 5 III MitbestG bei dem der Konzernleitung am nächsten stehenden und unter den Anwendungsbereich des Mitbestimmungsgesetzes fallenden Unternehmen gebildet werden, sofern die Konzernleitung über dieses Unternehmen andere Konzerngesellschaften beherrscht. Dabei ist unerheblich, ob dieses Unternehmen eigene Leitungsbefugnisse gegenüber den Untergesellschaften ausübt (OLG Frankfurt am Main, DB 2008, 1032, s. eingehend Walk/Burger, RdA 2009, 373).

1038 Die Aufsichtsräte der dem MitbestG unterfallenden Unternehmen setzen sich je zur Hälfte aus Vertretern der Anteilseigner und der Arbeitnehmer zusammen (§ 7 I MitbestG).

Der Aufsichtsrat besteht aus 12, 16 oder 20 Mitgliedern (§ 7 I MitbestG). Von den sechs, acht oder zehn Aufsichtsratsmitgliedern der Arbeitnehmer müssen vier, sechs oder sieben Mitglieder Arbeitnehmer des Unternehmens sein; die restlichen Arbeitnehmervertreter sind Vertreter von Gewerkschaften (§ 7 II MitbestG), für die den Gewerkschaften das Vorschlagsrecht zusteht. In Unternehmen mit in der Regel mehr als 8000 Arbeitnehmern werden die Aufsichtsratsmitglieder der Arbeitnehmer durch Delegierte, in Unternehmen mit weniger Arbeitnehmern unmittelbar von den Arbeitnehmern gewählt, sofern diese nicht die Wahl durch Delegierte beschließen (§§ 9 ff. MitbestG). Wählbar ist jeder Arbeitnehmer, der das 18. Lebensjahr vollendet hat, mind. ein Jahr dem Unternehmen angehört und in den Betriebsrat gewählt werden kann (§ 7 III 1 MitbestG). Arbeitnehmern, die in ausländischen Zweigniederlassungen oder in selbständigen ausländischen Tochtergesellschaften einer deutschen Konzernmutter tätig sind, steht kein aktives Wahlrecht zu. Die Aufsichtsratsmitglieder der Anteilseigner werden bei der AG durch die Hauptversammlung, bei einer GmbH durch die Gesellschafterversammlung gewählt (vgl. § 8 MitbestG).

Der Aufsichtsratsvorsitzende und sein Stellvertreter müssen mit einer 2/3-Mehrheit vom Aufsichtsrat gewählt werden (§ 27 I MitbestG). Wird diese Mehrheit nicht erreicht, wählen die Aufsichtsratsmitglieder der Anteilseigner den Vorsitzenden, die Mitglieder der Arbeitnehmer den Stellvertreter mit jeweils einfacher Mehrheit der abgegebenen Stimmen (§ 27 II MitbestG). Von Bedeutung ist diese Entscheidungsbefugnis der Anteilseigner, weil der Aufsichtsratsvorsitzende in Patt-Situationen bei einer Wiederholung der Abstimmung ein sog. Zweitstimmrecht hat. Bei erneuter Stimmengleichheit entscheidet somit die Stimme des Vorsitzenden (§§ 29 II, 31 IV MitbestG). Damit bleibt ein gewisses Übergewicht der Anteilseignerseite. In der Praxis ist ein Rückgriff auf das Zweitstimmrecht des Aufsichtsratsvorsitzenden allerdings äußerst unbeliebt. **1039**

Die Mitglieder des zur gesetzlichen Vertretung des Unternehmens befugten Organs (Vorstand der Aktiengesellschaft, Geschäftsführer der GmbH) werden vom Aufsichtsrat bestellt. Diesem Organ gehört als gleichberechtigtes Mitglied auch ein Arbeitsdirektor (§ 33 MitbestG) an. Der „Arbeitsdirektor“ nach dem MitbestG ist, anders als im Montanbereich (vgl. insbesondere § 13 I 2 Montan-MitbestG), ein Vorstandsmitglied wie jedes andere, also ohne besondere gesetzliche Bindung an die Arbeitnehmerseite im Aufsichtsrat. **1040**

Das Bestellungsverfahren ist in §§ 31, 27 III MitbestG außerordentlich kompliziert geregelt. Da der Gesetzgeber mögliche Konflikte über Personalentscheidungen vorhersah, hat er in § 27 III MitbestG für Meinungsverschiedenheiten über die personelle Besetzung der Unternehmensleitung einen speziellen („Schlichtungs“-) Ausschuss vorgesehen. Daraus ergeben sich in Verbindung der §§ 31 und 27 III MitbestG vier mögliche Verfahrensstufen. In der Praxis würde das zu erheblichen Beeinträchtigungen der Unternehmensinteressen führen. Bestellungsbeschlüsse des Aufsichtsrats nach § 31 MitbestG werden daher in aller Regel so vorbereitet, dass im Aufsichtsrat bei der ersten Beschlussfassung ausreichende Mehrheiten zustande kommen.

Im Gegensatz zur Montan-Mitbestimmung regelt das MitbestG 1976 keine volle Parität. Es hat zwischen der „Drittelparität“ des damals einschlägigen BetrVG 1952 und der Vollparität des Montan-MitbestG von 1951 einen Mittelweg gewählt. Die Absage an die volle Parität liegt vor allem im Zweitstimmrecht des Aufsichtsrats-Vorsitzenden in Pattsituationen, wenn Stimmengleichheit im Aufsichtsrat besteht. Damit haben die Anteilseignervertreter in allen strategisch wichtigen Fragen den „Stichentscheid“. Noch eindeutiger wird diese Situation in der GmbH, weil dort die Gesellschafter die Geschäftsleitung auch in Einzelfragen anweisen – nicht nur kontrollieren – können (dazu Henssler, GmbHR 2004, 321). **1041**

1042 Auf die Verfassungsbeschwerde einiger Unternehmen und Arbeitgeberverbände hat das BVerfG (E 50, 290; vgl. dazu Säcker, RdA 1979, 380ff.) die Vereinbarkeit des MitbestG 1976 mit der Verfassung, insbesondere mit den Grundrechten aus Art. 9 III, 12 und 14 GG überprüft. In einer ausführlich begründeten Entscheidung hat es die Verfassungsmäßigkeit des Gesetzes bejaht. Dabei hat es die im Gesetz angelegten Beeinträchtigungen der Eigentumsrechte aus der Besonderheit des Unternehmenseigentums und vor allem damit gerechtfertigt, dass die Eigentumsgarantie des Art. 14 GG durch den Bestellmodus für den Aufsichtsratsvorsitzenden und durch dessen Zweitstimmrecht gewährleistet sei. Diese Verfahrensregelungen geben der Anteilseignerseite letztlich die Möglichkeit, sich durchzusetzen. Damit wird inzident die Verfassungsmäßigkeit einer vollparitätischen Mitbestimmung – also ohne den Stichentscheid der Unternehmenseigentümer – in Frage gestellt.

Daher begegnet die Montanmitbestimmung nach dem Gesetz von 1951, das damals unter der Drohung des DGB mit einem Generalstreik vom Bundestag beschlossen wurde, verfassungsrechtlichen Bedenken (ErfK/Oetker, Einl. Montan-MitbestG Rdnr. 5f. m.w.Nachw.). Neben der Verletzung des vom BVerfG betonten Letztentscheidungsrechts der Anteilseignervertreter kann in der Ungleichbehandlung der Montanunternehmen gegenüber den übrigen Branchen, für die das MitbestG 1976 gilt, ein Verstoß gegen Art. 3 GG gesehen werden. Das Problem hat durch den rapiden Niedergang der Montanindustrie an Bedeutung verloren. Insgesamt scheint das Schicksal der Montanmitbestimmung die These von Karl Marx zu bestätigen, dass ökonomische Gesetze langfristig wirksamer sind als staatliche.

1043 In der Unternehmenspraxis ist der mitbestimmte Aufsichtsrat zur Beurkundungsstelle von Entscheidungen geworden, die vor den Sitzungen vom Vorsitzenden oder vom Präsidium des Aufsichtsrats mit den Anteilseignern und den Arbeitnehmervertretern abgestimmt wurden. Die sachlichen Argumente und Meinungen werden in separaten Sitzungen der jeweiligen Bänke vor den offiziellen Aufsichtsratssitzungen geklärt.

VI. Mitbestimmung in der Europäischen Aktiengesellschaft (SE)

1044 Das jahrzehntelange Ringen um die Europäische Aktiengesellschaft hat sehr deutlich gemacht, dass das deutsche Modell der Unternehmensmitbestimmung bis heute für viele andere Industriestaaten nicht akzeptabel ist. Nur über einen aus deutscher Sicht letztlich unbefriedigenden Kompromiss konnte die Einführung dieser neuen supranationalen Gesellschaftsform schließlich sichergestellt werden. Die Regelung der Arbeitnehmerbeteiligung in den Gesellschaftsorganen ist einer eigenständigen Richtlinie (2001/86/EG v. 8. 10. 2001 ABl. L 294/22 v. 10. 11. 2001) vorbehalten, die in Deutschland durch das SE-Beteiligungsgesetz (SEBG) vom 22.12.2004 umgesetzt wurde. Nach dem SEBG ist bei der Gründung einer SE ein besonderes Verhandlungsgremium zu bilden (§§ 4ff. SEBG). Diesem kommt die Aufgabe zu, mit der Unternehmensleitung eine schriftliche Vereinbarung über die Beteiligung der Arbeitnehmer in der SE abzuschließen, sog. *Vorrang der Verhandlungslösung*. Erst im Fall des Scheiterns der Verhandlungen greift im Sinne einer Auffangregelung ein gesetzliches Modell der Mitbestimmung, das sich grundsätzlich an dem weitestgehenden zuvor praktizierten Konzept der Arbeitnehmerbeteiligung orientiert (§§ 34 ff. SEBG; vgl. zum Ganzen Henssler, in: Festschrift Ulmer, 2003, S. 193 ff.). Gehört eine mitbestimmungspflichtige, deutsche Gesellschaft zu den Gründungsgesellschaften, wird daher das deutsche Modell der Arbeitnehmermitbestimmung in der SE in aller Regel fortgeführt werden müssen. Gleichwohl erweist sich die Rechtsform der SE auch für deutsche Großunternehmen als attraktiv, wie die Umwandlung von im DAX notierten Gesellschaften wie der Allianz AG, der BASF AG, der MAN AG und der Fresenius AG in eine solche Gesellschaftsform zeigt. Die SE bietet u.a. die Möglichkeit, eine Verkleinerung des Aufsichtsrats durchzusetzen, der für Großunternehmen im Anwendungsbereich des MitbestG mit 20 Mitgliedern völlig überdimensioniert sein kann (vgl. § 7 I MitbestG; dazu Henssler, RdA 2005, 330; ders., ZHR 173 (2009), 222).

Kapitel 12

Die Arbeitsgerichtsbarkeit

Schrifttum: Gravenhorst, Anhörungsrügengesetz und Arbeitsgerichtsverfahren, NZA 2005, 24; Henssler/Deckenbrock, Neue Regeln für den deutschen Rechtsberatungsmarkt, DB 2008, 41; Holthaus/Koch, Auswirkungen der Reform des Zivilprozessrechts auf das arbeitsgerichtliche Verfahren, RdA 2002, 140; Kerwer, Die Arbeitsgerichtsbarkeit, JuS 1999, 250; Krasshöfer-Pidde/Molkenbur, Der Rechtsweg zu den Gerichten für Arbeitssachen im Urteilsverfahren, NZA 1991, 623; Linsenmaier, Von Lyon nach Erfurt – Zur Geschichte der deutschen Arbeitsgerichtsbarkeit, NZA 2004, 401; Prütting, Prozessuale Koordinierung von kollektivem und Individualarbeitsrecht, RdA 1991, 257; Schwab/Wildschütz/Heege, Disharmonien zwischen ZPO und ArbGG, NZA 2003, 999.

Fälle:

1045 a) Der Arbeitgeber, der seinen Prokuristen P wegen eines unerlaubten Griffs in die Ladenkasse fristlos entlassen hat, möchte einen Schadensersatzanspruch aus unerlaubter Handlung in Höhe von 6500,– € gegen P geltend machen. Vor welchem Gericht soll er klagen, wenn beide Parteien sich auf die Zuständigkeit des Landgerichts Köln geeinigt haben?

b) Der Arbeitnehmervertreter im Aufsichtsrat soll aus wichtigem Grund abberufen werden. Welches Gericht ist dafür zuständig?

c) Nachdem im Fall a die Klage vor dem Arbeitsgericht Köln erhoben worden ist, möchte der Arbeitgeber in demselben Prozess den Vater des P als selbstschuldnerischen Bürgen (für die Verbindlichkeiten des P) verklagen und außerdem den P zur Räumung der ihm überlassenen Wohnung verurteilen lassen.

d) Der Gläubiger G des Arbeitnehmers hat dessen Lohnanspruch gegen den Arbeitgeber pfänden und sich zur Einziehung überweisen lassen. Da der Arbeitgeber nicht zahlt, möchte G ihn auf Zahlung verklagen. G will sich ans Amtsgericht und nicht ans Arbeitsgericht wenden, weil er kein Arbeitnehmer sei.

e) Der Betriebsrat klagt gegen den Arbeitgeber auf Zahlung von 300,– €, da er zu diesem Preis Büromaterial für die Betriebsratsarbeit gekauft habe. In welchem Verfahren wird entschieden?

I. Aufbau der Arbeitsgerichtsbarkeit

1046 Die gegenüber der Zivilgerichtsbarkeit selbstständige Arbeitsgerichtsbarkeit heutiger Prägung nahm ihren Ausgang mit dem am 28. 6. 1890 verabschiedeten Gewerbegerichtsgesetz. Ziel dieser gesonderten Gerichtsbarkeit ist es, für den Bereich der arbeitsrechtlichen Streitigkeiten ein angemessenes, insbesondere den Arbeitnehmerbedürfnissen (bspw. schnell, kostengünstig) angepasstes Verfahren bereitzustellen. Die Gerichtsbarkeit in Arbeitssachen wird durch die Arbeitsgerichte, die Landesarbeitsgerichte und das Bundesarbeitsgericht ausgeübt (§ 1 ArbGG).

1. Arbeitsgericht

Das Arbeitsgericht besteht aus Kammern, die mit einem Berufsrichter als Vorsitzendem und je einem ehrenamtlichen Richter aus Kreisen der Arbeitnehmer und der Arbeitgeber besetzt sind (§ 16 II ArbGG). Zuständig ist das Arbeitsgericht für alle Arbeitssachen in erster Instanz ohne Rücksicht auf den Streitwert (§ 8 I ArbGG; seltene Ausnahme: § 158 Nr. 5 SGB IX). **1047**

2. Landesarbeitsgericht

Das Landesarbeitsgericht besteht ebenfalls aus Kammern, welche wie die der Arbeitsgerichte besetzt sind (§ 35 II ArbGG). Es ist als zweite Instanz für Berufungen gegen Urteile und Beschwerden gegen Beschlüsse der ersten Instanz zuständig (§ 8 II, IV ArbGG). **1048**

3. Bundesarbeitsgericht

Das Bundesarbeitsgericht in Erfurt (§ 40 I ArbGG) besteht aus zehn Senaten, die in der Besetzung mit je einem Vorsitzenden, zwei berufsrichterlichen Beisitzern und je einem ehrenamtlichen Richter aus den Kreisen der Arbeitnehmer und der Arbeitgeber tätig werden (§ 41 II ArbGG). Es entscheidet als dritte Instanz über Rechtsmittel gegen Entscheidungen der zweiten Instanz (§§ 8 V, 72, 72a, 72b, 77, 92, 92a, 92b ArbGG) sowie als zweite Instanz über (Sprung-)Revisionen gegen Urteile eines Arbeitsgerichts (§ 76 ArbGG). **1049**

Der Große Senat des BAG hat für die Rechtsfortbildung und die „Ersatzgesetzgebung“ im Arbeitsrecht (Richterrecht) eine herausragende Bedeutung, weil das Parlament aus unterschiedlichen Gründen im Arbeitsrecht oft untätig bleibt. **1050**

Der Große Senat beim BAG besteht aus dem Präsidenten, je einem Berufsrichter der Senate, denen der Präsident nicht vorsitzt und je drei ehrenamtlichen Richtern aus den Kreisen der Arbeitnehmer und der Arbeitgeber (§ 45 V ArbGG). Er *muss* von einem Senat des BAG angerufen werden, wenn dieser von der Entscheidung eines anderen Senats oder des Großen Senats abweichen will (§ 45 II ArbGG). Gleiches gilt in einer Frage von grundsätzlicher Bedeutung, wenn die Fortbildung des Rechts oder die Sicherung einer einheitlichen Rechtsprechung eine Entscheidung des Großen Senats erfordern (§ 45 IV ArbGG). Der Wortlaut („kann“) legt es zwar nahe, die Vorlage gem. Abs. 4 in das Ermessen des Senats zu legen. Ein Vorlageermessen stellt jedoch einen Verstoß gegen das Verfassungsgebot des gesetzlichen Richters gem. Art. 101 Abs. 1 Satz 2 GG dar. In Anlehnung an die Entscheidung des BVerfG zur vergleichbaren Vorschrift des § 554b ZPO a. F. (Revisionsannahme) ist § 45 Abs. 4 ArbGG daher verfassungskonform dahingehend auszulegen, dass Rechtsfragen von grundsätzlicher Bedeutung zwingend vorzulegen sind. (Rüthers/Höpfner, JZ 2010, 261, 264; HWK/*Bepler*, § 45 ArbGG, Rdnr. 10). **1051**

Der Große Senat ist „gesetzlicher Richter“ im Sinne von Art. 101 I 2 GG. Verletzt ein Senat diese gesetzliche Vorlageverpflichtung, entzieht er den Parteien den gesetzlichen Richter und begründet somit einen Verfassungsverstoß. Nach der (zweifelhaften) Rechtsprechung des BVerfG sind allerdings nur *willkürliche* Verstöße gegen Vorlagepflichten mit der Verfassungsbeschwerde angreifbar, wobei das Gericht an das Vorliegen von Willkür hohe Voraussetzungen stellt (st. Rspr. seit BVerfGE 3, 359, 365; krit. Rüthers/Bakker, ZfA 1992, 199, 200; Höpfner, NZA 2008, 91, 94).

II. Zuständigkeit der Gerichte für Arbeitssachen

1. Sachliche Zuständigkeit

a) *Ausschließliche Zuständigkeit*

1052 Das Gesetz bestimmt in den §§ 2 I, 2a I ArbGG enumerativ eine ausschließliche Zuständigkeit der Gerichte für Arbeitssachen; „ausschließlich" bedeutet, dass die gesetzliche Regelung nicht durch Parteivereinbarung oder im Wege rügeloser Einlassung (§§ 38, 39 ZPO) abgeändert werden kann.

(1) Nach § 2 I ArbGG entscheiden die Arbeitsgerichte ausschließlich vor allem über die folgenden Streitigkeiten im *Urteilsverfahren* (Rdnr. 1068 ff.):

1053 (a) *Bürgerliche Rechtsstreitigkeiten zwischen Arbeitnehmern und Arbeitgebern* aus dem Arbeitsverhältnis und aus unerlaubten Handlungen, soweit diese mit dem Arbeitsverhältnis im Zusammenhang stehen (§ 2 I Nr. 3 ArbGG).

Beispiele: Lohnzahlung, Wirksamkeit der Kündigung, Ersatz von Vorstellungskosten, Zahlung des betrieblichen Ruhegeldes.

Dies sind die häufigsten Verfahren, die bei den Arbeitsgerichten anhängig werden. Unter ihnen rangieren die Kündigungsschutzprozesse weit vorn. Der Arbeitnehmerbegriff in § 2 I Nr. 3–5 ArbGG richtet sich nach allgemeinen arbeitsrechtlichen Merkmalen (Rdnr. 57 ff.); § 5 ArbGG stellt die Zuständigkeit der Arbeitsgerichte aber auch für Rechtsstreitigkeiten von arbeitnehmerähnlichen Personen fest.

Im **Fall a** handelt es sich um eine Rechtsstreitigkeit zwischen Arbeitgeber und Arbeitnehmer. P ist als Prokurist Arbeitnehmer. Der geltend gemachte Anspruch aus unerlaubter Handlung steht im Zusammenhang mit dem inzwischen beendeten Arbeitsverhältnis. Demnach ist das Arbeitsgericht ausschließlich zuständig. Die Vereinbarung einer anderen Zuständigkeit ändert daran nichts.

Die Zuständigkeit des Arbeitsgerichts ist auch gegeben, wenn der Arbeitnehmer Ansprüche aus unerlaubter Handlung gegen die Geschäftsführung juristischer Personen geltend macht (BAG NZA 1997, 115). § 2 I Nr. 3 lit. d ArbGG ist hiernach analog anzuwenden, da bei juristischen Personen die Organe die Arbeitgeberfunktionen ausüben.

Soweit das ArbGG eine Streitigkeit mit oder zwischen *Arbeitnehmern* voraussetzt, ist die Arbeitnehmereigenschaft grundsätzlich schon bei der Zuständigkeit des Gerichts zu prüfen. Etwas anders gilt nur in den sog. *sic-non-Fällen*, wenn von der Arbeitnehmerstellung der Prozesspartei zugleich die Begründetheit der Klage abhängt (dazu Rdnr. 1103). Um einen sic-non-Fall handelt es sich, wenn der geltend gemachte Anspruch lediglich auf eine arbeitsrechtliche Anspruchsgrundlage (z.B. § 1 KSchG) gestützt werden kann. In diesen Konstellationen hängt von der Bejahung der Arbeitnehmereigenschaft sowohl die Rechtswegzuständigkeit als auch die Begründetheit ab. Das BAG (NZA 1996, 1005) hält bei sic-non-Fällen die bloße Rechtsansicht des Klägers, er sei Arbeitnehmer, für ausreichend zur Annahme der Rechtswegzuständigkeit. Anders ist dies bei den sog. *aut-aut-Fällen* (sowohl arbeitsrechtliche als auch rechtswegfremde Anspruchsgrundlage, die sich aber gegenseitig ausschließen) oder den *et-et-Fällen* (ebenso wie aut-aut, aber die Anspruchsgrundlagen schließen sich nicht aus). Hier muss die Arbeitnehmereigenschaft bereits im Rahmen der Zulässigkeit geprüft werden. Vgl. dazu ausführl. HWK/Ziemann, § 48 ArbGG Rdnr. 24 ff.

(b) *Bürgerliche Rechtsstreitigkeiten zwischen Arbeitnehmern* aus gemeinsamer Arbeit und aus unerlaubten Handlungen, soweit diese mit dem Arbeitsverhältnis im Zusammenhang stehen (§ 2 I Nr. 9 ArbGG). **1054**

Beispiele: Streit unter den Mitgliedern einer Arbeitsgruppe über die Verteilung des Lohnes; Schadensersatzanspruch gegen einen Arbeitskollegen wegen einer Schlägerei beim Betriebsausflug.

(c) *Bürgerliche Rechtsstreitigkeiten zwischen Tarifvertragsparteien* oder zwischen diesen und Dritten aus Tarifverträgen oder über das Bestehen von Tarifverträgen sowie aus unerlaubten Handlungen, sofern diese Arbeitskampfmaßnahmen sind oder die Vereinigungsfreiheit berühren (§ 2 I Nr. 1, 2 ArbGG). Immer muss wenigstens eine Prozesspartei tariffähig (§ 2 TVG; Rdnr. 666ff.) sein. **1055**

Beispiele: Rechtsstreit über das Unterlassen von Streikaufrufen, die Auslegung einer Klausel des Tarifvertrags, den Schadensersatzanspruch wegen rechtswidrigen Streiks, das Zutrittsrecht der Gewerkschaft zum Betrieb. Dagegen ist für den Streit zwischen einer Tarifpartei und ihrem Mitglied das ordentliche Gericht zuständig, da Grundlage des Streits nicht der Tarifvertrag, sondern das Vereinsrecht ist.

(2) Nach § 2a I ArbGG entscheiden die Arbeitsgerichte ferner ausschließlich über die folgenden Angelegenheiten im *Beschlussverfahren* (Rdnr. 1087ff.): **1056**

(a) *Angelegenheiten aus dem BetrVG* (§ 2a I Nr. 1 ArbGG). Ausgenommen ist die Verhängung von Strafen oder Geldbußen (§§ 119ff. BetrVG), für die das ordentliche Gericht zuständig ist.

Beispiele: Streit über die Notwendigkeit der Errichtung eines Betriebsrats oder dessen Zusammensetzung; die vom Arbeitgeber zu tragenden Kosten der Betriebsratsarbeit; die Rechtmäßigkeit eines Spruchs der Einigungsstelle.

(b) *Angelegenheiten aus dem SprAuG* (§ 2a I Nr. 2 ArbGG). Ausgenommen ist auch hier die Verhängung von Strafen oder Geldbußen (§§ 34ff. SprAuG). **1057**

(c) *Mitbestimmungsrechtliche Angelegenheiten aus dem MitbestG* (Rdnr. 1037ff.) *und dem DrittelbG* (Rdnr. 1032ff.), soweit sie die *Wahl oder die Abberufung von Arbeitnehmervertretern* im Aufsichtsrat betreffen (§ 2a I Nr. 3 ArbGG). **1058**

Beispiele: Streit über die Dauer der Wahl, das Wahlergebnis, die Wahlanfechtung. Nicht hierher gehört die Abberufung eines Aufsichtsratsmitglieds aus wichtigem Grund, für die das ordentliche Gericht zuständig ist (§ 103 III AktG; § 2a I Nr. 3 ArbGG; **Fall b**), weil es sich um eine gesellschaftsrechtliche Streitigkeit handelt. Ferner fallen nicht unter § 2a ArbGG der Streit über die Zusammensetzung des Aufsichtsrats einer Aktiengesellschaft (vgl. §§ 98f. AktG) sowie der Streit über die Rechte und Pflichten des Aufsichtsratsmitglieds (ordentliches Gericht). Auch für Angelegenheiten nach dem Montan-MitbestG ist eine Zuständigkeit der Arbeitsgerichte nicht begründet.

(d) Entscheidungen über die *Tariffähigkeit* (Rdnr. 666ff.) und die *Tarifzuständigkeit* (Rdnr. 672) einer Vereinigung (§ 2a I Nr. 4 ArbGG). **1059**

1060 (3) Die ausschließliche arbeitsgerichtliche Zuständigkeit kann durch einen Schiedsvertrag nur für die in § 101 ArbGG genannten seltenen Fälle (z.B. Bühnenkünstler, Schiffsbesatzungen) ausgeschlossen werden (§ 4 ArbGG).

b) *Nichtausschließliche (= fakultative) Zuständigkeit*

1061 In zwei Fällen können nichtarbeitsrechtliche Streitigkeiten, für welche die ordentlichen Gerichte zuständig sind, auch bei den Arbeitsgerichten anhängig gemacht werden:

(1) Streitigkeiten zwischen juristischen Personen des Privatrechts und ihren kraft Gesetzes vertretungsberechtigten Organen (z.B. Vorstandsmitglied einer Aktiengesellschaft, Geschäftsführer einer GmbH) gehören vor die ordentlichen Gerichte, weil das Mitglied des Vertretungsorgans kein Arbeitnehmer ist (§ 5 I 3 ArbGG). Dennoch kann eine Entscheidung durch die Arbeitsgerichte zweckmäßig sein. Erforderlich für die Zuständigkeit des Arbeitsgerichts ist eine entsprechende Vereinbarung der Prozessparteien (§ 2 IV ArbGG).

1062 (2) Streitigkeiten können dann vor das Arbeitsgericht gebracht werden, wenn sie mit einem bereits beim Arbeitsgericht anhängigen Streit in rechtlichem oder unmittelbar wirtschaftlichem Zusammenhang stehen und für diesen keine ausschließliche Zuständigkeit eines anderen Gerichts gegeben ist (sog. Zusammenhangsklage; § 2 III ArbGG).

Im **Fall c** besteht ein solcher Zusammenhang zwischen dem Schadensersatzanspruch gegen P und dem Anspruch aus der Bürgschaft gegen den Vater. Mangelnde Personenidentität steht einer solchen Klage nicht entgegen. Streitigkeiten über Wohnraum sind aber ausschließlich den Amtsgerichten zugewiesen (§ 23 Nr. 2a GVG; **Fall c**). Auch den Streit wegen der Erfindung eines Arbeitnehmers entscheidet nicht das Arbeitsgericht, sondern die Kammer für Patentsachen (§ 39 I ArbNErfG) selbst dann, wenn eine arbeitsrechtliche Streitigkeit anhängig ist und mit dieser ein Zusammenhang besteht.

c) *Zuständigkeit bei Rechtsnachfolge*

1063 An der in §§ 2, 2a ArbGG geregelten Zuständigkeit ändert sich gem. § 3 ArbGG nichts dadurch, dass der Rechtsstreit durch einen Rechtsnachfolger (z.B. bei Gläubigerwechsel durch Abtretung, Erbfolge) oder durch eine Person geführt wird, die kraft Gesetzes anstelle des sachlich Berechtigten oder Verpflichteten hierzu befugt ist (= Prozessstandschafter, bspw. der Insolvenzverwalter).

Im **Fall d** ist nach §§ 2 I Nr. 3 a; 3 ArbGG das Arbeitsgericht zuständig, denn der Pfändungspfandgläubiger G will die Forderung des Arbeitnehmers gegen den Arbeitgeber geltend machen.

d) *Vorfragenkompetenz*

1064 Das Arbeitsgericht kann gem. §§ 48 I ArbGG, 17 II GVG auch rechtswegfremde Vorfragen mitentscheiden. Für eine Aufrechnung mit einer rechtswegfremden Gegenforderung soll dies nicht gelten, (BAG NZA 2008, 843; 2001, 1158).

2. Örtliche Zuständigkeit

Für die Frage, welches Arbeitsgericht örtlich zuständig ist, muss zwischen dem Urteilsverfahren (§§ 46ff. ArbGG; Rdnr. 1068ff.) und dem Beschlussverfahren (§§ 80ff. ArbGG; Rdnr. 1087ff.) unterschieden werden. **1065**

Für das Urteilsverfahren gelten über § 46 II 1 ArbGG grundsätzlich die Zuständigkeitsregeln der §§ 12ff. ZPO (insbesondere § 29 ZPO). Ausnahmen dazu regelt der § 48 II ArbGG für Zuständigkeitsfestlegungen durch die Tarifvertragsparteien.

Für das Beschlussverfahren sieht § 82 ArbGG eine ausschließliche örtliche Zuständigkeit des Arbeitsgerichts vor, in dessen Bezirk der Betrieb liegt bzw. das Unternehmen seinen Sitz hat. **1066**

Mit den internationalen und örtlichen Zuständigkeitsregeln der EuGVVO (EG-Verordnung Nr. 44/2001) wird es regelmäßig keine Konflikte geben. Zuständig ist nach Art. 19 II EuGVVO das Gericht des gewöhnlichen Arbeitsortes des Arbeitnehmers bzw. der Einstellungsniederlassung. Das dürfte regelmäßig auch der Erfüllungsort i.S. § 29 ZPO sein. Von Art. 19 II EuGVVO abweichende Vereinbarungen sind nur in den Grenzen des Art. 21 EuGVVO zulässig, eine rügelose Einlassung hingegen ist stets möglich (Art. 24 EuGVVO).

3. Folgen der Anrufung eines unzuständigen Gerichts

Ist der Rechtsweg unzulässig oder fehlt dem angerufenen Gericht die sachliche oder örtliche Zuständigkeit, spricht das Gericht dies nach Anhörung der Parteien von Amts wegen aus und verweist den Rechtsstreit zugleich bindend an das zuständige Gericht des zulässigen Rechtsweges (§ 48 I ArbGG i.V.m. § 17a II GVG); der Beschluss, der ohne mündliche Verhandlung ergehen kann, muss, sofern er nicht lediglich die örtliche Zuständigkeit zum Gegenstand hat, durch die Kammer gefasst werden (Einzelh.: § 48 I ArbGG i.V.m. §§ 17–17b GVG). **1067**

III. Urteilsverfahren

Das Arbeitsgerichtsgesetz normiert zwei grundlegend verschiedene Verfahrensarten, nämlich **1068**
- das Urteilsverfahren (§§ 2, 46ff. ArbGG; Rdnr. 1069ff.) und
- das Beschlussverfahren (§§ 2a, 80ff. ArbGG; Rdnr. 1087ff.).

In ihnen werden entsprechend der Zuständigkeitsverteilung in den §§ 2 und 2a ArbGG unterschiedliche Gegenstände nach entsprechend verschiedenen Verfahrensregeln behandelt. Wer seine Rechte vor den Arbeitsgerichten geltend machen will, muss also die dafür zutreffende Verfahrensart wählen. Wählt der Kläger oder Antragsteller die falsche Verfahrensart, so hat das angerufene Gericht im Rahmen der Zulässigkeitsprüfung die Rechtssache in die zulässige Verfahrensart überzuleiten (§§ 48 ArbGG, 17a GVG, 281 ZPO).

Das Urteilsverfahren betrifft die in § 2 I-IV ArbGG bezeichneten bürgerlichen Rechtsstreitigkeiten (§§ 2 V, 46 I ArbGG). Für dieses Verfahren gelten weitgehend die Vorschriften der ZPO (vgl. §§ 46 II, 64 VI, 72 V ArbGG).

Folgende Besonderheiten des arbeitsgerichtlichen Urteilsverfahrens seien genannt:

1. Partei- und Prozessfähigkeit sowie Prozessführungsbefugnis

1069 a) *Parteifähigkeit* ist die Fähigkeit, Subjekt eines Prozessrechtsverhältnisses (vor allem Kläger oder Beklagter) zu sein. Parteifähig ist, wer rechtsfähig ist (§ 50 I ZPO). Gewerkschaften sind häufig nichtrechtsfähige Vereine. Dennoch können sie im arbeitsgerichtlichen Verfahren gem. § 10 ArbGG parteifähig sein, wenn sie tariffähig (Rdnr. 666 ff.) sind. Durch die Rspr. des BGH zur Rechtsfähigkeit der (Außen-)GbR (BGHZ 146, 341) ist diese Problematik auch für den Zivilprozess – für den es an einer § 10 ArbGG entsprechenden Regelung fehlt – entschärft worden, da nun konsequenterweise auch nicht eingetragene Vereine rechtsfähig sein müssen.

Der Betriebsrat ist im Urteilsverfahren nicht parteifähig. Klagen und verklagt werden kann nur das einzelne Betriebsratsmitglied.

1070 b) *Prozessfähigkeit* ist die Fähigkeit, selbst oder durch einen selbst bestellten Vertreter im Prozess wirksam handeln zu können. Diese prozessuale Handlungsfähigkeit deckt sich mit der Geschäftsfähigkeit (§§ 51 I, 52 ZPO). Eine Person ist insoweit prozessfähig, als sie sich durch Verträge verpflichten kann. Der minderjährige Arbeitgeber kann unter den Voraussetzungen des § 112 BGB (Rdnr. 159), der minderjährige Arbeitnehmer unter denen des § 113 BGB (Rdnr. 160) prozessfähig sein.

1071 c) *Prozessführungsbefugnis* ist das Recht einer Partei, einen Prozess im eigenen Namen zu führen. Es steht regelmäßig dem Inhaber des streitigen Rechts zu. Ausnahmsweise kann jemand auch die Befugnis haben, über ein fremdes Recht im eigenen Namen einen Prozess zu führen (sog. Prozessstandschaft, vgl. Rdnr. 1063).

2. Postulationsfähigkeit

1072 Postulationsfähigkeit ist die Fähigkeit, dem prozessualen Handeln die rechtserhebliche Form zu geben. Es geht darum, ob die (prozessfähige) Partei die prozessuale Handlung (z.B. Klageerhebung, Stellung eines Antrages) selbst vornehmen kann oder ob sie von einer anderen Person (Rechtsanwalt) vorgenommen werden muss.

1073 a) Vor den *Arbeitsgerichten* (also in erster Instanz) sind die Parteien selbst postulationsfähig; sie können den Rechtsstreit selbst führen oder sich vertreten lassen. Die Vertretung durch Rechtsanwälte ist möglich (§ 11 II 2 ArbGG; zur Beiordnung eines Rechtsanwalts vgl. § 11a ArbGG). Die Parteien können sich auch durch einen Verbandsvertreter (Vertreter von Gewerkschaften, Arbeitgeberverbänden, Spitzenverbänden) oder durch einen Vertreter von selbstständigen Vereinigungen von Arbeitnehmern mit sozial- oder berufspolitischer Zwecksetzung vertreten lassen (§ 11 II 2 Nr. 3, 4 ArbGG, z.B. nicht tariffähige Gewerkschaften).

b) Vor den *Landesarbeitsgerichten* und vor dem *Bundesarbeitsgericht* müssen die Parteien sich durch einen bei einem deutschen Gericht zugelassenen Rechtsanwalt oder einen Verbandsvertreter vertreten lassen (§ 11 IV 1–3 ArbGG).

3. Verfahrensablauf und Urteil

Gegenüber dem Zivilprozess sind folgende Besonderheiten hervorzuheben: **1074**
a) Die *Einlassungsfrist* (zwischen Klagezustellung und erstem Termin) braucht zum Zwecke der Beschleunigung nur eine Woche zu betragen (§ 47 I ArbGG).

b) Die mündliche Verhandlung beginnt mit einer *Güteverhandlung* (§ 54 ArbGG; ähnlich seit 2001 auch die Regelung im Zivilprozess, vgl. § 278 II-V ZPO). Dabei hat der Vorsitzende das gesamte Streitverhältnis unter freier Würdigung aller Umstände mit den Parteien zum Zweck einer gütlichen Einigung zu erörtern. Die Güteverhandlung soll in Kündigungsverfahren, die vorrangig zu erledigen sind, binnen zwei Wochen nach Klageerhebung stattfinden (§ 61a I, II ArbGG). **1075**

c) Die *mündliche* Verhandlung ist zwingend vorgeschrieben; ein schriftliches Verfahren ist ausgeschlossen (§ 46 II 2 ArbGG). Eine Ausnahme gilt zum einen gem. §§ 46 II ArbGG; 128 III, IV ZPO, wenn nur noch über die Kosten zu entscheiden ist. Zum anderen können die Parteien auch außerhalb der mündlichen Verhandlung einen schriftlichen Vergleich nach § 278 VI ZPO abschließen. **1076**

d) Das *Urteil* soll grundsätzlich noch im Verhandlungstermin verkündet werden. Nur wenn das nicht möglich ist, kommt ein baldiger Verkündungstermin in Betracht (§ 60 I ArbGG). **1077**

Beim *Inhalt des Urteils* sind folgende Besonderheiten zu beachten:

(1) Der *Wert des Streitgegenstandes* wird im Urteil festgesetzt (§ 61 I ArbGG).

Für die Streitwertberechnung ist bei Klagen über das Bestehen oder Nichtbestehen eines Arbeitsverhältnisses oder die Kündigung höchstens das Arbeitsentgelt für ein Vierteljahr maßgebend (§ 42 III GKG).

(2) *Nicht* erforderlich ist ein Ausspruch über die *vorläufige Vollstreckbarkeit,* da die erst- und zweitinstanzlichen Urteile schon von Gesetzes wegen vorläufig vollstreckbar sind (§§ 62 I, 64 VII ArbGG; vgl. ausführlich Rdnr. 1085). **1078**

(3) Eine *Rechtsmittelbelehrung* müssen alle mit einem befristeten Rechtsmittel anfechtbaren Entscheidungen enthalten (§ 9 V 1 ArbGG). Wenn ein Rechtsmittel nicht gegeben ist, ist eine entsprechende Belehrung zu erteilen (§ 9 V 2 ArbGG). Unterbleibt eine Rechtsmittelbelehrung im Urteil oder ist sie unrichtig, beginnt die Rechtsmittelfrist nicht; das Rechtsmittel ist dann grundsätzlich innerhalb eines Jahres nach Zustellung des Urteils zulässig (§ 9 V 3, 4 ArbGG). **1079**

e) Gem. §§ 330 f. ZPO i. V. m. § 46 II 1 ArbGG kann auch im arbeitsgerichtlichen Verfahren ein *Versäumnisurteil* (§§ 330 f. ZPO i. V. m. § 46 II 1 ArbGG) erlassen werden, wenn eine Partei im Termin zur mündlichen Verhandlung nicht erscheint. Dagegen kann die säumige Partei Einspruch erheben. Abweichend von § 339 ZPO beträgt die *Einspruchsfrist* im Interesse der Verfahrensbeschleunigung jedoch nur eine Woche (§ 59 ArbGG). **1079a**

f) Für die *Kostentragung* gelten gem. § 46 II ArbGG die §§ 91 ff. ZPO sinngemäß. Der Umfang der Kosten richtet sich nach § 12 ArbGG sowie dem Gerichtskostengesetz (GKG). Dabei gibt es arbeitsgerichtliche Besonderheiten. So wird im **1080**

Urteilsverfahren kein Kostenvorschuss erhoben (§ 11 GKG). Zudem sind die erstinstanzlichen außergerichtlichen Kosten der obsiegenden Partei von der unterliegenden Partei nicht zu ersetzen (§ 12a I 1 ArbGG).

Diese Regelung soll das Kostenrisiko des Klägers verringern, da er nicht zu befürchten braucht, dem obsiegenden Beklagten dessen (Anwalts-)Kosten ersetzen zu müssen. Die Vorschrift benachteiligt allerdings den siegreichen Kläger, da er seine außergerichtlichen Kosten nicht erstattet bekommt.

4. Rechtsmittel

1081 a) Die *Berufung* gegen ein Urteil des Arbeitsgerichts in vermögensrechtlichen Streitigkeiten ist nur unter den Voraussetzungen des § 64 I, II ArbGG zulässig. Dies ist insbesondere der Fall, wenn der Wert des Beschwerdegegenstandes 600,– € übersteigt oder wenn die Berufung im Urteil des Arbeitsgerichts zugelassen worden ist (§ 64 II ArbGG). Die Voraussetzungen, unter denen die Berufung zuzulassen ist, sind in § 64 III ArbGG aufgeführt. Eine solche Entscheidung ist in den Urteilstenor aufzunehmen (§ 64 IIIa ArbGG). Das Landesarbeitsgericht ist an die Zulassung gebunden (§ 64 IV ArbGG). Für die Berufung gelten im Wesentlichen die Vorschriften der ZPO über die Berufung entsprechend (§ 64 VI 1 ArbGG).

1082 b) Die *Revision* an das Bundesarbeitsgericht gegen ein Urteil des Landesarbeitsgerichts oder des Arbeitsgerichts ist nur zulässig, soweit die urteilenden Gerichte sie zugelassen haben (§§ 72 I, 76 ArbGG; sog. *Zulassungsrevision*). Zuzulassen ist sie unter den Voraussetzungen der §§ 72 II bzw. 76 II ArbGG. Durch das Anhörungsrügengesetz vom 9. 12. 2004 sind die Zulassungsgründe nicht unerheblich erweitert worden. Neben die bisher schon mögliche Zulassung wegen Grundsatzbedeutung oder Divergenz (§ 72 II Nr. 1 und 2 ArbGG) sind die Zulassungsgründe des § 72 II Nr. 3 ArbGG getreten. Die Revision ist nunmehr auch bei Vorliegen einer der absoluten Revisionsgründe des § 547 Nr. 1–5 ZPO oder bei einer entscheidungserheblichen Verletzung des Anspruchs auf rechtliches Gehör (Art. 103 I GG) zuzulassen. Die Nichtzulassung der Revision durch das Landesarbeitsgericht kann unter den Voraussetzungen des § 72a ArbGG, der durch das Anhörungsrügengesetz auf sämtliche Zulassungsgründe erweitert wurde, durch eine *Nichtzulassungsbeschwerde* angefochten werden. Neben der Grundsatz- und der Divergenzbeschwerde ist daher nun auch eine Verfahrensbeschwerde möglich. Nach § 72a VI ArbGG muss bei erfolgreicher Nichtzulassungsbeschwerde keine zusätzliche Revision mehr eingelegt werden, das Beschwerdeverfahren wird vielmehr als Revisionsverfahren fortgesetzt.

Das Verfahren vor dem BAG richtet sich im Wesentlichen nach den Normen über die Revision in der ZPO (§ 72 V ArbGG).

1083 c) § 78a ArbGG enthält einen ebenfalls durch das Anhörungsrügengesetz geschaffenen besonderen Rechtsbehelf bei Verletzung des Grundsatzes des rechtlichen Gehörs (sog. Anhörungsrüge), wenn die Entscheidung des Gerichts unanfechtbar ist (Gravenhorst, NZA 2005, 24 ff.). § 72b ArbGG sieht zudem nunmehr eine sofortige Beschwerde bei verspäteter Absetzung eines Berufungsurteils vor.

5. Ausschluss von Urkunden- und Wechselprozess

Keine Anwendung finden die Vorschriften über den *Urkunden- und Wechselprozess* (§ 46 II 2 ArbGG; §§ 592–605a ZPO). Damit soll insbesondere der beklagte Arbeitnehmer vor einem zu schnellen Urteil und damit vor dem Zwang zu Vorleistungen geschützt werden, die sich schließlich als ungerechtfertigt herausstellen. **1084**

6. Zwangsvollstreckung

Bei der Zwangsvollstreckung aus Urteilen der Gerichte für Arbeitssachen gelten nach § 62 II ArbGG grundsätzlich die §§ 704ff. ZPO. Vollstreckungsgericht ist also grundsätzlich das Amtsgericht (§ 764 I ZPO), ausnahmsweise das Arbeitsgericht als Prozessgericht (§§ 887f., 890 ZPO). Da es sich im Fall der §§ 887f. ZPO um Verurteilungen zur Vornahme einer Handlung handelt, ist § 61 II 2 ArbGG zu beachten. Wird im Urteil für den Fall der Nichtvornahme der Handlung eine Entschädigung festsetzt, ist die Vollstreckung nach den §§ 887, 888 ZPO ausgeschlossen (§ 62 II 1, 2 ArbGG). **1085**

Abweichend von der ZPO ist jedes erst- und zweitinstanzliche Urteil kraft Gesetzes vorläufig vollstreckbar (§§ 62 I, 64 VII ArbGG). Es bedarf dazu also keines Ausspruchs der vorläufigen Vollstreckbarkeit im Urteilstenor. Die vorläufige Vollstreckbarkeit darf auch nicht von einer Sicherheitsleistung abhängig gemacht werden. Schließlich ist eine Einstellung der Zwangsvollstreckung gegen Sicherheitsleistung ausgeschlossen.

Durch diese Regelung soll der Schuldner davon abgehalten werden, zwecks Verzögerung der Vollstreckung Rechtsmittel einzulegen, und der Gläubiger soll möglichst schnell die Erfüllung des zuerkannten Anspruchs erreichen können.

Ausnahmsweise hat das Gericht auf Antrag des Beklagten die vorläufige Vollstreckbarkeit im Urteil auszuschließen, wenn er glaubhaft macht, dass die Vollstreckung ihm einen nicht zu ersetzenden Nachteil bringen würde (§ 62 I 2 ArbGG). Das ist dann der Fall, wenn die Wirkungen der Vollstreckung nicht mehr rückgängig gemacht werden können. **1086**

Wird einer Klage auf Lohnzahlung stattgegeben, lautet das Urteil in der Regel auf den Bruttolohnbetrag. Diesen schuldet der Arbeitgeber und nicht nur den Nettobetrag, der vom Vollstreckungsorgan nicht bestimmt werden könnte. Der Gerichtsvollzieher vollstreckt also in Höhe des titulierten Bruttobetrages. Der Arbeitgeber hat aber die Möglichkeit, die Zahlung der Lohnsteuer und der Sozialversicherungsbeiträge durch Quittung oder Einzahlungs- oder Überweisungsnachweis einer Bank oder Sparkasse entsprechend § 775 Nr. 4, 5 ZPO nachzuweisen, so dass dann nur in Höhe des verbleibenden (Netto-)Betrages vollstreckt wird.

IV. Beschlussverfahren

Das Beschlussverfahren (§§ 80ff. ArbGG) betrifft die in § 2a I ArbGG (Rdnr. 1056ff.) genannten Fälle. Es ist gegenüber dem Urteilsverfahren ein eigenständiges Verfahren, das Parallelen zur freiwilligen Gerichtsbarkeit aufweist. Im Beschlussverfahren ermittelt das Gericht den Sachverhalt im Rahmen der gestellten Anträge von Amts wegen (§ 83 I 1 ArbGG); es gilt also im Gegensatz zum Ur- **1087** teilsverfahren der Untersuchungsgrundsatz. Dieser Grundsatz wird allerdings dadurch eingeschränkt, dass die am Verfahren Beteiligten an der Aufklärung des Sachverhalts mitzuwirken haben (§ 83 I 2 ArbGG). Trotz des Amtsermittlungsgrundsatzes bleiben die Beteiligten Herren des Verfahrens. Es ist ihnen unbenommen, einen Vergleich zu schließen oder das Verfahren für erledigt zu erklären (§ 83a I, II ArbGG). Auch im Beschlussverfahren geht es um Rechtsfragen und nicht um Regelungsstreitigkeiten, wie sie etwa die Einigungsstelle (Rdnr. 1000 ff.) zu entscheiden hat.

Im **Fall e** wird über den Anspruch im Beschlussverfahren entschieden, da es sich um eine Angelegenheit aus dem BetrVG (§ 40 I BetrVG) handelt (Rdnr. 1056).

1. Beteiligten- und Prozessfähigkeit sowie Antragsbefugnis

1088 a) *Beteiligtenfähigkeit* ist die Fähigkeit, im Beschlussverfahren Beteiligter zu sein. Diese Fähigkeit kommt denen zu, die im Urteilsverfahren parteifähig sind (Rdnr. 1069). Darüber hinaus können u.a. die im BetrVG, dem DrittelbG (Rdnr. 1032 ff.), im SprAuG, im MitbestG und im SEBG vorgesehenen Stellen Beteiligte sein (§ 10 ArbGG).

Beispiele: (Gesamt-)Betriebsrat, (Gesamt-)Jugend- und Auszubildendenvertretung, Wirtschaftssauschuss, Betriebsratsausschüsse, Sprecherausschuss für leitende Angestellte (vgl. § 83 III ArbGG).

1089 b) Der Betriebsrat ist selbst nicht fähig, im Beschlussverfahren wirksam zu handeln. Er wird durch seinen Vorsitzenden (im Verhinderungsfalle durch dessen Stellvertreter) vertreten.

Der Vorsitzende vertritt den Betriebsrat im Rahmen der von diesem gefassten Beschlüsse (§ 26 II 1 BetrVG). Infolgedessen kann er im Verfahren Erklärungen mit Wirkung für und gegen den Betriebsrat nur dann abgeben, wenn ein entsprechender Betriebsratsbeschluss vorliegt.

1090 c) *Antragsbefugnis* ist das Recht, als Antragsteller im Beschlussverfahren Befugnisse geltend zu machen; sie entspricht der Prozessführungsbefugnis im Urteilsverfahren (Rdnr. 1071). Durch dieses Erfordernis sollen Popularanträge vermieden werden.

2. Postulationsfähigkeit

1091 Die Postulationsfähigkeit (Rdnr. 1072) richtet sich danach, in welcher Instanz das Beschlussverfahren schwebt:

a) Für die *erste Instanz* gilt das für das Urteilsverfahren in erster Instanz Gesagte entsprechend (§§ 80 II, 11 I ArbGG).

b) In der *zweiten Instanz* muss die Beschwerdeschrift von einem Rechtsanwalt oder einem Verbandsvertreter unterzeichnet werden (§ 89 I ArbGG).

c) In der *dritten Instanz* müssen die Rechtsbeschwerdeschrift und die Rechtsbeschwerdebegründung von einem Rechtsanwalt unterzeichnet werden (§ 94 I ArbGG).

3. Verfahrensablauf und Entscheidung

Folgende Besonderheiten gegenüber dem Urteilsverfahren sind hervorzuheben: 1092
a) Das Verfahren wird nur auf *Antrag* eingeleitet (§ 81 I ArbGG). Er entspricht der Klage im Urteilsverfahren.

b) An die Stelle der Prozessparteien (Kläger und Beklagter) treten die *Beteiligten.* Das sind nicht nur Antragsteller und Antragsgegner, sondern alle, die durch das Verfahren betroffen sind. § 83 III ArbGG nennt (neben anderen) den Arbeitgeber, die Arbeitnehmer und die Stellen, die nach dem BetrVG, dem DrittelbG (Rdnr. 1032ff.), dem SprAuG, dem MitbestG und nach den dazu ergangenen Rechtsverordnungen im Einzelfall beteiligt sind. Auch der einzelne Arbeitnehmer kann dann Beteiligter sein, wenn seine Belange unmittelbar berührt werden (z.B. § 103 II 2 BetrVG). Die Frage, wer im Einzelfall Beteiligter ist, hat deshalb Bedeutung, weil alle Beteiligten anzuhören sind (§ 83 III ArbGG); es liegt ein Verfahrensmangel vor, wenn einer von ihnen nicht angehört worden ist. 1093

c) An die Stelle des Verhandlungstermins tritt ein *Anhörungstermin (Erörterungstermin)* vor der Kammer (§ 83 IV ArbGG). Ein Güteverfahren kann nach Ermessen des Vorsitzenden vorgeschaltet werden (§ 80 II 2 ArbGG). Ein Versäumnisverfahren gibt es nicht. 1094

d) Die Entscheidung erfolgt nicht durch Urteil, sondern durch *Beschluss* (§ 84 ArbGG). Dieser enthält keine Kostenentscheidung, denn Gerichtskosten werden im Beschlussverfahren nicht erhoben (§ 2 II GKG i. V. m. § 2a ArbGG). Die Erstattung außergerichtlicher Kosten richtet sich nach materiell-rechtlichen Vorschriften. 1095

So sind die dem Betriebsrat entstandenen Kosten, sofern sie unter § 40 I BetrVG fallen, vom Arbeitgeber zu tragen (Rdnr. 872, 877f.).

e) § 98 ArbGG sieht für die Entscheidung über die Zahl der Beisitzer und die Person des Vorsitzenden der Einigungsstelle (§ 76 II 2 und 3 BetrVG) ein beschleunigtes Verfahren vor. Beschleunigend soll insoweit auch die Übertragung der Entscheidungskompetenz allein auf den Vorsitzenden (und eben nicht auf die Kammer) wirken. 1096

4. Rechtsmittel

a) Gegen den Beschluss des Arbeitsgerichts findet die *Beschwerde* an das Landesarbeitsgericht statt (§ 87 I ArbGG). Die meisten Vorschriften über das Berufungsverfahren sind entsprechend anwendbar (§ 87 II ArbGG). 1097

b) Gegen den Beschluss des Landesarbeitsgerichts gibt es die *Rechtsbeschwerde* an das Bundesarbeitsgericht, falls sie vom Landesarbeitsgericht zugelassen worden ist oder das Bundesarbeitsgericht sie auf eine Nichtzulassungsbeschwerde hin zulässt (Einzelh.: §§ 92ff. ArbGG).

Gegen einen das Verfahren beendenden Beschluss kann unter bestimmten Voraussetzung auch die Sprungrechtsbeschwerde (§ 96a ArbGG) eingelegt werden. Nicht verfahrensbeendende Beschlüsse des Arbeitsgerichts sind nach §§ 83 V, 78 ArbGG, 567ff. ZPO anzufechten.

Gegen entsprechende Beschlüsse des Landesarbeitsgerichts ist keine Beschwerde möglich (§ 90 III ArbGG).

Die durch § 78a ArbGG normierte Anhörungsrüge ist auch im Beschlussverfahren möglich (§ 78a VIII ArbGG). Auch die sonstigen Neuerungen durch das Anhörungsrügengesetz (vgl. Rdnr. 1082 f.) sind ebenso für das Beschlussverfahren in die §§ 92a und 92b sowie 93 I ArbGG übernommen worden.

5. Zwangsvollstreckung

1098 Nach der Grundregel des § 85 I 1 ArbGG kann aus einem rechtskräftigen Beschluss des Arbeitsgerichts vollstreckt werden. Das Achte Buch der ZPO ist anwendbar (§ 85 I 3 ArbGG). Allerdings kommt nach § 85 I 2 ArbGG eine vorläufige Vollstreckbarkeit in Betracht, wenn der Beschluss in einer vermögensrechtlichen Streitigkeit (etwa über Kosten einer Tätigkeit, von Sachmitteln) ergeht; dann greift die Regelung wie beim Urteil gem. § 62 ArbGG (Rdnr. 1085) ein.

Auch die einstweilige Verfügung ist nach Maßgabe des § 85 II ArbGG möglich.

Ist der Arbeitgeber in bestimmten Fällen (§§ 23 III, 98 V, 101, 104 BetrVG) zur Vornahme oder Unterlassung einer Handlung verurteilt, scheidet eine Festsetzung von Ordnungs- oder Zwangshaft aus (§ 85 I 3 ArbGG).

Kapitel 13

Der Aufbau bei der Lösung eines arbeitsrechtlichen Falles

Fälle:

a) Beim Arbeitsgericht Köln geht eine Klage des A gegen die X-GmbH ein, wonach „die Vergütung für die im Monat Juni 2010 geleistete Arbeit" verlangt wird. **1099**

Was prüft der Richter?

In der mündlichen Verhandlung stellt der Kläger den Antrag, die Beklagte zur Zahlung von 3500,– € zu verurteilen. Er macht geltend, die Höhe des Lohnes ergebe sich aus dem für ihn maßgebenden Metalltarifvertrag.

Der Beklagte trägt vor, der Tariflohn scheide schon deshalb aus, weil der Kläger nicht Mitglied der IG Metall sei; im Übrigen sei der Anspruch auch bereits verfallen. Ganz abgesehen davon sei die eingeklagte Vergütung schon längst bezahlt.

Der Kläger bestreitet alles.

Wer gewinnt den Prozess?

b) Mit der am 6. 7. 2010 beim Arbeitsgericht eingegangenen Klage des A gegen die X-GmbH begehrt der Kläger unter Hinweis auf das beigefügte Kündigungsschreiben, „dass das mir durch das Schreiben zugefügte Unrecht beseitigt werden möge, da ich sehr an meinem Arbeitsplatz hänge, zumal ich dort schon mehrere Jahre arbeite und fast alle 100 Arbeitskollegen persönlich kenne."

In dem Schreiben der beklagten X-GmbH vom 1. 7. 2010 heißt es u.a.:

„Hiermit kündigen wir Ihnen fristlos, weil Sie am 8. 6. 2010 auf der Arbeitsstelle den Vorarbeiter Meier grundlos mit einer Zange niedergeschlagen haben, so dass dieser zwei Wochen arbeitsunfähig war.

Hilfsweise sprechen wir Ihnen eine ordentliche Kündigung aus, weil Sie sich außerdem schon mehrfach mit Arbeitskollegen geprügelt haben.

Der Betriebsrat ist von den geplanten Kündigungen am 9. 6. 2010 in Kenntnis gesetzt worden; er hat sich nicht geäußert."

Der Kläger erklärt dazu: „Ich gebe zu, dass ich den Meier geschlagen habe. Aber er hat mich gehänselt. Weitere Prügeleien habe ich nicht begangen."

- Welche Überlegungen stellt der Richter an?
- Unterstellt, die Klage des A hätte Erfolg: Kann er Nachzahlung der Vergütung für die Monate des Kündigungsschutzprozesses verlangen, auch wenn er in dieser Zeit nicht gearbeitet hat? Spielt es eine Rolle, dass A in dieser Zeit bei der Y-GmbH eine vergleichbare Arbeit für 70% seiner bisherigen Vergütung hätte annehmen können?

c) Im Fall a verlangt der Kläger, die Beklagte außerdem zur Zahlung von 1000,– € zu verurteilen, da ihm Kosten in dieser Höhe dadurch entstanden seien, dass er als Betriebsratsmitglied an einem Kursus über das Thema „Rechte und Pflichten des Betriebsrats" teilgenommen habe. Die beklagte Arbeitgeberin macht geltend, die Teilnahme des Klägers an dem Kursus sei nicht sinnvoll gewesen, da der Kläger bereits drei Monate nach dem Kursus in den vorzeitigen Ruhestand getreten und deshalb aus dem Betriebsrat ausgeschieden sei.

1100 Bei der Lösung eines arbeitsrechtlichen Falles ist zunächst zwischen dem Urteilsverfahren (Rdnr. 1068ff.) und dem Beschlussverfahren (Rdnr. 1087ff.) zu unterscheiden.

Bei dem Urteilsverfahren kann es sich um eine Leistungsklage (z.B. auf Zahlung von Lohn oder Schadensersatz, Herausgabe von Arbeitspapieren, Erteilung eines Zeugnisses, Entfernung einer Abmahnung aus der Personalakte), aber auch um eine Feststellungsklage (z.B. über das Bestehen oder Nichtbestehen eines Arbeitsverhältnisses) handeln. Ein besonderer und häufig vorkommender Fall der Feststellungsklage ist die Kündigungsschutzklage.

1101 Das Beschlussverfahren ist ein gegenüber dem Urteilsverfahren eigenständiges Verfahren für Angelegenheiten u.a. aus dem Betriebsverfassungs-, dem Sprecherausschuss- und dem Mitbestimmungsgesetz sowie für die Entscheidung über die Tariffähigkeit und Tarifzuständigkeit einer Vereinigung.

1102 Im Folgenden sollen Aufbauhinweise für die Prüfung arbeitsrechtlicher Fälle gegeben werden. Dabei ist zu beachten, dass im zu lösenden Einzelfall jeweils nur die Punkte zu erörtern sind, die Anlass zur Prüfung geben. Überflüssige Erörterungen sind falsch. Fehlt eine prozessuale Einkleidung und ist lediglich die materielle Rechtslage zu prüfen, sind ausschließlich die nachfolgenden Anmerkungen zur Begründetheit heranzuziehen.

A. Urteilsverfahren

I. Lohnzahlungsklage

1. Prüfung der Zulässigkeit

1103 a) Die *Zulässigkeit des Rechtsweges* sowie die *sachliche* und *örtliche Zuständigkeit* sind anhand des § 2 ArbGG (Rdnr. 1052ff.), des § 48 I ArbGG (Rdnr. 1067) und des § 46 II 1 ArbGG i.V.m. §§ 12ff. ZPO (Rdnr. 1065f.) zu prüfen.

Im **Fall a** ist das Arbeitsgericht zuständig, wenn der geltend gemachte Anspruch sich aus dem Arbeitsverhältnis der Parteien ergibt (§ 2 I Nr. 3a ArbGG). Das angerufene Arbeitsgericht hat also zu prüfen, ob dem geltend gemachten Anspruch ein Arbeitsverhältnis (Rdnr. 36ff.) zugrunde liegt. Sollte es sich bei dem Vertrag nicht um einen Arbeitsvertrag, sondern etwa um einen Dienst- oder Werkvertrag handeln, ist der eingeschlagene Rechtsweg unzulässig. Dies hat das Arbeitsgericht nach Anhörung der Parteien durch Beschluss auszusprechen und den Rechtsstreit zugleich an das zuständige Gericht des zulässigen Rechtsweges (etwa an das Amtsgericht Köln) zu verweisen (§ 17a II 1 GVG; Rdnr. 1067).

1104 Nach der Rspr. des BAG (NZA 1996, 1005) ist eine Zuständigkeit der Arbeitsgerichte jedoch auch in den sog. *sic-non-Fällen* gegeben, wenn also von der Arbeitnehmerstellung der Prozesspartei auch die Begründetheit der Klage abhängt. Die bloße Rechtsansicht des Klägers, er stehe in einem Arbeitsverhältnis, wird im Rahmen der Zulässigkeit für ausreichend gehalten. Ist der Kläger kein Arbeitnehmer, ist die Klage in diesem Fall als unbegründet, nicht als unzulässig abzuweisen (vgl. Rdnr. 1053).

b) Die *Parteifähigkeit* der Prozessparteien deckt sich mit der Rechtsfähigkeit (§ 50 I ZPO; Rdnr. 1069). Die Partei muss also Träger von Rechten und Pflichten sein können; demnach sind natürliche und juristische Personen sowie rechtsfähige Personengesellschaften parteifähig. Aber auch Gewerkschaften, Arbeitgebervereinigungen und Zusammenschlüsse solcher Verbände sind, selbst wenn sie nichtrechtsfähige Vereine sind, parteifähig (§ 10 ArbGG). **1105**

Im **Fall a** bestehen hinsichtlich der Parteifähigkeit keine Bedenken; deshalb ist dieser Punkt im Gutachten nicht zu erörtern.

c) Die *Prozessfähigkeit* der Prozessparteien deckt sich mit der Geschäftsfähigkeit (§§ 51 I, 52 ZPO; Rdnr. 1070). Demnach müssen eine natürliche Person, die geschäftsunfähig oder minderjährig ist, und eine juristische Person im Prozess durch ihren gesetzlichen Vertreter vertreten werden. **1106**

Im **Fall a** wird die GmbH durch ihren Geschäftsführer vertreten. Ist der Kläger minderjährig und sollten die Voraussetzungen von § 113 BGB (Rdnr. 1070) nicht gegeben sein, ist seine Vertretung durch seinen gesetzlichen Vertreter (Eltern, Vormund) geboten.

d) Die *Postulationsfähigkeit* ist bei einem Rechtsstreit vor dem Arbeitsgericht nicht besonders zu prüfen, da in dieser Instanz jede Partei selbst postulationsfähig ist (Rdnr. 1072). Im Falle einer Prozessvertretung durch Gewerkschaft oder Arbeitgeberverband ist jedoch zu beachten, dass nach dem neuen Rechtsdienstleistungsgesetz vom 1.7.2008 nicht mehr ein Arbeitgeber- oder Gewerkschaftsvertreter als natürliche Person, sondern unmittelbar die Gewerkschaft oder Arbeitgebervereinigung bevollmächtigt werden sollen. **1107**

e) Der *Klageantrag* muss bestimmt sein (§ 46 II 1 ArbGG i.V.m. § 253 II Nr. 2, § 495 ZPO). Das erfordert bei einer Zahlungsklage regelmäßig die Angabe des ziffernmäßigen Geldbetrages; wenn nämlich das der Klage stattgebende Urteil den genauen Betrag nicht nennt, weiß das Vollstreckungsorgan (z.B. der Gerichtsvollzieher; vgl. Rdnr. 1085f.) nicht, in welcher Höhe zu vollstrecken ist. Bei Lohnzahlungsklagen ist grundsätzlich der Bruttolohn einzuklagen, denn es ist nicht Sache des Arbeitsgerichts, die Höhe der Abzüge (Lohnsteuer, Sozialversicherungsbeiträge) festzustellen, um den Nettolohn zu ermitteln. Dennoch erhält der Arbeitnehmer im Ergebnis nur den Nettolohn, da der Arbeitgeber im Falle des Unterliegens Lohnsteuer und Sozialversicherungsbeiträge unmittelbar an das Finanzamt bzw. den Sozialversicherungsträger abführen muss. Zur Zwangsvollstreckung vgl. Rdnr. 1085. Nur wenn dem Arbeitnehmer bekannt ist, dass der Arbeitgeber Beiträge und Steuern bezahlt hat, ist die Klage auf den Nettobetrag zu richten. **1108**

Auch Verzugszinsen können vom Bruttobetrag verlangt werden (BAG NZA 2001, 1195). Ein Antrag, mit dem – entsprechend § 288 I 2 BGB –Zinsen in einer bestimmten Höhe über dem Basiszinssatz verlangt werden, ist ausreichend bestimmt (BAG NZA 2003, 567).

Nicht zur Zulässigkeit der Klage gehören Anträge auf Kostenentscheidung und auf Erklärung der vorläufigen Vollstreckbarkeit. Einen Antrag auf Verurteilung zur Tragung der Kosten braucht der Kläger nicht zu stellen; die Kostenentscheidung ergeht von Amts wegen (§ 308 II ZPO). **1109**

Auch ein Antrag, das Urteil für vorläufig vollstreckbar zu erklären, ist nicht erforderlich. Ohnehin ist das Urteil des Arbeitsgerichts regelmäßig ohne einen solchen Ausspruch vorläufig vollstreckbar (§ 62 I 1 ArbGG).

2. Prüfung der Begründetheit

1110 Anspruchsgrundlage für einen Lohnanspruch ist der Arbeitsvertrag i. V.m. § 611 I BGB. Danach ist der Arbeitgeber dem Arbeitnehmer zur Zahlung des vereinbarten Lohnes verpflichtet. Voraussetzung ist also das Bestehen eines Arbeitsvertrags.

a) *Abschluss eines Arbeitsvertrags (Rdnr. 150ff.)*

1111 (1) Ist ein *Vertragsangebot* (§ 145 BGB) wirksam abgegeben und dem anderen Teil wirksam zugegangen? (§§ 130ff. BGB)

1112 (2) Ist die *Annahmeerklärung* (vgl. § 146 BGB) wirksam abgegeben und dem Antragenden wirksam zugegangen?

Zu (1) und (2): Beim Handeln durch einen Vertreter:

War Vertretungsmacht gegeben? (§ 164 BGB)

War für den Vertragspartner erkennbar, dass der Erklärende im Namen des Vertreters handelt? (§ 164 BGB)

1113 (3) Stimmen beide Willenserklärungen inhaltlich (insbesondere hinsichtlich der zu leistenden Arbeit und hinsichtlich der Arbeitsvergütung) überein?

Bei fehlender Angabe der Lohnhöhe: Soll der übliche Lohn (§ 612 II BGB), der Tariflohn zu zahlen sein?

Beweislast für das Zustandekommen eines Arbeitsvertrags: Wer sich auf das Zustandekommen eines Arbeitsvertrags beruft (bei der Lohnklage: der Arbeitnehmer), muss die genannten Tatsachen behaupten und bei Bestreiten auch beweisen.

b) *Keine Nichtigkeit einer der beiden Willenserklärungen (Rdnr. 163ff.)*

1114 (1) War jeder der beiden Vertragsschließenden *geschäftsfähig?* (§§ 104ff. BGB)

Bei mangelnder Geschäftsfähigkeit: Wurde die nicht geschäftsfähige Vertragspartei durch ihren gesetzlichen Vertreter (Eltern, Vormund) wirksam vertreten? (Rdnr. 161). War eine vormundschaftsgerichtliche Genehmigung erforderlich und ist sie erteilt worden?

Bei Minderjährigkeit einer Vertragspartei: Hat der gesetzliche Vertreter ihrer Willenserklärung vorher oder nachher zugestimmt?

Bei Minderjährigkeit des Arbeitgebers: Ist er von seinem gesetzlichen Vertreter mit Genehmigung des Vormundschaftsgerichts zum selbständigen Betrieb des Erwerbgeschäfts ermächtigt worden? (§ 112 BGB; Rdnr. 159)

Bei Minderjährigkeit des Arbeitnehmers: Ist er von seinem gesetzlichen Vertreter zum Abschluss eines Arbeitsvertrags der vorliegenden Art ermächtigt worden? (§ 113 BGB; Rdnr. 160)

(2) Wenn für eine der beiden Willenserklärungen oder für beide (ausnahmsweise etwa durch Tarifvertrag) eine *Form* vorgeschrieben ist: Wurde diese Form eingehalten? Falls nein, welche Folge soll das nach Auslegung des Tarifvertrags haben?

Ein Verstoß gegen das NachwG hat für die Wirksamkeit des Arbeitsvertrages keine Konsequenzen.

(3) Ist der Vertrag wegen *Sittenwidrigkeit* nichtig? (§ 138 BGB; Rdnr. 164)

(4) Liegt ein *Verstoß gegen ein gesetzliches Verbot* vor? (§ 134 BGB; Rdnr. 154) **1115**
Insbesondere: Steht ein gesetzliches Abschlussverbot (Rdnr. 154) oder ein solches aus einem Tarifvertrag oder einer Betriebsvereinbarung (Rdnr. 154; 990) der Gültigkeit des Arbeitsvertrags entgegen?

(5) Ist der Arbeitsvertrag deshalb nichtig, weil ein rechtserheblicher *Willensmangel*, eine arglistige Täuschung oder eine widerrechtliche *Drohung* vorlag und deshalb die Anfechtung wirksam erklärt worden ist? (§§ 119, 123, 142 I BGB; Rdnr. 165 ff.)

(6) Bei Nichtigkeit des Arbeitsvertrags: Besteht *ein fehlerhaftes Arbeitsverhältnis?* (Rdnr. 175 ff.)

(7) *Keinen Einfluss* auf die Wirksamkeit des Arbeitsvertrags hat das Fehlen der Zustimmung des Betriebsrats zu der Einstellung (§ 99 I 1 BetrVG; vgl. Rdnr. 951). Deshalb braucht das Vorliegen einer solchen Zustimmung bei der Frage, ob ein wirksamer Arbeitsvertrag gegeben ist, nicht geprüft zu werden. Der Umstand, dass die Einstellung durch Kündigung rückgängig gemacht werden muss, ist vorliegend ohne Bedeutung.

Beweislast zur Nichtigkeit des Arbeitsvertrags: Wer sich auf das Vorliegen eines Nichtigkeitsgrundes beruft (bei der Lohnklage: der Arbeitgeber), muss die Tatsachen, die für eine Nichtigkeit sprechen, darlegen und notfalls auch beweisen.

c) *Ermittlung der Höhe des Lohnes*

1116 Die Höhe des Lohnes kann sich aus dem Arbeitsvertrag, einem Tarifvertrag und (ausnahmsweise) aus einer Betriebsvereinbarung ergeben (Rdnr. 990 ff.).

(1) Im *Arbeitsvertrag* kann die Höhe des Lohnes festgelegt sein. Ist das nicht der Fall, gilt die übliche Vergütung als vereinbart (§ 612 II BGB).

Beispiel: Im **Fall a** ist dem Arbeitsvertrag zu entnehmen, dass der Kläger für den Monat Juni 2004 einen Lohn von 3000,– € zu beanspruchen hat.

Der vertraglich vereinbarte Lohn kommt aber dann nicht in Betracht, wenn ein Tarifvertrag (bzw. ausnahmsweise eine Betriebsvereinbarung) eingreift und die darin festgelegte Lohnhöhe für den Arbeitnehmer günstiger ist als die sich aus dem Arbeitsvertrag ergebende Höhe des Lohnes.

1117 (2) Bei der Frage, ob die Höhe des Lohnes aus einem *Tarifvertrag* zu entnehmen ist, muss geprüft werden:

(a) *Besteht ein Tarifvertrag?*
- Liegen inhaltlich übereinstimmende Willenserklärungen von mindestens zwei Tarifvertragsparteien vor? (§§ 145 f. BGB; Rdnr. 660 ff.)
- Ist die Schriftform des Vertrags eingehalten? (§ 1 II TVG; Rdnr. 663)
- Sind die abschließenden Parteien tariffähig und auch tarifzuständig? (§ 2 TVG; Rdnr. 667 ff., 672)

(b) *Ist der Tarifvertrag gültig? (Rdnr. 115)*
- Verstößt er nicht gegen eine zwingende Gesetzesbestimmung oder missachtet er die Drittwirkung der Grundrechte?
- Verstößt er nicht gegen §§ 134, 138 BGB?

(c) *Findet der Tarifvertrag auf das Arbeitsverhältnis Anwendung?*

1118 – Sind die Parteien des Arbeitsvertrags kongruent tarifgebunden? (§ 3 TVG; Rdnr. 705 ff.)
- Ist der Arbeitgeber selbst Tarifvertragspartei oder Mitglied des Arbeitgeberverbandes, der Partei des Tarifvertrags ist, und gehört der Arbeitnehmer einer Gewerkschaft an, die Partei des Tarifvertrags ist? (§ 4 TVG; Rdnr. 705 ff.)

Der Fall, dass eine einseitige Tarifgebundenheit des Arbeitgebers ausreicht (§ 3 II TVG; Rdnr. 713), scheidet bei einer Lohnzahlungsklage aus, weil § 3 II TVG nur für betriebliche und betriebsverfassungsrechtliche Fragen gilt.

1119 – Ist entweder der Arbeitnehmer oder der Arbeitgeber nicht tarifgebunden:
  - Findet ein Tarifvertrag auf das Arbeitsverhältnis Anwendung, weil dieser für *allgemeinverbindlich* erklärt worden ist? (§ 5 IV TVG; Rdnr. 714 ff.)
- Besteht ein allgemeinverbindlicher Tarifvertrag:
  - Wird das Arbeitsverhältnis vom (räumlichen, zeitlichen, fachlichen) *Geltungsbereich* des allgemeinverbindlichen Tarifvertrags erfasst? (§ 4 I 1 TVG; Rdnr. 719 ff.)
- Wenn ein allgemeinverbindlicher Tarifvertrag das Arbeitsverhältnis nicht erfasst:
  - Sind die tariflichen Bestimmungen (ganz oder teilweise) durch eine entsprechende *Bezugnahme im Einzelarbeitsvertrag* zum Inhalt des Arbeitsvertrags geworden?

1120 (d) Selbst wenn der Tarifvertrag das Einzelarbeitsverhältnis erfasst, greifen seine Normen *in zwei Fällen nicht* ein:
- Sieht der Tarifvertrag vor, dass eine *zugunsten des Arbeitgebers* vom Tarifvertrag *abweichende Bestimmung des Arbeitsvertrags zulässig* sein soll? („Öffnungsklausel", § 4 III TVG; Rdnr. 682)
- Ist die im Arbeitsvertrag getroffene Abmachung *für den Arbeitnehmer günstiger* als die Tarifnorm? (§ 4 III TVG; Rdnr. 683 ff.)

Im **Fall a** ergibt sich aus dem Metalltarifvertrag der Lohnanspruch von 3500,– €. Beweist der Kläger aber nicht, dass er Mitglied der IG Metall ist, steht ihm der Tariflohn von 3500,– € nur dann zu, wenn der fachlich einschlägige Tarifvertrag für allgemeinverbindlich erklärt oder seine Geltung im Arbeitsvertrag mit der X-GmbH vereinbart wurde. Gegebenenfalls kann sich ein Anspruch auch aus einer betrieblichen Übung ergeben, etwa des Inhalts, dass die Entgelte der nicht tarifgebundenen Arbeitnehmer entsprechend den Entgeltsteigerungen im Tarifvertrag angepasst werden.

1121 (3) Bei der Bestimmung der Lohnhöhe in einer *Betriebsvereinbarung* ist vor allem zu fragen:
- Sind die Arbeitsentgelte durch einen Tarifvertrag geregelt oder werden sie üblicherweise durch Tarifvertrag geregelt? (§ 77 III 1 BetrVG; Rdnr. 992)

- Bejahendenfalls: Wird im Tarifvertrag ein Abschluss ergänzender Betriebsvereinbarungen zugelassen? (§ 77 III 2 BetrVG; Rdnr. 992)
- Wenn danach eine Betriebsvereinbarung über die Lohnhöhe ausnahmsweise zulässig ist:
  - Ist eine solche Vereinbarung zwischen Arbeitgeber und Betriebsrat wirksam (schriftlich) geschlossen worden? (Rdnr. 989)
  - Ist die im Arbeitsvertrag getroffene Regelung günstiger als die Betriebsvereinbarung oder aber von dieser zugelassen? (Rdnr. 991)

Das Günstigkeitsprinzip gilt nicht im Verhältnis von Betriebsvereinbarung zum Tarifvertrag. Ist eine Materie durch einen Tarifvertrag geregelt oder wird sie üblicherweise durch einen Tarifvertrag geregelt, ist eine Betriebsvereinbarung unzulässig. Lässt der Tarifvertrag eine Regelung durch Betriebsvereinbarung zu, soll diese nach dem Willen der Tarifparteien auch dann vorgehen, wenn sie ungünstiger als die tarifliche Regelung ist. Etwas anderes gilt nur, wenn der Tarifvertrag abweichende ungünstigere Regelungen durch eine Betriebsvereinbarung ausdrücklich ausschließt.

d) *Keine rechtsvernichtenden Einreden*

Dem Anspruch des klagenden Arbeitnehmers dürfen keine rechtsvernichtenden **1122**
Einreden entgegenstehen; diese vernichten den bereits entstandenen Lohnanspruch.

Folgende Fragen kommen in Betracht:

- Ist die Lohnforderung bereits erfüllt oder der geschuldete Betrag hinterlegt worden? (§ 362 I BGB; §§ 372ff., 378 BGB)
- Ist gegenüber der Lohnforderung mit einer Gegenforderung wirksam aufgerechnet worden? (§§ 387ff. BGB; beachte das Aufrechnungsverbot des § 394 BGB i.V.m. §§ 850ff. ZPO)
- Hat der Kläger dem Beklagten die Lohnforderung durch Vertrag erlassen? (§ 397 I BGB)
- Wenn es sich um einen Verzicht auf einen Tariflohn handelt: Haben die Tarifvertragsparteien zugestimmt? (vgl. § 4 IV 1 TVG; Rdnr. 695f.)
- Ist der Anspruch dadurch erloschen, dass eine Verfallfrist für die Geltendmachung tariflicher Lohnansprüche im Tarifvertrag vereinbart worden und diese Frist bereits abgelaufen ist? (§ 4 IV 3 TVG; Rdnr. 699)

Die tarifliche Verfallklausel ist vom Gericht – anders als bei der Verjährungseinrede – auch dann zu beachten, wenn der Beklagte sich im Prozess nicht darauf beruft.

Im **Fall a** muss der Beklagte bei Bestreiten des Klägers die Erfüllung beweisen.

Er trägt auch die Beweislast dafür, dass eine Verfallfrist z.B. von drei Monaten nach Beendigung des Arbeitsverhältnisses besteht und diese Frist bereits verstrichen ist.

Ergibt die Auslegung des Tarifvertrags, dass die Verfallklausel sich nicht nur auf die tariflichen, sondern auf alle Ansprüche aus dem Arbeitsverhältnis beziehen soll und ist die Verfallzeit abgelaufen, ist die Klage unschlüssig und daher abzuweisen. Geht man nämlich vom Vorbringen des Klägers aus, dann ist der Tarifvertrag anzuwenden, so dass der Lohnanspruch jedenfalls wegen Ablaufs der Verfallfrist erloschen ist. Es kommt dann nicht mehr auf eine Beweisaufnahme zum Vorbringen des Beklagten über die bereits erfolgte Zahlung an. Der Kläger könnte dieses für ihn missliche Ergebnis nur vermeiden, wenn er die Lohnforderung zumindest hilfsweise nicht auf den Tarifvertrag, sondern auf eine Lohnvereinbarung oder mangels einer solchen auf § 612 II BGB stützte.

e) *Keine Verjährung*

1123 Insbesondere: Ist der Lohnanspruch bereits verjährt und hat der Beklagte die Verjährungseinrede geltend gemacht (§ 214 BGB)?

Der Lohnanspruch verjährt in drei Jahren; die Frist beginnt mit dem Ende des Jahres, in dem der Anspruch entstanden ist und der Gläubiger von den den Anspruch begründenden Umständen und der Person des Schuldners Kenntnis erlangt oder ohne grobe Fahrlässigkeit erlangen müsste, §§ 195, 199 I BGB, spätestens aber nach zehn Jahren, § 199 IV BGB.

Im **Fall a** darf die Verjährung nicht geprüft werden, da der Beklagte sie nicht geltend gemacht hat. Abgesehen davon war der Anspruch bei Klageerhebung noch nicht verjährt.

II. Kündigungsschutzklage

1. Prüfung der Zulässigkeit

1124 a) Die Fragen der *Zulässigkeit des Rechtswegs,* der *Zuständigkeit* des angerufenen Gerichts, der *Partei-, Prozess-* und *Postulationsfähigkeit* sind wie bei der Lohnzahlungsklage (Rdnr. 1103 ff.) zu beantworten.

1125 b) Auch bei der Kündigungsschutzklage muss ein *bestimmter Klageantrag* gestellt werden (§ 46 II 1 ArbGG i. V. m. §§ 253 II Nr. 2, 495 I ZPO). Fehlt es an einem solchen Antrag, muss der Richter den Kläger veranlassen, einen sachdienlichen Antrag zu stellen (§ 139 I 2 ZPO).

Folgende Klageanträge kommen in Betracht:

1126 (1) „Es wird festgestellt, dass das Arbeitsverhältnis der Parteien durch die Kündigung des Beklagten vom … nicht aufgelöst worden ist“. Streitgegenstand ist nicht der Fortbestand des Arbeitsverhältnisses, sondern die Wirksamkeit der konkreten Kündigung (sog. punktueller Streitgegenstand). Dieser Antrag ist zu stellen, wenn sich die Wirksamkeit einer Kündigung nach § 4, 1 KSchG beurteilt. Da die Anrufung des Arbeitsgerichts nunmehr nach § 23 I 2 und 3 KSchG i. V. m. § 4, 1 KSchG in fast allen Fällen nach § 7 KSchG Voraussetzung für die Rechtsunwirksamkeit einer Kündigung ist, ist dieser Antrag regelmäßig der zutreffende Antrag. Eine Ausnahme besteht im Wesentlichen nur noch für den Fall, dass die Kündigung nicht schriftlich erfolgt, nicht zugegangen (§ 4, 1 KSchG) oder dem Arbeitgeber nicht zurechenbar (str.) ist.

1127 Das gem. § 256 I ZPO erforderliche Feststellungsinteresse ist nicht besonders zu prüfen, da § 4, 1 KSchG ausdrücklich eine Feststellungsklage vorsieht; diese muss erhoben werden, damit die Kündigung nicht als von Anfang an wirksam gilt (§ 7 KSchG; Rdnr. 517).

Im **Fall b** will der Kläger erkennbar die Kündigung aus wichtigem Grund und auch die hilfsweise ausgesprochene ordentliche Kündigung angreifen, um damit zu erreichen, dass das Arbeitsverhältnis bestehen bleibt. Deshalb wird das Gericht anregen, einen Feststellungsantrag gem. § 4, 1 KSchG zu stellen.

(2) „Es wird festgestellt, dass das Arbeitsverhältnis der Parteien über den … hinaus fortbesteht". Hierbei handelt es sich um die allgemeine Feststellungsklage nach § 256 I ZPO, die dann in Betracht kommt, wenn § 4, 1 KSchG nicht einschlägig ist, also insbesondere bei einer nicht schriftlichen Kündigung. Streitgegenstand ist der Fortbestand des Arbeitsverhältnisses im Zeitpunkt der letzten mündlichen Verhandlung. Nach § 256 I ZPO ist für die Zulässigkeit der Klage ein besonderes Feststellungsinteresse erforderlich. Das ist jedoch regelmäßig zu bejahen, da der Kläger ein rechtliches Interesse an alsbaldiger Feststellung hat, ob das Rechtsverhältnis, nämlich das Arbeitsverhältnis, fortbesteht oder durch die Kündigung des Beklagten aufgelöst worden ist. Die bloße Feststellung, dass das Arbeitsverhältnis durch die Kündigung nicht aufgelöst worden ist, reicht nicht, da hiermit kein Rechtsverhältnis i. S. d. § 256 ZPO festgestellt werden würde. **1128**

Im **Fall b** wäre dem Kläger zu einem allgemeinen Feststellungsantrag zu raten gewesen, wenn die Kündigung nicht schriftlich erfolgt wäre.

(3) „Es wird festgestellt, dass das Arbeitsverhältnis der Parteien durch die Kündigung des Beklagten vom … nicht beendet worden ist, sondern über den … hinaus fortbesteht" (sog. Schleppnetzantrag). Hier handelt es sich um eine Kombination der beiden zuvor genannten Klageanträge. Der erste ist der nach § 4, 1 KSchG vorgesehene Antrag, bei dem die Prüfung eines besonderen Feststellungsinteresses nicht erforderlich ist. Dagegen ist der zweite Antrag nach § 256 I ZPO zu beurteilen, setzt also ein besonderes Feststellungsinteresse voraus. Das ist zu verneinen, wenn der Kläger nur die Kündigung des Beklagten angreift und der Fortbestand des Arbeitsverhältnisses nur von der Wirkung dieser Kündigung abhängt. Sofern aber nach dem Zugang dieser Kündigung noch ein weiterer Grund für die Beendigung des Arbeitsverhältnisses (z. B. weitere Kündigung, Aufhebungsvertrag) entstanden und seine Wirkung auf das Arbeitsverhältnis unter den Parteien streitig ist, ist ein Feststellungsinteresse für den Zusatz „sondern über den … hinaus besteht" zu bejahen. Eine erneute Kündigung während des Prozesses muss im Falle einer von ihm erhobenen Feststellungsklage nach § 256 I ZPO vom Arbeitnehmer nicht in der Drei-Wochen Frist des § 4, 1 KSchG angegriffen werden. Der Arbeitgeber ist nach Sinn und Zweck des § 4 KSchG hinreichend gewarnt, dass der Arbeitnehmer sich gegen alle weiteren Kündigungen wenden will, so dass die Einhaltung der Dreiwochenfrist für die Einführung der konkreten Kündigung in den Prozess reine Förmelei wäre. Der Arbeitnehmer kann die neue Kündigung daher in entsprechender Anwendung des § 6 KSchG bis zum Schluss der letzten mündlichen Verhandlung in den Prozess einführen, ohne dass die Fiktionswirkung des § 7 KSchG eintritt (BAG NZA 1997, 844, 845). **1129**

(4) „Es wird festgestellt, dass die Kündigung des Beklagten vom … unwirksam ist". Dieser Wortlaut entspricht weder § 4, 1 KSchG noch § 256 I ZPO. Aus dem Klagevorbringen ist im Einzelfall zu ermitteln, ob eine Klage gem. § 4, 1 KSchG oder eine allgemeine Feststellungsklage gem. § 256 I ZPO vorliegt. Nach dem Er- **1130**

gebnis dieser Prüfung wird das Gericht eine Fassung des Klageantrages nach (1) oder (2) anregen.

1131 (5) Bei der Klage gegen eine *Änderungskündigung* richtet sich der Klageantrag danach, wie der Arbeitnehmer auf die Kündigung reagiert (Rdnr. 556ff.).

(a) Lehnt er das Änderungsangebot des Arbeitgebers ab und erhebt er die Kündigungsschutzklage, richtet sich der Klageantrag nach dem oben Gesagten.

(b) Nimmt der Arbeitnehmer das Änderungsangebot unter dem Vorbehalt an, dass die Änderung der Arbeitsbedingungen nicht sozial ungerechtfertigt ist (§ 2 Satz 1 KSchG), und erhebt er eine sog. Änderungsschutzklage, so lautet der Klageantrag gem. § 4, 2 KSchG: „Es wird festgestellt, dass die Änderung der Arbeitsbedingungen sozial ungerechtfertigt oder aus anderen Gründen rechtsunwirksam ist“. Wird die Änderungskündigung aus anderen Gründen für rechtsunwirksam gehalten, ist der Klageantrag entsprechend zu modifizieren.

2. Prüfung der Begründetheit bei Ausspruch einer ordentlichen Kündigung

1132 Bei der materiell-rechtlichen Überprüfung einer ordentlichen Kündigung können sich folgende Fragen stellen:

a) *Kündigungserklärung*

(1) *Eindeutige Erklärung*

Liegt eine Erklärung vor, aus der sich ein für den Erklärungsempfänger eindeutig erkennbarer Wille des Erklärenden ergibt, das Arbeitsverhältnis durch ordentliche Kündigung zu beenden? (Rdnr. 425)

(2) *Wirksame Abgabe der Kündigungserklärung*

1133 (a) Geschäftsfähigkeit des Erklärenden?

(b) Erklärung ohne unzulässige Bedingung? (Rdnr. 425ff.)

(c) Bei Erklärung durch einen Vertreter des Kündigenden (Rdnr. 433):

- Vorliegen der Vertretungsmacht (beachte §§ 174, 180 BGB)?
- Erkennbarkeit des Handelns im Namen des Vertretenen für den Erklärungsempfänger?

(d) Einhaltung der für die Kündigungserklärung nach § 623 BGB vorgeschriebenen Form? (Rdnr. 424)

(e) (Ausnahmsweise und nur bei arbeitgeberseitiger Kündigung) vorgeschriebene Angabe des Kündigungsgrundes? (Rdnr. 428ff.)

(3) *Wirksamer Zugang der Kündigungserklärung*

- Ist die Kündigungserklärung dem Arbeitnehmer zugegangen? (§§ 130ff. BGB; Rdnr. 431f.)
- Wann? (bei Urlaub des Arbeitnehmers, bei Empfang über Mittelsperson wie Empfangsbote, Empfangsvertreter)

(Die Frage ist wichtig dafür, ob der Kündigende die Kündigungsfrist eingehalten hat und ob der Kläger innerhalb der von § 4 KSchG vorgeschriebenen drei Wochen nach Zugang die Klage erhoben hat).

b) *Einhaltung der Kündigungsfrist*

Kündigungsfristen können sich aus dem Gesetz (insbes. § 622 BGB), Tarif- oder Arbeitsvertrag ergeben. Die Nichteinhaltung einer Kündigungsfrist führt allerdings i. d. R. nicht zur Unwirksamkeit der Kündigung, sondern zieht den Lauf der richtigen Kündigungsfrist nach sich (Umdeutung, § 140 BGB), sodass die Kündigung zum nächstzulässigen Zeitpunkt wirksam wird.

c) *Keine sachlichen und personellen Ausschlussgründe*

(1) *Sachliche Ausschlussgründe* **1134**
- § 134 BGB
- § 138 BGB
- § 612a BGB (Rdnr. 325)
  Insbesondere i.R. von § 138 und § 612a BGB sind die europarechtlichen Gleichbehandlungsgebote zu berücksichtigen. Nur wenn man § 2 IV AGG für europarechtswidrig hält, ist die Kündigung unmittelbar an § 7 AGG zu messen (Rdnr. 513 f.).
- § 613a IV 1 BGB (Rdnr. 611 f.).
- § 242 BGB gewährleistet in Kleinbetrieben einen Mindestschutz (Rdnr. 470).

(2) *Personelle Ausschlussgründe (Besonderer Kündigungsschutz) z. B.:*
- § 9 I 1 MuSchG (Rdnr. 451)
- § 18 BEEG (Rdnr. 452)
- § 22 II Nr. 1 BBiG (Rdnr. 447)
- § 85 SGB IX (Rdnr. 453 ff.)
- § 15 I KSchG (Rdnr. 448)

(3) *Anzeigepflicht bei Massenentlassung (§§ 17 f. KSchG; Rdnr. 456 ff.)*
Unterbleibt eine wirksame Anzeige, führt dies nach der Junk-Rspr. des EuGH (NJW 2005, 1099) zur Unwirksamkeit der Kündigung des einzelnen Arbeitnehmers (BAG NZA 2007, 25).

(4) *Kein individual- oder kollektivvertraglicher Ausschluss der Kündigung*
Ist die ordentliche Kündigung durch Tarifvertrag (z. B. nach einer bestimmten **1135**
Beschäftigungszeit, nach Erreichen eines bestimmten Lebensalters), Betriebsvereinbarung oder Arbeitsvertrag (z. B. bei Befristung, vgl. § 620 BGB) ausgeschlossen? Verstößt die Kündigung gegen eine Kündigungsrichtlinie nach § 95 BetrVG und hat die Arbeitnehmervertretung deshalb der Kündigung fristgerecht widersprochen (Rdnr. 511)?

d) *Ordnungsgemäße Beteiligung des Betriebsrats (Präventiver Kündigungsschutz)*

Ist der Betriebsrat vor der Kündigung des Arbeitnehmers ordnungsgemäß ge- **1136**
hört worden? (§ 102 I 1 BetrVG; Rdnr. 460, 953 ff.) Ohne eine solche Anhörung ist die Kündigung unwirksam; § 102 I 3 BetrVG. Entsprechendes gilt nach § 31 III SprAuG bei der Kündigung eines leitenden Angestellten.

e) *Einhaltung der Klagefrist gem. § 4 KSchG*

1137 Ist die Kündigungsklagefrist gem. § 4 KSchG eingehalten worden? Die Klagefrist ist seit dem 1. 1. 2004 bei allen Kündigungen zu beachten, unabhängig davon, ob das KSchG im Übrigen anwendbar ist. Nach Ablauf der Klagefrist können Unwirksamkeitsgründe (mit Ausnahme der Verletzung des Schriftformzwangs, des fehlerhaften Zugangs bzw. der mangelnden Zurechenbarkeit [str.]) nicht mehr geltend gemacht werden, die Kündigung gilt als von Anfang an wirksam. § 4 KSchG bezieht sich allerdings nicht auf die Nichteinhaltung der Kündigungsfrist, weil der Arbeitnehmer in einem solchen Fall nicht die Unwirksamkeit der Kündigung, sondern nur den Zeitpunkt ihrer Wirksamkeit festgestellt wissen will (BAG NZA 2006, 791).

f) *Kündigungsschutz nach dem KSchG*

1138 Bei der *ordentlichen Kündigung* muss ein Kündigungsgrund vorliegen und geprüft werden, wenn folgende Voraussetzungen erfüllt sind:

1139 (1) *Anwendbarkeit des KSchG* (Rdnr. 469ff.).

- Sechsmonatiger Bestand des Arbeitsverhältnisses (§ 1 I KSchG)
- Mehr als 10 Arbeitnehmer im Betrieb des Arbeitgebers (§ 23 I 3 KSchG)
- Greift für einzelne Arbeitnehmer der Schutz für Altverträge aus § 23 I 2 KSchG?

1140 (2) *Soziale Rechtfertigung* der Kündigung. Ein Kündigungsgrund ist gegeben, wenn die Kündigung sozial gerechtfertigt ist (§ 1 II, III KSchG). Nach § 1 II 1 KSchG kommen drei Fallgruppen für die soziale Rechtfertigung in Betracht (Rdnr. 479ff.):

(a) *Personenbedingte Kündigung (Rdnr. 480ff.):*

1141 (aa) Liegen Gründe in der Person des Arbeitnehmers vor (etwa mangelnde körperliche oder geistige Eignung), die eine Erreichung des Vertragszwecks auf längere Sicht unmöglich machen?

(bb) Ist die Kündigung bei verständiger Würdigung in Abwägung der Interessen der Vertragsparteien und des Betriebes unter Berücksichtigung einer Prognose der künftigen Entwicklung billigenswert und angemessen? Das ist der Fall, wenn es durch die Gründe in der Person des Arbeitnehmers zur Beeinträchtigung betrieblicher oder vertraglicher Interessen kommt, dies in Zukunft zu erwarten ist (Negativprognose) und keine milderen Mittel als die Kündigung zur Verfügung stehen („ultima-ratio"-Prinzip). Ferner muss eine umfassende Interessenabwägung erfolgen.

1142 (cc) Beim häufigsten Fall der personenbedingten Kündigung, nämlich der *Krankheit,* kommt der negativen Prognose besondere Bedeutung zu. Das BAG hat hierzu verschiedene Fallgruppen entwickelt (HWK/Thies, § 1 KSchG Rdnr. 136).

Bei der krankheitsbedingten Kündigung ist im Rahmen der Verhältnismäßigkeitsprüfung auch zu fragen, ob ein betriebliches Eingliederungsmanagement i. S. d. § 84 II SGB IX durchgeführt wurde. Ist dies unterblieben, folgt daraus zwar noch nicht die Unwirksamkeit der Kündigung, der Arbeitgeber muss dann jedoch im Prozess darlegen, dass eine zumutbare Beschäftigung des erkrankten Arbeitnehmers nicht möglich war (BAG DB 2010, 1015).

(b) *Verhaltensbedingte Kündigung (Rdnr. 484ff.):*

Sind solche im Verhalten des Arbeitnehmers liegenden Umstände gegeben, die bei verständiger Würdigung in Abwägung der Interessen der Vertragsparteien und des Betriebes die Kündigung als billigenswert und angemessen erscheinen lassen? Zu erfolgen hat eine zweistufige Prüfung: **1143**

(aa) Schuldhafte Verletzung von Vertragspflichten?
(bb) Verhältnismäßigkeit/"Ultima-ratio"-Prinzip (insbes. Abmahnung)
(cc) Überwiegen im Rahmen der erforderlichen umfassenden Interessenabwägung die Belange des Arbeitgebers?

zu (aa) Handelt es sich um eine oder mehrere (regelmäßig schuldhafte) Verletzungen von (wirksam vereinbarten) Vertragspflichten? Welche? Hat der Arbeitnehmer durch sein Verhalten (welches?) gegenüber dem Arbeitgeber oder den Arbeitnehmern die betriebliche Ordnung gestört? Hat das beanstandete außerdienstliche Verhalten (welches?) negative Auswirkungen auf das Arbeitsverhältnis oder den Betrieb? Besteht eine Wiederholungsgefahr (Negativprognose; str., vgl. Rdnr. 476)?

zu (bb): Ist der Arbeitnehmer klar und deutlich abgemahnt (Rdnr. 488ff.) worden? Von einer Abmahnung kann ausnahmsweise dann abgesehen werden, wenn die einmalige Verfehlung des Arbeitnehmers derart schwer wiegt, dass eine Fortsetzung des Arbeitsverhältnisses ausgeschlossen ist.

Zu (cc) Interessenabwägung im Einzelfall:

Interessen des Arbeitgebers: Etwa Erhaltung der Funktionsfähigkeit des Betriebes, Vermeidung von Vermögensschäden, Schutz der Arbeitskollegen, insbesondere Wiederholungsgefahr.

Interessen des Arbeitnehmers: Etwa Art und Häufigkeit der Taten des Arbeitnehmers, Alter, Dauer der Betriebszugehörigkeit, insbesondere Möglichkeit der Versetzung im Betrieb mit der Chance, dass die bisher begangenen Taten sich dann nicht wiederholen.

Im **Fall b** kann für die Entscheidung des Gerichts wichtig sein, ob und wie es zu den Prügeleien gekommen ist, ob Kollegen des Klägers sie provoziert oder gar begonnen haben, welche Auswirkungen die Taten des Klägers auf die von ihm angegriffenen Kollegen und auf den Betrieb haben. Wenn man von entsprechenden Abmahnungen ausgehen kann, bleibt zu prüfen, ob eine Versetzung an einen anderen Arbeitsplatz in Betracht kommt, an dem (handgreifliche) Streitigkeiten nicht zu erwarten sind.

(c) *Betriebsbedingte Kündigung (Rdnr. 496ff.):*

Sind dringende betriebliche Erfordernisse gegeben, die einer Weiterbeschäftigung des Arbeitnehmers entgegenstehen? Erforderlich ist eine Diskrepanz zwischen Personalbestand und Personalbedarf. **1144**

(aa) Kündigungsbegründende Unternehmerentscheidung:

– Welcher außerbetriebliche Grund (etwa Auftragsmangel, Umsatz- oder Gewinnrückgang) oder welcher innerbetriebliche Grund (z.B. Rationalisierungsmaß- **1145**

nahme, Änderung der Produktion) lag vor und welche Entscheidung hat der Arbeitgeber getroffen, um dem veränderten Arbeitsbedarf Rechnung zu tragen?
- Die Entscheidung zu bestimmten betrieblich-organisatorischen Maßnahmen ist eine freie Unternehmerentscheidung und vom Arbeitsgericht nicht zu überprüfen. Nur dann, wenn geltend gemacht wird, die Maßnahme sei offensichtlich unsachlich, unvernünftig oder willkürlich (z.B. um eine sonst unzulässige Kündigung auf diesem Wege möglich zu machen), hat das Gericht zu klären, ob ein Missbrauch des Ermessens vorliegt; die Beweislast trifft insoweit den Arbeitnehmer.
- Führt die Unternehmerentscheidung aller Voraussicht nach zum Wegfall des Arbeitsplatzes bei Ablauf der Kündigungsfrist (Prognose)? Der Arbeitgeber muss im Einzelnen – und nicht nur schlagwortartig – darlegen und bei Bestreiten des Arbeitnehmers beweisen, dass der geltend gemachte Grund vorlag und welche Auswirkungen dieser auf den Arbeitsplatz hatte.

(bb) Verhältnismäßigkeit/"Ultima-Ratio"-Prinzip:

1146 – Hätte die Kündigung durch andere (welche?) Maßnahmen vermieden werden können? (Der Arbeitnehmer hat die Maßnahmen zu benennen, der Arbeitgeber sie zu widerlegen; str.).

1147 – Konnte der Arbeitnehmer auf einen anderen (freien und gleichwertigen) Arbeitsplatz im Betrieb/Unternehmen versetzt werden? (Der Arbeitgeber hat zu behaupten und notfalls zu beweisen, dass eine anderweitige Beschäftigung des Arbeitnehmers nicht möglich ist. Demgegenüber hat der Arbeitnehmer darzutun, wie er sich seine anderweitige Beschäftigung vorstellt. Dann ist es Sache des Arbeitgebers, die Gründe dafür vorzubringen und evtl. zu beweisen, dass eine solche Beschäftigungsmöglichkeit nicht besteht).
- Merke: Liegen dringende betriebliche Erfordernisse vor, so ist eine Interessenabwägung nicht (!) mehr vorzunehmen!

(cc) Soziale Auswahl:

1148 – Einbeziehung aller Arbeitnehmer des Betriebs auf horizontal vergleichbaren Arbeitsplätzen in die soziale Auswahl?
- Hat der Arbeitgeber bei der Auswahl des von ihm gekündigten Arbeitnehmers aus dem Kreis der vergleichbaren Arbeitnehmer die vier in § 1 III 1 KSchG genannten sozialen Gesichtspunkte nicht oder nicht ausreichend berücksichtigt oder hat er bei der Kündigung den sozialstärksten Arbeitnehmer (= der auf den Arbeitsplatz am wenigsten angewiesen ist) ermittelt? (Zur Behauptungs- und Beweislast: Rdnr. 501)
- Hat der Arbeitgeber in berechtigter Weise bestimmte Arbeitnehmer aus der sozialen Auswahl ausgenommen, weil es sich um Leistungsträger handelt, oder um eine ausgewogene Personalstruktur zu sichern (§ 1 III 2 KSchG; s. Rdnr. 506ff.)?
- Sind die sozialen Gesichtspunkte nach § 1 III 1 KSchG in einem Tarifvertrag oder einer Richtlinie nach BetrVG oder BPersVG grob fehlerhaft gewichtet (§ 1 IV KSchG; vgl. Rdnr. 509)?
- Ist die soziale Auswahl, die einer anlässlich eines Sozialplans erstellten Namensliste zugrunde liegt, grob fehlerhaft (§ 1 V KSchG; dazu Rdnr. 510)?

(3) Ergibt die bisherige Prüfung, dass die Kündigungsschutzklage begründet ist, 1149
weil das Arbeitsverhältnis durch die Kündigung wegen fehlender sozialer Rechtfertigung weder fristlos noch fristgemäß aufgelöst worden ist, besteht das Arbeitsverhältnis unverändert fort. Dennoch kann das Arbeitsgericht auf entsprechenden Antrag einer der beiden Parteien durch Gestaltungsurteil das *Arbeitsverhältnis auflösen* und den Arbeitgeber zur Zahlung einer angemessenen Abfindung verurteilen (Einzelh.: §§ 9f. KSchG; Rdnr. 567ff.). Dies gilt nicht bei der Rechtsunwirksamkeit der Kündigung aus anderen Gründen (MünchKomm/Hergenröder, § 13 KSchG Rdnr. 75).

3. Prüfung der Begründetheit bei Ausspruch einer außerordentlichen Kündigung

Hier können sich folgende Fragen stellen: 1150

a) *Kündigungserklärung*

Zur Prüfung kann auf die Ausführungen zur ordentlichen Kündigung verwiesen werden.

b) *Beachtung besonderer Zustimmungserfordernisse*

Die außerordentliche Kündigung ist nicht ausschließbar, da etwas Unzumutba- 1151
res niemandem abverlangt werden kann. Jedoch kennt das Gesetz verschiedene Zustimmungserfordernisse:

- § 9 I 1 MuSchG (Rdnr. 526)
- § 18 BEEG (Rdnr. 526)
- §§ 85, 91 SGB IX (Rdnr. 526)
- Bei außerordentlicher Kündigung eines Betriebsratsmitglieds oder eines anderen Amtsträgers: Hat der Betriebsrat der Kündigung zugestimmt oder ist die Zustimmung vom Arbeitsgericht ersetzt worden? (§ 103 BetrVG; Rdnr. 526)

c) *Keine allgemeinen zivilrechtlichen Unwirksamkeitsgründe, z.B. Sittenwidrigkeit (§ 138 BGB); Verstoß gegen ein gesetzliches Verbot (§ 134 BGB)*

d) *Ordnungsgemäße Beteiligung des Betriebsrats*

Ist der Betriebsrat vor der Kündigung des Arbeitnehmers ordnungsgemäß ge- 1152
hört worden? (§ 102 I 1 BetrVG; Rdnr. 530). Kurze Frist (3 Tage) beachten!

e) *Einhaltung der Klagefrist gem. § 4 KSchG*

Auch bei jeder außerordentlichen Kündigung ist nach § 13 KSchG die *Kündi-* 1153
gungsklagefrist gem. § 4 KSchG zu beachten, obwohl das KSchG im Übrigen nicht eingreift (Rdnr. 531).

f) *Kündigungsgrund*

1154 Die *außerordentliche Kündigung* setzt einen *wichtigen Grund* i.S.d. § 626 I BGB voraus (Rdnr. 532ff.).

Rspr. und h.L. ermitteln das Vorliegen eines wichtigen Grundes in zwei Prüfungsschritten (vgl. BAG NZA 1996, 419; 1995, 777; Schaub/Linck, Arbeitsrechts-Handbuch, § 127 Rdnr. 40ff.):

- Zunächst ist zu klären, ob der Sachverhalt *an sich geeignet ist*, einen wichtigen Grund zur Kündigung abzugeben.
- Ist das zu bejahen, so soll in einem weiteren Schritt eine umfassende Abwägung der Interessen der Beteiligten unter Berücksichtigung des Verhältnismäßigkeitsprinzips durchgeführt werden. Diese Interessenabwägung muss zu dem Ergebnis führen, dass dem Kündigenden die Fortsetzung des Arbeitsverhältnisses bis zum Ablauf der Kündigungsfrist nicht zugemutet werden kann.

1155 Ein wichtiger Grund wird gesetzlich nicht mehr angenommen, wenn die *Kündigungserklärungsfrist* von zwei Wochen nach Kenntnis des Kündigungsgrundes nicht eingehalten worden ist (§ 626 II 1 BGB; Rdnr. 543ff.).

Im **Fall b** ist diese Frist nicht eingehalten, da sie bereits bei Abfassung des Kündigungsbriefes und damit erst recht im Zeitpunkt des Zugangs des Briefes beim Kläger verstrichen war. Deshalb wird unwiderleglich vermutet, dass der genannte Grund nicht mehr zur außerordentlichen Kündigung herangezogen werden kann. Damit ist es unerheblich, ob der vorgebrachte Sachverhalt überhaupt einen wichtigen Grund darstellt.

g) *Folgen bei Unwirksamkeit der außerordentlichen Kündigung*

1156 Ist die außerordentliche Kündigung unwirksam, ist zu prüfen, ob die Kündigung als ordentliche Erfolg hat. Zunächst ist zu erörtern, ob der Arbeitgeber vorsorglich (hilfsweise für den Fall, dass er mit der außerordentlichen Kündigung sein Ziel, das Arbeitsverhältnis sofort zu beenden, nicht erreicht) eine ordentliche Kündigung ausgesprochen hat.

Ist eine solche hilfsweise Kündigung nicht ausdrücklich erklärt worden, ist zu untersuchen, ob die (unwirksame) außerordentliche Kündigung gem. § 140 BGB in eine ordentliche umgedeutet werden kann (Rdnr. 549f.). Voraussetzung ist aber in jedem Fall, dass der Betriebsrat auch zur (hilfsweisen) ordentlichen Kündigung gehört und die Wochenfrist des § 102 II 1 BetrVG beachtet wurde.

In jedem Fall ist die außerordentliche vor der ordentlichen Kündigung zu prüfen. Denn der Kündigende will primär die für ihn günstigere außerordentliche Kündigung, und nur für den Fall, dass sie nicht durchgreift, will er sich mit der ordentlichen Kündigung begnügen.

4. Folgen bei Begründetheit der Klage

1157 a) *Fortbestand des Arbeitsverhältnisses; Auflösung durch Gestaltungsurteil*

Ergibt die bisherige Prüfung, dass die Kündigungsschutzklage begründet ist, weil das Arbeitsverhältnis durch die Kündigung wegen fehlender sozialer Rechtfertigung weder fristlos noch fristgemäß aufgelöst worden ist, besteht das Arbeitsverhältnis unverändert fort. Dennoch kann das Arbeitsgericht auf entsprechenden Antrag einer der beiden Parteien durch Gestaltungsurteil das Arbeitsverhältnis auflösen und den Arbeitgeber zur Zahlung einer angemessenen Abfindung verurteilen (Einzelh.: §§ 9f. KSchG; Rdnr. 567ff.). Dies gilt nicht bei der Rechtsunwirksamkeit der Kündigung aus anderen Gründen (MünchKomm/Hergenröder, § 13 KSchG Rdnr. 75).

Besonderheit: Bei Unwirksamkeit der außerordentlichen Kündigung steht nur **1158**
dem Arbeitnehmer (und nicht dem Arbeitgeber!) das Recht zu, den Antrag auf Auflösung und Zahlung der Abfindung zu stellen (§ 13 I 3 KSchG; Rdnr. 570).

b) *Anspruch auf Annahmeverzugslohn*

Bei erfolgreicher Kündigungsschutzklage kann dem Arbeitnehmer außerdem **1159**
ein Anspruch auf Annahmeverzugslohn für die Zeit des Kündigungsschutzprozesses aus dem Arbeitsvertrag i.V.m. §§ 611 I, 615, 1 BGB zustehen (Rdnr. 566).

(1) *Bestehendes Arbeitsverhältnis?*

Durch eine unwirksame Kündigung wird das Arbeitsverhältnis nicht beendet; es **1160**
bestand damit auch im fraglichen Zeitraum des Kündigungsschutzprozesses und besteht fort.

(2) *Annahmeverzug des Arbeitgebers?* **1161**

Die Voraussetzungen des Annahmeverzugs bestimmen sich nach den §§ 293ff. BGB (vgl. Rdnr. 383ff.):

- *Erfüllbarer Anspruch des Arbeitgebers?*
- *Leistungsfähigkeit und Leistungsbereitschaft (§ 297 BGB)?*
- *Angebot des Schuldners* zur Erbringung der Arbeitsleistung (§ 293 BGB)? Nach Rspr. des BAG ist zumindest im Fall einer unberechtigten Kündigung ein Angebot des Arbeitnehmers nach § 296 BGB entbehrlich.
- *Keine Annahme des Arbeitgebers (§ 293 BGB)?* Nichtannahme ist jedes Verhalten, das den Erfüllungseintritt verhindert. Ein Verschulden des Arbeitgebers ist nicht erforderlich.

(3) *Rechtsfolge* **1162**

Der Arbeitnehmer ist berechtigt, die Vergütung für die infolge des Annahmeverzugs seines Arbeitgebers nicht geleistete Arbeit zu verlangen (Lohnausfallprinzip). Zur Nachleistung seiner Arbeit ist er hingegen nicht verpflichtet, vgl. § 615 S. 1 BGB a.E.

Im Fall **b** ist A daher berechtigt, die Vergütung für die Zeit des Kündigungsschutzprozesses zu verlangen. Gemäß § 11 KSchG (lex specialis zu § 615, 2 BGB) hat A sich jedoch dasjenige anrechnen zu lassen, was er anderweitig verdient bzw. zu verdienen böswillig unterlassen oder infolge Arbeitslosigkeit an öffentlichrechtlichen Leistungen erhalten hat. Böswilligkeit setzt voraus, dass der Arbeitnehmer trotz Kenntnis und Zumutbarkeit die Aufnahme der Arbeit vorsätzlich unterlassen hat. Eine Schädigungsabsicht ist nicht erforderlich (BAG NZA 2006, 314). A kann daher lediglich 30% seiner Vergütung von der X-GmbH verlangen.

B. Beschlussverfahren

I. Prüfung der Zulässigkeit

1163 a) Die *sachliche und örtliche Zuständigkeit* ergibt sich aus § 2a und § 82 ArbGG. Danach ist das Arbeitsgericht, in dessen Bezirk der Betrieb liegt, zuständig.

1164 b) Die besondere *Verfahrensart* des Beschlussverfahrens muss beachtet werden, wenn es sich handelt um

(1) Angelegenheiten aus dem BetrVG und dem Gesetz über Europäische Betriebsräte (§ 2a I Nr. 1 und 3b ArbGG; Rdnr. 1017ff.),

(2) Angelegenheiten aus dem SprAuG (§ 2a I Nr. 2 ArbGG; Rdnr. 1004 ff),

(3) Angelegenheiten aus dem MitbestG und dem Drittelbeteiligungsgesetz, soweit sie die Wahl oder Abberufung von Arbeitnehmervertretern im Aufsichtsrat betreffen (§ 2a I Nr. 3 ArbGG; Rdnr. 1037 ff),

(4) Angelegenheiten aus den §§ 94, 95, 139 SGB IX und § 51 BBiG (§ 2a I Nr. 3a und 3c ArbGG),

(5) Entscheidungen über die Tariffähigkeit und Tarifzuständigkeit einer Vereinigung (§ 2a I Nr. 4 ArbGG; Rdnr. 666ff.),

(6) Entscheidungen über die Besetzung der Einigungsstelle (§ 98 ArbGG; Rdnr. 1000f.).

Die Prüfung, ob eine arbeitsgerichtliche Streitigkeit im Urteils- oder im Beschlussverfahren zu behandeln ist, hat von Amts wegen zu erfolgen. Beide Verfahren schließen sich gegenseitig aus.

1165 Wird ein Lohnanspruch geltend gemacht (**Fall a**), handelt es sich um einen Anspruch aus dem Arbeitsverhältnis (§ 2 I Nr. 3a ArbGG), so dass im Urteilsverfahren zu entscheiden ist. Das gilt auch dann, wenn der Arbeitnehmer den Lohn für einen Zeitraum verlangt, in dem er als Betriebsratsmitglied an einer Schulungsveranstaltung (§ 37 VI BetrVG) teilgenommen und deshalb nicht gearbeitet hat.

1166 Macht der Arbeitnehmer einen Anspruch auf Ersatz der Kosten geltend, die ihm als Betriebsratsmitglied durch Teilnahme an einem Schulungskursus (§ 37 VI BetrVG) entstanden sind (**Fall c**), handelt es sich um einen Anspruch, der sich aus der Tätigkeit als Mitglied des Betriebsrats ergibt (§ 40 BetrVG), so dass im Beschlussverfahren zu entscheiden ist. Das gilt nicht nur dann, wenn der Betriebsrat einen Anspruch gem. § 40 BetrVG gegen den Arbeitgeber erhebt, sondern auch, wenn das einzelne Betriebsratsmitglied ihm entstandene Kosten vom Arbeitgeber ersetzt verlangt. Selbst wenn dieser Anspruch an einen Dritten (z.B. an die Gewerkschaft) abgetreten worden ist, muss über den Anspruch im Beschlussverfahren entschieden werden.

Im **Fall c** gehört der Anspruch auf Kostenersatz in das Beschlussverfahren. Da er im Urteilsverfahren geltend gemacht worden ist, muss die Klage insoweit als unzulässig abgewiesen werden. Wenn der Kläger jedoch (auf einen Hinweis des Gerichts) einen entsprechenden Antrag stellt, wird das Gericht das Verfahren hinsichtlich der Kostenerstattung von dem übrigen Verfahren abtrennen und in das Beschlussverfahren überleiten.

c) Die *Beteiligtenfähigkeit* (Rdnr. 1088) entspricht der Parteifähigkeit im Ur- **1167**
teilsverfahren (Rdnr. 1069; Einzelh.: § 10 ArbGG). Anstelle der Parteien gibt es im Beschlussverfahren Beteiligte. Zur Beteiligung befugt sind nicht nur der Antragsteller (entsprechend dem Kläger im Urteilsverfahren) und der Antragsgegner (entsprechend dem Beklagten), sondern alle, die durch die begehrte Entscheidung in ihrer Rechtsposition unmittelbar betroffen werden können.

Im **Fall c** sind der Arbeitnehmer als Antragsteller, die Arbeitgeberin als Antragsgegnerin sowie der Betriebsrat am Verfahren zu beteiligen und zum Anhörungstermin vor der Kammer des Arbeitsgerichts zu laden (§ 83 III ArbGG).

d) Für die *Prozessfähigkeit* und die *Postulationsfähigkeit* gilt das für das Urteils- **1168**
verfahren Gesagte entsprechend (§ 80 II ArbGG; Rdnr. 1106f., 1070f.). Die *Antragsbefugnis* entspricht der Prozessführungsbefugnis im Urteilsverfahren.

e) Zulässig ist das Beschlussverfahren nur, wenn vom Antragsteller ein be- **1169**
stimmter *Antrag* gestellt wird (Dispositionsmaxime, § 81 I ArbGG). Wie beim Urteilsverfahren kann es sich auch hier um einen Leistungsantrag (z.B. Zahlung eines bestimmten Geldbetrages; **Fall c**), einen Feststellungsantrag (z.B. Feststellung des Bestehens oder Nichtbestehens eines Mitbestimmungsrechts des Betriebsrats zu einer bestimmten Maßnahme) oder einen Gestaltungsantrag (z.B. Ersetzung der Zustimmung des Betriebsrats zur fristlosen Kündigung eines Betriebsratsmitglieds) handeln.

Im **Fall c** wird der Antragsteller etwa beantragen, das Gericht möge der Arbeitgeberin aufgeben, an ihn einen Betrag von 1000,– € zu zahlen. Ein Antrag auf Entscheidung über die Kostentragungspflicht und über eine vorläufige Vollstreckbarkeit scheidet aus, weil der Beschluss keine Nebenentscheidungen enthält (Rdnr. 1095).

II. Prüfung der Begründetheit

An die Prüfung der Zulässigkeit schließt sich – in Abhängigkeit vom jeweiligen **1170**
Streitgegenstand – die Prüfung der materiellen Rechtslage an.

So trägt nach § 40 I BetrVG der Arbeitgeber die durch die Tätigkeit des Betriebsrats entstandenen Kosten (**Fall c**; Rdnr. 872). Der Anspruch auf Kostenersatz kann nicht nur dem Betriebsrat, sondern auch dem einzelnen Betriebsratsmitglied zustehen, wenn dem Mitglied solche Kosten entstanden sind.

Voraussetzung ist, dass die Kosten im Zusammenhang mit einer Tätigkeit ent- **1171**
standen sind, die objektiv der Durchführung von Aufgaben des Betriebsrats dient. Dazu gehören auch Schulungs- und Bildungsveranstaltungen, welche die Kenntnisse vermitteln, die für die Betriebsratsarbeit erforderlich sind (vgl. § 37 VI BetrVG).

1172 Die Kostentragungspflicht umfasst nur die notwendigen Kosten (z.B. für Fahrt, Unterkunft, Verpflegung), wobei auch der Grundsatz der Verhältnismäßigkeit zu beachten ist.

Im **Fall c** bestehen gegen die Geeignetheit des Schulungskurses vom Thema her keine Bedenken. Auch vom Arbeitgeber ist nichts vorgebracht worden, was gegen die Gestaltung im Einzelnen spräche. Zweifelhaft ist der geltend gemachte Anspruch jedoch wegen der Teilnahme des Antragstellers an der Veranstaltung. Hier kann von Bedeutung sein, dass – wie der Antragsgegner vorgetragen hat – der Antragsteller schon nach kurzer Zeit aus dem Betriebsrat ausgeschieden ist (Konnte der Betriebsrat das vorhersehen?). Vor allem aber ist von Amts wegen zu ermitteln, wie lange der Antragsteller schon Betriebsratsmitglied war, ob er früher bereits an einem ähnlichen Kursus teilgenommen oder sich die im Kursus vermittelten Kenntnisse auf andere Weise angeeignet hat.

Sachregister

(Die Zahlen verweisen auf die Randnummern des Buchs)